Hoffnung für alle

Frauen begegnen Gott

Die Weisheit des Alten Testaments
Mit Andachten
von Frauen für Frauen

HOFFNUNG FÜR ALLE

FRAUEN BEGEGNEN GOTT

DIE WEISHEIT DES ALTEN TESTAMENTS MIT ANDACHTEN VON FRAUEN FÜR FRAUEN

DAS BUCH HIOB
DIE PSALMEN
DIE SAMMLUNG DER SPRÜCHE
DER PREDIGER SALOMO
DAS LIED VON DER LIEBE

LYDIA VERLAG ASSLAR
BRUNNEN VERLAG GIESSEN/BASEL

Impressum

Umschlaggestaltung und Seitenlayout: Olaf Johannson
Lektorat: Saskia Barthelmeß, Sabine Bockel, Renate Hübsch
Satz: Die Feder GmbH, Wetzlar
Herstellung: Clausen & Bosse, Leck
ISBN 3-7655-6353-6 (BRUNNEN)
ISBN 3-9805788-3-6 (LYDIA)

Willkommen bei der Suche nach Weisheit

Sehnen Sie sich immer wieder einmal nach gutem Rat, der Ihnen Gelassenheit und Orientierung für Ihr Leben gibt? Wünschen Sie sich, ein ausgewogenes Leben zu führen? Möchten Sie eine Frau sein, die den Menschen um sich herum zur Seite steht – ihrer Familie, Freunden, Nachbarn und Kollegen? Dann werden die biblischen Bücher der Weisheit für Sie eine wahre Fundgrube sein!

An diesem zweiten Band von «Frauen begegnen Gott – Andachten von Frauen für Frauen» haben über hundert Autorinnen von 22 bis 102 Jahren mitgearbeitet. Sie laden Sie ein, in täglichen Bibellesungen für ein Jahr zu «Weisheitssucherinnen» zu werden. Von Montag bis Freitag begleiten die Andachten in der Regel jeweils ein biblisches Kapitel. Bei manchen Texten lohnt es sich auch, etwas länger zu verweilen. Ihnen sind mehrere Auslegungen zugeordnet. An den Wochenenden laden ein Bibelvers aus dem Neuen Testament und ausgewählte Texte zum Nachdenken ein.

Ehrlich und authentisch erzählen die biblischen «Schreiber der Weisheit» von der ganzen Bandbreite des Lebens:

Hiob erlitt in seinem Leben unsagbares Leid. An seinem Beispiel sehen wir: Gott lässt es manchmal zu, dass seine Kinder durch Prüfungen gehen. Doch dieses Buch erinnert uns auch daran, dass Gott alles in der Hand hat. Wenn wir auf Gottes Souveränität und Verlässlichkeit sehen, können wir jedem Sturm standhalten. Vielleicht müssen wir uns mit Angst und Schmerzen durch notvolle Zeiten hindurchkämpfen – doch am Ende werden wir siegreich aus ihnen hervorgehen. Unsere Hoffnung erwächst nicht aus der Dunkelheit des Leids, sondern aus Gott, der unser Leid sieht und unseren Schmerz teilt.

Die Psalmen sind voller Poesie und Gesang. Dieses Buch will uns lehren, dass Gott der Mittelpunkt des Lebens, der Geschichte und der Schöpfung ist. In den Psalmen findet die ganze Palette menschlicher Gefühle Ausdruck: Klage und Dank, Zweifel und Gewissheit, Schmerzensschreie und Freudenausbrüche, stille Nachdenklichkeit und stürmische Anbetung.

Dieses Buch fordert uns auf, in allen Lebensbereichen offen und ehrlich vor Gott zu sein. Durch die Jahrhunderte haben Christen anhand der Psalmen beten gelernt. Wenn auch wir unsere innersten Gedanken vor Gott ausbreiten, können wir Heilung und Frieden empfangen.

Die Sammlung der Sprüche bietet uns Weisheit für alle Lebenslagen. Weisheit ist die Kunst, das Leben geschickt zu meistern und in jeder Situation zu wissen, was zu tun ist:

- Nach welchen Richtlinien erziehen wir unsere Kinder?
- Wie können wir Freunde liebevoll behandeln?
- Was hilft uns, im Beruf unsere Ziele richtig zu stecken und unsere Aufgaben verantwortungsvoll zu erfüllen?
- Wie können wir in der Ehe unsere Liebe zueinander lebendig erhalten?
- Wie wächst unsere Beziehung zu Gott?
- Was hilft uns, wenn Krisenzeiten über uns hereinbrechen?

Viele Bibelleser finden es praktisch, dass dieses Buch 31 Kapitel hat: Liest man eins pro Tag, kann man in einem Monat eine geballte Portion Weisheit in sich aufnehmen!

Gott steht über allen Bereichen unseres Lebens. Er allein ist die Quelle der Weisheit.

Der Prediger Salomo zeigt uns, dass ein Leben ohne Gott bedeutungslos ist – wir laufen in unserem täglichen Wettrennen an unserem eigentlichen Ziel vorbei. Deshalb redet er uns eindringlich zu: «Halt an! Sei aufmerksam für Gott!» Mit kühler Skepsis, die gleichzeitig erfrischend wirkt, entlarvt er den großen Betrug: Ein Leben ohne Gott verspricht alles, aber kann nichts halten. Seine Worte reißen den Nebel auf, damit wir das wahre Licht sehen können.

Das **Lied von der Liebe** wird auch **«Hoheslied»** genannt. In schillernden Farben erzählt es von der wunderbaren Liebe zwischen Mann und Frau. Allerdings können wir es auch unter anderen Aspekten lesen: Gottes Liebe zu seinem Volk, Jesu sehnsuchtsvolle Liebe zu seiner Kirche und die Liebe der Christen zu Gott. Wie sich in einem Prisma das Sonnenlicht in viele Farben bricht, leuchten im Hohenlied die unterschiedlichen «Farben» der Liebe Gottes auf.

Lassen Sie sich beim Graben nach der Weisheit von der Wärme dieses Lichtes bescheinen! Ich wünsche Ihnen, dass Sie auf einen Schatz stoßen, der Ihr Leben bereichert und gelingen lässt.

Elisabeth Mittelstädt
Herausgeberin von LYDIA –
die christliche Zeitschrift für die Frau

Inhalt

Die Weisheitsbücher

Anhang

Das Buch Hiob (Ijob)

Hiobs Frömmigkeit

1 Im Land Uz lebte ein Mann namens Hiob, der rechtschaffen und aufrichtig war. Weil er Ehrfurcht vor Gott hatte, hütete er sich davor, Böses zu tun. [2]Er hatte eine große Familie mit sieben Söhnen und drei Töchtern [3]und besaß riesige Viehherden: 7000 Schafe und Ziegen, 3000 Kamele, 500 Rindergespanne und 500 Esel, dazu sehr viele Hirten und Mägde. Hiob war der reichste und angesehenste von allen Herdenbesitzern im Osten.

[4]Jahr für Jahr feierten seine Söhne reihum in ihren Häusern Feste, zu denen sie auch ihre Schwestern einluden. [5]Immer wenn die Festtage vorbei waren, ließ Hiob seine Kinder zu sich kommen, um sich mit ihnen auf ein Opfer vorzubereiten. Schon früh am Morgen stand er auf und brachte Gott viele Brandopfer dar, für jedes Kind eins. Das tat Hiob jedesmal, denn er dachte: «Vielleicht haben sie bei ihren Gelagen Gott insgeheim verlassen und sich von ihm losgesagt.»

Hiob wird auf die Probe gestellt

[6]Eines Tages versammelten sich die Engel[a] im Himmel und traten vor den Herrn, unter ihnen auch der Satan[b]. [7]«Woher kommst du?» fragte ihn der Herr. «Ich habe die Erde durchstreift», gab dieser zur Antwort. [8]Der Herr erwiderte: «Dann ist dir sicher auch mein Diener Hiob aufgefallen. Ich kenne keinen zweiten auf der Erde, der so rechtschaffen und aufrichtig ist wie er, der mich achtet und sich nichts zuschulden kommen läßt.»

[9]«Überrascht dich das?» fragte der Satan. «Er tut's doch nicht umsonst! [10]Du hast ihn, seine Familie und seinen ganzen Besitz stets bewahrt. Seine Arbeit war erfolgreich, und seine Herden haben sich gewaltig vermehrt. [11]Aber – versuch es doch einmal und laß ihn Hab und Gut verlieren, dann wird er dich ganz sicher vor allen Leuten verfluchen.»

[12]«Gut», sagte der Herr, «mach mit seinem Besitz, was du willst, nur ihn selbst taste nicht an!» So verließ der Satan den Herrn und die Engel.

[13]Eines Tages feierten Hiobs Kinder wieder einmal im Haus ihres ältesten Bruders. [14]Da kam ein Bote zu Hiob und meldete: «Wir pflügten gerade mit den Rindern, die Esel weideten nebenan, [15]da überfielen uns Beduinen aus der Gegend von Saba und raubten die Tiere. Alle Hirten haben sie umgebracht, nur ich konnte entkommen, um es dir zu melden.»

[16]Im selben Moment stürzte schon ein anderer Bote herein: «Ein Unwetter[c] hat deine Schaf- und Ziegenherden mitsamt den Hirten vernich-

a) Wörtlich: die Gottessöhne.
b) Wörtlich: der Ankläger.
c) Wörtlich: Das Feuer Gottes fiel vom Himmel.

Ein vorbildlicher Charakter

Margarete Behrens

Hiob 1, 8

Mein Mann kam eines Tages von einem Krankenbesuch zurück und sagte: «Weißt du, was die eigentlichen Säulen unserer Gemeinde sind? Die Leute, die Leid tragen und trotzdem beim Glauben bleiben! Sie haben eine besondere Nähe zu Gott und können andere stärken und ermutigen.»

Einer, der durch sein Verhalten schon unzähligen Menschen in ihrem Leid geholfen hat, ist Hiob. Dabei ist sein schweres Los geradezu sprichwörtlich: «Hiobsbotschaften» – das Wort kennt jeder.

Hiob ist ein Mensch nach Gottes Herzen. Voller Freude berichtet Gott von ihm, lobt seinen Charakter und seinen Lebensstil. Wie gut er von Hiob denkt!

Doch dann diese Entwicklung. Die Vorwürfe des Satans kommen mir geradezu menschlich vor. Voller Misstrauen kann er das Gute nicht stehen lassen und stellt Hiobs Gesinnung in Frage. Seiner Meinung nach können Hiobs Motive nur berechnend und egoistisch sein.

Doch Gott setzt auf diesen Mann. Er freut sich über Hiobs Treue. Mit keinem Wort geht es hier um verdiente Strafe oder Rache. Gott liegt unsagbar viel an Hiobs Beziehung zu ihm. Es ist ihm wichtig, dass Hiob ihn aus freien Stücken, ohne Angst und Berechnung, achtet und ehrt. Gott weiß selbst am besten, dass es keine berechnende Liebe geben kann.

Es bewegt mich, dass Hiobs Vertrauen ungebrochen ist. Auch in seinem tiefen Leid betet er Gott an. Seine Beziehung, die in guten Zeiten gewachsen ist, lässt ihn gewiss sein: «Gott hat die Macht auch über mein Leid.»

Wie tröstlich dieses Vertrauen zu Gottes Macht ist, merke ich an meiner Freundin. Sie ist fast taub, hat mit Schwindelgefühlen zu kämpfen, muss schlimme Schmerzen ertragen und pflegt ihre Mutter. In ihrer Not flüchtet sie sich oft zu Gott. «Ich wüsste gar nicht, wie ich mein Leben ohne Gott bewältigen sollte», erklärt sie mir.

Auch die bohrende Frage «Warum ich?» kann sie immer wieder an Gott abgeben. «In der Ewigkeit werde ich wohl alle Fragen beantwortet bekommen», sagt sie. «Aber wer weiß, vielleicht interessiert es mich dann gar nicht mehr.» Darüber können wir sogar gemeinsam schmunzeln. Und ihre Zuversicht steckt mich richtig an.

tet, nur ich habe es überlebt, und jetzt bin ich hier, um es dir zu berichten.»

[17] Kaum hatte er ausgeredet, als schon der nächste Bote atemlos meldete: «Nomaden aus Babylonien haben unsere Kamelherden von drei Seiten überfallen und weggetrieben. Alle Hirten haben sie umgebracht, ich bin der einzige Überlebende!»

[18] Im nächsten Augenblick kam wieder ein Bote an: «Hiob», rief er, «deine Kinder feierten gerade, [19] als ein Wirbelsturm aus der Wüste das Haus deines ältesten Sohnes erfaßte und einstürzen ließ. Alle deine Kinder liegen unter den Trümmern begraben! Sie sind tot! Ich habe als einziger dieses Unglück überlebt.»

[20] Da stand Hiob auf, zerriß sein Obergewand und schor sich den Kopf. Dann fiel er zu Boden und betete: [21] «Nackt bin ich zur Welt gekommen, und nackt verlasse ich sie wieder. Herr, du hast mir alles gegeben, du hast mir alles genommen, dich will ich preisen!»

[22] Obwohl dieses Leid über ihn hereinbrach, versündigte Hiob sich nicht. Kein böses Wort gegen Gott kam über seine Lippen.

Hiobs Krankheit

2 Wieder einmal versammelten sich die Engel und traten vor den Herrn, unter ihnen auch der Satan. [2] «Woher kommst du?» fragte ihn der Herr. «Ich habe wieder die Erde durchstreift», gab der Satan zur Antwort. [3] «Dann ist dir sicher auch mein Diener Hiob aufgefallen», sagte Gott. «Ich kenne keinen zweiten auf der Erde, der so rechtschaffen und aufrichtig ist wie er, der mich achtet und sich nichts zuschulden kommen läßt. Immer noch vertraut er mir, obwohl du mich dazu verleitet hast, ihn ohne Grund ins Unglück zu stürzen.»

[4] Der Satan erwiderte bloß: «Kein Wunder! Er selbst ist doch noch mit heiler Haut davongekommen. Ein Mensch gibt alles her, was er besitzt, wenn er damit sein eigenes Leben retten kann. [5] Greif nur seinen Körper und seine Gesundheit an, ganz sicher wird er dich dann vor allen Leuten verfluchen!»

[6] Der Herr entgegnete: «Ich erlaube es dir! Greif seine Gesundheit an, doch laß ihn am Leben!» [7] Da verließ der Satan den Herrn und die Engel und schlug zu: Eitrige Geschwüre brachen an Hiobs Körper aus, von Kopf bis Fuß. [8] Voll Trauer setzte Hiob sich in einen Aschehaufen, suchte eine Tonscherbe heraus und begann sich damit zu kratzen.

[9] «Na, immer noch fromm?» [a] wollte seine Frau wissen. «Mach doch Schluß mit Gott [b] und stirb!» [10] Aber Hiob sagte nur: «Was du sagst, ist gottlos und dumm! Das Gute haben wir von Gott angenommen, sollten wir dann nicht auch das Unheil annehmen?» Selbst jetzt kam kein bitteres Wort gegen Gott über Hiobs Lippen.

Die drei Freunde Hiobs

[11] Hiob hatte drei Freunde: Elifas aus Teman, Bildad aus Schuach und Zofar aus Naama. Als sie von dem Unglück hörten, das über ihn hereingebrochen war, vereinbarten sie, Hiob zu besuchen. Sie wollten ihm ihr Mit-

a) Wörtlich: Hältst du immer noch an deiner Vollkommenheit fest?
b) Wörtlich: Verfluche Gott.

Aus der Anklage aussteigen

Marianne Hirzel

Hiob 2, 9

Was muss im Herzen von Hiobs Frau vorgegangen sein, dass sie so bitter und hart zu ihrem Mann redet? Bis das Leid über ihn hereinbrach, war sie eine reiche, privilegierte Frau gewesen, die einer großen Familie vorstand! Ihr Mann war ein von allen Menschen und von Gott selbst geachteter Patriarch. Doch plötzlich – mit einem Schlag – wurde ihr alles geraubt. Nichts, aber auch gar nichts, war ihr geblieben als ein Elendshaufen von einem Mann, dem weder sie, noch irgendein Mensch sonst helfen konnte.

Mir kommt diese Frau gar nicht so fremd vor. Wenn ich schicksalhafte Schläge erleide, sei es durch Krankheit oder andere Umstände in meinem Leben, sind da leise Stimmen in mir, die zu Gott sagen: «Warum, mein Gott, lässt du mich leiden? Was habe ich denn falsch gemacht? Du bist doch ein guter Gott, du willst doch nur das Beste für mich. Aber bitte nicht so! Wo bist du überhaupt? Liebst du mich noch? Nein, so kann Liebe doch nicht aussehen!» Von Freunden bekam ich einmal zu hören: «Das hast du aber nicht verdient. Warum gerade du?» Leihe ich diesen Stimmen mein Gehör, geht die Spirale der Anklage immer tiefer, und Bitterkeit gegen Gott will sich in mein Herz schleichen. Dann komme ich mir vor wie Hiobs Frau.

Hiob selbst, der so schwer getroffen war, tat das einzig Richtige, um seiner Frau zu helfen: Er wies sie auf das Gute hin, das Gott ihnen gegeben hatte, und forderte sie zum Durchhalten auf. Ob Hiobs Frau es geschafft hat, Gott nicht ganz abzusagen, wissen wir nicht. Aber den Weg aus dem Dilemma hat Hiob ihr jedenfalls aufgezeigt.

Sein Ratschlag hat auch heute noch Gültigkeit. Wenn ein Klagelied in mir aufsteigt, versuche ich mich daran zu erinnern, wie viel Gutes Gott in meinem Leben schon getan hat und spreche es laut vor ihm aus. Sehr bald weichen dann die negativen Gedanken. Stattdessen beginnt Dankbarkeit mein Herz zu füllen.

gefühl zeigen und ihn trösten.
[12]Schon von weitem sahen sie ihn,
aber sie erkannten ihn kaum wieder.
Da brachen sie in Tränen aus, sie zerrissen ihre Kleider, schleuderten Staub in die Luft und streuten ihn sich
auf den Kopf. [13]Dann setzten sie sich
zu Hiob auf den Boden. Sieben Tage und sieben Nächte saßen sie da, ohne ein Wort zu sagen, denn sie spürten, wie tief Hiobs Schmerz war.

Warum muß ich noch leben?

3 Dann erst begann Hiob zu sprechen. Er verfluchte den Tag seiner Geburt [2]und sagte:

[3]«Ausgelöscht sei der Tag,
an dem ich geboren wurde,
und auch die Nacht,
in der man sagte: ‹Es ist ein Junge!›
[4]Jener Tag versinke in tiefer Finsternis –
kein Licht soll ihn erhellen!
Selbst Gott da oben vergesse ihn!
[5]Ja, der Tod soll ihn holen – diesen Tag!
Ich wünschte, daß sich dunkle Wolken auf ihn legten
und die Finsternis sein Licht erstickte!

[6]Für immer soll sie dunkel bleiben –
die Nacht meiner Geburt!
Ausgelöscht sei sie aus dem Jahreskreis,
nie wieder erscheine sie auf dem Kalender!
[7]Stumm und öde soll sie sein,
eine Nacht, in der sich keiner mehr freut!
[8]Verfluchen sollen sie die Zauberer,
die Tag und Nacht verwünschen können
und die das Ungeheuer[a] wecken!
[9]Jene Nacht soll finster bleiben,
ohne alle Sternenpracht!
Vergeblich warte sie aufs Sonnenlicht,
die Strahlen des Morgenrots sehe sie nicht!
[10]Denn sie ließ zu, daß meine Mutter mich empfing,
die Mühen des Lebens hat sie mir nicht erspart.
[11]Warum bin ich nicht bei der Geburt gestorben,
als ich aus dem Leib meiner Mutter kam?
[12]Wozu hat sie mich auf den Knien gewiegt
und an ihrer Brust gestillt?
[13]Wenn ich tot wäre,
dann läge ich jetzt ungestört,
hätte Ruhe und würde schlafen
[14]so wie die Könige und ihre Berater,
die sich hier prachtvolle Paläste
bauten – längst zu Ruinen zerfallen –,
[15]und wie die Herrscher,
die Gold und Silber besaßen
und ihre Häuser damit füllten.
[16]Warum wurde ich nicht wie eine Fehlgeburt verscharrt,
wie Totgeborene, die nie das Tageslicht sahen?
[17]Bei den Toten können die Verbrecher nicht mehr toben,
und ihre Opfer haben endlich Ruhe.
[18]Auch die Gefangenen läßt man dort in Frieden;
sie hören nicht mehr das Geschrei des Aufsehers.
[19]Ob groß oder klein: dort sind alle gleich,
und der Sklave ist seinen Herrn los.

a) Wörtlich: den Leviatan. – Bildhafte Redeweise für gottfeindliche Schicksalsmächte.

Ohnmacht im Leid

Ursula Koch

Hiob 3, 25–26

Auf einmal war «es» da. Mit allem war diese Frau fertig geworden. Sie hatte Krieg und Hunger durchgestanden, die Kinder – ohne Mann – zu vernünftigen Menschen erzogen und bei allem eigenen Leid eine offene Hand für andere gehabt. Wie viele Kranke, Alte, Einsame hatte sie getröstet! Doch selbst krank und hilfsbedürftig zu sein war für sie das Schlimmste, was sie sich vorstellen konnte. Lieber wollte sie nicht mehr leben. Und nun?

Halb gelähmt, von Schmerzen gepeinigt und auf Pflege angewiesen liegt sie im Bett. «Ich will nicht mehr. Ich will sterben», wimmert sie hilflos.

Da helfen keine frommen Sprüche. Wer ihr jetzt verbieten wollte zu klagen, der maßt sich ein Recht an, das Gott selbst nicht in Anspruch nimmt: Dem hadernden Hiob, der sein Leid aus sich herausschrie, wandte er sich mit unendlicher Liebe zu. So konnte der schwer Geschlagene trotz allem sagen: «Doch eines weiß ich: Mein Erlöser lebt» (Hiob 19, 25).

Wenn wir an das «Leidenslager» eines Menschen treten, der uns lieb ist – vielleicht sogar ein Vorbild im Glauben –, dann fällt es uns erst einmal schwer, seine und unsere eigene Hilflosigkeit auszuhalten. Oft werden gut gemeinte Ratschläge gegeben, wie wir sie schon von den Freunden Hiobs kennen: «Hab nur Geduld! Es wird schon werden. Du musst nur vertrauen.»

Wir sollten uns vor dem Wörtchen «nur» hüten! Es sind vielleicht unsere eigenen Ängste, die wir damit bekämpfen, denn natürlich wollen wir nicht wahrhaben, dass es auch uns einmal so schlecht gehen könnte. So versuchen wir, uns zu beruhigen: «Wenn ich alles richtig mache, dann wird Gott mir helfen. Er wird mich nicht verlassen.»

Nein, er lässt uns nicht im Elend. Aber Gott handelt zu seiner Zeit, nicht, wenn wir es für richtig halten. Und bis dahin kann es dauern ...

Wir sind dazu aufgerufen, mit denen auszuhalten, die in ihrer Angst um Hilfe schreien. Wir dürfen nicht fortlaufen, sondern sollen ihre und unsere Ohnmacht ertragen, in Geduld die Hand halten, die sich nach Hilfe ausstreckt, und das Warten auf die Antwort Gottes gemeinsam auf uns nehmen.

20 Warum nur läßt Gott die
Menschen leben?
Sie mühen sich ab, sind verbittert
und ohne Hoffnung.
21 Sie sehnen sich den Tod herbei –
aber er kommt nicht!
Sie suchen ihn mehr als verborgene
Schätze,
22 und erst wenn sie endlich im Grab
ruhen,
empfinden sie die größte Freude!
23 Warum muß ich noch leben?
Gott hat mich eingepfercht;
ich sehe nur noch Dunkelheit!
24 Laut schreie ich auf vor
Schmerzen,
wenn ich essen will,
und das Stöhnen bricht aus mir
heraus.
25 Meine schlimmsten Befürchtungen
sind eingetroffen,
und wovor mir immer graute – das ist
jetzt da!
26 Ohne Ruhe und Frieden lebe ich
dahin,
getrieben von endloser Qual!»

Elifas: Kann ein Mensch gerechter sein als Gott?

4 Elifas aus Teman versuchte als erster, Hiob eine Antwort zu geben.

2 «Du bist zwar aufgebracht», sagte
er,
«doch will ich versuchen, dir etwas
zu sagen;
ich kann nicht länger schweigen!
3 Du selbst hast zahllose Menschen
gelehrt,
auf Gott zu vertrauen[a].
Kraftlose Hände hast du wieder
gestärkt.
4 War jemand mutlos und ohne Halt,
du hast ihn wieder aufgerichtet
und ihm neuen Lebensmut gegeben.
5 Jetzt aber, wo du selbst an der
Reihe bist,
verlierst du die Fassung.
Kaum bricht das Unglück über dich
herein,
bist du entsetzt!
6 Dabei hast du allen Grund zur
Hoffnung!
Dein Leben war stets tadellos,
und Gott hast du von Herzen geehrt.
Sei zuversichtlich!
7 Kannst du mir nur ein Beispiel
nennen,
wo ein gerechter Mensch schuldlos
zugrunde ging?
8 Im Gegenteil – immer wieder habe
ich gesehen:
Wer Unrecht sät, wird Unglück
ernten!
9 Denn Gott rafft Übeltäter im Zorn
hinweg
und richtet sie zugrunde.
10 Wenn sie auch wie die Löwen
brüllen,
bringt Gott sie doch zum Schweigen
und bricht ihnen die Zähne aus.
11 Sie verenden wie Löwen,
die keine Beute mehr finden,
und ihre Kinder werden in alle
Winde zerstreut.
12 Hiob, heimlich habe ich eine
Botschaft bekommen,
leise wurde sie mir zugeflüstert!
13 Es geschah in jener Zeit der Nacht,
wenn man sich unruhig im Traum hin
und her wälzt,
wenn tiefer Schlaf die Menschen
überfällt:
14 Da packten mich Grauen und
Entsetzen;
ich zitterte am ganzen Körper.

a) «auf Gott zu vertrauen» ist sinngemäß eingefügt.

MITTEN IN DER PRÜFUNG

Elisabeth Mittelstädt

Hiob 4, 14

In mein Tagebuch habe ich im November 1999 geschrieben: «Nach manchen Problemen und zwei Unfällen in nur einer Woche hatte ich am Dienstag das Gefühl, mein letzter Tag auf dieser Erde sei angebrochen. Wie aus weiter Ferne sah ich den besorgten Ausdruck in den Augen des Arztes, hörte ich die zitternde Stimme meines Mannes ‹Ich liebe dich› sagen. Weißt du, Vater, ich liebe ihn auch so sehr. Es wäre so schön, zusammen alt zu werden.

Warum mache ich mir nur so viele Sorgen? Ich weiß, dass du meine Tage gezählt hast und niemand mir auch nur eine Stunde davon stehlen kann. Doch Vater, diese Dunkelheit erschreckt mich. Wie lange dauert sie noch? Was ist der Sinn des Ganzen?»

Am nächsten Tag: «Ich mag das nicht. Jede Nacht kommt mir so lang vor wie tausend Nächte. Die Schmerzen in meinem Kopf, Gesicht und Rücken sind unerträglich. Mein Kissen ist nass von Tränen. Doch wie einen Schatz werde ich die Erinnerung an die Begegnung mit dir heute Morgen hüten. Denn durch die Geschichte aus Markus 4, 35–40 hast du mir gezeigt, dass du alles unter Kontrolle hast: Du befiehlst dem Wind und den Wellen, und als das Meer augenblicklich wieder ruhig ist, drehst du dich zu deinen Jüngern um und fragst: ‹Warum habt ihr solche Angst?› »

Die irische Missionarin Amy Carmichael berichtet von einem Gespräch mit einem indischen Goldschmied am Rande der Straße. Er erzählte: «Wenn ich Silber oder Gold in den Schmelztiegel über dem Feuer lege, bleibe ich daneben sitzen und beobachte alles ganz genau. Denn wenn ich den exakten Schmelzpunkt nur um eine kurze Weile verpasse, ist das Metall beschädigt. Aber erst dann, wenn ich mein Spiegelbild darin sehen kann, bin ich mit dem Veredelungsprozess zufrieden.»

Wo ist Gott, wenn wir leiden? «Er wird sitzen und schmelzen und das Silber reinigen» (Maleachi 3,3). Was für ein Trost ist es zu wissen: In schweren Tagen ist Jesus uns besonders nahe! Er lässt uns nicht allein. In der Bibel lesen wir, dass wir nicht überrascht sein sollen, wenn Prüfungen über uns kommen. Gott ist keineswegs der Verursacher unserer Leiden, aber in der Feuerprobe zeigt sich unser Charakter – jetzt wird deutlich, woraus wir gemacht sind.

Warum es so viel Schmerz auf dieser Welt gibt? Ich weiß es nicht. Aber eines weiß ich: Gott ist mitten im Leid. Er heilt noch immer verletzte Körper und verwundete Seelen. Wenn Ihnen momentan die Hitze des Schmelztiegels unerträglich scheint, werfen Sie Ihre Hoffnung nicht weg. Gott hat die Kontrolle nicht verloren.

15 Ein Windhauch wehte dicht an mir vorüber –
die Haare standen mir zu Berge!
16 Dann sah ich jemanden neben mir,
aber ich konnte ihn nicht erkennen,
nur ein Schatten war zu sehen;
er flüsterte:
17 ‹Kann denn ein Mensch gerechter sein als Gott,
vollkommener als sein Schöpfer?›
18 Selbst seinen Dienern im Himmel vertraut Gott nicht,
und an seinen Engeln findet er Fehler.
19 Wieviel weniger vertraut er dann den Menschen!
Sie hausen in Lehmhütten,
die im Staub auf der Erde stehen,
und werden wie eine Motte zertreten.
20 Mitten aus dem Leben werden sie gerissen,
unwiederbringlich, und keiner beachtet es!
21 Ja, Gott bricht ihre Zelte ab;
sie sterben plötzlich
und sind kein bißchen weise geworden!»

Unterwirf dich Gott!

5 «Klag nur, Hiob!
Aber meinst du, dich hört jemand?
An welchen Engel willst du dich denn wenden?
2 Wer sich Gott in blinder Wut entgegenstellt
und in seiner Dummheit aufbegehrt,
der bringt sich um!
3 Ich sah solche Leute in Glück und Frieden leben,
dann aber verfluchte ich ihr Hab und Gut.
4 Ohne jede Hilfe standen ihre Kinder da;
niemand verteidigte sie,
als sie vor Gericht verurteilt wurden.
5 Über die Ernte dieser Narren
machten sich die Hungrigen her –
selbst aus den Dornenhecken rissen sie die Halme heraus
und stürzten sich gierig auf all ihren Reichtum.
6 Unheil wächst nicht auf dem Acker,
und Mühsal schießt nicht aus der Erde empor.
7 Nein, von Geburt an gehört zum Menschsein die Mühe,
so wie zum Feuer die Funken gehören.
8 Ich an deiner Stelle würde mich an Gott wenden
und ihm meinen Rechtsfall vortragen.
9 Was Gott tut, ist groß und gewaltig,
niemand kann es begreifen;
seine Wunder sind unzählbar.
10 Er läßt Regen fallen,
und die Felder werden reich getränkt.
11 Wer klein und unbedeutend ist,
den macht er groß;
die Trauernden können sich wieder freuen,
weil er sie rettet.
12 Die Pläne verschlagener Menschen vereitelt er,
so daß ihnen gar nichts gelingt.
13 Er fängt die Klugen mit ihrer eigenen Klugheit,
und ihre Machenschaften durchkreuzt er.
14 Am hellichten Tage tappen sie umher,
als wäre es stockdunkle Nacht.
15 Gott hilft dem Armen aus der Gewalt der Mächtigen
und rettet ihn vor ihren mörderischen Plänen.
16 Er gibt den Armen wieder Hoffnung
und bringt die Ungerechtigkeit zum Schweigen.

Freitag

Die Kunst zu trösten

Cornelia Mack

Hiob 5, 17–18

Ein Unglück allein wäre für manchen schon Grund genug, um an Gott zu verzweifeln. Hiob tut das nicht. Doch er trauert und fragt, warum er überhaupt leben muss.

Einer seiner Freunde, Elifas, macht ihm schwere Vorhaltungen und wirft ihm mangelndes Gottvertrauen vor. Er kennt die eigentlichen Hintergründe von Hiobs Leiden nicht. In Elifas' Worten liegt die Gefahr vorschneller Erklärungen und Tröstungen, die eher verletzen als aufbauen. Gott ist zornig über Elifas' Art, mit Hiob umzugehen (Hiob 42,7). Es ist nicht hilfreich, Leidenden oder Trauernden mit Erklärungen zu kommen wie: «Glücklich ist der Mensch, den Gott zurechtweist!» (Vers 17). Denn es trifft in diesem Moment nicht auf Hiob zu. Er ist in dieser Situation nicht glücklich. Sein Leid ist auch keine Zurechtweisung von Gott. Er trägt tiefen Schmerz, und das Unverständnis seiner Freunde vermehrt sein Leid und die Einsamkeit nur noch mehr.

Richtig trösten können wir weniger mit Worten, sondern eher dadurch, dass wir für Leidende da sind, ihnen zuhören, das Leben mit ihnen teilen, ein Stück Weg mit ihnen gehen. Gut gemeinte Ratschläge können Schläge sein, wenn wir mit vorschnellen Worten die Seele des anderen schmerzvoll treffen. Mit einfachen Erklärungsmustern schieben wir sein Leid von uns weg und bauen eine Mauer zwischen ihm und uns auf. Doch wer selbst etwas weiß von Leid, den Abgründen des Zweifels und der Einsamkeit im Leid, kann wirklich trösten – nicht mit schnellen Antworten, sondern im liebevollen Durchhalten, im Tragen des anderen, in der Fürbitte und im stellvertretenden Glauben für andere.

«Glücklich ist der Mensch, den Gott zurechtweist.» Dieser Satz gilt trotzdem, aber er ist kein Trostsatz für Leidende, sondern eine Erkenntnis, die denen, die Leid als Zurechtweisung erleben, im Nachhinein geschenkt wird. Meistens finden wir wie Hiob erst in der Rückschau zum Lob. Er wurde schließlich von Gott zurechtgewiesen, die Majestät des Allmächtigen zu achten. Am Ende kann er bekennen: «Jetzt habe ich dich mit eigenen Augen gesehen» (Hiob 42,5). Das sagt er trotz und wegen des Leids, das er erlebt hat. Er hat erfahren, dass Gott trägt, dass er zu ihm steht durch alle Durststrecken, durch alle Schmerzen hindurch. Gott heilt, er verbindet unsere Wunden an Leib und Seele, er rettet. Er steht zu uns und bleibt bei uns – auch im Leid.

17 Glücklich ist der Mensch,
den Gott zurechtweist!
Der Allmächtige will dich erziehen!
Sträube dich nicht!
18 Er schlägt dich zwar, doch er heilt auch wieder;
er verbindet alle Wunden, die er dir zufügt.
19 Bricht ein Unglück herein,
so wird er dich retten;
jedesmal bleibst du vom Untergang verschont.
20 In der Hungersnot erhält er dich am Leben,
und im Krieg bewahrt er dich vor gewaltsamem Tod.
21 Er beschützt dich vor übler Nachrede,
die wie Peitschenhiebe verletzt.
Du mußt nicht befürchten,
daß dein Besitz verwüstet wird.
22 Verderben und Hungersnot lachst du aus,
und vor den wilden Tieren hier im Lande hast du keine Angst.
23 Niemand wird Steine auf deinen Acker werfen,[a]
und die wilden Tiere werden dich nicht angreifen.
24 In Ruhe und Frieden kannst du in deinem Haus leben,
und schaust du nach deinem Hab und Gut, fehlt nichts.
25 Kinder und Enkel wirst du sehen,
so zahlreich wie die Blumen auf dem Feld.
26 Du bleibst rüstig bis ins hohe Alter,
und wenn du einst begraben wirst, gleichst du dem Korn,
das erst in voller Reife geerntet wird.

27 Das alles haben wir erforscht.
Du kannst uns glauben, es ist wahr!
Nun richte dich danach!»

Hiob: Mein Schmerz ist unerträglich!

6 Da antwortete Hiob:

2 «Ach könnte mein Schmerz doch gewogen werden!
Legte man doch mein Elend auf die Waage!
3 Es wiegt schwerer als der Sand am Meer,
und deshalb sind meine Worte so unbeherrscht.
4 Der Allmächtige hat mich mit seinen Pfeilen durchbohrt,
tief dringt ihr Gift in mich ein[b].
Gott hat mich mit seinen Schrecken eingekesselt.
5 Kein Wildesel schreit, wenn er Gras hat;
an der vollen Futterkrippe brüllt kein Stier.
6 Doch welcher Mensch mag ungesalzene Speise,
wer schlürft schon gerne rohes Eiweiß?
7 Ich sträube mich, es anzurühren,
denn solche Nahrung macht mich krank!

8 Warum schlägt Gott mir meine Bitte ab
und gibt mir nicht, was ich so sehnlich wünsche?
9 Ich wünsche mir nur eins:
daß er mich zermalmt und mir das Lebenslicht ausbläst!
10 Denn einen Trost hätte ich auch dann noch,
Grund zum Jubeln trotz schrecklicher Schmerzen:

a) Wörtlich: Dein Bund wird sein mit den Steinen auf dem Feld.
b) Wörtlich: mein Geist trinkt ihr Gift.

Hoffnung

Gigi Graham Tchividjian

Geduld aber vertieft und festigt unseren Glauben, und das wiederum gibt uns Hoffnung. Und diese Hoffnung wird uns nicht enttäuschen. Denn durch den Heiligen Geist, der uns geschenkt wurde, ist Gottes Liebe in uns (Römer 5,4–5).

Warten müssen – für die meisten Menschen kann das ein wahres Elend sein.

Warten kann das Gefühl von Hilflosigkeit und Inaktivität hervorrufen. Aber die Schule des Wartens lehrt uns unter anderem Geduld, Hoffnung und Vertrauen. Wartezeiten sind oftmals Zeiten, in denen unsere Beziehung zu Gott zu einer neuen Tiefe oder größerer Nähe heranreift.

Die Großmutter meines Mannes war Armenierin, eine Frau von unerschütterlichem Glauben und eine treue Beterin. Viele Jahre gelang es ihr nur unter äußersten Schwierigkeiten, die kleine Familie durchzubringen. Ihr Mann, ihr Vater und alle anderen Männer der Familie wurden durch ein Massaker der Türken Anfang des 20. Jahrhunderts umgebracht. Sie war einundzwanzig, als sie mit zwei Säuglingen nach Griechenland fliehen musste. Jahre später starb ihre Tochter im Flüchtlingslager den Hungertod.

Ihr einziger Sohn lebte weit von ihr entfernt in der Schweiz. Als sie sich endlich wiedersahen, wollte er mit ihrem Glauben nichts mehr zu tun haben. Sie betete weiter und erlebte, wie er sich immer mehr in Hochmut und Schuld verstrickte. Sie sah seine Ehe zerbrechen. Sie sah ihn die Karriereleiter hochklettern – was er anfasste, wurde zum Erfolg, aber sie sah, dass er innerlich immer leerer und trauriger wurde. Sie betete weiter. Über vierzig Jahre lang.

Heute führen ihr Sohn, ihre Schwiegertocher und ihre Enkel ein Leben mit Gott. Es gibt im Wohnzimmer einen kleinen blauen Sessel, auf dem niemand sitzt. Ein neuer Bezug schützt den alten darunter, der von den Tränenspuren ihrer Gebete verblichen und befleckt ist. Dieser Sessel ist für alle, für die sie gebetet hat, eine Erinnerung daran, niemals die Hoffnung aufzugeben.

Gott kann unseren Glauben durch Wartezeiten und Verzögerungen auf die Probe stellen. Vergessen wir niemals, dass wir auf den Einen warten, der uns nie enttäuscht – auch dann nicht, wenn wir uns viele Jahre hindurch durch die Widrigkeiten des Alltags kämpfen. Wie meine Großmutter werden wir erleben, dass unser Warten und Hoffen nicht vergeblich ist.

Was der heilige Gott geboten hat,
daran habe ich mich immer gehalten!
11 Aber meine Kraft reicht nicht aus,
um noch länger zu hoffen!
Auf welches gute Ende soll ich
geduldig warten?
12 Bin ich denn hart und
unverwundbar wie ein Stein?
Ist mein Körper kraftvoll, wie aus
Erz gegossen?
13 Ich bin völlig hilflos
und weiß nicht mehr aus noch ein!

14 Wer so verzweifelt ist wie ich,
braucht Freunde, die fest zu ihm
halten,
selbst wenn er Gott nicht mehr
glaubt.
15 Ihr aber enttäuscht mich
wie die Flüsse in der Wüste,
deren Bett vertrocknet, sobald kein
Regen mehr fällt.
16 Im Frühjahr treten sie über die
Ufer,
trübe vom Schmelzwasser, in dem
Eisschollen treiben.
17 Aber wenn es heiß wird,
versiegen sie und versickern im
Boden.
18 Karawanen müssen vom Weg
abweichen,
weil sie dort kein Wasser finden[a].
Sie steigen hinauf in die Wüste und
gehen elend zugrunde.
19 Die Karawanen von Tema spähen
nach den Wasserstellen,
die Händler von Saba sind auf sie
angewiesen,
20 doch ihre Hoffnung wird bitter
enttäuscht:
Sie kommen dorthin – das Flußbett
ist leer!
21 Und ihr? Ihr seid genau wie diese
Flüsse:
trostlos und leer. Ihr helft mir nicht!
Ihr seht mein furchtbares Schicksal
und weicht entsetzt zurück!
22 Wieso denn? Habe ich euch je
gesagt: ‹Schenkt mir etwas!
Zahlt ein Bestechungsgeld für mich
aus euren Taschen,
23 und rettet mich vor dem Erpresser,
aus seinen Klauen kauft mich frei!›?
24 Gebt mir eine klare Antwort,
und weist mir nach, wo ich im Irrtum
bin,
dann will ich gerne schweigen!
25 Nur wer die Wahrheit sagt,
überzeugt mich –
eure Vorwürfe beweisen nichts!
26 Wollt ihr meine Worte tadeln,
weil sie so verzweifelt klingen?
Was ich sage, verhallt ungehört im
Wind!
27 Ihr würdet selbst ein Waisenkind
verkaufen
und euren besten Freund verhökern!
28 Bitte, seht mich an!
So wahr ich hier sitze:
Ich sage euch die volle Wahrheit!
29 Ihr tut mir Unrecht!
Hört endlich auf damit,
denn immer noch bin ich im Recht!
30 Rede ich vermessen? Nie und
nimmer!
Ich kann doch Recht und Unrecht
unterscheiden!»

Gott, warum läßt du mich nicht in Ruhe?

7 «Das Leben der Menschen
gleicht der Zwangsarbeit,
von früh bis spät müssen sie sich
abmühen!
2 Ein Landarbeiter sehnt sich
nach dem kühlen Schatten am
Abend;

a) «weil sie ... finden» ist sinngemäß eingefügt.

Worte wie Pfeile

Gerdi Stoll

Hiob 6, 21–30

Ein lang ersehnter Kinderwunsch geht in Erfüllung. Die glücklichen Eltern strahlen vor Freude. Der kleine Sohn gedeiht prächtig. Mittlerweile nutzt er jede Gelegenheit, um auf beiden Beinen seine kleine Welt zu erobern. Doch dann kommt der schrecklichste aller Tage für diese Familie. Der Vater will das Auto aus der Garage in den Hof fahren. Der kleine Mann folgt ihm unbemerkt. Beim Rückwärtsfahren nimmt der Vater das Kind nicht wahr. Es wird von den Reifen überrollt. Auf der Fahrt zum Krankenhaus stirbt es an den Folgen des Unfalls.

Erschütterung, Fragen, Schmerz, Trauer, Klage.

Schlaflose Nächte, Hilflosigkeit, Ohnmacht, Verzweiflung.

Die Eltern kommen nicht mehr zur Ruhe. Dieses Kind haben sie sich von Gott erbeten. Im Glauben haben sie es jeden Tag unter Gottes Segen gestellt. Warum hat Gott diese grausamen Minuten dennoch zugelassen? Er, der Allmächtige, hätte all diese Umstände verhindern können. Ist das nun die Gerechtigkeit, die vor Gott gilt? Was will er damit erreichen? Diese Fragen wühlen die Trauernden auf. Ihnen macht das Alleinsein zu schaffen. Sie sehnen sich nach einem Gegenüber, das Anteil nimmt an ihrer Situation.

Diese und ähnliche «Hiobssituationen» passieren nicht weit von unserer Haustür entfernt, wenn nicht sogar in unserem eigenen Haus. Wie verhalten wir uns? Welche Gedanken gehen uns durch den Kopf? Welche Worte verlassen unsere Lippen?

«Hättest du ...», «Wärst du doch ...», «Vielleicht will Gott euch dadurch sagen ...» Jeder Buchstabe ist ein Pfeil, der das Zentrum der blutenden Wunde trifft. Woher nehmen wir das Recht, so selbstsicher und überzeugt zu urteilen? Wie können wir uns anmaßen, den Schlüssel zu Gottes Geheimnissen zu besitzen? Eine solch menschliche Vermessenheit führt die Betroffenen in eine noch tiefere Ohnmacht. Wahre Freunde stehen ganz fest auf der Seite des Leidenden. Sie halten Fragen und Klagen aus. Sie bemühen sich, mehr zu hören als zu reden. Sie überprüfen ihre eigenen Worte, um nicht unüberlegt noch mehr Schmerzen zuzufügen. Sie vertrauen im «Dennoch»-Glauben auf Gottes Liebe und Barmherzigkeit.

Wenn mir als Anteilnehmende selber schwere Zeiten nicht erspart geblieben sind, kann ich einen solchen Leidensprozess einfühlsam und geduldig und mit mehr Verständnis begleiten. Bin ich in der Abhängigkeit von Gott dazu bereit? Der Zuspruch: «Ihr seid dennoch nicht verlassen. Ihr und euer geliebtes Kind seid und bleibt in Gottes Hand» gilt, weil Gott seine Liebe nicht zurückzieht. Das hat er uns eindringlich nahe gebracht, als er seinen Sohn für uns hingab. Ohne ein solches Geheimnis wären wir verloren in den Abgründen unseres Lebens.

er wartet darauf, daß ihm sein Lohn
bezahlt wird.
3 Und was ist mein Lohn?
Monate, die sinnlos dahinfliegen,
und kummervolle Nächte!
4 Wenn ich mich schlafen lege,
denke ich: ‹Wann kann ich endlich
wieder aufstehen?›
Die Nacht zieht sich in die Länge,
ich wälze mich schlaflos hin und her
bis zum Morgen.
5 Mein Körper ist von Würmern
und von dreckigem Schorf bedeckt.
Meine Haut platzt auf und eitert.
6 Schneller als ein Weberschiffchen
sausen meine Tage dahin,
sie schwinden ohne jede Hoffnung.
7 O Gott, bedenke, daß mein Leben
nur ein Hauch ist!
Mein Glück ist dahin; es kommt nie
wieder.
8 Noch siehst du mich, doch nicht
mehr lange,
und wenn du mich dann suchst, bin
ich nicht mehr da.
9/10 Wie eine Wolke, die
vorüberzieht,
so ist ein Mensch, der stirbt:
Vom Ort der Toten kehrt er nie
zurück,
dort, wo er einmal wohnte, ist er
bald vergessen.

11 Nein – ich kann nicht schweigen!
Der Schmerz wühlt in meinem
Innern.
Ich lasse meinen Worten freien Lauf,
ich rede aus bitterem Herzen.
12 O Gott, warum läßt du mich so
scharf bewachen?
Bin ich denn das Meer oder ein
Meeresungeheuer?
13/14 Wenn ich dachte: ‹Ich will im
Schlaf Ruhe finden
und mein Elend vergessen›,
dann hast du mich bis in die Träume
verfolgt
und mir durch Visionen Angst
eingejagt.
15 Am liebsten würde ich erhängt!
Lieber sterben, als noch länger in
diesem elenden Körper leben!
16 Ich gebe auf! So will ich nicht mehr
weiterleben!
Laß mich in Ruhe, denn mein Leben
hat keinen Sinn mehr!
17 Gott, warum nimmst du einen
Menschen so ernst?
Warum beachtest du ihn überhaupt?
18 Jeden Morgen verlangst du
Rechenschaft von ihm;
du beobachtest ihn jeden
Augenblick.
19 Wie lange schaust du mich noch
prüfend an?
Du läßt mich keinen Augenblick in
Ruhe![a]
20 Du Menschenwächter – hat dich
meine Sünde denn verletzt?
Warum machst du mich zu deiner
Zielscheibe?
Bin ich dir zur Last geworden?
21 Warum vergibst du mir mein
Unrecht nicht?
Kannst du keine Sünde übersehen?
Denn bald liege ich unter der Erde,
und wenn du mich dann suchst, bin
ich nicht mehr da.»

Bildad: Wer Gott die Treue bricht, hat keine Hoffnung mehr!

8 Da entgegnete Bildad aus Schu-
ach:

a) Wörtlich: Du läßt mich nicht einmal so lange in Ruhe, bis ich meinen Speichel heruntergeschluckt habe.

Hoffnungs-Lose auf dem Jahrmarkt meines Lebens

Dorothea Hille

Hiob 7

Auf dem «Jahrmarkt» meines Lebens komme ich immer wieder an einer Losbude vorbei. Hoffnung auf das große Glück? Wie Seifenblasen steigen meine Träume hoch ... wunderschön, wie sie sich aufblähen und dann ... zerplatzen.

Sie zerstoben in dem Moment, als die Ärztin sagte: «Sie haben da etwas Größeres im Kopf, was da eigentlich nicht hingehört.» Zwei Tage später lag ich in der Uniklinik. Jetzt hatte ich nur noch die unbändige Hoffnung, den nächsten Hochzeitstag mit meinem Mann lebend zu feiern. Hoffnung macht sich breit – ich durfte weiterleben!

Zwei Jahre danach erkrankte unser geliebter Sohn an einer schweren Psychose. Ich fand mich in der für mich hoffnungslosesten Tiefe wieder. In einem psychotischen Anfall nahm er sich das Leben.

Dennoch – ich weiß, ich habe das Hoffnungs-Los gezogen. Und ich ziehe es immer wieder neu. Drei Worte sind es, die mir hoffnungslosem Menschen zu einem echten Hoffnungs-Los geworden sind: «Du bist geliebt!»

Der lebendige Gott ist Absender dieses Loses. Ich bin von ihm geliebt – gleichgültig, wie ich mich fühle, unabhängig davon, wie viele Träume sterben. Ich bin geliebt – vom ersten Moment meiner Zeugung an. Er hat mich geschaffen, erlöst, begnadigt.

Manchmal war ich allerdings nahe daran, mein Vertrauen in diesen Gott wegzuwerfen, das Hoffnungs-Los «Du bist geliebt» als Niete in den Papierkorb zu werfen. Aber Hoffnung macht sich dennoch immer wieder breit, weil ich merke, dass nicht ich an Gott festhalte, sondern dass er an mir festhält.

Angesichts dessen macht es mir auch Hoffnung, dass die belastende Warum-Frage vor Gott und Menschen ausgesprochen werden darf. Jesus selbst hat dieses Warum hinausgeschrien: «Mein Gott, warum hast du mich verlassen?»

Mitunter hilft es, statt nach dem Warum nach dem Wozu zu fragen. Aber ich kann sicher nicht alle Warum-Fragen meines Lebens durch ein Wozu ersetzen. Für meine Krankheit weiß ich ein Wozu. Ich habe wichtige Dinge gelernt. Für den Tod unseres Sohnes und seine schwere Krankheit bleibt mir das Wozu in der Kehle stecken. Hoffnung macht sich breit, wenn ich mich unter Tränen und Trauer dazu durchringe zu sagen: «Gott, ich verstehe dich nicht, aber ich will dir vertrauen.» Ich bin geliebt, auch wenn ich vieles nicht begreife.

2 «Wie lange willst du noch so weiterreden
und läßt den unbeherrschten Worten freien Lauf?
3 Verdreht Gott, der Allmächtige, etwa das Recht?
Meinst du, daß er sein Urteil jemals widerruft?
4 Deine Kinder müssen gegen ihn gesündigt haben,
darum hat er sie verstoßen und bestraft;
sie haben bekommen, was sie verdienten.
5 Du aber solltest unermüdlich nach Gott suchen
und zum Allmächtigen um Gnade flehen.
6 Wenn du aufrichtig und ehrlich bist,
dann wird er sich noch heute um dich kümmern
und Haus und Hof dir wiedergeben, wie du es verdienst.
7 Was du früher besessen hast,
wird dir gering erscheinen verglichen mit dem,
was Gott dir schenken wird!

8 Schau doch nur auf die früheren Generationen,
und achte auf die Weisheit unserer Väter!
9 Denn unser Leben währt nur kurze Zeit.
Wir wissen gar nichts;
wie ein Schatten huschen unsere Tage vorüber.
10 Aber die Alten können dich
aus ihrer reichen Erfahrung belehren.
Sie sagten:
11 ‹Die Papyrusstaude steht nur dort,
wo Sumpf ist,
und ohne Wasser wächst kein Schilf.
12 Noch ehe es emporwächst,
ehe man es schneiden kann,
ist es schon verdorrt!›
13 Genauso geht es dem, der Gott vergißt;
wer ihm die Treue bricht, hat keine Hoffnung mehr.
14 Worauf er sich stützte, das zerbricht,
und seine Sicherheit zerreißt wie ein Spinnennetz.
15 In seinem Haus fühlt er sich sicher,
aber es bleibt nicht bestehen;
er klammert sich daran, findet aber keinen Halt.
16 Zuerst wächst er auf wie eine Pflanze:
Voller Saft steht sie im Sonnenschein,
und ihre Triebe breiten sich im Garten aus.
17 Die Wurzeln verzweigen sich über die Steine
und finden einen Weg durch jede Ritze.
18 Doch ist die Pflanze mitsamt den Wurzeln einmal ausgerissen,
weiß keiner mehr, wo sie gestanden hat.

19 Wer Gott vergißt, dem geht es ebenso.
Von seinem Glück bleibt nichts mehr übrig,
und andere nehmen seinen Platz ein.

20 Vergiß es nicht:
Gott läßt einen Unschuldigen niemals fallen,
und einen Bösen unterstützt er nicht!
21 Er wird dich wieder lachen lassen
und dir Grund zum Jubel geben,
22 aber deine Feinde werden mit Schimpf und Schande überhäuft,
und ihr Haus wird vom Erdboden verschwinden!»

Ein Hoffnungsschimmer

Ruth Heil

Hiob 8, 21–22

Schwanger mit dem fünften Kind. «Immer noch nichts von Verhütung gehört?», flüstern die einen hinter vorgehaltener Hand. «Können die sich das leisten?», fragen die anderen. «Die Frau ist doch fix und fertig. Und die Wohnung zu klein!»

Mit dem Abtreibungsschein in der Tasche steht sie in meiner Tür. Ihr so genanntes Beratungsgespräch hat sie schon hinter sich. Am Montag soll «es» weggemacht werden. Gute Freunde haben ihr zugeraten. «Du bist es dir schuldig», sagten sie. «Sonst machst du dich kaputt und hast keine Kraft mehr, um die anderen Kinder zu versorgen. Es ist unverantwortlich, dieses Kind auszutragen.»

In Tränen aufgelöst erzählt sie mir von dem Druck, den die anderen ihr machen. Sie selbst spürt, dass sie kaum noch Kraft hat, das Kind auszutragen. Trotz Verhütung ist sie schwanger geworden, zu einem Zeitpunkt, da sie ohnehin mit den Nerven völlig fertig ist. Zudem droht ihrem Mann der Verlust seines Arbeitsplatzes. Und doch merkt sie tief drinnen, dass dieses Kind leben will.

Nach einem langen Gespräch zerreißt sie den Schein. Sie möchte Gott mehr vertrauen als den Prognosen der anderen. Ihm will sie glauben, dass er ihr hindurchhelfen kann.

Die Schwangerschaft ist begleitet von vielen Tränen, von inneren und äußeren Kämpfen. Aber das Kind kommt gesund zur Welt. Zur Riesenfreude aller ist es nach vier Jungs ein Mädchen.

Inzwischen ist Lena der Sonnenschein ihrer Familie. Gott hat dieses Kind schon oft gebraucht, um den Eltern in schweren Zeiten Freude zu geben. «Dieses Kind ist wie ein persönliches Geschenk von Gott», können sie heute übereinstimmend und mit tiefer Dankbarkeit sagen. «Nur der Anfang war sehr schwer. Doch jetzt haben wir allen Grund zum Danken und Freuen.»

Vielleicht sind auch Sie gerade in einer Situation, in der es schwer ist, an einen guten Ausgang zu glauben. Gerade dann gilt Ihnen Gottes Zusage besonders. Gott wird auch Sie wieder lachen lassen und Ihnen Grund zum Jubel geben. Die Feinde werden erkennen müssen, dass Gott mit Ihnen ist.

Hiob: Wie kann ein Mensch vor Gott sein Recht bekommen?

9 Hiob erwiderte:
2 «Das alles weiß ich doch schon längst!
Nur eins verrate mir:[a]
Wie kann ein Mensch vor Gott sein Recht bekommen?
3 Wenn er dich vor Gericht zieht und Anklage erhebt,
weißt du auf tausend Fragen keine Antwort.
4 Gott ist weise, stark und mächtig!
Wer hat sich je erfolgreich gegen ihn gestellt?
5 Ohne Vorwarnung verrückt er Berge,
und wenn er zornig wird, zerstört er sie.
6 Er läßt die Erde zittern und beben,
so daß ihre Säulen schwanken.
7 Er spricht nur ein Wort –
schon verfinstert sich die Sonne,
die Sterne dürfen nicht mehr leuchten.
8 Er allein hat den Himmel ausgebreitet,
ist über die Wogen der Meere geschritten.
9 Den großen Wagen hat er geschaffen,
den Orion, das Siebengestirn
und auch die Sternbilder des Südens.
10 Er vollbringt gewaltige Taten;
unzählbar sind seine Wunder,
kein Mensch kann sie begreifen!

11 Unbemerkt zieht er an mir vorüber;
er geht vorbei, er streift mich,
und ich nehm' es gar nicht wahr!
12 Niemand kann ihn hindern,
wenn er einen Menschen aus dem Leben reißt.
Wer wagt es, ihn zu fragen:
‹Halt! Was tust du da?›?
13 Gott läßt seinem Zorn freien Lauf;
er unterwarf sich seine Feinde,
die dem Meeresungeheuer[b] halfen,
als es sich ihm widersetzte.
14 Und ich? Was kann ich denn erwidern,
mit welchen Worten ihm entgegentreten?
15 Auch wenn ich schuldlos wäre,
könnte ich ihm nichts entgegnen,
nein, ich müßte ihn als meinen Richter noch um Gnade anflehen!
16 Selbst wenn ich darauf drängte,
daß er mir endlich eine Antwort gibt,
würde er mich kaum beachten.
17 Im Gegenteil: Er würde im Orkan mich packen
und grundlos meine Qual vermehren.
18 Er gönnt mir keine Atempause
und sättigt mich mit Bitterkeit.
19 Wollte ich meine Kraft mit ihm messen –
er ist der Stärkere!
Aber es geht ums Recht!
Warum lädt er mich nicht vor,
damit ich mich verteidigen kann?
20 Selbst wenn ich recht hätte,
würde Gott mich zum Geständnis zwingen;
ich müßte mich vor ihm für schuldig erklären,
auch wenn ich schuldlos wäre.
21 Ja, ich bin unschuldig!
Aber es ist mir völlig gleichgültig,
so sehr hasse ich mein Leben!
22 Es ist alles einerlei; deshalb sage ich:

a) «Nur eins verrate mir» ist sinngemäß eingefügt.
b) Wörtlich: Rahab.

Donnerstag

«HERR, WOZU?»

Eleonore van Haaften

Hiob 9, 33

Ich stehe in der Küche, den Telefonhörer in der Hand. Gerade habe ich erfahren, dass eine junge Frau aus unserer Gemeinde nach einem Schlaganfall gestorben ist – nur einen Tag, nachdem sie mit ihrem Mann aus dem Urlaub zurückgekehrt war. Ich bin entsetzt, aber auch empört. Es ist so unfair! Dieses Paar, das erst vor zwei Jahren geheiratet hat, hat dieses Unglück nicht verdient. Beide haben schon einmal ihren Ehepartner verloren. Warum wurde diesem Mann nun auch noch seine zweite Frau genommen? «Herr, wie ist das möglich? Würdest du mir bitte erklären, wieso du das zugelassen hast?»

Kennen Sie auch solche nagenden Fragen: «Herr, wozu? Herr, wieso?»

Hiob hat schweres Leid hinter sich. Doch was heißt hinter sich? Sein Leiden scheint kein Ende zu nehmen! Und eine Erklärung gibt es nicht! Hiob ist ein aufrichtiger, rechtschaffener und gottesfürchtiger Mann (Hiob 1,1). Wieso dann dieses Leid? Hiob verdient doch Besseres!

Tatsächlich ringt Hiob darum, das, was geschehen ist, zu verstehen. Aber er bekommt keine Antworten. Oder doch? Angesichts seines Leidens entdeckt er, wie klein und hilflos er ist und wie groß und mächtig Gott ist. Aus menschlicher Sicht hätte Hiob das Recht, Gott zu befragen. Doch allmählich wird ihm klar, dass er Gott gegenüber nichts einzubringen hat. Er sieht ein, dass er nicht mit Gott vor Gericht gehen kann, auch wenn er sich keiner Schuld bewusst ist. Er darf fragen, aber nicht anklagen. Der Mensch Hiob kann dem allmächtigen Gott nichts vorwerfen. Er kann sich nicht erheben über seinen Schöpfer. Es steht ihm nicht zu, zu sagen: «Das habe ich nicht verdient!», weil er im Grunde nichts verdient hat! Auf einmal sieht Hiob die Distanz zwischen Gott und Mensch. Er erkennt, dass kein Mensch vor Gott bestehen kann. Dieses Unvermögens ist er sich bewusst, als er sagt: «... es gibt keinen, der zwischen dir und mir entscheidet und für Recht sorgt.» Hier, im Alten Testament, bricht die Sehnsucht nach einem Erlöser auf!

Es ist so wichtig, den Unterschied zwischen Selbstrechtfertigung, eigener Gerechtigkeit und Rechtfertigung durch Gott zu kennen. Wir können nur vor Gott bestehen, weil Jesus unser Fürsprecher ist (1. Johannes 2,1). Wenn wir unser Heil bei ihm suchen, hilft er uns, Leid auszuhalten.

«Aber weil Jesus Christus für uns eintritt, dürfen wir mit Zuversicht und ohne Angst zu Gott kommen. Er wird uns seine Barmherzigkeit und Gnade zuwenden, wenn wir seine Hilfe brauchen» (Hebräer 4,16).

Egal, ob du gottlos bist oder fromm –
er bringt dich doch um!
23 Und wenn sein Schlag plötzlich Unschuldige trifft,
dann spottet er noch über ihren Schmerz!
24 Fällt ein Land Tyrannen in die Hände
und werden alle Richter blind für das Recht,
so hat Gott das getan!
Wenn nicht er – wer sonst?

25 Meine Jahre sind vorbeigeeilt,
schneller als ein Läufer,
verschwunden sind sie ohne eine Spur von Glück.
26 Sie gleiten dahin,
geschwind wie ein Boot,
fliegen rascher als ein Adler,
der sich auf die Beute stürzt.
27 Wenn ich mir sage: Jetzt will ich mein Klagen vergessen,
will glücklich sein und mich freuen,
28 dann packt mich doch die Angst,
daß meine Schmerzen wiederkommen.

O Gott, ich weiß es: Du hältst mich für schuldig!
29 Ich bin ja schon verurteilt –
wozu soll ich mich noch abmühen?
30 Wenn ich meine Hände mit Schneewasser wüsche
oder mit Lauge reinigte, als Zeichen meiner Unschuld,
31 dann würdest du mich doch in eine Jauchegrube tauchen,
daß sich selbst meine Kleider vor mir ekelten!

32 Wärst du ein Mensch wie ich,
dann könnte ich dir antworten!
Wir würden beide vor Gericht gehen,
damit der Streit entschieden wird.
33 Aber es gibt keinen, der zwischen dir und mir entscheidet
und für Recht sorgt[a].
34 Hör auf, mich zu bestrafen!
Halte deine Schrecken von mir fern!
35 Dann kann ich endlich frei und furchtlos reden,
denn ich bin mir keiner Schuld bewußt!»

Stell mich nicht als schuldig hin!

10 «Mein Leben ekelt mich an!
Darum will ich der Klage freien Lauf lassen
und mir die Bitterkeit von der Seele reden.
2 Gott, stell mich nicht als schuldig hin!
Erklär mir doch, warum du mich anklagst!
3 Gefällt es dir, daß du mich unterdrückst?
Warum verachtest du mich,
den du selbst so kunstvoll gebildet hast?
Die Pläne gewissenloser Menschen aber führst du zum Erfolg.
4 Hast du denn Menschenaugen?
Siehst du die Dinge nur von außen so wie wir?
5 Sind deine Lebenstage auch begrenzt,
deine Jahre rasch vergangen so wie unsere?

6 Warum suchst du dann nach meiner Schuld
und hast es eilig, jede Sünde aufzuspüren?

a) Wörtlich: der seine Hand auf uns beide legt. – Wahrscheinlich eine symbolische Handlung, mit der ein Schiedsspruch verkündet wurde.

7 Du weißt doch genau, daß ich unschuldig bin
und daß es keinen gibt, der mich aus deiner Hand befreit.

8 Deine Hände haben mich gebildet und geformt.
Willst du dich jetzt von mir abwenden und mich zerstören?
9 Bedenke doch, daß du mich wie Ton gestaltet hast!
Läßt du mich jetzt wieder zu Staub zerfallen?
10 Dir verdanke ich mein Leben:
daß mein Vater mich zeugte
und ich im Mutterleib Gestalt annahm.[a]
11 Mit Knochen und Sehnen hast du mich durchwoben,
mit Muskeln und Haut mich bekleidet.
12 Ja, du hast mir das Leben geschenkt
und mir deine Güte erwiesen;
deine Fürsorge hat mich stets bewahrt.
13 Aber tief in deinem Herzen denkst du anders;
in Wirklichkeit hast du dies beschlossen:
14 Auf jedes Vergehen willst du mich festnageln
und mich von meiner Schuld nicht mehr freisprechen.
15 Habe ich mich schuldig gemacht,
dann bin ich verloren!
Doch auch wenn ich im Recht bin,
kann ich nicht zuversichtlich sein,
denn man überhäuft mich mit Schande,
und mein Elend steht mir ständig vor Augen.
16 Will ich mich behaupten, jagst du mich wie ein Löwe
und richtest mich wieder schrecklich zu.
17 Einen Zeugen nach dem anderen läßt du gegen mich auftreten,
dein Zorn wird nur noch größer,
auf immer neue Art greifst du mich an.

18 Warum hast du zugelassen,
daß ich geboren wurde?
Wäre ich doch gleich gestorben,
kein Mensch hätte mich je gesehen!
19 Vom Mutterleib direkt ins Grab!
Ich wäre wie einer, den es nie gegeben hat.
20 Wie kurz ist mein Leben! Schon fast vergangen!
Laß mich jetzt in Frieden, damit ich noch ein wenig Freude habe!
21 Bald muß ich gehen und komme nie mehr wieder.
Ich gehe in ein Land, wo alles schwarz und düster ist,
22 ins Land der Dunkelheit und tiefen Nacht,
ein Land, in dem es keine Ordnungen mehr gibt,
wo selbst das Licht nur schwarz ist wie die Nacht.»

Zofar: Gottes Weisheit kannst du nicht begreifen!

11 Darauf erwiderte Zofar aus Naama:

2 «Soll diese Flut von Worten ohne Antwort bleiben?
Darf denn ein Schwätzer recht behalten?
3 Meinst du etwa, dein leeres Gerede verschlägt uns die Sprache?
Willst du weiter spotten,
ohne daß dich jemand zurechtweist?

a) Wörtlich: Hast du mich nicht wie Milch ausgegossen und wie Käse gerinnen lassen?

Freitag

Liebevolle Fürsorge

Helen Lescheid

Hiob 10, 12

Genau wie Hiob hatte ich das Gefühl, von Not regelrecht belagert zu sein. Viele Jahre befand sich mein Mann schon in einer Klinik. Obwohl die Ärzte mir sagten, dass er wohl nie wieder gesund werden würde, weigerte ich mich, die Hoffnung aufzugeben. «Gott wird unsere Gebete um Heilung erhören», dachte ich. Doch alle Bemühungen, meinem Mann zu helfen, brachten nicht das gewünschte Ergebnis. – Der permanente Stress fing an, seinen Tribut von meiner Gesundheit zu fordern. Etwa zur gleichen Zeit zogen unsere fünf Kinder aus. Ich fühlte mich verlassen und zutiefst missverstanden. Als ich das Haus, das unserer Familie 26 Jahre lang Heimat gewesen war, verkaufen musste, kam ich mir völlig entwurzelt vor. Zu allem Unglück verlor ich auch noch meine Arbeitsstelle, was mich in finanzielle Schwierigkeiten stürzte. Wie gut konnte ich mich mit Hiob, der einen Verlust nach dem anderen erlitten hatte, identifizieren! Ich hatte das Gefühl, dass trotz unserer Gebete alles seinen natürlichen Verlauf genommen hatte – so, als ob wir überhaupt nicht gebetet hätten.

Eines Tages machte ich einen Spaziergang. Ich sah, wie ein Bauer mit einem Traktor sein Feld bearbeitete. Ich wusste, dass der Mann zu keiner Kirche gehörte. Früher hatte er mir immer Leid getan, aber jetzt dachte ich nur: «Ich weiß, warum du nicht in die Kirche gehst. So kannst du wenigstens nicht dermaßen von Gott enttäuscht werden wie ich.»

«Und du meinst wirklich, er sei besser dran als du?», meldete sich eine leise Stimme in meinem Innern. «Bei wem kann er sich denn seine Schwierigkeiten von der Seele reden?»

«O Gott, vergib mir», flüsterte ich. Natürlich war ich in einer ungleich besseren Lage als er! Im Gegensatz zu ihm hatte ich einen Vater im Himmel, der mich innig liebte. In all diesen schweren Jahren war ich immer wieder mit meinen Problemen zu ihm gelaufen, und er hatte mich mit offenen Armen empfangen. Oft hatte er mir genau im richtigen Moment Hilfe geschickt. Er hatte meinen Weg immer wieder mit frohen Augenblicken bestreut. Und wenn ich allzu erschöpft war, hatte er mich getragen.

Heute kann ich sagen: Gott hat meine Traurigkeit in Freude verwandelt. Mein Mann lebt inzwischen in einem Wohnheim. Gott hat mich wieder gesund gemacht, und auch meine Kinder sind zurückgekommen. Durch schriftstellerische Arbeiten kann ich viele traurige und verletzte Menschen mit der Botschaft von Gottes Liebe erreichen.

Auch wenn Sie vom Leben enttäuscht sein mögen, wird Gott Sie doch nie im Stich lassen. Gerade in schweren Zeiten können Sie seine Güte und liebevolle Fürsorge in einer tieferen Weise erleben. Er ist und bleibt treu.

Heilung

Sarah Koeshall

Gepriesen sei Gott, der Vater unseres Herrn Jesus Christus, der Vater voller Barmherzigkeit, der Gott, der uns in jeder Not tröstet (2. Korinther 1,3).

Es war ein schöner Tag im Februar. Meine Mutter und ich packten meine Koffer voll mit medizinischen Instrumenten. Seit über drei Jahren waren ganze Schränke bei uns mit Infusionsschläuchen, Infusionsbeuteln, Nadeln, Spritzen, Medikamenten und medizinischen Handschuhen gefüllt gewesen. Ich hatte diese medizinischen Hilfsmittel geschenkt bekommen, als ich sie brauchte, und wollte sie dorthin geben, wo sie jetzt benötigt wurden. Denn ich hatte keine Verwendung mehr für sie ...

Drei Jahre lang war ich über Schläuche ernährt worden, nachdem mein Verdauungstrakt plötzlich aufgehört hatte zu arbeiten. Damals war ich 15 Jahre alt, und es bestand die Gefahr, dass ich plötzlich sterben könnte. Obwohl die Ärzte auf jede erdenkliche Weise – durch Operationen und Medikamente – versuchten, mir das Essen wieder zu ermöglichen, wurde die Situation immer hoffnungsloser.

In meinen dunkelsten Stunden, wenn körperlicher Schmerz meine Kräfte aufzehrte, ließ ich meine Tränen fließen – als ein Gebet um Hilfe. Ich wusste, ich konnte Gott vertrauen, dass er meinen Kopf streichelte und mich in seinen Armen hielt, bis der Sturm vorbei war. Die bittersten Momente hat er durch seine Gegenwart erhellt. Meine Eltern hatten mir das kostbare Geschenk gegeben zu verstehen, was es bedeutet, ein Kind Gottes zu sein.

Mein Vater im Himmel wollte, dass ich auf ihn wartete. Warten bedeutet, dass am Ende etwas passiert, sei es im Himmel oder auf der Erde. Auf Gott zu warten heißt, dass sich etwas ereignen würde, auf das es sich zu warten lohnt. Nach vielen Monaten griff Gott plötzlich ein und heilte mich von meiner Krankheit.

Die Bibel spricht oft davon, dass Leiden uns läutern, uns für die Herrlichkeit vorbereiten, die in uns offenbart werden wird, uns kostbarer machen als Gold. Doch Gott hat seine Arbeit in meinem Leben nicht damit beendet, dass er mich körperlich geheilt hat. Nein, es bedeutet nur, dass er einen größeren Plan für den Rest meines Lebens hat, auf den es sich ganz bestimmt zu warten lohnt.

[4]Du sagst zu Gott:
‹Meine Urteile sind völlig richtig!
In deinen Augen bin ich rein!›

[5]Hiob, ich wünsche nichts
sehnlicher,
als daß Gott mit dir redet
[6]und dir zeigt,
wie unendlich tief seine Weisheit ist!
Sie hat so viele Seiten!
Kein Mensch kann sie begreifen!

Glaub mir:
Gott sieht über viele deiner Sünden
hinweg!
[7]Kannst du die Geheimnisse Gottes
erforschen
und die Vollkommenheit des
Allmächtigen erfassen?
[8]Der Himmel oben setzt Gott keine
Grenze – dir aber allemal[a]!
Gott kennt die Welt der Toten unten
in der Tiefe – du aber nicht!
[9]Seine Größe überragt die Erde
und reicht weiter als das Meer!
[10]Wenn er kommt,
dich gefangennimmt und dann
Gericht hält –
wer kann ihn daran hindern?
[11]Nichtsnutzige Menschen kennt er
ganz genau;
er sieht ihr böses Treiben,
auch wenn sie ihn nicht beachten.
[12]Ein Hohlkopf kommt nicht zur
Vernunft,
genausowenig wie ein Wildesel als
Mensch geboren wird.

[13]Hiob, faß einen klaren Entschluß:
Streck deine Hände empor und bete
zu Gott!
[14]Mach deinen Fehler wieder gut,
und laß in deinen Zelten kein neues
Unrecht geschehen!
[15]Dann kannst du jedem wieder
offen ins Gesicht sehen,
unerschütterlich und furchtlos stehst
du im Leben deinen Mann!
[16]Bald schon wird all dein Leid
vergessen sein
wie Wasser, das versickert ist.
[17]Dann kann dein Leben noch
einmal beginnen
und leuchten wie die Mittagssonne,
auch die dunkelsten Stunden werden
strahlen wie der lichte Morgen.
[18]Dann hast du endlich wieder
Hoffnung
und kannst zuversichtlich sein.
Abends siehst du noch einmal nach
dem Rechten
und legst dich dann in Frieden
schlafen.
[19]Kein Feind schreckt dich auf – im
Gegenteil:
Viele werden sich um deine Gunst
bemühen.
[20]Aber alle, die Gott mißachten,
schauen sich vergeblich nach Hilfe
um;
sie haben keine Zuflucht mehr!
Ihnen bleibt nur noch der letzte
Atemzug.»

Hiob: Was ihr wißt, weiß ich auch!

12 Darauf entgegnete Hiob:

[2]«Jawohl, ihr habt die Weisheit
gepachtet,
und mit euch stirbt sie eines Tages
aus!
[3]Auch ich habe Verstand, genauso
wie ihr;
ich stehe euch in nichts nach.
Was ihr sagt, weiß doch jeder!
[4]Aber jetzt lachen sogar meine
Freunde mich aus,

a) Wörtlich: Was willst du tun?

Der Plan des Allmächtigen

Anne Graham Lotz

Hiob 11, 7

Ein kleiner Junge war wochenlang damit beschäftigt, ein Spielzeugboot aus einem Holzklotz zu schnitzen. Zuletzt ritzte er liebevoll seine Initialen in die Unterseite ein. Er befestigte sorgfältig eine Schnur an dem Spielzeug, um es zurückziehen zu können, falls es zu weit vom Ufer treiben sollte. Voller Faszination sah der Junge zu, wie sein Boot sacht auf den Wellen schaukelte. Er freute sich, als der Wind in die Segel fuhr und es rasch in die Mitte des Flusses trieb. Doch vor lauter Begeisterung ließ er die Schnur los, und das Boot wurde mit dem Strom davongetragen. Der kleine Junge lief am Ufer entlang, rief seinem Boot zu, versuchte, es mit einem Stock zu angeln – doch vergeblich: es entschwand seinen Blicken. Der Junge war zutiefst erschüttert.

Einige Wochen später ging er an einem Spielzeugladen vorbei. Überrascht blieb er stehen: Dort im Schaufenster stand sein Boot! Hastig betrat der Junge den Laden und griff danach. Er drehte es um, und tatsächlich: seine Initialen waren im Schiffsboden eingeritzt. Er lief zu dem Geschäftsinhaber und rief: «Dies hier ist mein Boot! Ich habe es gemacht!» Dann erzählte er dem Mann die Geschichte. Der sah ihn gleichgültig an und entgegnete: «Jetzt gehört es mir! Wenn du es willst, musst du es kaufen.»

Der kleine Junge traute seinen Ohren nicht. Wenn er es haben wollte, musste er dafür bezahlen! Genau das würde er tun. Er mähte den Rasen, putzte die Fenster – er tat alles, was irgendwie Geld einbrachte. Schließlich hatte er genug zusammen. Mit zitternden Fingern zählte er dem Verkäufer seine Pfennig-Stücke in die Hand. Dann drückte der Junge das Boot mit triumphierender Freude an seine Brust und sagte leise: «Junge, Junge! Jetzt gehörst du mir doppelt! Erst habe ich dich gemacht, und dann habe ich dich gekauft!»

Wie dem Jungen ist es auch Gott ergangen: Er hat Sie geschaffen. Er hat die Initialen seines Bildes in Ihr Leben eingraviert. Doch Sie sind in den Strudel der Sünde geraten, sind ihm aus der Hand geglitten und in die Welt gespült worden. Lange Zeit hat er dafür gearbeitet, alle notwendigen Vorbereitungen zu treffen, um Sie zurückzukaufen. Schließlich war es so weit. Sein Plan dazu geht über alles menschliche Verstehen hinaus. Der Preis, den er bezahlte, war das Blut seines eigenen Sohnes. Als Jesus Christus aus dem Grab auferstand, hat er Sie, um im Bild zu bleiben, an sein Herz gedrückt und triumphierend geflüstert: «Mädchen, Mädchen! Du gehörst mir doppelt! Bei der Schöpfung habe ich dich gemacht, und am Kreuz habe ich dich gekauft!»

obwohl ich unschuldig bin
und keiner mir etwas Schlechtes
nachsagen kann.

Früher hat Gott meine Gebete
erhört.
Er gab mir Antwort, wenn ich zu ihm
rief.
5 Alle, die in Sicherheit leben,
behaupten:
‹Wen das Unglück trifft, den darf
man verachten;
was fallen will, das soll man ruhig
noch stoßen!›
6 Die Gewalttätigen bleiben
unbehelligt.
Sie fordern Gott heraus
und leben doch sicher und ungestört.
Das Schwert in ihrer Faust – das ist
ihr Gott!

7 Von den Tieren draußen kannst du
vieles lernen,
schau dir doch die Vögel an!
8 Frag nur die Erde und die Fische im
Meer;
hör, was sie dir sagen!
9 Wer von diesen allen wüßte nicht,
daß der Herr sie mit seiner Hand
geschaffen hat?
10 Alle Lebewesen hält er in der
Hand,
den Menschen gibt er ihren Atem.
11 Soll nicht mein Ohr eure Worte
prüfen,
so wie mein Gaumen das Essen
kostet?
12 Man sagt, Weisheit sei bei den
Alten zu finden
und ein langes Leben bringe
Erfahrung.
13 Doch Gott allein besitzt Weisheit
und Kraft,
nie wird er ratlos; er weiß, was er tun
soll.
14 Was er abreißt, wird nie wieder
aufgebaut,
und wenn er einen Menschen
einschließt,
kann keiner ihn befreien.
15 Hält er den Regen zurück,
dann wird das Land von Dürre
geplagt;
läßt er die Wasserfluten los,
dann wühlen sie es um.
16 Er allein besitzt Macht!
Was er sich vornimmt, das gelingt.
Gott hat beide in der Hand:
den, der sich irrt,
und den, der andere irreführt.
17 Königliche Ratgeber nimmt er
gefangen;
erfahrene Richter macht er zu Narren.
18 Gefangene eines Königs befreit er,
doch den König selbst legt er in
Fesseln.
19 Er führt die Priester weg mit
Schimpf und Schande
und vertreibt alteingesessene
Familien.
20 Berühmten Rednern entzieht er
das Wort,
den Alten nimmt er die Urteilskraft.
21 Fürsten gibt er der Verachtung
preis,
und die Mächtigen macht er
schwach.
22 Die Dunkelheit überflutet er mit
Licht,
ja, die tiefsten Geheimnisse deckt er
auf.
23 Er läßt Völker mächtig werden
und richtet sie wieder zugrunde;
er macht ein Volk groß und vertreibt
es wieder.
24 Ihren Königen nimmt er den
Verstand
und führt sie hoffnungslos in die Irre.
25 Im Dunkeln tappen sie umher
und torkeln wie Betrunkene.»

Liebe hilft auf

Joni Eareckson Tada

Hiob 12, 5

Es kommt wahrscheinlich nicht alle Tage vor, dass ein Gleichnis vor den eigenen Augen Wirklichkeit wird. Doch an jenem Morgen, als ich mit meinem Mann Ken zur Behinderten-Olympiade fuhr, durfte ich es erleben.

Ich platzierte meinen Rollstuhl in der Nähe der Haupttribüne. Von dort aus konnte ich Ken, der als Koordinator bei den Spielen mitwirkte, besonders gut beobachten. Wenige Minuten später war es so weit. Der 50-Meter-Lauf konnte beginnen. Die Startpistole knallte – und los ging's. Sechs Läufer bewegten sich mehr oder weniger ruckartig und schlingernd über die Aschenbahn, von den lauten Beifallsrufen der Menge angefeuert. Manche sprangen, einige stolperten, aber alle rannten – so gut sie eben konnten – auf das Ziel zu.

Plötzlich scherte einer der Läufer – ein geistig behinderter Junge in einem blauen T-Shirt – aus der Reihe aus und rannte seitwärts auf seine Freunde zu, die auf dem Rasen standen. Ken trillerte auf seiner Pfeife, schwenkte die Arme und rief dem Jungen zu, er solle wieder auf die Aschenbahn zurückkehren. Vergebens – dieser Sprinter war fest entschlossen, von der Ziellinie wegzulaufen.

In diesem Augenblick hatte eine andere Teilnehmerin – ein Mädchen mit Down-Syndrom, das dicke Brillengläser trug – den Abstecher des Jungen bemerkt. Nur wenige Meter vor der Ziellinie stoppte sie und ließ die anderen an sich vorbeirennen. Sie rief ihrem Kameraden auf dem Spielfeld zu: «He, du, komm hierher!»

Als der Junge ihre Stimme hörte, blieb er stehen und sah sich, leicht verwirrt, um. Keuchend, aber mit lächelndem Gesicht lief die Kleine auf ihn zu und umarmte ihn stürmisch. Dann kehrten sie einträchtig auf die Aschenbahn zurück und liefen die letzten paar Meter Hand in Hand – nachdem die anderen Teilnehmer schon längst die Ziellinie überquert hatten.

Die Menge hatte sich von den Plätzen erhoben, hingerissen von dem ergreifenden Anblick. Einige applaudierten, andere riefen Beifall, aber die meisten waren, so wie ich, starr vor Staunen. Nur mit Mühe hielten wir unsere Tränen zurück. Wir wussten, dass sich soeben etwas Außergewöhnliches vor unseren Augen abgespielt hatte.

Wenn ich wirklich möchte, dass Jesus in meinem Leben verherrlicht wird, darf ich bei meinem Glaubenslauf nicht mir selbst gefallen wollen, sondern meinem Herrn. Ich kann meine Arme ausbreiten, um den Fallenden aufzufangen, kann mich dem zuwenden, der die Orientierung verliert. Und das bedeutet nicht selten, dass ich anhalte und mir die Zeit nehme, einem Menschen aufzuhelfen, der schwächer ist als ich selbst, damit auch er das Ziel erreicht.

Wollt ihr für Gott Partei ergreifen?

13 «Das alles ist mir bestens bekannt!
Ich habe es mit eigenen Augen gesehen,
und andere haben es mir berichtet.
2 Was ihr wißt, weiß ich auch,
ich stehe euch in nichts nach!
3 Aber ich will mit dem Allmächtigen reden,
vor ihm will ich mich verteidigen.
4 Ihr übertüncht ja die Wahrheit mit euren Lügen!
Kurpfuscher seid ihr allesamt!

5 Wenn ihr doch nur schweigen würdet,
dann könnte man euch noch für weise halten!
6 Hört jetzt, was ich zu meiner Verteidigung sage,
und gebt acht, wie ich meinen Fall vortrage!
7 Wollt ihr für Gott lügen
und mit falschen Aussagen für ihn eintreten?
8 Wollt ihr Partei für ihn ergreifen
und seinen Streit ausfechten?
9 Das kann doch nicht gutgehen!
Meint ihr, daß er sich täuschen läßt,
wenn er euch ins Verhör nimmt?
10 Zurechtweisen wird er euch,
weil ihr heimlich für ihn Partei ergreift!
11 Sein Erscheinen wird euch zu Tode erschrecken,
die Angst wird euch packen!
12 Eure tiefsinnigen Sprüche sind wertlos wie ein Häufchen Asche!
Eure Verteidigung zerbröckelt wie Lehm!

13 Schweigt jetzt! Ich will reden, komme, was da wolle!
14 Ich bin bereit, Kopf und Kragen zu riskieren,
ja, ich setze mein Leben aufs Spiel!
15 Gewiß wird Gott mich töten,
dennoch vertraue ich auf ihn,
denn ich will mein Leben vor ihm verantworten.
16 Schon das wird meine Rettung sein,
denn wer mit Gott gebrochen hat,
darf gar nicht erst in seine Nähe kommen!
17 Hört jetzt genau zu, wenn ich meinen Fall klarstelle!
Achtet auf jedes Wort!
18 Ich habe mich auf die Verhandlung bestens vorbereitet
und bin sicher, daß ich recht behalte.
19 Kann mir jemand eine Schuld nachweisen?
Dann will ich schweigen und auf der Stelle sterben.
20 Aber zuerst habe ich noch zwei Bitten an dich, o Gott;
erfülle sie mir, damit ich dir überhaupt begegnen kann:
21 Nimm dieses schmerzhafte Leiden von mir
und die schreckliche Angst, mit der du mich plagst!
22 Rede du zuerst, dann werde ich antworten,
oder laß mich beginnen, und dann antworte du!

23 O Gott, sag mir: Wo bin ich schuldig geworden?
Welche Sünden habe ich begangen?
Wo habe ich dir die Treue gebrochen?
24 Warum ziehst du dich von mir zurück
und betrachtest mich als deinen Feind?
25 Warum verfolgst du mich und jagst mir Schrecken ein?
Ich bin doch nur ein welkes Blatt, ein dürrer Halm!
26 Ein bitteres Los hast du über mich verhängt;

Wenn das Happyend ausbleibt …

Silke Janssen

Hiob 13, 20–22

Hiobs Geschichte ist den meisten Leuten bekannt. Deswegen lesen sie sie vom Happyend her. Doch wer kann Hiob in den Stunden verstehen, als es ihm schlecht geht; als er sterbenskrank ist, kein Arzt und keine Medizin hilft? Als er eine Todesnachricht nach der anderen bekommt, weil seine Kinder und Mitarbeiter sterben; als sein Hab und Gut vernichtet ist durch unglückliche Umstände?

Hiob muss unzumutbare Schicksalsschläge hinnehmen. Wie sollte er da nicht an Gott irrewerden? Er muss doch denken, dass Gott ihn verstoßen oder verlassen hat! Ist es nicht nahe liegend, anzunehmen, dass Gott sich aus seinem Leben ganz zurückgezogen hat und ihn nunmehr völlig schutzlos den Orkanen des Lebens aussetzt? Wie sonst kann ihm so grenzenloses Unglück widerfahren?

Hiob hat keine Antwort darauf. Doch er bleibt auf seine Weise auch in dieser aussichtslosen Situation Gott in seinem Herzen treu. Denn mit wem kommuniziert Hiob? Mit Gott! Er bittet ihn in all seiner Verzweiflung: «Tu was! Erlöse mich von diesem Leid! Sprich mit mir! Sag was, rede! Oder hör mir wenigstens zu und antworte dann. Aber sei mein Gesprächspartner, mein Gegenüber, mit dem ich mich austauschen kann. Sei du doch der, der reagiert. Denn ich weiß, dass du da bist und dass du vor allem für mich da bist. Denn du bist mein Gott.»

Das ist Glauben. Auch wir dürfen wissen: Gott trägt jede Situation mit und ist in jedem Moment als Gesprächspartner für uns da.

du strafst mich sogar für die Sünden
meiner Jugend.
27 Du legst meine Füße in Ketten,
beobachtest jede Bewegung
und bewachst mich auf Schritt und
Tritt[a].
28 So zerfalle ich langsam wie ein
Holz, das vermodert,
wie ein Kleid, das die Motten
fressen.»

Gott, versteck mich doch bei den Toten!

14 «Wie vergänglich ist der
Mensch!
Wie kurz sind seine Jahre!
Wie mühsam ist sein Leben!
2 Er blüht auf wie eine Blume –
und verwelkt;
er verschwindet wie ein Schatten –
und fort ist er!
3 Und doch verlierst du ihn nicht aus
den Augen
und stellst ihn vor dein Gericht!
4 Von Geburt an sind wir mit Schuld
beladen
und bringen nichts Gutes zustande –
keiner von uns![b]
5 Die Jahre eines jeden Menschen
sind gezählt;
die Dauer seines Lebens hast du
festgelegt.
Du hast ihm eine Grenze gesetzt,
die er nicht überschreiten kann.
6 So schau jetzt weg von ihm,
damit er Ruhe hat und seines Lebens
noch froh wird,
wie ein Arbeiter am Feierabend!

7 Für einen Baum gibt es immer noch
Hoffnung,
selbst wenn man ihn gefällt hat;
aus dem Stumpf wachsen wieder
frische Triebe nach.
8 Auch wenn seine Wurzeln im
Erdreich absterben
und der Stumpf langsam im Boden
vertrocknet,
9 erwacht er doch zu neuem Leben,
sobald er Wasser bekommt.
Neue Triebe schießen empor wie bei
einer jungen Pflanze.
10 Aber wenn ein Mensch gestorben
ist,
dann ist er dahin.
Er hat sein Leben ausgehaucht. Wo
ist er nun?
11 Wie Wasser, das aus einem See
ausläuft,
und wie ein Flußbett, das
vertrocknet,
12 so ist der Mensch, wenn er stirbt:
Er legt sich nieder und steht nie
wieder auf.
Ja, die Toten werden niemals
erwachen,
solange der Himmel besteht!
Nie wieder werden sie aus ihrem
Schlaf erweckt!

13 O Gott, versteck mich doch bei den
Toten!
Schließ mich für eine Weile dort ein,
bis dein Zorn verflogen ist!
Aber setz dir eine Frist und denk
dann wieder an mich! –
14 Meinst du, ein Mensch wird wieder
lebendig,
wenn er gestorben ist? –
Dort bei den Toten würde ich warten
und die Tage zählen wie ein
Zwangsarbeiter,
bis er entlassen wird.
15 Aber dann wirst du mich rufen,
und ich werde kommen.

a) Wörtlich: und ritzt die Sohlen meiner Füße ein.
b) Wörtlich: Wie könnte ein Reiner vom Unreinen kommen? Nicht einer!

An der Grenze des Lebens

Joni Eareckson Tada

Hiob 14, 5

Der gefürchtete Albtraum, den meine Schwestern und ich als Heranwachsende aus unserer Vorstellung verdrängt hatten, war Wirklichkeit geworden: Unser Vater war mit seinen 90 Jahren nur noch ein Schatten seiner selbst. Mehrere Schlaganfälle hatten ihn körperlich und geistig total geschwächt. Uns tat das Herz weh bei dem Gedanken, dass er wahrscheinlich bald sterben würde.

Innerhalb von knapp 14 Tagen verfiel er zusehends. Wir alle litten mit und hielten gründliche Rücksprache mit den Ärzten. Nach viel Gebet und schmerzlichen Diskussionen kamen wir zu der Entscheidung, sein Sterben nicht künstlich zu verlängern. Rund um die Uhr waren meine Mutter oder eine meiner Schwestern bei ihm. – Nach wenigen Tagen erhielt ich einen Telefonanruf von meiner Schwester Jay. Sie teilte mir mit, dass Papa gestorben war.

Wo liegt der Unterschied zwischen der Pflicht einerseits, einem Menschen so viel an Leben zu ermöglichen, wie ihm zusteht, und der Möglichkeit andererseits, sein «Sterben künstlich zu verlängern»? Manche Entscheidungen sind leicht zu treffen. «Du sollst nicht töten» ist ein offensichtliches Verbot. Doch wird es schon dadurch übertreten, dass man sich weigert, einen Todkranken mit Medikamenten voll zu pumpen oder an irgendwelche Apparate anzuschließen? Und halt – steht es uns wirklich frei, den Stecker herauszuziehen, selbst wenn es offensichtlich ist, dass es rapide zu Ende geht?

Die Bibel ist auch hier die Quelle unserer Entscheidungsfindung. Sie betont, dass das Leben kostbar ist – wir müssen sichergehen, ob der Tod unvermeidlich ist – und die Liebe zu Gott und den Menschen an erster Stelle stehen muss. Weiter verlangt sie von uns, unsere Motive zu überprüfen, dem Gewissen nicht zuwiderzuhandeln und dem leidenden Menschen jeden nur möglichen Zugang zu der göttlichen Gnade offen zu halten. Zu einer weisen Entscheidung gehören «viele Ratgeber» (Sprüche 11,14): Der Arzt, der die Fakten kennt, der Patient, der seine Wünsche artikuliert hat, die Familie, der es um das Wohl des Angehörigen geht, und der Pastor, der vom Wort Gottes her Rat geben kann.

Zur Euthanasie (dem bewussten, aktiven Herbeiführen des Todes eines Schwerkranken oder der Beihilfe dazu) spricht die Bibel ein kategorisches Nein: Es lässt sich niemals rechtfertigen, dass jemand versucht, Leiden dadurch zu lindern, dass er den Tod herbeiführt.

Hiob 14,5 redet sonnenklar: «Die Jahre eines Menschen sind gezählt, die Dauer seines Lebens hast du festgelegt ...» Gott ist der Herr über Leben und Tod.

Du wirst dich nach mir sehnen,
weil du selbst mich geschaffen hast.
16 Meine Wege siehst du auch dann noch,
aber meine Sünden hältst du mir nicht mehr vor.
17 Was immer ich begangen habe,
ist dann vergeben und vergessen,[a]
meine Schuld löschst du für immer aus.

18 Berge stürzen und zerfallen,
Felsen rutschen zu Tal.
19 Wasser zermahlt die Steine zu Sand,
und Sturzbäche reißen den Erdboden fort.
Genauso zerstörst du jede Hoffnung des Menschen.
20 Du überwältigst ihn, zwingst ihn zu Boden;
mit entstelltem Gesicht liegt er da und stirbt.
Du schickst ihn fort – er kommt nie wieder.
21 Ob seine Kinder einst berühmt sind
oder ob man sie verachtet,
er weiß nichts davon.
Ihre Zukunft bleibt ihm völlig verborgen.
22 Er fühlt nur die eigenen Schmerzen
und trauert nur über sich selbst.»

Elifas: Du zerstörst die Ehrfurcht vor Gott!

15 Da antwortete Elifas aus Teman:
2 «Und du willst ein weiser Mann sein, Hiob?
Leere Worte! Du machst nichts als leere Worte![b]
3 Kein Weiser würde reden so wie du!
Wie du dich wehrst und zurückschlägst!
Das ist doch völlig nutzlos!
Was du sagst, hat keinen Wert!
4 Wenn du so weitermachst,
wird niemand mehr Ehrfurcht vor Gott haben,
niemand wird sich noch auf ihn besinnen.
5 Hinter vielen Worten willst du deine Schuld verstecken,
listig lenkst du von ihr ab!
6 Ich muß dich gar nicht schuldig sprechen –
du selbst tust es;
jedes deiner Worte klagt dich an.

7 Bist du als erster Mensch geboren worden,
noch ehe Gott die Berge schuf?
8 Kennst du etwa Gottes Pläne,
hast du die Weisheit gepachtet?
9 Was weißt du denn, das wir nicht auch schon wüßten;
was du begriffen hast, begreifen wir schon längst!
10 Hinter uns stehen alte, weise Männer,
die älter wurden als dein Vater.

11 Hiob, Gott will dich trösten!
Ist dir das gar nichts wert?
Durch uns redet er dich freundlich an.
12 Was erlaubst du dir!
Du läßt dich vom Ärger mitreißen,
aus deinen Augen sprüht der Zorn;
13 so ziehst du gegen Gott zu Felde
und klagst ihn erbittert an!
14 Welcher Mensch ist wirklich schuldlos,

a) Wörtlich: Meine Sünde wäre im Beutel versiegelt.
b) Wörtlich: Darf ein Weiser mit windigem Wissen antworten und seinen Bauch mit Ostwind füllen?

Freitag

Wenn der Gerechte leidet

Rosemarie Bräumer

Hiob 15, 17–35

Immer wieder begegnen wir in «Lobetal», einer diakonischen Einrichtung für 890 geistig und mehrfach behinderte Menschen, der fatalen Meinung: Ein behindertes Kind ist eine Strafe Gottes. Auch aus dem Mund von Christen kann man so etwas hören. Sie berufen sich dabei auf übernommenes, altehrwürdiges Väterwissen. Und schrecken nicht einmal davor zurück, ihre furchtbare Lehre mit der Bibel begründen zu wollen.

Mit ihrer These «Böse Saat kann keine gute Frucht erwarten» sind sie auf einer Linie mit Elifas aus Teman, einem der drei Freunde Hiobs. Eigentlich war Elifas von weit her angereist, um Hiob in seinem schweren Leid zu trösten. Doch wie viele religiöse Experten redet Elifas nicht mit Gott, sondern über Gott. In selbstgefälliger Weise vertritt er vor seinem schwergeprüften Freund eine starre, festgelegte Theologie der Vergeltung. Er maßt sich in seiner Überheblichkeit an, als Anwalt Gottes die Vorgehensweise des Allmächtigen zu kennen. Solche unbiblischen, unheilvollen Worte greifen Gott vor und treiben den Betroffenen oft in die Verzweiflung.

Auf das «Warum» eines Leides oder einer Behinderung gibt es auf dieser Erde keine Antwort. Nicht selten haben wir jedoch erlebt, dass das Leid nicht im Chaos endet, sondern Anlass ist für eine persönliche Entscheidung, ein Leben in der Nachfolge Jesu zu führen.

wer kann vor Gott bestehen?
15 Selbst seinen Engeln vertraut Gott nicht,
in seinen Augen ist sogar der Himmel unvollkommen.
16 Wieviel mehr die Menschen:
Abscheulich und verdorben sind sie,
am Unrecht trinken sie sich satt,
als wäre es Wasser!

17 Hör mir zu, Hiob!
Ich will dir etwas erklären, was ich aus eigener Erfahrung weiß,
18 es stimmt auch mit den Worten der alten, weisen Männer überein.
Sie wiederum haben es von ihren Vätern gelernt,
19 denen damals das Land ganz allein gehörte,
von jedem fremden Einfluß unberührt[a].
20 Sie sagten: Der Gewalttäter zittert vor Angst,
er, der von Gott nichts wissen wollte,
hat nicht mehr lange zu leben.
21 Schreckensrufe gellen ihm in den Ohren,
mitten im Frieden wird ihn der Attentäter überfallen.
22 Er glaubt nicht mehr,
daß er der Finsternis entkommen wird.
Das Schwert des Mörders wartet schon auf ihn.
23 Auf der Suche nach Nahrung irrt er umher,
aber findet nichts.
Er weiß, daß bald sein letztes Stündlein schlägt.
24 Ihn packt das Grauen,
Verzweiflung überfällt ihn wie ein König,
der zum Angriff bläst.
25 Denn er hat Gott mit der Faust gedroht
und wagte es, den Allmächtigen zu bekämpfen.
26 Starrköpfig wie er war,
rannte er gegen Gott an
mit seinem runden, dicken Schild.
27 Ja, er fühlte sich stark,
wurde selbstsicher und überheblich, [b]
28 aber er wird an verwüsteten Orten hausen,
in halbzerfallenen Häusern,
in denen es keiner mehr aushält,
die bald nur noch Ruinen sind.

29 Dieser Mensch wird seinen Reichtum nicht behalten,
und sein Besitz ist nur von kurzer Dauer.
30 Der Finsternis wird er nicht entrinnen;
er ist wie ein Baum,
dessen Zweige das Feuer versengt.
Gott spricht nur ein Wort,
und schon ist er nicht mehr da.
31 Wenn er auf Werte vertraut,
die nicht tragen,
betrügt er sich selbst,
nur Enttäuschung wird sein Lohn sein.
32 Früher als er denkt,
wird Gottes Vergeltung ihn treffen.
Dann verwelkt er und wird nie wieder grünen.
33 Er gleicht einem Weinstock,
der die Trauben verliert,
und einem Ölbaum,
der seine Blüten abwirft.

34 So geht es allen, die Gott mißachten:
Über kurz oder lang sterben sie aus.

a) Wörtlich: kein Fremder war unter ihnen umhergezogen.
b) Wörtlich: Er hat sein Gesicht mit Fett bedeckt und an den Hüften Fett angesetzt.

Leben

Sophie Englmann

Von ihm kommt alles Leben, und sein Leben ist das Licht für alle Menschen. Er ist das Licht, das die Finsternis durchbricht, und die Finsternis konnte dieses Licht nicht auslöschen (Johannes 1,4–5).

Wie man sich in einer tiefdunklen, frostklirrenden Winternacht
nach dem Frühling sehnt,
so, Herr, sehne ich mich nach dir.
Wie die armdicken, schwertgleichen Eiszapfen vor meinem Fenster
schmelzen im Sonnenschein,
so schmilzt alles Harte in mir im Licht deiner Schönheit.
Wie das Schmelzwasser in die Erde sickert
und neues Leben weckt,
so durchtränkt deine Freude mein ganzes Sein
und lässt es aufblühen.
Wie die ersten Blumen nach langem Winter uns kostbar sind,
so kostbar ist es mir, dir zu begegnen, Herr.
Wie eine Blume sich hinaufdehnt ins Licht und ihren Kelch öffnet,
um Duft zu verströmen,
so möchte ich mich dir öffnen,
damit du den Duft in mich legst
und den Glanz und die Schönheit –
denn was bin ich ohne dich?

Mit Bestechungsgeldern bauen sie ihr Haus,
aber ein Feuer wird alles verwüsten.
35 Sie tragen sich mit bösen Plänen,
Gemeinheiten brüten sie aus
und setzen Unheil in die Welt.»

Hiob: Ihr habt gut reden!

16 Hiob erwiderte:
2 «Ach, solche Worte habe ich schon oft gehört.
Ihr alle habt nur schwachen Trost zu bieten!
3 Hört dein hohles Gerede niemals auf?
Was reizt dich so, daß du mir ständig widersprechen mußt?
4 Auch ich könnte reden so wie ihr,
wenn ich an eurer Stelle wäre!
Ich könnte euch dann schöne Reden halten
und weise mein Haupt schütteln.
5 Mit meinen Worten würde ich euch stärken
und euch mein Beileid aussprechen.
6 Doch wenn ich rede,
läßt mein Schmerz nicht nach,
und schweige ich,
so wird es auch nicht besser!»

Gott greift mich immer wieder an!

7 «O Gott, du hast mir meine Kraft genommen,
meine Familie hast du zerstört.
8 Du hast mich gepackt –
schon das soll meine Schuld beweisen!
Meine Krankheit tritt als Zeuge gegen mich auf.
9 Gott ist mein Feind geworden,
er knirscht mit den Zähnen,
zerreißt mich im Zorn
und durchbohrt mich mit seinen Blicken.
10 Auch die Menschen verbünden sich gegen mich.
Sie reißen ihr Maul gegen mich auf
und schlagen mir voller Hohn auf die Wange.
11 Gott hat mich bösen Menschen ausgeliefert;
Gottlosen bin ich in die Hände gefallen.
12 Ich lebte in Ruhe und Frieden,
aber Gott hat mich aufgeschreckt,
mich am Genick gepackt und zerschmettert.
Er hat mich zu seiner Zielscheibe gemacht,
13 seine Pfeile schießen auf mich zu.
Erbarmungslos durchbohrt er meine Nieren,
meine Galle tropft zu Boden.
14 Wunde um Wunde fügt er mir zu,
wie ein Soldat rennt er gegen mich an.

15 In Trauerkleidung sitz' ich hier,
mein Haupt bis in den Staub gebeugt.
16 Ich habe dunkle Ringe um die Augen,
und mein Gesicht ist rot vom vielen Weinen,
17 obwohl ich kein Unrecht begangen habe
und mein Gebet aus reinem Herzen kommt.»

Ich rufe meinen Zeugen an!

18 «O Erde, bedecke mein Blut nicht,
laß meinen Hilfeschrei niemals verstummen!
19 Doch auch jetzt schon hab' ich einen Zeugen hoch im Himmel;
der tritt für mich ein!
20 Meine Freunde verspotten mich,
darum schaue ich unter Tränen nach Gott aus.
21 Er wird mich freisprechen

Kleine Wasserhähne

Ulrike Herrmann

Hiob 16, 15–16

Der junge Mann steht vor uns, und seine Augen schwimmen in Tränen. «Früher war ich ein harter Mann», sagt er. «Ich hatte ein Herz aus Eis. Doch als ich Jesus kennen lernte, bin ich durch seine Liebe langsam aufgetaut.» Dann zeigt er auf seine beiden inneren Augenwinkel und fährt fort: «Heute schäme ich mich nicht mehr, meine ‹kleinen Wasserhähne› aufzudrehen, wenn es in mir stürmt.»

Tatsächlich kennt sie jeder von uns: Gefühlsstürme, die viel tiefer gehen, als Worte es je ausdrücken könnten – Trauer, Entsetzen, Verwundung, Enttäuschung ... Dann fließen oft Tränen. Gott hat uns mit zwei Tränendrüsen ausgestattet, die bei einem emotionalen «Sturm» die beiden zugehörigen Tränenkanäle mit einer ganz besonderen Flüssigkeit überfluten. Was für ein großartiges Geschenk von Gott an uns Menschen!

Forscher haben menschliche Tränen auf ihre molekularen Bestandteile hin untersucht. Das bemerkenswerte Ergebnis: Die Tränenflüssigkeit enthält Stoffe, die eine schmerzlindernde Wirkung haben. Außerdem ließen sich Stoffe nachweisen, die bei besonderem Stress entstehen. Wenn wir also unseren Tränen freien Lauf lassen, erleben wir körperliche Erleichterung und befreien uns von Substanzen, die auf Grund emotionaler Turbulenzen den Stoffwechsel durcheinander gebracht haben. Ist Gott nicht ein genialer Schöpfer?

Weinen zu können ist wirklich ein großer Segen. Aber sich bei Gott ausweinen zu können ist ein weitaus größerer Segen! Denn vor meinem himmlischen Vater mein Herz auszuschütten erleichtert nicht nur die Last im eigenen Herzen. Es bewirkt viel mehr! Wenn ich mit Gebet und Tränen zu Gott komme, berührt das sein Herz und bewegt seinen Arm! Das heißt: Er wird etwas tun! Und seine Hilfe übertrifft bei weitem meine menschlichen Möglichkeiten – und oft auch meine Vorstellungen.

Deshalb ist mein himmlischer Vater genau der richtige Zufluchtsort, wenn es in meiner Seele mal wieder stürmisch zugeht und meine Tränenkanäle ihre «Schleusen» unter dem Druck des Lebens einfach öffnen müssen. Dann erlebe ich jedes Mal: Gott wartet schon auf mich! Er hört mich, er tröstet mich und bewegt seinen starken Arm für mich!

und mir bei anderen Menschen
Recht verschaffen.
22 Nur wenige Jahre hab' ich noch zu
leben,
bis ich den Weg beschreiten muß,
von dem es keine Rückkehr gibt.»

Ich habe keine Hoffnung mehr!

17 «Meine Kraft ist gebrochen,
meine Tage schwinden,
und auf mich wartet nur das Grab.
2 Ich muß mit ansehen,
wie man mich verspottet;
von allen Seiten werde ich bedrängt.
3 O Gott, bürge du selbst für mich!
Ich habe sonst keinen, der für mich
eintritt!
4 Meinen Freunden hast du jede
Einsicht verschlossen,
darum wirst du sie nicht
triumphieren lassen.
5 Sie gleichen jenem Mann im
Sprichwort, [a]
der sein Vermögen an viele Freunde
verteilt
und seine eigenen Kinder hungern
läßt.
6 Ich bin dem Spott der Leute
preisgegeben,
ja, man spuckt mir ins Gesicht!
7 Schmerz und Trauer haben mich
fast blind gemacht;
ich bin nur noch ein Schatten meiner
selbst.
8 Darüber sind aufrichtige Menschen
hell entsetzt;
sie, die ein reines Gewissen haben,
denken über mich:
‹Wie gottlos muß der sein!›
9 Und doch gehen sie ihren geraden
Weg unbeirrbar weiter;
sie, die schuldlos sind, bekommen
neue Kraft.
10 Kommt nur alle wieder her, ihr
Freunde,
ich finde dennoch keinen Weisen
unter euch!
11 Ach, meine Tage sind verflogen,
durchkreuzt sind alle Pläne,
die einst mein Herz erfüllten!
12 Meine Freunde erklären meine
Nacht zum Tag!
‹Das Licht ist nahe!› sagen sie,
während ich ins Finstere starre!
13 Ich habe nur noch das Grab zu
erwarten;
in der dunklen Welt der Toten muß
ich liegen.
14 Das Grab werde ich bald als
‹Vater› begrüßen.
Die Verwesung nenn' ich ‹meine
Mutter, liebe Schwester›.

15 Wo ist meine Hoffnung geblieben,
wo denn?
Sieht jemand von ihr auch nur einen
Schimmer?
16 O nein, auch sie versinkt mit mir
im Tode,
gemeinsam werden wir zu Staub!»

Bildad: Der Gottlose wird vom Unheil verfolgt

18 Nun ergriff Bildad aus Schuach wieder das Wort:

2 «Hör endlich auf mit dem
Geschwätz, Hiob!
Komm zur Vernunft, damit wir dir
etwas sagen können!
3 Warum stellst du uns als töricht hin,
hältst uns für dumm wie ein Stück
Vieh?
4 Du zerfleischst dich selbst in deinem
Zorn!
Soll das Land verwüstet werden,

a) «Sie ... Sprichwort» ist sinngemäß ergänzt.

Wenn alles zerbricht

Hanne Baar

Hiob 17, 1

Eine junge Frau, die sich zusammen mit ihrem Mann während der gesamten Schwangerschaft auf ihr Baby gefreut hatte, erfährt kurz nach der Geburt, dass sie ein Kind mit einem Down-Syndrom zur Welt gebracht hat. In ihrer grenzenlosen Enttäuschung will sie sterben – am liebsten zusammen mit ihrem Kind. Solche oder ähnlich schwer zu fassende «Hiobs»-Botschaften lassen uns aufschreien vor Gott: «Herr, warum ich? Meine Kraft ist gebrochen. Meine Tage schwinden, und auf mich wartet nur das Grab.»

Eine bekannte Sterbeforscherin hat das Zerbrechen aller Sicherheiten, das für jeden Menschen unausweichlich ist (denn jeder Mensch ist sterblich), in fünf Schritten beschrieben: 1. Nichtwahrhaben-Wollen, 2. Wut, 3. Verhandeln-Wollen, 4. Depression, 5. Einwilligung ins Unabänderliche, sofern es wirklich unabänderlich ist.

Wer bei der 5. Stufe angelangt ist, birgt sich in Gott und erfährt nun seine Güte und Nähe in ganz besonderer Weise. Er singt wie Hiob: «Herr, ich kannte dich nur vom Hörensagen, jetzt aber habe ich dich mit eigenen Augen gesehen» (Hiob 42,5). Oder wie Paulus: «... dass Jesus Christus durch mich ... verherrlicht werde, sei es durch mein Leben oder durch meinen Tod» (Philipper 1,20). Dass dies möglich ist, ist ein Mysterium – ein Geheimnis, das nur der versteht, der schon einmal hindurchgegangen und hindurchgekommen ist durch das, was für ihn «das Schlimmste» bedeutete.

Ich kenne eine Frau, die zweimal hintereinander ein Kind mit Down-Syndrom zur Welt gebracht hat. Soweit ich es beurteilen kann, sind sie und ihr Mann durch das Zerbrechen eigener Träume und Vorstellungen, das damit einherging, in ganz besonderer Weise gereift. Ich bin nachhaltig beeindruckt von ihrer heiteren Gelassenheit und ihrer Kompetenz im Umgang mit diesen Kindern.

Gott sagt, er liebt die, die zerbrochenen Geistes sind (Jesaja 66,2 – Luther). Und er weiß, wie er in uns die Hoffnung erneuern kann, wenn wir zerbrochen sind. Gott ist alles möglich. Ja, dass in jeder Bedrängnis alles an Gutem beständig möglich ist, ist Zeichen der Gegenwart Gottes. Zuerst, wenn einen der Schicksalsschlag trifft, sieht man das oft nicht. Aber Gott kann Not abwenden oder Not nutzen. Mal wendet er die Not, mal uns – durch die Not. Und indem er das eine oder das andere wählt, macht er keine Fehler.

sollen mächtige Felsen einstürzen,
nur damit du recht behältst?

5 Mach dir nichts vor:
Das Licht des Gottlosen wird verlöschen,
und seine Flamme lodert nicht mehr auf.
6 In seinem Zelt wird es dunkel,
seine Lampe erlischt.
7 Mit müden Schritten schleppt er sich dahin;
seine eigenen Machenschaften bringen ihn zu Fall.
8 Er wird sich im Netz verstricken,
in eine überdeckte Grube stürzen.
9 Er tritt in die Falle, und sie schnappt zu.
In Schlingen wird er sich verfangen.
10 Versteckt am Boden ist ein Strick für ihn gespannt,
auf seinem Weg wartet eine Falle.
11 Angst und Schrecken bedrängen ihn von allen Seiten,
sie verfolgen ihn auf Schritt und Tritt.
12 Das Unheil lauert ihm auf,
das Unglück wird ihn überfallen.
13 Eine furchtbare Krankheit frißt seine Glieder,
als Bote des Todes zehrt sie ihn aus.
14 Sie entwurzelt ihn aus seiner Heimat,
wo er sich sicher glaubte,
und treibt ihn zum König aller Schrecken – hin zum Tod.
15 Das Feuer wird in seinem Zelte wüten,
und man wird Schwefel auf sein Grundstück streuen.
16 Seine Wurzeln verdorren im Erdreich,
und seine Zweige sterben ab.
17 Die Erinnerung an ihn wird völlig ausgelöscht,
und bald denkt keiner mehr an ihn im ganzen Land.
18 Man wird ihn aus dem Licht ins Dunkle stoßen,
vom Erdboden verschwinden lassen.
19 Er wird weder Kind noch Enkel haben in seinem Volk,
von seiner Familie wird keiner überleben.
20 Über seinen Unglückstag wird jeder sich entsetzen.
In Ost und West packt alle, die es hören, kaltes Grausen.
21 Ja, so sieht das Ende böser Menschen aus!
So geht es dem, der Gott den Rücken kehrt!»

Hiob: Ich weiß, daß mein Erlöser lebt!

19 Da fragte Hiob:
2 «Wie lange wollt ihr mich noch quälen
und mich mit euren Worten verletzen?
3 Wie oft habt ihr mich schon beleidigt!
Schämt ihr euch nicht, mir so grausam zuzusetzen?
4 Denn wäre ich wirklich vom richtigen Weg abgeirrt,
müßte ich die Folgen selbst tragen!
5 Wollt ihr euch etwa über mich erheben
und mir eine Schuld nachweisen?
6 Merkt ihr denn nicht,
daß Gott mir Unrecht tut
und mich in seinem Netz gefangen hat?
7 Ich schreie: ‹Hilfe!›,
aber niemand hört mich.
Ich rufe aus Leibeskräften –
aber keiner verschafft mir Recht.
8 Gott hat mir den Weg versperrt,
ich komme nicht mehr weiter.
Meinen Pfad hat er in tiefe Dunkelheit gehüllt.

Wenn Freunde unseren Schmerz verstärken

Ilse Ammann-Gebhardt

Hiob 18, 5

Es ist schön, Freunde zu haben, Menschen, die uns verstehen und mit uns mitfühlen. Menschen, die die gleiche Wellenlänge haben, auf die wir uns verlassen, mit denen wir rechnen können. Wer wünscht sich nicht solche Freunde? Sie sind ein wertvolles Geschenk Gottes an uns Menschen. Aber da, wo wir uns öffnen und Menschen Vertrauen schenken, da können wir auch enttäuscht oder schmerzlich verletzt werden.

So erging es auch Hiob. Als das Unheil über ihn hereinbrach, als er arm und schwer krank da stand, hielt er doch an seinem Gott fest (Hiob 1,21): «Herr, du hast mir alles gegeben, du hast mir alles genommen, dich will ich preisen!» Welch ein Glaube!

Doch dann kommen seine besten Freunde. Sie sehen sich sein Unglück an und haben schnell ihr Urteil parat. Recht überheblich wenden sie sich gegen ihn. Auf einen kurzen Nenner gebracht, lautet ihre Botschaft: Gott straft keinen ohne Grund. Wenn du wirklich so tadellos gewesen wärst, dann wäre dir das nicht passiert. Mach dir nichts vor: Du wirst verlöschen. Es ist aus ...

Manchmal ist nicht das Leid, durch das wir gehen, das Schlimmste für uns, sondern die Reaktion unserer Umwelt. Was tun, wenn die besten Freunde uns enttäuschen, abwerten oder verletzen? Wir sollten tun, was Hiob tat. Er setzte sich mit seinem Gott auseinander, klagte ihm sein Leid, aber er ließ nicht locker und – er glaubte weiter. Hiobs Freunde hatten ein sehr negatives Gottesbild: Ein Gott, der Rache übt und den Menschen Böses zufügt. Hiob aber glaubte an Gott als seinen Erlöser und Helfer (Hiob 19, 25). Er ruft aus: «Doch eines weiß ich: Mein Erlöser lebt; auf dieser todgeweihten Erde spricht er das letzte Wort!»

Das ist Glaube, der nicht zu Schanden werden lässt. Glaube, der auch uns heute durchtragen kann durch alle Leiden, Ängste, Wirrnisse und Enttäuschungen des Lebens – Glaube, der zur unumstößlichen Gewissheit wird.

9 Ich war angesehen und geachtet,
aber er hat meine Krone weggerissen.
10 Zerschmettert hat er mich, bald
muß ich gehen;
meine Hoffnung riß er aus wie einen
Baum.
11 Ja, Gottes Zorn ist gegen mich
entbrannt,
er behandelt mich als seinen Feind.
12 Vereint sind seine Truppen gegen
mich herangerückt,
sie haben einen Weg zu mir gebahnt
und sich rings um mein Zelt
aufgestellt.
13 Meine Brüder hat Gott mir
entfremdet;
die Verwandten wollen nichts mehr
von mir wissen.
14 Meine Nachbarn haben sich
zurückgezogen,
alte Bekannte kennen mich nicht
mehr.
15 Alle, die in meinem Hause Zuflucht
fanden,
betrachten mich als einen Fremden.
Meine eigenen Mägde kennen mich
nicht mehr!
16 Als ich einen Knecht rufen wollte,
gab er keine Antwort. Anflehen
mußte ich ihn!
17 Meine Frau erträgt meinen
stinkenden Atem nicht mehr;
meine eigenen Brüder ekeln sich vor
mir!
18 Sogar Kinder lachen und spotten
über mich;
sobald sie mich sehen, fangen sie an
zu tuscheln!
19 Meine engsten Freunde
verabscheuen mich jetzt;
sie, die mir am nächsten standen,
lehnen mich ab!

20 Und ich?
Ich bin nur noch Haut und Knochen,
bin mit knapper Not dem Tod
entkommen.

21 Barmherzigkeit! Habt Mitleid,
meine Freunde!
Gottes Hand hat mich geschlagen!
22 Warum verfolgt ihr mich, wie Gott
es tut?
Habt ihr mich nicht schon genug
gequält?[a]
23/24 Ach, würden doch meine Worte
in einer Inschrift festgehalten,
in Stein gemeißelt und mit Blei noch
ausgegossen,
lesbar für alle Zeiten!

25 Doch eines weiß ich: Mein Erlöser
lebt;
auf dieser todgeweihten Erde spricht
er das letzte Wort![b]
26 Auch wenn meine Haut in Fetzen
an mir hängt
und mein Leib zerfressen ist,
werde ich doch Gott sehen![c]
27 Ja, ihn werde ich anschauen;
mit eigenen Augen werde ich ihn
sehen, aber nicht als Fremden.
Danach sehne ich mich von ganzem
Herzen!
28 Aber wenn ihr sagt:
‹Wir wollen Hiob belauern
und etwas finden, das seine Schuld
beweist!›,
29 dann fürchtet euch vor dem
Schwert,
vor dem Richterschwert Gottes,
der eure Schuld im Zorn bestrafen
wird!
Dann werdet ihr erkennen,
daß es einen Richter gibt!»

a) Wörtlich: Werdet ihr von meinem Fleisch nicht gesättigt?
b) Wörtlich: er wird sich als letzter über dem Staub erheben!
c) Oder: Wenn meine Haut so zerfressen ist, werde ich doch in meinem Leib Gott sehen!

Begleiter in schweren Zeiten

Lotte Bormuth

Hiob 19, 25

Plötzlich musste ich an Bruni denken. Vor drei Jahren hatte ich mit dieser Unternehmerin ein entscheidendes Gespräch geführt, und sie wurde bereit, Jesus Christus als ihren Herrn anzunehmen. Eigentlich wollte ich gerade Plätzchen backen, doch ich gab meinem inneren Drängen nach, schrieb ihr einen lieben Brief und legte mein neuestes Buch bei.

Zwei Tage später rief sie mich an. «Ach, Frau Bormuth, dass Sie noch an mich denken! Ich habe mich so sehr über ihre lieben Zeilen gefreut. Sie müssen wissen, dass ich schwer krank und total verzweifelt bin. Der Arzt hat Krebs diagnostiziert. Muss ich jetzt sterben? Ich bin doch erst 36 Jahre alt.» «Bruni», sagte ich, «Gott kann ein Wunder tun, und dafür will ich beten. Aber manchmal ist es ein noch größeres Wunder, wenn ein Mensch bereit wird, das Unbegreifliche zu tragen und nicht darunter zu zerbrechen. Christus ist Ihr Erlöser. Sie bleiben in seiner guten Hand geborgen – auf immer und ewig.» «Bitte beten Sie für mich», bat sie mich. «Das wollen wir gleich am Telefon tun.» Meine Worte wurden zu einem Rufen nach Gottes Hilfe und nach seinem Erbarmen. Mir wurde klar, dass ich Bruni auf ihrem schweren Weg begleiten sollte. Jede Woche schrieb ich ihr einen tröstenden Brief oder schickte eine Spruchkarte mit einem ermutigenden Wort von Gott.

Bruni brauchte Trost, göttlichen Trost, denn Menschenworte konnten hier nicht helfen. Ich hoffte und war verzagt, ich glaubte und zweifelte dennoch, ich wartete auf gute Nachrichten und es folgten schlechte. Der Krebs war nicht zu besiegen. Vier Monate später hielt ich die Nachricht von Brunis Tod in Händen. Gott hatte sie zu sich in seine neue Welt geholt. Vor mir lag die Traueranzeige. Über ihrem Foto standen die Worte: «Ich geh' weiter, nur ein wenig weiter. Geh' in Gottes Freude. Geh' in Gottes Licht hinein. Ich war für ein paar Jahre dein Begleiter, doch jetzt geh' ich weiter, um bei meinem Herrn zu sein» (Manfred Siebald).

Zwei Wochen später schickten mir Brunis Eltern ihr Tagebuch. Die letzte Eintragung stammte vom 26. Januar 2000: «Es ging mir heute Nacht sehr schlecht. Ich werde wohl jetzt sterben müssen. Ich bin jetzt wirklich elend dran. Alles ist hoffnungslos. Vater im Himmel, lass mich nicht gar so leiden, wenn mein Ende kommt. Alles ist so qualvoll. Ich möchte am liebsten verzweifeln. Aber ich will mit Gottes Barmherzigkeit rechnen. Gott liebt mich. Das bleibt bestehen. Danke, Herr. Amen!»

Ich schlug das Tagebuch zu. Dann griff ich zur Bibel und las im Buch Hiob. Ganz neu begriff ich die Wahrheit: «Doch eines weiß ich: Mein Erlöser lebt!»

Zofar: Unrecht Gut gedeihet nicht!

20 Nun fiel ihm Zofar aus Naama ins Wort:

2 «Jetzt muß ich dir etwas sagen, Hiob!
Ich kann nicht länger warten!
3 Dein Gerede beleidigt mich,
doch ich bin klug genug,
dir die passende Antwort zu geben!

4/5 Seit Urzeiten,
seit Gott den Menschen auf die Erde setzte,
gilt dieses eine Gesetz:

Die Freude des Gottlosen ist nicht von Dauer;
sein Glück währt nur für kurze Zeit!
Weißt du das nicht?
6 Steigt er auch in seinem Stolz bis in den Himmel auf
und reicht er mit dem Kopf bis an die Wolken,
7 wird er doch für immer vergehen,
genauso wie sein eigener Kot.
Wer diesen Menschen kannte, wird sich fragen:
‹Wo ist er nur geblieben?›
8/9 Er wird spurlos verschwinden wie ein Traum,
verfliegen wie ein flüchtiger Gedanke;
wo er wohnte, wird ihn keiner mehr erblicken.
10 Seine Söhne werden bei den Armen betteln gehen,
weil er sein Hab und Gut zurückerstatten mußte.
11 Noch strotzt er vor Kraft,
doch bald wird er im Staube liegen.
12/13 Böses tun ist ihm ein Vergnügen, ein Leckerbissen,
den er sich auf der Zunge zergehen läßt,
den er lange im Mund behält,
um den Geschmack nicht zu verlieren.
14 Doch sobald er ihn verzehrt hat,
wird der Leckerbissen zu Schlangengift.
15 Das unrechte Gut, das er verschlingt,
muß er wieder erbrechen, weil Gott ihn dazu zwingt!
16 Was er so gierig in sich aufsaugt,
stellt sich als Schlangengift heraus;
ein Biß der Viper bringt ihn um.
17 Er wird nicht im Überfluß leben;
Ströme von Milch und Honig fließen nicht für ihn.
18 Was er sich mühevoll erworben hat,
muß er zurückgeben;
er darf es nicht genießen,
an seinem großen Gewinn kann er sich niemals freuen.
19 Denn er unterdrückt und beraubt die Armen;
Häuser, die er selbst nicht baute, reißt er an sich.
20 Seine Habgier, sie kennt keine Grenzen,
doch mit seinen Schätzen wird er nicht entkommen!
21 Nichts ist seiner Freßgier je entgangen,
doch wird sein Wohlstand nur von kurzer Dauer sein.
22 Auf der Höhe seiner Macht wird ihm angst und bange,
das Unglück trifft ihn mit voller Wucht.
23 Soll er sich doch den Bauch vollschlagen!
Irgendwann kommt Gottes Zorn auf ihn herab;
er läßt seine Schläge auf ihn niederregnen.
24 Wenn er dann um sein Leben läuft,
weil er dem Schwert entkommen will,

TROTZDEM VERTRAUEN

Rosemarie Moll

Hiob 20, 4–5

Beispiele aus der Geschichte zeigen uns immer wieder, dass die Freude der Gottlosen nicht von Dauer ist. In einem Brief an seine Eltern schilderte ein Matrose, der auf der «Titanic» Dienst tat, dass der Schiffsrumpf ganz beschrieben war mit Worten, die Gott klein machten, die Kraft und Tüchtigkeit der Menschen dagegen rühmten. Eine Aufschrift hieß: «Selbst Christus kann es nicht zum Sinken bringen». Und unter der Wasserlinie stand in meterhohen Buchstaben: «No God, no Pope». Solchen Aufschriften entsprach auch die Gesinnung des Kapitäns und der meisten Reisenden. Sie meinten, mit einem in modernster Bauart gefertigten Schiff alle Hindernisse der Fahrt überwinden zu können. Da geschah das Unheil: ein Eisberg durchschnitt das Schiff gerade an der Stelle, an der die Spottworte standen ...

Hiob und seine Freunde stehen sich in einem «Boxkampf mit Worten» gegenüber. Über die Regeln dieses Kampfes sind sich alle einig: Gott sollte die belohnen, die Gutes tun, und die bestrafen, die Böses tun. Und so lautet die Anklage von Hiobs Freunden auch: «Gott würde dich nicht ohne Grund strafen. Du musst insgeheim eine Sünde begangen haben.» Dem aber kann Hiob nicht zustimmen.

Hiobs Fragen über die Ungerechtigkeit in der Welt sind heute noch unüberhörbarer geworden: Ist Gott ungerecht? Warum schweigt er? Warum verbirgt er sich?

Wir erwarten, dass ein Gott der Liebe und der Macht sich nach bestimmten Regeln verhält – und können nicht verstehen, warum er es nicht tut. Wir machen uns vor, dass wir das Leiden besser akzeptieren könnten, wenn wir den Grund dafür kennen würden. Aber könnten wir das wirklich? Der Autor Philip Yancey schreibt: «Wenn wir zu Gott eine Beziehung aufbauen, die unabhängig von unseren Lebensumständen ist, dann sind wir vielleicht im Stande durchzuhalten, wenn unsere Lebensumstände erdrückend werden.»

Wir können lernen, Gott trotz der Ungerechtigkeit des Lebens zu vertrauen. Niemand ist vor Schicksalsschlägen oder Enttäuschungen sicher. Jesus hat uns keinen Schutz vor Ungerechtigkeit versprochen, auch keinen Weg an ihr vorbei, sondern einen Weg hindurch, zur anderen Seite. Was an Ostern geschehen ist, weist den Weg aus der Dunkelheit zum Licht.

Hiob liebte Gott nicht nur, weil er von ihm gesegnet war. Er war sich gewiss: «Ja, ihn werde ich anschauen; mit eigenen Augen werde ich ihn sehen, aber nicht als Fremden» (Hiob 19,27). Hiob wusste, dass es sich lohnt, Gott volles Vertrauen entgegenzubringen.

Zum Wochenende

Sorge

Ruth Bell Graham

Überlasst alle eure Sorgen Gott, denn er sorgt für euch (1. Petrus 5,7).

In Zeiten der Sorge und Niedergeschlagenheit schaue ich auf Gott. Er hilft mir, meine Lasten zu tragen – wie schwer sie auch sein mögen. Wenn Stresssituationen über mich hereinbrechen, versuche ich, ihm im Gebet alles zu sagen, was mich bewegt.

Besonders in den Jahren, als meine beiden Söhne sich von Gott abwandten, habe ich erfahren, welche Kraft das Gebet hat. Mein Mann und ich haben uns immer große Mühe gegeben, unseren Kindern zu zeigen, dass sie zu Hause willkommen sind. Doch gerade für einen Jungen ist es nicht leicht, seine eigene Identität zu finden, wenn er der Sohn eines bekannten Mannes ist. Unsere Söhne haben sich in ihren Teenagerjahren nicht gegen Bill und mich aufgelehnt, sondern waren uns gegenüber eigentlich immer respektvoll und lieb. Doch sie mussten ihre eigene Persönlichkeit finden. Dabei gerieten sie in die Gesellschaft von ausgeflippten Freunden und bekamen es mit Drogen und Alkohol zu tun. Als Mutter hatte ich viele schlaflose Nächte. In meiner Not konnte ich mich nur ins Gebet flüchten. Viele Stunden habe ich auf den Knien zugebracht, um für meine Söhne zu beten.

In dieser schwierigen Zeit hat mir auch das Lesen in der Bibel geholfen. Immer wieder habe ich mich auf die Verheißungen Gottes gestützt, denn dazu sind sie da. Wir sollen und dürfen an ihnen festhalten. Wiederholt habe ich die Geschichte vom verlorenen Sohn gelesen (Lukas 15,11–32), aber auch andere Berichte über verlorene Söhne und Töchter, die zu Gott zurückgefunden haben – angefangen von Kirchenvater Augustinus bis zu dem russischen Schriftsteller Dostojewski. Diese Berichte haben mich sehr ermutigt. Wenn Gott mit denen fertig geworden ist, sagte ich mir, dann wird er mit jedem fertig!

Heute danke ich Gott, dass er meine Jungen zurückgebracht hat, solange ich noch lebe. Beide stehen inzwischen in einem geistlichen Dienst. Wie glücklich bin ich, wenn ich daran denke, was Gott in ihrem Leben bewirkt hat.

wird ihn einer mit dem Bogen niederschießen.
25 Der Bogenschütze zielt auf ihn und schießt:
Ein Pfeil durchbohrt sein Herz
und tritt am Rücken wieder aus;
so stirbt er, voller Angst.
26 Seine angehäuften Schätze hat Gott fürs Unglück aufbewahrt;
ein Feuer wird sie verzehren,
das nicht von Menschenhand entzündet wurde.
Und wer in seinem Zelt noch überlebt,
dem wird es schlecht ergehen.
27 Der Himmel wird seine ganze Schuld enthüllen
und die Erde gegen ihn als Zeuge auftreten.
28 Was er im Laufe seines Lebens erworben hat,
wird in nichts zerrinnen,
wenn Gott in seinem Zorn Gericht hält.
29 Wer sich Gott widersetzt,
hat dieses Ende verdient.
Dieses unheilvolle Erbe hat Gott ihm zugedacht.»

Hiob: Wo bleibt denn Gottes Gerechtigkeit?

21 Da erwiderte Hiob:
2 «Ach, hört mir doch einmal zu!
Damit würdet ihr mich trösten!
3 Ertragt mich, wenn ich rede,
und spottet hinterher weiter, wenn ihr wollt!
4 Ich trage doch meine Klage nicht einem sterblichen Menschen vor,
darum habe ich allen Grund, ungeduldig zu sein!
5 Seht mich an! Läßt euch dieser Anblick kalt?
Verschlägt es euch da nicht die Sprache?
6 Ich bin bis ins Innerste aufgewühlt,
ich zittere am ganzen Körper,
wenn ich über dieser Frage grüble:
7 Warum bleiben die Gottlosen am Leben,
werden alt und immer mächtiger?
8 Ihre Kinder wachsen heran,
und auch ihre Enkel haben sie ständig um sich.
9 Gott hält jedes Unglück von ihren Häusern fern;
so leben sie in Frieden, ohne Angst.
10 Ihr Stier deckt die Kühe auf der Weide,
und diese kalben ohne Fehlgeburt.
11 Ihre Kinder spielen draußen;
sie springen herum wie die Lämmer,
die Jüngsten tanzen fröhlich umher.
12 Man singt zu Tamburin und Laute
und feiert beim Klang der Flöte.
13 Sie verbringen ihre Jahre glücklich und zufrieden
und sterben einen sanften Tod.

14 Und Gott?
‹Laß mich in Ruhe!› sagen sie zu ihm.
‹Ich will von dir nichts wissen
und nicht den Weg gehen, den du mir zeigst!
15 Wer ist schon Gott, daß ich ihm dienen sollte,
was bringt es mir, wenn ich zu ihm bete?› –
16 Und doch: Ihr Glück liegt nicht in ihrer Hand.
Von ihren üblen Reden halte ich mich fern! –

17 Wie oft geschieht's denn,
daß ihr Licht verlöscht,
das Licht der Menschen, die Gott verachten?
Wie oft holt sie das Unheil ein?
Wann trifft sie jemals Gottes Zorn?
18 Wann endlich sind sie wie dürres Laub im Wind,

Keine Angst vor unbequemen Wahrheiten

Renate Hübsch

Hiob 21, 7–9. 17–18

Auf den ersten Blick hat es den Anschein, als sei Hiob mit seinen Fragen ein Vertreter unseres Jahrtausends: «Warum sollte ich mich überhaupt mit Gott abgeben? Was bringt's denn? Seht euch doch die Welt an: der Ehrliche ist der Dumme. Jeder sorgt am besten für sich selbst. Fromm werden? Das zahlt sich doch nicht aus.»

Glauben – was bringt's? Das ist die Frage des Versuchers. Sie ist so absurd wie die Frage: «Lieben – was bringt's?» Wer liebt, fragt nicht nach dem Nutzen. Er kann gar nicht anders. Er ist glücklich. Aber Hiobs Liebe zu Gott hat ihn ins Unglück geführt. Und jetzt steht alles auf dem Spiel. Für Hiob geht es ums Ganze. Wer ist dieser Gott, dem ich die erste Stelle in meinem Leben überlassen habe? Ist er ungerecht, unberechenbar? Spielt er nur mit mir?

Leid in dem Ausmaß, wie Hiob es erfährt, gehört gewiss nicht zu jedem Lebensschicksal. Aber Stunden, in denen unser Glaube an Grenzen kommt, Erfahrungen, die uns an Gott und seiner Güte zweifeln lassen, bittere Gedanken, unlösbare Fragen – davor ist wohl niemand sicher.

Zwei Dinge beeindrucken mich an Hiob in diesem Kapitel:

1. Inmitten seiner Verzweiflung greift er nicht nach jedem Strohhalm, der nur irgendwie Trost bieten und ihm sein bisheriges Weltbild doch noch über die Runden retten könnte. Verzweifelt und leidenschaftlich ringt er darum, einen neuen Grund für sein Vertrauen auf Gott zu finden. Das geht nicht auf der Basis von Theorien über den Sinn und Zweck des Leidens und mit scheinbar einleuchtenden Rechtfertigungen für Gottes Handeln. Die haben seine Freunde ihm bisher reichlich geboten. Nein, Hiob steht zu dem, was seine Wahrnehmung der Welt ihn lehrt. «Wollt ihr mich mit blankem Schwindel trösten?» – Vertrauen braucht Wahrheit. Aus der Selbsttäuschung kann kein Glaube erwachsen.

2. Bei aller Treue zu sich selbst macht Hiob sich nicht zur letzten Instanz über die Wahrheit der Welt. Hiob gibt seinen Gott nicht kampflos auf. Er resigniert nicht. Stattdessen zwingt er Gott geradezu zum Gespräch: «Ich trage doch meine Klage nicht einem sterblichen Menschen vor!» (V.4) Hiob traut Gott zu, dass er ihn hört – und ihm antworten wird.

Wir brauchen keine Angst zu haben, die Welt zu sehen, wie sie ist – auch wenn es unser wohl geordnetes frommes Weltbild ins Wanken bringen könnte. Gott braucht unsere Erklärungsversuche nicht; wir müssen ihn nicht rechtfertigen. Gott kann unsere Fragen aushalten – Hiob wird es erfahren. Wir müssen sie ihm nur aufrichtig stellen. Er antwortet denen, die ein aufrichtiges Herz haben.

wie ein Strohhalm, den der Sturm
wegwirbelt?

19 Ihr sagt: ‹Aufgeschoben ist nicht
aufgehoben.
Gott straft statt dessen ihre Kinder!›
Nein! Sie selbst sollen Gottes Strafe
spüren!
20 Mit eigenen Augen sollen
Übeltäter ihr Verderben sehen,
vom Zorn des Höchsten bis zur
bitteren Neige kosten!
21 Denn was kümmert sie das
Schicksal ihrer Kinder,
wenn ihr eigenes Leben abgelaufen
ist?
22 Gott richtet selbst die höchsten
Engel[a].
Wer unter uns will ihn da noch
belehren?

23 Der eine stirbt, noch voll bei
Kräften,
hat sicher und sorglos gelebt.
24 Seine Melkeimer flossen stets über
von frischer Milch;
er selbst war gesund und
wohlgenährt.
25 Der andere stirbt einsam und
verbittert,
er hat sein Leben lang nicht eine
Spur von Glück gesehen.
26 Nun liegen sie beide unter der
Erde,
werden beide von Würmern
zerfressen!

27 Ich weiß genau, was ihr jetzt denkt,
mit welchen Vorurteilen ihr mir
Unrecht tut!
28 Ihr sagt: ‹Wo ist es geblieben,
das Haus des Tyrannen?
Von der Bleibe der Gottlosen ist
nichts mehr zu sehen!›
29 Doch habt ihr noch nie mit
Reisenden gesprochen,
die weit herumgekommen sind,
und noch nie gehört, was sie erzählten:
30 daß der Böse verschont wird,
wenn Gott in seinem Zorn Gericht
hält?
Er kommt mit heiler Haut davon!
31 Wer sagt ihm ins Gesicht, was er
getan hat?
Wer bestraft ihn, wie er es verdient?
Keiner!
32 Nach seinem Tod wird er mit allen
Ehren beigesetzt;
an seinem Grab hält man noch
Ehrenwache!
33 Unübersehbar ist sein Leichenzug,
der ihn zur letzten Ruh' geleitet,
und Heimaterde deckt ihn freundlich
zu.

34 Wollt ihr mich mit blankem
Schwindel trösten?
Jede Antwort, die ihr gebt, ist eine
glatte Lüge!»

Elifas: Kehr wieder um zu Gott!

22 Ein drittes Mal ergriff Elifas aus Teman das Wort:

2 «Meinst du, daß ein Mensch für
Gott von Nutzen ist?
Wer weise und verständig ist,
nützt doch nur sich selbst!
3 Machst du Gott damit eine Freude,
daß du dir nichts zuschulden
kommen läßt?
Bringt es ihm Gewinn, wenn du ein
tadelloses Leben führst?
4 Nicht wegen deiner Frömmigkeit
geht Gott mit dir ins Gericht
und zieht dich jetzt zur
Rechenschaft,

a) Wörtlich: die Erhabenen.

Dienstag

Wenn Freunde uns Vorwürfe machen

Annemarie Pfeifer

Hiob 22

Im alten Orient gab es ein besonders heimtückisches Rezept, um jemandem zu schaden. Man nahm die Zutaten für ein sehr leckeres Gebäck und mischte ein paar Tigerhaare darunter. Dann verzierte man das Backwerk kunstvoll und schenkte es dem ahnungslosen Opfer. Beim Genuss des vermeintlichen Leckerbissens blieben dem Esser die drahtigen Haare im Hals stecken oder reizten den Darm, was zu seinem Tode führte.

Auch Elifas schenkte Hiob so einen ungenießbaren Kuchen des «Trostes». Oberflächlich gesehen sagte er einige richtige Dinge, aber dann durchmischte er sie mit den Tigerhaaren spitzer Schuldzuweisungen: «Du hast gesündigt. Du hast dich zu wenig um andere gekümmert. Du glaubst nicht stark genug. Du betest zu wenig. Reiß dich zusammen.»

Kommt uns das nicht auch heute sehr bekannt vor? Taucht nicht sehr schnell die Frage nach Schuld und Sünde auf, wenn uns Unglück oder Krankheit trifft? Ratschläge werden oft mit den besten Absichten weiter gegeben und enthalten meistens auch eine Portion Wahrheit. Für die Person in Not wirken sie aber schmerzhaft wie Schläge, wenn sie mit Vorwürfen durchzogen sind. Deshalb ist es ganz wichtig, dass wir hilfreiche und ungenießbare Anteile unserer Ratschläge immer wieder vor Gott aussortieren. Menschen – auch christliche Freunde – können sich irren, denn sie sehen oft nur die Oberfläche.

Wenn uns Vorwürfe gemacht werden und uns Gewissensbisse quälen, können wir uns mit den folgenden Fragen Erleichterung schaffen: Was wird mir konkret vorgeworfen? Wie weit reicht mein Einfluss? Gibt es andere Gründe für das Problem als mein Verhalten?

Vor einiger Zeit erkrankte eine liebe Bekannte an Krebs. Als Mutter mehrerer Kinder kämpfte sie mit aller verfügbaren Kraft gegen die heimtückische Krankheit. Leider vergeblich. Besonders traf es sie, wenn gutmeinende Menschen ihr rieten, noch mehr zu beten oder Sünden auszuräumen, die sie innerlich zerfressen würden. Diese Ratschläge schmerzten sie fast noch mehr als die Krebsgeschwulste. In jenen schweren Tagen wuchs in ihr ein neues Gottvertrauen. Sie hörte weniger auf Menschen und richtete sich ganz auf Gott aus. Dabei merkte sie, dass ihre Gesundheit, ihre Familie, ja ihr ganzes Leben, vollständig in Gottes Händen lagen.

Es gibt Momente im Leben, da verstehen uns selbst die besten Freunde nicht mehr. Gerade dann dürfen wir uns an unseren himmlischen Vater wenden. Er überhäuft uns nicht mit Vorwürfen, sondern schenkt uns seine bedingungslose Liebe. Er bleibt nicht bei unsern Fehlern stehen, sondern hält für uns echten Trost bereit.

5 nein, wegen deiner großen Bosheit!
Lang ist die Liste deiner Schuld!

6 Wenn dir dein Nachbar etwas schuldete,
dann hast du ohne Grund
sein einziges Gewand als Pfand genommen.
7 Dem Durstigen hast du kein Wasser gegeben
und dem Hungrigen das Brot verweigert.
8 Dabei bist du mächtig und angesehen;
dir gehört das Land, in dem du wohnst!
9 Witwen hast du mit leeren Händen weggeschickt
und den Waisenkindern ihre Bitten abgeschlagen.

10 Deshalb umgeben dich jetzt tödliche Gefahren
und packt dich Furcht und Entsetzen.
11 Deshalb ist es jetzt so dunkel um dich her,
daß du keine Handbreit sehen kannst,
deshalb überrollt dich jetzt die Wasserflut!
12 Schau dir die Sterne an dort oben –
Gott ist noch viel erhabener,
er überragt den Himmel!
13/14 Darum sagst du auch:
‹Was weiß er schon?
Kann uns Gott gerecht beurteilen,
wenn dunkle Wolken ihm den Blick versperren?
In tiefer Dunkelheit verbirgt er sich,
er sieht uns nicht;
fern am Rand des Weltalls wohnt er!›

15 Willst auch du die falschen Wege gehen,
die in alter Zeit gewissenlose Menschen schon gegangen sind?
16 Vorzeitig wurden sie aus dem Leben gerissen,
ihre Häuser wurden fortgespült von einer Flut.
17 Sie wagten es, zu Gott zu sagen:
‹Geh mir aus dem Weg!›
und: ‹Was kann uns der Allmächtige schon tun?›
18 Dabei war er es doch,
der in seiner Güte sie zu Wohlstand brachte! –
Doch ich will mich hüten, so wie sie zu reden! –
19 Gute und gerechte Menschen werden lachen
und sich freuen, wenn sie ihren Untergang sehen!
20 ‹Jetzt ist unser Feind vernichtet›, jubeln sie,
‹und sein Besitz wurde ein Raub der Flammen!›

21 Hiob, versöhn dich wieder mit Gott,
schließ mit ihm Frieden,
dann wird er dir sehr viel Gutes tun!
22 Gib wieder acht auf das, was er dir sagt,
und nimm dir seine Worte zu Herzen!
23 Wenn du zu Gott, dem Allmächtigen, umkehrst,
wird er dich aufrichten.
Mach alles Unrecht wieder gut,
das du zu Hause begangen hast!
24 Wirf dein kostbares Gold weg,
versenk es irgendwo im Fluß!
25 Dann ist Gott selbst dein kostbarer Schatz,
dann bedeutet er dir mehr als alles Gold und Silber.
26 Er wird die Quelle deiner Freude sein,
und du kannst wieder zu ihm aufschauen.
27 Wenn du zu ihm betest, wird er dich erhören;

und du wirst erfüllen,
was du ihm in der Not versprochen hast.
28 Deine Pläne werden gelingen;
hell strahlt das Licht über allen deinen Wegen!
29 Wenn andere am Boden liegen und du betest: ‹Herr, stärke sie wieder!›,
dann wird Gott die Niedergeschlagenen aufrichten.
30 Sogar einen schuldbeladenen Menschen wird Gott retten,
weil du mit reinem Herzen für ihn gebetet hast!»

Hiob: Wenn ich Gott nur finden könnte!

23 Hiob sagte:
2 «Auch heute muß ich bitter klagen,
schwer lastet Gottes Hand auf mir,
ich kann nur noch stöhnen!
3 Wenn ich doch wüßte, wo ich ihn finden könnte
und wie ich zu seinem Thron gelange!
4 Ich würde ihm meinen Fall darlegen
und alle Gründe nennen, die zu meinen Gunsten sprechen!
5 Ich wollte wissen, was er mir zur Antwort gibt,
und verstehen, was er mir dann sagt.
6 Würde er wohl alle Kraft aufbieten,
um mit mir zu streiten?
Nein! Er würde mir Beachtung schenken!
7 So könnte ich meine Unschuld beweisen,
und Gott würde mich endgültig freisprechen.

8 Doch ich kann ihn nirgends finden!
Ich habe ihn im Osten gesucht – er ist nicht dort,
und auch im Westen entdecke ich ihn nicht.
9 Wirkt er im Norden,
oder wendet er sich zum Süden hin,
sehe ich doch keine Spur von ihm;
nirgends ist er zu erblicken!

10 Doch er kennt meinen Weg genau;
wenn er mich prüfte, wäre ich rein wie Gold.
11 Unbeirrbar bin ich dem Weg gefolgt,
den er mir zeigte, niemals bin ich von ihm abgeirrt.
12 Ich habe seine Gebote nicht übertreten;
seine Befehle zu beachten war mir wichtiger
als das tägliche Brot.
13 Aber Gott allein ist der Herr.
Was er sich vornimmt, das tut er auch,
und niemand bringt ihn davon ab.
14 So wird er ausführen,
was er über mich beschlossen hat;
und dieser Plan ist nur einer von vielen, die er bereithält.

15 Darum habe ich Angst vor ihm;
wenn ich darüber nachdenke,
packt mich die Furcht!
16 Ja, Gott hat mir jeden Mut genommen;
der Allmächtige versetzt mich in Angst und Schrecken!
17 Doch die Dunkelheit bringt mich nicht zum Schweigen,
diese tiefe Finsternis, die mich jetzt bedeckt.»

Schreiende Ungerechtigkeit!

24 «Warum setzt Gott,
der Allmächtige,
keine Gerichtstage fest?
Warum muß jeder, der ihn kennt,
vergeblich darauf warten?
2 Mächtige verrücken die Grenzsteine

Herzensflecken

Annemarie Höfer

Hiob 23, 10

Ich war noch ein Vorschulkind. Mein Bruder und ich hatten irgendwo einen Füllfederhalter und Löschpapier gefunden. Nun saßen wir am Wohnzimmertisch und probierten aus, wie das Löschblatt die Tinte begierig verschlang. Bald wurden aus vielen blauen Tintenflecken faszinierende Kugeltiere und -figuren.

Die Ernüchterung kam, als wir bemerkten, dass sich die Tinte nicht nur ins Löschblatt, sondern auch in das darunter liegende helle Leinentischtuch gesaugt hatte. «Das darf Mutti nicht sehen, sonst schimpft sie!», war meine erste Reaktion. Schnell riss ich das Lieblingsstück meiner Mutter vom Tisch und versteckte es unter meinem Bett.

Handeln wir Erwachsenen nicht oft ähnlich? Wollen nicht auch wir vor anderen gut dastehen und alles «Unreine» verstecken? Ich ertappte mich erst kürzlich dabei, als ich eine spontane Einladung an meine Nachbarin zum Plausch nicht aussprach, weil ich dachte, meine Wohnung sei nicht genügend aufgeräumt. Meine Einstellung «Beziehungen sind mir wichtiger als spiegelnde Fensterscheiben» hielt ich nicht durch.

Wenn ich zu meinem himmlischen Vater gehe, muss ich nicht perfekt «aufgeräumt» sein, ich brauche auch meine Flecken nicht vor ihm zu verstecken. Oft meine ich, Gott würde mich mehr lieben, wenn ich mir selbst akzeptabel vorkomme und meine, in Ordnung zu sein. Aber das stimmt nicht.

Gott denkt und handelt ganz anders als wir. In Christus hat er allen die grundlegende Reinigung des Lebens angeboten. Er drückt mich an sein Herz, auch dann, wenn ich abgekämpft, ausgelaugt und leer bin. Er kennt mich doch sowieso. Egal, ob ich gerade der Idealvorstellung von mir entspreche oder ganz weit davon entfernt bin. Er flüstert mir immer ins Ohr: «Komm zu mir, setz dich auf meinen Schoß. Ich kenne dich doch viel besser, als du dich selbst kennst. Und wenn du gerade Mühe hast, dich selbst zu akzeptieren, lauf zu mir. Dein Innerstes liegt ausgebreitet vor mir. Ich kenne dich vom Mutterleib an. Deine Wege kenne ich, deine Mühen, deine Gedanken, deine Freuden, deine Sehnsüchte, dein Verlangen. Ja, ich kenne sogar jedes Haar auf deinem Kopf.»

Ich kann mich nicht mehr erinnern, wie die Geschichte mit den Tintenflecken auf dem Tischtuch ausgegangen ist. Aber wie sich Gott trotz meiner Herzensflecken mir gegenüber verhält, ist eindeutig. Er kennt und liebt mich (mit und ohne Flecken) durch und durch.

und erweitern so ihr Land;
sie rauben Herden und treiben sie auf die eigene Weide.
3 Den Esel eines Waisenkindes führen sie weg
und nehmen einer Witwe den Ochsen als Pfand.
4 Sie drängen die armen Leute beiseite;
die Hilflosen müssen sich verstecken,
5 müssen draußen in der Steppe leben wie die Wildesel;
dort suchen sie nach etwas Eßbarem für ihre Kinder.
6 Auf den Feldern sammeln sie das Futter,
und im Weinberg ihrer Unterdrücker halten sie Nachlese.
7 Ohne Kleidung verbringen sie draußen die Nacht;
nichts deckt sie in der Kälte zu.
8 Der Regen im Bergland durchnäßt sie völlig;
sie kauern sich an Felsen,
weil sie sonst keinen Unterschlupf finden.

9 Der Witwe wird ihr Kind von der Brust gerissen,
und den Armen nimmt man ihren Säugling als Pfand.
10 Ohne Kleidung laufen sie herum,
sie arbeiten in der Getreideernte und hungern dabei!
11 In den Olivenhainen pressen sie das Öl,
im Weinberg treten sie die Kelter –
und leiden doch Durst!
12 In der Stadt stöhnen die Sterbenden.
Menschen werden umgebracht, laut schreien sie um Hilfe,
doch Gott zieht die Mörder nicht zur Rechenschaft!
13 Sie sind Feinde des Lichts.
Was hell und wahr ist, das kennen sie nicht;
nein, sie gehen ihm beharrlich aus dem Weg.
14 Nach Einbruch der Dunkelheit zieht der Mörder los,
er bringt den Armen und Wehrlosen um.
15 Der Ehebrecher wünscht sich die Dämmerung herbei.
‹Mich sieht keiner!› denkt er
und verhüllt sein Gesicht.
16 Ja, nachts brechen sie in die Häuser ein,
aber tagsüber halten sie sich versteckt.
Sie alle scheuen das Licht.
17 Tiefe Dunkelheit – das ist ihr Morgenlicht!
Mit den Schrecken der Nacht sind sie bestens vertraut.»

Gott hat doch das letzte Wort!

18 «Der Gottlose vergeht wie Schaum auf dem Wasser;
schwer lastet Gottes Fluch auf seinem Land.
Sein Weinberg verödet,
weil er ihn nicht mehr bearbeiten kann.
19 Sonne und Wärme lassen den Schnee im Nu verschwinden,
genauso reißt der Tod jeden Sünder plötzlich aus dem Leben.
20 Dann laben sich die Würmer an ihm;
sogar von seiner Mutter wird er vergessen.[a]
Nie mehr wird jemand an ihn denken,
der Schuldige wird zerbrochen wie trockenes Holz.

a) Wörtlich: der Mutterschoß vergißt ihn.

In den Trümmern des Krieges

Maria Koprivnjak

Hiob 24,9–12

Es ist Jahre her, seit der Bombenregen auf Kroatien und Bosnien aufgehört hat. Aber die Erinnerungen bleiben. Seither gibt es viele bedürftige und arme Menschen in unserem Land. Vor kurzem erschien eine allein stehende alte Frau in unserer Kirche in Vukovar. Einige von uns vermieden es nach Möglichkeit, sich neben sie zu setzen, weil sie so unangenehm roch. Ich bin sicher, dass ihr dieses Verhalten nicht verborgen blieb, trotzdem kam sie regelmäßig in unsere Suppenküche. Es waren für sie die ersten warmen Mahlzeiten seit Jahren. An einem Montag teilte ich dieser Frau, ohne es zu wissen, zum letzten Mal das Mittagessen aus. In der folgenden Nacht brannte das Haus ab, in dem sie schlief, und sie kam in den Flammen um.

Ich war traurig und fühlte mich gleichzeitig schuldig. Ich bedauerte es zutiefst, dass wir dieser Frau nicht mehr Liebe entgegengebracht hatten. Gott erwartet keine großartigen Dinge von uns – er bittet uns nur, für die Menschen, die er uns über den Weg schickt, das zu tun, was wir können. Das war eine neue Lektion für mich. Nicht noch einmal möchte ich eine arme, alte Großmutter übersehen, der ich mit Liebe begegnen und die allerwichtigste Botschaft der Welt mitteilen kann – nämlich die, dass Jesus für alle, die ihn als ihren Erlöser annehmen, eine Heimat bereitet hat.

Ein unbekannter Verfasser hat das, was ich empfinde, sehr schön in Worte gefasst – Worte, die mir helfen und mich auf dem rechten Weg leiten können:

«Mein Kind, ich habe schon oft deine Frage gehört. Diese Botschaft ist meine Antwort.

Du bist besorgt über die Hungernden auf dieser Erde. Millionen sterben, und du fragst: ‹Was kann ich tun?› *Gib einem zu essen.*

Du bist bekümmert über die vielen ungeborenen Kinder, die Tag für Tag im Mutterleib getötet werden, und du fragst: ‹Was kann ich tun?› *Rette eines.*

Du grämst dich wegen der Armen und Obdachlosen, die ziellos durch die Straßen irren, und du fragst: ‹Was kann ich tun?› *Nimm einen auf.*

Du hast Mitleid mit denen, die Schmerzen leiden, traurig und verzweifelt sind, und du fragst: ‹Was kann ich tun?› *Tröste einen.*

Du fühlst Erbarmen mit den Einsamen, Misshandelten und Gefangenen, und du fragst: ‹Was kann ich tun?› *Liebe einen.*

Denk daran, mein Kind, vor 2000 Jahren war die Erde voll von Not leidenden Menschen – genau wie heute. Als die Hilflosen und Hoffnungslosen zu mir riefen und um Gnade flehten, sandte ich einen Erretter. *Mit einem fing die Hoffnung an.*»

[21] Er hat die kinderlose Frau
ausgebeutet,
der Witwe hat er nichts Gutes getan.

[22] Solche Machthaber reißt Gott in
seiner Kraft hinweg;
wenn er sich erhebt,
sind sie ihres Lebens nicht mehr
sicher.
[23] Mag sein, daß er sie in Ruhe läßt
und sie sich in Sicherheit wiegen –
er überwacht doch unablässig ihre
Wege.
[24] Nur für kurze Zeit stehen sie auf
der Höhe ihrer Macht,
dann ist es vorbei mit ihnen.
Wie die Ähren werden sie gepackt
und abgeschnitten.
[25] Ja, so ist es!
Keiner kann mich Lügen strafen
und niemand meine Worte
widerlegen!»

Bildad: Vor Gott ist keiner vollkommen!

25 Darauf antwortete Bildad aus Schuach:

[2] «Gott allein ist der Herr,
in Ehrfurcht müssen alle vor ihm
stehen!
Für Frieden sorgt er in seinen
Himmelshöhen.
[3] Niemand zählt die Engelscharen,
die ihm dienen;
keinen Ort gibt es, über dem sein
Licht nicht scheint!
[4] Wie kann da ein Mensch gegenüber
Gott im Recht sein?
Steht ein Sterblicher vor ihm
vollkommen da?
[5] Wenn in Gottes Augen nicht einmal
der Mond hell scheint
und dem Sternenlicht die Klarheit
fehlt,
[6] wie sollte da ein Mensch vor ihm
bestehen können –
diese Made, dieser Wurm!»

Hiob: Wie klug hast du mich beraten!

26 Darauf entgegnete Hiob:

[2] «Ach, wie gut bist du mir
beigestanden,
mir, der keine Kraft besitzt!
Wie sehr hast du mir geholfen –
arm und schwach wie ich bin!
[3] Wie hast du mich so gut beraten,
mich, dem jede Weisheit fehlt!
Welche Einsicht hast du mir
vermittelt, tief und umfangreich!
[4] Mit wessen Hilfe hast du so
geredet?
Wer hat dir diese Worte
eingegeben?[a]»

Wer kann Gottes Macht begreifen?

[5] «Vor Gott erzittern die
Verstorbenen,
alle, die im Wasser tief unter der
Erde leben.
[6] Die Welt der Toten –
nackt und bloß liegt sie vor Gott.
Der tiefe Abgrund kann sich nicht
verhüllen.
[7] Gott spannte den Himmel aus über
dem leeren Raum;
die Erde hängte er auf im Nichts.
[8] Er füllt die Wolken mit Wasser,
und doch reißen sie nicht unter ihrer
Last.
[9] Er verhüllt seinen Thron,
indem er die Wolken davor
ausbreitet.

a) Wörtlich: Wessen Geist ging aus von dir?

Gerecht vor Gott

Alexandra C.E. Depuhl

Hiob 25, 4

Während eines Urlaubs am Meer hatten wir uns ein Tretboot gemietet und waren aufs Wasser hinausgefahren. Während mein Mann und unsere 11-jährige Tochter kräftig in die Pedale traten, genoss ich – das Baby auf dem Schoß – den Anblick der Bucht und der Boote, die vor Anker lagen. Sanft umspülten die Wellen die Plattform des Bootes, auf der wir saßen. Es war ein herrliches Wetter: warm, sonnig und ein bisschen windig. Ganz langsam hatte sich der Wind gedreht; er trieb uns auf das Meer. Die rote Fahne, die am Strand wehte und uns warnen sollte, hatten wir nicht bemerkt.

Deshalb waren wir sehr verwundert, als das kräftigere Treten kaum etwas nutzte – wir schafften es einfach nicht, zurück ans Ufer zu gelangen. Die Winde wurden heftiger, das Wasser schwappte über die Plattform, und wir kamen den Yachten immer näher. Als wir merkten, dass wir vom Wind zwischen den Schiffen auf das offene Meer getrieben wurden, packte uns die Angst. Verzweifelt versuchten wir, uns an der Strickleiter einer Luxusyacht festzuhalten. Doch als unser Tretboot an die Yacht stieß, kam der Eigentümer an die Reling gelaufen, um uns wegzujagen – schließlich hätten wir sein Boot beschädigen können. Als er jedoch die Angst in unseren Gesichtern bemerkte und sah, dass unser Baby von der Plattform zu rutschen drohte, half er uns auf sein Boot und rief die Wasserpolizei. Die Beamten wunderten sich sehr, dass wir es nicht geschafft hatten, zurück an Land zu kommen. Doch als sie es selbst versuchten, mussten sie feststellen, dass der Wind zu stark war.

So kommt mir auch Gott manchmal vor: Er ist zu stark, zu heilig, zu gerecht, als dass wir als Sünder ihm nahen könnten. Doch wenn wir plötzlich mit Schrecken feststellen, wir schweben in Lebensgefahr, gibt es nur noch die Priorität, Rettung zu suchen.

Hatten wir vorher auch gemeint, unser Boot sei sicher, das Wetter ruhig, unser Leben in Ordnung – jetzt gilt es, sich der Wahrheit zu stellen. Dann, und nur dann, können wir begreifen, was Rettung bedeutet – nämlich Hilfe zum Überleben anzunehmen.

Gott, der Herr aller Herren, ist heilig – aber er wartet schon an der Reling, um uns den Rettungsring zuzuwerfen. Er ist der gerechte und zugleich der rettende Gott.

Ja, Gott will Gerechtigkeit. Aber zugleich möchte er uns gnädig sein. Deshalb hat er seinen Sohn als Rettungsring ausgeworfen. Voll Zuversicht können wir nach ihm greifen.

Depression

Lynne Hybels

Jesus sagt: «Bei mir findet ihr, was euerm Leben Sinn und Ruhe gibt. Ich meine es gut mit euch und bürde euch keine unerträgliche Last auf» (Matthäus 11,29b–30).

Seit ich erwachsen bin, habe ich viel mit Depressionen zu tun gehabt. Vordergründig war mein Leben gespickt voll mit Möglichkeiten, um die mich viele beneidet hätten. Ich bin mit einem großartigen Mann verheiratet und habe zwei wunderbare Kinder, die ich sehr liebe. Auch finanzielle Sorgen kenne ich nicht. Doch oft ging ich abends mit dem Wunsch ins Bett, am nächsten Morgen nicht mehr aufzuwachen. Ich versuchte mir einzureden, dass es wahrscheinlich jedem so geht und ich mich einfach mehr anstrengen müsste, um zu einer positiveren Lebenseinstellung zu gelangen. «Wenn ich mehr bete und in der Bibel lese», sagte ich zu mir selbst, «oder wenn ich mich mehr mit den Problemen anderer Menschen beschäftige als mit meinen eigenen, dann wird es mir sicher bald wieder besser gehen.»

Doch irgendwann hatte ich einfach keine Kraft mehr zu kämpfen. Als Familie feierten wir in jenem Jahr das Weihnachtsfest an einem wunderschönen Ort – doch anstatt mich zu freuen, hatte ich nur den einen Wunsch, tot zu sein. Ich war an einem Punkt angelangt, an dem ich mir endlich eingestehen musste, dass ich mein Problem nicht allein lösen konnte. Es kostete mich große Überwindung, den Fuß über die Schwelle der christlichen Beratungsstelle zu setzen. Ich hatte das Gefühl, mit meinem Leben versagt zu haben. Doch der Therapeut half mir zu erkennen, dass es sehr viel in meinem Herzen und Leben gab, was aussortiert werden musste; ein langwieriger Prozess begann.

Langsam begriff ich, dass ich eine völlig verdrehte Vorstellung von Gott hatte, und während dieser Zeit der erzwungenen Ruhe machte er mich auf etwas aufmerksam, was mich total überraschte: «Ich muss dir etwas sehr Wichtiges mitteilen», schien Gott zu sagen. «Ich liebe dich aus dem einfachen Grund, weil du mein Kind bist. Ich liebe dich auch dann, wenn du müde und erschöpft bist und keine Kraft hast, mir zu dienen. Ja, ich habe dich so lieb, dass ich möchte, dass du zur Ruhe kommst, wieder gesund wirst und Freude am Leben gewinnst.»

Depressionen können ein Indikator dafür sein, dass wir uns mit unserer Art zu leben selber schaden. Gerade in so einer Situation kann Gott unsere Aufmerksamkeit gewinnen und uns Dinge klar machen, die wir sonst nie verstehen würden. Den Schmerz der Depression persönlich zu erleben, hat mich anderen Frauen gegenüber sensibler gemacht und in mir den Wunsch geweckt, Worte weiterzugeben, die heilsam und ermutigend sind.

10 Er spannte den Horizont wie einen
Bogen über dem Meer,
als Grenze zwischen Licht und
Dunkelheit.
11 Wenn er die Säulen des Himmels
bedroht,
dann zittern und schwanken sie vor
Furcht.
12 In seiner Kraft ließ er die Wellen
des Meeres tosen,
und in seiner Klugheit
zerschmetterte er das Ungeheuer
im Meer[a].
13 Durch seinen Hauch wurde der
Himmel wieder klar.
Eigenhändig durchbohrte er den
fliehenden Drachen.
14 Das alles sind nur kleine
Fingerzeige,
ein leises Flüstern, das wir von ihm
hören!
Die Donnersprache seiner Allmacht
aber –
wer kann sie begreifen?»

Ich bin unschuldig!

27 Hiob fuhr fort:
2 «Das schwöre ich,
so wahr Gott, der Allmächtige, lebt,
der mir mein Recht verweigert
und mich bittere Stunden
durchleiden läßt:
3 Solange er mir den Atem gibt,
solange ich noch Leben in mir spüre,
4 werde ich nie die Unwahrheit
sagen,
kein betrügerisches Wort soll über
meine Lippen kommen!
5 Verflucht will ich sein,
wenn ich euch jemals recht gebe!
Bis zum letzten Atemzug bleibe ich
dabei:
Ich bin unschuldig!
6 Ich bin im Recht – und davon lasse
ich nicht ab!
Ich habe ein reines Gewissen.
7 Wer mich verklagt,
sich zu Unrecht gegen mich stellt,
der soll schuldig gesprochen werden.
Gott soll ihn mit vollem Recht
verurteilen!

8 Wer Gott verachtet, hat nichts mehr
zu hoffen,
wenn seine Stunde schlägt,
wenn Gott von ihm sein Leben
fordert.
9 Wenn Angst und Schrecken ihn
überfällt,
wird Gott sein Schreien nicht
erhören.
10 Denn an Gott hat er sich nie
gefreut,
zu ihm zu beten lag ihm fern.
11 Ich will euch Gottes große Macht
vor Augen führen
und euch nicht verschweigen, was
der Allmächtige tun will.
12 Ihr habt es doch alle selbst
gesehen,
warum redet ihr dann solchen
Unsinn?»

Der Gottlose bleibt nicht am Leben!

13 «Was steht einem Menschen zu,
der Gott verachtet?
Welchen Lohn zahlt der Allmächtige
ihm für seine skrupellosen Taten?
14 Er hat viele Söhne, doch sie fallen
im Krieg;
seine Nachkommen müssen bitteren
Hunger leiden.
15 Wer dann noch lebt, stirbt an der
Pest;

a) Wörtlich: Rahab.

Gottes Therapie

Elke Werner

Hiob 26, 14

Ein kleiner Junge wird vorsichtig ins angenehm warme Wasser an der Küste Floridas gelassen. Doch er scheint das alles nicht so richtig wahrzunehmen. Der Kleine ist autistisch und lebt in seiner eigenen inneren Welt, ohne viel Kontakt zur Außenwelt. Für die Eltern geht an diesem Tag ein Traum in Erfüllung. Eine Therapie beginnt, die den kleinen Jungen in die Realität holen soll. Die Therapeutin hat schon längere Zeit ein Vertrauensverhältnis zu dem Jungen aufgebaut. Aber sie wird nie das innige Verhältnis zu ihm erreichen, das der Junge nun zu seinem neuen Freund aufnimmt, einem Delphin. Einfühlsam und sanft, spielerisch und vorsichtig, nähert sich der Delphin dem Kind. Und das Unglaubliche geschieht – das Kind reagiert. Es erwacht aus seiner eigenen Welt und baut eine Brücke in die Welt da draußen. Der Junge wird selbst lebensfähig. Er entdeckt etwas Neues, seine Umgebung, in die er hineingeboren worden ist. Ein längerer Weg der Heilung beginnt.

Ein Delphin hilft einem Kind? Ist der Delphin denn gezähmt, trainiert? Nein, er ist nicht gezähmt. Er ist immer noch das Tier, das durch die Meere zieht. Und gleichzeitig ist er das Tier, das einen kleinen hilflosen Jungen liebevoll aufweckt, begleitet und in das Leben lockt.

Dieses Beispiel kann uns helfen, Gottes Handeln an uns besser zu verstehen. Natürlich hat es auch seine Grenzen – wie jedes Beispiel. Aber nehmen wir nur einmal die Tatsache, dass Gott ein allmächtiger Gott ist, der in einer ganz anderen Dimension lebt als wir. Und der dennoch so liebevoll und unseren Verstehensmöglichkeiten angepasst in unser Leben hineinwirkt. Der nicht von irgendjemandem gezähmt oder manipuliert werden kann, und der dennoch weiß, wie er mit uns Menschen umgehen muss. Gott will uns aufwecken. In Jesus hat er uns befähigt, zurückzukehren in die Welt, für die wir eigentlich geschaffen worden sind. Sie und ich, wir leben so oft wie dieser autistische Junge in unserer ganz eigenen Welt. Wir interessieren uns kaum für Gottes Realität. Und genau da setzt die Therapie an. Gott lockt uns mit einem leisen Flüstern und öffnet uns den Weg zu seiner Welt. Damit wir sehen und entdecken können, was es in Gottes Sicht der Realität alles zu erleben gibt.

Doch Gott ist nicht zahm. Er ist immer noch Gott. Er hat alle Gewalt im Himmel und auf Erden. Auch diese Dimension Gottes dürfen wir nicht aus den Augen verlieren. Er ist der Herr. Und er dient uns, weil er uns liebt.

Dienstag

Glaubwürdig leben

Elisabeth Schirmer-Mosset

Hiob 27, 3–4

Einmal träumte ich, ich sei auf einer Wanderung und hatte einen Rucksack auf den Rücken geschnallt. Ein mir unbekannter Mann ging neben mir her und wollte mir als Gentleman den Rucksack tragen. Ich lehnte dankend ab – schließlich bin ich eine starke Frau. Als es steiler den Berg hochging, war der Mann immer noch an meiner Seite. Er fragte mich sehr nett, ob er mir nicht den Rucksack abnehmen solle, er ginge ja den gleichen Weg wie ich. «Nein, nein, es geht schon!» Verbissen kämpfte ich weiter. Als ich nahe daran war aufzugeben, wachte ich schwitzend auf. Ich sah ganz klar, wer dieser Mann gewesen war: Jesus Christus. Er wollte mir meine Last abnehmen, wollte mich davon befreien – auch von Stolz und Selbstgerechtigkeit.

In unserer Firma habe ich schon einige steile Bergwanderungen erlebt. Dabei habe ich mir vorgenommen, mit möglichst wenig Gepäck unterwegs zu sein. Ich übernehme zwar gerne Verantwortung, weil ich dadurch etwas bewegen kann. Doch meine eigene Kraft ist sehr beschränkt. Deshalb lasse ich die Verantwortung nicht auf meinen Schultern liegen, denn das würde mich total erdrücken, sondern gebe sie im Gebet an Gott ab. Und dann nehme ich stückchenweise immer nur das, was ich tragen kann.

Dazu gehört aber auch, Integrität zu leben. Wie Hiob will ich kein unwahres Wort über meine Lippen kommen lassen! Ich möchte glaubwürdig sein und in meinem Leben aufräumen. Ich weiß, dass Gott jedem vergibt, der ihn darum bittet. Und mir ist bewusst, dass ich Vergebung nötig habe und auch anderen vergeben muss.

Was können wir tun, wenn wir einen Fehler gemacht haben? Wir können die Vergangenheit nicht ändern, aber um Verzeihung bitten und die Prioritäten neu ordnen. Es kann sein, dass mir meinen Kindern gegenüber in einer angespannten Situation Worte rausrutschen, die mir nachher Leid tun. Aber wenn ich meine Fehler zugebe, ist das eine Möglichkeit, glaubwürdig zu leben. Es gibt auch den Kindern die Chance, Fehler machen zu dürfen. Wir wachsen nur dann näher zusammen, wenn wir lernen zuzugeben, dass unser Verhalten nicht so gut war. Das ist kein Autoritätsverlust, sondern ein Gewinn an Glaubwürdigkeit. Schließlich sind wir nicht vollkommen.

Aber weil Gott absolut treu ist, wird er uns immer gut führen, auch wenn unser Weg sehr kurvenreich ist. Es ist gut, sich auf ihn und seine Glaubwürdigkeit verlassen zu können!

ihm selbst weinen seine Witwen
keine Träne nach.
16 Er hat Silber aufgehäuft wie Sand
und kostbare Kleider gestapelt;
17 doch aufrichtige Menschen werden
sie tragen,
und wer schuldlos ist, wird seinen
Silberschatz verteilen.
18 Sein Haus hält nicht länger als ein
Spinngewebe;[a]
es verfällt wie ein Unterschlupf,
den sich ein Wächter draußen für die
Nacht aufstellt.
19 Legt sich der Gottlose abends
nieder,
fehlt nichts von seinem Reichtum;
am nächsten Morgen jedoch ist alles
dahin!
20 Wie eine Wasserflut holt ihn das
Unheil ein;
in der Nacht wirbelt ihn der Sturm
davon.
21 Der heiße Wüstenwind packt ihn
und weht ihn fort!
22 Hals über Kopf will er fliehen,
doch erbarmungslos überfällt ihn der
Sturm;
23 er heult und pfeift um ihn her,
als wollte er ihn verhöhnen.»

Sag mir, wo die Weisheit ist!

28 «Es gibt Minen, wo man nach
Silber gräbt,
wir kennen die Stellen, wo das Gold
gewaschen wird.
2 Eisenerz holt man aus der Erde,
und Kupfer wird aus Gestein
geschmolzen.
3 Der Mensch erforscht auch die
tiefste Dunkelheit;
auf der Suche nach Gestein dringt er
immer weiter vor
bis ins Innerste der Erde.
4 Fern von jeder menschlichen
Siedlung gräbt er einen Schacht,
an Orten, wo kein Mensch den Fuß
hinsetzt;
die Bergleute lassen sich an Stricken
hinunter
und schweben ohne jeden Halt.
5 Oben auf der Erde wächst das
Getreide,
doch tief unten wird sie umgewühlt,
als wütete ein Feuer.
6 Ihr Gestein birgt den Saphir,
auch Goldstaub ist darin.
7 Den Weg zu den Fundorten hat
kein Geier erspäht,
nicht einmal das scharfe Auge eines
Falken.
8 Kein wildes Tier hat diesen Pfad
betreten,
kein Löwe ist auf ihm geschritten.
9 Doch der Mensch –
er arbeitet sich durch das härteste
Gestein,
ganze Berge wühlt er um.
10 Tief in den Felsen treibt er Stollen,
bis er dort findet, was sein Herz
begehrt.
11 Die Wasseradern im Gestein
dichtet er ab;
tief Verborgenes bringt er ans Licht.

12 Aber die Weisheit – wo ist sie zu
finden?
Und wo entdeckt man die Einsicht?
13 Kein Mensch kennt den Weg zu
ihr,[b]
unter den Lebenden findet man sie
nicht.

a) So mit der griechischen Übersetzung. Der hebräische Text lautet: Er hat sein Haus gebaut wie die Motte.

b) So mit der griechischen Übersetzung. Der hebräische Text lautet: Kein Mensch kennt ihren Wert.

Wo kommt Weisheit her?

Katrin Ledermann

Hiob 28, 12.18.28

Eine Freundin hatte mir einen ganz besonderen Adventskalender gebastelt: in 24 Nussschalen lagen Zettelchen mit Bibelversen. Jeden Morgen öffnete ich in freudiger Erwartung eine der Nussschalen. Auch an jenem «Morgen danach».

Es war früh dunkel in jenen Tagen. Einbrecher hatten die Dämmerung genutzt, um eines unserer ebenerdigen Fenster aufzubrechen und ins Haus einzudringen. Beim Nachhausekommen sahen wir die Bescherung: überall Unordnung! Seltsam ruhig rief ich die Polizei an. Ich hatte mich vor so einem Augenblick immer gefürchtet. Nun aber, wo «es» passiert war, hatte ich das eigenartige Gefühl, Gott tauche das ganze Haus in Licht.

Einer der Polizisten war so erkältet, dass ich ihm erst einmal eine heiße Tasse Tee anbot. Dabei zählte ihm mein Mann auf, was die Diebe mitgenommen hatten. «Wie ist das möglich?», fragte mich der Polizist. «Ihre Schmuckkassette ist weg, und Sie bieten mir ruhig einen Tee an? Andere Frauen würden in Tränen ausbrechen!» Ich staunte selbst über mich – wie konnte ich so gelassen bleiben?

Am nächsten Morgen öffnete ich eine Nussschale – sie waren wenigstens noch alle da! Auf dem Zettel stand: «... und auch gegen Goldschmuck kann man sie nicht tauschen, ganz zu schweigen von Korallen und Kristall. Ja, der Wert der Weisheit übertrifft alle Rubine» (Hiob 28, 17–18).

Das war's! Gott hatte mich in seiner großen Weisheit innerlich gehalten, als ich den Einbruch entdeckte! Wo wir mit ihm, unserem Gott, im Alltag verbunden sind, wird uns ein übernatürliches Wissen um die wirklichen Werte zuteil. Ich hatte an jenem Abend keine Zeit gehabt, mich über den Verlust einiger Schmuckstücke – sogar eine kleine Korallenkette war dabei – hinwegzutrösten, ehe die Polizisten kamen. Da war ein echtes, von Gott gewirktes Empfinden spürbar, das mir vermittelte: «Es ist alles in Ordnung.»

Wenn wir Gott die Ehre geben, ihm den wichtigsten Platz in unserem Leben einräumen, dann kehrt er selbst das Böse von uns ab und schenkt uns übernatürliches Wissen, dass «alles in Ordnung ist». Dieses übernatürliche, tief innen empfindbare Wissen ist eine Weisheit, die von oben kommt und andere Menschen staunen lässt, wie wir im Alltag reagieren. Sie ist ein Geschenk, das für uns nicht verfügbar ist. Aber wir dürfen darum bitten!

14 Das Meer und seine Tiefen
sprechen:
‹Die Weisheit ist nicht bei uns!›
15 Sie ist unbezahlbar, mit Gold
und Silber nicht aufzuwiegen.
16 Man kann sie weder mit Feingold
kaufen
noch mit kostbarem Onyx oder
Saphir.
17 Gold und reines Glas reichen nicht
an sie heran,
und auch gegen Goldschmuck kann
man sie nicht tauschen,
18 ganz zu schweigen von Korallen
und Kristall!
Ja, der Wert der Weisheit übertrifft
alle Rubine.
19 Der Topas-Edelstein aus
Äthiopien ist nichts
im Vergleich zu ihr,
mit reinem Gold ist sie nicht
aufzuwiegen.

20 Woher also kommt die Weisheit?
Und wo entdeckt man die Einsicht?
21 Ja, sie ist dem menschlichen Auge
verborgen,
und auch die Raubvögel erspähen sie
nicht.
22 Das tiefe Totenreich und selbst der
Tod,
sie sprechen: ‹Wir haben von ihr nur
ein Gerücht gehört!›

23 Gott allein kennt den Weg zur
Weisheit;
er nur weiß, wo sie zu finden ist.
24 Denn er blickt über die ganze
Welt,
er durchschaut Himmel und Erde.
25 Schon damals, als er dem Wind
seine Wucht gab
und den Wassermassen eine Grenze
setzte;
26 als er bestimmte, wo der Regen
niedergehen sollte,
als er den Gewitterwolken einen
Weg vorschrieb –
27 schon da sah er die Weisheit an
und rühmte ihren Wert,
er erforschte sie und gab ihr
Bestand.
28 Und zum Menschen sprach er:
‹Weise ist, wer Ehrfurcht vor mir
hat,
und Einsicht besitzt, wer sich vom
Bösen abkehrt.›»

Wäre mein Leben doch wieder wie früher!

29 Hiob fuhr fort:
2 «Wäre mein Leben doch wieder wie
früher,
wie in jenen Tagen, als Gott mich
noch bewahrte,
3 als sein Licht noch meine Wege
erleuchtete
und ich in seinem Licht durchs
Dunkle ging!
4 Ja, damals, in der Blüte meines
Lebens,
da zog Gott mich ins Vertrauen,
der Segen seiner Freundschaft stand
über meinem Haus.
5 Er, der Allmächtige, war bei mir,
und meine Kinder waren um mich
her.
6 Milch und Butter hatte ich im
Überfluß,
aus der Olivenpresse im Felsen floß
das Öl in Strömen![a]
7 Wenn ich zum Stadttor hinaufging,
um dort im Rat meinen Platz
einzunehmen,
8 dann traten die jungen Leute
ehrfürchtig zur Seite,

a) Wörtlich: Meine Schritte badeten sich in Dickmilch, und der Fels neben mir goß Öl aus.

die Alten erhoben sich und blieben stehen.
9 Fürsten hörten auf zu reden,
ihr Gespräch verstummte, wenn ich kam.
10 Selbst die einflußreichen Leute wurden still
und hielten ihre Zunge im Zaum.
11 Jeder, der mich hörte,
wußte nur Gutes von mir zu sagen,
und wer mich sah, der lobte mich.
12 Denn ich rettete den Armen,
der um Hilfe schrie,
und das Waisenkind,
das von allen verlassen war.
13 Dem Sterbenden stand ich bei,
er wünschte mir Segen;
der Witwe half ich,
und sie konnte wieder fröhlich singen.
14 Ich bekleidete mich mit Gerechtigkeit,
hüllte mich ins Recht wie in einen Mantel,
trug es wie einen Turban.
15 Meine Augen sahen für den Blinden,
meine Füße gingen für den Lahmen.
16 Den Armen wurde ich ein Vater,
und den Streitfall eines Unbekannten prüfte ich genau.
17 Einem brutalen Menschen stellte ich mich entgegen,
ich schlug ihm den Kiefer ein
und riß die hilflosen Opfer aus seinem Maul.
18 Ich dachte:
‹Im Kreise meiner Familie werde ich einmal sterben
nach einem langen und erfüllten Leben[a].›
19 Ich gleiche einem Baum,
der seine Wurzeln zum Wasser streckt;
auf seine Zweige legt sich nachts der Tau.
20 ‹Meine Würde werde ich nicht verlieren›,
so dachte ich,
‹bis ins hohe Alter bleibt mir die Kraft erhalten.›[b]
21 Ja, auf mich hörten alle Leute,
sie warteten schweigend auf meinen Rat.
22 Nach mir sprach kein zweiter mehr;
meine Worte sogen sie auf.
23 Sie warteten auf mich wie auf den Regen,
lechzten nach meinen Worten
wie Felder nach den Frühjahrsschauern.
24 Den Mutlosen lächelte ich aufmunternd zu,
und mein froher Blick gab ihnen neue Zuversicht.
25 Ich traf für sie Entscheidungen
und saß unter ihnen wie ihr Oberhaupt,
ja, ich thronte wie ein König inmitten seiner Truppen;
ich gab ihnen Trost in ihrer Trauer.»

Ausgestoßen!

30 «Und jetzt?
Jetzt lachen sie mich aus –
sie, die jünger sind als ich;
ihre Väter hätte ich nicht einmal für wert geachtet,
sie zu den Hunden meiner Herde zu stellen!
2 Was sollen mir diese Schwächlinge nützen,

a) Wörtlich: wie Sand werde ich meine Tage machen.
b) Wörtlich: Meine Ehre wird bei mir frisch bleiben, und mein Bogen in meiner Hand wird sich verjüngen.

Welchen Lebensstil wünscht sich Gott für uns?

Hertha-Maria Haselmann

Hiob 29, 7–17

Um das vorweg zu sagen: Mit keinem noch so guten Lebensstil kann ich mir die Sonnenseite des Lebens oder gar den Himmel erkaufen. Seit dem Sündenfall zeigt eine Generation der anderen, welcher Lebensstil aktuell und welcher out ist. Wir Menschen haben auf der Erde einen großen Freiraum zum Wirken bekommen. Und doch scheint es, dass wir uns selbst und unsere Umwelt erfolgreich vernichten werden. So mancher junge Mensch ahnt, dass er von den Medien bestimmt wird und sein ganz persönlicher Lebensstil auf der Strecke bleibt. Doch zu unserer Biografie muss ein individuell zugeschnittener Stil gehören.

Wir können Hiobs Leben nur bewundern. Hiob hatte Zugang zu Jungen und Alten, zu Armen und Reichen, zu einflussreichen Leuten und zu Politikern. Er hatte Zeit für das Straßenkind und für den Sterbenden. Auch setzte er sich sehr für die Gerechtigkeit ein und konnte, wenn es sein musste, manchem «auf die Füße treten». Ein Lebensstil, der sich sehen lassen kann. Ein Vorbild, das zur Nachahmung ansporn. Hiob hat in vorbildlicher Weise den Nächsten gesehen, doch erst nach einer ganz schweren Lebens- und Glaubensprüfung haben Hiobs Augen Gott ganz neu erkannt. «... jetzt habe ich dich mit eigenen Augen gesehen!» (Hiob 42,5).

Ich freue mich über Christen, bei denen die Fürsorge und Fürbitte für ganz bestimmte Menschen eine hohe Priorität haben. Gerade junge Menschen, die anfällig sind für die Verführungen unserer Konsumgesellschaft, brauchen Christen, die ihnen die Werte des Lebens in der Bibel nennen und auch vorleben. Die ihnen eine Liebe vorleben, die den Himmel sehr einladend macht.

Ein Lebensstil benötigt Orientierung. Die Bibel spricht nicht nur von dem Schöpfer-Gott, sondern von einem Gott, der unser Leben bis ins hohe Alter gestalten will. Gott möchte unser ganzes Leben mit uns leben, er ist nicht nur für eine normale Geburt und ein menschliches Sterben zuständig.

Wenn die Liebe zu Gott in unseren Herzen wächst, dann geben wir gerne Zeit und Geld für Aktivitäten, die Menschen zu dieser Liebe Gottes in Jesus Christus bringen. Dazu brauchen wir wie Hiob manchmal neu geöffnete Augen, ein neues Sehen. Wir können uns fragen: «Wofür lebe ich als Christ? Genügt es mir, was ich bis heute für meinen Herrn tue? Erwartet Gott mehr Einsatz von mir? Warten Menschen auf mich?» Kommen Sie doch mit auf die Reise des Dienens. Es gibt viel zu tun. Und gemeinsam geht es allemal besser!

die keine Kraft mehr in den Knochen haben?
3 Ausgezehrt von Hunger und Armut
nagen sie die Wurzeln in der Wüste ab,
draußen im Land der Einsamkeit.
4 Sie pflücken Salzkraut von den Büschen,
und Ginsterwurzeln sind ihr Brot.
5 Aus der menschlichen Gemeinschaft wurden sie verjagt,
man schreit ihnen nach wie Dieben.
6 In verlassenen Tälern hausen sie,
zwischen Felsen und in Erdhöhlen.
7 Im Gestrüpp, da kauern sie und schreien,
unter hohen Distelsträuchern drängen sie sich zusammen.
8 Dieses Gesindel, diese Brut,
aus dem Lande weggejagt!

9 Und jetzt?
Jetzt machen sie Spottverse,
sie zerreißen sich das Maul über mich.
10 Sie verabscheuen mich
und gehen mir aus dem Weg;
und wenn sie mir doch einmal begegnen,
spucken sie mir ins Gesicht!
11 Gott hat meine Lebenskraft zerbrochen[a] und mich gedemütigt,
darum kennen sie in meiner Gegenwart keine Rücksicht mehr.
12 Ja, diese Brut greift mich an!
Sie versuchen, mich zu Fall zu bringen,
sie schütten einen Belagerungswall rings um mich auf.
13 Sie schneiden mir den Weg ab
und zerstören mein Leben,
niemand hält sie dabei auf.
14 Sie durchbrechen meine Verteidigungsmauer
und zertrümmern, was ihnen in die Quere kommt.
15 Furcht und Entsetzen haben mich gepackt
und meine Würde wie im Sturm verjagt;
meine Sicherheit ist vertrieben wie eine Wolke.
16 Mein Leben verrinnt,
das Elend hat mich fest im Griff.
17 Bohrende Schmerzen rauben mir den Schlaf,
sie nagen an mir Nacht für Nacht.
18 Mit gewaltiger Kraft hat Gott mich am Gewand gepackt
und schnürt mich ein wie ein zu enger Kragen.
19 Er wirft mich in den Schmutz,
ich bin zu Staub und Asche geworden.
20 Ich schreie um Hilfe, o Gott,
aber du antwortest nicht;
ich stehe vor dir,
doch du siehst mich nicht an.
21 Du bist mein grausamer Feind geworden,
mit aller Kraft greifst du mich an!
22 Du wirbelst mich empor in die Luft,
treibst mich vor dem Sturm dahin
und zerschmetterst mich dann mit lautem Krachen.
23 Ja, ich weiß:
Du willst mich zu den Toten bringen,
hinunter in das Haus, wo alle Menschen sich versammeln.

24 Doch wer unter Trümmern verschüttet wurde,
streckt die Hand nach Rettung aus;
schreit man nicht im Unglücksfall um Hilfe?
25 Habe ich nicht damals über die geweint,

a) Wörtlich: Gott hat die Sehne meines Bogens schlaff gemacht.

Freitag

Das Gift des Selbstmitleids

Ingrid Trobisch

Hiob 30

Wenige Monate nachdem mein Mann gestorben war, ging meine jüngste Tochter aus dem Haus, um ihr Studium in Paris fortzusetzen. In Zukunft würde sie mehrere Hundert Kilometer von unserem Heim in Salzburg entfernt leben. Wie sollte ich mit diesem doppelten Verlust fertig werden – dem Tod meines Mannes und der leeren Wohnung?

Ich musste lernen, zwischen Selbstmitleid und Schmerz zu unterscheiden. Eine Freundin, die kurz nach mir ihren Mann verloren hatte, sagte einmal zu mir: «Ingrid, ich fühle mich innerlich so wund und traurig. Ich glaube, das ist ganz natürlich, wenn man einen solch schmerzlichen Verlust erlitten hat, aber trotzdem muss ich aufpassen, dass ich mich nicht im Selbstmitleid verliere. Unsere Gefühle an sich sind einfach vorhanden. Wenn wir uns aber mit der Tatsache abgefunden haben, können wir sie mutig in beide Hände nehmen und dem Herrn übergeben.»

Das finnische Wort für diese Bereitschaft, schmerzhafte Situationen durchzustehen, ist «sisu», was eigentlich «aushalten» bedeutet, «einfach weitermachen, weil es keine andere Möglichkeit gibt». Es bedeutet, sogar Schmerz und Leid zu akzeptieren. Auf einer Vortragsreise in Finnland hatten mein Mann und ich einmal eine Aussprache mit einer jungen, 28-jährigen Frau. Sie wohnte mit ihrer Mutter zusammen, einer äußerst schwierigen Person, die sie pflegen musste. Da ihre Wohnung sehr klein war, musste die junge Frau im Wohnzimmer schlafen. Nie konnten Freunde sie besuchen, ohne dass die Mutter dabei war. Nachdem wir alle Möglichkeiten erwogen hatten, wie sie aus dieser Situation herauskommen konnte, war uns klar, dass es keine gab. Es blieb ihr nichts anderes übrig, als an dem Platz auszuharren, wo sie war. Mein Mann sagte nur ein einziges Wort zu ihr: «Sisu». Ich sah, wie sie sich aufrichtete und ein lieblicher Ausdruck von Entschlossenheit auf ihr Gesicht trat. Wir konnten sie nur segnen, als sie in ihre schwierige Situation zurückkehren musste.

In Philipper 4,13 heißt es: «... alles kann ich durch Christus, der mir Kraft und Stärke gibt», oder, wie eine andere Übersetzung sagt: «Ich habe die Kraft, allen Umständen die Stirn zu bieten, durch die Macht, die Christus uns gibt.»

Statt «Aushalten» oder «Weitermachen» könnte man auch das Wort «Gelassenheit» einsetzen, denn Gelassenheit erwächst aus durchlebtem Leid. Im «Meer des Leidens», hat vor Jahren ein Christ geschrieben, «ertrinken manche Menschen, während andere darin schwimmen lernen.»

Kritik

Ingrid Trobisch

Da wäre nun noch eine persönliche Angelegenheit zu klären, die ich mit euch im Geist der Liebe und Güte Christi regeln möchte (2. Korinther 10,1).

Bestimmt bin ich nicht die Einzige, der es schwer fällt, mit Kritik fertig zu werden! König Hiskia gibt uns ein gutes Beispiel, wie wir damit umgehen können (2. Könige 19). Von ihm heißt es, nachdem er ein höhnisches, von Kritik strotzendes Schreiben vom assyrischen König bekommen hatte: «Er las es und ging damit in den Tempel. Dort breitete er den Brief vor dem Herrn aus und begann zu beten» (Vers 14). Das ist der erste Schritt, den wir gehen müssen – die Kritik vor Gott ausbreiten und ihn bitten, uns zu zeigen, was daran wahr ist.

Ein weiterer hilfreicher Schritt ist für mich, die Kritik mit einer Freundin zu teilen, zu der ich Vertrauen habe und die mir die Wahrheit sagt. Weil ich sehr sensibel bin, lese ich manchmal etwas in einen kritischen Kommentar hinein, was gar nicht beabsichtigt war. Eine Freundin kann mir oft eine gute Hilfe sein zu erkennen, wo ich Dinge überzogen gesehen habe.

Ich habe festgestellt, dass ein derart sensibles Verhalten Sünde gegen das erste Gebot sein kann. Anstatt darauf zu achten, was Gott denkt und meint, sitze ich manchmal selbst auf dem Thron meines Herzens und lasse zu, dass meine Gefühle verletzt werden. Wenn wir permanent an unserer Beziehung zu Jesus Christus arbeiten, wird unser Selbstwertgefühl steigen, und wir werden der Kritik mit mehr Objektivität begegnen können.

Wie verhalte ich mich aber ungerechtfertigter Kritik gegenüber? In einem solchen Fall gebe ich die Kritik in Gottes Hände. Nur wenn ich es zulasse, verletzt oder gekränkt darauf zu reagieren, kann mir solche Kritik schaden.

Grundsätzlich gilt: Hören Sie gut zu, was der andere zu sagen hat. Stößt es nicht vielleicht doch in Ihrem Herzen auf Widerhall? Wenn die Person ehrlich bemüht ist, Ihnen zu helfen, werden Sie ihre Kritik leichter akzeptieren können.

Und wenn wir selbst meinen, Kritik anbringen zu müssen? Bevor wir unseren Mund öffnen, sollten wir das, was wir sagen wollen, anhand der folgenden Fragen prüfen: Ist es wahr? Ist es wichtig? Ist es hilfreich? Ist es liebevoll? Wenn nicht alle vier Punkte erfüllt sind, ist es besser zu schweigen. Paulus zeigt uns in 2. Korinther 10,1 den Weg: Er spricht an, was nötig ist, aber «im Geist der Liebe und Güte Christi».

die ein schweres Los zu tragen
hatten?
Ich hatte Mitleid mit den Armen!

26 Und so erwartete ich Gutes,
doch das Unglück kam!
Ich erhoffte das Licht,
doch es kam die Dunkelheit.
27 Mein Inneres ist aufgewühlt,
ich finde keine Ruhe,
die Tage des Elends haben mich
eingeholt.
28 Meine Haut ist schwarz geworden,
doch nicht von der Sonnenglut.
In der Versammlung stehe ich auf
und schreie laut um Hilfe.
29 Mein Heulen klingt wie das der
Schakale,
wie das Schreien der Strauße.
30 Meine Haut ist schwarz geworden
und schält sich,
das Fieber glüht in meinem Körper.
31 Meine Laute spielt ein Trauerlied,
meine Flöte eine Melodie der
Klage.»

Mein letztes Wort: Ich bin unschuldig!

31 «Mit meinen Augen habe ich
einen Bund geschlossen,
niemals ein Mädchen lüstern
anzusehen.
2 Was hätte ich von Gott sonst zu
erwarten,
von ihm, der in der Höhe thront?
Welches Urteil hätte der
Allmächtige
dann über mich verhängt?
3 Den Bösen trifft das Unheil,
und den Übeltätern schickt Gott
Unglück.
4 Er sieht doch all mein Tun,
er kennt jeden Schritt.

5 War ich jemals verlogen und falsch,
habe ich andere betrogen?
6 Gott soll mich wiegen auf seiner
gerechten Waage –
und er wird feststellen, daß ich
unschuldig bin!
7 Wenn ich von seinem Wege
abgewichen bin,
wenn mein Herz alles begehrte,
was meine Augen sahen,
oder wenn an meinen Händen
irgendein Unrecht klebt,
8 dann soll ein anderer verzehren,
was ich gesät und geerntet habe,
ausreißen soll man das Getreide auf
meinem Feld!

9 Wenn ich mich von der Frau meines
Nachbarn betören ließ
und an ihrer Tür auf sie gewartet
habe,
10 dann soll meine Frau für einen
anderen kochen,
und andere sollen sich über sie
hermachen!
11 Denn dann hätte ich eine
Schandtat begangen,
ein Verbrechen, das vor die Richter
gehört.
12 Ein Feuer ist der Ehebruch!
Es brennt bis in den Tod.
Es würde all mein Hab und Gut bis
auf den Grund zerstören.

13 Wenn ich das Recht meines
Knechtes
oder meiner Magd mißachtet hätte,
als sie gegen mich klagten,
14 was wollte ich tun,
wenn Gott Gericht hält,
was könnte ich ihm erwidern,
wenn er mich zur Rechenschaft
zieht?
15 Denn er, der mich im Mutterleib
gebildet hat,
er hat auch meinen Knecht
geschaffen.
Wir beide verdanken unser Leben
ihm!

Persönliche Integrität

Jill Briscoe

Hiob 31, 4

Die erste Valentinskarte meines Lebens erhielt ich, als ich in Cambridge studierte. Sie zeigte einen Teddybär, der unter einem Röntgenapparat lag. Man konnte sein Herz erkennen, und darunter stand die Frage: «Wie sieht's innen drin aus?»

In England schreibt man gewöhnlich keinen Absender auf einen Valentinsgruß, sondern lässt den Empfänger raten, wer ihn geschickt hat. Ich hatte etliche Freunde – aber ich war nicht ehrlich zu ihnen, spielte vielmehr einen gegen den anderen aus. Kurz, ich war eine meisterhafte Lügnerin. Und meine Mitmenschen merkten, dass ich keine persönliche Integrität besaß. Sie spürten, dass sie mir nicht ihr Vertrauen schenken konnten.

Doch dann fand ich zum Glauben! Ich erlebte eine gründliche Hinwendung zu Jesus Christus, der in seiner Person Rechtschaffenheit, Aufrichtigkeit und Ehrlichkeit vereinigt. Danach ging der Kampf erst richtig los, denn Christus ist die Wahrheit, und damit hatte ich es bisher nicht allzu genau genommen. Würde es mir gelingen, nach seinen Maßstäben zu leben? Ich fing an zu begreifen, dass es bei der persönlichen Integrität vor allem um Charakterstärke geht. Jetzt, nachdem ich Jesus mein Leben anvertraut hatte, musste ich anfangen, ehrlich mit Gott, mit mir selber und mit anderen zu sein.

Damals, vor über vierzig Jahren, trat ich die Reise des Gehorsams an. Mir war klar, dass ich mir keine Mühe zu geben brauchte, vor Gott transparent zu sein: Er kannte mich durch und durch! Aber es ging darum, ehrlich vor mir selbst zu werden. Ich musste aufhören, mir etwas vorzumachen, und stattdessen anfangen, die Dinge bei ihrem wirklichen Namen zu nennen – zum Beispiel Zorn, Begierde, Bitterkeit, Eifersucht oder Selbstgerechtigkeit. Die Bibel spricht in diesem Zusammenhang auch vom «Bekennen». Dieses Eingestehen dessen, was in uns ist, fällt der Natur des Menschen sehr schwer, aber es führt zu Freiheit und Leben.

Wenn ich sündige, geschieht das nie nur gegen mich selbst. Wenn ich geistlich erkalte, sinkt die Temperatur in meiner ganzen Umgebung. Wenn mein Kontakt zu Gott unterbrochen ist, merken das die Menschen um mich herum. Ich mag erfolgreich erscheinen, aber wenn ich anderen gegenüber unehrlich bin, wenn es in meiner Ehe, in meinen Freundschaften oder in meinem Herzen nicht stimmt, wird es nicht lange dauern, bis auch andere davon betroffen sind. Wenn irgendetwas tief in unserer Seele vergraben liegt, fordert uns Gott auf, die Wahrheit einzugestehen – gegenüber ihm, uns selbst und unseren Mitmenschen. Nur so können wir zu einem Menschen werden, der nicht nur Integrität leben will, wenn er beobachtet wird, sondern auch dann, wenn niemand zuschaut.

16 Niemals habe ich die Bitte eines Armen abgeschlagen
und keine Witwe weggeschickt,
die verzweifelt zu mir kam.
17 Ich habe mein Brot nicht für mich selbst behalten,
nein – mit den Waisenkindern habe ich es geteilt.
18 Von meiner Jugend an habe ich sie großgezogen wie ein Vater,
für die Witwen habe ich mein Leben lang gesorgt.

19 Habe ich ruhig zugesehen,
wie einer vor Kälte umkam?
Ließ ich den Armen ohne warme Kleider weitergehen?
20 Nein, die Wolle meiner Lämmer wärmte ihn,
er dankte mir von ganzem Herzen.
21 Wenn ich je ein Waisenkind bedrohte,
wohl wissend, daß ich vor Gericht die größere Macht besaß,
22 dann soll mir der Arm von der Schulter fallen,
abbrechen soll er, gerade am Gelenk!

23 Doch ich habe Gottes Strafgericht immer gefürchtet.
Die Furcht vor seiner Hoheit
hat mich vom Unrecht ferngehalten.
24 Ich habe nicht auf Gold vertraut;
zum reinen Gold habe ich niemals gesagt:
‹Du sicherst mir das Leben!›
25 Ich habe mir auch nichts
auf meinen großen Reichtum eingebildet,
den ich mit eigener Hand erworben habe.
26/27 Und hätte ich mich heimlich dazu verführen lassen,
die strahlende Sonne zu verehren
oder den Mond auf seiner silbernen Bahn –
28 auch das wäre ein Vergehen,
das vor die Richter gehört,
denn damit hätte ich Gott verleugnet,
der hoch über allen Gestirnen thront.

29 Habe ich hämisch gegrinst,
wenn meinen Feind das Unglück traf,
habe ich über seinen Untergang schadenfroh gelacht?
30 Nein, ich habe mit keinem Wort gesündigt,
ich habe ihn nicht verflucht,
ihm nicht den Tod gewünscht!
31/32 Kein Gast ist je von meinem Haus hungrig weggegangen,
keinen Fremden ließ ich draußen auf der Straße übernachten,
nein, meine Tür stand dem Wanderer stets offen –
meine Männer können es bezeugen!

33 Ich habe nie versucht,
mein Unrecht zu verbergen
oder meine Schuld geheimzuhalten,
wie alle anderen es tun.
34 Ich bin nicht stumm zu Hause geblieben aus Angst,
daß meine Sippe mich verachten könnte;
ich scheute nicht die große Menge.

35 Ach, wenn Gott mich nur anhörte!
Hier ist die Unterschrift unter meine Verteidigung!
Ich erwarte, daß der Allmächtige mir darauf antwortet!
Mein Gegner soll seine Anklagen schriftlich niederlegen!
36 Ja, ich würde dieses Schriftstück auf der Schulter tragen
und es mir wie eine Krone aufsetzen!
37 Über jeden Schritt würde ich Gott Rechenschaft geben,
wie ein Fürst ihm gegenübertreten!

38 Wenn mein Acker wegen mir um
Hilfe schreien mußte
und seine Furchen von Tränen
durchnäßt waren,
39 wenn ich seinen Ertrag verzehrt
habe,
ohne ihm zu geben, was ihm zusteht;
wenn ich die Pächter zugrunde
gerichtet habe,
40 dann sollen auf dem Acker
Dornen statt Weizen wachsen
und Unkraut statt der Gerste!»

Hier enden die Reden Hiobs.

Elihu: Jetzt rede ich!

32 Da gaben es die drei Männer
auf, weiter mit Hiob zu reden,
denn er hielt an seiner Unschuld fest.
2 Doch der Busiter Elihu, der Sohn
Barachels, aus der Sippe Ram, wurde
von Zorn gepackt. Er war auf Hiob
zornig, weil dieser sich für gerechter
hielt als Gott.
3 Auch auf die drei
Freunde war er wütend, weil sie Hiob
gegenüber keine Antwort mehr fan-
den, obwohl sie ihn ständig für schul-
dig erklärten.
4 Elihu hatte bis jetzt
gezögert, Hiob etwas zu sagen, denn
die anderen waren älter als er.
5 Doch
als er merkte, daß sie nichts mehr zu
entgegnen wußten, packte ihn der
Zorn.
6 Er ergriff das Wort:

«Ich bin noch jung, und ihr seid alte
Männer,
darum wagte ich es nicht,
euch mein Wissen mitzuteilen.
7 Ich dachte: ‹Laß erst die alten
Männer sprechen,
sie schöpfen aus reicher Erfahrung!›
8 Doch auf den Geist im Menschen
kommt es an,
auf diese Gabe des Allmächtigen:
sie allein gibt ihm Weisheit!
9 Nein, nicht nur die Betagten sind
weise;
man muß nicht im vorgerückten
Alter sein,
um zu begreifen, was richtig ist.
10 Und darum sage ich: Hört mir zu!
Jetzt will ich euch zeigen, was ich
weiß!
11 Geduldig habe ich euch zugehört
und darauf gewartet, daß ihr
treffende Worte findet
und Hiob eine passende Antwort
gebt.
12 Ich habe euer Gespräch
aufmerksam verfolgt –
doch keiner von euch konnte ihn
zurechtweisen.

13 Sagt jetzt nur nicht:
‹Natürlich sind wir weise –
doch ihn widerlegen,
das soll Gott tun, nicht ein Mensch!›
14 Hiobs Reden waren nicht gegen
mich gerichtet,
und nicht mit euren Worten werde
ich ihm begegnen.
15 Ihr seid am Ende,
ihr habt nichts mehr zu sagen,
euch fehlen die Worte!
16 Soll ich etwa noch länger warten,
nur weil ihr euch in Schweigen hüllt,
weil ihr dasteht und euch die Worte
fehlen?
17 Nein, jetzt bin ich an der Reihe!
Ich will Hiob Antwort geben
aus meinem reichen Wissensschatz!
18 Denn ich kann meine Gedanken
nicht länger zurückhalten,
die Worte sprudeln aus mir heraus[a].
19 Es gärt in mir wie neuer Wein
im fest verschlossenen
Lederschlauch:

a) Wörtlich: der Geist in mir drängt mich.

Reifeprozess

Rosemarie Moll

Hiob 32, 9

Eine Frau verändert sich in jeder Phase ihres Lebens. Sie wird vom Mädchen zur jungen Frau, zur Ehefrau, zur Mutter, zur berufstätigen Frau. Überall, wo Leben ist, ist auch Wachstum. Es vollzieht sich in Schüben und ist verbunden mit Wandlungsprozessen, mit Entwicklung und Reife, mit zunehmender Weisheit.

Nicht nur die Gestalt wandelt sich, sondern auch das Wesen, die ganze Lebensart, das Denken. Zu dem Geheimnis des Reifens gehört auch die Umkehr. Sie setzt die Erkenntnis voraus, einen falschen Weg gegangen zu sein. Persönliche Erfahrungen und Schuld können zum Entschluss führen, diese Umkehr zu Gott zu vollziehen. Seine Barmherzigkeit und Liebe, die wir erfahren, verwandeln dann unsere Herzen. Unsere Unterlassungen, unsere Verfehlungen werden durch Christus vergeben. Mehr und mehr «begreifen wir, was richtig ist».

Verwandlung kann geschehen, wo wir uns auf das alltägliche Leben einlassen, in der Familie oder in Gemeinschaften. Aber auch durch Schmerz, Leid oder Freude, durch den Wechsel von Klima, Landschaft und Jahreszeiten – auch der Jahreszeiten unseres Lebens.

Um Reife und Weisheit zu erreichen, müssen wir uns selbst annehmen – das aber fällt uns oft sehr schwer. Vielleicht haben wir als Kind oft gehört: «Aus dir wird nie etwas!» Das sitzt dann ganz tief in unserer Seele. Wir können aber nicht alles, was uns belastet, auf unsere Kindheit und das Versagen der Eltern abschieben. Reife bedeutet immer, dass *ich* Verantwortung für meine Existenz übernehme und nicht an diesen Defiziten aus Vergangenheit und Gegenwart festhalte. Heute bin *ich* verantwortlich dafür, wie mein Leben aussieht, was ich denke und fühle.

Bleiben wir also nicht in Aggression und Anklagen stecken. Das Ziel ist: Versöhnung mit mir selbst, mit der Herkunftsfamilie, mit meinem Mann, mit den Mitmenschen, mit Gott. Versöhnung heißt, aus Groll, Hass, Enttäuschung und Selbstverachtung in etwas Neues hinauszutreten. Ohne Vergebung und Versöhnung wird es schwer sein zu lachen. Wer anfängt zu vergeben, wird spüren, wie er selbst in die Freiheit geführt wird, bis hinein in seine Gedanken.

Es klingt zu einfach – aber es ist wirklich ein Geschenk. Die Liebe Gottes liebt nicht das Liebenswerte, sondern sie schafft das Liebenswerte. Mit aller Schuld, mit allen Defiziten und Enttäuschungen kann ich zum Kreuz Christi kommen. Hier empfange ich Vergebung, Heilung, neues Leben. Und wenn ich mich selbst von Gott angenommen weiß, ist das der Anfang eines Prozesses, der mich verwandelt.

Ich platze fast!
20 Ich muß jetzt reden, dann wird mir leichter!
Ich kann den Mund nicht länger halten!
21 Keinen von euch werde ich bevorzugen,
keinem nach dem Munde reden,
22 nein, vom Schmeicheln halte ich nichts!
Sonst würde mich mein Schöpfer bald aus dem Leben reißen!»

Gott spricht auf mancherlei Weise

33 «Hiob, hör mir jetzt zu,
gib acht auf das, was ich dir sage!
2 Meine Rede will ich nun beginnen.
Die Worte liegen mir schon auf der Zunge.
3 Ich rede mit aufrichtigem Herzen,
klar und wahr, sage nur das, was ich weiß.
4 Gottes Geist hat mich geschaffen,
der Atem des Allmächtigen hat mir das Leben geschenkt.
5 Antworte mir nur, wenn du kannst,
bereite dich vor, und tritt mir entgegen!
6 Schau: Vor Gott, da sind wir beide gleich,
auch ich bin nur von Lehm genommen so wie du.
7 Du brauchst keine Angst vor mir zu haben,
ich setze dich nicht unter Druck!

8 Ich hörte zu, wie du geredet hast –
und ich habe die Worte noch im Ohr:
9 ‹Rein bin ich, ohne jede Sünde;
unschuldig bin ich, kein Vergehen lastet auf mir!
10 Doch Gott erfindet immer neue Vorwürfe gegen mich,
er betrachtet mich als seinen Feind!
11 Er legt meine Füße in Ketten,
überwacht mich auf Schritt und Tritt.›
12 Doch ich muß dir sagen, Hiob,
daß du im Unrecht bist,
denn Gott ist größer als ein Mensch!
13 Warum beschwerst du dich bei ihm,
daß er auf Menschenworte keine Antwort gibt?

14 Gott spricht immer wieder,
auf die eine oder die andere Weise,
nur wir Menschen hören nicht darauf!
15 Gott redet durch Träume,
durch Visionen in der Nacht,
wenn tiefer Schlaf auf die Menschen fällt.
Sie liegen da und schlummern,
16 doch dann erschreckt er sie mit seiner Warnung,
und sie hören aufmerksam zu.
17 Gott will sie abbringen von bösem Tun,
und ihren Hochmut will er ihnen austreiben.
18 Er will sie vor dem Tod bewahren,
davor, daß ihr Leben unter seinem Richterschwert
ein jähes Ende findet.

19 Gott weist einen Menschen auch durch Schmerzen zurecht,
wenn er daliegt in seinen Qualen
20 und sich vor jeder Speise ekelt,
selbst vor seinem Lieblingsgericht.
21 Seine Gestalt verfällt zusehends,
man kann alle seine Knochen zählen.
22 Er steht schon mit einem Fuß im Grab,
bald holen ihn die Todesboten.
23 Doch wenn ein Engel sich für ihn einsetzt,
einer von den Tausenden,
die den Menschen sagen, was richtig für sie ist,
24 wenn dieser Engel Mitleid mit ihm hat

Mittwoch

Flüstern in der Nacht

Sabine Schmidt

Hiob 33, 15–16

Ich wachte mit Tränen in den Augen auf. Jahrelang hatte ich nicht mehr an sie gedacht – und jetzt das! Im Traum war mir eine Freundin aus der Schulzeit begegnet, hatte mich aus traurigen Augen angeschaut und gesagt: «Wer liebt, gibt niemals auf!»

Ich bin keine Traumfanatikerin und betrachte die nächtlichen Botschaften eher nüchtern, aber dieses Mal gab es für mich keinen Zweifel: Das war Gottes leise Stimme gewesen. Und ich wusste nur zu genau, was er von mir wollte! Inge und ich waren eigentlich ganz gut befreundet gewesen, und doch hatte ich ein Problem: Aus Angst, ihre Gunst zu verlieren, hatte ich ihr nie erzählt, dass Jesus der Erlöser und Herr meines Lebens war! Und noch mehr: dass auch sie ihn brauchte!

Wie konnte ich nur? Sie rannte auf den Abgrund zu, doch mir war die Sache mit Jesus schlicht «zu peinlich». Kurz nach dem Abitur ging Inge zum Studieren ins Ausland. Unser Kontakt verlor sich, doch meine Schuldgefühle blieben. Wenn ich doch bloß noch einmal die Chance hätte, ihr von Jesus zu erzählen – alles würde ich anders machen!

Und dann der Traum. Aus dem Nichts war er aufgetaucht, und nun ließ er sich nicht mehr abschütteln. Keine Frage, ich musste Inge finden! Und tatsächlich: Nach ein paar Tagen Odyssee war ich stolze Besitzerin ihrer Telefonnummer. Wie sehr klopfte mein Herz, als ich ihre Stimme nach so vielen Jahren wieder hörte. Und wie groß war erst die Freude!

Jener Anruf liegt nun schon einige Jahre zurück. Wir haben seitdem viel miteinander geredet – besonders über Gott. Und auch wenn sie Jesus noch nicht als ihren Erretter erkannt hat, so weiß ich doch ganz sicher, dass Gott mit ihr noch nicht am Ende ist. Er liebt sie so sehr, dass er mich, seine taube Tochter, durch einen Traum wachrüttelte, damit ich endlich losging!

Gott redet durch sein Wort, die Bibel. Hier hat er seinen endgültigen Willen ausgedrückt. Und ganz sicher benötigt er keine Träume und Visionen, um sich uns zu offenbaren. Aber manchmal – wenn unsere Ohren taub und unsere Herzen stumpf sind –, dann kommt er zu uns in der Nacht. Er beugt sich zärtlich über uns und flüstert uns ins Ohr. Tröstet oder ermahnt uns durch einen Traum. Oder gibt uns einen Auftrag.

Wenn Sie also das nächste Mal einen Traum haben, der Sie nicht loslassen will, schieben Sie ihn nicht achtlos beiseite! Hören Sie aufmerksam zu! Es könnte Gott sein, der mit Ihnen redet.

und zu Gott sagt: ‹Verschone ihn!
Laß ihn nicht sterben! Hier ist das Lösegeld!›,
25 dann blüht er wieder auf,
wird gesund und frisch,
er wird stark wie damals in der Jugend.
26 Dann betet er zu Gott,
und sein Gebet wird gnädig angenommen.
Mit lautem Jubel tritt er hin vor ihn
und dankt für seine Rettung.
27 Offen bekennt er den Menschen:
‹Ich hatte gesündigt und das Recht mißachtet,
doch Gott hat mir's nicht angerechnet!
28 Er hat mich vor dem sicheren Tod bewahrt,
nun darf ich weiterleben und sehe das Licht.›

29 Das alles tut Gott mehr als einmal im Leben eines Menschen,
30 um ihn vor dem Tode zu bewahren
und ihm die Lebensfreude zu erhalten.

31 Hör mir zu, Hiob,
sei still und laß mich reden!
32 Wenn du jetzt noch etwas zu sagen hast,
dann antworte mir!
Rede nur, denn ich würde dir gerne recht geben.
33 Wenn du aber nichts mehr zu sagen weißt,
dann schweig und hör mir zu,
ich will dir zeigen, was Weisheit ist.»

Gott gibt jedem Menschen, was er verdient

34 Weiter sagte Elihu:
2 «Hört mir zu, ihr Weisen, ihr gelehrten Männer!
Achtet auf das, was ich sage!
3 Denn unser Ohr prüft die Worte,
so wie der Gaumen die Speise kostet.
4 Wir müssen ein Urteil fällen,
wir wollen gemeinsam erkennen, was gut ist.
5 Denn Hiob behauptet:
‹Ich bin unschuldig,
und doch verweigert Gott mir mein Recht!
6 Obwohl ich recht habe,
werde ich als Lügner hingestellt;
trotz meiner Unschuld hat mich sein tödlicher Pfeil getroffen!›
7 Schaut euch Hiob an,
wie er sich im Spott gefällt,
8 wie er mit den Übeltätern Freundschaft schließt
und sich mit gottlosen Menschen einläßt!
9 Denn Hiob behauptet: ‹Es nützt gar nichts,
wenn ein Mensch versucht, Gott zu gefallen!›

10 Hört mir zu, ihr klugen Männer:
Sollte Gott jemals Böses tun?
Nein, niemals!
Der Allmächtige verdreht nicht das Recht!
11 Gott bestraft einen Menschen nur für seine eigenen Taten;
jedem gibt er zurück, was er verdient.
12 Gott begeht kein Unrecht,
das ist unvorstellbar!
Der Allmächtige beugt niemals das Recht!
13 Er herrscht über Himmel und Erde,
er hat sie geschaffen.
Niemand steht über ihm!
14 Wenn er wollte, könnte er seinen Geist
und seinen Lebensatem aus dieser Welt zurückziehen,

Bittere Anklage

Margret Meier

Hiob 34,2–10

Vor langer Zeit sah ein Mann im Urwald einen Fuchs, der alle vier Beine verloren hatte. Er wunderte sich, dass das Tier noch lebte, obwohl es keine Beute mehr jagen konnte. Doch dann erblickte er einen Tiger, der Wild gerissen hatte. Nachdem er sich satt gefressen hatte, überließ er den Rest seiner Beute dem beinlosen Fuchs. Am nächsten Tag ernährte Gott den Fuchs abermals durch die Überreste der Beute. Der Mann war erstaunt über so viel Güte und Fürsorge Gottes gegenüber diesem kranken Fuchs.

Er sagte zu sich selbst: «Dann werde ich mich auch gemütlich zur Ruhe setzen und Gott für mich sorgen lassen. Wenn ich ihm nur richtig vertraue, wird er mir schon alles Nötige geben.» Viele Tage vergingen, aber es geschah nichts. Der Mann saß in seiner gemütlichen Ecke und wurde krank vor Hunger. Da vernahm er eine Stimme: «Du bist auf dem falschen Weg. Folge dem Beispiel des Tigers und nimm dir nicht den behinderten Fuchs zum Vorbild.»

Später ging er in die Stadt und sah dort ein frierendes, bettelndes Mädchen. Es hatte kein Zuhause und schon lange nichts mehr zu essen bekommen. Da wurde er zornig und klagte Gott an: «Wie kannst du das zulassen? Den Fuchs erhältst du am Leben, aber dieses kleine Mädchen lässt du hungern und frieren. Warum tust du nichts dagegen?» Eine Weile sagte Gott gar nichts. Doch in der Nacht antwortete er dem Mann: «Ich habe etwas unternommen. Ich habe dich geschickt!» (Nach einer arabischen Legende)

Wie dieser Mann verhalten sich viele Menschen. Sie sehen das Unrecht in dieser Welt. Sie sehen die Hungernden und die vielen Kinder, die keine Möglichkeit zu einer Schulbildung haben, weil das Geld dafür fehlt. Und sie klagen Gott für solche Ungerechtigkeiten an.

Am schwersten ist es, wenn Freunde urteilen: «Du bist selbst schuld daran, dass es dir schlecht geht.» Wenn sie zusätzlich zu der persönlichen Not noch Druck ausüben und sich distanzieren. Von Freunden erwarten wir doch Verständnis, Entlastung und eine ausgestreckte Hand!

Anklage ist keine Hilfe. Vielmehr will Gott in die Not hinein Menschen senden, die bereit sind zur Unterstützung. Er sucht keine Besserwisser, die nur kluge Sprüche klopfen, sondern Menschen der Tat, die barmherzig sind. Gott will uns die Augen öffnen für die Nöte und uns zeigen, wo wir helfen können.

«Lasst all euer Tun – euer Reden wie euer Handeln – im Namen unseres Herrn Jesus geschehen» (Kolosser 3,17).

15 dann würde alles Leben mit einem
Schlage sterben,
und die Menschen zerfielen zu
Staub!
16 Bist du wirklich weise, Hiob,
dann hör jetzt genau zu, achte auf
jedes Wort:
17 Kann einer regieren, wenn er das
Recht mit Füßen tritt?
Willst du Gott, den Gerechten,
für schuldig erklären, ihn, den
Allmächtigen?
18 Er ist es doch, der skrupellose
Könige und gottlose Fürsten
verurteilt.
19 Er ergreift nicht Partei für die
Mächtigen,
Hochgestellte zieht er den Armen
nicht vor –
er hat ja allen das Leben gegeben!
20 Die Fürsten sterben plötzlich,
mitten in der Nacht;
ihr Volk gerät in Aufruhr,
und sie verschwinden.
Ja, die Mächtigen werden beseitigt,
doch nicht von Menschenhand.
21 Denn Gott sieht die Wege eines
jeden
und alles, was er unternimmt.
22 Es gibt keine Finsternis und keinen
dunklen Ort,
wo Übeltäter sich vor Gott
verstecken könnten.
23 Er muß Menschen nicht erst lange
verhören
und sie zu sich laden vor Gericht –
24 nein, ohne Verhandlung stürzt er
die Mächtigen
und setzt andere an ihrer Stelle ein.
25 Er stürzt sie über Nacht
und läßt sie zugrunde gehen,
denn er weiß, was sie getrieben
haben.
26 Er straft sie für ihre Vergehen,
und das in aller Öffentlichkeit.
27 Denn diese Mächtigen wollten
Gott nicht mehr gehorchen,
seine Weisungen waren ihnen völlig
gleichgültig.
28 Darum stieg der Hilfeschrei der
Armen zu ihm empor –
und er hörte ihn!
29 Aber wenn Gott schweigt,
wer will ihn dann beschuldigen?
Wenn er sich verbirgt, wer kann ihn
noch erblicken?
Und doch wacht er über den
Völkern,
ja, über der ganzen Menschheit;
30 er verhindert,
daß ein gottloser Herrscher an die
Macht kommt
und sein Volk ins Unglück stürzt.

31 Der Mensch sollte zu Gott sagen:
‹Ich bin schuldig geworden,
aber ich will nichts Böses mehr tun!
32 Zeig mir die Sünden,
die ich selbst nicht erkenne!
Ich habe Unrecht begangen,
doch ich will es nicht mehr tun!›

33 Du aber weigerst dich
umzukehren!
Und wenn es nach dir ginge,
sollte Gott dich dafür noch
belohnen!
Du mußt eine Entscheidung treffen,
nicht ich!
Also, sag mir nun, was du weißt!
34 Wer noch einen Funken Verstand
hat,
wird mir zustimmen;
jeder Weise, der mich hört, wird
sagen:
35 ‹Hiob plappert daher ohne Sinn
und Verstand.
Er weiß nicht, was er sagt!›
36 Ja, Gott soll Hiob weiter durch das
Leiden prüfen,
weil er ihm so unverschämt
widerspricht!
37 Nicht genug, daß er Schuld auf sich
lädt –

er lehnt sich auch noch offen gegen Gott auf!
Laut spottet er vor unseren Ohren
und findet viele Worte gegen ihn.»

Dir selbst schadet deine Bosheit!

35 Elihu fuhr fort:
2 «Du behauptest:
‹Gott wird mich für unschuldig erklären!›
Meinst du im Ernst, das sei richtig?
3 Denn du fragst:
‹Was nützt es mir, wenn ich nicht sündige,
was habe ich davon?›
4 Darauf kann ich dir die Antwort geben,
dir und deinen Freunden hier:

5 Schau zum Himmel empor,
sieh dir die Wolken an –
sie sind unerreichbar für dich!
6 Genausowenig kann deine Sünde Gott erreichen;
selbst wenn du dich offen gegen ihn stellst:
ihn triffst du damit nicht!
7 Und umgekehrt:
Bringt ihm dein tadelloses Leben irgendeinen Nutzen?
Empfängt er damit eine Gabe aus deiner Hand?
8 Nein, deine Bosheit trifft nur deine Mitmenschen,
und wenn du Gutes tust, hilft es nur ihnen!

9 Laut stöhnen die Menschen unter der Last der Gewaltherrschaft,
sie schreien nach Befreiung vom Joch der Tyrannei.
10 Doch keiner fragt nach Gott,
nach seinem Schöpfer,
der in der dunkelsten Stunde uns noch Hoffnung gibt[a].
11 Keiner wendet sich an Gott, der uns belehrt
und der uns weiser macht als alle Tiere draußen,
klüger als die Vögel in der Luft.
12 Wenn Menschen um Hilfe schreien,
weil die Bosheit siegt,
wird Gott sie doch nicht hören.
13 Ja, sie rufen vergeblich;
Gott erhört sie nicht, er beachtet sie nicht einmal.
14 Und wieviel weniger wird er dich hören,
wenn du sagst, daß du ihn gar nicht siehst!

Warte geduldig, Hiob, dein Fall ist Gott bekannt!
15 Du meinst, daß er niemals zornig wird,
daß er Verbrechen nicht bestraft,
weil er von ihnen gar nichts weiß.
16 Und deshalb nimmst du den Mund hier so voll!
Aber du machst bloß leere Worte,
du redest viel und zeigst doch nur,
wie unwissend du bist!»

Wer kann Gott begreifen?

36 Weiter sagte Elihu:
2 «Hab Geduld mit mir
und hör noch ein wenig zu!
Ich will dir zeigen,
daß man noch viel mehr zu Gottes Verteidigung sagen kann.
3 Mein Wissen ist umfassend,
ich will meinem Schöpfer Recht verschaffen.

a) Wörtlich: der Loblieder gibt in der Nacht.

Wahre Freundschaft

Angelica Jackson

Hiob 35

Wie ein Häufchen Elend saßen wir bei einem befreundeten Ehepaar auf dem Sofa. Wir waren an einem Tiefpunkt in unserem Leben angelangt, unser Glaubenspegel auf unter null gesackt. Mein Mann hatte innerhalb kurzer Zeit zum dritten Mal die Stelle verloren. Er war so glücklich gewesen, wieder Arbeit zu haben, und nun hatte sich herausgestellt, dass diese Firma in dunkle Geschäfte verwickelt war. Als er es ablehnte, dabei mitzumachen, waren Mobbing und schließlich eine Kündigung die Antwort gewesen.

All das war nur die Spitze des Eisbergs. Wie bei Hiob schien bei uns Schlag auf Schlag ein Unglück nach dem anderen einzutreten. Ich hatte gerade eine lebensbedrohliche Krankheit hinter mir, nun waren plötzlich bei meinem Mann zwei krebsverdächtige Knoten aufgetaucht. In der Gemeinde hatten wir eine schwierige Zeit erlebt, unsere finanzielle Lage schien immer schlimmer zu werden, und Hoffnungen auf neue Arbeitsstellen entpuppten sich als Fata Morgana. Es war, als ob der Feind uns höhnisch zurief: «Es hat alles keinen Sinn. Sterbt doch besser.»

Mein Mann saß mit geballten Fäusten da und bekannte seine Wut, seine Rachegefühle, seine Verzweiflung, seine Todesgedanken. Was er sagte, klang nicht besonders fromm und rief bei mir immer wieder Tränenströme hervor.

Ich bin froh und dankbar, dass unsere Freunde uns damals einfach zuhörten, uns weinen ließen, uns keine frommen Sprüche oder Ratschläge anboten – und vor allem, dass sie sich nicht entsetzt von uns abwandten. Wir durften echten Trost und wunderbare Erleichterung finden. Wir spürten ihre Anteilnahme, ihre Liebe, ihr Mit-uns-Trauern, aber auch ihre unerschütterliche Hoffnung auf Gottes Eingreifen. Sie selbst haben viele Stürme bestanden und können deshalb in Krisen stark bleiben wie Bäume, deren Wurzeln tief verankert sind.

Hiobs Freund meinte es gut, aber er irrte sich, als er Hiob erklärte, dass er wegen seiner Sünde leiden müsse. Vielmehr handelte es sich um eine Prüfung, die Gott zugelassen hatte, weil er wusste, dass Hiob sie bestehen konnte. Doch in einem hatte Elihu Recht: «Warte geduldig, Hiob, dein Fall ist Gott bekannt!»

Auch Ihr Fall ist Gott bekannt. Jede Ihrer Tränen, jeder Seufzer, jedes Gebet ist an sein Vaterherz gedrungen. Er hat Sie nicht vergessen und wird zur rechten Zeit eingreifen, wie er es auch bei uns schlussendlich tat. Sie werden geläutert und gestärkt aus dieser Prüfung hervorgehen. Ich wünsche Ihnen Freunde, die Ihnen beistehen – und dass auch Sie selbst zu einem Zufluchtsort für «Hiobs» werden dürfen.

4 Ich sage dir die Wahrheit,
vor dir steht ein Mann mit
vollkommenem Wissen –
darauf kannst du dich verlassen!

5 Wie mächtig ist Gott!
Und doch verachtet er keinen.
Ja, mächtig ist er und voll
Willenskraft.
6 Den Gottlosen läßt er nicht am
Leben,
doch dem Unterdrückten verhilft er
zum Recht.
7 Wer ihm die Treue hält, den vergißt
er nicht,
nein, er stellt ihn Königen gleich,
betraut ihn für immer mit einem
hohen Amt.
8 Und wenn Menschen in Ketten
liegen, elend gefangen,
mit Stricken gefesselt,
9 dann redet er ihnen ins Gewissen,
überführt sie von ihrer Schuld und
aller Überheblichkeit.
10 Er macht sie bereit, auf seine
Zurechtweisung zu hören,
und sagt ihnen, sie sollen vom
Unrecht ablassen.
11 Wenn sie Gott gehorchen und ihm
dienen,
werden sie ihre Lebensjahre
glücklich und zufrieden
verbringen.
12 Hören sie aber nicht auf ihn,
verlieren sie ihr Leben unterm
Schwert des Henkers;
sie sterben ohne jede Einsicht.
13 Wer Gott verworfen hat, der ist
bitter gegen ihn;
er fleht nicht einmal dann um
Gnade,
wenn Gott die Fesseln enger zieht.
14 Und so stirbt er noch in jungen
Jahren,
verachtet wie Hurer,
die sich in einem Tempel für ihren
Gott verkaufen.
15 Doch wer sich vor Gott demütigt,
den wird er aus dem Elend retten
und ihm in der Not die Augen
öffnen.

16 Auch dich reißt Gott aus den
Klauen der Angst,
er will dir wieder die Freiheit
schenken;
dann füllen die besten Speisen wie
früher deinen Tisch.
17 Jetzt aber lastet das Urteil auf dir,
das die Gottlosen trifft;
die strafende Gerechtigkeit läßt dich
nicht entkommen.
18 Paß auf, daß dein Zorn dich nicht
zum Spötter macht,
laß dich nicht durch Bestechungsgeld
verleiten!
19 Kannst du dich etwa selbst aus der
Bedrängnis retten?
Niemals! Dazu reicht deine ganze
Kraft nicht aus.
20 Wünsche dir auch nicht die Nacht
herbei,
in der ganze Völker verschwinden![a]
21 Sei auf der Hut und wende dich
nicht dem Bösen zu!
Denn davor wollte dich Gott durch
das Leid ja gerade bewahren.

22 Halte dir Gottes große Kraft vor
Augen!
Er ist der beste Lehrer, den es gibt!
23 Niemand schreibt ihm vor,
was er zu tun hat.
Keiner könnte zu ihm sagen:
‹Du hast Unrecht getan!›
24 Schon immer haben die Menschen
seine Taten besungen,
nun preise auch du ihn!

a) Die Verse 18–20 sind nicht sicher zu deuten.

HOFFNUNG

Dianne Collard

Unser Herr Jesus Christus aber und Gott, unser Vater, hat uns seine Liebe geschenkt und hat uns in seiner Barmherzigkeit einen Trost und eine Hoffnung gegeben, die niemals aufhören und auch den Tod überdauern werden ... (2. Thessalonicher 2,16).

Um viertel nach neun an einem Sonntagabend im September klingelte bei uns in Wien das Telefon. Der Anrufer stellte sich als Polizeibeamter vor. «Frau Collard», sagte er, «ein gewisser Timothy Collard ist in eine schlimme Sache verwickelt worden, und wir sind gerade dabei, die Einzelheiten zu überprüfen.» Zwei Stunden später erreichte uns die erschütternde Nachricht, dass unser Sohn Tim, gerade 23 Jahre alt, ermordet worden war. – Freunde halfen uns noch in der gleichen Nacht, rechtzeitig zum Flughafen zu kommen, um den Flug nach Kalifornien anzutreten, wo die Sache passiert war. Kurz vor dem Abflug sagte jemand zu mir: «Vergiss nicht, dass Gott trotz allem gut ist. Halte daran fest!» Voller Entrüstung gab ich zurück: «Nein! Ich werde niemals in ein und demselben Atemzug sagen: ‹Mein Sohn ist ermordet worden› und ‹Gott ist gut.›»

Tim hatte einer Kollegin helfen wollen. Sie fürchtete sich, nach Hause zu gehen, weil ihr Mann sie ständig beschimpfte und schlecht behandelte. Der Ehemann verdächtigte Tim, der Grund für seine Eheprobleme zu sein. In einem mörderischen Wutanfall feuerte er fünf Schüsse auf seine Frau ab. Anschließend lauerte er Tim auf.

In den Wochen nach Tims Tod musste ich mich mit der Frage befassen, ob Gott wirklich gut ist. Es war ein langer Prozess. Schlussendlich musste ich jedoch eine Entscheidung treffen: Wollte ich Gott vertrauen oder mich von ihm abwenden? Nach langem Ringen machte sich meine Kapitulation in einem aus tiefstem Herzen kommenden Schrei Luft: «In meinem Leben, in meinem Leid, auch in Tims Tod sollst du, o Gott, verherrlicht werden!» Als ich alles an Gott abgab, erlebte ich, wie er mich tröstete und mir neue Hoffnung gab. Diese Hoffnung gründet sich auf die Verheißungen Gottes. Er hat verheißen, mich niemals zu verlassen – tatsächlich ist er mit mir durch das Tal des Todesschattens gegangen (Psalm 23,4). Eine der bedeutsamsten Verheißungen ist die Realität des Himmels. Alle, die an Jesus Christus glauben, gehen durch das «Todestor» in ihre ewige Heimat ein. Wir brauchen wirklich nicht betrübt zu sein wie die, die keine Hoffnung haben (1. Thessalonicher 4,13). Wenn uns alles genommen wird und nichts mehr bleibt als Gott allein, werden wir feststellen: Wir brauchen auch nur ihn allein. – Auf den Grabstein unseres Sohnes haben wir die Worte einmeißeln lassen: «Das Leben ist nicht fair, aber Gott ist gut.»

25 Alle Welt sieht staunend seine
Taten,
doch man erblickt sie nur von ferne.
26 Wie mächtig ist Gott, wie
unbegreiflich!
Wer kann seine Jahre zählen?

27 Er läßt die Wassertropfen
aufsteigen;
gereinigt gehen sie als Regen in die
Flüsse nieder.
28 Ja, aus den Wolken strömt der
Regen,
auf viele Menschen kommt er herab.
29 Wer versteht, wie Gott die Wolken
auftürmt
und wie am Himmelszelt der Donner
kracht?
30 Sieh nur, wie Gott Licht um sich
verbreitet,
die Meerestiefen aber verbirgt er.
31 Er läßt die Regenwolken kommen,
so richtet er die Völker,
aber zugleich versorgt er sie reichlich
mit Nahrung.
32 Den Blitzstrahl nimmt er fest in
beide Hände
und befiehlt ihm dann, sein Ziel zu
treffen.
33 Donnergrollen kündigt das
Gewitter an,
und selbst das Vieh spürt, daß es
kommt.

37 Auch mein Herz klopft vor
Angst,
wenn das Gewitter naht;
es schlägt immer schneller.
2 Hört ihr, wie der Donner rollt?
Hört ihr Gottes Stimme?
Welch ein Grollen kommt aus
seinem Mund!
3 Er läßt den Donner los –
der ganze Himmel ist davon erfüllt,
und seine Blitze zucken weithin über
die Erde!
4 Dann brüllt der Donner;
ja, Gottes mächtige Stimme erklingt.
Und wieder zucken die Blitze,
und wieder kracht der Donner.
5 Gott läßt es donnern –
seine Stimme überwältigt uns;
er vollbringt große Wunder,
die wir nicht begreifen.
6 Zum Schnee sagt er: ‹Fall zur Erde
nieder!›
und zum Regen: ‹Werde zur
Sturzflut!›
7 So hindert er uns Menschen an der
Arbeit,[a]
damit wir alle sehen, was er tut.
8 Die wilden Tiere verkriechen sich
und bleiben in ihren Höhlen.
9 Aus seiner Kammer kommt der
Sturm,
die Nordwinde bringen beißende
Kälte.
10 Der Atem Gottes läßt das Eis
entstehen,
die weite Wasseroberfläche ist
erstarrt.
11 Er füllt die Wolken mit Wasser
und läßt seine Blitze
hindurchzucken.
12 Die Wolken ziehen hin und her,
wie er sie lenkt;
auf der ganzen Erde führen sie aus,
was Gott ihnen befiehlt.
13 Mal läßt er sie zur Strafe kommen
für ein Land,
mal als Zeichen seiner Güte.

14 Hör es dir an, Hiob!
Steh still und denke über Gottes
Wundertaten nach!
15 Weißt du, wie er die Wolken lenkt
und wie er seine Blitze zucken läßt?

a) Wörtlich: Auf die Hand jedes Menschen setzt er sein Siegel.

Mein Lebensretter

Hannelore Risch

Hiob 36,15–16

Wer von uns hat sich nicht schon gefühlt, als hockte er in einem dunklen Loch? Da sitzt uns die Angst im Genick und drückt uns noch tiefer hinunter. Vielleicht denken wir: «Hier ist es wie in einem Gefängnis! Mein Leid, meine Depression, mein Kummer halten mich gefangen. Komm ich je wieder heraus? Ich sehe keinen Ausgang und habe keine Hoffnung mehr, dass es in meinem Leben wieder hell werden könnte. Ich bin von Gott und aller Welt verlassen! Er hat sein Angesicht von mir abgewandt. Ich fühle mich aus dem Bereich seiner Güte verstoßen. Habe ich das verdient?» Voller Misstrauen rebellieren wir gegen ihn. Und klagen an.

Doch es gibt einen Schlüssel, der in das Schloss dieser Gefängnistür passt. Auf seinem Anhänger steht: «Sich vor Gott demütigen.» Wie mache ich das nur?

In dem Wort «demütigen» steckt das Wort «Mut». Ja, es gehört Mut dazu, in einer solch elenden Situation weiter zu vertrauen. Ich fasse meinen letzten Mut zusammen und greife nach dem Mantelzipfel meines himmlischen Richters. Da wendet er sich mir zu, und ich erkenne: Er weiß um meine Not! Er leidet sogar mit mir, weil er mich liebt! Zu seiner Zeit streckt er seine Hand herunter und zieht mich aus meinem dunklen Gefängnis heraus. Diese Hand ist durchbohrt, denn es ist die Hand Jesu. Ich kann mich ihr anvertrauen.

Da fällt es mir wie Schuppen von den Augen: «Wie hatte ich mich doch geirrt! Gott ist nicht ein Rächer, sondern mein lieber Vater. Er hat mich zwar verletzt, aber er heilt mich auch wieder. In Liebe vergibt er mir mein Misstrauen und alle Anklagen.»

Tatsächlich – es ist die Wahrheit: Ich selbst habe mehrmals persönlich erlebt, wie mein himmlischer Vater mich aus den Klauen der Angst und Hoffnungslosigkeit befreit und mir wieder den Tisch mit so viel Erfreulichem gedeckt hat. So ist unser Gott, denn ich bin keine Ausnahme! Sein Name heißt Retter – Lebensretter.

16 Weißt du, wie die Wolken
schweben,
diese Wunderwerke aus
vollkommener Meisterhand?
17 Du schwitzt ja schon,
wenn die drückende Hitze des
Südwinds auf dem Land liegt.
18 Wie kannst du dann Gott helfen,
den blauen Himmel auszubreiten,
fest wie ein Spiegel, aus Bronze
gegossen?

19 Teile uns mit, was wir ihm sagen
sollen!
Denn wir tappen im Dunkeln
und können unseren Fall nicht
vorbringen.
20 Soll es Gott verkündet werden,
daß ich mit ihm zu reden wünsche?
Niemals! Verlangte je ein Mensch,
von ihm verschlungen zu werden?
21 Jetzt hat der Wind die Wolken
weggefegt,
und die Sonne strahlt so hell,
daß niemand von uns in ihr Licht
schauen kann.
22 Von Norden naht ein goldener
Glanz.
Gott kommt in furchterregender
Majestät.
23 Ihn, den Allmächtigen, erreichen
wir nicht.
Gewaltig ist seine Kraft,
und er ist reich an Gerechtigkeit.
Niemals unterdrückt er das Recht!
24 Darum fürchtet ihn, ihr Menschen!
Er läßt sich von keinem blenden,
wie weise er auch ist!»

Gott antwortet Hiob

38 Dann aber redete Gott mit Hiob. Er antwortete ihm aus dem Sturm:

2 «Wer bist du, daß du meine
Weisheit anzweifelst
mit Worten ohne Verstand?
3 Tritt mir gegenüber wie ein Mann,
und gib mir Antwort auf meine
Fragen!

4 Wo warst du,
als ich das Fundament der Erde
legte?
Sag es doch, wenn du so viel weißt!
5 Wer hat ihre Maße festgelegt
und wer die Meßschnur über sie
gespannt?
Du weißt es doch, oder etwa nicht?
6 Worin sind die Pfeiler der Erde
eingesenkt,
und wer hat ihren Grundstein
gelegt?
7 Damals sangen alle Morgensterne,
und die Engel jubelten vor Freude.

8 Wer schloß die Schleusentore,
um das Meer zurückzuhalten,
als es hervorbrach aus dem
Mutterschoß der Erde?
9 Ich hüllte es in Wolken
und in dichtes Dunkel wie in
Windeln;
10 ich setzte dem Meer eine Grenze,
schloß seine Tore und Riegel
11 und sprach:
‹Bis hierher sollst du kommen und
nicht weiter!
Hier müssen sich deine mächtigen
Wogen legen!›

12 Sag, hast du je das Tageslicht
herbeigerufen
und der Morgenröte ihren Weg
gewiesen?
13 Sie faßt die Erde bei den Zipfeln
und schüttelt die Übeltäter aus ihrem
dunklen Versteck.
14 In ihrem Licht färbt die Erde sich
bunt wie ein Kleid;
ihre Gestalt tritt hervor,
deutlich wie ein Siegelabdruck auf
Ton.

Die einzigartige Entscheidung

Ruth Frey

Hiob 37,21–23

«Wenn man endlich weiß, wie man zu Gott kommen kann, wollen alle kommen! Und dann gibt es einen Stau!» Fast hilflos stand Jens vor seiner Klasse und umklammerte die Kreide, Angst in seinen Augen. Ob er sich am Rande des Staus sah? Ausgegrenzt?

Es herrschte Totenstille in der 5. Klasse. Die Schülerinnen und Schüler starrten abwechselnd auf Jens und auf die Tafel. Dort sahen sie eine einfache Skizze, die zwei Möglichkeiten deutlich machte: Jeder von uns geht seinen Lebensweg. Dieser Weg hat sein Ziel weit weg von Gott, weil wir alle Fehler haben. Doch es gibt einen Weg, der ans Ziel kommt, einen einzigen – durch Jesus Christus, Gottes Sohn. Er kam von Gott, nahm alles auf sich, was uns von Gott trennt, und wurde zum Weg, der zum Vater führt. Während ich das erklärt hatte, war Jens nach vorn gekommen, hatte mir die Kreide aus der Hand genommen und so viele Punkte an die Stelle gemalt, an der ein Kreuz als Sinnbild der Liebe Jesu stand, dass die ganze Fläche weiß war. Große Stille! Er hatte verstanden, wollte zum Vater kommen und wusste nicht wie.

Gibt es wirklich Hindernisse? Stolpersteine? Gott scheint fern zu sein, unerreichbar. Alle eigenen Anstrengungen nützen nichts. Das hatte Jens begriffen, aber ein neues Hindernis baute sich auf: zu viele Menschen. Und alles stockt. Ist es wirklich so, dass nur einer nach dem andern kommen kann? Ist Gott so klein? Oder ist er so groß, dass er im Überblick über die ganze Welt den Einzelnen gar nicht wahrnimmt? Ist deshalb die Finsternis mit ihrer Angst für uns Menschen so erschreckend? Oder blendet das gewaltige Licht? «Ihn, den Allmächtigen, erreichen wir nicht», sagt die Bibel. An dem Strahlenglanz des Himmels lässt er erahnen, welche Kraft, Intelligenz und überwältigende Schönheit dahinter steht.

Bin ich bereit, das zu akzeptieren? Umsonst alles Streben, Anstrengen, Leiden, Beten? Ich habe als junger Mensch oft so gedacht und mich schließlich aufgegeben. Ich wusste: «Ich passe nicht in solch eine reine, schöne Umgebung und schon gar nicht zu Gott.» Es dauerte Jahre, bis eines Abends – als die Verzweiflung tief genug war – ein Bibelvers für mich lebendig wurde: «Wie viele ihn aber aufnahmen, denen gab er Kraft, Gottes Kinder zu werden» (Johannes 1,12 – Luther). Da wagte ich es und wusste plötzlich: «Es stimmt wirklich. Er hat mich in seine Nähe geholt und passend gemacht. Die Angst ist vorbei!»

Wir erreichen den Allmächtigen nicht, das bleibt bestehen. Doch in seiner Gnade erreicht er jeden Einzelnen von uns.

15 Dann wird den Übeltätern das
schützende Dunkel[a] genommen,
und ihr drohend erhobener Arm
wird zerbrochen.

16 Bist du hinab zu den Quellen des
Meeres gereist,
hast du den Abgrund des Ozeans
durchwandert?
17 Haben sich dir die Tore des Todes
geöffnet,
die den Eingang ins dunkle Land
verschließen?
18 Hast du die Weiten der Erde
überblickt?
Sag es mir, wenn du das alles weißt!

19 Woher kommt das Licht,
und wie gelangt man dorthin?
Woher kommt die Finsternis?
20 Kannst du Licht und Dunkelheit an
ihre Orte bringen,
kennst du den Weg zu ihrem Land?
21 Ganz gewiß, denn du warst schon
geboren,
als ich sie schuf, du lebst ja seit
uralten Zeiten!

22 Hast du die Vorratskammern
gesehen,
in denen ich Schnee und Hagel
aufbewahre?
23 Ich spare sie auf für den
Unglückstag,
für Kriegszeiten und
Schlachtgetümmel.
24 Weißt du, wo das Licht herkommt
und von wo der Ostwind loszieht?
Wie gelangt man dorthin?

25 Wer schafft den Regenfluten eine
Bahn,
wer ebnet Blitz und Donner den Weg,
26 damit Gewitterregen niedergehn
auf unbewohntes Land, über
unwegsame Wüsten,
27 damit die ausgedörrte Steppe
durchtränkt wird
und frisches Grün aus dem Boden
sprießt?
28 Hat der Regen einen Vater?
Wer läßt den Tau entstehen?

29 Wer bringt Eis und Frost hervor,
30 wenn das Wasser hart wird wie
Stein,
wenn Seen und Flüsse zugefroren
sind?

31 Knüpfst du die Bänder des
Siebengestirns,
kannst du den Gürtel des Orion
öffnen?
32 Läßt du die Sternbilder erscheinen,
je nach Jahreszeit,
bringst du den großen und den
kleinen Wagen herauf?
33 Hast du die Gesetze des Himmels
entdeckt,
und kannst du sie auf die Erde
übertragen?

34 Rufst du den Wolken einen Befehl
zu,
damit sie Regen auf dich
herabströmen lassen?
35 Schleuderst du die Blitze in ihr
Ziel?
Sagen sie: ‹Wir stehen dir zu
Diensten›?
36 Wer läßt die Wolken wohlgeordnet
ziehen?
Wer bestimmt das Wetter nach
einem weisen Plan?[b]
37 Wer ist so klug, daß er die Zahl der
Wolken kennt?

a) Wörtlich: ihr Licht.
b) Der hebräische Text in Vers 36 ist nicht sicher zu deuten.

Sollte ich Gott vertrauen?

Linda Dillow

Hiob 38

Ich verdrückte mich in eine Ecke des Flughafengebäudes und weinte mir die Augen aus dem Kopf. Gerade hatte ich meine Tochter besucht. Sie litt seit einiger Zeit an Epilepsie, und nun, als ich sie noch einmal anrufen wollte, war ihre Stimme so schwach, dass ich sie fast nicht erkannt hätte: «Ich hatte gerade eine ganz schlimme Reaktion auf die Medikamente, Mama. So schlecht habe ich mich in meinem ganzen Leben noch nicht gefühlt.» Ein Gefühl völliger Hilflosigkeit ergriff mein Herz.

Krankheiten und Probleme überrollten in den nächsten zwei Jahren ihr Leben: zweimal Krebsverdacht, allergische und depressive Reaktionen auf Medikamente, finanzielle Überlastung, ein schwerer Autounfall. Wie Hiob musste auch ich lernen, mein Vertrauen völlig auf Gott zu setzen und daran festzuhalten, dass er souverän ist und alles unter Kontrolle hat.

Keine Not, kein Leid, keine Anfechtung, die mir oder meiner Tochter begegnen, sind Zufall. Gott passiert kein Missgeschick, er macht keinen Fehler und verrechnet sich nie. Deshalb kann ich ihm getrost alles anvertrauen, den winzigsten Zweifel und auch die größte Angst.

Es half mir ebenfalls zu wissen, dass er vollkommen weise ist. Er besitzt die nötige Kenntniss, um die allerbesten Konzepte zur Leitung der Welt zu entwickeln. Er weiß auch, was für uns am besten ist. Weil das so ist, kann ich Gott vertrauen; ich weiß, dass alles, was uns widerfährt, von einer unendlich weisen Person erdacht worden ist – weise genug, um die Erde zu gründen und die Himmel zu befestigen. Gottes Weisheit bedeutet, dass auch das Schwere, das meine Tochter durchmachen muss, einem bestimmten Zweck dient. Irgendwie fügt es sich in seinen Plan für ihr Leben ein. Verstehen kann ich das nicht, denn meine Weisheit ist der göttlichen Weisheit weit unterlegen.

Um Gott vertrauen zu können, muss ich auch an seine Liebe glauben. Gott sagt mir in seinem Wort, dass er mich mit ewiger Liebe liebt. Er wird immer bei mir sein, er wird mich niemals aufgeben und mich nicht verlassen. Genau dieselbe Liebe hat Gott auch zu meiner Tochter. Und er verspricht, dass alles Leid einen Sinn hat. Es kann Gutes bewirken, denn dadurch, dass wir immer mehr lernen, mit unseren Schmerzen, Problemen und Nöten zu ihm zu kommen, wird unser Wesen ihm ähnlicher.

Warum sollte ich Gott vertrauen? Weil er, der den Gürtel des Orion knüpfte und dem Menschen seine grenzenlose Liebe offenbart, absolut vertrauenswürdig ist.

Wer schüttet ihr Wasser auf die Erde nieder,[a]
38 wenn dort der Boden hart geworden ist wie Eisen
und die Schollen aneinander kleben?

39 Erjagst du die Beute für die Löwin,
stillst du den Hunger ihrer Jungen,
40 wenn sie in Höhlen sich verkriechen,
im Dickicht auf der Lauer liegen?
41 Wer läßt den Raben Futter finden,
wenn seine Jungen zu Gott schreien,
wenn sie hungrig und hilflos umherirren?

39 Kannst du mir sagen, wann die Steinböcke werfen,
schaust du zu, wie die Hirschkühe kalben?
2 Zählst du die Monate ihrer Tragezeit,
und weißt du, wann sie gebären?
3 Sie kauern nieder,
bringen ihre Jungen zur Welt,
und dann hören ihre Wehen auf.
4 Ihre Jungen wachsen in der Wildnis auf
und werden stark;
sie ziehen fort und kehren nicht mehr zurück.

5 Wer hat dem Wildesel die Freiheit gegeben,
wer hat seine Fesseln gelöst?
6 Ich gab ihm die Steppe als Lebensraum,
die Salzwüste als sein Gebiet.
7 Er lacht über das Lärmen in der Stadt,
die Schreie des Treibers hört er nicht.
8 Er wählt sich das Bergland als Weide aus
und sucht dort überall nach etwas Grünem.

9 Meinst du, der Wildstier würde dir freiwillig dienen
und über Nacht in deinem Stall an der Krippe stehen?
10 Kannst du ihn mit dem Pfluggeschirr
in der Furche halten,
im Tal über dein Feld ihn eggen lassen?
11 Kannst du dich auf seine gewaltige Kraft verlassen
und ihm deine schwere Arbeit aufbürden?
12 Vertraust du ihm,
daß er deine Ernte einbringt
und sie zu deinem Dreschplatz zieht?

13 Fröhlich schlägt die Straußenhenne mit den Flügeln,
doch sie sind nicht zu vergleichen
mit den Schwingen und Federn eines Storches.
14 Sie läßt ihre Eier auf der Erde liegen,
damit der heiße Sand sie wärmt.
15 Daß ein Mensch sie zertreten,
daß Tiere sie zertrampeln könnten –
so weit denkt sie nicht.
16 Herzlos behandelt sie die Jungen,
als wären es nicht ihre eigenen.
Und wenn ihre Mühe vergeblich war,
kümmert sie das nicht.
17 Denn ich habe ihr die Weisheit versagt;
von Klugheit findet sich bei ihr keine Spur!
18 Doch wenn sie ihre Flügel ausbreitet und losrennt,

a) Wörtlich: Wer kippt die Krüge des Himmels um.

läuft sie jedem Reiter davon.

19 Sag, hast du das Pferd so stark gemacht,
schmückst du seinen Hals mit einer Mähne?
20 Wie es zum Sprung ansetzt!
Hast du ihm die Kraft gegeben?
Sein gewaltiges Schnauben ist furchterregend.
21 Es stampft auf den Boden,
freut sich über seine Kraft
und jagt dann der Schlacht entgegen.
22 Es lacht über die Angst, fürchtet nichts
und schreckt vor dem feindlichen Schwert nicht zurück.
23 Der Köcher klirrt an seiner Seite,
Schwert und Lanze blitzen.
24 Wild und ungestüm fliegt es dahin;
sobald das Signal ertönt, gibt es kein Halten mehr.
25 Beim Klang der Hörner wiehert es laut,
wittert den Kampf schon von ferne;
es hört, wie die Anführer Befehle schreien
und wie der Schlachtruf ertönt.

26 Breitet der Falke seine Schwingen aus,
um nach Süden zu fliegen,
weil du den Wandertrieb in ihn gelegt hast?
27 Schwingt sich der Adler
auf deinen Befehl so hoch empor
und baut in der Höhe sein Nest?
28 Oben im Felsen haust er
und baut auf Bergzacken seinen Horst wie eine Festung.
29 Von dort erspäht er seine Beute,
seine Augen entdecken sie von weitem.
30 Schon seine Jungen gieren nach Blut;
wo Leichen liegen, da ist er zur Stelle.»

Herr, ich kann dir nichts erwidern!

40 Der Herr fragte Hiob:
2 «Willst du weiter mit mir streiten,
mich, den Allmächtigen, immer noch tadeln?
Du hast mich angeklagt,
nun steh mir Rede und Antwort!»

3 Darauf antwortete Hiob nur:

4 «Herr, ich bin zu gering,
ich kann dir nichts erwidern;
darum lege ich jetzt die Hand auf den Mund.
5 Einmal habe ich geredet und dann noch einmal –
aber ich will es nicht wieder tun;
ich habe schon zuviel gesagt!»

Gottes Antwort: Besitzt du Macht, wie ich sie habe?

6 Da sprach Gott zu Hiob aus dem Sturm:

7 «Tritt mir gegenüber wie ein Mann,
und antworte auf meine Fragen!
8 Willst du mein Urteil widerlegen
und mich schuldig sprechen,
nur damit du recht behältst?
9 Besitzt du Macht wie ich,
kannst du mit gleicher Stimme donnern?
10 Dann schmück dich mit Würde und Macht,
bekleide dich mit Pracht und Majestät!
11 Dann laß deinen Zorn losbrechen,
finde jeden stolzen Menschen heraus
und erniedrige ihn!
12 Spür jeden Überheblichen auf,
und zwing ihn in die Knie,
tritt die Gottlosen an Ort und Stelle nieder!

Mächtig wie ein Adler

Eleonore van Haaften

Hiob 39,27

Eine Berglandschaft hat für mich eine ganz besondere Anziehungskraft. Ich kann nur staunen, wenn ich die hohen Gipfel sehe! Vielleicht liegt das daran, dass ich in Holland aufgewachsen bin und ein Großteil dieses Landes unter dem Meeresspiegel liegt; richtige Hügel gibt es nur im Süden.

Vor Jahren verbrachte ich einen strahlenden Nachmittag auf einer Alm in der Schweiz. Meine Freunde und ich machten während einer Skitour eine Pause, als wir auf einmal eine Herde Gämsen auf den steilen Klippen entdeckten. Ich glaube, ich habe sie mindestens eine Stunde lang beobachtet, und wenn mich meine Freunde nicht gedrängt hätten weiterzuziehen, wäre ich noch länger geblieben. Es war faszinierend zu sehen, wie sich diese Tiere bewegten und wie sie scheinbar mühelos und mit erstaunlicher Eleganz die Berge bezwangen.

In solchen Momenten ist ein Mensch sich seiner eigenen Beschränkung bewusst. Wir meinen, das Leben im Griff zu haben, aber angesichts der mächtigen Schöpfung Gottes sind unsere Pläne und Taten winzig. Und nicht nur das – wir selber sind es auch. Könnten wir nur springen wie Gämsen oder fliegen wie Adler ... Doch wir können es nicht!

Im Buch Hiob, Kapitel 38 und 39, redet Gott mit Hiob über seine Schöpfung. Er erwähnt Gämsen, Wildesel, Wildstiere, Falken, Adler – alles Tiere, die unabhängig von Menschen leben. Gott hat ihnen natürliche Instinkte gegeben, mit denen sie gut zurechtkommen. Sie brauchen uns nicht, haben uns auch nichts zu bieten. Vor allem Falken und Adler leben meistens an Orten, die für Menschen unerreichbar sind. Ihr Dasein haben sie Gott zu verdanken. Wir können nur staunen.

Das tut auch Hiob. Als er mit leeren Händen vor Gott steht – hilflos und am Ende – und Gottes Lektion über die Schöpfung hört, sagt er: «... ich bin zu gering, ich kann dir nichts erwidern» (40,4). Tatsächlich geziemt sich gegenüber Gott unser Schweigen und unsere Ehrfurcht. Und große Dankbarkeit, weil er uns sieht und liebt. Er, der sich vergleicht mit dem mächtigen Adler, ist wie dieser Greifvogel zu fürchten – doch nur von seinen Feinden. Für seine Kinder sorgt er wie ein Vater: «... er breitet seine Schwingen unter ihnen aus und fängt sie auf» (5. Mose 32,11).

13 Verscharre sie alle in der Erde,
zieh das Leichentuch über ihr
Gesicht![a]
14 Dann will ich der erste sein, der
dich preist,
weil du mit eigener Hand den Sieg
errungen hast!»

Zwei Beispiele für Gottes Macht und Weisheit

15 «Schau dir den Behemot[b] an,
den ich geschaffen habe wie auch
dich!
Er frißt Gras wie ein Rind.
16 Wie stark sind seine Lenden,
welche Kraft hat er in den Muskeln
seines Bauches!
17 Er macht seinen Schwanz steif wie
eine Zeder,
dicht verflochten sind die Sehnen an
den Schenkeln.
18 Seine Knochen sind fest wie
Bronzeröhren,
seine Rippen gleichen Eisenstangen.
19 Unter meinen Werken nimmt er
den ersten Platz ein,
und nur ich, sein Schöpfer,
kann das Schwert gegen ihn ziehen.
20 Auf den Hügeln wächst das Gras,
sein Futter,
und die wilden Tiere spielen neben
ihm.
21 Er liegt unter Lotusbüschen,
versteckt sich im Schilf und im
Sumpf.
22 Die Lotusbüsche verbergen ihn
und spenden ihm Schatten,
bei den Pappeln am Ufer findet er
Schutz.
23 Schwillt der Fluß mächtig an –
ihm wird nicht bange; er bleibt
ruhig,
selbst wenn der Jordan ihm ins Maul
flutet.
24 Meinst du, ein Mensch kann dieses
Tier von vorne packen,
es fangen und ihm einen Ring durch
die Nase ziehen?

25 Kannst du den Leviatan[c] am
Angelhaken aus dem Wasser
ziehen
oder seine Zunge mit einem Seil
hinunterdrücken?
26 Kannst du ihm einen Strick durch
die Nase ziehen
oder sein Kinn mit einem Haken
durchstechen?
27 Meinst du, er wird dann um Gnade
winseln
und dich mit Worten
umschmeicheln?
28 Meinst du, er wird sich dir ergeben,
und du kannst ihn für immer als
Knecht behalten?
29 Was willst du mit ihm tun?
Ihn anbinden und wie einen Vogel
halten,
ihn deinen Mädchen zum Spielen
geben?
30 Meinst du, die Jäger könnten
jemals
um seine besten Stücke feilschen
und sie an Händler verkaufen?
31 Kannst du seinen Panzer mit
Harpunen spicken
oder mit Fischerhaken seinen Kopf?
32 Versuch es nur, mit ihm zu
kämpfen!
Daran wirst du noch lange denken
und es nicht noch einmal wagen!

a) Wörtlich: binde ihr Gesicht im Verborgenen.
b) Ein Riesentier, möglicherweise einem Nilpferd ähnlich.
c) Ein Riesentier, dem Krokodil ähnlich.

Hoffnung auf den Himmel

Ulrike Herrmann

Hiob 40

An einem Augusttag kam meine Tochter Henrike nicht mehr nach Hause zurück. Wie in den Tagen zuvor war sie mit dem Fahrrad zu ihrem Ferienjob unterwegs gewesen. Auf dem Nachhauseweg überfuhr sie ein Lastwagenfahrer an einer Kreuzung. Noch in derselben Nacht mussten die Ärzte ihr rechtes Bein amputieren. Nach einem vierwöchigen Kampf ums Überleben hielt Henrikes Körper den Belastungen nicht mehr Stand. Mit 22 Jahren starb sie an Nierenversagen.

Eine solche Tragödie verursacht einen sehr tiefen Schnitt direkt ins Herz. Ich kann feststellen: Ich bin nicht verblutet, ich habe überlebt. Aber die Wunde blutet nach. Sie wächst ganz langsam von unten her zu, so, wie bei einer echten, tiefen Schnittwunde. Vermutlich kann man in diesem Leben so einen Schmerz nie ganz überwinden. Eines Tages werde ich vielleicht eine «Narbe» am Herzen tragen. Ich möchte meine «Narbe» akzeptieren. Wie könnte ich bei solch einem Verlust erwarten, nichts mehr zu spüren?

Wenn ich zurückblicke, haben mich der Glaube, die Hoffnung und die Liebe getröstet. Der feste Glaube an einen sehr persönlichen Gott, der mich kennt und mich liebt. Die Hoffnung auf mein ewiges Leben bei ihm – schließlich hat Christus zugesagt, dass er für jeden, der an ihn glaubt, einen Platz im Himmel bereiten wird (Johannes 14,2). Und die Liebe Gottes, die er mich in dieser schlimmen Zeit durch Menschen konkret fühlen ließ. All die Briefe, Anrufe, Blumen und E-Mails waren für uns als Familie überlebenswichtig in dieser Phase.

Im Übrigen habe ich Jesus immer wieder beim Wort genommen. Er hat versprochen, dass er den Heiligen Geist als Tröster und Beistand zu uns senden will. Ich habe täglich symbolisch mein verwundetes Herz hingehalten und im kindlichen Vertrauen gebetet: «Du hast versprochen, die zerbrochenen Herzen zu verbinden. Bitte tue es jetzt! Komm und tröste mich!» Gottes Worte der Hoffnung und Liebe sind wie eine Wundsalbe für mein Herz.

Ich weiß ganz fest: Mein Leben hier ist nur eine Durchreise. Mein eigentliches Leben wartet im Himmel auf mich, wo es kein Leid, keine Tränen, keine Angst und Schmerzen mehr geben wird (Offenbarung 21,4) für immer und immer. Diese Ewigkeitsperspektive gibt mir Kraft für den Rest meines Erdenlebens und erfüllt mein Herz zugleich mit Vorfreude auf mein Himmelsleben.

Ich bin hundertprozentig davon überzeugt, meine Tochter in der Ewigkeit wiederzusehen! Wir haben diese Gewissheit auch auf Henrikes Grabstein eingravieren lassen. Dort steht: «Unsere Trennung ist nur kurz, unser Wiedersehen ewig.»

Heilung

Gabi Franz

Jesus sagte: «Diese Krankheit führt nicht zum Tode, sondern durch sie soll die Macht Gottes sichtbar werden, und der Sohn Gottes wird dadurch verherrlicht» (Johannes 11,4).

Schon seit längerer Zeit fühlte ich mich müde und kraftlos. Hing das etwa mit den Veränderungen in meiner Brust zusammen, die ich bemerkt hatte? Bei meiner Lebenssituation in Kenia war es nicht so einfach, zum Arzt zu gehen, aber nun vereinbarte ich einen Termin. Untersuchungen folgten. Wenig später klingelte das Telefon. «Es tut mir Leid», sagte der Arzt. «Das Ergebnis deutet auf Brustkrebs hin.»

Nach zwei Tagen wurde ich ins Krankenhaus eingeliefert und bereits am nächsten Morgen operiert. Nun hieß es abwarten. Drei Tage später wurde ich entlassen. Schon am nächsten Tag rief der Arzt an und teilte uns mit, dass er mich sehen wollte. «Da stimmt doch etwas nicht», sagte ich zu meinem Mann. «Eigentlich hatte ich doch erst in ein paar Tagen meinen Termin.» Mit bangem Herzen fuhren wir los. Der Arzt eröffnete uns, dass von zehn entnommenen Lymphknoten neun bereits mit Krebs befallen waren. «Ich weiß, dass Sie noch sehr jung sind; aber eine Chemotherapie ist unumgänglich. Wir sollten schnell handeln!»

Nun musste ich mich alle drei Wochen einer Behandlung unterziehen. Die Tage, die folgten, waren nicht immer einfach. Anfechtungen und Mutlosigkeit machten sich breit, besonders zu den Zeiten, in denen es mir körperlich nicht so gut ging. Während ich wieder einmal erschöpft dalag, hörte ich, wie jemand für mich betete: «Oh Herr, greife ein. Lass sie nicht sterben!» Das berührte mein Herz aufs Tiefste und gab mir neue Kraft und Mut.

Die Monate vergingen. Mehr und mehr merkte ich, wie meine körperliche Kraft zunahm. Mit Freude und Dankbarkeit setzten wir unsere Missionsarbeit fort. Doch eines Tages ertastete ich erneut einen Knoten. Wieder war es Krebs! Acht Wochen nach der zweiten Operation begann die Bestrahlungstherapie. Diese Zeit war trotz allem sehr kostbar für mich. Gott begann ganz persönlich an mir zu arbeiten. Er machte mir deutlich, dass er nur meine ganze Liebe möchte. Ich merkte, dass ich oft zu aktiv gewesen war – auch in meiner Arbeit für ihn. So viele Nebensächlichkeiten waren mir wichtiger gewesen, als meine Beziehung zu ihm zu pflegen. Doch nun kam mir all das so unwichtig vor. «Wenn du meinem Leben Jahre hinzufügen möchtest», betete ich, «hilf mir, sie zu nutzen. Hilf mir, das zu tun, was zählt und wichtig vor dir ist.»

Heute kann ich Gott von Herzen danken für das, was er an mir getan hat. Ich durfte seine Heilung erfahren. Zweimal hat er mir das Leben neu geschenkt.

41 Trügerisch ist jede Hoffnung,
ihn zu fangen;
sein bloßer Anblick wirft dich schon
zu Boden!
2 Wenn es niemand wagen kann,
ihn auch nur zu reizen,
wer will dann mir erst
gegenübertreten?

3 Wer hat mir jemals etwas gegeben,
das er nun von mir zurückfordern
könnte?
Mir gehört die ganze weite Welt.
4 Ich will dir den Leviatan
beschreiben,
seine Stärke und die Schönheit
seiner Gestalt:
5 Wer ist in der Lage, ihm den Panzer
auszuziehen,
wer wagt es, ihm zwischen die Zähne
zu greifen?
6 Wer kann das Tor seines Mauls
aufbrechen,
verteidigt von den fürchterlichen
Zähnen?
7 Und schau dir seinen
Schuppenpanzer an:
wie eine Reihe von Schilden, fest
miteinander verbunden!
8 Eine Schuppenplatte sitzt neben der
anderen,
kein Lufthauch geht zwischen ihnen
hindurch!
9 Sie hängen fest aneinander
und sind so eng verbunden,
daß niemand sie auseinanderreißen
kann.
10 Licht blitzt auf, wenn er schnaubt,
und seine Augen funkeln wie die
ersten Sonnenstrahlen.
11 Aus seinem Rachen schießen
Feuerflammen,
und die Funken sprühen.
12 Aus seinen Nüstern quillt der
Rauch
wie aus einem Kessel über dem
Feuer.
13 Sein Atemstoß setzt Kohlen in
Brand,
eine Flamme schießt aus seinem
Rachen hervor.
14 Sein Nacken strotzt vor Kraft;
wo dieses Ungeheuer hinkommt, da
geht die Angst voraus.
15 Die Hautfalten am Bauch sind fest
und straff,
als wären sie gegossen.
16 Seine Brust ist hart wie Stein,
ja, so fest wie ein Mühlstein.
17 Wenn sich der Leviatan erhebt,
geraten selbst Helden in Angst und
Schrecken
und wissen nicht mehr aus noch ein.
18 Jeder Schwerthieb gegen ihn bleibt
ohne Wirkung;
Speer, Pfeil und Lanze prallen ab.
19 Waffen aus Eisen fürchtet er nicht
mehr als einen Strohhalm,
und Bronze ist für ihn wie morsches
Holz.
20 Mit Pfeilen läßt er sich nicht in die
Flucht jagen,
Schleudersteine hält er bloß für
Grashälmchen
21 und eine Keule für dürres Stroh.
Er kann nur lachen, wenn die Speere
auf ihn sausen.
22 Unter seinem Bauch ragen Zacken
hervor;
sie lassen Spuren im Schlamm
zurück,
als wäre ein Dreschschlitten darüber
gefahren.
23 Er läßt die Tiefe brodeln wie
kochendes Wasser,
das Meer wallt auf wie Salbe im
Kochtopf.
24 Er hinterläßt eine glitzernde Spur;
man denkt, das Meer hätte silbernes
Haar.
25 Keiner auf der Erde reicht an ihn
heran –
er ist ein Geschöpf, das Furcht nicht
kennt.

Montag

Nur keine Angst?

Barbara Jakob

Hiob 41,11

Es war kurz nach Weihnachten, als wir den Kündigungsbrief für unsere Wohnung erhielten. Wir fielen aus allen Wolken! Wie sollten wir mit drei kleinen Kindern in einer Zeit großer Wohnungsnot und mit eingeschränktem Budget in drei Monaten eine Bleibe finden? Es war eine Situation zum Verzweifeln! Weil der Eigentümer Eigenbedarf anmeldete, blieb uns kaum eine Chance auf Verlängerung. Schwierige Wochen folgten. Die Lage war mehr als kritisch. Der Druck riesengroß, die Angst, nichts zu finden und nirgends wohnen zu können, allgegenwärtig.

Ja, weshalb lässt Gott solche oft aussichtslos erscheinenden Situationen in unserm Leben zu? Weshalb werden wir immer wieder von Ängsten eingeholt? Manchmal ist es schwierig oder unmöglich, dafür eine Erklärung zu finden. Das Leben hält für uns alle gute und weniger gute Zeiten bereit. Gott beschreibt in diesem Kapitel den «Leviatan», ein Ungeheuer, das er geschaffen hat, das aber niemand bezwingen kann – außer ihm selbst. Nicht selten finden wir uns in Umständen wieder, die uns erscheinen, als würden wir einem Funken sprühenden Ungeheuer gegenüberstehen. Auch Menschen benehmen sich uns gegenüber manchmal «ungeheuerlich», und wir können ihr Verhalten beim besten Willen nicht verstehen. In solchen Momenten fühlen wir uns leicht völlig ohnmächtig und ausgeliefert. Nicht wenige Situationen dieser Art habe ich selbst schon durchlebt. Habe ich etwas aus ihnen gelernt?

Vertrauen – immer wieder und trotz allem: vertrauen! Vertrauen, das stärker ist als alle Angst! Damals entschieden wir uns, nicht mit einer «Notlösung» zufrieden zu sein, sondern Gott zu vertrauen, dass er die beste Lösung finden würde. Drei Wochen, bevor wir ausziehen mussten, bot uns ein Nachbar eine Wohnung im Wohnblock seiner Eltern an. Ganz überraschend hatten Leute gekündigt ... Ein Wunder! Wir konnten Gott nur danken und waren beschämt über unsere Verzagtheit und die Angst, die uns in den Wochen davor immer wieder eingeholt hatte. Wie oft können wir an Situationen oder Menschen nichts ändern außer unserer Einstellung ihnen gegenüber! Dies ist ein lebenslanger Lernprozess ...

Ich sehe zwar Wachstum im Vertrauen zu Gott, aber noch immer gibt es Zeiten, in denen ich verzagen will. Heute weiß ich, dass dies von Gott «verordnete» Übungsstunden sind. Ob das «Ungeheuer» nun in Umständen, anderen Menschen oder meinen Gefühlen auftaucht, ich darf ihm jederzeit mutig entgegentreten und sagen: «Du hast nicht das letzte Wort! Wenn Gott es zulässt, dass es dich gibt, dann gibt er mir auch die Kraft, dich zu überwinden – denn er siegt immer!»

[26] Selbst auf die Größten sieht er
herab,
er, der König aller stolzen Tiere!»

Hiobs letztes Wort

42 Da antwortete Hiob:
[2] «Herr, ich erkenne, daß du alles zu
tun vermagst;
nichts und niemand kann deinen
Plan vereiteln.
[3] Du hast gefragt:
‹Wer bist du, daß du meine Weisheit
anzweifelst
mit Worten ohne Verstand?›
Ja, es ist wahr:
Ich habe von Dingen geredet, die ich
nicht begreife,
sie sind zu hoch für mich und
übersteigen meinen Verstand.
[4] Du hast gesagt:
‹Hör mir zu, jetzt rede ich, ich will
dich fragen,
und du sollst mir antworten!›
[5] Herr, ich kannte dich nur vom
Hörensagen,
jetzt aber habe ich dich mit eigenen
Augen gesehen!
[6] Darum widerrufe ich meine Worte,
ich bereue in Staub und Asche!»

Gott stellt sich hinter Hiob

[7] Nachdem der Herr dies alles zu Hiob
gesagt hatte, wandte er sich an Elifas
aus Teman: «Ich bin voller Zorn über
dich und deine beiden Freunde, ihr
habt nicht die Wahrheit über mich ge-
sagt, so wie mein Diener Hiob es tat!
[8] Bringt nun sieben junge Stiere und
sieben Schafböcke, geht damit zu
meinem Diener Hiob, und bringt sie
als Brandopfer dar! Hiob soll für euch
beten, denn nur ihn will ich erhören
und euch um seinetwillen nichts Bö-
ses tun. Denn ihr habt nicht wie er die
Wahrheit über mich gesagt.» [9] Da
taten Elifas aus Teman, Bildad aus
Schuach und Zofar aus Naama, was
ihnen der Herr befohlen hatte. Und
Gott erhörte Hiobs Gebet.

[10] Als Hiob für seine Freunde bete-
te, da wendete der Herr für ihn alles
zum Guten. Er gab ihm doppelt so
viel, wie er früher besessen hatte.
[11] Alle seine Brüder und Schwestern
und die früheren Bekannten besuch-
ten ihn wieder. Sie aßen mit ihm in
seinem Haus und trösteten ihn wegen
des Unglücks, das der Herr über ihn
gebracht hatte. Jeder schenkte ihm
ein Silberstück und einen Ring aus
Gold.

[12] Der Herr segnete Hiob von jetzt
an mehr als zuvor. Bald besaß er
14000 Schafe und Ziegen, 6000 Ka-
mele, 1000 Rindergespanne und
1000 Esel. [13] Er bekam auch wieder
sieben Söhne und drei Töchter. [14] Die
erste nannte er Jemima («Täub-
chen»), die zweite Kezia («Zimtblü-
te») und die dritte Keren-Happuch
(«Schminkdöschen»). [15] Im ganzen
Land gab es keine schöneren Frauen
als Hiobs Töchter; sie durften mit ih-
ren Brüdern das Erbe teilen.

[16] Hiob lebte noch 140 Jahre, er sah
Kinder und Enkel bis in die vierte Ge-
neration. [17] Schließlich starb er in ho-
hem Alter nach einem reichen und er-
füllten Leben.

DIE FRÜCHTE DES LEIDENS

Elisabeth Mittelstädt

Hiob 42

«Es tut uns sehr Leid, Frau Mittelstädt! Der schreckliche Schmerz in ihrem Kopf, dem Gelenk und den Nerven wurde durch den Unfall ausgelöst. Leider können wir nichts für Sie tun. Wenn Sie bis ans Ende der Welt gingen, würden Sie doch keine Hilfe finden.» Der Arzt in der weltbekannten Mayo-Klinik stand neben meinem Bett, um mir das Untersuchungsergebnis mitzuteilen.

Als er das Zimmer verließ, trat mein Mann an mein Bett und nahm mein tränennasses Gesicht in seine beiden Hände. Ganz tief sah er mir in die Augen. «Schatz», sagte er schließlich, «wir haben einen Ort, zu dem wir gehen können – wir gehen zum Thron Gottes. Von dort erwarten wir unsere Hilfe. Vertraue!»

Inzwischen liegt dieser Tag schon 17 Jahre zurück. In der ersten Zeit danach lehrte Hiob mich, dass ich vor Gott ehrlich sein konnte. Meine geheimsten Gedanken hatte er längst laut ausgesprochen. Hiob weigerte sich, in die Rolle des besiegten Opfers zu schlüpfen – er stellte seine Fragen immer wieder, redegewandt und voller Leidenschaft. Und er weigerte sich, das Schweigen als Antwort zu akzeptieren. Niemand weiß, wie lange die Wartezeit für Hiob dauerte. Seine Beharrlichkeit hat mich ermutigt, zu warten und nie aufzugeben.

In all diesen Jahren war ich auf der Suche nach einer Antwort, die mir helfen konnte zu verstehen, warum es so viel Leid gibt. Inzwischen habe ich sie gefunden: Leid ist ein Geheimnis! Doch die staunenswerte Erkenntnis liegt darin, dass Gott in diesem Geheimnis zu finden ist.

Als Satan um die Erlaubnis bat, Hiobs Leben aufzurütteln, gab Gott sie ihm – warum auch immer. Hiobs Situation erinnert mich an einen anderen Kampf. Vor seinem Tod am Kreuz rief Jesus Christus: «Es ist vollbracht!» (Johannes 19,30). Satan dachte, er hätte gewonnen – er ahnte nicht, dass er in Wirklichkeit der Verlierer war.

Am Kreuz Jesu erfüllten sich die Worte des Propheten Jesaja: «Er wurde für uns bestraft – und wir? Wir haben nun Frieden mit Gott! Durch seine Wunden sind wir geheilt» (Jesaja 53,5). Doch es bleibt ein Geheimnis, warum der eine Heilung erfährt und der andere nicht. Aber eins ist sicher: Wenn wir Gott vertrauen, schauen wir – wie meine liebsten Helden in Hebräer 11 – auf das Ziel, das er für unser Leben hat. Wir wissen dann, dass unser Leid nicht ins Leere fallen muss.

Und was ist mit meinem Schmerz? Was hat er gebracht? Aus diesem Schmerz wurde 1986 «Lydia – die christliche Zeitschrift für die Frau» geboren.

Die Psalmen

Entweder – oder!

1 Glücklich ist, wer nicht lebt wie Menschen,
die von Gott nichts wissen wollen.
Glücklich ist, wer sich kein Beispiel an denen nimmt,
die gegen Gottes Willen verstoßen.
Glücklich ist, wer sich fernhält von denen,
die über alles Heilige herziehen.
2 Glücklich ist, wer Freude hat am Gesetz des Herrn
und darüber nachdenkt – Tag und Nacht.
3 Er ist wie ein Baum, der nah am Wasser steht,
der Frucht trägt jedes Jahr
und dessen Blätter nie verwelken.
Was er sich vornimmt, das gelingt.

4 Ganz anders ergeht es allen, denen Gott gleichgültig ist:
Sie sind wie dürres Laub[a], das der Wind verweht.
5 Vor Gottes Gericht können sie nicht bestehen.
Weil sie ihn abgelehnt haben,
sind sie von seiner Gemeinde ausgeschlossen.
6 Der Herr sorgt für alle, die nach seinem Wort leben.
Doch wer sich ihm trotzig verschließt,
der läuft in sein Verderben.

Gottes Sohn: Der König über die Könige

2 Warum geraten die Völker in Aufruhr?
Warum schmieden sie Pläne, die doch zu nichts führen?
2 Die Mächtigen dieser Welt rebellieren:
Sie verschwören sich gegen Gott und den König,
den er eingesetzt hat.[b]
3 «Kommt, wir wollen uns befreien», sagen sie,
«wir schütteln seine Herrschaft ab!»
4 Aber Gott im Himmel kann darüber nur lachen,
nichts als Spott hat er übrig für sie.
5 Dann stellt er sie voller Zorn zur Rede
und versetzt sie in Angst und Schrecken.

a) Wörtlich: wie Spreu.
b) Das hebräische Wort heißt «Messias» (= der gesalbte König).

Mittwoch

Lebendiges Wasser

Rosemarie Moll

Psalm 1, 1–3

Ein afrikanisches Märchen erzählt: «Ben Sadok, ein finsterer Mann, ging durch eine Oase. Er konnte nichts Gesundes und Schönes sehen, ohne es zu verderben. Am Rand der Oase stand eine junge Palme im besten Wachstum. Mit höhnischem Lachen hob Ben Sadok einen schweren Stein auf und legte ihn der jungen Palme mitten in die Krone. Vergebens versuchte die junge Palme, die Last abzuschütteln.

Als es ihr nicht gelang, krallte sie sich tiefer in den Boden und stemmte sich gegen die Last. Sie senkte ihre Wurzeln so tief, dass sie die verborgene Wasserader der Oase erreichten. Jetzt konnte die Palme den Stein so hoch stemmen, dass die Krone über jeden Schatten hinausreichte. Wasser aus der Tiefe und Sonne aus der Höhe machten eine königliche Palme aus dem jungen Baum.

Jahre später kam Ben Sadok wieder vorbei, um sich an dem ‹Krüppelbaum› zu erfreuen. Er suchte vergebens. Da senkte die Palme ihre Krone, zeigte den Stein und sagte: ‹Ich muss dir danken, deine Last hat mich stark gemacht.›»

Zur Höhe des Lebens erhebt sich nur, wer auch in die Tiefe wächst. Glücklich ist, wer sich da aufhält, wo Gott eine Rolle spielt, wer Freude hat an dem, was Gott schenkt. Denn der ist wie ein Baum, der seine Wurzeln in das lebensspendende Wasser streckt.

Vieles in uns kommt nicht zur Entfaltung, weil irgendetwas in uns blockiert oder abgeschnitten ist. Das Lebensspendende und das Todbringende, beides kommt in unserem Leben vor. Woraus zieht mein «Lebensbaum» täglich seinen Lebenssaft? Wonach richte ich mich aus? Welche Früchte wünsche ich mir besonders? Um Frucht zu tragen, müssen Bäume beschnitten werden. Wer beschneidet mich? Gibt es Bereiche, die noch nicht an dieses Wasser angeschlossen sind? Vielleicht fällt es mir schwer, mich zu bejahen, mich zu freuen, vielleicht werde ich immer in den gleichen Situationen aggressiv. Und: Wo ist mein Lebensbaum eingepflanzt – in der Tradition, in der Familie, in der Gemeinschaft, im Glauben?

Oft sind wir mit ein bisschen Wasser zufrieden. Doch Gott bietet uns den Strom des Lebens an. Glücklich ist, wer Freude bekommt am Gesetz des Herrn. Wo ich Verlangen habe nach seinem Segen und in ständiger Sehnsucht nach Gott – diesem Wasser – lebe, da brechen meine Wurzeln durch. Ich bin an der Quelle.

6 Er spricht:
«Ich selbst habe meinem König die Herrschaft übertragen!
Er regiert in Zion, in der Stadt, die ich erwählt habe.»

7 Und dieser König verkündet:[a]
«Ich gebe bekannt, was Gott beschlossen hat.
Er hat zu mir gesagt: ‹Du bist mein Sohn,
heute setze ich dich zum König ein[b].
8 Fordere von mir die ganze Erde,
und ich gebe sie dir zum Besitz.
Alle Völker gehören dir.
9 Zerschlage sie mit eisernem Herrscherstab,
zerbrich sie wie Tongeschirr!›»
10 Darum, ihr Herrscher, nehmt Vernunft an,
laßt euch warnen, ihr Mächtigen der Welt!
11 Unterwerft euch dem Herrn
und erkennt seine Herrschaft an!
Jubelt ihm zu, auch wenn ihr zittert!
12 Erweist seinem Sohn die Ehre, die ihm zusteht![c]
Sonst trifft euch sein Zorn, und ihr seid verloren;
denn schnell wird er zornig.
Aber wenn ihr ihm vertraut,
werdet ihr sicher und geborgen sein.

Gejagt – und doch geborgen!

3 Ein Lied König Davids aus der Zeit,
als er vor seinem Sohn Absalom fliehen mußte.[d]

2 O Herr, überall bedrängen mich Feinde!
So viele haben sich gegen mich verschworen.
3 Sie spotten: «Der ist erledigt!
Selbst Gott kann ihm nicht mehr helfen!»

4 Aber du, Herr, nimmst mich in Schutz.
Du stellst meine Ehre wieder her
und verhilfst mir zu meinem Recht[e].
5 Ich schreie zum Herrn: «Hilf mir doch!»
Er hört mich in seinem Heiligtum und antwortet mir.
6 Darum kann ich beruhigt einschlafen, denn ich weiß:

a) Sinngemäß eingefügt.
b) Wörtlich: heute habe ich dich gezeugt. – Bildlicher Ausdruck für die Einsetzung des Königs in sein Amt.
c) Wörtlich: Küßt den Sohn!
d) 2. Samuel 15
e) Wörtlich: und hebst mein Haupt empor.

Donnerstag

Habe den Mut, deine Wünsche zu äussern

Eva Breunig

Psalm 2, 8

Es war bei einem Ausflug an einem Sonntagnachmittag. Der kleine Junge hatte Schuhe und Strümpfe ausgezogen und spielte im Bach. Er wollte einen Staudamm bauen. Schon hatte er mehrere Steine aneinander gereiht, ein ganz großer Stein sollte dem Ganzen in der Mitte Halt verleihen. Der Junge zog und zerrte an dem Stein, aber der große Brocken rührte sich nicht von der Stelle. Der Junge überlegte. Dann benutzte er einen dicken Knüppel als Hebel, um den Stein zu bewegen, doch das Holz rutschte ab. Ratlos betrachtete der Junge den Stein. Das musste doch zu schaffen sein!

Da bemerkte der Junge plötzlich, dass sein Vater ihn schon eine Weile beobachtet hatte.

«Was soll ich jetzt machen?», fragte er.

«Es gibt etwas, das du noch nicht probiert hast», meinte der Vater, ruhig an einen Baumstamm gelehnt.

«Etwas, das ich noch nicht probiert habe?» Der Junge grübelte. Hatte er irgendetwas übersehen? Irgend eine Möglichkeit ausgelassen? Was meinte der Vater bloß?

«Was habe ich denn noch nicht probiert?», fragte er schließlich kleinlaut.

Der Vater lächelte. «Du hast mich noch nicht um Hilfe gebeten.»

Wie oft stoßen wir im Alltag auf große Steine, dicke Brocken, die sich nicht vom Fleck bewegen lassen – egal, was wir auch probieren. Allen Widerständen zum Trotz strengen wir uns an, versuchen das Übermenschliche, setzen alle Hebel in Bewegung – und erkennen doch nur enttäuscht unser Unvermögen. Was können wir denn jetzt noch machen?

Wir können den Vater um Hilfe bitten. Den Vater im Himmel. Jesus sagt: «Bittet, und ihr werdet empfangen, damit eure Freude vollkommen ist» (Johannes 16,24 – Luther). Gott ist ein liebevoller, großzügiger Vater, der gerne Geschenke macht. Er drängt uns seine Geschenke nicht auf, aber er gibt mit vollen Händen, wenn wir ihn bitten. «Ihr erhaltet nichts, weil ihr nicht bittet» (Jakobus 4, 2 – Luther).

Falsches Leistungsdenken («Ich muss es alleine schaffen») oder mangelndes Vertrauen halten uns mitunter davon ab, die größte Kraftquelle anzuzapfen, die es überhaupt gibt. Dabei wissen wir doch, dass Gott nur das Beste für uns will! Und auch, wenn ein Gebet einmal nicht erhört wird, wenn ein Wunsch einmal nicht in Erfüllung geht, dürfen wir doch darauf vertrauen, dass Gott die Sache voll im Griff hat. Wenn wir ihn um Hilfe bitten, schaffen wir Raum für Gottes Willen in unserem Leben. Und was Gott für uns will, das wissen wir: nur das Beste. Leben in Fülle. Bitten wir ihn darum!

Gott beschützt mich.
[7]Ich fürchte mich nicht vor meinen Feinden,
auch wenn sie mich zu Tausenden umzingeln.
[8]Greif ein, mein Gott!
Weil du mir schon oft geholfen hast, weiß ich auch jetzt:
Du wirst meinen Feinden ins Gesicht schlagen
und ihre Kraft zerbrechen.[a]
[9]Ja, der Herr läßt uns niemals im Stich.
Herr, schenke deinem Volk Frieden und Glück!

Freude im Leid

4 Ein Lied Davids. Mit Saiteninstrumenten zu begleiten.
[2]O Gott, hörst du nicht meinen Hilfeschrei?
Du bist es doch, der für mich eintritt, der mich verteidigt!
Als ich vor Angst gelähmt nicht mehr weiter wußte,
hast du mir den rettenden Ausweg gezeigt.
So hilf mir auch jetzt und erhöre mein Gebet!

[3]Ihr Mächtigen im Land,
ihr mißbraucht euren Einfluß.
Ihr zieht meine Ehre in den Dreck und verbreitet Lügen.
Ihr habt Freude daran, mich zu verleumden.
Wann hört ihr endlich auf damit?
[4]Begreift doch: Wer Gott die Treue hält,
steht unter seinem besonderen Schutz.
Er hört mich, wenn ich zu ihm rufe.
[5]Plant nichts Böses mehr gegen mich,
auch wenn ihr zornig seid!
Nehmt euch Zeit, besinnt euch und gebt endlich Ruhe!
[6]Wenn ihr Gott Opfer bringt, dann denkt daran,
daß er euer Herr ist, und vertraut ihm!
[7]Viele jammern: «Wann wird es uns endlich besser gehen?
Herr, laß uns deine Nähe erfahren,
damit wir wieder aufatmen können!»

[8]Und wirklich: Du hast mich wieder froh gemacht.
Während andere sich nur über eine reiche Ernte freuen können,
ist meine Freude viel größer.
[9]Ich kann ruhig schlafen,
auch wenn kein Mensch zu mir hält,
denn du, Herr, beschützt mich.

a) Wörtlich: Du schlägst meinen Feinden ins Gesicht und brichst ihnen die Zähne aus.

Geborgen bei Tag und bei Nacht

Sabine Bockel

Psalm 3, 6

Eine angeblich wahre Geschichte erzählt: «Eine alte Dame kam, nachdem sie ihre Einkäufe erledigt hatte, zurück zu ihrem Wagen und musste feststellen, dass sich vier Männer darin niedergelassen hatten. Wutentbrannt ließ sie ihre Einkaufstüten fallen und zog eine Pistole aus der Tasche. Sie richtete die Waffe auf die Männer und schrie: ‹Ich kann schießen, und ich werde es tun, falls Sie nicht sofort aussteigen!› Die vier Männer warteten keine zweite Aufforderung ab, sondern suchten schleunigst das Weite. Daraufhin verstaute die Dame ihre Einkaufstüten im Kofferraum und nahm am Steuer Platz. Das Problem war nur, dass ihr Schlüssel nicht ins Zündschloss passte! Ihr Wagen sah genau gleich aus, war aber vier oder fünf Plätze weiter geparkt. Sie nahm ihre Tüten, packte sie in ihr eigenes Auto und fuhr zur Polizei.

Der Beamte, dem sie die Geschichte erzählte, platzte beinahe vor Lachen und zeigte auf die andere Seite der Theke. Dort waren vier leichenblasse Männer gerade dabei, den Diebstahl ihres Wagens durch eine verrückte alte Frau zu Protokoll zu geben. Wie es heißt, verzichteten sie auf eine Klage.»

Nicht immer ist eine Bedrohung so schnell vorbei! Es gibt Zeiten, in denen Schwierigkeiten wie Wellen über uns zusammenschlagen. König David, der Beter des Psalms, kämpfte mit dramatischen familiären und politischen Nöten. Doch Angst und Sorge konnten ihn nicht überwältigen – er schlief trotz aller Bedrängnis ruhig. Wie er das geschafft hat? Er wusste, dass Gott treu ist und seine Zusagen hält. Dass er die, die sich bei ihm bergen, mit seinem Schutz umgibt. Weil David seine Gedanken auf Gott richtete, statt sich in schlimmen Befürchtungen aufzureiben, blieb seine Seele im Frieden.

Auch wir können sorgenvolle Gedanken abwehren, wenn wir unseren Ängsten die Zusagen Gottes entgegenhalten. Und genau das geschieht, wenn wir die Worte der Bibel meditieren: Wir setzen uns der heilenden Kraft des Wortes Gottes aus und nehmen seine Wahrheit in unser Denken auf – die Wahrheit, dass Gott alles besiegt hat, was uns auf längere Sicht schaden könnte. Den Befürchtungen unseres Herzens stellen wir die machtvollen Zusagen Gottes entgegen. So kann Friede unsere Tage und Nächte durchdringen.

Ermutigung

Lotte Bormuth

Du kannst dich fest darauf verlassen:
Ich will dich mit Segen überschütten ... (Hebräer 6,14).

Eine werdende Mutter stieg mit ihrem Sohn in mein Abteil ein. Aus seinen Legosteinen hatte der Fünfjährige sich einen Polizeihubschrauber gebaut und zeigte ihn mir voller Stolz. «Junge, du bist aber tüchtig», lobte ich ihn. Mit strahlenden Augen holte er dann ein rotes Feuerwehrauto aus dem Rucksack. «Das habe ich auch ganz allein gebaut!»

«Du bist ein geschicktes Kind. Deine Eltern können sich über dich freuen.» «Ja, ich glaub schon», nickte der kleine Kerl. «Und bald können sie sich noch über mein Brüderchen freuen. Nur noch drei Wochen dauert es. Dann muss die Mutti ins Krankenhaus. Hoffentlich schreit das Baby nicht so viel. Das mag ich nämlich gar nicht.»

Nun schaltete sich die Mutter ein. «Hör mal, Sebastian, denk daran, du warst auch ein Schreihals. Manchmal musste ich dreimal in der Nacht aufstehen. Babys dürfen schreien. Das weißt du doch!»

Es war interessant, mit Mutter und Kind im Abteil zu sitzen und sich zu unterhalten. Wie im Flug verging die Zeit, und schon nahte der Frankfurter Bahnhof, wo ich umsteigen musste. Ich nahm meinen Koffer und stellte mich an die Zugtür. Die Mutter folgte mir. «Darf ich Ihnen Ihr Gepäck herausreichen?», fragte sie.

«Sie sind aber sehr freundlich zu mir», bedankte ich mich. «Gott segne Sie, Ihren Mann, Sebastian und das noch ungeborene Kind», dabei legte ich meine Hand auf ihren Bauch. «Er möge Ihnen in der Stunde der Geburt beistehen und Ihnen ein gesundes Kind schenken!»

«Oh», stammelte die Frau, «mir läuft bei ihren Worten ein Freudenschauer über den Rücken. Solche ermutigenden Worte vom lieben Gott hat mir noch nie jemand gesagt. Jetzt muss ich sogar vor Rührung weinen. Sie haben mir mit diesen Worten sehr wohl getan. Ich habe nämlich vor der Geburt große Angst.» «Ich werde zu Gott für Sie beten, und Sie dürfen auch zu ihm rufen. Gott wird Ihnen nahe sein und Ihnen helfen.»

Die Schwangere wischte sich die Tränen von den Wangen. «Danke, herzlichen Dank!», verabschiedete sie sich von mir, und wir reichten uns die Hände.

Es gibt nichts Besseres, was wir für einen Menschen erbitten können, als den Segen Gottes. Mein liebstes Gebet lautet: «Der Herr segne dich und bewahre dich! Der Herr wende sich dir in Liebe zu und zeige dir sein Erbarmen! Der Herr sei dir nah und gebe dir Frieden!» (4. Mose 6,24–26).

Gott vertrauen

Helga Becker

Psalm 4, 4.9

Die Diagnose des Arztes lautete: «Ein Loch im Trommelfell. Das muss operiert werden, sonst kann es zu einer chronischen Entzündung kommen.» Wir legten gleich einen Termin für die Operation fest, und ich konnte wieder nach Hause fahren. Etwas mulmig war mir schon, und je näher der Termin rückte, desto aufgeregter wurde ich. Ich malte mir aus, was alles geschehen könnte. In der letzten Nacht vor der Operation konnte ich nicht schlafen, ich wälzte mich von einer Seite auf die andere. Schließlich stand ich auf.

Es kommt immer wieder einmal vor, dass ich in einer Nacht nicht gut schlafen kann, weil mich etwas in Gedanken sehr beschäftigt oder bedrückt. Dann nehme ich meine Bibel und suche Trost in Gottes Wort. Oft – auch dieses Mal – lese ich dann in den Psalmen. König David war auch oft mutlos und verzagt gewesen und hatte große Angst gehabt. Aber er redete mit Gott und sagte ihm, wie sehr er sich fürchtete. Gott möchte, dass wir aufrichtig vor ihm sind und ihm unsere innersten Gedanken und Gefühle sagen. Er hört uns zu und will uns helfen.

Manchmal hält Gott uns auch wach, damit wir für andere beten. David redete mit Gott über seine Feinde. Er wollte sie zur Änderung ihrer Haltung bewegen und lud sie zur Umkehr ein. Er bat: «Nehmt euch Zeit für Gott, vertraut ihm.» Gott ist es wichtig, dass wir für unsere Freunde und auch für unsere Feinde beten, denn die, für die wir beten, empfangen durch uns Segen – aber auch wir werden wieder ganz neu ermutigt. Gottes Wort und die Zwiesprache mit ihm lassen uns zur Ruhe kommen. Die stillen Stunden der Nacht, ohne Ablenkung von außen, sind eine gute Gelegenheit dafür.

Und so konnte auch ich in der Nacht vor der Operation ganz beruhigt wieder ins Bett gehen, im Vertrauen auf meinen Herrn. Egal wie der Eingriff ausgehen würde, ich hatte einen tröstenden Vers im Herzen: «Ich kann ruhig schlafen, auch wenn kein Mensch zu mir hält, denn du, Herr, beschützt mich.»

Gott steht auf meiner Seite

5 Ein Lied Davids. Mit Flötenbegleitung zu singen.

2 Höre doch, Herr, was ich dir sagen will;
auch wenn ich nur noch seufzen kann, höre mir zu!
3 Du bist mein König und mein Gott,
zu dir schreie ich, dich flehe ich an!
4 Schon früh am Morgen bringe ich dir ein Opfer
und bete, weil ich weiß:
Du hörst mich. Gib mir doch Antwort!

5 Zum Unrecht kannst du nicht schweigen.
Die Gottlosen duldest du nicht in deiner Nähe:
6 Wer dich hochmütig verspottet, den stößt du von dir.
Wer deinen Willen mißachtet, den kannst du nicht ausstehen.
7 Lügner, Mörder und Heuchler bringst du um,
sie ekeln dich an!

8 Ich aber darf zu dir kommen,
denn in deiner großen Gnade hast du mich angenommen.
Voller Ehrfurcht bete ich dich in deinem Heiligtum an.
9 Zeige denen, die mich verleumden, daß du zu mir stehst!
Auch ich will dir treu sein –
hilf mir, nach deinen Maßstäben zu leben!

10 Was meine Feinde von sich geben,
ist nichts als Lüge.
Schlecht und verlogen wie sie sind, können sie gar nicht anders:
sie bringen Tod und Untergang.[a]
11 Herr, rechne mit ihnen ab!
Bringe das Unheil über sie, das sie anderen zugefügt haben!
Verstoße sie! Nichts, gar nichts ist ihnen heilig;
sogar gegen dich lehnen sie sich auf.

12 Doch alle, die dir vertrauen,
werden sich freuen und dich loben,
denn bei dir sind sie geborgen.
Wer dich liebt, wird jubeln vor Freude.
13 Wer dir treu bleibt,
den beschenkst du mit Frieden und Glück,
den umgibst du mit deiner schützenden Liebe.

a) Wörtlich: Ihre Kehle ist ein offenes Grab.

Mein Morgengebet

Dorothea Unbehend

Psalm 5, 4

Früh am Morgen – das ist die Zeit, in der meine Welt noch ruhig ist. Gerne stehe ich etwas früher auf, weil ich diese Ruhe brauche, um zu mir zu kommen und mich zu orientieren. Jeder Tag ist ein wertvoller Zeitabschnitt, und deshalb möchte ich ihn so verbringen, dass ich ihn abends zufrieden in Gottes Hände zurücklegen kann.

Das hört sich alles sehr gut an, nicht wahr? Doch nun lebe ich ja schon so einige Jahre auf dieser Erde und weiß, dass ich mit mir selbst keineswegs immer zufrieden sein kann. Ich kenne meine Grenzen, weiß, worüber ich mich schnell aufrege. Es gibt Fehler, die mache ich immer wieder – so, als wäre ich überhaupt nicht lernfähig. Da sind Sorgen, die mich lähmen, obwohl ich sie stets neu in Gottes Hände lege. Dann gibt es die Alltagsroutine, die etwas von einer Tretmühle hat. Manchmal komme ich mir wie ein Hamster in seinem Laufrad vor. Das alles sind Dinge, die mich abends oft genug seufzen lassen: «O Herr, heute hast du wieder viel Geduld mit mir haben müssen.» Was mich tröstet ist das Wissen, dass er sie hat – diese endlose Geduld, die aus seiner tiefen Liebe zu mir entsteht. Deshalb kann ich meinem Herrn schon morgens sagen, dass es bestimmt auch an diesem Tag wieder Situationen geben wird, in denen ich mich nicht so verhalte, wie er es sich wünscht. Und was noch viel besser ist: Ich kann meine Versagensängste bei ihm lassen und mich stattdessen öffnen für das, was ihm wichtig ist – für die Menschen um mich herum, die ich an diesem Tag mit seinen Augen sehen möchte, um zu erkennen, wer mich wann und wie braucht.

Mein Gebet jeden Morgen ist: «Herr, lass mich an diesem Tag an deiner Hand bleiben. Hole mich zurück, wenn ich mich verrenne. Bewahre mich vor allem Bösen und halte mich bei dir. Lass mich immer wieder zu dir kommen und bei dir ausruhen, um Kraft zu schöpfen für alle Aufgaben, die dieser Tag noch vor mir versteckt hält. Du hörst mich. Du liebst mich. Du gibst auf mich Acht. Du wirst mir antworten zu deiner Zeit. Amen.»

Herr, strafe mich nicht länger!

6 Ein Lied Davids, mit achtsaitigem Instrument zu begleiten.

2 Herr, du läßt mich deinen Zorn spüren.
Ich flehe dich an: Strafe mich nicht länger!
3 Hab Erbarmen mit mir, Herr, ich kann nicht mehr!
Gib mir wieder Kraft und neuen Mut,
ich bin völlig erschöpft!
4 Ich weiß weder aus noch ein.
Herr, wie lange willst du noch zusehen?
5 Wende dich mir wieder zu! Hilf mir!
Du bist doch ein barmherziger Gott.
Sei mir gnädig und rette mich!
6 Wenn ich tot bin, kann ich dir nicht mehr danken.
Wie soll ich dich denn im Totenreich loben?

7/8 Ach, ich bin müde vom Stöhnen.
Nachts weine ich wie ein Kind, bis die Kissen durchnäßt
und meine Augen ganz verquollen sind.
Daran sind nur meine Feinde schuld,
sie haben mich in die Enge getrieben.
9 Niederträchtig und gemein seid ihr!
Verschwindet, denn der Herr hat meine Tränen gesehen!
10 Er hat mein Schreien gehört
und mein Gebet angenommen.
11 Meine Feinde ziehen den kürzeren und geben auf.
Schämen müssen sie sich!

Wer andern eine Grube gräbt ...

7 Ein Klagelied Davids. Er trug es dem Herrn vor, als er unter den Anschuldigungen des Benjaminiten Kusch zu leiden hatte.

2 Herr, mein Gott, bei dir suche ich Schutz.
Bring mich in Sicherheit vor meinem Verfolger!
Rette mich doch,
3 sonst bin ich ihm hilflos ausgeliefert,
und er zerfleischt mich wie ein Löwe.

4 Herr, mein Gott, wenn das zutrifft,
was er mir vorwirft:
wenn ich wirklich anderen Unrecht getan habe,
5 wenn ich das Vertrauen meines Freundes mißbrauchte,
oder wenn ich den beraubte,
der mich grundlos in die Enge trieb,
6 dann soll mein Feind mich verfolgen,

Eine neue Chance

Ghia Falk

Psalm 6, 3

Ein Mensch muss in tiefster Not und Verzweiflung sein, um so wie in diesem Psalm beten zu können.

Vor vielen Jahren war auch ich am Tiefpunkt meines Lebens angelangt. Durch eine 10-jährige Alkoholabhängigkeit hatte ich mich selbst und meine Familie fast an den Abgrund der Existenz gebracht. Meine Ehe stand vor der Scheidung, unser damals achtjähriger Sohn war in einem Kinderheim untergebracht. Als Mutter und Ehefrau hatte ich total versagt.

Heute kann ich es nur als Gottes wunderbare Führung ansehen, dass er mir Menschen schickte, die mir den Weg zu einem Leben ohne Suchtmittel aufzeigten. In einer Klinik für suchtkranke Frauen am Bodensee traf ich auf Menschen, die ihr Christsein lebten und nicht nur darüber sprachen. Sie hatten etwas Kostbares, das ich nicht beschreiben konnte. Aber ich wollte es auch haben! Denn ich hatte begriffen, dass Abstinenz allein noch nicht Freisein an Leib und Seele bedeutete.

Damals erkannte ich, dass der Aufenthalt in dieser Klinik meine letzte Chance war. Schuld, Selbstanklagen und ein tiefes Gefühl der Verlassenheit zwangen mich zu kapitulieren. Mir wurde klar, dass es auf meine Umkehr ankam, dass ich Gott meinen ganzen Schmutz und mein Versagen hinlegen musste. Was hatte ich schon zu verlieren ... In tiefster innerer Not bat ich Gott, mir meine Schuld zu vergeben. Ich wollte meinem Sohn, meinem Mann und vor allen Dingen mir selbst wieder in die Augen schauen können.

Gott hat sein Versprechen gehalten, er nahm mir alles ab und lehrte mich neu zu leben. Mein Mann und ich sind inzwischen 42 Jahre verheiratet, mit unserem Sohn bin ich in Liebe verbunden. Auch ihn konnte ich um Vergebung bitten, für viele Jahre einer belasteten Kindheit.

Es gibt nicht nur verlorene Söhne, sondern auch verlorene Töchter. Eine davon bin ich, voll von Dankbarkeit gegenüber Gott und meiner Familie für eine neue Chance.

mich einholen und niedertreten.
Dann habe ich diesen ehrlosen Tod verdient!

7 Greif ein, Herr! Strafe sie in deinem Zorn!
Stelle dich meinen Feinden entgegen,
denn sie wüten gegen mich!
Komm und hilf mir! Recht muß doch Recht bleiben!
8 Versammle alle Völker um dich zum Gericht,
du hast das letzte Wort.
9 Herr, du richtest die Völker.
Vor aller Öffentlichkeit verschaffe mir Recht,
denn du weißt, daß ich unschuldig bin.
Grundlos werde ich beschuldigt.
10 Mach doch Schluß mit der Bosheit der Bösen
und richte den wieder auf, der deinen Willen tut!
Du, Gott, bist unbestechlich,
und niemand kann dich täuschen!

11 Ja, Gott beschützt mich;
er rettet den, der offen und ehrlich ist.
12 Gott ist ein gerechter Richter, ein Gott,
der noch heute strafen kann!

13 Schon wieder schärft mein Feind sein Schwert,
er spannt seinen Bogen und zielt auf mich.
14 Doch seine tödlichen Pfeile treffen ihn selbst;
was mir den Tod bringen sollte, wird nun ihm zum Verhängnis.
15 Er brütet Böses aus und richtet Unheil an.
Aber bald merkt er, daß er sich damit nur selbst betrogen hat!
16 Denn wer anderen eine Grube gräbt, fällt selbst hinein.
17 Das Unheil, das er anderen bereitet hat,
bricht nun über ihn herein;
er wird zum Opfer seiner eigenen Bosheit.

18 Den Herrn will ich loben,
denn er sorgt für mein Recht.
Ihm, dem höchsten Gott, will ich ein Danklied singen!

Die Krone der Schöpfung

8 Ein Lied Davids, zum Spiel auf der Gittith.[a]
2 Herr, unser Herrscher!
Groß und herrlich ist dein Name.

a) Damit ist entweder ein unbekanntes Musikinstrument oder eine Melodie gemeint (so auch Psalm 81,1; 84,1).

Schutz in der Verfolgung

Ingrid Kern

Psalm 7, 2

Es ist gar nicht so leicht, sich in unserem «ehemals» christlichen Land die Situation der Christen vorzustellen, die in Ländern leben, die religiös völlig anders geprägt sind. Ich muss an meine Freunde in Indonesien denken. Der Mann ist Pastor einer Gemeinde, seine Frau arbeitet als Ärztin – mitten unter Muslimen. Die einzige Möglichkeit, Kontakt zu den Einheimischen aufzunehmen, besteht darin, ihnen auf alle erdenkliche Weise Hilfe anzubieten. Deshalb betreuen Christen dort die sozial Schwachen, nehmen in ihren Schulen und Internaten auch Kinder aus muslimischen Häusern von den kleinen verstreuten Inseln auf, bieten medizinische Hilfeleistungen an oder transportieren kostenlos die Kranken.

Doch oft wird gegen diese gelebte Hilfsbereitschaft systematisch Misstrauen gesät. «Christen bereichern sich auf Kosten anderer», heißt es. «Sie sind Störenfriede im Miteinander und erkennen ihre Mitmenschen nicht an!» So und ähnlich geht die Flüsterpropaganda um.

Als dann in Indonesien die Unruhen immer stärker aufbrachen, war es nicht schwer, die Christen zum Ziel der Anfeindungen zu machen. So geschieht es auch weiterhin: Kirchen werden zerstört, einzelne Gläubige auf brutale Weise gefoltert, ja sogar getötet.

Was kann man tun in solch einer lebensbedrohlichen Lage? Der Psalmist macht es uns vor. Er schreit voller Verzweiflung zu Gott: «Herr, mein Gott, bei dir suche ich Schutz. Rette mich vor meinen Verfolgern, hilf mir.» So betet jemand, der sich bemüht hat, nach Gottes Willen zu leben, und nun unschuldig verfolgt wird. Im Wissen, dass Gott über allem Geschehen seine Hand hält, wird auch ein Mensch in scheinbar auswegloser Situation wieder zur Ruhe finden. Niemand fällt tiefer als in Gottes Hände. Wir können unseren himmlischen Vater nur für diese große Treue preisen.

Himmel und Erde sind Zeichen deiner Macht.
3 Aus dem Mund der Kinder erklingt dein Lob.
Es ist stärker als das Fluchen deiner Feinde.
Erlahmen muß da ihre Rachsucht,
beschämt müssen sie verstummen.

4 Ich blicke zum Himmel und sehe,
was deine Hände geschaffen haben;
den Mond und die Sterne – allen hast du ihre Bahnen vorgezeichnet.
5 Wie klein ist da der Mensch!
Und doch beachtest du ihn!
Winzig ist er, und doch kümmerst du dich um ihn!
6 Du hast ihn zur Krone der Schöpfung erhoben
und ihn mit hoher Würde bekleidet.
Nur du stehst über ihm!
7 Du hast ihm den Auftrag gegeben,
über deine Geschöpfe zu herrschen. Alles hast du ihm zu Füßen gelegt:
8 die Schafe und Rinder, die Tiere des Feldes,
9 die Vögel unter dem Himmel und die Fische im weiten Meer.

10 Herr, unser Herrscher!
Groß und herrlich ist dein Name.
Himmel und Erde sind Zeichen deiner Macht.

Gott richtet und rettet[a]

9 Ein Lied Davids, nach der Melodie: «Vom Sterben des Sohnes».[b]
2 Dir, Herr, will ich von ganzem Herzen danken,
und erzählen will ich von deinen wunderbaren Taten.
3 Ich freue mich über dich und juble dir zu.
Ich singe und musiziere zu deiner Ehre, du höchster Gott!

4 Denn du schlägst meine Feinde in die Flucht,
sie stürzen und kommen um!
5 Du bist ein gerechter Richter:
Mit deinem Urteil hast du mir Recht verschafft.
6 Die feindlichen Völker hast du in ihre Grenzen gewiesen,
die Verbrecher umgebracht und alles ausgelöscht,
was an sie erinnerte.
7 Der Feind ist für immer erledigt,

a) Die Psalmen 9,10,25,34,37,111,112,119,145 sind alphabetisch angeordnet: Im Hebräischen fängt jeder Vers oder Abschnitt mit einem neuen Buchstaben des Alphabetes an.
b) Die Anweisung an den Chorleiter ist nicht sicher zu deuten.

Freitag

Wie gross ist Gott!

Brunhilde Blunck

Psalm 8, 5–6

Da stehen ein gutes Dutzend kleiner Hosenmätze im Kreis und singen begeistert mit ihren Müttern: «Gottes Liebe ist so wunderbar, so wunderbar groß!» Mit ihren Armen zeigen sie, wie hoch, wie tief und wie breit Gottes Liebe ist.

Eine halbe Stunde später sind die Kleinen im Kinderraum der Gemeinde verschwunden. Wir Großen sitzen bei einer Tasse Kaffee zusammen und wollen über das Thema des Vormittags sprechen: «Hat der Gott der Bibel Konkurrenten?» Eine Frau, die noch nicht lange mit ihrem Kind zur Krabbelgruppe kommt, eröffnet das Gespräch: «Ich halte es nicht für zeitgemäß, den Kindern beizubringen, dass der Gott der Bibel von niemandem zu überbieten ist. Wir müssen doch tolerant sein und auch den anderen Religionen zugestehen, dass sie einen großen Gott haben.» Wir tragen zunächst zusammen, was wir über andere Götter wissen. Dann überlegen wir, was uns die Bibel über Gott erzählt.

Dabei stoßen wir auch auf Psalm 8. Hier wird Gott als der großartige Schöpfer gepriesen. Gott hat Himmel und Erde, die Gestirne und alles Leben geschaffen. Schon bald sind wir im Gespräch bei dem Wunderwerk Mensch. Die jungen Mütter erinnern sich gut an den Augenblick, als sie ihr Kind zum ersten Mal im Arm hielten und staunten. So winzig und zugleich so großartig! «Du hast den Menschen zur Krone der Schöpfung erhoben und ihn mit hoher Würde bekleidet», bekennt David. Das bedeutet aber nicht, dass der Mensch sein Leben in eigener Regie führen soll. Denn David fügt hinzu: «Du stehst über ihm.» Gott möchte mit uns Menschen im Gespräch sein. Von allen Geschöpfen hat er den Menschen zu seinem Gegenüber erwählt, ihn mit besonderen Gaben ausgestattet und befähigt, die Erde in Besitz zu nehmen und über alle anderen Geschöpfe zu herrschen (1. Mose 1,28). Ein großes Vorrecht und zugleich eine hohe Verantwortung!

Die Bibel berichtet uns, wie Gott uns Menschen helfen will, unseren Auftrag zu erfüllen. Gott berät uns durch sein Wort. Er nimmt uns die Angst vor Unbekanntem und verspricht uns, alle Tage bei uns zu sein. Auch wenn wir versagen, wendet er sich nicht von uns ab, sondern vergibt uns unsere Schuld. Wir können neu beginnen. Als Christen haben wir wirklich allen Grund, die Liebe und Größe unseres Gottes zu rühmen. Unser Gott ist von niemandem zu überbieten (Jesaja 43,10–11).

Frieden

Ruth Irmisch

Jesus sagt: «Der Sabbat wurde doch für den Menschen geschaffen und nicht der Mensch für den Sabbat» (Markus 2,27).

Zwei frühere Schulfreundinnen begegnen sich in der Straßenbahn. Sabine, von drei Kindern unter zehn Jahren umgeben, wirkt abgespannt. Das kommt auch in ihren Worten zum Ausdruck: «Während andere Frauen sich auf ein freies Wochenende freuen, kommen auf mich wieder stressige Tage zu. Den Sonntag nutze ich, um die Wäsche zu waschen und zu bügeln, weil mein Mann sich in der Zeit mit den Kindern beschäftigt. Aber ich weiß nicht, wie lange ich diese ständige Belastung noch durchhalte.»

Jutta hört geduldig zu. Sie weiß aus eigener Erfahrung, was es bedeutet, als Ehefrau und Mutter pausenlos im Einsatz zu sein. Zeitweise ist sie auch noch berufstätig. Doch eines Tages wurde ihr klar, dass es so wie bisher nicht weitergehen konnte. Sie entschloss sich, ihre Lebensweise zu verändern. «Weißt du, Sabine, in so einer Situation, wie du sie schilderst, war ich auch einmal. Ich habe oft bis in die Nacht hinein und am Wochenende gearbeitet – ich hatte den hohen Anspruch, alles perfekt machen zu müssen. Aber immer öfter habe ich mich erschöpft gefühlt. Rein äußerlich war mein Haushalt in Ordnung, aber ich hatte keine Kraft und Zeit mehr für mich, für die Beziehungen in der Familie und darüber hinaus. In dieser angespannten Lage habe ich mich an Gottes Gebot erinnert: ‹Achte den Sabbat als einen Tag, der mir allein geweiht ist! Sechs Tage sollst du deine Arbeit verrichten, aber der siebte Tag ist ein Ruhetag, der mir, dem Herrn, deinem Gott, gehört. An diesem Tag sollst du nicht arbeiten, weder du noch deine Kinder, weder dein Knecht noch deine Magd, auch nicht deine Tiere oder der Fremde, der bei dir lebt› (2. Mose 20,8–10).

Mir wurde bewusst, dass Gott keinen Druck auf uns ausüben will, wenn er uns eine Pause verordnet. Seine Anweisungen sind Hilfe und Schutz für unser Leben. Auch er ruhte am siebten Tag von seiner Arbeit. Gott lässt uns in der Gestaltung des Sonntags den freien Willen, aber wir müssen mit den Folgen rechnen.

Wenn wir den Feiertag heiligen, wird auch unsere Arbeit auf eine andere Ebene gehoben. Gott segnet das Werk unserer Hände, er will aber auch, dass unsere Seele zu ihrem Recht kommt. Pausen sind nicht nur dazu da, nichts zu tun. Sie können schöpferisch genutzt werden zur Einkehr, zur Besinnung, zur Beziehungspflege mit Gott und mit Menschen.»

seine Städte sind nur noch Ruinen.
Keiner denkt mehr an sie.

8 Aber der Herr regiert für immer und ewig.
Sein Richterstuhl steht schon bereit.
9 Über die ganze Welt wird er ein gerechtes Urteil sprechen
und allen Völkern seine Entscheidung verkünden.
10 Die Unterdrückten finden bei Gott Zuflucht.
In schwerer Zeit beschützt er sie.

11 Herr, wer dich kennenlernt,
der wird dir gern vertrauen.
Wer sich auf dich verläßt, der ist nie verlassen.
12 Lobt den Herrn mit euren Liedern
und erzählt allen Völkern von seinen machtvollen Taten!
Er regiert auf dem Berg Zion in Jerusalem.
13 Den Schrei der Wehrlosen überhört er nicht,
und keine Bluttat läßt er ungestraft.

14 Darum habe auch mit mir Erbarmen, Herr!
Siehe doch, wie ich leide unter dem Haß meiner Feinde!
Ich stehe am Rand des Todes! Bring mich in Sicherheit!
15 Dann will ich dich in Jerusalem loben.
Alle sollen hören, was du für mich getan hast.

16/17 Die Völker, die andere ins Verderben stürzen wollten,
sind in ihre eigene Falle gelaufen.
In ihrem eigenen Netz haben sie sich verstrickt!
So hat der Herr bewiesen, wer er ist:
Sein Urteil kam zur rechten Zeit!
18 Fahrt zur Hölle, ihr Unheilstifter,
ihr Völker, die ihr von Gott nichts wissen wollt!
19 Wer sein Recht nicht durchsetzen kann,
den hat Gott nicht vergessen,
auch wenn es zunächst so scheint.

20 Greif ein, Herr!
Laß nicht zu, daß Menschen über dich triumphieren!
Ruf die Völker vor deinen Thron und sprich ihnen das Urteil!
21 Laß sie vor Angst erzittern, Herr,
und zeige ihnen, daß sie nur machtlose Menschen sind!

Gott, laß dir das nicht bieten!

10 Herr, warum bist du so weit weg?
Warum läßt du uns im Dunkeln umherirren,
wenn wir dich am nötigsten brauchen?

Montag

Worauf verlasse ich mich?

Marianne Hirzel

Psalm 9, 11

Wem können wir heute noch trauen? Wo finden wir Sicherheit? Worauf können wir uns noch verlassen? Diese Fragen beschäftigen uns fast täglich. Früher gab es Arbeitsstellen, die als sicher galten: eine Anstellung im Staats-, Bahn- und Postdienst, der Arbeitsplatz bei der Bank. Auch medizinische Berufe galten als krisenfest. Die neuesten Erfahrungen zeigen: keiner dieser Bereiche ist vor Umstrukturierungen und Stellenabbau geschützt, was die Ängste der Menschen, die auf diese Sicherheiten bauten, ständig schürt.

Wer seine Sicherheiten im gesunden Leben und Essen sucht, wird von den Medien täglich aufgeschreckt. Immer neue, lebensbedrohende Giftstoffe werden gefunden. Auch Geldsicherheiten sind schon längst abgeschrieben. Und doch halten sich viele Menschen nach wie vor an diesen Unsicherheiten fest.

Erst kürzlich musste ich am eigenen Leib erleben, wie meine gesundheitliche Sicherheit ins Wanken geriet. Während einer Woche, in der mehrere Veranstaltungen für Frauen geplant waren, überfielen mich plötzlich starke Schmerzen. Mit Verdacht auf Herzinfarkt fand ich mich auf der Intensivstation des Krankenhauses wieder. Meine eigene Mutter kam mir in den Sinn: mit 60 Jahren Angina Pectoris, mit 72 Jahren Herzinfarkt, mit 76 Jahren plötzlicher Herztod. «Jetzt bin ich dran!», ging es mir durch den Kopf. Die Sicherheit, die ich aus einem gesunden Leben und sportlicher Betätigung gezogen hatte, wurde erschüttert. Doch plötzlich spürte ich, wie Gott in meinem Innern zu mir sprach: «Verlasse dich auf mich! Du bist nicht mehr die Tochter deiner Mutter, sondern meine geliebte Tochter.» In meinem Herzen stieg trotz aller Angst ein Jubel auf, und in meiner misslichen Situation konnte ich Gott danken und ihn loben. Als ich dann erleben durfte, dass sich der Verdacht nicht bestätigte, wurde mein Jubel noch größer. Gott ist wirklich meine Sicherheit – nicht die Umstände oder gar die genetischen Bestimmungen meines Lebens.

Ja, wer sich auf Gott verlässt, der ist nie verlassen! Wer ihn kennen lernt, der wird ihm gern vertrauen. Es lohnt sich, unser Sicherheitsdenken loszulassen und sich dem Vater ganz anzuvertrauen. Auf ihn ist wirklich Verlass. Wollen Sie es nicht gerade heute wagen?

[2] Boshafte Menschen schrecken vor nichts zurück.
Sie machen den Schwachen und Hilflosen das Leben zur Hölle.
Laß sie in ihre eigene Falle laufen!
[3] Diese Gauner sind auch noch stolz
auf ihre habgierigen Wünsche.
Geld geht ihnen über alles,
und für Gott haben sie nichts übrig.
Mit wüsten Sprüchen ziehen sie über ihn her.
[4] Hochnäsig behaupten sie: «Gott? Den gibt es doch gar nicht! Was soll
er uns denn heimzahlen?» – Was für ein Trugschluß!
[5] Noch geht ihnen alles nach Wunsch.
Daß du sie verurteilen wirst, läßt sie kalt.
Sie verhöhnen alle, die sich ihnen in den Weg stellen,
und spotten: «Euer Gott ist ja so weit weg!
[6] Uns haut nichts um! Das hat noch keiner geschafft,
und daran wird sich auch nichts ändern!»
[7] Sobald sie den Mund aufmachen, fluchen, lügen und erpressen sie.
Wieviel Unglück richten sie an!
[8] In der Nähe einsamer Dörfer liegen sie im Hinterhalt
und lauern ihren hilflosen Opfern auf.
Im Versteck bringen sie die Unschuldigen um.
[9] Wie Löwen im Dickicht liegen sie auf der Lauer,
um wehrlose Menschen zu überfallen.
[10] Sie stürzen sich auf ihre Opfer
und schlagen sie brutal zusammen.
[11] «Was wir tun, interessiert Gott gar nicht»,
reden sie sich ein, «außerdem hat er ein schlechtes Gedächtnis!»

[12] Herr, greif doch ein! Laß dir das nicht bieten!
Vergiß die Hilflosen nicht!
[13] Warum läßt du es zu,
daß solche Schurken deine Ehre in den Schmutz ziehen?
Warum dürfen sie sich einbilden,
daß du sie nie zur Rechenschaft ziehen wirst?
[14] Nein! Du hast das Unrecht nicht vergessen!
Du kümmerst dich um die Gequälten und wirst sie retten.
Dir können sich alle anvertrauen, denen keiner mehr hilft[a].
[15] Zerbrich die Macht der Übeltäter!
Bestrafe sie für ihre Bosheit,
damit sie nicht weiter Unheil anrichten!

a) Wörtlich: die Schwachen und Waisen. – Weil die Waisen sich nicht wehren konnten, wurde ihr Recht oft mißachtet. Vgl. auch 5. Mose 24,17; Jesaja 1,23

Die Kraft der Hilflosen

Joni Eareckson Tada

Psalm 10, 17

Jeden Morgen öffnet Connie Dianes Tür, um ihre gelähmte Freundin zu baden und ihre Übungen mit ihr zu machen.

«Bist du bereit, aufzustehen?» – Nein ... noch nicht», ertönt die leise Antwort aus dem Bett. Es ist jeden Morgen dasselbe, wenn Connie in Dianes Wohnung kommt. Es wird Vormittag, bis Diane bereit ist, sich in ihren Rollstuhl zu setzen. Doch diese Stunden im Bett sind sehr kostbar. In ihrem stillen Heiligtum dreht Diane ihren Kopf leicht auf dem Kissen zu ihrer Pinnwand. Ihr Blick gleitet über jede Karte und Liste, die daran geheftet ist. Über jedes Foto. Die Stille wird unterbrochen, wenn Diane anfängt, leise zu beten.

Einige sehen Diane vielleicht, wie sie steif und reglos in ihrem Rollstuhl sitzt, und schütteln den Kopf. Sie muss gefüttert werden, überallhin gerollt werden. Die fortschreitenden Symptome der Multiplen Sklerose werden mit jedem Jahr schlimmer. Ihre Finger sind verkrümmt und steif. Ihre Stimme ist kaum lauter als ein Flüstern.

Aber Diane ist überzeugt davon, dass auch ihr Leben bedeutungsvoll ist. Ihre Gebetszeit zählt. Sie versetzt Berge, die den Missionaren im Weg stehen. Sie hilft, den geistlich Blinden die Augen zu öffnen. Sie drängt das Reich der Finsternis zurück, das die Straßen der Städte verfinstert. Sie hilft den heimatlosen Müttern ... den Alleinerziehenden ... missbrauchten Kindern ... verzweifelten Teenagern ... behinderten Jungen ... und vergessenen alten Menschen.

Diane steht an vorderster Front: Sie trägt das Evangelium von Christus weiter, richtet die Schwachen auf, gibt zweifelnden Gläubigen neue Kraft, gewinnt neue Gebetskämpfer und macht ihrem Herrn und Erlöser Freude. Diese schwache Frau sieht ihren Platz in der Welt; es ist egal, dass andere ihre Bedeutung im großen Plan nicht erkennen. Sie könnte ihre Adresse mit «im Herzen Gottes» angeben.

Im Herzen Gottes – wichtiger kann man nicht sein! Auch Ihr Leben kann dort angesiedelt sein. Dann bauen Sie sein Reich, sind Sie sein Botschafter. In ihm bekommt Ihr Leben Tiefe, eine Bedeutung und ein Ziel.

Jemand hat einmal gesagt: «Das Sein ist wichtiger als das Tun, der Sänger wichtiger als das Lied. Wir hören besser auf, nach Fluchtwegen zu suchen, denn dies ist unser Brutplatz.»

Ich bete darum, dass Sie die Bedeutung erkennen, die Ihr Leben als Kind des Königs hat. Vielleicht erkennen Sie nicht die volle Bedeutung eines jeden Ereignisses, aber Sie dürfen wissen, dass jedes Ereignis bedeutungsvoll ist. Und: Sie sind wichtig.

16 Der Herr ist König für immer und ewig!
Seine Feinde müssen aus Israel verschwinden.[a]
17 Die Hilflosen bestürmen dich mit ihren Bitten.
Du, Herr, erhörst sie und schenkst ihnen neuen Mut.
18 Du sorgst für das Recht der Unterdrückten und Waisen,
jeder Gewaltherrschaft auf Erden machst du ein Ende.

Wer glaubt, flieht nicht

11 Von David.
Bei dem Herrn suche ich Schutz.
Wie könnt ihr da zu mir sagen:
«Du mußt fliehen! Flieg fort wie ein Vogel!
2 Siehst du denn nicht, daß die Mörder schon die Pfeile aufgelegt
und ihre Bogen gespannt haben?
Aus dem Hinterhalt wollen sie auf jene schießen,
die aufrichtig und ehrlich sind.
3 Alle Ordnungen sind umgestoßen, was kann da noch der bewirken,
dem Gottes Ordnungen alles bedeuten?»

4 Der Herr ist in seinem heiligen Tempel,
er thront im Himmel und herrscht über alles.
Er durchschaut alle Menschen und weiß, wie sie sind.
5 Er sieht sich jeden ganz genau an,
den, der Gott liebt, und jene, die ihn verachten.
Der Herr haßt den Gewalttätigen.
6 Auf die Schuldigen wird er Feuer und Schwefel regnen lassen,
und der Glutwind wird sie versengen.
7 Der Herr ist zuverlässig und gerecht,
deshalb liebt er alle, die gerechte Entscheidungen treffen;
sie werden ihn einst schauen.

Gott hält, was er verspricht

12 Ein Lied Davids, mit achtsaitigem Instrument zu begleiten.
2 Herr, hilf!
Wo finde ich noch Menschen, die zu dir halten?
Auf keinen kann man sich mehr verlassen.
3 Jeder belügt jeden.
Leicht kommen ihnen Komplimente über die Lippen,
aber sie heucheln dabei.

a) Wörtlich: Die Heiden müssen aus seinem Land verschwinden. – Mit Heiden wurden alle nicht-israelitischen Völker bezeichnet, weil sie anderen Göttern dienten.

An der Wegkreuzung

Ruth Imhof-Moser

Psalm 11, 5

Gott «sieht sich jeden ganz genau an», er prüft die Menschen. Prüfung – wer kennt das Wort nicht noch aus der Schulzeit? Was kommt Ihnen dabei in den Sinn? Schlaflose Nächte, Herzklopfen, Angst, ja sogar Magenschmerzen? Oder noch Schlimmeres?

Auch jetzt verschont das Leben uns nicht mit Prüfungen. Immer wieder ist unser Glaube herausgefordert, sich zu bewähren. Und wie eine Prüfung im Examen oder in der Schule einen guten Ausgang nehmen kann, so ist es auch mit den Prüfungen im Leben gläubiger Menschen. Bestimmt haben auch Sie solch positive Erfahrungen gemacht und könnten darüber erzählen. Vielleicht haben Sie Antworten auf persönliche Fragen wie «Was kann ich? Wo stehe ich?» bekommen. Neue Perspektiven haben sich vor Ihnen aufgetan. Wahrscheinlich kennen Sie das Gefühl der Erleichterung und der Freude – sogar des Triumphs –, wenn es heißt: «Prüfung bestanden. Sogar sehr gut bestanden.» Da wussten Sie, dass sich das Ausharren gelohnt hat. Alle Tränen und schlaflosen Nächte waren vergessen. Ermutigt und gestärkt gingen Sie im Leben weiter.

In Zeiten der Prüfung, die sich bis zu einer Krise ausweiten können, kommen wir an eine Wegkreuzung. Wir stehen vor einer Grundentscheidung: Welchen Weg gehen wir? Den Weg der Verzweiflung, der Resignation, der Angst? Oder den anderen Weg des Vertrauens zu Gott, im Wissen, dass er da ist, uns lieb hat und einen Weg aus der Sackgasse heraus weiß? Gerade schwierige Zeiten können uns helfen, gelassener zu werden. Schließlich durften wir in der Vergangenheit schon oft erleben, dass Gott immer bei uns ist. Am Ende des Tunnels scheint ein Licht. Und das Licht scheint heller als zuvor.

Gehen wir also gestärkt in diesen Tag mit den Worten von Dietrich Bonhoeffer, die er kurz vor seiner Hinrichtung durch die Nationalsozialisten im Gefängnis schrieb: «Von guten Mächten wunderbar geborgen, erwarten wir getrost, was kommen mag. Gott ist bei uns am Abend und am Morgen und ganz gewiss an jedem neuen Tag.»

[4]Herr, rotte diese Schmeichler und Angeber aus!
[5]Ich höre, wie sie prahlen:
«Wir erreichen alles, denn wir sind gewaltige Redner;
gegen uns kommt keiner an!»

[6]«Doch – ich!» spricht der Herr,
«jetzt will ich eingreifen,
denn die Armen werden unterdrückt,
und die Hilflosen seufzen, weil man ihnen hart zusetzt.
Ich werde sie befreien!»[a]

[7]An dieser Zusage des Herrn gibt es nichts zu deuteln.
Sie ist eindeutig und klar, echt wie reines Silber[b].
[8]Du, Herr, hältst, was du versprichst,
und wirst uns für immer vor diesen selbstherrlichen Menschen beschützen.
[9]Denn diese Lügner sind überall,
und die Gemeinheit unter den Menschen nimmt ständig zu.

Wie lange noch, Herr?

13 Ein Lied Davids.
[2]Herr, wie lange wirst du mich noch vergessen,
wie lange hältst du dich vor mir verborgen?
[3]Wie lange noch sollen Sorgen mich quälen,
wie lange soll der Kummer Tag für Tag an mir nagen?
Wie lange noch wird mein Feind über mir stehen?

[4]Herr, mein Gott, wende dich mir wieder zu und antworte mir!
Laß mich wieder froh werden und Mut gewinnen,
sonst holt mich noch der Tod.
[5]Mein Feind würde triumphieren und sagen:
«Den habe ich zur Strecke gebracht!»
Meine Unterdrücker würden jubeln über meinen Tod.

[6]Ich aber vertraue auf deine Liebe
und juble darüber, daß du mich retten wirst.
Mit meinem Lied will ich dich loben,
denn du hast mir Gutes getan.

a) Oder: Ich werde ihnen Hilfe schaffen, nach der sie sich sehnen.
b) Wörtlich: wie reines Silber, im Tiegel siebenmal geläutert.

Wem kann ich vertrauen?

Silvia Konstantinou

Psalm 12, 2

Als die junge Frau mit ihren Kindern am Flughafen ankommt und ihren Mann auf der anderen Seite der Gepäckzone im Kreis der Wartenden entdeckt, ahnt sie nicht, dass die nächsten Minuten ihr Leben grundlegend umkrempeln werden. Erholt und ein wenig wehmütig kommt sie von einem Urlaub bei ihrer Mutter zurück. Bis zum nächsten Besuch wird es dauern, denn die Heimat ihres Mannes, die nun seit Jahren auch die ihre ist, liegt viele tausend Kilometer von ihrem Geburtsort entfernt. Sie ist ihrem Mann damals in Liebe gefolgt, und jetzt freut sie sich, wieder hier zu sein.

Mit Gepäck und Kindern bahnt sie sich einen Weg zu ihrem Mann, der sie jedoch ungewohnt reserviert begrüßt. In wenigen kühlen Sätzen teilt er ihr eine grausame Wahrheit mit. Während sie bei ihrer Mutter war, habe er die Scheidung eingereicht. Von zu Hause sei er bereits ausgezogen. Der Brief des Anwalts läge auf dem Wohnzimmertisch. «Ich bin entschlossen, ab sofort mit einer anderen Frau zu leben», sagt er. Der Name seiner neuen Gefährtin dringt wie ein Dolchstoß in das Innerste der Frau. Seit Jahren ist sie ihre beste Freundin. Diejenige, mit der sie die Eheprobleme der letzten Zeit besprochen hat. Die einzige enge Vertraute, die sie in der neuen Heimat je gehabt hat. Schock und Lähmung – danach Zusammenbruch und grenzenloser Schmerz.

Kann man so viel Verrat jemals überwinden? Scheint es in solch krassen Fällen nicht unmöglich zu sein, je wieder zu vertrauen?

Menschlich gesehen ja. Doch Gott hat mich gelehrt, dass er aus dem größten Scherbenhaufen die schönsten Gefäße bilden kann. Er heilt jede Wunde, nimmt sich tiefster Verletzungen an und schenkt dadurch reichen Segen. Wir dürfen allerdings nicht den Fehler begehen, uns im Schmerz von Gott abzuwenden und ihn für menschliche Verfehlungen verantwortlich zu machen. Auch Christen bleibt es nicht erspart, in dieser gefallenen Welt mit menschlicher Treulosigkeit konfrontiert zu werden. Doch mit Gott stehen wir niemals auf einem Endbahnhof.

Er, der absolut Treue und Beständige, hält seine liebenden Arme immer für uns offen, will uns trösten und zu neuen Ufern führen. Er steht über allem, auch wenn er manches zulässt. Ihn dürfen wir auch als obersten und gerechten Richter anrufen. Wer sein Angebot in Anspruch nimmt, dem wird er das Verwundete verbinden und das Schwache stärken (Hesekiel 34, 11–16), den wird er auf gute Weide führen.

Meine Wetter-Gefühle

Marianne Kawohl

Psalm 13

Eine beeindruckende Wandlung: Sorge verwandelt sich in Jubel. Die Gefühle des Psalmbeters, ja seine ganze innere Ausrichtung, haben sich verändert.

Oft wundere ich mich über meine Gefühle, weil ich nicht verstehen kann, dass sie mal so und mal anders sind. Einmal voller Vertrauen, dann voller Zweifel. Ist das schlimm? Bin ich etwa unbeständig, wankelmütig und instabil?

Soeben habe ich festgestellt, dass meine Gefühle wie das Wetter sind: Vor einigen Tagen eisige Kälte, zwischendurch bewölkt, nebelig, regnerisch, ungemütlich. Plötzlich – wie kam's? – wurde es warm, heiß, sonnig, hell ... Schließlich sogar so heiß, dass es kaum zu ertragen war. Dann wurde es schwül, ein Gewitter braute sich zusammen. Dunkler Himmel, dunkle Wolken, Blitze, Donner, erfrischender Regen, Aufklärung, reine Luft. Wieder Kühle, ansteigende Temperaturen. Und so weiter.

So ist das Wetter. So muss es sein. Das gefällt uns nicht immer, aber wir können es nicht ändern. Auch wenn wir oft darunter leiden, müssen wir das Wetter einfach ertragen. Die verschiedenen Arten von Wetter können ja auch schön sein.

Unsere Gefühle sind ähnlich. Manchmal finden sich Erklärungen für ihr Aufkommen, ihre Erwärmung, Abkühlung oder Explosion. Wir müssen und können lernen, mit dieser Wechselhaftigkeit zu leben. Nichts ist endgültig. Ich bin nicht immer kühl, auch nicht immer hitzig.

Auf das Wetter können wir so gut wie keinen Einfluss nehmen, doch unsere Gefühle können wir beeinflussen – ja, sogar heilen und verwandeln lassen. Was da hoch kommt, darf erst einmal zugelassen werden, wenn es auch keinem anderen schaden soll. Doch wenn wir dann unsere Gefühle in das reinigende Licht Gottes halten, werden sie verändert. Gefühle anzunehmen – vielleicht sogar als ein Geschenk oder als eine hilfreiche Lektion von großem Nutzen, ist eine Seite. Die andere Seite aber ist, dass Jesus Christus in die Erlösung den *ganzen* Menschen einschließt – Leib, Seele und Geist. Zur Seele gehört das Denken, Wollen und *Fühlen*.

«Mein großer Wunsch ist, dass Gott euch mit seinem Frieden erfüllt und ihr ohne jede Einschränkung ganz ihm gehört. Nur so könnt ihr, wenn unser Herr Jesus Christus wiederkommt, rein und fehlerlos an Geist, Seele und Leib vor ihm erscheinen» (1. Thessalonicher 5,23). In dieser biblischen Gewissheit dürfen wir erfahren, dass geheilte und geheiligte Gefühle unser Leben positiv und harmonisch machen.

Neid

Heuchelei, Neid und böses Gerede darf es bei euch nicht länger geben (1. Petrus, 2,1b)

Vielleicht verbinden wir mit dem Wort «Eifersucht» – im Gegensatz zu den Begriffen «Neid» oder «Begehren» – auch positive Eigenschaften. Dieses Wort wird in der Bibel öfter gebraucht, um zu beschreiben, dass Gott bei seinem Volk keine Untreue toleriert – besonders wenn es um die Tendenz geht, sich von anderen Göttern verführen zu lassen (2. Mose 20,5; 34,14). Wenn Gott sein Volk vor seinen Feinden beschützt, dann ist das dieser heiligen Eifersucht zuzuschreiben (Hesekiel 39,25–28).

Eifersucht infolge von Stolz oder Ichbezogenheit ist jedoch keine positive Eigenschaft. Solche menschliche Eifersucht, die in der Bibel manchmal auch mit «Neid» übersetzt wird, kann leicht zur Feindschaft gegen denjenigen werden, der als Rivale empfunden wird. Sie gehört dann in die Liste der Untugenden und ist ein Zeichen für einen ausschweifenden Lebensstil (Römer 13,13; 2. Korinther 12,20; Galater 5,20–21).

Eifersucht zwischen Frauen ist kein auf die heutige Zeit beschränktes Gefühl. Schon früher gab es gottesfürchtige Frauen, die mit solchen Empfindungen zu kämpfen hatten. Hanna wünschte sich sehnlichst ein Kind. Obwohl sie unfruchtbar war, liebte ihr Mann Elkana sie innig. Die fruchtbare Peninna war eifersüchtig und quälte Hanna ständig (1. Samuel 1,6–7). Peninnas Eifersucht veranlasste sie, Hanna zu verletzen. Auch Lea und Rahel gerieten manchmal aus Eifersucht aneinander (1. Mose 30,15). Sara behandelte Hagar schlecht (1. Mose 16,5–6), denn sie war eifersüchtig, weil Hagar von Abraham ein Kind erwartete. Anstatt einander zu helfen, kämpften diese Frauen aus Eifersucht gegeneinander.

Die Bibel gibt im Lukasevangelium vielleicht das beste Beispiel dafür, wie Frauen positiv aufeinander eingehen können (Lukas 1,39–55). Elisabeth diskutierte nicht darüber, wessen Kind bedeutender war. Sie war nicht neidisch auf Marias Kind, und Maria war nicht eifersüchtig auf Elisabeths Stellung und Familienstand. Anstatt sich gegenseitig niederzumachen, ermutigten und unterstützten sie einander

Menschen, die in einer Beziehung zu Jesus Christus leben, sind Miterben all dessen, was ihm gehört – und das ist viel mehr, als sie verdient haben oder sich auch nur vorstellen können (1. Korinther 2,9). Wir sollten uns darauf konzentrieren, Gott zu ehren und zu loben (Kolosser 3,1–4), und uns nicht ständig damit beschäftigen, was wir nicht haben oder was andere haben. Denn das führt zwangsläufig zu Eifersucht, Neid und Begehren (2. Mose 20,17).

Es gibt keinen, der Gutes tut

14 Von David.
Menschen, die sich einreden:
«Gott gibt es überhaupt nicht!»,
leben an der Wirklichkeit vorbei.
Sie führen ein gottloses Leben,
und alles, was sie tun, ist abscheulich.
Es gibt keinen, der Gutes tut.
2 Der Herr schaut vom Himmel auf die Menschen.
Er will sehen, ob es wenigstens einen gibt,
der einsichtig ist und nach seinem Willen fragt.
3 Aber alle haben sich von ihm abgewandt
und sind nun verdorben, einer wie der andere.
Es gibt wirklich keinen, der Gutes tut,
nicht einen einzigen!

4 Wissen denn diese Unheilstifter nicht, was sie tun?
Sie verschlingen mein Volk wie ein Stück Brot
und denken sich nichts dabei.
Mit Gott rechnen sie überhaupt nicht mehr.
5 Aber schon bald werden sie in Angst und Schrecken fallen,
denn Gott hält treu zu denen, die sich auf ihn verlassen.
6 Mit euren heimtückischen Plänen
gegen die Wehrlosen werdet ihr scheitern,
denn der Herr beschützt sie.[a]

7 Ach käme Gott doch vom Berg Zion, um sein Volk zu befreien!
Israel wird jubeln vor Freude,
wenn der Herr das Schicksal seines Volkes wendet.

Wen nimmt Gott an?

15 Ein Lied Davids.
Herr, wer darf dein heiliges Zelt betreten?
Wer darf dich auf dem Berg Zion anbeten?
2 Jeder, der aufrichtig lebt und andere gerecht behandelt,
der durch und durch ehrlich ist
3 und andere nicht verleumdet.
Jeder, der seinen Mitmenschen kein Unrecht zufügt,
der Nachbarn und Verwandte nicht bloßstellt.

a) Oder: Ihr wolltet die Pläne der Wehrlosen durchkreuzen, aber der Herr beschützt sie.

Die Rechnung ohne Gott gemacht

Ingrid Kern

Psalm 14, 4

Wer in die Geschichte zurückschaut, erkennt, dass es zu allen Zeiten Bestrebungen gab, die Gemeinde Gottes auszurotten. Das begann bereits in den ersten Tagen der Gründung christlicher Gemeinden. Auch in unserer Zeit erinnern wir uns sehr gut an Weltanschauungen, die sicher waren, dass die Kirche sich überlebt habe und dem Untergang entgegen gehe. Albanien rühmte sich, das Land zu sein, in dem es keine Christen mehr gäbe. China versuchte auf alle erdenkliche Weise, die Christen zum Schweigen zu bringen. Das Ziel aller kommunistischen Regierungen war es, die Gemeinde Gottes zu überwinden.

All dies Bemühen geschah unter dem Einfluss von Menschen, die überzeugt waren: Es gibt keinen Gott, mit dem man rechnen muss. So etwas geschieht nicht aus Gedankenlosigkeit heraus, sondern aus dem bewussten Willen, Gott nicht anzuerkennen. Doch wer die Existenz Gottes leugnet, verliert auch die Sicht für die Menschen neben sich. Die Gebote, die das Miteinander der Menschen schützen, haben dann keinen Einfluss mehr. Wer dem eigenen Fortkommen oder Wohlbefinden im Wege zu stehen scheint, wird brutal aus dem Weg geräumt. Der Psalmist sagt: «Sie fressen mein Volk, als wäre es Brot.» Nur Menschen, die Gott nicht mehr über sich anerkennen, können so schreckliche Dinge wie Gaskammern erfinden und nutzen, um andere auf grausamste Weise zu foltern und umzubringen.

Doch all solche Versuche, die Rechnung ohne Gott zu machen, sind am Ende gescheitert. Denn Gott hält zu denen, die ihm gehorchen und vertrauen. Er steht zu seiner Verheißung, dass auch die Pforten der Hölle die Gemeinde nicht überwinden werden.

Dienstag

Von der Freundin verraten

Carole Mayhall

Psalm 15, 2–3

Der Berg von tränenfeuchten Papiertaschentüchern auf der Couch neben mir wurde noch größer, als ich das nächste darauflegte und mir ein frisches aus der Packung holte.

Ich war gerade bei einer guten Freundin gewesen. Mit Schrecken hatte ich festgestellt, dass sie dem Gerede, das andere über mich verbreiteten, Glauben geschenkt hatte. Anstatt für mich Partei zu ergreifen oder wenigstens zuerst mit mir über die Sache zu sprechen, hatte sie mich in ihrem Herzen bereits für schuldig erklärt. Sie hatte, bildlich gesprochen, ihre Kanonen geladen, mich zu einem Gespräch eingeladen und dann in aller Ruhe eine verbale Salve nach der anderen abgefeuert, die mich direkt ins Herz trafen. Das Schlimme war, dass der Angriff unter dem Deckmantel: «Du musst schließlich wissen, was über dich gesagt wird!» durchgeführt wurde. Ich fühlte mich durch diesen unerwarteten Treuebruch am Boden zerstört.

Im Lauf der nächsten Wochen gelang es mir, mich innerlich mit der Situation abzufinden. Ich konnte meiner Freundin sogar vergeben – obwohl sie mich nicht darum gebeten hatte. Ich hatte wiederholt versucht, die Sache mit ihr zu klären, aber sie wollte einfach nicht darüber sprechen. Was tun, wenn alle Versöhnungsbemühungen scheitern?

Wir sollten der Versuchung widerstehen, die Angelegenheit bei anderen breitzutreten: Meine Freundin und ich haben viele gemeinsame Bekannte. Also nahm ich mir vor, diesen Bekannten gegenüber niemals abfällig über meine Freundin zu reden.

Wir sollten den Kontakt weiter pflegen: Ich rief regelmäßig bei meiner Freundin an, lud sie zum Mittagessen oder Tennisspielen ein und schickte ihr Glückwünsche zum Geburtstag.

Wir sollten immer freundlich bleiben und auch die «zweite Meile» (Matthäus 5,41) gehen: Zunächst mag es so aussehen, als sei überhaupt kein Kontakt mehr erwünscht. Trotzdem kann es sein, dass beispielsweise eine Urlaubskarte, eine Tüte Plätzchen an der Türklinke oder ein kleines Geschenk die trennenden Schranken beseitigen hilft. Was auch immer Gott in seiner kreativen Art uns zu tun heißt, wir sollten es mit dem richtigen Motiv – nämlich aus Gehorsam ihm gegenüber – tun. Auch wenn die Beziehung nie wieder das sein wird, was sie einmal war, wissen wir trotzdem, dass wir Gott gehorsam waren und getan haben, was wir konnten.

Wir sollten der Trauer Zeit lassen: Sie dürfen ruhig traurig sein. Weinen Sie über den Verlust! Und dann gestatten Sie es Gott, Sie zu trösten und Ihr Herz zu heilen, weil er der Gott allen Trostes ist (2. Korinther 1,3).

4 Jeder, der keine Freundschaft pflegt mit denen,
die Gott verworfen hat,
der alle achtet, die den Herrn ernst nehmen.
Jeder, der hält, was er geschworen hat,
auch wenn ihm daraus Nachteile entstehen.
5 Jeder, der keine Wucherzinsen nimmt, wenn er Geld ausleiht,
der sich nicht bestechen läßt, gegen Unschuldige falsch auszusagen.
Wer so handelt, den wird nichts mehr zu Fall bringen!

Ich kann mein Glück nicht fassen!

16 Ein Lied Davids.[a]

Beschütze mich, Gott, denn dir vertraue ich!
2 Du bist mein Herr, mein ganzes Glück!
3 Darum freue ich mich über alle,
die nach deinem Willen leben.
Auf sie kommt es im Land entscheidend an!
4 Wer sich aber von dem lebendigen Gott abwendet
und anderen Göttern nachläuft,
der kommt aus dem Kummer nicht mehr heraus.
Diesen Göttern will ich kein Opfer bringen
und nicht einmal ihre Namen nennen.

5 Du, Herr, bist alles, was ich habe;
du gibst mir alles, was ich brauche.
In deiner Hand liegt meine Zukunft.
6 Was du mir gibst, ist gut.
Was du mir zuteilst, gefällt mir.[b]
7 Ich preise den Herrn, denn er hilft mir,
gute Entscheidungen zu treffen.
Tag und Nacht sind meine Gedanken bei ihm.[c]
8 Ich sehe immer auf den Herrn.
Er steht mir zur Seite,
damit ich nicht falle.
9 Darüber freue ich mich so sehr,
daß ich es nicht für mich behalten kann.[d]
Bei dir, Herr, bin ich in Sicherheit.

a) Das hebräische Wort «miktam» in den Überschriften der Psalmen 16 und 56–60 ist nur schwer zu deuten und meint möglicherweise «Besinnungslied».
b) Verse 5.6 wörtlich: Der Herr ist mein Erbteil und mein Becher (= Geschick). Du sicherst mir mein Los. Die Meßschnüre sind mir in einer lieblichen Gegend zugefallen, ja, mein Erbteil gefällt mir.
c) Wörtlich: Auch nachts mahnen mich meine Nieren.
d) Wörtlich: Darüber freut sich mein Herz und jubelt meine Ehre.

Sicher und geborgen

Margarete Blank-Mathieu

Psalm 16, 5

Unsere Kirchengemeinde bekam Besuch aus Amerika. Am Flughafen wartete ich gespannt darauf, unsere Gäste zu begrüßen. Als die Besucherinnen schließlich auftauchten, wusste ich sofort, dass mir die Frau im hellen Mantel mit den freundlich blickenden Augen sympathisch war. Gerne hätte ich sie bei uns beherbergt. Als ich sie daraufhin ansprach, erfuhr ich, dass sie nicht bei uns wohnen würde. Ich war etwas enttäuscht, begrüßte aber «meine» Gäste ebenso herzlich.

Es stellte sich heraus, dass Helen, die mir gleich am Flughafen durch ihre besondere Ausstrahlung aufgefallen war, diesen Deutschlandbesuch als ihre letzte Reise genießen wollte. Sie war krebskrank und konnte deshalb auch an einigen Ausflügen nicht teilnehmen.

Drei Monate nach ihrer Rückkehr in die USA starb sie. Diese Frau wurde nicht nur von ihren Angehörigen und ihrer Kirchengemeinde, sondern auch von uns sehr betrauert. Hatten wir in ihr doch einen Menschen kennen gelernt, der trotz seiner schweren Krankheit und dem Bewusstsein, dass es von nun an gesundheitlich immer weiter bergab ging – auf den Tod zu –, eine stille innere Ruhe ausströmte und ein Strahlen in sich trug, das uns alle beschämte.

Wie oft machen wir ein trauriges, griesgrämiges Gesicht, wenn uns einmal etwas nicht gelingt? Auch leichte Kopfschmerzen oder ein Brief vom Finanzamt können uns völlig aus dem Gleichgewicht werfen. Dabei ist unser ganzes Leben ein ständiges Abschiednehmen. Wir entwachsen der Kindheit, müssen uns auf neue Lebensverhältnisse bei Heirat oder Umzug einstellen, verlieren Freunde aus den Augen, erfahren schmerzlich, dass wir verletzbar sind und unsere Gesundheit uns ebenso geliehen ist wie alles andere an guten Erfahrungen. Der Verlust des Arbeitsplatzes oder der Vitalität sind für uns tiefe Einschnitte im Leben.

An Helen habe ich erfahren, dass uns alles, was uns «aus den Händen gleitet», nicht aus der Bahn werfen kann und wir uns trotz aller Verlusterfahrungen sicher und geborgen fühlen dürfen. Sie, die nur noch wenig Lebenszeit vor sich hatte, die alles zurücklassen musste und unter großen Schmerzen litt, wurde mir ein Beispiel für die Aussage in Psalm 16,5: «Du Herr, bist alles, was ich habe; du gibst mir alles, was ich brauche. In deiner Hand liegt meine Zukunft.»

10 Denn du wirst mich nicht dem Tod
und der Verwesung überlassen, ich gehöre ja zu dir.
11 Du zeigst mir den Weg, der zum Leben führt.
Du beschenkst mich mit Freude, denn du bist bei mir.
Ich kann mein Glück nicht fassen, nie hört es auf.

In großer Not

17 Ein Gebet Davids.

Herr, höre meine Bitte, verhilf mir zu meinem Recht!
Achte auf mein Schreien und höre mein Gebet,
ich will dir nichts vormachen.
2 Wenn du dein Urteil fällst, dann sprich mich frei;
du weißt doch, daß ich unschuldig bin.
3 Du durchschaust meine geheimsten Gedanken und Gefühle,
durchforschst mich auch in der Nacht.
Du prüfst mich, aber du findest nichts,
nicht einmal zu bösen Worten habe ich mich hinreißen lassen!
4 Dein Wort war mein einziger Maßstab –
auch dann, wenn andere nicht danach lebten.
Von gewalttätigen Menschen habe ich mich ferngehalten.
5 Ich habe mich nach deinen Ordnungen gerichtet,
nie bin ich davon abgewichen.
6 Mein Gott, nun rufe ich dich an.
Ich bin sicher, du antwortest mir.
Laß mich bei dir ein offenes Ohr finden und höre mein Gebet!
7 Du rettest alle,
die bei dir vor deinen Feinden Schutz suchen.
Zeige mir immer wieder, daß du mich liebst!
8 Bewahre mich, wie man seinen Augapfel behütet!
Verstecke mich, wie ein Vogel seine Jungen,
9 vor den gottlosen Menschen, die mich hart bedrängen,
vor meinen Feinden, die mich umzingeln!
10 Sie sind hartherzig und ohne Mitgefühl,
überheblich reden sie daher.
11 Wohin ich auch gehe – überall umringen sie mich.
Sie warten nur darauf, mich zu Fall zu bringen.
12 Sie sind wie Löwen, die im Versteck ihrer Beute auflauern,
um sie zu zerfleischen.

13 Greif ein, Herr, komm ihnen zuvor!
Wirf sie zu Boden! Rette mich vor dieser Mörderbande!
Du hast doch die Macht dazu!
14 Bring mich vor ihnen in Sicherheit!
Laß nicht zu, daß sie so weiterleben wie bisher!
Du wirst es ihnen heimzahlen, du wirst sie bestrafen!

Die beste Schutzmauer

Sharon Mumper

Psalm 17, 8–9

Die Straße hinter meiner Wohnung heißt «Grabengasse». Der Name erinnert an die Zeit vor etlichen Jahrhunderten, als an dieser Stelle der Wassergraben war, der die Stadtmauer von Baden bei Wien umgab. Es kommt mir merkwürdig vor, im Blick auf die moderne Stadt, in der ich lebe, an einen Wassergraben zu denken. Doch für Hunderte von Jahren dienten Graben und Stadtmauer als wichtige Verteidigungsanlage gegen die Heere plündernder Soldaten, die immer wieder den europäischen Kontinent durchzogen.

Bauern, die auf ihren Feldern arbeiteten, wussten, dass sie beim ersten Anzeichen von Gefahr ihre Familien zusammenrufen und in die Stadt flüchten konnten, wo der sumpfige Wassergraben und die dicke Stadtmauer jeden Eindringling zurückhalten würden – zumindest für eine Weile. Tatsächlich ist Baden im Lauf der Jahrhunderte wiederholt von Heeren aus dem Osten wie aus dem Westen erobert worden.

David wusste um eine starke, undurchdringliche Festung, in die er sich flüchten konnte, wenn Gefahr drohte. «Bewahre mich», flehte er Gott an, «verstecke mich!» Seine Festung bestand nicht aus Steinen und Mörtel wie die Mauern Jerusalems. Selbst diese starken, dicken Mauern hatten Niederlagen erlebt. Die Festung, in die David sich flüchtete, war die Treue seines starken Gottes, der ihn liebte und ihm versprochen hatte, für ihn zu sorgen. Hier fand David Schutz.

Wir, die wir zu Gott gehören, haben dieselbe Festung wie David – einen Gott, zu dem wir fliehen können, wenn uns Gefahr droht. Bei ihm finden wir Schutz und Geborgenheit. Das bedeutet nicht, dass wir uns aus der Welt und ihren Schwierigkeiten zurückziehen können – es ist uns ebenso wenig möglich wie David.

David wusste, wie man kämpft. Während seiner Regierungszeit konnte Israel seine Grenzen erheblich ausdehnen und sich erfolgreich gegen die Armeen zahlreicher Völker verteidigen. Seine militärischen Fähigkeiten hätten David selbstbewusst und selbstsicher machen können. Doch er wusste, zu wem er echte Zuflucht nehmen konnte.

Auch wir leben noch in dieser Welt und müssen uns mit ihren Problemen und Gefahren auseinander setzen. Aber wir können wie David zu Gott rufen, der versprochen hat, unsere Zuflucht und unsere Burg zu sein. Wir dürfen unser Vertrauen voll und ganz auf ihn setzen, denn er liebt uns und wird für uns sorgen.

Sogar ihre Kinder und Enkel wird dein Gericht noch treffen![a]
15 Mich aber sprichst du frei von Schuld.
Mit eigenen Augen werde ich dich schauen dürfen.
Sattsehen will ich mich an dir, wenn ich erwache.

Was für ein Gott!
(2. Samuel 22)

18 Von David, dem Diener Gottes. Nachdem der Herr ihn aus der Gewalt aller Feinde und auch aus der Hand Sauls befreit hatte, sang er folgendes Danklied:

2 Ich liebe dich, Herr! Du bist meine Kraft!
3 Der Herr ist mein Fels, meine Festung und mein Erretter,
mein Gott, meine Zuflucht, mein sicherer Ort.
Er ist mein Schild, mein starker Helfer,
meine Burg auf unbezwingbarer Höhe.
4 Ich preise dich, Herr!
Wenn ich zu dir um Hilfe rufe,
dann werde ich vor meinen Feinden gerettet.

5 Ich war in Lebensgefahr,
der Tod drohte mich zu verschlingen wie eine mächtige Woge.
6 Hilflos mußte ich zusehen,
wie die tödliche Falle schon zuschnappte.
7 In äußerster Verzweiflung schrie ich zum Herrn.
Ja, zu meinem Gott rief ich um Hilfe.
Da hörte er mich in seinem Tempel,
mein Notschrei drang durch bis an sein Ohr.

8 Plötzlich erbebte die Erde,
selbst die Berge gerieten ins Wanken,
denn glühender Zorn hatte Gott gepackt.
9 Schwarzer Rauch quoll aus seiner Nase,
aus seinem Mund loderten Flammen,
und glühende Kohlen wurden herausgeschleudert.
10 In dunklen Wolken kam Gott zur Erde.
11 Auf einem Cherub-Engel flog er daher
und schwebte herab, vom Sturm getragen.
12 Er verhüllte sich in Finsternis,
verbarg sich in dichten und dunklen Regenwolken.
13 Dann wurden sie von seinem Lichtglanz überstrahlt,
Hagel und glühende Kohlen prasselten nieder.

a) Wörtlich: Dein Aufgespartes – du füllst ihren Bauch damit; sie sättigen ihre Kinder, und diese hinterlassen ihren Rest ihren Kindern. Oder: Du füllst ihren Bauch mit deinen Gütern; sie sättigen ...

In Zeiten der Not

Angelica Jackson

Psalm 18, 3

Vor zwei Jahren wurde bei mir die Diagnose Krebs mit nur geringen Überlebenschancen gestellt. Diese Situation war eine der größten Herausforderungen für meinen Glauben.

Ich klammerte mich an Gott und seine Verheißungen. Sein Wort war der einzige Grund, auf dem ich stehen konnte. Die unsicheren Möglichkeiten und vagen Hoffnungen ärztlichen Könnens hätten mir niemals diesen festen Boden unter den Füßen geben können. Um mich herum schienen fortwährend Leute trotz aufwändiger Behandlungen zu sterben.

Besonders nachts, wenn Angst sich wie eine Riesenboa auf meine Brust setzte, mich umschlingen und mir die Luft abschnüren wollte, schrie ich zu Gott. Es war kein lauter Schrei, da ich meinen Mann nicht wecken wollte, sondern ein innerer – doch Gott hörte ihn. Er rettete mich aus der Falle der Angst und gab mir oftmals während dieser schweren Zeit sichtbare Zeichen seiner Gegenwart.

Kurz nachdem ich mit der Diagnose konfrontiert worden war, machten mein Mann und ich einen Gebetsspaziergang im strömenden Regen. Es war, als ob der Himmel mit uns weinte. Wir flehten zu Gott, lieferten uns ihm aus, weinten vor ihm. Zitternd vor Kälte und Jammer kamen wir nach Hause. Da sahen wir einen wunderschönen doppelten Regenbogen, der direkt über unserem Haus zu stehen schien! Staunend standen wir da und nahmen die unerwartete Erscheinung als Gottes Zusage an. Machte Gott einen Regenbogen nur für mich?

Ich erlebte immer wieder Zeiten, in denen mein Glaube schwach wurde. Einmal, als ich besonders niedergeschlagen war, fiel mir nichts Besseres ein, als zu beten: «Herr, ich brauche wieder einen Regenbogen!» Tatsächlich stand kurz darauf einer am Himmel. Nicht so intensiv und nur kurz, als wolle Gott sagen: «Glaubst du immer noch nicht – also gut, hier ist nochmals eine kleine Bestätigung, dass ich bei dir bin.» Nun, das mag überheblich klingen, aber ich bin sein Lieblingskind. Sie übrigens auch! Gott hat nur Lieblingskinder, und für die setzt er Himmel und Erde in Bewegung!

Hoffnung

Elisabeth George

Jesus sagt: «Der Hirte geht durch die Tür zu seinen Schafen. Ihm öffnet der Wächter das Tor, und die Schafe erkennen ihn schon an seiner Stimme. Dann ruft der Hirte sie mit ihren Namen und führt sie auf die Weide. Wenn seine Schafe den Stall verlassen haben, geht er vor ihnen her, und die Schafe folgen ihm, weil sie seine Stimme kennen. Einem Fremden würden sie niemals folgen. Ihm laufen sie davon, weil die fremde Stimme sie erschreckt» (Johannes 10,2–5).

Ich gehe im Wald einen Weg entlang, weg von der Gruppe, die es sich auf einem Rasenstück bequem gemacht hat. Sie sind vergnügt und reden angeregt miteinander.

Ich möchte allein sein. Während ich gehe, höre ich hinter mir die vertrauten Stimmen und fühle mich sicher. Die Sonne scheint durch die Bäume hindurch. Ich genieße die Stimmung.

Nach einer Weile möchte ich den Rückweg antreten, doch nicht auf demselben, sicheren Weg. Da gibt es noch einen anderen, etwas abseits, der in Richtung der Gruppe verlaufen müsste. Ich überquere einen Bach und gehe den Weg voller Zuversicht weiter, denn die Stimmen werden wieder deutlicher.

Plötzlich bleibe ich verdutzt stehen: Am Ende des Weges sehe ich einen Bahndamm. Von weitem sieht es so aus, als würde es nirgendwo weitergehen, und ich zögere für einen kurzen Moment.

«Du kannst doch gar nicht wissen, ob dein Weg dort hinten wirklich zu Ende ist!», scheint eine Stimme in mir zu sagen. Ich bekomme neuen Mut und gehe weiter. Da eröffnet sich mir ein Weg, den ich vorher nicht sehen konnte. Als ich ihm folge, erreiche ich die anderen.

Wie oft erleben wir Situationen der Ausweglosigkeit und verzagen! Lassen Sie uns auf die Stimme Gottes hören, die uns ermutigt weiterzugehen. Es werden sich neue Wege auftun, die uns eine vorher nicht geahnte Freude schenken!

14 Ein Donnerschlag folgte dem anderen,
und darin dröhnte die Stimme des höchsten Gottes.
15 Er schoß seine Pfeile ab,
und die Feinde stoben auseinander.
Grelle Blitze zuckten und verwirrten das feindliche Heer.
16 Sogar den Meeresboden konnte man sehen;
offen lagen die Fundamente der Erde da,
als du, Herr, meine Feinde bedrohtest
und vor Entrüstung schnaubtest.

17 Der Herr streckte mir seine Hand von oben entgegen
und riß mich aus den tosenden Fluten.
18 Er befreite mich von der Übermacht meiner Feinde,
von allen, die mich haßten,
denn sie waren viel stärker als ich.
19 Sie hatten mich überfallen – was war das für ein schrecklicher Tag!
Aber der Herr hielt mich fest
20 und half mir aus Angst und Gefahr. Er befreite mich.
So viel bin ich ihm wert!
21 Weil ich im Recht war, half mir der Herr;
er wußte, daß ich unschuldig war, und darum rettete er mich.
22 Denn ich war ihm gehorsam,
nie habe ich meinem Gott die Treue gebrochen.
23 Seine Gebote hielt ich mir immer vor Augen,
und seine Befehle schlug ich nicht in den Wind.
24 Ich lebte so, daß er mir nichts vorwerfen konnte,
und mied das Unrecht wie die Pest.
25 So half mir der Herr, weil ich ihm die Treue hielt,
er sah, daß ich unschuldig war.

26 Wer dich liebt, Herr, den liebst auch du;
wer ehrlich ist, den enttäuschst du nicht.
27 Den Aufrichtigen gegenüber bist auch du aufrichtig,
doch falsche Menschen führst du hinters Licht.
28 Du hilfst denen, die sich helfen lassen
und sich selbst nicht überschätzen.
Die Überheblichen aber stößt du von ihrem Thron.

29 Herr, du machst die Finsternis um mich hell,
du gibst mir strahlendes Licht.
30 Mit dir kann ich die Feinde angreifen;
mit dir, mein Gott, kann ich über Mauern springen.
31 Was für ein Gott!
Sein Handeln ist vollkommen, und was er sagt, ist wahr.
Er beschützt alle, die zu ihm flüchten.
32 Gott allein ist der Herr über alles!
Gibt es außer ihm noch einen,

Als die Dunkelheit wich

Rosemarie Uschold

Psalm 18, 29

An der Gartentür machte ich plötzlich Halt. In einer halben Stunde begann mein Unterricht. Aber ich konnte – nein, ich konnte einfach nicht hingehen. Wie auf der Flucht lief ich ins Haus zurück und griff zum Telefon, um mich krank zu melden.

Ja, ich war auf der Flucht. Auf der Flucht vor einer Wirklichkeit, der ich nicht mehr standhalten konnte. Nach außen war mein Leben erfolgreich: Ich war geschätzt in meinem Beruf als Lehrerin, mein Mann machte Karriere, Tochter und Sohn besuchten das Gymnasium. Wir hatten einen gesicherten Lebensstandard, Häuschen, Auto, Ferienreisen, Freunde ... Aber all das war ja nur die Fassade. Der eheliche Dialog war verstummt, die Teenager wehrten sich gegen alle Werte, die ich ihnen hatte vermitteln wollen, der Beruf führte mich zur Erschöpfung. – Die Zeit war gekommen, um Bilanz zu ziehen. Ich hatte alles, was ich angestrebt hatte, und erlebte doch nichts als große Leere, als Enttäuschung und Bitterkeit. Die Depression hüllte mich ein wie ein undurchsichtiger Nebel. Niemand konnte mir helfen. Niemand? Durch diesen Nebel konnte ich nicht sehen, dass ich an einer Weggabelung stand: Ein Weg führte durch immer tiefere Abgründe bis zum Selbstmord, der andere direkt in Gottes ausgestreckte Arme.

Eines Tages stellte ich mir selbst die unerbittliche Diagnose: Ich liebte niemanden, weder diesen fernen Gott, an den ich glaubte, noch mich selbst oder andere Menschen. Die Fähigkeit zu lieben war versiegt wie ein Wasserrinnsal im Wüstensand.

Es gibt jemanden, der durch die Wüste hindurchführt – diese Erkenntnis war für mich damals nur lebensferne Theorie. Doch der Satz «Gott ist erfahrbar», den mir eine Verwandte in meine verzweifelte Situation hinein zugesagt hatte, ließ mich nicht mehr los. Über viele Umwege fand ich mich schließlich vor Gott wieder. Als ich ihn um Vergebung bat, löste sich eine große Last von meiner Seele. Die Dunkelheit wich, und eine unaussprechliche Freude strömte in mich ein. Das war Erlösung! Diese Freude kann sich niemand selbst verschaffen – sie wird von Gott geschenkt.

Meine Depressionen verzogen sich wie dunkle Gewitterwolken, die der Wind wegfegt, die Sonne strahlte. Meine Tränen verwandelten sich in Freudentränen, plötzlich wusste ich mich geliebt mit einer vollkommenen Liebe, wusste ich mich verstanden, ohne dass ich mich zu erklären brauchte. Ich war nicht mehr bemitleidenswert, sondern beneidenswert, denn ich hatte den kostbarsten Schatz gefunden, den es gibt: Frieden mit Gott – und zugleich Frieden mit mir selbst und meinen Mitmenschen.

der so stark und unerschütterlich ist wie ein Fels?
33 Nein! Gott allein gibt mir Kraft zum Kämpfen
und ebnet mir meinen Weg.
34 Er macht mich gewandt und schnell,
läßt mich laufen und springen wie ein Hirsch.
Selbst auf steilen Felsen gibt er mir festen Halt.
35 Er lehrt mich, die Waffen zu gebrauchen, und zeigt mir,
wie ich auch den stärksten Bogen noch spannen kann.

36 Herr, du hast mich beschützt und mir geholfen,
du gabst mir Kraft.
Du hast dich zu mir herabgebeugt und mich groß gemacht.
37 Du hast mir alle Hindernisse aus dem Weg geräumt,
nie bin ich beim Laufen gestürzt.
38 Ich jagte meinen Feinden nach und holte sie ein;
ich kehrte erst um,
als auch der letzte von ihnen gefallen war.
39 Ich schlug sie, bis sie nicht mehr aufstehen konnten
und tot zu meinen Füßen lagen.
40 Du, Herr, hast mir die Kraft für diesen Kampf gegeben,
du hast mir zum Sieg über meine Gegner verholfen.
41 Daß sie fliehen mußten, verdanke ich dir;
alle, die mich haßten, konnte ich umbringen.
42 Sie riefen um Hilfe, doch weit und breit war kein Retter.
Sie schrien zum Herrn, aber er hörte nicht mehr auf sie.
43 Ich rieb sie auf, zermalmte sie zu Staub,
den der Wind verweht.
Wie Dreck von der Straße fegte ich sie fort.

44 Als ein Aufstand meines Volkes mich bedrohte,
hast du mir geholfen,
und heute bin ich der Herrscher vieler Völker.
Sogar Völker, die ich nicht kannte,
haben sich mir unterworfen.
45 Fremde sind mir ergeben und gehorchen mir aufs Wort.
46 Zitternd kamen sie aus ihren Festungen heraus
und gaben ihren Widerstand auf.

47 Der Herr lebt!
Er ist mein schützender Fels – ich preise ihn!
Ihn allein will ich rühmen, denn er hat mich gerettet.
48 Er hat sich an meinen Feinden gerächt,
ganze Völker hat er mir unterworfen
49 und mich der Gewalt meiner grausamen Gegner entrissen.
So ist mein Gott!
Du gabst mir den Sieg über meine Feinde,
von diesen brutalen Menschen hast du mich befreit.

50 Darum will ich dich loben, Herr.
Alle Völker sollen es hören! Zu deiner Ehre will ich singen.
51 Der Herr hat David, den König,
aus großen Gefahren errettet.
Ihm erweist er seine Liebe,
und auch seine Nachkommen wird er nicht im Stich lassen.

Gottes gute Ordnungen in der Schöpfung und in seinem Gesetz

19 Ein Lied Davids.
2 Der Himmel verkündet Gottes Größe und Hoheit,
das Firmament bezeugt seine großen Schöpfungstaten.
3 Ein Tag erzählt es dem nächsten,
und eine Nacht sagt es der anderen.
4 Ohne Worte reden sie, keinen Laut kann man hören.
5 Doch auf der ganzen Erde
hört man die Sprache der Schöpfung,
ihre Botschaft erreicht noch die fernsten Länder.
Der Sonne hat Gott am Himmel ein Zelt aufgeschlagen.
6 Am Morgen geht sie auf
und strahlt wie ein Bräutigam bei der Hochzeit.
Siegesgewiß wie ein Held beginnt sie ihren Lauf;
7 wo sie aufgeht und wo sie untergeht,
berührt sie den Horizont.
Nichts bleibt vor ihrer Hitze verborgen.

8 Das Gesetz des Herrn ist vollkommen,
es macht glücklich und froh.
Auf seine Gebote kann man sich verlassen.
Sie machen auch den klug,
der bisher gedankenlos in den Tag hineinlebte.
9 Die Ordnungen des Herrn sind zuverlässig,
sie erfreuen das Herz.
Die Befehle des Herrn sind klar;
Einsicht gewinnt, wer auf sie achtet.
10 Die Ehrfurcht vor dem Herrn ist gut,
nie wird sie aufhören.
Die Gebote, die der Herr gegeben hat,
sind richtig, vollkommen und gerecht.
11 Sie lassen sich nicht mit Gold aufwiegen,
sie sind süßer als der beste Honig.

12 Herr, ich gehöre zu dir.
Wie gut, daß mich dein Gesetz vor falschen Wegen warnt!
Wer sich an deine Gebote hält, wird reich belohnt.
13 Wer aber kann erkennen,

Was würde ihm gefallen?

Karin Rieger

Psalm 19, 15

Aufgeregt stand die junge Frau vor ihrem Kleiderschrank. Es fiel ihr sehr schwer, sich für ein Kleidungsstück zu entscheiden. Sie wollte wunderschön aussehen beim ersten Rendezvous. Was würde ihm am besten gefallen? Ja, gefallen wollte sie ihm, das war ihr unheimlich wichtig. Und worüber würde er sich wohl freuen? Sie wollte ihm unbedingt eine große Freude bereiten. Kurz entschlossen machte sie sich auf, um noch einmal in die Stadt zu fahren. Sie hatte zwar überhaupt keine Zeit dafür – ihr Tag war bereits völlig ausgebucht –, aber für ihn war ihr keine Mühe zu viel.

Sicher kennen Sie diese Situation – ob aus eigener Erfahrung oder vom Hörensagen. Verliebte nehmen jedes nur mögliche Opfer auf sich, um ihrem Partner zu gefallen und ihm eine Freude zu bereiten. Es zählt nicht mehr das Ich, sondern das Du. Das ist das Wesen der Liebe. Sie holt uns aus unserem Gefängnis des Egoismus heraus. Sie befreit uns und macht uns zu Persönlichkeiten, die Liebe weitergeben.

Meine innere Zufriedenheit, mein Erfülltsein und mein Lebensglück hängen davon ab, wie sehr ich Gott gefallen und seinen Willen in meinem Leben verwirklichen möchte. Gott gibt mir die Kraft dazu – darauf bin ich angewiesen. Aber ohne meine Bereitschaft geht es nicht. Und damit das «Ihm-Gefallen-Wollen» nicht zum Krampf wird, darf ich auf das sehen, was Gott für mich getan hat. Er hat nicht einmal seinen eigenen geliebten Sohn verschont, sondern ihn für meine Sünden am Kreuz geopfert. Das ist die größte Liebe aller Zeiten. Wenn mir das klar wird, dann gibt es keine andere Möglichkeit, als vor seiner Liebe zu kapitulieren, ihn also auch von ganzem Herzen zu lieben.

Ich wünsche mir, dass die Frage «Wie kann ich dir gefallen, Herr?» meinen Alltag bestimmt. Diese Ausrichtung beginnt in den Gedanken, zeigt sich in Worten und endet in Taten. Aber um Gott zu gefallen, muss ich wissen, wer er ist und was ihm überhaupt gefällt (Matthäus 7,21). Die Bibel – Gottes Liebesbrief an uns – offenbart seinen Willen. In ihr begegne ich dem Gott, der mein Retter ist und bei dem ich geborgen sein kann.

ob er nicht doch vom rechten Weg abkommt?
Vergib mir die Sünden, die ich selbst nicht bemerkt habe!
14 Bewahre mich vor gewissenlosen Menschen
und laß nicht zu, daß sie Macht über mich gewinnen;
dann werde ich dir nie mehr die Treue brechen
und frei sein von schwerer Schuld.
15 Herr, laß dir meine Worte und meine Gedanken gefallen!
Bei dir bin ich geborgen, du bist mein Retter!

Gebet für den König

20 Ein Lied Davids.

2 Der Herr antworte dir, wenn du in großer Not bist,
der Gott Jakobs schütze dich!
3 Aus seinem Heiligtum auf dem Berg Zion
komme er dir zu Hilfe!
4 Er beachte die Gaben, die du ihm bringst,
deine Brandopfer nehme er gnädig an!
5 Er gebe dir, was du von Herzen wünschst,
was du dir vorgenommen hast, lasse er gelingen!
6 Wenn er dich aus der Not befreit hat,
werden wir vor Freude jubeln, Fahnen hissen
und Gott preisen.
Der Herr erfülle alle deine Bitten!

7 Jetzt weiß ich, daß der Herr seinem König hilft,
ihm antwortet aus seinem Heiligtum im Himmel.
Machtvoll greift er ein und rettet ihn.
8 Manche Völker schwören auf gepanzerte Kriegswagen
und auf die Kampfkraft ihrer Reiterheere.
Wir aber vertrauen auf die Kraft des Herrn, unseres Gottes.
9 Sie wanken und stürzen,
wir aber stehen fest und halten stand.

10 Herr, hilf dem König![a]
Antworte uns, wenn wir zu dir rufen!

Der siegreiche König

21 Ein Lied Davids.

2 Herr, der König jubelt laut vor Freude,
denn du bist mächtig und hast ihm den Sieg geschenkt.

a) Oder: Herr, hilf, du (himmlischer) König!

Wachsendes Vertrauen

Else Diehl

Psalm 20, 7

Ängstlich schaut das Mädchen auf den kleinen Graben, den es überspringen soll. Auf der anderen Seite steht der Vater. «Wirf dein Herz herüber, und dann spring!», ruft er ihr ermutigend zu. Sie schaut auf ihren Vater und springt los. Seine Worte und Blicke haben ihr Vertrauen gestärkt. Schließlich hat sie ja ihre Erfahrungen mit ihm gemacht.

Diese kleine Begebenheit wird von Eva von Tiele-Winckler erzählt, die später als Mutter Eva in starkem Vertrauen und mit festem Glauben viel Gutes im Reich Gottes bewirkt hat. Ähnlich wie David hat sie vielfach erfahren dürfen, dass der große Gott sich um den einzelnen Menschen kümmert. In Davids Leben gab es mächtige Feinde, und er wurde oft bedrängt. Doch was er mit seinem Gott erlebte, wurde zur festen Gewissheit: Auf ihn kann ich mich verlassen! Und daraus wuchs neues Vertrauen, dass Gott machtvoll eingreifen kann.

Kennen wir nicht auch solche Situationen, in denen wir Gottes Zuwendung und seine Hilfe erfahren haben? Es sind die einzelnen Erfahrungen mit Gott, die uns ermutigen und unser Vertrauen stärken. Gerade in den kleinen Dingen des Alltags beginnt es. Und in dankbarer Erinnerung können wir dann sagen: «Ich weiß!» Ich darf damit rechnen, dass Gott mein Vertrauen nicht enttäuscht, auch wenn er nicht alle meine Wünsche erfüllt.

Nicht mein fester Glaube ist es, der mich rettet, sondern das machtvolle Eingreifen des großen Gottes. Und diesem Gott darf ich all das sagen, was mich bedrängt und ängstigt.

Sorgen türmen sich oft wie unüberwindliche Berge auf, die unser Denken bedrohen. Trübe Gedanken vernebeln unser Denkvermögen und beschweren das Gemüt. Halten wir aber inne, schauen wir auf die Zusagen in Gottes Wort und bedenken wir die Taten Gottes im eigenen Leben und im Leben anderer – etwa bei David –, so wird unser Vertrauen auf den großen Gott, den Vater im Himmel, neu gestärkt.

3 Du gabst ihm, was er sich von Herzen wünschte,
und seine Bitten schlugst du nicht ab.
4 Mit Glück und Segen hast du ihn überschüttet
und ihm eine goldene Krone aufs Haupt gesetzt.
5 Er bat dich um langes Leben,
und du gewährtest ihm unendlich reiche Jahre.
6 Durch deine Hilfe ist er zu Ruhm und Ehren gelangt,
Majestät und Würde hast du ihm verliehen.
7 Du hast ihn dazu auserwählt,
deinen Segen für alle Zeiten weiterzutragen.
Weil du ihm nahe bist, bleibt seine Freude ungetrübt.
8 Der König vertraut dem Herrn;
und durch die Hilfe des Herrn
bleibt seine Macht für immer gesichert.

9 Du wirst alle deine Feinde zur Rechenschaft ziehen,
dein Gericht wird alle treffen, die dich hassen.
10 Wenn du dich ihnen zeigst,
wirst du sie verzehren wie Feuer.
Der Herr wird sie in seinem glühenden Zorn vernichten.
11 Keiner ihrer Nachkommen wird überleben,
denn du wirst diese Brut ausrotten.
12 Sie haben eine Verschwörung gegen dich angezettelt;
mit hinterhältigen Plänen wollten sie dich zu Fall bringen,
aber sie sind zum Scheitern verurteilt.
13 Kaum zielst du mit deinem Kampfbogen auf sie,
ergreifen sie schon die Flucht.
14 Herr, zeige ihnen deine Macht!
Wir wollen deine großen Siege besingen und dich preisen.

Mein Gott, warum hast du mich verlassen?

22 Ein Lied Davids nach der Melodie «Eine Hirschkuh
früh am Morgen».

2 Mein Gott, mein Gott, warum hast du mich verlassen?
Warum bist du so weit weg und hörst mein Stöhnen nicht?
3 Mein Gott!
Den ganzen Tag rufe ich, aber du gibst mir keine Antwort.
Ich rufe in schlaflosen Nachtstunden,
aber ich finde keine Ruhe.

4 Du bist doch der heilige Gott!
Dein Volk Israel lobt dich mit seinen Liedern.
5 Unsere Vorfahren haben dir vertraut,
und du hast ihnen immer wieder geholfen.
6 Zu dir schrien sie und wurden errettet.

Gott will das Leben

Gitta Leuschner

Psalm 21, 5

Es war in einem Kibbuz in Israel, wo mir Gott bei einem mehrwöchigen Arbeitseinsatz eine wichtige Lektion erteilte. Einige Tage lang war ich einem Gärtner in einer Obstplantage zugeordnet, der die abgeernteten Obstbäume beschnitt. Meine Aufgabe bestand darin, die Schnittstellen mit Teer zu bestreichen. Nach kurzer Zeit war ich geschockt über die vielen guten Zweige, die abgeschnitten am Boden lagen. Ich lief zu dem Gärtner und rief fassungslos: «Sie machen ja die Bäume ganz kaputt!» Er lachte und erklärte mir dann den Vorgang des Beschneidens. Jeder Baum, der Frucht tragen soll, muss nach der Ernte beschnitten werden, damit die Kraft nicht ins Blätterwerk, sondern in die Früchte geht. Überflüssige Zweige werden entfernt, damit die Sonne überall hinkommen kann und der Baum die richtige Form bekommt. Damit der Saft nicht auslaufen und das Ungeziefer nicht eindringen und Schaden anrichten kann, werden die Schnittstellen mit Teer versiegelt.

Welch eine geistliche Erkenntnis bekam ich da durch das liebevolle Reden Gottes! Es war noch nicht lange her, dass ich durch eine große Lebenskrise, die mir viele Wunden geschlagen hatte, zu Gott gefunden hatte. Alles war in mir erschüttert und verändert worden, und nun hatte ich wunderbares, neues Leben in Jesus Christus bekommen. Ich war vom Tod zum Leben, zu einem erfülltem Leben, gekommen. Gott wollte mein Leben. Ich war von einem wildwuchernden Baum zu einem Fruchtbaum in Gottes Garten geworden. Und mein neues Lebensziel bestand darin, gute Frucht hervorzubringen, um den Vater im Himmel zu verherrlichen (Johannes 15). Aber dazu muss er mich immer wieder beschneiden. Das Überflüssige, Ungute in meinem Leben, in meinem Charakter, wird weggeschnitten, denn die Form Jesu, sein Bild, soll in mir sichtbar werden. Und die Wunden versiegelt der Heilige Geist, damit ich nicht «ausblute» und das «Ungeziefer» nicht meinen Lebensbaum vergiftet.

Erfülltes, ewiges Leben in Jesus entsteht, wenn wir uns unter seine Herrschaft begeben. König David sagt im Psalm 21, dass uns unendlich reiche Jahre von Gott gewährt werden. Aus Dankbarkeit können wir seine großen Siege besingen, ihn preisen und den Segen, zu dem wir berufen sind, weitertragen, damit andere auch zu diesem erfüllten Leben finden.

Sie vertrauten dir, und du hast sie nicht enttäuscht.

7 Und was ist mit mir? Ein Wurm bin ich, kein Mensch mehr –
Gespött der Leute, alle behandeln mich wie Dreck.
8 Von allen Seiten werde ich verspottet.
Wer mich sieht, verzieht sein Gesicht
und grinst schadenfroh.
9 «Überlaß Gott deine Not!» lästern sie,
«der soll dir helfen! Er wird dich schon nicht sitzenlassen!
Du bist ja sein Liebling!»

10 Herr, du hast mich aus dem Leib meiner Mutter gezogen.
Schon an ihrer Brust hast du mir Geborgenheit geschenkt.
11 Du bist mein Gott,
seitdem mein Leben im Mutterleib begann.
Seit der Stunde meiner Geburt bin ich auf dich angewiesen.
12 Wende dich jetzt nicht ab von mir!
Groß ist meine Angst!
Weit und breit gibt es keinen, der mir hilft.
13 Viele Feinde kesseln mich ein,
umringen mich wie wilde Stiere.
14 Sie reißen ihr Maul auf wie brüllende Löwen,
die ihre Beute zerfleischen wollen.
15 Meine Kraft schwindet wie Wasser, das versickert,
und alle meine Knochen lösen sich voneinander.
Mein Herz verkrampft sich vor Angst,
16 und meine ganze Kraft ist dahin.
Die Zunge klebt mir am Gaumen.
Du läßt mich im Tode versinken.
17 Eine Meute übler Verbrecher umkreist mich,
gierig wie wildernde Hunde.
Hände und Füße haben sie mir durchbohrt.
18 Ich kann alle meine Knochen zählen.
Sie aber starren mich an, diese schaulustigen Gaffer!
19 Schon teilen sie meine Kleider unter sich auf
und losen um mein Gewand!

20 Herr, wende dich nicht länger von mir ab!
Nur du kannst mir neue Kraft geben,
komm mir schnell zu Hilfe!
21 Rette mich vor dem tödlichen Schwert,
bewahre mich vor der wilden Hundemeute!
Ich habe doch nur ein Leben!
22 Reiß mich aus dem Rachen der Löwen
und rette mich vor den Hörnern dieser wilden Stiere!

Herr, du hast mich erhört!
23 Ich will meinen Brüdern deinen Namen bekanntmachen,

Der Sieg am Kreuz

Sharon Mumper

Psalm 22

Für die Freunde Jesu, die an jenem dunklen Tag vor 2000 Jahren um das Kreuz herum standen, kann es wohl keine klarere Niederlage gegeben haben als die, die sich vor ihren Augen abspielte. Als Jesus in seiner Todesqual die Frage hinausschrie: «Mein Gott, mein Gott, warum hast du mich verlassen?» (Vers 2), müssen die vertrauten Worte den Zuhörern wie ein Schwert durch die Seele gefahren sein.

Ich habe mich gefragt, ob die leidgeprüften Jünger vielleicht später zu Hause noch über diesen Psalm nachgedacht haben. Die ersten 22 Verse sind ja ein Spiegelbild der schrecklichen Ereignisse jenes Tages, Jahrhunderte früher vorausgesagt. Doch falls sie über diesen Psalm nachgedacht haben, konnten sie sich wohl auch an den letzten Teil erinnern? Haben sie wirklich zu hoffen gewagt, dass die schreckliche Niederlage sich in einen so unglaublich herrlichen Sieg verwandeln würde, wie er im letzten Teil geschildert wird?

Ich vermute, dass die Niederlage, die sie mit ihren eigenen Augen gesehen hatten, ihnen zu endgültig erschien, um noch an einen Sieg zu glauben. Bestimmt gingen die Frauen, die den Leichnam Jesu salben wollten, nicht in Erwartung eines Sieges zum Grab. Ebenso wenig rechneten die Jünger mit dem Sieg, als sie verängstigt in einem Raum zusammenhockten, um sich über ihre Traurigkeit und Angst auszutauschen und ihre Enttäuschung zu pflegen.

Dennoch hatte Gott einen unglaublichen Sieg vorbereitet. Diejenigen, die in der Nacht geweint hatten, würden am Morgen vor Freude jubeln – eine Freude, die ihr ganzes Leben umkrempeln sollte.

Auch wir neigen dazu, Niederlagen als etwas Endgültiges zu betrachten. Dabei wissen wir gar nicht, was Gott in dem vorbereitet, das uns wie reines Chaos und Leid erscheint. Wir sind wie Kinder, die zu den Füßen ihrer Mutter sitzen und zu dem Kleidungsstück hochschauen, an dem sie stickt. Von unten sehen die herabhängenden und verschlungenen Fäden unordentlich und chaotisch aus. Doch das Bild ändert sich schlagartig, wenn wir uns dicht neben sie setzen und die Arbeit plötzlich aus einem anderen Blickwinkel zu sehen bekommen.

Keine Niederlage, die wir erleben, ist wirklich endgültig. Gott hat die schrecklichste Stunde der Menschheitsgeschichte in den größten Segen verwandelt. In seinen Händen kann selbst aus der vernichtendsten Niederlage der größte Sieg werden. Die Umstände, die so chaotisch zu sein scheinen, verändern sich vor unseren Augen, wenn wir uns eng an Gott schmiegen und das Meisterwerk, an dem er arbeitet, aus seiner Sicht betrachten.

vor der ganzen Gemeinde will ich dich loben und ehren.
24 Alle, die ihr den Herrn achtet, preist ihn!
Ihr Nachkommen Jakobs, ehrt ihn!
Begegne ihm in Ehrfurcht, Volk Israel!
25 Er hat den Hilflosen nicht verachtet,
über sein Elend setzte er sich nicht hinweg.
Nie wandte er sich von ihm ab!
Er hat ihm geantwortet, als er um Hilfe schrie.
26 Herr, jetzt habe ich allen Grund,
dir vor der großen Gemeinde ein Loblied zu singen.
Was ich in meiner Not versprochen habe, löse ich jetzt ein;
alle, die dich ehren, sind meine Zeugen.

27 Die Armen werden sich wieder satt essen.
Alle, die den Herrn kennen, sollen ihn loben.
Euer Leben lang werdet ihr nicht mehr zu kurz kommen!
28 Auch in den fernsten Ländern werden Menschen Gott erkennen
und zu ihm umkehren,
ja, alle Völker werden sich vor ihm niederwerfen.
29 Denn der Herr regiert als König
und herrscht über alle Völker.

30 Auch die Großen dieser Erde
müssen sich niederwerfen vor ihm,
sie, die immer mehr als genug zu essen hatten.
Vor ihm werden alle sterblichen Menschen ihre Knie beugen.
31 Alle kommenden Generationen werden ihm dienen.
Eine erzählt der nächsten von Gott
und von dem, was er Gutes getan hat.
32 Die noch nicht geboren sind, werden es hören und weitersagen:
Gott ist treu, auf seine Hilfe ist Verlaß!

Der gute Hirte

23 Ein Lied Davids.

Der Herr ist mein Hirte. Nichts wird mir fehlen.
2 Er weidet mich auf saftigen Wiesen
und führt mich zu frischen Quellen.
3 Er gibt mir neue Kraft.
Er leitet mich auf sicheren Wegen,
weil er der gute Hirte ist[a].
4 Und geht es auch durch dunkle Täler,
fürchte ich mich nicht,

a) Wörtlich: um seines Namens willen.

Gebet

Magdalena Paulus

Jesus sagt: «Bittet Gott, und er wird euch geben. Sucht, und ihr werdet finden. Klopft an, dann wird euch die Tür geöffnet. Denn wer bittet, der wird bekommen. Wer sucht, der findet. Und wer anklopft, dem wird geöffnet» (Lukas 11,9-10).

Warum sind wir eigentlich immer wieder so erstaunt, wenn Gott uns wirklich hilft? Ein Parkplatz wird frei, Termine ordnen sich, wir finden den Weg in einer fremden Gegend. Seine Antwort auf unser Bitten in großen und kleinen Dingen scheint uns nicht selbstverständlich zu sein. Und das, obwohl sein Wort uns sagt: «Ihr werdet alles bekommen, wenn ihr im festen Glauben darum bittet» (Matthäus 21,22). Es kann nicht daran liegen, dass Gott unsere Gebete so selten erhören würde. Liegt es nicht eher daran, dass wir ihn erst gar nicht bitten? Wie oft leben wir so, als ob kein Gott im Himmel wäre! Als wären wir Waisen und nicht geliebte Kinder des himmlischen Vaters. Statt als seine Kinder zu bitten, führen wir uns als seine Ratgeber auf. Statt uneingeschränkt zu vertrauen, meinen wir zu wissen, womit wir ihn behelligen können – und womit nicht.

Als ich einmal einen Ohrring verlor, den ich geschenkt bekommen hatte und an dem mir viel lag, dachte ich sofort: «Ich weiß schon, was Gott mir damit sagen will! Ich bin zu eitel, zu geizig, zu weltlich, zu ... Er will mir eine Lektion erteilen. Deshalb nimmt er mir etwas weg. Deshalb wird er mich nicht erhören!» Das ist die Stimme der Besserwisserei. Dann gibt es noch die Stimme des Misstrauens: «Dein Problem ist viel zu klein, viel zu unwichtig! Gott ist mit Wichtigerem beschäftigt. Dafür kann man ihn nicht bemühen!»

Und so bestimmen wir, wofür Gott zuständig sein soll und wofür nicht. Doch das ist nicht Demut, sondern Anmaßung. Wir kommen Gott in die Quere. Denn woher wollen wir denn wissen, was nach seinem göttlichen Ratschluss wichtig und was unwichtig ist? Und wie können wir so sicher sein, welche Lektion er uns gerade erteilen will, und zwar bevor wir ihn gefragt und gebeten haben?

«Denn der Vater liebt euch, weil ihr mich liebt und daran glaubt, dass ich von Gott gekommen bin», versichert uns Jesus (Johannes 16,27). Hier ist die Lektion, die uns solche Mühe macht! Er will uns täglich Gutes tun. Wollen wir das nicht endlich glauben? Es ist unser Vorrecht zu bitten, ohne Vorbehalte, ohne Wenn und Aber. Sein Versprechen ist es zu hören. Der Vater hält viele kleine Liebestaten für unseren Alltag bereit. Lassen wir uns doch von ihm beschenken in unseren kleinen und großen Problemen! Und dann wird dieser kleine Winkel der Welt, in dem wir leben, mit seiner Ehre gefüllt.

Montag

Die Perle der Psalmen

Elisabeth Mittelstädt

Psalm 23, 1-3

Es war nach dem Zweiten Weltkrieg. Die Alliierten hatten viele hungrige und heimatlose Kinder von den Straßen aufgesammelt und ihnen in Heimen ein neues Zuhause gegeben. Doch obwohl die Kinder gut versorgt wurden und genug zu essen bekamen, wachten sie jede Nacht auf und schrien vor Angst. Endlich fand ein Psychologe heraus, wovor sie sich so sehr fürchteten. Eines Abends, als die Kinder ins Bett gebracht wurden, gab er jedem ein kleines Stück Brot in die Hand. «Nur zum Festhalten!», ermahnte er sie. In dieser Nacht fuhr kein Kind schreiend aus dem Schlaf auf. Das Stück Brot in ihren Händen gab ihnen unbewusst die beruhigende Gewissheit, dass auch morgen genug zu essen da sein würde. In dieser Sicherheit konnten sie ruhig schlafen, berichtet Charles L. Allen.

Wer von uns ist nicht schon in der Nacht von Angst überfallen worden und hat – weil er nicht schlafen konnte – leise den 23. Psalm vor sich hingesagt? In solchen Zeiten reicht es uns nicht, nur Schäfchen zu zählen. Wir möchten mit dem Hirten höchstpersönlich sprechen.

Auch ich redete in einer Nacht, in der ich nicht schlafen konnte, mit meinem Hirten und brachte alle meine Anliegen vor ihn. Es war eine lange Aufzählung! In meinem Gebet sagte ich Gott alles, was mich bedrückte. Er unterbrach mich nicht. Doch am Ende, als ich fertig war, hörte ich ihn leise zu meinem Herzen sprechen: «Elisabeth, wovor fürchtest du dich?» «Vor Morgen», antwortete ich. «Hab keine Angst!», erwiderte er. «Ich habe schon für dein Morgen gesorgt, bevor du mir deine Anliegen gebracht hast (Matthäus 6,8). Und hier gebe ich dir ein ‹Stück Brot› zum Festhalten, das dir jeden Tag und jede Nacht beweisen soll, dass ich für dich sorge: ‹Aus seinem Reichtum wird euch Gott ... durch Jesus Christus alles geben, was ihr zum Leben braucht›» (Philipper 4,19).

Mit einem Lächeln ließ ich mich in mein Kissen sinken. «Bitte vergib mir, Vater», betete ich, «und hilf mir, mit diesem Glauben in den neuen Tag zu gehen, ohne mir Sorgen zu machen, was morgen sein wird.»

Ungezählten Menschen ist die «Perle der Psalmen», wie Spurgeon Psalm 23 nannte, über die Jahrhunderte hinweg zu einem sicheren Halt geworden. Es ist ein sehr sinnvoller Brauch, wenn Eltern ihre Kinder diesen Psalm auswendig lernen lassen, damit sie in Zeiten der Angst beim guten Hirten Ruhe finden! An diesem «Stück Brot» können sie sich festhalten, was das Leben auch bringen mag. Die Worte aus Psalm 23 werden nicht nur in die Wände vieler Kirchen eingemeißelt, sondern auch in den Putz von Gefängniszellen geritzt. Sie nähren uns ein Leben lang.

Dienstag

Trost im dunklen Tal

Margarete Schock

Psalm 23, 4

Unser jüngster Sohn Steffen war dreizehn Jahre alt, als er mit Drogen in Berührung kam. Immer tiefer schlitterte er in den Drogenkonsum hinein. Als Eltern und Familie gingen wir in dieser Zeit durch dunkle Täler, die uns zeitweise wie die Hölle erschienen.

Endlich kam der Zeitpunkt, an dem Steffen keine Drogen mehr nahm. Er lernte seine Frau kennen, die beiden heirateten und waren sehr glücklich miteinander. Kurze Zeit später war unser Enkel Alexander unterwegs. Doch das Leid hatte noch kein Ende.

Eines Morgens rief mich die Mutter einer früheren Freundin Steffens an. «Es tut mir Leid, Ihnen das sagen zu müssen», begann sie, «aber meine Tochter hat Aids. Sie sollten Ihren Sohn lieber untersuchen lassen. Die beiden benutzten gewöhnlich dieselbe Spritze.»

Nicht nur Steffen, auch seine Frau Elke hatten sich infiziert. Unser Enkel wurde geboren, und nach vielen Untersuchungen stand endlich fest, dass das Kind gesund war. «Ich glaube an einen lebendigen Gott!», war Elkes Kommentar dazu.

Eine Tragödie riss Steffen schließlich aus unserem Leben. Bei einem Autounfall verbrannte unser Sohn bei lebendigem Leib. Fünf Jahre später verlor unsere Schwiegertochter, die wir mehr und mehr lieb gewonnen hatten, den Kampf gegen Aids.

Eine ganze Weile habe ich mir die Frage nach dem Warum gestellt, doch dann musste ich sie beiseite legen. Es gab nur einen Weg, unter dem Schmerz nicht zu zerbrechen: Immer wieder haben mein Mann und ich Zuflucht bei Gott gesucht und gefunden. Er hat uns durchgetragen, obwohl der Schmerz schier unerträglich war. In schlaflosen Nächten lasen wir miteinander laut die Psalmen oder sagten gemeinsam Liedverse auf, die wir auswendig konnten. Viele Male hat uns das zur Ruhe gebacht.

Durch Gottes Hilfe und den Beistand vieler Freunde konnten wir die Trauer allmählich überwinden. Inzwischen dürfen wir vielen Menschen Trost geben, weil wir ihn selbst empfangen haben.

In der Abhängigkeit von Gott liegt unsere Hilfe. Selbst auf Wegen voller Schmerzen hat er mit uns seinen Plan. Er ist die einzige Zufluchtsstätte, in die wir uns im dunklen Tal flüchten können. Bei ihm finden unsere wunden Herzen Ruhe.

Mein Zuhause

Lisa Fuchs

Psalm 23, 5-6

Vor kurzem habe ich ein Bild entdeckt, auf dem ein Hirte mit seiner Herde zu sehen ist. Doch der Hirte steht nicht auf seinen Stab gestützt vor seinen Schafen, sondern sitzt ganz entspannt auf dem Boden. Die Tiere lagern um ihn herum, einige schlafen sogar. Auch der Hirtenhund liegt auf der Seite und scheint zu schlafen. Ich kann mich nicht erinnern, je ein solches Hirtenbild gesehen zu haben. Unter dem Bild steht: «Und ich werde bleiben im Hause des Herrn immerdar» (Vers 6 – Luther).

Dieses Bild hat mich sehr nachdenklich gestimmt. Denn ein Hirte kann es sich nur an einem einzigen Ort erlauben, nicht aufzupassen, sondern völlig entspannt mit seiner Herde und dem Hund auszuruhen – nämlich zu Hause, da, wo er hingehört.

Was bedeutet das für uns? Schafe fühlen sich nur dann geborgen und zufrieden, wenn sie ganz dicht bei ihrem Hirten sein können – und das geht nur zu Hause. In der heutigen Sprache würde ich sagen: «Hier bringt mich nichts und niemand weg. Hier ist es klasse!» Auch der Hirte hat eine starke Zuneigung zu seinen Schafen entwickelt. Er würde sich nie mehr von ihnen trennen wollen.

Ein Zuhause haben heißt: Ich weiß, wo ich hingehöre – in die Schafherde des guten Hirten. Und ich lebe so, dass ich mir der ständigen Gegenwart Gottes bewusst bin. Sie ist sehr real und macht mein Leben lohnenswert und erfüllt. Der Tisch meines Lebens ist reich gedeckt mit den Gaben meines Gottes.

Doch was ist, wenn Unruhe, Angst und Sorgen plötzlich mein Leben bedrohen? In diesen Zeiten wird das Vertrauen zum guten Hirten auf die Probe gestellt. Mit meinem begrenzten Verstand kann ich seine Führung dann oft nicht mehr verstehen. Doch seine Güte und Liebe werden mich überallhin begleiten. Gott hat sogar versprochen, dass sie jeden Tag neu für mich da sind. Das bedeutet zu Hause sein.

denn du, Herr, bist bei mir.
Du beschützt mich mit deinem Hirtenstab.

5 Du lädst mich ein
und deckst mir den Tisch vor den Augen meiner Feinde.
Du begrüßt mich wie ein Hausherr seinen Gast[a]
und gibst mir mehr als genug[b].
6 Deine Güte und Liebe werden mich begleiten mein Leben lang;
in deinem Haus darf ich für immer bleiben.

Der König kommt!

24 Ein Lied Davids.
Dem Herrn gehört die ganze Welt
und alles, was auf ihr lebt.
2 Die Erde befestigte er über dem Wasser,
ihre Fundamente legte er auf Meeresgrund.

3 «Wer darf auf den Berg des Herrn gehen
und seinen heiligen Tempel betreten?»
4 «Jeder, der kein Unrecht tut und ein reines Gewissen hat.
Jeder, der keine fremden Götter anbetet
und keinen falschen Eid schwört.
5 Einen solchen Menschen wird Gott reich beschenken
und für schuldlos erklären;
der Herr ist sein Helfer!
6 Das gilt den Menschen, die sich nach dir richten
und im Gebet deine Nähe suchen, du Gott Jakobs.»

7 «Hebt euch aus den Angeln, ihr Tore!
Öffnet euch weit, ihr alten Portale,
denn der König will einziehen, die höchste Majestät!»
8 «Wer ist denn dieser mächtige König?»
«Es ist Gott, der Herr, der Starke, der Held.
Es ist der Herr, der siegreiche König!»
9 «Hebt euch aus den Angeln, ihr Tore!
Öffnet euch weit, ihr alten Portale,
denn der König will einziehen, die höchste Majestät!»
10 «Wer ist denn dieser mächtige König?»
«Es ist der Herr über Himmel und Erde.
Er ist der mächtige König!»

a) Wörtlich: Du salbst mein Haupt mit Öl. – Eine Begrüßungszeremonie für willkommene Gäste.
b) Wörtlich: mein Becher fließt über.

«Porentief rein»?

Renate Eschner

Psalm 24, 3–4

Die Werbung redet uns Tag für Tag ein, dass wir ohne das eine oder andere angepriesene Produkt nicht glücklich leben können. «Sie glauben, Ihre Wäsche ist sauber? Aber ist sie auch rein?» Kleine Saubermänner wirbeln durch die Wohnung: Im Handumdrehen ist alles blitzsauber, nein, porentief rein. Da spricht gar die Stimme des «guten Gewissens», die bestätigt: «Wenn Sie dieses Produkt verwenden, haben Sie das Beste für Ihre Lieben getan.» So viel Aufwand für äußerliche Reinlichkeit, mit der andere beeindruckt werden sollen! Und die innere Reinheit? Sie wird oft unter den Teppich gekehrt oder durch die sprichwörtliche «weiße Weste» ersetzt.

Dieser Werteverschiebung erlagen auch die Israeliten. Den Tempel, den Ort der Gegenwart Gottes, konnten sie nur unter bestimmten Voraussetzungen betreten. Sie mussten sich an vorgeschriebene Reinigungsrituale halten. Aber die ungleich wichtigere Voraussetzung – so sagt es der Text – ist der Zustand des Herzens. Was David hier als Hinderungsgründe nennt, hat Jesus später auf den Punkt gebracht: «Was aus dem Menschen herauskommt, das macht ihn unrein; denn von innen, aus dem Herzen der Menschen kommen heraus böse Gedanken» (Markus 7,20–23 – Luther). Sie bringen dann die Sünde hervor.

Doch welches Reinigungsmittel hat die Kraft, ein verunreinigtes Herz weiß zu machen? Es werden viele «Produkte» ausprobiert: humanitäres Handeln, soziales Engagement, Spenden für Notleidende, fromme Aktivitäten. Obwohl gut gemeint, versagen sie alle. Es gibt nur ein außergewöhnlich kraftvolles Reinigungsmittel: «Das Blut Jesu Christi (des Sohnes Gottes) macht uns rein von aller Sünde» (1. Johannes 1,7 – Luther). Die täglichen Anwendungsschritte: Schuld, Versagen und Fehler vor Jesus und eventuell auch vor Menschen bekennen; im Glauben dankbar die Vergebung durch sein Blut annehmen. Das macht tiefer sauber als porentief rein.

Der Tempel auf dem Berg Zion wurde zerstört. Jesus hatte es vorausgesagt, dass eine Zeit kommen würde, in der nicht mehr das «Wo» entscheidend wäre. Er machte den Weg zum Thron Gottes frei. In der Freude eines so gereinigten Gewissens dürfen wir das himmlische Heiligtum jederzeit betreten mit Anbetung, Dank, Lobpreis und Bitten.

Vergib mir meine Schuld!

25 Von David.
Herr, ich sehne mich nach dir!
2 Mein Gott, auf dich setze ich mein ganzes Vertrauen.
Laß mich jetzt nicht fallen!
Gönne meinen Feinden nicht diesen Triumph über mich!
3 Ich weiß: Keiner wird scheitern, der auf dich hofft;
wer aber treulos ist und dich leichtfertig verläßt,
der wird zu Fall kommen.

4 Herr, zeige mir, welchen Weg ich einschlagen soll,
und laß mich erkennen, was du von mir willst!
5 Schritt für Schritt laß mich erfahren,
daß du zuverlässig bist.
Du bist der Gott, der mir hilft,
du warst immer meine einzige Hoffnung.
6 Denke daran, daß du mir schon früher dein Erbarmen
und deine Liebe bewiesen hast!
7 Vergib mir die Sünden meiner Jugendzeit
und vergiß meine mutwilligen Vergehen!
Erinnere dich an deine Barmherzigkeit und sei mir gnädig!

8 Der Herr ist gut und gerecht.
Darum führt er die auf den richtigen Weg zurück,
die ihn verließen.
9 Allen, die ihre Schuld eingestehen,
zeigt er, wie sie leben sollen
und was er von ihnen erwartet.
10 In Liebe und Treue führt er alle,
die sich an seinen Bund und seine Gebote halten.
11 Herr, mach deinem Namen Ehre
und vergib mir meine schwere Schuld!
12 Was ist mit dem, der dem Herrn gehorcht?
Der Herr zeigt ihm den richtigen Weg.
13 Er schenkt ihm Glück und Wohlstand,
und seine Nachkommen werden das ganze Land erben.
14 Der Herr zieht die Menschen,
die ihn ernst nehmen, ins Vertrauen.
Er läßt sie wissen,
wozu er einen Bund mit seinem Volk geschlossen hat.

15 Hilfesuchend blicke ich zum Herrn,
denn er wird mich aus der Schlinge ziehen.
16 Wende dich mir zu, Herr, und rechne meine Schuld nicht an,
denn ich bin einsam und niedergeschlagen.

Freitag

Freundschaft mit Jesus

Sabine Bockel

Psalm 25, 14

Inzwischen ist sie ein bisschen vergilbt – die Kunstpostkarte, die ich vor Jahren irgendwo erstanden habe. Nein, sie zeigt kein erhebendes Meisterwerk, sondern nichts weiter als ein einfaches Aquarell: ein altertümlicher Stuhl, darauf ein Tablett und alles, was zu einer gemütlichen Teestunde gehört – zwei Tassen, die Kanne, eine Vase mit Blumen.

Doch eigentlich sehe ich gar nicht das, was der Künstler mit ein paar Pinselstrichen festgehalten hat. Was er mir vor Augen malt, lässt meine Gedanken zu den Stunden schweifen, die ich bei einer entfernt lebenden Freundin mit langen Gesprächen und vielen Tassen Tee verbracht habe. Das Bild erinnert mich an das, was mir der gedeckte Tisch bei ihr erzählt: du bist willkommen, ich habe alles vorbereitet, ich habe Zeit für dich. Ich möchte hören, wie es dir geht, und dir anvertrauen, was mich bewegt.

Wie schön, das unter Menschen zu erleben! Aber geradezu überwältigend ist, dass Jesus selbst mir seine Freundschaft anbietet (Johannes 15,14–15)! Ja, mit ihm kann ich reden wie mit einem Freund, der mir bei einer Tasse Tee gegenübersitzt. Ich kann mit dem kommen, was in meinem Herzen obenauf liegt, was ich loswerden möchte an neuen Empfindungen, Erlebnissen und «Weisheiten». Und obwohl er mir aus himmlischen Welten heraus zuhört, begegnet er mir da, wo ich gerade bin: Keiner kann wie er, der Hohe und Erhabene, so mitfühlend in meinen Alltag hineinsteigen.

Wenn ich mit einer Tasse Tee in der Hand dasitze und mir ist, als säße er mir gegenüber – ist das zu menschlich gedacht, macht es den großen Gott klein? Nein, es ist seine Art – die Art eines Gottes, der für Petrus und seine Freunde am Feuer Fische briet, als sie das Gespräch mit ihm dringend brauchten (Johannes 21). Der in ihren Alltag hineinstieg, weil sie es bitter nötig hatten. Und wie er damals das Feuer schon entzündet hatte, hat er für uns den Tisch schon gedeckt. Dieser gedeckte Tisch erzählt: du bist willkommen, ich habe alles vorbereitet, ich habe Zeit für dich. Ich möchte hören, wie es dir geht, und dir anvertrauen, was mich bewegt.

Dann sitzt er aufmerksam da und lässt uns erzählen. Aber irgendwann wird er anfangen, aus *seinem* Herzen zu reden: Er will uns sein Wort und seine guten Pläne nahe bringen. Und ganz bestimmt überrascht er uns wie Petrus mit einer Perspektive, die unser Leben umkrempelt und uns neuen Schwung gibt – die uns Mut macht, weiterzugehen mit ihm, dem ewigen Freund.

Bewahrung

Christine Schuller

Darum knie ich nieder vor Gott, dem Vater, und bete ihn an (Epheser 3,14).

Mehr als 25 Jahre ist es nun schon her, und doch kann ich mich noch genau daran erinnern. Es war im Jahr 1974 an einem sehr heißen Sommertag auf unserem Bauernhof. Ich war gerade fünf Jahre alt und musste Mittagsschlaf halten. Meine Eltern waren unterwegs, meine Oma hielt sich im hintersten Teil unseres Gartens auf. Es war unmöglich, bei dieser Hitze zu schlafen, darum kletterte ich auf die Lehne der Couch, um mir die Bonbons zu holen, die meine Mutter in der Vitrine versteckt hatte. Doch ich schaffte es nicht, an die Süßigkeiten heranzukommen: der Abstand zwischen Lehne und Vitrine war zu groß. Also machte ich einen Sprung von der Couch – und fiel in die Glasvitrine. Mein Ärmchen blieb in einer Glasscheibe stecken. Mein gesamtes Gewicht hing nun an diesem Arm, und das Glas riss eine immer größere Wunde in mein Fleisch. Jede Bewegung hatte zur Folge, dass das Ärmchen noch mehr zerschnitten wurde.

Plötzlich hob mich jemand hoch und befreite meinen Arm aus der Glasscheibe. Ich dachte, es sei meine Oma, und ließ es ruhig geschehen. Es war jedoch niemand im Raum. Schnell nahm ich meinen verletzen Arm in die linke Hand und lief nach draußen, um meine Oma zu suchen. Doch das nächste Krankenhaus war 20 Kilometer entfernt, es gab keine Möglichkeit, dorthin zu kommen. Und einen Arzt gab es im Dorf auch nicht. «Zufällig» kam ein Nachbar vorbei. Er lud mich in seinen Wagen und brachte mich ins Krankenhaus. Mein Ärmchen hing nur noch an einem Stück Haut. Ein ungarischer Arzt nähte den Arm dann wieder an.

Eine große Narbe erinnert mich noch heute an diesen Tag. Sie erinnert mich aber auch an einen Vater, der über mir gewacht hat. Heute ist das Malen von Blumen mein großes Hobby. Jedes Mal, wenn ich eine Blume male, bin ich Gott dankbar, dass er mir damals geholfen und meinen rechten Arm bewahrt hat.

17 Mir ist angst und bange,
nimm diese Last von meinem Herzen!
18 Sieh meinen Jammer und mein Elend an
und vergib mir alle meine Sünden!
19 Herr, meine Feinde sind nicht zu zählen.
Abgrundtief hassen sie mich.
20 Bewahre mein Leben und rette mich!
Laß mich nicht scheitern! Bei dir suche ich Zuflucht.
21 Hilf mir, daß ich aufrichtig und ehrlich leben kann,
Herr, ich vertraue dir!
22 O Gott, erlöse Israel aus aller Not!

Prüfe mich, Gott!

26 Von David.
Herr, verschaffe mir Recht, denn ich bin unschuldig!
Dir vertraue ich, nichts soll mich davon abbringen.

2 Vor dir, Herr, kann ich nichts verbergen,
prüfe meine geheimsten Gedanken und Gefühle!
3 Deine Liebe habe ich ständig vor Augen,
und deine Treue bestimmt mein Leben.
4 Ich lasse mich nicht mit denen ein,
die ein falsches Spiel treiben.
Von Heuchlern halte ich mich fern.
5 Wenn sich Verbrecher zusammentun, bin ich nicht dabei;
mit Gottlosen will ich nichts zu schaffen haben.
6 Ich wasche meine Hände zum Zeichen meiner Unschuld,
so darf ich mich deinem Altar nähern
und ihn feierlich umschreiten.
7 Dabei stimme ich ein Loblied an
und erzähle von deinen Wundern.
8 Herr, der Tempel ist erfüllt von deiner Hoheit und Macht;
an diesem Haus hängt mein Herz.

9 Bring mich nicht um wie die Sünder;
behandle mich nicht wie blutgierige Mörder!
10 Wie viele Verbrechen haben sie auf dem Gewissen,
wieviel Bestechungsgeld ist durch ihre Hände gegangen!
11 Aber ich habe mir nichts zuschulden kommen lassen.
Hab Erbarmen mit mir und rette mich!

12 Jetzt bin ich sicher vor allen Gefahren.
Dafür lobe ich dich vor deiner Gemeinde, du mein Herr!

Auf dem Prüfstand

Traude Deitigsmann

Psalm 26, 2

David ist ganz schön mutig. Er ruft Gott auf, seine geheimsten Gedanken und Gefühle zu prüfen. Er wagt es, sich von der höchsten Instanz «durchleuchten» zu lassen. Sein Innerstes ist vor Gott auf dem Prüfstand!

So etwas kann sich nur wünschen, wer sich von Gott absolut angenommen weiß. Einerseits atemberaubend: Im Licht Gottes schmelzen alle eigenen, selbstbewussten Bewertungen nur so dahin. Was bleibt bestehen? Was hält stand? Andererseits befreiend: Wir können wir selbst sein, authentisch, echt! Als Menschen offen und ehrlich vor Gott.

Alles, was nicht trägt und hält, wird hier entlarvt, aufgedeckt, möglicherweise ausgeräumt. So können wir erleichtert und entlastet weitergehen. Wir stellen fest, dass es stimmt: Manchmal sind die Krisen in unserem Leben segensreicher als die Erfolge. Sie zwingen uns zu überprüfen, was wirklich taugt. In Gottes Gegenwart lösen sich unsere Hände von allem weniger Wertvollen.

Dazu kommt die Klarheit, die Gottes Licht in unser Leben bringt: Immer wieder erlebe ich in praktischen Alltagsfragen, dass Gott den fragenden Beter in seine Hände nimmt. Wo der oftmals irrende Mensch im Gespräch mit Gott über alles Geschehen in seinem Leben bleibt, klären sich die Gedanken, wachsen Wünsche und Vertrauen.

Heute habe ich die Gelegenheit: Im Gespräch meines Herzens kann ich mit Gott über alles reden, was mich angeht, was mir begegnet. Ich weiß, dass er in meinem Alltag ist. Und dieses Wissen macht mich froh.

Vor Menschen mutig, vor Gott demütig

27 Von David.
Der Herr ist mein Licht, er rettet mich.
Vor wem sollte ich mich noch fürchten?
Bei ihm bin ich geborgen wie in einer Burg.
Vor wem sollte ich noch zittern und zagen?
2 Wenn mich gewissenlose Leute in die Enge treiben
und mir nach dem Leben trachten,
wenn sie mich bedrängen und mich offen anfeinden,
werden sie dennoch stürzen und umkommen!
3 Selbst wenn eine ganze Armee gegen mich aufmarschiert,
fürchte ich mich nicht.
Auch wenn sie einen Krieg gegen mich beginnen,
bleibe ich ruhig und zuversichtlich.

4 Um eines habe ich den Herrn gebeten;
das ist alles, was ich will:
Solange ich lebe, möchte ich im Hause des Herrn bleiben.
Dort will ich erfahren, wie gut der Herr es mit mir meint,
still nachdenken im heiligen Zelt.
5 Er bietet mir Schutz in schwerer Zeit
und versteckt mich in seinem Zelt.
Er stellt mich auf einen hohen Felsen,
6 unerreichbar für meine Feinde ringsumher.
In seinem Tempel will ich Opfer bringen,
und die Posaunen sollen blasen;
dankbar will ich für den Herrn singen
und auf der Harfe spielen.

7 Höre mich, Herr, wenn ich rufe!
Hab Erbarmen mit mir und antworte!
8 Denn ich erinnere mich, daß du gesagt hast:
«Suchet meine Nähe!»
Das will ich jetzt tun und zu dir beten.
9 Verbirg dich nicht vor mir,
stoße mich nicht im Zorn zurück!
Ich diene dir, und du hast mir bisher immer geholfen.
Gib mich nicht auf, verlaß mich nicht,
du mein Gott und mein Retter!
10 Wenn Vater und Mutter mich verstoßen,
nimmst du, Herr, mich doch auf.
11 Zeige mir, was ich tun soll!
Führe mich auf sicherem Weg, meinen Feinden zum Trotz.
12 Liefere mich nicht ihrer Rachgier aus!
Falsche Zeugen verklagen mich, speien Gift und Galle.

Der Nebel lichtet sich

Gigi Graham Tchividjian

Psalm 27, 7–8

Als ich die schweren hölzernen Fensterläden aufstieß, stellte ich fest, dass unser Chalet in dichten Nebel eingehüllt war. Während der Kaffee durchlief, schnitt ich dicke Scheiben Brot für die Kinder ab und stellte sie mit Omas selbst gemachter Marmelade auf den Tisch. Danach machte ich mich für den Gottesdienst fertig. Aus irgendeinem Grund fühlte ich mich bedrückt, um nicht zu sagen deprimiert. Es war nichts Besonderes vorgefallen, trotzdem war es so. Ich betete: «Herr, ich brauche heute ein wenig Ermunterung und komme deshalb mit einer besonderen Bitte. Könntest du veranlassen, dass die Solistin heute im Gottesdienst das Lied ‹Zu den Bergen› singt?»

Kurz darauf kamen die Kinder die Treppe heruntergepoltert. Beim Blick aus dem Wohnzimmerfenster bemerkte ich, dass der Nebel dabei war, sich zu heben. Und als wir schließlich alle draußen waren und uns ins Auto drängten, brach die Sonne endgültig durch. Wir hatten das Glück, genügend freie Stühle in der Gemeinde zu finden, und ich bekam sogar einen Platz am Fenster, von dem aus ich das tiefe, enge Tal überblicken konnte. Mittlerweile war der Nebel verschwunden, und der Glanz der Sonne, der blendend von dem weißen Schnee widerstrahlte, machte die Aussicht noch atemberaubender. Obwohl die Schweiz für uns Heimat geworden war, konnte ich mich an der Pracht der Berge und der großartigen Landschaft immer noch nicht satt sehen.

Ich hatte wirklich keinen Grund, bedrückt zu sein. Ich sehnte mich danach, dass der Nebel sich in meinem Herzen genauso hob wie draußen auf den Berghängen ringsum. Die Orgel spielte die ersten Töne des Eingangsliedes, dann folgten Gebet und Schriftlesung. Anschließend stand die Solistin auf.

«Zu den Bergen ringsum hebe ich sehnsuchtsvoll meine Augen empor», erklang ihre tiefe, melodische Stimme. Ich traute meinen Ohren nicht. Woher wusste sie ...? Ich hatte meinen Wunsch keinem anderen mitgeteilt als Gott. Die Tränen stiegen mir in die Augen. «O Herr», betete ich dankbar und beschämt zugleich, «danke für diesen ganz persönlichen Augenblick der Ermutigung!»

An den Rest des Gottesdienstes kann ich mich nicht mehr erinnern. Ich weiß weder, worüber gepredigt wurde, noch ob die Kinder ruhig waren oder nicht. Doch nach all diesen vielen Jahren erinnere ich mich lebhaft an die Schönheit jenes Sonntags und an den ganz besonderen Segen dieser persönlichen, ermutigenden Begegnung mit Gott. Er richtet uns immer wieder auf!

13 Ich aber vertraue darauf, daß ich am Leben bleibe
und sehen werde, wie gut Gott zu mir ist.

14 Vertraue auf den Herrn!
Sei stark und mutig, vertraue auf den Herrn!

Herr, schweige nicht!

28 Von David.
Nur bei dir, Herr, finde ich Schutz, darum rufe ich zu dir.
Hülle dich nicht in Schweigen!
Wenn du mir die Hilfe verweigerst,
werde ich bald sterben und unter der Erde liegen.
2 Höre, ich flehe dich an, ich schreie zu dir
und hebe die Hände zum Gebet empor.
Nach Jerusalem wende ich mich,
dorthin, wo dein Heiligtum steht.
3 Bring mich nicht um wie die Gottlosen!
Soll es mir so gehen wie denen,
die nur Böses im Schilde führen?
Mit ihren Mitmenschen reden sie freundlich,
aber im Herzen schmieden sie finstere Pläne.
4 Zahle es ihnen heim;
gib ihnen, was sie für ihre gemeinen Taten verdienen!
Das Unheil, das sie angerichtet haben,
soll sie selbst treffen.
5 Sie mißachten, was der Herr getan hat,
und sein Handeln ist ihnen gleichgültig.
Deshalb wird er sie vernichten,
und niemand wird übrig bleiben.

6 Lobt den Herrn, denn er hat meinen Hilfeschrei gehört!
7 Er hat mir neue Kraft geschenkt und mich beschützt.
Ich habe ihm vertraut, und er hat mir geholfen.
Jetzt kann ich wieder jubeln!
Mit meinem Lied will ich ihm danken.
8 Der Herr beschützt sein Volk,
er verteidigt und rettet seinen auserwählten König.
9 Herr, hilf deinem Volk!
Segne uns, denn wir gehören zu dir.
Führe uns wie ein Hirte und sorge allezeit für uns!

Neue Lebenskraft

Hajnalka-Tünde Frittmann

Psalm 28, 6–8

Es geschah in unserem Urlaub: Mitten im Straßenverkehr hatte ich plötzlich das Gefühl, die Macht über mich selbst zu verlieren, an der drückenden Hitze und den lärmenden Autos um mich herum zu ersticken. Mein Herz fing an, heftig zu rasen. Ich rang nach Luft. Mein Mann, der am Steuer saß, guckte mich überrascht an. Als es nicht besser wurde, fuhren wir direkt ins Krankenhaus. An jenem Tag wurde ich zum ersten Mal mit dem Begriff «Panikattacke» konfrontiert. Die Angst hatte mein Leben in ihren eisernen Griff genommen.

Bei Menschen, die unter solchen Attacken leiden, können unterschiedliche Symptome auftreten. Der Anfall kann sich bis zur Todesangst steigern. Diese Attacken rufen neue Ängste hervor, am Ende hat der Betroffene «Angst vor der Angst». Mir hat Gott in dieser Situation einen «Engel» gesandt: Ich begegnete im Urlaub einem christlichen Psychiater, dem ich meine Ängste und Zweifel anvertrauen konnte, der mir Verständnis entgegenbrachte und mit konkreter Wegweisung helfen konnte.

Aber darf ein Christ überhaupt solche Probleme und seelischen Schwierigkeiten haben, darf er frustriert sein, sich gefangen fühlen und kein Licht am Ende des Tunnel sehen? Ja, natürlich. Durch den Glauben werden sich unsere psychischen Einstellungen nicht von einem Tag auf den anderen verändern, und belastende Erfahrungen werden nicht einfach verschwinden. Wir brauchen Zeit, um eine neue innere Haltung einzuüben. Und jeder von uns braucht einen Menschen, dem er anvertrauen kann, welche schwierigen und peinlichen Erfahrungen und welche Sorgen ihn belasten. Doch es gibt eine gute Nachricht: Heilung ist möglich! Gott will die Veränderung in uns vollbringen. Er arbeitet an unserem Herzen, damit wir uns auf seine Zusagen verlassen.

Nach unserem Urlaub musste ich mich wieder ins Auto setzen, um nach Hause zu fahren. Die Fahrt war für mich ein harter Kampf. Doch am Ziel erwartete uns ein herrlicher Sonnenuntergang – es war, als würde er eine Nachricht von Gott für mich enthalten: «Du kannst neu anfangen, du wirst hier vom Licht erwartet.» Ich schloss diesen warmen Strahl in mein Herz und legte mein Leben erneut in Gottes Hände, mit all meinen Ängsten und Schwächen. Allmählich schöpfte ich neue Lebenskraft und wandte mich bewusst allem Schönen und Guten zu, das es in meinem Leben gab. Unter Gottes Schutz konnte ich ein neues Lied anstimmen.

Gottes Stimme – herrlich und furchtbar zugleich!

29 Ein Lied Davids.
Lobt den Herrn, ihr mächtigen Engel[a],
preist seine Größe und Macht!
2 Ehrt seinen herrlichen Namen!
Werft euch vor ihm nieder, wenn ihr ihm,
dem heiligen Gott, begegnet![b]
3 Die Stimme des Herrn erschallt über die Meere,
der erhabene Gott läßt den Donner grollen.
Er ist der Herr, der über den Weltmeeren thront.
4 Wie gewaltig ist seine Stimme,
wie herrlich und furchtbar zugleich!
5 Sie spaltet mächtige Bäume,
ja, der Herr zersplittert die starken Libanonzedern.
6 Das Libanongebirge läßt er wie ein Kalb hüpfen,
der Berg Hermon springt wie ein junger Stier.
7 Die Stimme des Herrn läßt Blitze zucken,
8 sie erschüttert die Wüste, ja, die Wüste Kadesch bebt.
9 Die Hirschkühe kalben,
wenn der Donner des Herrn sie in Schrecken versetzt,
sein tosender Sturm reißt die Wälder kahl.
In seinem Heiligtum rufen alle: «Ehre sei dem Herrn!»
10 Der Herr thront über den Fluten,
als König herrscht er für alle Zeit.
11 Der Herr wird seinem Volk Macht verleihen,
er wird es segnen und ihm Frieden schenken.

Vor dem sicheren Tod errettet

30 Ein Lied Davids. Es wurde zur Einweihung des Tempels gesungen.
2 Ich will dich loben, du erhabener Gott,
denn du hast mich aus der Tiefe heraufgezogen!
Du hast nicht zugelassen,
daß sich die Feinde über mein Unglück freuen.
3 Herr, mein Gott!
Zu dir schrie ich um Hilfe, und du hast mich geheilt.
4 Ich war schon mehr tot als lebendig,
doch du hast mich dem sicheren Tod entrissen
und mir das Leben neu geschenkt.
5 Singt dem Herrn eure Lieder,

a) Wörtlich: ihr Gottessöhne.
b) Oder: Werft euch vor ihm nieder in heiligem Schmuck!

Donnerstag

Friede setzt sich durch

Christiane Bladt

Psalm 29, 11

Vor einiger Zeit sah ich die Vorstellung eines Pantomime-Künstlers. Mit unglaublicher Feinheit zeichnete er uns Zuschauern mit der einen Hand das Bild eines Schmetterlings, der sich frei in der Sonne bewegt – von Musik untermalt. Die andere Hand stellte das Böse dar. Die Finger zu Klauen gekrümmt, versuchte sie, den Schmetterling zu verschlingen.

Die Spannung stieg. Wer würde gewinnen?

Dann begab sich der Schmetterling freiwillig unter das Böse, hielt dort ganz still und erreichte durch seine bloße Anwesenheit, dass sich die Klauen streckten. Eine Hand verband sich mit der anderen. Sie symbolisierten ein gemeinsames Aufschwingen, frei von Zwängen, vom Festgelegt-Sein. Eine Verwandlung.

Frieden begibt sich mitten in den Unfrieden und wird doch nicht überwältigt. Lässt sich dieses Bild auf uns übertragen? Menschlich gesehen sicher nicht. Böses geht für uns einher mit Machtmissbrauch, Gewalt, Unterdrückung und Unfreiheit. Unser Leben ist oft genug geprägt durch Unfrieden. Über uns wird Macht ausgeübt, und wir sind Zwängen unterworfen. Wir leben, wenn vielleicht auch nicht äußerlich, doch oft innerlich in Unfreiheit und daher nicht in Frieden.

Frieden gepaart mit Freiheit, beides nur im Doppelpack – das wollen wir als Menschen. Freiwillig werden wir uns nicht in den Unfrieden begeben. Nach menschlichem Ermessen ist so nichts zu bewirken. Doch Gott – voller Güte – hat diesen Weg gewählt, um uns aus dem Bösen herauszuführen. In Christus begab er sich mitten in den Unfrieden. Wer vor ihm die Waffen der Selbstverteidigung und Selbstgerechtigkeit streckt, erlebt, wie er sich mit Christus aufschwingen kann zu einem neuen Leben – frei von Zwängen und frei von Schuld, egal wie die Umstände aussehen.

Gott, der mächtig und gewaltig ist, übersteigt alle menschlichen Vorstellungen und Maßstäbe. Das ist es, was er in diesem Text sagt. Er setzt Macht und Stärke ein, um uns Frieden zu geben – inmitten von allem Unfrieden. Frieden, der Freiheit und Unabhängigkeit schafft inmitten von Zwängen und Unterworfensein. Inneren Frieden, der gelassen macht, weil wir wissen, dass menschliche Macht immer begrenzt ist. Gottes Friede macht uns königlich unabhängig von Menschen, aber kindlich abhängig von ihm.

Am Morgen kehrt die Freude zurück

Hannelore Illgen

Psalm 30, 6

Es gibt nichts Bewegenderes, als Gott zu danken und ihn zu loben, wenn wir durch eine schlimme Zeit oder verzweifelte Situation gegangen sind – vielleicht sogar mit dem Tod vor Augen. Selbst wenn wir davon nach langer Zeit erzählen, sind wir noch ergriffen. Der Dank kommt leicht über die Lippen – sei es für Bewahrung bei Unfällen, Heilung von todbringender Krankheit oder das Erleben von Versöhnung, die wir nicht mehr erwartet haben. Wie können wir singen, wenn schwere Zeiten überwunden sind, wenn es nach scheinbar nie enden wollender Nacht letztlich doch Morgen wird!

Doch es gibt auch andere Erlebnisse. Wenn selbst verschuldetes Unglück zuschlägt, ist das bitter – Versäumtes, das nicht nachgeholt werden kann und dessen Konsequenzen mich oder, schlimmer noch, einen anderen treffen. Welche Seelenqualen können da entstehen! Oftmals finden sie Ausdruck in Schlaflosigkeit, Tablettenkonsum, Esssucht, Magersucht, Trinken ...

Manch einer ist ein Leben lang nicht über eine furchtbare Situation hinweg gekommen. Viele sind stumm geworden, haben das Erlebte tief verdrängt und die Sprache darüber verloren. Es gelang ihnen nie, es in Worte zu fassen. Wohl dem, der wenigstens das kann! Darüber sprechen bedeutet ja schon, den ersten Schritt aus der Tiefe zu tun.

Mich beeindruckt, dass König David genau das konnte: Er schreit seine Not heraus, gibt seiner Klage Raum – in vielen seiner Lieder. Und zwar allein seinem Gott gegenüber. Ja, darf ein Mensch das denn? Besonders, wenn er genau weiß, dass ihn Gottes Zorn zu Recht getroffen hat (Vers 6)?

Offensichtlich. David bittet Gott flehentlich um Erbarmen, er versucht sogar, mit ihm zu verhandeln. Und – wie über Nacht – findet eine Verwandlung statt, wird aus seiner Klage Freude, die sogar nach außen dringt. Etwas Neues, ein neuer Morgen, ein neuer Anfang ist geschaffen!

Wie ist das möglich? Durch Gnade (Vers 5), das «unverdiente Geschenk» von Gott. Um sie zu erfahren, muss es manchmal erst Nacht über mir werden. Nacht wird oft mit dem Tod verglichen, wenn die menschlichen Möglichkeiten vollkommen am Ende sind. Erst wenn ich so weit bin, kann Gott Auferstehung schenken, kann er den neuen Morgen, einen Neuanfang schaffen. Und das tut unser Gott! In solcher Stärke, dass mir nur noch der Jubel, der Freudentanz, das Loblied, der ewige Dank bleiben.

Das können Sie – auch für das stärkste Nachterlebnis Ihres Lebens – glaubensvoll erwarten!

FRIEDEN

Brigitte Grill

**Jesus sagt: «Warum habt ihr solche Angst?
Habt doch Vertrauen zu mir!»
(Matthäus 8,26).**

Herr,
wenn die stürmischen Wasser hereinbrechen,
mein Lebensboot ins Wanken kommt und ich zu sinken drohe,
bist du doch mein fester Anker.

Du lässt mich nicht untergehen in der Not.
Wind und Wetter gehorchen dir.
Beruhige du auch den Sturm in meinem Leben,
wende das Unheil ab, glätte die Wogen.
Du bist mein Friede.

alle, die ihr seine Gnade erfahren habt!
Dankt ihm und bezeugt: Er ist der heilige Gott!
6 Nur einen Augenblick streift uns sein Zorn,
aber ein Leben lang währt seine Güte.
Wenn wir am Abend noch weinen und traurig sind,
so können wir am Morgen doch vor Freude wieder jubeln.

7 Als ich erfolgreich war und in Sicherheit lebte,
dachte ich: «Was kann mir schon passieren?»
8 Denn du, Herr, hast mein Königreich aufblühen lassen,[a]
alles hatte ich deiner Güte zu verdanken.
Dann aber hast du dich von mir abgewandt,
und mich packte das Entsetzen.
9 Ich flehte um Erbarmen und schrie zu dir:
10 «Was hast du davon, wenn ich jetzt sterbe?
Kann ein Toter dir noch danken,
kann er deine Treue noch rühmen?
11 Herr, höre mich! Hab Erbarmen und hilf mir!»

12 Du hast mein Klagelied in einen Freudentanz verwandelt.
Du hast mir die Trauerkleider ausgezogen
und mich mit einem Festgewand bekleidet.
13 Nun kann ich dich mit meinen Liedern loben,
nie will ich verschweigen, was du für mich getan hast.
Immer und ewig will ich dir danken, mein Herr und mein Gott!

Bedrängt, bedrückt, aber nicht besiegt!

31 Ein Lied Davids.
2 Bei dir, Herr, suche ich Schutz.
Laß meine Feinde mich nie besiegen!
Hilf mir und rette mich, du gerechter Gott!
3 Höre mein Gebet! Hilf mir schnell!
Bringe mich in Sicherheit!
Wie in einer Burg auf hohem Berg beschütze mich!

4 Ja, Herr, du tust es:
du bietest mir Schutz, du bist meine Burg!
Du wirst mich führen und leiten, wie du es versprochen hast!
5 Du wirst mich aus der Schlinge ziehen,
die meine Feinde mir heimlich gelegt haben!
Ja, du bist meine einzige Zuflucht.

a) So nach der griechischen Übersetzung. Der hebräische Text lautet: Du hattest mich auf feste Berge gestellt.

[6] Mit Leib und Seele vertraue ich mich dir an,
denn du erlöst mich, Herr, du treuer Gott!

[7] Ich hasse es, wenn Menschen anderen Göttern nachlaufen,
daher vertraue ich dem Herrn.
[8] Ich juble vor Freude, weil du mich liebst.
Dir ist meine Not nicht entgangen;
du hast erkannt, wie niedergeschlagen ich bin.
[9] Du hast mich vor meinen Feinden bewahrt;
jetzt bin ich frei, zu gehen, wohin ich will.

[10] Herr, erbarme dich über mich,
denn ich weiß weder aus noch ein!
Meine Augen sind vom Weinen ganz verquollen,
ich bin mit meiner Kraft am Ende.
[11] Unter Kummer schwindet mein Leben dahin,
in Seufzen vergehen meine Jahre.
Meine Schuld[a] verzehrt alle Kräfte und lähmt meine Glieder.
[12] Zum Spott meiner Feinde bin ich geworden,
selbst meine Nachbarn verhöhnen mich.
Meine Bekannten erschrecken, wenn sie mich erblicken,
und wer mir auf der Straße begegnet, geht mir aus dem Weg.
[13] Viele haben mich längst vergessen
wie einen Toten, den man begraben hat;
wie ein zerbrochenes Gefäß bin ich,
das achtlos weggeworfen wurde.
[14] Ich merke, wie sie hinter meinem Rücken tuscheln.
Sie wollen mir Angst einjagen und tun sich zusammen,
um mich aus dem Weg zu räumen.

[15] Ich aber, Herr, vertraue dir.
Du bist mein Gott, daran halte ich fest!
[16] Was die Zeit auch bringen mag, es liegt in deiner Hand.
Rette mich vor meinen Feinden und Verfolgern!
[17] Laß mich deine Nähe erfahren, ich gehöre doch zu dir!
Sei mir gnädig und rette mich!
[18] Herr, ich rufe zu dir,
denn ich will nicht an meinen Feinden zerbrechen.
Sie aber sollen scheitern, sie sollen umkommen,
damit sie endlich stumm sind!
[19] Ja, verstummen sollen diese Lügner,
die den Unschuldigen verleumden.
Wie überheblich diese Leute sind,
und wie verächtlich reden sie daher!

a) Die griechische Übersetzung lautet: Meine Sorgen.

Nie mehr Opfer sein

Uschi Marty

Psalm 31, 8–9

Wer kann erfassen, wie groß der Jubel ist, der in den Worten liegt: «Jetzt bin ich frei zu gehen, wohin ich will»? Wahrscheinlich nur, wer es nicht war. In Not sein, niedergeschlagen – diese Erfahrung kann so viele Lebensbereiche betreffen und so viele Situationen beschreiben.

Doch das Wichtigste zuerst: Offensichtlich muss das nicht so bleiben. Da ist das Angebot für einen Ausweg! Will ich ihn finden – und gehen? Das ist die große und wichtige Frage. Manchmal habe ich mich schon so sehr an die negativen Erfahrungen meines Lebens gewöhnt, dass ich den zerstörerischen Kreislauf gar nicht verlassen will.

Ich habe diese Tragik immer wieder vor Augen, wenn ich an meine Eltern denke oder meine Mutter besuche. Sie lebt in tiefer Bitterkeit. Bisher habe ich noch keinen Zugang gefunden, mein Erleben der Liebe, der Vergebung, der Heilung durch Jesus Christus mit ihr zu teilen.

Ich aber bin zum Glückskind geworden. Mangel an Liebe, Geborgenheit, Nestwärme und Vertrauen habe ich hinter mir gelassen oder – genauer gesagt – an Jesus Christus abgegeben, um mir von ihm helfen zu lassen. Er ist Herr über Raum und Zeit und hat mich aus dem alten Erfahrungsmuster herausgelöst. Vergangenes begrenzt ihn nicht, die Gegenwart lebt er gern mit mir, und die Zukunft ist viel versprechend! Ich habe allen Grund, in das Psalmwort einzustimmen: «Ich juble vor Freude, weil du mich liebst.» Die Zeit, in der ich Opfer war, ist vorbei. Aus Beengungen und Begrenzungen hat Jesus mich in die Freiheit hinausgeführt. Ich freue mich an den kleinen und großen Siegen im Leben und darf meine Zukunft an der Hand meines Herrn und besten Freundes verantwortlich gestalten. Denn ich bin geliebt.

[20]Doch groß ist deine Güte, Herr!
Du hältst sie bereit für die Menschen,
die dich ernst nehmen.
Vor aller Augen zeigst du sie denen,
die bei dir Zuflucht suchen.
[21]Du gibst ihnen Schutz in deiner Nähe,
so kann ihnen keine Verschwörung etwas anhaben.
Du bewahrst sie vor dem zänkischen Geschwätz ihrer Feinde.
[22]Gepriesen sei der Herr!
Ich war eingeschlossen in einer belagerten Stadt,
doch auch dort habe ich deine wunderbare Liebe erfahren.
[23]Entsetzt hatte ich schon gedacht:
«Herr, du hast mich verstoßen!»
Du aber hörtest mich, als ich um Hilfe schrie.

[24]Liebt den Herrn, alle, die ihr ihm gerne dient!
Wer treu zu ihm hält, steht unter seinem Schutz,
doch wer ihm selbstgerecht begegnet,
dem zahlt er es doppelt heim.
[25]Seid stark und mutig, alle, die ihr dem Herrn vertraut!

Von Schuld befreit!

32 Ein Lied Davids zum Nachdenken.[a]
Glücklich sind alle, denen Gott ihre Sünden vergeben
und ihre Schuld zugedeckt hat!
[2]Glücklich ist der Mensch,
dem Gott seine Sünden nicht anrechnet,
und der mit Gott kein falsches Spiel treibt!

[3]Erst wollte ich dir, Herr, meine Schuld verheimlichen.
Doch davon wurde ich so schwach und elend,
daß ich nur noch stöhnen konnte.
[4]Tag und Nacht bedrückte mich dein Zorn,
meine Lebenskraft vertrocknete
wie Wasser in der Sommerhitze.
[5]Da endlich gestand ich dir meine Sünde;
mein Unrecht wollte ich nicht länger verschweigen.
Ich sagte: «Ich will dem Herrn meine Vergehen bekennen!»
Und wirklich: Du hast mir meine ganze Schuld vergeben!

[6]Darum sollen auch alle, die dich lieben, Herr,
zu dir beten.

a) Das hebräische Wort «maskil» in den Überschriften der Psalmen 32,42,44,45,52–55, 74,78,88,89,142 bezeichnet Lieder, die Anstöße zum Nachdenken geben sollen.

Hausputz in der Seele

Monica Anna Guedel

Psalm 32, 5

So wie die Sonne durch den Nebel bricht und strahlendes Licht den trüben Tag erhellt, kann es in unserer Seele hell und klar werden, wenn wir unsere Verfehlungen bekennen.

In der Bibel wird berichtet, wie König David eines Tages eine schöne Frau erblickte und mit ihr Ehebruch beging. Sie wurde schwanger. Davids Versuch, seine Vaterschaft zu vertuschen, misslang. Er ließ deshalb Batsebas Ehemann an die vorderste Front des Kampfes stellen, damit er fiel. Danach nahm er die Witwe in seinen Palast auf.

Einige Zeit später sandte Gott den Propheten Nathan zu David. Nathan erzählte dem König die Geschichte zweier Männer: Der eine hatte nur ein Schaf, das er liebte. Der andere dagegen viele. Als der reiche Mann Besuch bekam, wollte er keines seiner eigenen Schafe schlachten, sondern nahm das einzige Schaf des Armen und bereitete es für das Festessen zu.

David war empört über diese Ungerechtigkeit. «Dieser Mann hat den Tod verdient!», rief er. Da antwortete Nathan: «Du bist dieser Mann!» Als David erkannte, dass Gott dem Propheten seinen Ehebruch offenbart hatte, verbarg er seine Schuld nicht länger, sondern fiel auf sein Angesicht und rief: «Ich habe gegen den Herrn gesündigt.» (2. Samuel 11–12).

David war ein Mann nach dem Herzen Gottes (Apostelgeschichte 13,22). Unvollkommen, aber lernfähig und zur Umkehr bereit.

Es braucht viel Mut und Stärke, zu seinen Fehlern zu stehen. «Was werden die anderen von mir denken? Sollte ich nicht lieber lügen?» Die Spirale um Gewinn und Verlust dreht sich permanent in unseren Gedanken.

Erst wenn wir uns fragen: «Was denkt Gott über mich, wenn ich meine Verfehlungen nicht zugebe? Wie groß ist das Leid, das ich anderen mit meiner Sünde zufüge?», bekommen wir den Mut, zu uns zu stehen. Ich kann frei sein von der Angst zu verlieren, denn ich gewinne. Ich gehöre dazu – zu all den Menschen, von denen keiner gerecht ist, auch nicht einer. Nur wer sich schuldig bekennt, kann begnadigt werden.

«Sei nicht wie ein Pferd oder ein Maultier ohne Verstand» (Vers 9), sondern nutze die Chance, dich von allem zu befreien, was dich beschwert! Wahre Lebensqualität ist frei von Sünde. Auf das Bekenntnis der Schuld folgt die Freude der Vergebung, die Würde und Integrität des wieder hergestellten Menschen. Das ist das Leben in Fülle, für das Christus starb.

Wer dich zur rechten Zeit anruft,
der bleibt verschont von den Wogen des Unheils.

7 Bei dir bin ich in Sicherheit;
du läßt nicht zu, daß ich vor Angst und Not umkomme.
Ich singe und juble: «Du hast mich befreit!»
8 Und du sprichst zu mir:[a]
«Ich will dich lehren und dir sagen, wie du leben sollst;
ich berate dich, nie verliere ich dich aus den Augen.
9 Sei nicht wie ein Pferd oder ein Maultier ohne Verstand!
Wenn sie wild ausschlagen, mußt du sie mit Zaum und Zügel bändigen,
sonst folgen sie dir nicht!»

10 Wer Gottes Weisungen in den Wind schlägt,
der schafft sich Not und Schmerzen.
Wer jedoch dem Herrn vertraut, den wird Gottes Güte umgeben.
11 Freut euch an ihm und jubelt laut,
die ihr zum Herrn gehört!
Singt vor Freude, die ihr Gott gehorcht!

Der Herr regiert!

33 Jubelt über den Herrn, alle, die ihr zu ihm gehört!
Preist ihn, denn das ist eure schönste Aufgabe!
2 Dankt dem Herrn auf der Zither
und spielt für ihn auf der Harfe[b]!
3 Singt ihm ein neues Lied!
Schlagt in die Saiten, so gut und so laut ihr könnt!
4 Denn was der Herr sagt, das meint er auch so,
und auf das, was er tut, kann man sich verlassen.
5 Er liebt Recht und Gerechtigkeit,
seine Güte könnt ihr auf der ganzen Erde erfahren.

6 Nur ein Wort sprach er, und der Himmel wurde geschaffen,
Sonne, Mond und Sterne entstanden, als er es befahl.
7 Er sammelte das Wasser des Meeres an einem Ort
und speicherte die Ozeane in Becken.
8 Die ganze Welt soll den Herrn fürchten,
ehrt ihn, ihr Völker der Erde!
9 Denn er sprach, und es geschah,
er befahl, und die Erde war da.
10 Er durchkreuzt die Pläne der Nationen,
er macht die gottlosen Vorhaben der Völker zunichte.

a) Sinngemäß eingefügt.
b) Wörtlich: auf der Harfe mit zehn Saiten.

Ein neues Lied

Ute Zintarra

Psalm 33,3

Als der Reformator Martin Luther nach 1520 daran ging, den Gottesdienst zu erneuern, war ihm auch die Musik wichtig. Selber singen sollte die Gemeinde, deutsche Lieder, und damit den Gottesdienst mitgestalten und miterleben! Aber – «woher nehmen und nicht stehlen»? Von deutschen geistlichen Liedern gab es nur wenige; und so fing Luther an, neue Lieder zu schreiben. Es war also wirklich so, als wollte er damit dem Psalmisten Antwort geben auf seine Aufforderung «Singet dem Herrn ein neues Lied!» Aber nicht alles, was dann entstand, war wirklich brandneu, das wäre ja auch gar nicht zu schaffen gewesen. Luther stand auf dem Standpunkt: «Der Teufel braucht nicht alle schönen Melodien für sich allein zu besitzen.» Und so nahm er zum Beispiel populäre weltliche Melodien – und «taufte» sozusagen die Noten, indem er ihnen geistliche Texte unterlegte. Somit waren neue Lieder da und standen bereit, gesungen zu werden, Gott zur Ehre.

Und wie ist es heute? Die Zahl der Töne ist zweifellos begrenzt, und es gibt schon unendlich viele Lieder. Kann es also überhaupt noch neue Lieder geben? Oder müssen wir sagen: «Tut uns Leid! Wir haben nichts Neues mehr zu singen für den Herrn?» Und wenn dann noch dazu kommt, dass wir gar nicht richtig singen, geschweige denn ein Instrument spielen können? Was dann?

Die Aufforderung, dem Herrn ein neues Lied zu singen, findet sich in Psalm 33 im dritten Vers einer Reihe von Aufrufen: «Jubelt, dankt, singt!» Aber keine Begründung findet sich hier, warum über Gott nun gejubelt, ihm gedankt und gesungen werden soll. Die folgt erst danach.

Ich verstehe es so: Jubeln, Danken, Singen allein aus dem Grund, weil Gott Gott ist. Und weil er nicht nur Gott ist für ausgewählte Zeiten – Gottesdienst oder Chorprobe –, für ausgewählte Orte – Gemeindehaus oder Kapelle –, oder für besonders positive Gefühle und Erwartungen. Nein, «jubelt, dankt, singt» meint: Denkt immer wieder daran, dass ihr vor dem allmächtigen und barmherzigen Gott lebt. Und dann übt einen Lebensstil ein, bei dem alles, das Singen und Spielen, aber auch das Kochen und Abwaschen und Wäschebügeln und überhaupt alles Alltägliche mit Gott zu tun hat. Ihm Freude macht. Ihn ehrt.

Das neue Lied zu singen mag für unmusikalische Menschen in der Tat etwas schwierig sein. Aber vielleicht ist es so gemeint: Indem ich neu ergriffen bin von Gott, indem ich mich ihm neu dankbar zuwende, hat mein Lebenslied einen schönen und immer wieder neuen Klang für ihn.

[11]Doch was er sich vorgenommen hat, das tut er;
seine Pläne sind gültig für alle Zeit.

[12]Glücklich ist die Nation, deren Gott der Herr ist!
Freuen kann sich das Volk,
das er als sein Eigentum erwählte!

[13]Der Herr schaut vom Himmel herab und sieht jeden Menschen.
[14]Von seinem Thron blickt er nieder
auf alle Völker der Erde.
[15]Er gibt ihnen die Fähigkeit zum Denken und Handeln;
über alles, was sie tun, weiß er Bescheid.

[16]Kein König siegt durch seine Streitkräfte;
kein Soldat kehrt heil aus der Schlacht zurück,
nur weil er so stark ist.
[17]Wer meint, Reiterheere bringen den Sieg,
der hat sich getäuscht.
Sie können noch so groß sein
und dennoch vernichtend geschlagen werden.
[18]Der Herr aber beschützt alle,
die ihm gehorchen und auf seine Gnade vertrauen.
[19]Er bewahrt sie vor dem sicheren Tod,
und in der Hungersnot erhält er sie am Leben.

[20]Wir setzen unsere Hoffnung auf den Herrn,
er steht uns bei und rettet uns.
[21]Er ist unsere ganze Freude;
wir vertrauen ihm, dem heiligen Gott.
[22]Herr, laß uns deine Güte erfahren,
wir hoffen doch auf dich!

Niemand muß verzweifeln!

34 Von David. Er verfaßte dieses Lied, nachdem er sich vor Abimelech wahnsinnig gestellt hatte und darum weggejagt wurde.[a]

[2]Ich will den Herrn allezeit preisen;
nie will ich aufhören, ihn zu rühmen.
[3]Mit Leib und Seele lobe ich ihn;
wer entmutigt ist, soll es hören und sich freuen!
[4]Preist mit mir diesen großen Herrn,
laßt uns gemeinsam seinen Namen bekannt machen!

a) 1. Samuel 21,11–16. Der dort genannte Achisch, König von Gat, trägt hier die Würdebezeichnung für Philisterkönige «Abimelech», d. h. «Königsvater».

5 Als ich den Herrn um Hilfe bat, antwortete er mir
und befreite mich von meinen Ängsten.
6 Wer zum Herrn aufschaut, der strahlt vor Freude,
und sein Vertrauen wird nie enttäuscht.
7 Ich war am Ende, da schrie ich zum Herrn,
und er hörte mich;
aus aller Bedrängnis hat er mich befreit.

8 Der Engel des Herrn stellt sich schützend vor alle,
die Gott ernst nehmen, und bringt sie in Sicherheit.
9 Probiert es aus und erlebt selbst, wie gut der Herr ist!
Glücklich ist, wer bei ihm Zuflucht sucht!
10 Begegnet dem Herrn mit Ehrfurcht,
alle, die ihr zu ihm gehört!
Denn wer ihn ernst nimmt, der muß keinen Mangel leiden.
11 Selbst kräftige junge Löwen finden manchmal keine Beute
und müssen hungern,
wer aber dem Herrn gehorcht, dem fehlt es an nichts.
12 Ihr jungen Leute, hört mir zu!
Ich will euch zeigen, wie ihr dem Herrn dienen könnt!
13 Wollt ihr das Leben genießen und gute Tage erleben?
14 Dann paßt auf, was ihr redet:
Lügt nicht und verleumdet niemanden!
15 Wendet euch ab von allem Bösen und tut Gutes!
Setzt euch unermüdlich und mit ganzer Kraft für den Frieden ein!
16 Denn Gott sieht mit Freude auf solche Menschen
und wird ihre Gebete erhören.
17 Alle jedoch, die Böses tun,
werden seinen Zorn zu spüren bekommen.
Er sorgt dafür, daß niemand mehr an sie denkt,
sobald sie gestorben sind.
18 Wenn aber aufrichtige Menschen zu ihm rufen,
hört er sie und rettet sie aus jeder Not.
19 Der Herr ist denen nahe, die verzweifelt sind,
und rettet jeden, der alle Hoffnung verloren hat.
20 Zwar bleiben auch dem, der treu zu Gott steht,
Schmerz und Leid nicht erspart;
doch aus allem befreit ihn der Herr!
21 Vor schwerem Schaden bewahrt er ihn,
kein Knochen soll ihm gebrochen werden.
22 Wer Böses tut, den bringt seine Bosheit um;
und wer den Aufrichtigen haßt, muß die Folgen tragen.
23 Doch der Herr erlöst alle, die ihm von Herzen dienen.
Niemand, der bei ihm Zuflucht sucht,
muß sein Strafgericht fürchten.

Gott richtet wieder auf

Doris Reinthaler

Psalm 34, 18–19

Ich halte eine Tasse mit duftendem Kaffee in der Hand. Rings um mich Geplauder und Gelächter. Ein Teller mit Pistazien und eine süße Spezialität aus Persien werden herumgereicht. Einer holt seine Gitarre, wir kennen die Melodie und singen mit. «Dies ist der Tag, den der Herr gemacht...» Noch mehr Leute kommen herein. Die Atmosphäre ist angenehm, fast könnte man vergessen, dass ...

Der Gitarrist erklärt das nächste Lied. Er hat es selbst geschrieben. Über seine Mutter. Wie sehr er sie vermisst. Ihr Gesicht. Ihre Stimme. Ihre Nähe. Die Augen der Männer um mich herum glänzen. Der Mann spielt und singt. Ich spüre die Sehnsucht dieser Menschen nach der Heimat, nach der Mutter – Tausende von Kilometern entfernt. Lebt sie noch? Ist sie schon tot? So wie die Mutter des Jungen, der neben mir sitzt. Dessen Vater sich letzte Woche mit den Schnürsenkeln erhängt hat, weil er das Leben nicht mehr ausgehalten hat. Letzte Woche, hier im Flüchtlingslager. Hier in meinem reichen Heimatland.

Ich sitze auf dem Sessel neben dem Eisenbett. Eine einzige Wolldecke liegt darauf. «Bundeseigentum» und «Fußende» ist da zu lesen. Ich weine. Gott?! Wo bist du nur? Wann, endlich, machst du den menschlichen Grausamkeiten ein Ende? Was ist mit deinem Versprechen: «Doch wenn seine Treuen rufen, hört er sie und rettet sie aus jeder Bedrängnis» (Vers 18 – Luther)?

Bis heute habe ich nicht die Antworten gefunden, die mich wirklich zufrieden stellen, die mich mein Leben ruhig und beschaulich dahinleben lassen. Aber ich erkenne, dass es für Gott andere Dimensionen gibt, dass seine Hilfe meinen Blickwinkel sprengt, über das Vordergründige hinausgeht. Dietrich Bonhoeffer schreibt: «Ich glaube, dass Gott uns in jeder Notlage so viel Widerstandskraft geben will, wie wir brauchen. Aber er gibt sie nicht im Voraus, damit wir uns nicht auf uns selbst, sondern allein auf ihn verlassen. ... Ich glaube, dass Gott ... auf aufrichtige Gebete und verantwortliche Taten wartet und antwortet.»

Gott hat uns niemals versprochen, dass wir auf jede Frage unseres Lebens eine befriedigende Antwort erhalten werden. Aber er hat uns versprochen, uns zu erretten – auch wenn es uns manchmal vorkommt, als würde er sich damit unendlich viel Zeit lassen. Diese Rettung lässt sich nicht auf unser irdisches Leben begrenzen. Auch nicht seine Hilfe. Aber mit allen Fasern unseres Seins ihm zu glauben und auf ihn zu hoffen, gibt uns die Kraft, dem Leid dieser Welt nicht verloren, kraftlos oder gar hilflos gegenüber zu stehen. Denn vor allem kennt er seine «Treuen», und er rettet sie. Auch aus scheinbar ausweglosen Situationen.

Rufmord und kein Ende?

35 Von David.
Herr, widersetze dich denen, die sich gegen mich stellen!
Bekämpfe, die mich bekämpfen!
2 Greif zu den Waffen[a] und eile mir zu Hilfe!
3 Nimm den Speer und stell dich meinen Verfolgern in den Weg!
Versprich mir, daß du mir beistehst!
4 Schimpf und Schande über alle, die mich umbringen wollen!
Sie, die Böses gegen mich planen,
sollen bloßgestellt werden und fliehen!
5 Wie dürres Laub[b] sollen sie vom Wind verweht werden,
wenn der Engel des Herrn sie fortjagt.
6 Ihr Weg sei finster und glatt,
wenn der Engel des Herrn sie verfolgt!
7 Ohne Ursache haben sie mir eine Falle gestellt,
ich habe ihnen doch nichts getan!
8 Ohne Vorwarnung breche das Verderben über sie herein!
In ihre eigene Falle sollen sie laufen und darin umkommen!

9 Ich aber werde jubeln und mich freuen,
wenn der Herr eingreift und mir hilft.
10 Alle meine Glieder werden einstimmen und dich loben:
«Herr, niemand ist wie du!»
Du beschützt den Schwachen vor dem Starken
und rettest den Armen und Wehrlosen vor dem Räuber.

11 Falsche Zeugen treten gegen mich auf
und werfen mir Verbrechen vor, die ich nie begangen habe!
12 Was ich ihnen Gutes getan habe,
zahlen sie mir mit Bösem heim.
Ich bin einsam und verzweifelt.
13 Wenn einer von ihnen schwerkrank war,
zog ich Trauerkleidung an, fastete für ihn
und betete mit gesenktem Kopf.
14 Ich verhielt mich so,
als ob er mein Freund oder Bruder wäre.
Ich trug dunkle Kleider und lief traurig umher –
wie jemand, der um seine Mutter weint.

15 Jetzt aber ist das Unglück über mich hereingebrochen,
und voll Schadenfreude laufen sie zusammen.

a) Wörtlich: Ergreife den kleinen und den großen Schild!
b) Wörtlich: Wie Spreu.

Freitag

Für die Feinde beten

Hannelore Risch

Psalm 35, 13–14

David wird unschuldig verfolgt, sogar von seinen früheren Freunden verleumdet. Man wirft ihm Verbrechen vor, die er nie begangen hat. Wie er darauf reagiert? Er wird von seinen Gefühlen hin und her gerissen: Zuerst wendet er sich an Gott, den Richter. Er bittet ihn: «Verteidige du mich! Beschütze mich vor meinen Feinden und bestrafe du sie!» David verzichtet auf eigene Rache und Selbstverteidiung.

Wie gut, dass wir einen unbestechlichen Richter haben! Das macht uns stark, wenn wir angegriffen werden. Wir können ganz gelassen bleiben, wenn wir unsere Sache Gott übergeben haben. Er wird uns zu unserem Recht verhelfen.

Doch wenn er sein Eingreifen verzögert? Genau das hat David erlebt: Rufmord ohne Ende! Dadurch hat er sich zu Rachegefühlen hinreißen lassen. Er wünscht seinen Feinden den Tod. Sind wir anständiger, wenn wir unsere Widersacher nur dahin wünschen, «wo der Pfeffer wächst»? Oder wenn wir sie am liebsten «auf den Mond schießen» möchten?

David fühlt sich am tiefsten von denen verletzt, für die er Freund und Bruder war. Wenn sie krank waren, hat er für sie gebetet und hat ihr Leid mitgetragen. Genau diese, denen er nur Gutes getan hat, fallen ihm jetzt in den Rücken! Darum ist er zutiefst enttäuscht.

Wie hat Jesus Christus auf Feindschaft und Rufmord reagiert? Er war der einzig Unschuldige, der je über die Erde gegangen ist. Zu jedem die Liebe in Person! Die er geheilt und gesättigt hatte, schrien: «Kreuzige, kreuzige ihn!» Und als er in unvorstellbaren Folterqualen am Kreuz hing, hatte er gegen seine Mörder keine Rachegedanken wie «Vater, verdamme sie!» Sondern er rief: «Vater, vergib ihnen, denn sie wissen nicht, was sie tun!» Er hat für sie gebetet.

Keiner von uns ist unschuldig. Wir alle brauchen lebensnotwendig Gottes Vergebung. Weil er uns hundertprozentig vergibt, wenn wir unsere Schuld bekennen, können auch wir denen, die uns enttäuscht und verletzt haben, alles vergeben. Wir brauchen ihnen nichts mehr nachtragen, nichts mehr anrechnen. Sondern wir können sagen: «Wie Gott mir, so ich dir!»

Auch Leute, die ich nicht kenne, hergelaufenes Gesindel,
ziehen pausenlos über mich her.
16 Zynische Spötter sind es,
wie Hunde fletschen sie ihre Zähne gegen mich.

17 Herr, wie lange willst du noch untätig zusehen?
Wie gereizte Löwen gehen sie auf mich los!
Rette mich! Ich habe doch nur ein Leben!
18 Dann will ich dir in der Gemeinde danken,
vor allem Volk will ich dich loben.
19 Meine Feinde, die mich ohne Grund hassen,
sollen nicht länger über mich triumphieren!
Ohne die geringste Ursache hassen sie mich
und zwinkern einander vielsagend zu.
20 Was sie sagen, dient nicht dem Frieden,
und gegen friedfertige Menschen
erfinden sie falsche Anschuldigungen.
21 Sie reißen das Maul weit auf und rufen mir zu:
«Haha! Da haben wir's! Wir haben genau gesehen,
was du getan hast!»
22 Herr, du siehst, was hier gespielt wird!
Schweige nicht länger und bleib nicht fern von mir!
23 Greif doch endlich ein und verschaffe mir Recht!
Mein Herr und mein Gott, führe du meinen Rechtsstreit!
24 Weil du ein gerechter Richter bist,
wirst du mich freisprechen, Herr, mein Gott!
Dann können sie mich nicht länger schadenfroh verhöhnen.
25 Niemals mehr sollen sie sagen können:
«Ha, wir haben's geschafft! Den haben wir fertiggemacht!»
26 All denen, die sich über mein Unglück freuen,
soll ihr böser Plan mißlingen.
Schimpf und Schande über diese großspurigen Leute!

27 Doch alle, die meinen Freispruch wünschen,
sollen vor Freude jubeln und immer wieder sagen:
«Der Herr ist groß! Er will, daß jeder, der ihm dient,
in Frieden leben kann.»
28 Ich will immer davon reden, wie gerecht du bist
und wie gerecht du handelst.
Tag für Tag will ich dich loben!

Gott kennen ist Leben!

36 Von David, dem Diener des Herrn.
2 Der Gottlose wird durch und durch von der Sünde beherrscht;
vor Gott fürchtet er sich nicht.

Vergebung

Evelyn Christenson

Seid vielmehr freundlich und barmherzig, immer bereit, einander zu vergeben, so wie Gott euch durch Jesus Christus vergeben hat (Epheser 4,32).

Ich plante ein Gebetsfrühstück. Da ich wusste, dass in meiner neuen Gemeinde Menschen in einer Gebetskette kontinuierlich für bestimmte Anliegen beten, bat ich, auch für mich zu beten. Die Leiterin der Gebetskette sagte zu. Als ich von dem Gebetsfrühstück zurückkam, rief ich sie an und dankte ihr. Sie sagte jedoch: «Wir haben nicht gebetet.» «Warum nicht?», fragte ich erstaunt. «Nun, eine Frau sagte, in dieser Gebetskette beten wir nicht für Konferenzsprecher.»

Darüber war ich erschrocken. Die Frau, die dies gesagt hatte, besaß Autorität in der Gemeinde – und gerade sie hatte das Gebet aufgehalten. Später fand ich heraus, was sie wirklich gesagt hatte: «Wir beten in dieser Gemeinde nicht für Evelyn Christenson!» Ich war verletzt, erschrocken und betroffen.

Nach einiger Zeit sprang mir beim Bibellesen ein Satz direkt in die Augen: «Wenn einer von euch so lebt, dass er Ärgernis erregt ...» (2. Korinther 2,5). Das war mein Problem! Gott wusste davon. Er wusste, dass ich verletzt war. Und er verstand meinen Kummer. Er brachte mir ins Gedächtnis, was geschehen war. Meine Freunde waren sehr zornig über jene Frau, die das Gebet verweigert hatte. Sie ihrerseits hatte einige Freunde, die wiederum über meine Freunde ärgerlich waren. Beide Gruppen bekämpften sich nun. Ich las weiter: «Jetzt müsst ihr ihm vergeben und ihn ermutigen ...» (2. Korinther 2,7). Für mich bedeutete dies: Du – diejenige, die gelitten hat – musst verzeihen! Das war es, was Gott von mir verlangte. Doch meine eigene Liebe war dafür nicht stark genug, daher bat ich Gott um seine Hilfe.

Als ich das nächste Mal in der Gemeinde war, dachte ich, ich könnte mit Gott einen Handel eingehen. «Gott, wenn du möchtest, dass ich dieser Frau heute meine Liebe bekunde, lass sie am hinteren Ausgang stehen, bevor ich den Saal verlasse.» Ich saß in der letzten Reihe, sie ganz vorne. Ich hatte es geschafft! Aber Gott nahm mich beim Wort. Als ich aufstand, war sie bereits da. Ich ging auf sie zu, ohne etwas vorzutäuschen. Wirklich von ganzem Herzen legte ich meine Arme um sie und sagte: «Ich möchte, dass du weißt, dass ich dich liebe.» Sie fing an zu weinen. «Und du sollst wissen, dass mein Mann und ich für deinen Bibelkreis beten.»

Gemeinsam brachten wir die Sache in Ordnung. Es war mir eigentlich nicht bewusst, aber wir schlossen vor den Augen ihrer und meiner Freunde Frieden.

[3]Er bildet sich etwas darauf ein,
Unrecht zu tun und andere zu hassen.[a]
[4]Was er sagt, ist Lug und Trug.
Längst hat er aufgehört, sinnvoll zu handeln
und Gutes zu tun.
[5]Noch vor dem Einschlafen schmiedet er finstere Pläne.
Bewußt hat er sich für das Böse entschieden
und läßt sich davon nicht abbringen.

[6]Herr, deine Güte ist unvorstellbar weit wie der Himmel,
und deine Treue reicht so weit, wie die Wolken ziehen.
[7]Deine Gerechtigkeit ist unerschütterlich
wie die mächtigen Berge,
deine Entscheidungen sind unermeßlich wie das tiefe Meer.
Mensch und Tier erfahren deine Hilfe, o Herr!
[8]Wie kostbar ist deine Güte, o Gott:
Bei dir finden Menschen Schutz und Sicherheit.
[9]Aus deinem Überfluß schenkst du ihnen mehr als genug,
mit Freude und Wonne überschüttest du sie.[b]
[10]Du bist die Quelle – alles Leben strömt aus dir.
In deinem Licht sehen wir das Licht.
[11]Erhalte deine Liebe denen, die dich kennen,
und zeige deine Treue allen, die dir von ganzem Herzen dienen!
[12]Laß nicht zu,
daß hochmütige Menschen meine Ehre in den Dreck ziehen
und daß Unheilstifter mich fortjagen!
[13]Da! Sie stürzen zu Boden
und sind unfähig, wieder aufzustehen!

Von Gott gehalten

37 Von David.

Entrüste dich nicht über die Unheilstifter
und beneide nicht die Menschen, die Böses tun!
[2]Denn sie verdorren so schnell wie Gras,
wie Blumen welken sie dahin.
[3]Verlaß dich auf den Herrn und tue Gutes!
Bleibe in Israel, dem verheißenen Land,
und halte dich immer an die Wahrheit!
[4]Freue dich über den Herrn;

a) Oder: Er bildet sich viel zuviel auf sich ein, um sein Unrecht einzusehen oder es gar zu hassen.
b) Wörtlich: Sie trinken sich satt am Fett deines Hauses, und du tränkst sie mit dem Strom deiner Wonnen.

Montag

Eine grosse und standhafte Liebe

Sigrid Arnold-Levey

Psalm 36, 6

Jesus hat die Welt einmal mit einem Weizenfeld verglichen, auf das sein Besitzer gutes Saatgut sät, dann aber ein Feind heimlich Unkrautsamen streut (Matthäus 13,24–30;36–42). Sorgenvoll entdecken die Feldarbeiter später die rätselhafte Vermischung des Unkrauts mit dem wertvollen Saatgut. Ihre Überraschung ist groß, als der Landwirt entscheidet, abzuwarten und nichts gegen das sprießende Unkraut zu tun, bis das Getreide reif zur Ernte ist. «Das Wurzelgeflecht des jungen Unkrauts ist weitaus stärker entwickelt als das des Weizens», mag er ihnen erläutert haben. «Wenn wir das Unkraut jetzt entfernten, würden wir die zarten Weizenkeime mit herausziehen und die Ernte verlieren.»

Später erklärt Jesus seinen Jüngern die Bedeutung dieses Gleichnisses. Er ist der Besitzer des Feldes: ihm gehört die Welt. Er weiß, dass auf ihr gute und böse Menschen in enger Gemeinschaft miteinander leben, kennt die vielfältigen Verflechtungen zwischen Menschen, die Gott dienen, und Menschen, die Gott hassen. Doch seine Liebe und Fürsorge gilt ihnen gleichermaßen. Er schenkt Gesundheit, langes Leben, Kreativität, Erfolg und Bewahrung – bis am Ende der Zeiten eine endgültige Trennung stattfindet und Satan mit denen gerichtet wird, die unter seiner Herrschaft stehen.

David bittet Gott um Schutz vor Menschen, die das Böse als gut, das Gute als böse bewerten und ihre wahren Ziele und Pläne vor anderen bewusst verbergen. Er weiß, solche Menschen haben Wahrheit mit Lüge vertauscht. Ihr Gewissen ist getrübt, und sie fühlen sich wohl in der Gemeinschaft mit Menschen, die Böses tun.

David rühmt Gottes unvorstellbare Güte und Treue, seine unumstößliche Gerechtigkeit und Unparteilichkeit: für ihn sind sie so unverrückbar, zuverlässig und vertrauenswürdig wie die mächtigen Berge. So gestärkt, kann er im Glauben getrost auf Gottes zukünftiges Handeln an seinen Feinden warten.

Auch wenn Gott es zulassen sollte, dass ich es mit bösen Menschen zu tun habe, will ich ihm und seiner unumstößlichen Gerechtigkeit vertrauen. Denn unendlich ist seine Macht, mich zu schützen, unermesslich tief seine Gedanken – wie das Meer –, unbegreiflich seine Entscheidungen und Pläne! Ich weiß, er kennt mich und liebt mich. Das tröstet mich, denn dann werden mir alle Dinge zum Besten dienen.

er wird dir alles geben, was du dir von Herzen wünschst.
[5] Vertrau dich dem Herrn an
und sorge dich nicht um deine Zukunft!
Überlaß sie Gott, er wird es richtig machen.
[6] Daß du ihm treu bist, wird dann keiner mehr leugnen können;
daß du recht hast, wird für jeden sichtbar sein.
[7] Sei geduldig und warte darauf, daß der Herr eingreift!
Entrüste dich nicht, wenn Menschen böse Pläne schmieden
und ihnen dabei alles gelingt!
[8] Laß dich nicht von Zorn und Wut überwältigen,
denn wenn du dich ereiferst, gerätst du schnell ins Unrecht.

[9] Wer Böses tut, den wird Gott ausrotten.
Wer jedoch dem Herrn vertraut, der wird das Land besitzen.
[10] Es dauert nicht mehr lange,
dann ist es mit den Bösen aus und vorbei!
Wo sind sie geblieben?
Nicht die Spur wirst du noch von ihnen finden!
[11] Doch alle, die auf Gewalt verzichten,
werden dann das Land besitzen
und ihr Glück kaum fassen können.
[12] Zähneknirschend planen die Gottlosen Böses gegen alle,
die Gott die Treue halten.
[13] Der Herr aber lacht über sie, weil er weiß:
der Tag der Abrechnung kommt!
[14] Gewissenlose Leute zücken ihr Schwert
und spannen den Bogen.
Sie wollen die Unterdrückten und Wehrlosen töten
und alle beseitigen, die aufrichtig sind.
[15] Doch ihr Schwert dringt ihnen ins eigene Herz,
und ihre Bogen zersplittern.

[16] Lieber wenig besitzen und tun, was Gott will,
als in Saus und Braus leben und Gott verachten.
[17] Denn der Herr läßt machtgierige Menschen scheitern,
aber er kümmert sich liebevoll um alle,
die ihm treu bleiben.
[18] Tag für Tag sorgt er für sie;
das versprochene Land bleibt für immer ihr Besitz.
[19] In Zeiten der Not werden sie nicht umkommen.
Sogar dann, wenn Hunger herrscht, macht der Herr sie satt.
[20] Die Gottlosen jedoch gehen zugrunde.
Die Feinde des Herrn verschwinden so schnell,
wie Wiesenblumen verblühen;
wie Rauch werden sie vergehen.
[21] Der Gewissenlose leiht sich Geld
und zahlt es nicht zurück.

Dienstag

Vergiss mich nicht!

Silke Janssen

Psalm 37, 4

Im Jahr 1993 verwüstete der Hurrikan «Andrew» in Florida weite Teile des Landes: Dächer wurden abgerissen, Gebäude fielen wie Kartenhäuser in sich zusammen und ganze Schneisen waren in Wohnviertel geschlagen. Bilder der Verwüstung gingen um die Welt und lösten eine Welle der Hilfsbereitschaft, der Gebete und des Mitgefühls aus.

Im Fernsehen war damals auch ein Haus zu sehen – oder besser gesagt, was davon übrig geblieben war –, an das die obdachlos gewordene Familie ein Schild angebracht hatte: «Bitte vergesst uns nicht – wir sind noch am Leben.»

Manchen Christen geht es ähnlich, wenn sie an Gott denken. Sie fühlen sich allein gelassen und fragen sich, ob Gott sie vergessen hat. Wie viele Gebete mag es geben, die als Daueranliegen zu Gott kommen, und trotzdem ist eine Erhörung noch nicht in Sicht? Deswegen mag manches Gebet einen ähnlichen Klang haben wie der Hilferuf dieser obdachlos gewordenen Familie: «Bitte Gott, höre mich und vergiss mich nicht – ich bin noch am Leben.»

Wie seltsam scheint da der Ausruf Davids in diesem Psalm zu sein: «Freue dich über den Herrn; er wird dir alles geben, was du dir von Herzen wünschst.» «David, das stimmt so nicht», wird manch einer antworten. «Ich habe von Gott noch lange nicht das bekommen, was ich mir von Herzen wünsche.»

Ist der Ausruf Davids dann nur ein billiges Trostwort nach dem Motto: «Es wird schon»? Wer im Vertrauen zu Gott kommt, wird entdecken: Wenn ich mich über den Herrn freue – unabhängig davon, was bisher in meinem Leben geschehen ist oder nicht –, schmilzt er mein Inneres um. Er «sortiert» meine Herzenswünsche, um mir zu helfen, die echten zu entdecken. Dieser Prozess kann äußerst verwirrend sein. Doch der Psalm, aus dem der Ausruf stammt, ist überschrieben mit der Verheißung: «Von Gott gehalten.» David ermutigt dazu, sich nicht um die eigene Zukunft zu sorgen, sondern sie Gott zu überlassen. Er weiß: «Gott wird es richtig machen.» Der himmlische Vater hat das Leben der Menschen in seiner Hand. Wer das weiß und in dieser Gewissheit voller Vertrauen betet, kann ruhig und gelassen sein.

In die Zukunft ohne Angst

Roswitha Wurm

Psalm 37, 5

Angst? Zukunftssorgen? Probleme und Nöte? Wer kennt das nicht! Von jeher war es das Bedürfnis der Menschen, ein wenig mehr über die Zukunft zu wissen, vorplanen, vorentscheiden zu können! Wahrsager haben regen Zulauf. Ich bin immer wieder erstaunt, wenn mir Nachbarn oder Bekannte erzählen, was ein Wahrsager ihnen zu dieser oder jener Sache mitgeteilt habe. Gebildete Leute vertrauen auf pseudowissenschaftliche Untersuchungen und Phantasien über die Zukunft unserer Erde und des Weltalls.

Ich kenne eine Frau, die fälschlicherweise meinte, ihr Mann würde sie betrügen. Sie ging zu einem Wahrsager und ließ sich die Zukunft für ihre Ehe sagen. Dort erfuhr sie, dass ihre Ehe bald scheitern würde – und so geschah es auch, aber wegen Ehebruch ihrerseits! Diese Frau hatte nach dem Besuch beim Wahrsager für ihre Ehe keine Chance mehr gesehen und wurde dann selber an ihrem Mann schuldig.

Denen, die Gott lieben, sichert sein Wort Geborgenheit zu. Jesus verspricht seinen Jüngern nicht, alles zu wissen, was ihre Zukunft betrifft, aber er kennt ihre Nöte im Blick auf das Morgen.

«Hört also auf, voller Sorgen zu denken: ‹Werden wir genug zu essen haben? Und was werden wir trinken? Was sollen wir anziehen?› Wollt ihr denn leben wie die Menschen, die Gott nicht kennen und sich nur mit diesen Dingen beschäftigen? Euer Vater im Himmel weiß ganz genau, dass ihr das alles braucht. Gebt nur Gott und seiner Sache den ersten Platz in eurem Leben, so wird er euch auch alles geben, was ihr nötig habt. Deshalb habt keine Angst vor der Zukunft! Es ist doch genug, wenn jeder Tag seine eigenen Lasten hat. Gott wird auch morgen für euch sorgen» (Matthäus 6,31–34).

Natürlich ist in unserem Leben alles in Veränderung, nichts ist wirklich fest, außer Gottes Verheißungen. Sie sind ewig gültig. Darum dürfen wir nicht nur getrost, sondern sogar mutig in die Zukunft gehen. Und zwar mit der Zusage Gottes, dass er uns begleiten wird und den Überblick hat!

Doch wer Gott gehorcht, ist freundlich und schenkt gerne.
22 Menschen, die Gott segnet, werden das Land besitzen;
ausrotten aber wird er alle, auf denen sein Fluch liegt.
23 Wenn ein Mensch seinen Weg zielstrebig gehen kann,
verdankt er das dem Herrn, der ihn liebt.
24 Und wenn er einmal fällt, bleibt er nicht am Boden liegen,
denn der Herr hilft ihm wieder auf.

25 Ich bin nun ein alter Mann;
doch in meinem langen Leben traf ich niemanden,
der Gott liebte und dennoch von ihm verlassen wurde.
Auch seine Kinder mußten nie um Brot betteln.
26 Im Gegenteil: Immer konnte er schenken und ausleihen,
und auch seine Kinder wurden von Gott gesegnet.

27 Geh dem Bösen aus dem Weg und tue Gutes,
dann werden deine Nachkommen für immer
im verheißenen Land wohnen.
28 Denn der Herr liebt Gerechtigkeit
und läßt keinen im Stich, der ihn ehrt.
Für alle Zeiten beschützt er ihn,
aber die Nachkommen der Gottlosen wird er vernichten.
29 Alle, die Gott vertrauen,
werden das Land besitzen und es für immer bewohnen.
30 Wer sich ganz auf Gott verläßt,
dessen Worte sind weise und gerecht.
31 Die Gebote seines Gottes trägt er in seinem Herzen,
darum kommt er nicht vom richtigen Weg ab.
32 Wer sich jedoch gegen Gott durchsetzen will,
der nutzt jede Gelegenheit,
um gerechte Menschen aus dem Weg zu räumen.
33 Aber der Herr läßt nicht zu,
daß sie in seine Hände fallen
und unschuldig verurteilt werden.
34 Hoffe auf den Herrn und tue, was er dir sagt!
Dann wirst du zu Ehren kommen,
und er wird dir das verheißene Land schenken.
Du wirst sehen, wie er die Gottlosen ausrottet.

35 Ich sah einen gottlosen Menschen, einen Tyrannen,
der war mächtig wie ein tief verwurzelter Baum,
der alles überragt.
36 Später kam ich wieder vorbei, und er war weg.
Ich suchte nach ihm, doch er war spurlos verschwunden.
37 Achte auf die Menschen, die aufrichtig und ehrlich sind!
Du wirst sehen: auch in Zukunft werden sie in Frieden leben.
38 Doch wer sich von Gott lossagt, der wird umkommen;

seine Zukunft ist der Tod.
39 Der Herr steht denen bei,
die sich nach seinem Willen richten.
Er tröstet und stärkt sie in Zeiten der Not.
40 Bei ihm finden sie Hilfe und Rettung;
ja, er rettet sie vor den Gottlosen
und steht ihnen zur Seite,
denn bei ihm haben sie Zuflucht gesucht.

Zermürbt von Krankheit und Schuld

38 Ein Lied Davids, beim Gedächtnisopfer zu singen.
2 Herr, du läßt mich deinen Zorn spüren.
Ich flehe dich an: Strafe mich nicht länger!
3 Deine Pfeile haben sich in mich hineingebohrt,
deine Hand drückt mich nieder.
4 Weil ich unter deinem Strafgericht leide,
habe ich keine heile Stelle mehr am Körper.
Weil mich die Sünde anklagt, sind alle meine Glieder krank.
5 Meine Schuld ist mir über den Kopf gewachsen.
Wie schwer ist diese Last! Ich breche unter ihr zusammen.
6 Wie dumm war ich, dich zu vergessen!
Das habe ich nun davon: meine Wunden eitern und stinken!
7 Gekrümmt und von Leid zermürbt
schleppe ich mich in tiefer Trauer durch den Tag.
8 Von Fieber bin ich geschüttelt,
die Haut ist mit Geschwüren übersät,
9 zerschlagen liege ich da, am Ende meiner Kraft.
Vor Verzweiflung kann ich nur noch stöhnen.

10 Herr, du kennst meine Sehnsucht, du hörst mein Seufzen!
11 Mein Herz rast, ich bin völlig erschöpft,
und meine Augen versagen mir den Dienst.
12 Meine Freunde und Nachbarn ekeln sich vor meinen Geschwüren.
Sogar meine Verwandten gehen mir aus dem Weg.
13 Meine Todfeinde stellen mir Fallen,
sie wollen mich verleumden und zugrunde richten.
Ja, sie bringen mich in Verruf, wann immer sie nur können.
14 Und ich? Ich tue so, als hätte ich nichts gehört;
ich schweige zu ihren Anklagen wie ein Stummer.
15 Ich stelle mich taub und gebe ihnen keine Antwort.

16 Denn auf dich, Herr, hoffe ich,
du wirst ihnen die passende Antwort geben,
mein Herr und mein Gott!
17 Laß nicht zu, daß sie über mich triumphieren

Donnerstag

SÜNDE BRINGT LEIDEN MIT SICH

Margret Meier

Psalm 38, 4–5

Endlich ist sie in der ersehnten Kur angekommen. Ihre Krankheit und Schwachheit haben der Frau sehr zugesetzt – und das schon seit geraumer Zeit. Der Arzt hatte hinter den Magenproblemen und den langwierigen Hautkrankheiten seelische Ursachen vermutet. Er war sich über die Diagnose nicht so richtig klar geworden. Einige Symptome zeigten deutlich an, dass im Körper etwas in Unordnung war. «Erschöpfung», hatte er es genannt. Die Frau wollte wieder frei und froh leben können und hoffte hier auf Besserung. Ständig an der Grenze der Kraft zu sein verringerte ihre Lebensqualität doch sehr.

Nun hatte sie Zeit zum Nachdenken, Zeit für sich. In der Stille kamen viele Gedanken hoch, die verdrängt worden waren. Ihre wechselnden Beziehungen standen ihr wieder vor Augen. Wie sehr hatte sie sich an Menschen geklammert, immer in der Hoffnung, geliebt zu werden und nicht mehr allein sein zu müssen! Wenn sie ihrer Einsamkeit entfliehen wollte, war sie ständig wieder in Sünde und Versagen hineingefallen.

Der Mensch, der sich von Gott abwendet, ist allein fixiert auf menschliches Glück. Wechselnde Beziehungen, in denen Erfüllung gesucht wird, führen oft zur Enttäuschung. Das Leiden an der eigenen Schwachheit lässt Selbstvorwürfe entstehen. Was man eigentlich erwartet hatte, nämlich Annahme, Liebe und Eheglück, stellt sich nicht ein. Dagegen macht sich wiederholt eine ganz andere Erfahrung breit: immer wieder verlassen zu werden. Wenn das nicht verarbeitet wird, verursacht es seelisches und körperliches Leid.

Aus Sünde entstehen oft ganz logische Folgen – Resultate, die kein anderer böswillig zufügt, sondern die selbst verursacht sind. Der Alkoholiker, der jahrelangen Konsum hinter sich hat, leidet gesundheitlich. Probleme mit der Leber, dem Herzen und der allgemeinen Leistungsfähigkeit stellen sich ein. Der soziale Abstieg ist meistens vorprogrammiert.

Der Vorwurf an Gott, von ihm gestraft zu sein, leugnet die Einsicht in die eigene Schuld. Sünde, die anklagt, wirkt in der Seele nach und führt dazu, dass Menschen sich schlecht fühlen. Sie haben sich selbst in Gefangenschaft hineingebracht. Schwachheit und körperliche Krankheit sind häufig die Folge davon.

Es gibt zwei Wege, darauf zu reagieren. Entweder bleibt man unter dieser Last. Oder man sucht den Weg der Vergebung und Befreiung. Jesus ist in diese Welt gekommen, um unsere Sünde auf sich zu nehmen, damit wir sie bei ihm abladen und wieder frei werden können. Keiner muss in solchem Leiden bleiben, jeder darf durch Jesu Liebe wieder aufatmen und neu beginnen. «Wen der Sohn Gottes frei macht, der ist wirklich frei»(Johannes 8,36 – Luther).

und sich über mein Unglück freuen!
[18] Es fehlt nicht mehr viel, und ich liege am Boden,
ständig werde ich von Schmerzen gequält.
[19] Ich bekenne dir meine Schuld,
denn meine Sünde macht mir schwer zu schaffen.
[20] Übermächtig sind meine Feinde,
und es gibt viele, die mich ohne jeden Grund hassen.
[21] Sie vergelten mir Gutes mit Bösem und feinden mich an,
weil ich das Gute tun will.

[22] Herr, verlaß mich nicht!
Mein Gott, bleib nicht fern von mir!
[23] Komm und hilf mir schnell!
Du bist doch mein Herr und mein Retter!

Viel Lärm um nichts!

39 Ein Lied Davids. Für Jedutun.[a]
[2] Ich hatte mir vorgenommen,
vor bösen Menschen meine Zunge im Zaum zu halten;
ich wollte mich zusammennehmen und nichts sagen,
was man mir als Schuld anrechnen könnte.
[3] Also verstummte ich und sagte kein Wort mehr.
Aber das half mir auch nicht weiter,
mein Schmerz wurde nur noch schlimmer.
[4] Ich fraß den Kummer in mich hinein.
Je mehr ich darüber nachgrübelte,
desto tiefer geriet ich in Verzweiflung.
Ich konnte es nicht mehr länger aushalten – da schrie ich zu Gott:
[5] «Herr, laß mich erkennen, wie kurz mein Leben ist
und wieviel Zeit ich noch habe;
wie vergänglich bin ich doch!
[6] Wie begrenzt ist das Leben, das du mir gegeben hast!
Ein Nichts ist es in deinen Augen!
Jeder Mensch, selbst der stärkste, ist nur ein Hauch, der vergeht –
[7] schnell wie ein Schatten verschwindet er.
Sein Tun und Treiben ist viel Lärm um nichts!
Er häuft sich Reichtümer an und weiß nicht,
was einmal daraus wird.»

[8] Auf was kann ich da noch hoffen?
Herr, du allein bist meine Hoffnung!

a) Nach 1. Chronik 16,41 der Begründer einer Musikgruppe am Tempel zur Zeit des Königs David. Vgl. auch Psalm 62,1; 77,1

[9] Vergib mir alle meine Sünden
und mach mich nicht zum Gespött dieser Narren!
[10] Ich will jetzt schweigen und nichts mehr sagen,
denn du, Herr, du läßt mich leiden!
[11] Befreie mich von den Qualen, die du mir zufügst!
Wenn du mich weiter plagst, komme ich um!
[12] Wenn du einen Menschen wegen seiner Schuld strafst,
dann vergeht das Wertvollste, was er hat – sein Leben.
Es zerfällt wie ein Kleid, das die Motten zerfressen.
Jeder Mensch ist nur ein Hauch, der vergeht.

[13] Höre mein Gebet, Herr, und achte auf meinen Hilfeschrei!
Schweige nicht, wenn du mein Weinen vernimmst!
Denn diese Welt wird nicht für immer meine Heimat sein;
schon meine Vorfahren sind hier nur Gäste und Fremde gewesen.
[14] Strafe mich nicht länger in deinem Zorn,
damit ich mich noch einmal freuen kann,
bevor ich sterben muß und nicht mehr bin!

Echter Gottesdienst

40 Ein Lied Davids.

[2] Voll Zuversicht hoffte ich auf den Herrn,
und er wandte sich mir zu und hörte meinen Hilfeschrei.
[3] Ich war in eine verzweifelte Lage geraten –
wie jemand, der bis zum Hals in einer Grube
voll Schlamm und Kot steckt!
Aber er hat mich herausgezogen
und auf festen Boden gestellt.
Jetzt haben meine Füße wieder sicheren Halt.
[4] Er gab mir ein neues Lied in meinen Mund,
einen Lobgesang für unseren Gott.
Das werden viele Leute hören,
sie werden den Herrn wieder achten und ihm vertrauen.
[5] Glücklich ist, wer sein Vertrauen auf den Herrn setzt
und sich nicht mit den Überheblichen und den Lügnern einläßt!
[6] Herr, mein Gott, du bist einzigartig!
Du hast so viele Wunder getan,
alles hast du sorgfältig geplant!
Wollte ich das schildern und beschreiben –
niemals käme ich zum Ende!

[7] Tieropfer und Speiseopfer allein
können dich nicht zufriedenstellen;
du verlangst nicht, daß man dir Tiere schlachtet

Der abgebrochene Henkel

Ulla Schaible

Psalm 39, 9

Ich erinnere mich an eine Begebenheit aus meiner Kindheit: Beim Geschirrspülen brach mir der Henkel einer Kaffeetasse vom «Sonntagsservice» ab. Heute würde man einfach eine neue Tasse kaufen, doch damals, in der Nachkriegszeit, war das nicht so einfach. Also versuchte ich, den Schaden zu vertuschen, und klebte den Henkel mit Alleskleber wieder an. Man sah nichts!

Bei einem Geburtstagskaffee einige Zeit später – ich sehe das Bild noch vor mir – hielt mein Onkel plötzlich den bloßen Henkel in der Hand. Die Tasse war heruntergefallen, und der ganze Inhalt ergoss sich über den festlich gedeckten Tisch. Der Kleber hatte der Wärme des Kaffees nicht standhalten können. Da blieb mir nichts anderes übrig, als ein Geständnis abzulegen. Die Reaktionen der anderen kann man sich lebhaft vorstellen.

Heute klebe ich keine Henkel mehr an Kaffeetassen. Doch im übertragenen Sinn verhalte ich mich oft nicht viel anders als früher. Ich will gut dastehen vor den anderen! Sie sollen mir nichts nachsagen können! Deswegen versuche ich, eigene Fehler möglichst zu vertuschen oder wegzudiskutieren. Oder ich vermeide es, Dinge zu tun, bei denen man Fehler machen könnte. Ich tue möglichst nichts, wobei etwas «zerbrechen» könnte, wobei ich mir die Hände schmutzig oder etwas falsch machen könnte. Doch das Bemühen endet nicht selten – wenn vielleicht auch nicht ganz so drastisch – wie damals beim Geburtstagskaffee: Am Ende stehe ich nicht so gut da wie erhofft!

Wie befreiend ist es da, einen Gott zu haben, der vergibt! Der Dinge in Ordnung bringt, die nicht in Ordnung sind, der Fehler verzeiht und Schuld abwäscht. Es ist sein Verdienst und nicht meiner, dass ich vor ihm gut dastehen kann! Und wenn ich vor ihm gut dastehe, dann kann ich – hoffentlich – auch vor mir selbst gut dastehen. Daran merke ich, ob ich seine Vergebung ernst nehme.

Ich wünsche mir, dass ich mehr und mehr lerne, Situationen auszuhalten, in denen ich durch irgendwelche Umstände zum «Gespött» anderer Menschen werde. Denn für mein Leben ist es letztlich nicht wichtig, wie ich vor anderen Menschen dastehe, sondern wie ich vor Gott dastehe. Und vor ihm stehe ich gerechtfertigt da – nicht durch mein Bemühen, alles richtig zu machen, sondern dadurch, dass ich den Zuspruch seiner Vergebung angenommen habe.

Nächstenliebe

Helen Lescheid

Seid doch nicht so oberflächlich, sondern urteilt gerecht (Johannes 7,24).

Es war ein wunderbarer Frühlingstag. Also kauften meine beiden Teenager und ich uns etwas zu essen und machten uns auf den Weg in die Natur. Höher und höher ging es den Berg hinauf. Die Sonne schien uns warm auf den Rücken, Berggipfel ragten leuchtend vor uns auf, und kleine Bächlein von geschmolzenem Schnee gluckten fröhlich neben uns.

Allzu schnell war es Zeit für den Heimweg. Meine ältere Tochter setzte sich ans Steuer und drehte den Zündschlüssel um. Der Motor stöhnte einmal kurz auf. Sie versuchte es zum zweiten Mal. Wieder das Gleiche. Verwirrt gab sie mir den Schlüssel. Wieder und wieder versuchte ich, den Wagen anzulassen. Das Stöhnen wurde schwächer, bis es ganz erstarb.

«Wir müssen eben ein Auto anhalten und den Fahrer bitten, uns mit dem Überbrückungskabel zu helfen», sagte ich und öffnete den Kofferraum, wo das Werkzeug untergebracht war – aber da lag kein Kabel! «Na ja, macht nichts. Irgendjemand wird uns schon helfen können.» Ich versuchte, meiner Stimme einen fröhlichen Klang zu geben.

Ich stellte mich an den Straßenrand und hielt die wenigen Autos an, die den Berg herunterkamen. Keiner der Fahrer hatte ein Überbrückungskabel dabei. Keiner bot sich an nachzusehen, ob er uns vielleicht helfen könne. Wir ließen die Motorhaube offen und warteten.

Ein Lieferwagen rumpelte an uns vorbei. Ein plötzliches Dröhnen ließ mich aufsehen. Der Wagen kam rückwärts gefahren. Ein junger Mann, die Arme mit großflächigen Tätowierungen geschmückt, beugte sich aus dem Fenster. «Haben Sie Probleme?», fragte er grinsend. «Ja, aber niemand hat ein Überbrückungskabel dabei», erwiderte ich vorsichtig. «Der kann uns bestimmt nicht helfen», sagte ich mir. «So wie der aussieht!»

«Kein Problem.» Sein Beifahrer beugte sich herüber und strahlte mich an. «Er ist der beste Mechaniker in der ganzen Stadt.»

Während der junge Mann an unserem Auto arbeitete, nahm meine Bewunderung zu. Alle paar Minuten hüpfte meine Tochter hinters Steuer und versuchte, den Wagen zu starten. Endlich sprang der Motor an. Wir bedankten uns herzlich, aber der Mann war noch nicht fertig. «Wir fahren hinter Ihnen her», sagte er, «nur für den Notfall.»

Hin und wieder warf ich einen Blick in den Rückspiegel und sah zu meiner Beruhigung, wie der Lieferwagen uns folgte. Mein vorschnelles Urteil tat mir von Herzen Leid. Wenn ich seitdem versucht bin, einen Menschen abzustempeln, denke ich an den Mann mit den tätowierten Armen. Könnte es vielleicht sein, dass Gottes Engel manchmal tätowiert sind?

und zur Sühne auf dem Altar verbrennt,
aber offene Ohren hast du mir gegeben,
um auf dich zu hören und dir zu gehorchen.
8/9 Deshalb antworte ich:
«Herr, hier bin ich! Im Buch des Gesetzes steht alles,
was du mir zu sagen hast.
Ich will gerne tun, mein Gott, was du von mir erwartest.
Dein Gesetz ist mir ins Herz geschrieben.»
10 Vor der ganzen Gemeinde erzähle ich voll Freude,
daß auf deine Zusagen Verlaß ist.
Nichts kann mich abhalten, davon zu reden – das weißt du, Herr!
11 Nie will ich verschweigen, wie du uns befreit hast.
Vor der ganzen Gemeinde rede ich von deiner Treue und Hilfe;
ich erzähle, wie ich deine Liebe und Zuverlässigkeit erfahren habe.

12 Herr, du wirst mir auch in Zukunft dein Erbarmen nicht versagen,
deine Liebe und Treue werden mich stets bewahren.
13 Unlösbare Schwierigkeiten haben sich vor mir aufgetürmt,
sie nehmen kein Ende.
Meine Verfehlungen haben mich eingeholt,
und die Folgen sind nicht mehr zu überblicken.
Jeder Mut hat mich verlassen.
14 Herr, ich bitte dich:
Rette mich, komm mir schnell zu Hilfe!
15 Wer mir nach dem Leben trachtet,
der soll scheitern und öffentlich bloßgestellt werden.
Wer sich über mein Unglück hämisch freut,
den jage mit Schimpf und Schande davon!
16 Alle, die schadenfroh lästern:
«Haha, das geschieht dir recht!», sollen vor Schreck
erstarren über ihre selbstverschuldete Schande!

17 Aber alle, die sich dir anvertrauen,
werden vor Freude jubeln!
Wer dich als Retter kennt und liebt,
wird immer wieder rufen: «Groß ist der Herr!»
18 Ich bin hilflos und ganz auf dich angewiesen, Herr,
sorge für mich, denn du bist mein Helfer und Befreier.
Mein Gott, zögere nicht länger!

Vom Tod gezeichnet, von Freunden verlassen

41 Ein Lied Davids.

2 Glücklich ist, wer sich für die Schwachen einsetzt!
Wenn ihn ein Unglück trifft,
hilft der Herr ihm wieder heraus.

Montag

Aus dem Sumpf gezogen

Ruth Heil

Psalm 40, 2–4

Ihre Kindheit war ein einziger Scherbenhaufen. Die Mutter starb, als Jutta drei Jahre alt war. Der Vater heiratete wieder. Die neue Mutter wurde schwanger und bekam ein Mädchen. Ab diesem Zeitpunkt war Jutta noch unerwünschter. «Wie kann man nur so hässlich sein», war ein Ausspruch, den sie oft zu hören bekam. Wann immer sie es wagte, wieder einmal in den Spiegel zu schauen, entdeckte sie ein hässliches, ungeliebtes Mädchen darin. Sie hasste sich! Durch gute Noten versuchte sie die Ablehnung wettzumachen, die ihre Stiefmutter ihr entgegenbrachte. Doch alle Anstrengungen bewirkten nur, dass sie noch weiter weggestoßen wurde. Als ein weiteres Kind zur Welt kam, wurde sie zu einer Tante gegeben.

Schließlich hatte sie ihren ersten Freund. Jutta wurde schwanger. Da sie und ihr Freund noch nicht volljährig waren, legte man ihr nahe, das Kind abzutreiben. Danach war ihr letztes bisschen Selbstwertgefühl zerstört. Sie vegetierte mehr dahin, als dass sie lebte.

Irgendwann wurde Jutta zu einem Vortrag eingeladen und hörte von Jesus Christus. Hoffnung erwachte in ihrem Herzen. Sie nahm Jesus Christus in ihr Leben auf. In einem langen Heilungsprozess brachte Gott sie aus dem Schlamm der Vergangenheit in ein erfülltes Leben.

«Sie verzeihen mir, wenn ich offen darüber rede, was ich von mir halte», sagt sie heute mit strahlendem Lächeln. «Ich weiß jetzt: Gott hat mich wunderschön gemacht, und ich danke ihm von Herzen dafür.»

Wenn andere uns bis zum Hals hinein in Schlamm und Kot stecken, stinken wir. Das riechen die Menschen um uns herum und wir selbst auch. Aber da ist eine Hand – Gottes Hand. «Ich ziehe dich heraus und stelle dich auf festen Boden», sagt er.

Als Nächstes mutet er uns zu, dass wir uns waschen. Es reicht nicht, jammernd auf uns herunterzuschauen, wir dürfen entdecken: Ich bin nicht mehr im Schlamm, deshalb brauche ich auch nicht mehr zu stinken. Ich darf anfangen, mich zu säubern von den Aussagen der anderen. Dann bekomme ich auch ein neues Bild von mir. Je mehr ich mich reinige von dem Schlamm der Vergangenheit und den Festlegungen, die jetzt nicht mehr zutreffen, umso mehr weicht auch der üble Geruch! Gott gibt mir ein neues Lied in meinen Mund! Ein Lied – nicht über den Gestank der Grube, sondern über die wunderbare Errettung und über meinen neuen Stand auf dem festem Boden seiner Liebe!

[3]Der Herr wird ihn beschützen und am Leben erhalten;
im ganzen Land wird man von seinem Glück erzählen.
Gott überläßt ihn nicht der Wut seiner Feinde.[a]
[4]Und wenn er auf dem Krankenbett liegt,
steht der Herr ihm zur Seite und hilft ihm wieder auf.

[5]Deshalb bete ich zu dir:
«Herr, ich habe gegen dich gesündigt,
aber sei mir gnädig und mach mich wieder gesund!»
[6]Meine Feinde wünschen mir Böses und fragen hämisch:
«Wann ist er endlich hinüber?
Niemand soll mehr an ihn denken!»
[7]Wenn mich einer von ihnen besucht, heuchelt er Mitgefühl.
In Wirklichkeit sucht er nur Stoff für seine Verleumdungen.
Kaum ist er fort, verbreitet er seine Gerüchte über mich.
[8]Alle, die mich hassen, tun sich zusammen
und tuscheln hinter meinem Rücken.
Sie planen Böses gegen mich und verfluchen mich.
[9]«Die Krankheit soll ihn auffressen!» sagen sie.
«Wer so daniederliegt, steht nicht wieder auf!»
[10]Sogar mein engster Freund, der oft an meinem Tisch saß
und dem ich vertraute, tritt mich mit Füßen.

[11]Du aber, Herr, sei mir gnädig und richte mich wieder auf,
damit ich mit meinen Feinden abrechnen kann!
[12]Laß sie nicht über meinen Tod jubeln,
damit ich erkenne, daß du mich liebst.
[13]Du hältst zu mir, weil ich unschuldig bin.
Für immer darf ich in deiner Nähe bleiben.

[14]Gepriesen sei der Herr, der Gott Israels,
von jetzt an bis in alle Ewigkeit! Amen, amen!

Sehnsucht nach Gott[b]

42 Von den Nachkommen Korahs, zum Nachdenken.
[2]Wie ein Hirsch nach frischem Wasser lechzt,
so sehne ich mich nach dir, o Gott!
[3]Ja, ich dürste nach Gott, nach dem lebendigen Gott.
Wann darf ich in seinen Tempel kommen?
Wann darf ich ihn anbeten?

a) So nach der griechischen Übersetzung. Der hebräische Text lautet: Überlaß ihn nicht der Wut seiner Feinde!
b) Der dreimal wiederkehrende Refrain (Psalm 42,6.12; 43,5) läßt vermuten, daß die Psalmen 42 und 43 ursprünglich zusammengehörten.

Reichtum des Herzens

Sabine Ball

Psalm 41, 1 a

Als ich 1992 zum ersten Mal durch die Dresdner Neustadt ging, war ich so bewegt von dem Elend, dass ich auf der Straße weinte. Die negativen und aggressiven Schmierereien an den Wänden sprangen mir ins Auge. Ich wusste: Ich muss den jungen Menschen helfen, ihnen ein Lebensziel geben. Dort auf der Straße sprach Gott zu meinem Gewissen: «Ich schicke dich hierher.» Doch mein ganzes Empfinden war dagegen: «Ich will aber nicht hier bleiben!» Die Luft war schlecht und dreckig, die Straßen waren schmutzig. Doch auf meine Einwände kam Gottes Zusage: «Nicht du gehst, ich gehe.» Seitdem habe ich es als eine Ehre angesehen, dass Gott mir diese Aufgabe zutraut.

Junge Erwachsene aus den umliegenden Kirchengemeinden unterstützten den Plan, ein Café für entwurzelte Jugendliche zu eröffnen. Wir fanden einen geschlossenen Schnapsladen am Martin-Luther-Platz, wo, umsäumt von tristen Mietshäusern, der Turm der Martin-Luther-Kirche wie ein spitzer, schwarzer Zahn in den Himmel sticht. «Stoffwechsel» und «Kaffee, Klamotten, Kostproben» verkünden heute handgefertigte Schilder. Im Fenster hängen statt Spitzengardinen Second-Hand-Kleider. Vier einfache Holztische, ein paar Stühle und selbst gemachte Lampenschirme – das ist die ganze Einrichtung. Doch unsere gemütliche Stube ist in den vergangenen Jahren vielen Jugendlichen zur zweiten Heimat geworden. Punks, die in Abbruchhäusern wohnen, sind hier ebenso willkommen wie die Straßenkinder, denen ihr Zuhause kein Heim mehr ist.

Jahrzehnte zuvor hätte ich mir so eine Aufgabe nicht im Geringsten träumen lassen. Als ich 1949 das zerbombte Deutschland hinter mir ließ und nach Amerika auswanderte, hatte ich konkrete Pläne: Ich wollte an die Spitze kommen. Ich wusste, dass ich gut aussah, und wollte einen reichen Mann heiraten. Alles verlief nach Plan, und auch das Herz sprach mit. Ich verliebte mich in meinen zukünftigen Mann, doch auch in den Luxus, den er mir bieten konnte. Die Hochzeit fand 1952 im Haus seiner Eltern statt, einem Anwesen mit elf Bädern, Dienern, Chauffeur und einem Swimmingpool in Hotelformat.

Doch der Lebensstil der Highsociety enttäuschte mich. 1963 begann ich in Kalifornien ein neues Leben unter Hippies und Blumenkindern. Aber erst, als ich zum Glauben an Jesus Christus fand, war ich am Ziel meiner Suche. Heute weiß ich: Ich bin eine Dienerin und will von Nutzen sein in dieser Welt. Allerdings: Unsere eigene Kraft ist schnell erschöpft. Wir können so eine Aufgabe nur bewältigen, wenn wir aus Gottes Kraft leben und er die Ehre bekommt. Er steht hinter uns. Und sein Herz schlägt für die Schwachen.

4 Tag und Nacht weine ich, Tränen sind meine einzige Speise,
denn ständig verspottet man mich und fragt:
«Wo bleibt er denn, dein Gott?»
5 Es bricht mir das Herz, wenn ich an früher denke:
Da ging ich dem großen Festzug voran
und führte ihn zum Haus Gottes.
Da konnte ich Gott zujubeln und ihm danken!

6 Warum nur bin ich so traurig?
Warum ist mein Herz so schwer?
Auf Gott will ich hoffen, denn ich weiß:
ich werde ihm wieder danken.
Er ist mein Gott, er wird mir beistehen!

7 Ich stehe auf dem Berg Misar im Hermongebirge.
Hier im Ostjordanland, fern von deinem Tempel,
denke ich voll Trauer an dich.
8 Von den Bergen stürzen Wildbäche tosend in die Tiefe.
Mir ist zumute, als würden die Fluten mich mitreißen
und fortspülen.
9 Tagsüber seufze ich:
«Herr, schenke mir doch wieder deine Gnade!»
Und nachts singe und bete ich zu Gott;
er allein kann mir das Leben wieder geben.
10 Gott, du bist doch mein einziger Halt!
Warum hast du mich vergessen?
Warum läßt du mich leiden unter der Gewalt meiner Feinde?
11 Ihr Hohn dringt mir ins Herz, wenn sie Tag für Tag fragen:
«Wo bleibt er denn, dein Gott?»

12 Warum nur bin ich so traurig?
Warum ist mein Herz so schwer?
Auf Gott will ich hoffen, denn ich weiß:
ich werde ihm wieder danken.
Er ist mein Gott, er wird mir beistehen!

43 O Gott, verschaffe mir Recht
und verteidige mich gegen die Menschen,
denen nichts heilig ist!
Befreie mich von diesen Lügnern und Betrügern!
2 Du bist doch mein Beschützer.
Warum läßt du mich jetzt fallen?
Warum muß ich leiden unter der Gewalt meiner Feinde?
3 Gib mir dein Licht und deine Wahrheit!
Sie sollen mich zurückführen zu deinem heiligen Berg,
zu dem Tempel, wo du wohnst!

Die Luft ist raus

Lynne Hybels

Psalm 42, 6

Ich bin in einer sehr liebevollen Familie aufgewachsen, doch meine Gemeinde war streng und hart. Sie stellte auch Gott als ein sehr forderndes Wesen dar. Bei mir, einem sanften, sensiblen kleinen Mädchen, hat diese Lehre starke Unsicherheit und Schuldgefühle hervorgerufen. Ich meinte, wenn ich jemals Gnade bei Gott finden wolle, müsse ich sehr, sehr hart arbeiten und sehr, sehr lieb sein. Das habe ich auch versucht – jahrelang.

Aber man kann nur eine gewisse Zeit schwer arbeiten und auf Liebe warten – irgendwann hat man keine Kraft mehr dazu. So ging es auch mir. Die Luft war raus. Am liebsten wäre ich morgens gar nicht mehr aufgestanden. Ich war innerlich und äußerlich erschöpft und litt an Depressionen.

35 Jahre lang hatte ich geglaubt, dass man Gott nur gefallen kann, wenn man ständig Gutes tut, schwer arbeitet und unablässig Opfer bringt. Jetzt konnte ich nur noch am Fenster sitzen und nach draußen schauen. Während ich dort saß, wartete ich darauf, Gott in meinem Innern wie mit Donnerstimme sagen zu hören: «Lynne, du bist faul. Und Faulheit ist Sünde. Du denkst nur an dich. Steh auf! Mach dich an die Arbeit!» Aber es kam nicht. Stattdessen vernahm ich eine Stimme, die ich noch nie gehört hatte. Sie sagte: «Ich liebe dich, so wie du gerade bist. Ich möchte, dass du dich ausruhst, dass du am Fenster sitzt und dich an meiner Schöpfung erfreust. Ich möchte, dass du für kurze Zeit aufhörst, für mich zu arbeiten, und es zulässt, dass ich dir diene. Ich bin dein Vater, ich bin stark. Du bist das Kind, du bist schwach und müde. Ich will dich umsorgen und dir helfen, wieder gesund zu werden. Lass mich dich lieb haben!»

Plötzlich wurde mir bewusst, dass ich Gott jahrzehntelang als Sklaventreiber gesehen hatte, der ständig mit der Peitsche knallt. Doch nun erkannte ich, dass er all die Jahre gewünscht hatte, dass ich «langsamer trete». Er hatte mir, bildlich gesprochen, das Kopfkissen aufschütteln, mich liebevoll zudecken und mir versichern wollen: «Es ist alles in Ordnung. Du darfst dich ausruhen.»

Es hat lange gedauert, bis ich wieder gesund war, doch Gott hat mir die Zeit zur Genesung geschenkt. Diese Erfahrung hat meine Beziehung zu ihm maßgeblich beeinflusst. Seitdem nehme ich mir jeden Tag die Zeit, still in der Gegenwart Gottes zu sitzen und mein Herz von seiner Liebe erfüllen zu lassen.

[4] An deinem Altar will ich dich anbeten,
will mich über dich freuen und dir zujubeln.
Dankbar spiele ich dir auf der Zither, dir, meinem Gott!

[5] Warum nur bin ich so traurig?
Warum ist mein Herz so schwer?
Auf Gott will ich hoffen, denn ich weiß:
ich werde ihm wieder danken.
Er ist mein Gott, er wird mir beistehen!

Herr, hast du uns vergessen?

44 Von den Nachkommen Korahs, zum Nachdenken.
[2] Gott, mit unseren eigenen Ohren haben wir's gehört;
unsere Väter haben uns erzählt,
was für große Taten du zu ihrer Zeit vollbracht hast –
doch das liegt schon lange zurück!
[3] Du selbst hast fremde Völker aus dem Land vertrieben
und es unseren Vorfahren überlassen.
Die Völker, die dort wohnten, hast du zerschlagen,
damit unser Volk aufblühen und sich entfalten konnte.
[4] Unsere Vorväter haben das Land in Besitz genommen.
Aber nicht ihre Schwerter,
nicht ihre eigene Kraft verhalf ihnen zum Sieg.
Nein, du hast machtvoll eingegriffen und für sie gekämpft.
Du hast sie durch deine Gegenwart gestärkt
und ihnen deine Liebe gezeigt.
[5] Du bist mein Gott und mein König.
Auf deinen Befehl erringt Israel den Sieg.
[6] Mit deiner Hilfe unterwerfen wir die Feinde;
in deinem Namen bezwingen wir die Gegner.
[7] Ich verlasse mich nicht auf meinen Bogen,
mein Schwert garantiert mir nicht den Sieg.
[8] Du allein befreist uns aus der Gewalt unserer Feinde;
du läßt alle scheitern, die uns mit ihrem Haß verfolgen.
[9] Wir sind stolz auf unseren Gott.
Darum hören wir nicht auf, dir zu danken, Herr.

[10] Und dennoch hast du uns jetzt verstoßen:
Mit einer Niederlage hast du Schande über uns gebracht.
Als unsere Truppen zum Kampf ausrückten, zogst du nicht mit.
[11] Der Ansturm der Feinde war zu stark – wir mußten fliehen,
und in ihrem Haß haben sie uns ausgeplündert.
[12] Du hast uns ans Messer geliefert;
sie haben uns abgeschlachtet wie Schafe.
Wer mit dem Leben davonkam,

Donnerstag

Mein Ruheplatz

Lynne Hybels

Psalm 43, 4

Egal, was in meinem Leben geschieht – in den Augenblicken, die ich bewusst in der Gegenwart Gottes verbringe, finde ich das Allerbeste, denn ich werde zutiefst von seiner Liebe berührt. Bei ihm hat meine Seele ihren Ruheplatz.

Wenn ich die Bibel lese, merke ich, dass Jesus in seinem Umgang mit Frauen sehr persönlich und sanft war. Davon erzählt zum Beispiel die Geschichte der Frau, die eine Alabasterflasche mit kostbarem Parfüm über Jesu Kopf goss. Die Jünger, die mit ihm am Tisch saßen, beschwerten sich darüber, dass die Frau das Parfüm verschwendet hatte – ihrer Meinung nach hätte es verkauft und das Geld den Armen gegeben werden sollen. Zu anderen Gelegenheiten hätte Jesus ihnen gewiss zugestimmt; ich bin sicher, dass er um die Armen besorgt war. Aber an diesem Tag sagte Jesus: «Warum kränkt ihr die Frau durch eure Vorwürfe? Sie hat etwas Gutes für mich getan!» (Matthäus 26, 6–13).

Jesus versteht uns Frauen im tiefsten Innern. Er weiß um die Seite in uns, die nach Möglichkeiten sucht, sich sanft und liebevoll auszudrücken; er kennt die Sehnsucht, auf einer tiefen, innigen Ebene Beziehungen zu pflegen. Ich liebe diese Geschichte, denn wenn Jesus damals die Seele der Frau verstand, weiß ich, dass Gott der Vater sie auch heute versteht. Wir können mit starker Zuversicht in seine Gegenwart treten, weil wir wissen, dass er mit großer Zartheit unsere Herzen berühren wird.

Natürlich gibt es täglich unendlich viel zu tun! Trotzdem müssen wir jeden Tag, zumindest für einige Augenblicke, unsere Augen und Ohren bewusst für das Treiben um uns herum verschließen und zu den Füßen Jesu Platz nehmen. Das ist kein Gebot, sondern eine liebevolle Einladung. Denn jede Einzelne von uns ist Jesus so viel wert, dass er sagt: «Komm und setz dich zu mir. Du brauchst nicht pausenlos herumzurennen. Du brauchst deinen Wert nicht dadurch zu beweisen, dass du dich immer um andere kümmerst. Ich liebe dich. Ich möchte mit dir reden. Ich möchte dich lehren und dir Weisheit, Trost und Kraft geben. Hör mir zu, während ich Worte der Liebe in deine Seele hineinspreche. Du bist mir so viel wert, dass ich dir gerne meine Zeit und meine Aufmerksamkeit schenke. Komm und setz dich zu mir! Lass mich dich lieb haben!»

wurde unter fremde Völker zerstreut.
13 Du hast dein Volk zu einem Spottpreis verkauft,
und was hast du nun davon? Nichts!
14 Mit Hohn und Spott werden wir von unseren Nachbarn überschüttet;
alle lachen über uns.
15 Unter den fremden Völkern ist unsere Niederlage schon
sprichwörtlich, sie schütteln den Kopf über uns.
16 Täglich habe ich meine Schande vor Augen.
Die Schamröte steigt mir ins Gesicht,
17 wenn ich höre, wie uns die Feinde demütigen,
wie diese Rachgierigen über uns lästern.

18 Das Unglück ist über uns gekommen,
obwohl wir dich nicht vergessen haben,
nie haben wir deinen Bund mit uns gebrochen!
19 Niemals sind wir dir untreu geworden,
auch deine Gebote haben wir befolgt.
20 Und doch hast du uns zerschlagen,
wie Schakale hausen wir in Ruinen,
in tiefer Dunkelheit hältst du uns gefangen.
21 Hätten wir dich, unseren Gott, vergessen
und fremde Götter angebetet,
22 dann hättest du es ja sofort bemerkt.
Denn du kennst unsere geheimsten Gedanken!
23 Aber unser Unglück hat einen anderen Grund:[a]
Weil wir zu dir gehören, werden wir überall verfolgt und getötet –
wie Schafe werden wir geschlachtet!

24 Wach auf, Herr! Warum schläfst du?
Wach auf und verstoße uns nicht für immer!
25 Warum verbirgst du dich vor uns?
Hast du unsere Not und unser Elend vergessen?
26 Die Schande drückt uns zu Boden,
besiegt liegen wir im Staub.
27 Greif ein und komm uns zu Hilfe!
Erlöse uns, weil du uns liebst!

Zur Hochzeit des Königs

45 Von den Nachkommen Korahs, zum Nachdenken. Nach der Melodie «Lilie», ein Liebeslied.

2 Mein Herz ist von Freude erfüllt,
ein schönes Lied will ich für den König singen.

a) Sinngemäß eingefügt.

Worauf bin ich stolz?

Maria Czerwonka

Psalm 44, 9

«Ich freue mich, dass ich geboren bin!», trällerte ich als Kind meinen ganzen Geburtstag lang. Diese Freude über mich selbst hatte ihren Ursprung nicht in vollbrachten Leistungen, sondern in der bedingungslosen Annahme meiner Eltern.

In einem gesunden Umfeld sind sich Kinder der elterlichen Liebe sicher – in und trotz aller alltäglichen Niederlagen. Diese Gewissheit ist die Voraussetzung dafür, dass Kinder sich und ihre Bestimmung entdecken und ihre Persönlichkeit heranreifen kann. Leider verlieren viele von uns diese Geborgenheit irgendwann – oder haben sie so nie erlebt. Durch Ansprüche von geliebten Autoritätspersonen – Eltern und anderen – beginnen wir, uns über unsere Leistungen und Misserfolge zu definieren. Erfolgsdruck tritt an die Stelle der natürlichen Geborgenheit und beeinflusst unsere Persönlichkeit mit oft einengenden Maßstäben.

Diese Fehlprägung kann erst korrigiert werden, wenn wir die Annahme und Liebe dessen empfangen und erleben, der uns geschaffen hat. Nicht weil wir so viele gute Taten vollbringen oder so klug sind, sondern einfach, weil Gott in seinem Sohn Jesus seine bedingungslose Liebe beweist – trotz unserer Unzulänglichkeit und unseres Stolzes! Die Freude an ihm und seiner Liebe zu uns ist unsere Stärke und unser Schutz (Nehemia 8,10), sie öffnet uns die Augen für Gottes ursprünglichen Plan für unser Leben und unsere Persönlichkeit.

Der Vater im Gleichnis des Lukasevangeliums, Kapitel 15, ersehnte, erwartete und empfing seinen verlorenen Sohn. Er stand am Tor und hielt nicht etwa Ausschau nach einem erfolgreichen, bewährten Mann oder einem bußfertigen Sünder, sondern nach seinem geliebten Kind, das schmutzig und stinkend nach Hause kam.

Der verlorene Sohn konnte sich wirklich der Liebe seines Vaters rühmen. Diese Liebe bahnte ihm den Weg zu einem neuen Anfang – zur inneren Umkehr und zu seiner Bestimmung, die durch die Freude des Vaters an ihm neu erweckt wurde. Der Bruder des verlorenen Sohnes rühmte sich dagegen seines eigenen Fleißes und hatte so die Freiheit und den Reichtum in der Geborgenheit und Liebe des Vaters verloren.

«Ich freue mich, dass ich geboren bin!» Und ich freue mich, dass er, der Schöpfer des Himmels und der Erde, mich und uns in Liebe und Kreativität wollte. Er sehnt sich nach uns – auch in und trotz aller Irrwege – und nimmt uns durch seinen kostbaren Sohn Jesus erst einmal so an, wie wir zu ihm kommen! Das gibt uns die Geborgenheit, in die wunderbare Bestimmung zu wachsen, die er für uns geplant hat! Wir dürfen wirklich stolz auf ihn sein, uns in ihm rühmen!

Zum Wochenende

Frieden

Elsbeth Lauchenauer

**Jesus sagt: «Auch wenn ich nicht bei euch bleibe,
sollt ihr doch Frieden haben.
Es ist mein Friede, den ich euch gebe;
ein Friede, den sonst keiner geben kann.
Seid deshalb ohne Sorge
und Furcht!» (Johannes 14,27).**

Ich habe Zeit!
Was wichtig ist hat seinen Platz,
bringt Klarheit –
ein kostbarer Schatz.

Ich nehme mir Zeit!
Ruhe und Stille brauchen Raum,
das Gute reift zum Blütenbaum.

Ich lasse mir Zeit!
Ich will entspannt und gelassen
dankbar neuen Mut und Freude fassen.

Ich schenke jetzt Zeit!
Dir und mir.
Ich will ganz Ohr sein,
in Liebe, in Gottes Lichtschein.

Wie ein Dichter seine Feder,
so gebrauche ich meine Zunge für ein kunstvolles Lied:

3 Du bist schön und stattlich wie kein anderer!
Freundlich und voller Güte sind deine Worte.
Jeder kann sehen, daß Gott dich für immer reich beschenkt hat.
4 Gürte dein Schwert um, du tapferer Held!
Zeige deine königliche Majestät und Pracht!
5 Sei stark und kämpfe für die Wahrheit;
regiere dein Volk umsichtig und gerecht!
Deine kühnen Taten sollen dir zum Sieg verhelfen.
6 Deine spitzen Pfeile durchbohren das Herz deiner Feinde.
Ja, du wirst die Völker unterwerfen!
7 Deine Herrschaft, o König, hat Gott dir übertragen;
darum bleibt sie für immer bestehen.[a]
In deinem Reich herrscht Gerechtigkeit,
8 du liebst das Recht und haßt die Bosheit.
Darum hat dich dein Gott als Herrscher eingesetzt
und mehr als alle anderen mit Freude beschenkt.
9 Alle deine Gewänder duften nach kostbarem Parfüm[b].
Aus Palästen, mit Elfenbein verziert, erklingt Musik,
um dich zu erfreuen.
10 Königstöchter sind unter deinen Geliebten,[c]
den Ehrenplatz zu deiner Rechten aber nimmt die Gemahlin[d] ein,
geschmückt mit feinstem Gold.

11 Höre, Königstochter, und nimm dir zu Herzen, was ich sage!
Vergiß dein Volk und deine Verwandten!
12 Du bist wunderschön, und der König begehrt dich!
Verneige dich vor ihm, denn er ist dein Herr und Gebieter!
13 Die Bewohner der Stadt Tyrus kommen mit Geschenken,
die Vornehmen und Reichen suchen deine Gunst.[e]
14 Seht, wie prachtvoll zieht die Königstochter in den Festsaal ein!
Ihr Kleid ist mit Gold durchwebt,
15 in ihrem farbenfrohen Gewand wird sie zum König geführt;
und Jungfrauen, ihre Freundinnen, begleiten sie.
16 Mit Freudenrufen und hellem Jubel
wird der feierliche Brautzug in den Palast geleitet.

a) Wörtlich: Gott, deine Herrschaft bleibt immer und ewig bestehen.
b) Wörtlich: nach Myrrhe, Aloe und Kassia.
c) Wörtlich: Königstöchter sind unter deinen Kostbarkeiten.
d) Möglicherweise auch die Mutter des Königs.
e) Oder: Tochter von Tyrus! Die Vornehmen und Reichen kommen mit Geschenken, sie suchen deine Gunst.

Montag

Ich bin eine Königstochter!

Hannelore Illgen

Psalm 45, 11

Als kleines Mädchen habe ich es geliebt. Und auch meine beiden Töchter haben es sich später öfter gewünscht: sich als Prinzessin zu verkleiden. Während meiner Kindheit in den Fünfzigerjahren war das nur mit bescheidenen Mitteln möglich, bei meinen Mädchen fiel die Verkleidung schon prächtiger aus. Doch egal ob mit oder ohne «goldenes» Krönchen, egal ob mit oder ohne festliche Umgebung, das Wichtigste war zu wissen: «Ich bin eine Prinzessin!» Sobald sie in ihrer noblen Verkleidung steckten, verhielten sich meine Töchter so, wie sie meinten, dass sich eine Prinzessin benehmen würde: freundlich, umsichtig, edel. Sie benutzten gütige Worte oder versuchten solche, die sich «daneben» benahmen, «standesgemäß» zurechtzuweisen.

Ähnlich war es, wenn ein Mädchen aus ihrer Klasse die Rolle der Königstochter in einem Märchenspiel übernahm. Obwohl die Kleine vielleicht Bettina oder Felicitas hieß und in der Schulwirklichkeit eher schüchtern auftrat – eine Prinzessin zu spielen hob ihr Selbstwertgefühl und verlieh ihr neue Würde.

Wenn schon schlichte Schauspielerei solch große Wirkung auf die Seele hat, wie viel mehr die Realität! Psalm 45 stellt uns diese geistliche Wirklichkeit vor Augen. Durch Gottes Geist geboren, sind wir zu Töchtern unseres großen Gottes geworden, des Königs aller Welt. Wir sind von ihm gewollt und geliebt. Durch die Errettung durch das Blut Jesu gehören wir seiner Blutgruppe an, sind – wie es im Volksmund heißt – «blaublütig». Wir zählen uns zum königlichen Adel. Unsere sündige Abstammung ist bedeutungslos geworden. Durch die Geschenke unseres königlichen Vaters im Himmel bekommen wir eine kostbare Ausstattung: Freude, die unabhängig von den Umständen ist, innere Stärke, die nicht aus uns selber kommt, Frieden, der unser Verstehen übersteigt. Durch Jesu Arbeit an unserem Charakter werden wir von Tag zu Tag «schöner», denn er verwandelt uns – Schritt für Schritt – in sein Bild, das des Königssohnes.

Und was hat das mit meinem Alltag zu tun, mit den meist gar nicht so «königlichen» Abläufen meines Lebens? Sehr viel: Wie beim Prinzessinnen-Spiel dürfen meine Gedanken von diesem Wissen erfüllt sein. Das wird meine Haltung erkennbar verändern und meine Wortwahl beeinflussen. Nicht meine Umstände prägen mich dann, sondern meine neue Abstammung. Der Grundton, die «Melodie» meines Tages – auch bei Aschenputtel-Erlebnissen – darf sein: «Ich bin Tochter des Königs!»

17 O König! Du wirst viele Söhne haben;
auch sie werden regieren wie deine Vorfahren.
In allen Ländern wirst du sie zu Herrschern einsetzen.
18 Mein Lied wird deinen Ruhm durch alle Generationen tragen,
darum werden die Völker dich allezeit preisen.

Er ist mit uns!

46 Von den Nachkommen Korahs. Ein Lied für hohe Frauenstimmen.

2 Gott ist unsere Zuflucht und Stärke,
ein bewährter Helfer in Zeiten der Not.
3 Darum fürchten wir uns nicht,
selbst wenn die Erde erbebt, wenn die Berge wanken
und in den Tiefen des Meeres versinken,
4 wenn die Wogen tosen und schäumen
und die Berge erschüttert werden.

5 Ein breiter, mächtiger Strom belebt die Stadt Gottes,
die Wohnung des Höchsten, den heiligen Ort.
6 Gott ist in ihrer Mitte und beschützt sie schon früh am Morgen;
nie wird sie zerstört.
7 Ringsum toben die Völker, aber ihre Macht wird erschüttert.
Denn Gott läßt seine mächtige Stimme erschallen,
und die Erde vergeht.

8 Der Herr über Himmel und Erde ist mit uns!
Der Gott Jakobs ist unser Schutz.

9 Kommt und seht, was der Herr Großes getan hat!
Seine Taten verbreiten Entsetzen.
10 In aller Welt bereitet er den Kriegen ein Ende.
Die Kampfbogen bricht er entzwei,
er zersplittert die Speere und verbrennt die Kriegswagen.
11 «Hört auf!» ruft er, «und erkennt, daß ich Gott bin!
Ich stehe über den Völkern; ich habe Macht über die ganze Welt.»

12 Der Herr über Himmel und Erde ist mit uns!
Der Gott Jakobs ist unser Schutz!

Gott ist König!

47 Ein Psalm der Nachkommen Korahs.

2 Freut euch und klatscht in die Hände, alle Völker!
Lobt Gott mit lauten Jubelrufen!
3 Denn der Herr ist der Höchste,

Dienstag

Sei still!

Birgit Schilling

Psalm 46, 11

Es gibt kaum etwas in meinem Leben, das mir so fremd ist wie das Innehalten. Von meinem Naturell her bin ich eher ein «Hans-Dampf-in-allen-Gassen» und immer auf Trab. Aber ich weiß, dass ich nichts so nötig habe wie das Innehalten. Ich brauche die Stille, um zu mir zu kommen, um Gottes leise Stimme der Liebe und Wegweisung hören zu können.

Wenn die Familie morgens aus dem Haus ist, lese ich einen Bibelabschnitt und schreibe dann meine Gedanken unzensiert in mein Tagebuch. Ich frage mich, was Jesus wohl zu diesen Sätzen sagen würde. Die Gedanken, die mir dann kommen, schreibe ich auf. Manchmal spüre ich mitten im Schreiben, dass ich mir diese Antworten nicht einfach ausdenke, sondern dass Gott mich dabei leitet.

«Wie rücksichtslos von meinem Mann, wieder eine Stunde später von der Arbeit nach Hause zu kommen. Immer muss ich alles alleine machen!»

«Birgit, lass ab und erkenne, dass ich Gott bin. Sei mal ehrlich. Das ist doch gar nicht wahr. Noch vorgestern hat er die Kinder liebevoll ins Bett gebracht.»

«Diese Aufgabe kann ich unmöglich übernehmen. Wer bin ich denn schon? Das kann ich nicht. Ich würde mich total blamieren!»

«Birgit, hör auf, dich zu sorgen. Werde still und erkenne, dass ich Gott bin. Ich habe dir so viele Begabungen geschenkt. Du kannst das. Und selbst wenn du dich mal blamierst, du würdest es überstehen. Ich habe dich sehr lieb!»

«Schon wieder habe ich die Kinder angeschrien. Ich hatte mir doch fest vorgenommen, nie mehr zu schreien. Ach, bei mir ist Hopfen und Malz verloren!»

«Birgit, erkenne, dass ich Gott bin. Juble, denn auch heute wasche ich dich rein von deiner Schuld. Geh und entschuldige dich bei deinen Kindern. Auch wenn du jetzt von dir enttäuscht bist, denk daran: Ich verurteile dich nicht, und dein Herz soll es auch nicht tun. Und schau, du schreist doch heute schon viel seltener als früher!»

Gönnen Sie sich solche Momente des Innehaltens. Gerade dann, wenn Sie viel zu tun haben. Wenn Sie Gottes Reden in Ihrem Herzen vernehmen, können Sie befreit und zuversichtlich durch den Tag gehen.

ein großer König über die ganze Welt.
Alle müssen vor ihm erzittern!
4 Er gab uns den Sieg über fremde Völker,
und nun herrschen wir über sie.
5 Er wählte für uns das Land, in dem wir leben,
und wir sind stolz darauf.
Wir sind Gottes Volk, und er liebt uns.

6 Gott, der Herr, ist auf seinen Thron gestiegen,
begleitet von Trompeten und dem Jubelgeschrei seines Volkes.
7 Singt zu Gottes Ehre, singt! Singt zur Ehre unseres Königs!
Spielt auf allen Instrumenten!
8 Denn Gott ist König über die ganze Welt,
singt ihm ein neues Lied!
9 Ja, Gott ist König über alle Völker,
er sitzt auf seinem heiligen Thron.
10 Die Mächtigen der Erde versammeln sich mit dem Volk,
das sich zu dem Gott Abrahams bekennt.
Denn der Herr ist mächtiger als alle Könige,[a]
er allein ist hoch erhaben!

Gott liebt Jerusalem

48 Ein Psalm der Nachkommen Korahs.
2/3 Groß ist der Herr!
Lobt ihn in Jerusalem, der heiligen Stadt unseres Gottes!
Der Berg Zion[b] ragt in den Himmel –
voll Schönheit und Pracht.
Die Stadt des großen Königs erfreut die ganze Welt.
4 In den Palästen wissen es alle:
Gott selbst beschützt Jerusalem.
5 Feindliche Könige verbündeten sich
und zogen gegen Jerusalem.
6 Doch kaum erblickten sie die Stadt,
blieben sie erschreckt stehen;
in panischer Angst ergriffen sie die Flucht.
7 Ja, sie zitterten am ganzen Körper –
wie eine Frau, die in den Wehen liegt.
8 Wie stolze Schiffe, die im Sturm zerschellen,
so hast du sie vernichtet.

a) Wörtlich: Denn Gott gehören die Schilde der Erde. Vgl. Psalm 84,10; 89,19
b) Wörtlich: Der Berg Zion, die Höhenzüge des Berges Zaphon. Vgl. Jesaja 14,13; Hesekiel 28,14

Lob – unter allen Umständen

Brigitte Grill

Psalm 47, 2

Das Bittgebet ist für einen Christen etwas Normales. Gott zu loben und zu preisen ist nicht ganz so selbstverständlich. Die folgende Begebenheit zeigt, dass Bitte *und* Lobpreis die Macht Gottes freisetzen können.

Eine China-Missionarin war an Pocken erkrankt. Trotz vieler intensiver Gebete fühlte sie ihr Ende nahen. Als sie sich an Gott wandte und ihn bat, sie zu heilen, schenkte er ihr einen inneren Eindruck. Sie sah eine Waage, bei der die Waagschalen durch Körbe ersetzt waren. Der eine Korb, auf dem «Lobpreiskorb» stand, hing hoch oben, während der andere, der «Bittgebetskorb», tief unten hing. Sie ließ die anderen Missionare rufen, und gemeinsam lobten und priesen sie Gott. Erneut hatte die Missionarin einen bildhaften Eindruck. Sie sah, wie im Laufe des Lobgesangs der «Lobpreiskorb» an der Waage langsam nach unten ging. Als er ganz unten war, wurde sie in einem Augenblick völlig von ihrer Krankheit geheilt.

Oder denken wir an Paulus und Silas im Gefängnis (Apostelgeschichte 16). Sie lobten Gott sogar unter diesen Umständen. Und siehe da: Gott ließ ein Erdbeben kommen. Die Mauern des Gefängnisses wankten, die Türen öffneten sich, und die Ketten fielen von ihnen ab.

Nicht immer ist Gottes Eingreifen so dramatisch. Doch wie viele Nöte in unserem Leben könnte Gott in Segen verwandeln, wenn wir das Problem «lobpreisend umwandern würden», wie es bei den Mauern von Jericho geschah (Josua 6). Im Lobpreis erringen wir Siege über das Böse. Im Psalm 47,3 heißt es: «... der Herr ist der Höchste, ein großer König über die ganze Welt.» Wir loben und preisen ihn, singen und tanzen, weil er allmächtig ist. Und weil er uns Jesus gesandt hat zur Vergebung unserer Sünden.

Braucht Gott unser Lob denn überhaupt? Sicher nicht. Trotzdem sucht Gott Menschen, die ihn anbeten. Er freut sich über das, was ihm aus unseren Herzen zufließt. In Jeremia 3,19 spricht er davon, was er alles für sein Volk tun will. Dann folgt der Satz, der direkt aus seinem Herzen kommt: «Ich dachte, du würdest mich dann ‹Vater› nennen und dich nicht mehr von mir abwenden.» Das zeigt das tiefe Verlangen Gottes, dass wir ihm in Liebe antworten. Die schönste Form dieser Antwort ist Lob und Preis.

Gott beschenkt uns im Lobpreis durch das Bewusstsein seiner Nähe, durch Veränderung von Situationen. Doch im Grunde soll es uns nur um Gott selbst gehen. Weil er so herrlich ist, wollen wir ihn erfreuen mit unserm Lob.

9 Das alles haben wir nur gehört,
doch nun erleben wir es selbst:
Gott ist der Herr über Himmel und Erde,
an Jerusalem sehen wir, wie mächtig er ist.
Durch ihn wird die Stadt auf ewig bestehen.
10 In deinem Tempel, o Gott, denken wir über deine Güte nach.
11 In jedem Land kennt man deinen Namen,
dein Ruhm reicht bis ans Ende der Welt.
Du regierst gerecht,
12 darum herrscht Freude auf dem Berg Zion.
Du richtest gerecht,
darum jubeln die Menschen in den Städten Judas dir zu.

13 Wandert um den Berg Zion,
geht rings um die Stadt und zählt ihre Festungstürme!
14 Bestaunt die unbezwingbaren Mauern
und die schönen Paläste!
Dann könnt ihr der nächsten Generation erzählen:
15 «Wir haben einen mächtigen Gott!
Er ist unser Herr für immer und ewig;
allezeit wird er uns führen!»[a]

Das Leben ist nicht käuflich!

49 Ein Lied der Nachkommen Korahs.
2 Hört zu, all ihr Völker!
Horcht auf, ihr Bewohner der Erde!
3 Ob ihr einfache oder vornehme Leute seid,
ob arm oder reich –
4 ich habe euch Wichtiges zu sagen!
Meine Worte sind die Worte eines Weisen,
tiefe Einsicht spricht aus ihnen,
5 denn von Gott empfange ich Sprüche der Weisheit[b].
Wenn ich auf der Zither spiele,
will ich ihre Bedeutung enträtseln.

6 Warum sollte ich mich fürchten, wenn ein Unglück naht,
wenn ich umgeben bin von boshaften und hinterhältigen Menschen?
7 Sie verlassen sich auf ihren Reichtum,
mit Geld und Luxus protzen sie.
8 Doch niemand kann für das Leben seines Freundes bezahlen,

a) So mit vielen hebräischen Handschriften und der griechischen Übersetzung. Der hebräische Text lautet: bis zum Tode wird er uns führen.
b) Wörtlich: mein Ohr will ich zu einem Spruch neigen.

Bitte weitersagen!

Cornelia Mack

Psalm 48, 14-15

Der Beter des Psalms staunt über die Größe Gottes: «Wir haben einen mächtigen Gott ... allezeit wird er uns führen.» Diese Zusagen gelten auch der kommenden Generation und sollten ihr nahegebracht werden.

Die Aufforderung, von Gott zu erzählen, ist jedoch nicht nur an Eltern gerichtet. Sie betrifft auch diejenigen, die selbst keine Kinder haben, aber mit jüngeren Menschen zusammenkommen, arbeiten oder leben. Vom Glauben weiterzusagen ist dabei nicht immer einfach. Junge Menschen haben eine andere Erlebniswelt, eine andere Sprache und auch andere Interessen als Erwachsene. Darum müssen wir uns immer wieder fragen, wie wir den richtigen Ton und die richtigen Worte finden, um ihnen vom Glauben zu erzählen. Wie gelingt es, dass etwas wirklich im Herzen landet und nicht zu einem Ohr hinein und zum anderen wieder hinausgeht?

Es liegt nicht daran, unbedingt die Sprache der Jugendlichen zu sprechen oder in ihrer Welt zu leben. Unser Auftrag ist, sie lieb zu haben und ihnen dieses Geliebtsein mit allen Fasern unseres Seins zu vermitteln. Wenn wir selber echt sind – wenn wir das, was wir sagen, auch leben –, dann kommt es an. Nicht nur in den Ohren, sondern im Herzen.

Wir haben einen großen Gott! Dieser Gott liebt uns Menschen, mich und dich, er kennt uns und weiß, was wir brauchen. Er kennt auch die vielen ungestillten Sehnsüchte des Herzens, all die offenen Fragen und Wünsche. Er ist so mächtig, dass er für jeden Menschen den richtigen Weg kennt: «Allezeit wird er uns führen.» Darum können wir ihm vertrauen. Er ist der liebende Vater, Herr über Himmel und Erde und auch Herr über unser Leben. Wenn wir ihm die Führung überlassen, sind wir auf dem richtigen Weg.

Weitersagen: Ja, aber immer in der persönlichen Betroffenheit. Nicht mit Floskeln wie «Ich weiß es besser, ich bin schon älter, ich habe mehr Erfahrung». Sondern aus dem Wissen: «Ich bin von Gott geliebt. Und so, wie er mich liebt, liebt er auch dich. So, wie ich ihn in Schwächen und Konflikten, in Problemen und Dunkelheiten als den liebenden Vater erlebt habe, gilt das auch für dich. Er ist mächtig, seine Werke sind groß.»

niemand kann ihn bei Gott vom Tod freikaufen.
9 Denn ein Menschenleben kann man nicht mit Gold aufwiegen –
aller Reichtum dieser Welt wäre noch zu wenig!
10 Keiner lebt hier ewig, niemand kann dem Grab entrinnen.
11 Jeder kann es sehen:
Auch einsichtige und vernünftige Menschen werden vom Tod ereilt,
genauso wie Tagträumer und Dummköpfe.
Ihren Besitz müssen sie zurücklassen – für andere!
12 Sie bilden sich ein, daß ihre Häuser für alle Ewigkeit gebaut sind
und alle Generationen überdauern.
Aber es hilft ihnen nichts, selbst wenn sie ganze Länder besessen
haben.[a]

13 Reichtum und Ansehen erhalten keinen Menschen am Leben;
er verendet wie das Vieh.
14 Dieses Schicksal trifft alle, die auf sich selbst vertrauen
und sich in ihrem überheblichen Gerede gefallen:
15 Ahnungslos wie Schafe trotten sie in die Totenwelt;
ihr Hirte dort ist der Tod.
Ihr Körper verwest im Grab und ihre Villen zerfallen.
Aufrichtige Menschen werden an ihre Stelle treten –
und das schon am nächsten Tag.[b]
16 Ich aber bin gewiß: Gott wird mich erlösen,
er wird mich den Klauen des Todes entreißen.

17 Laß dich nicht einschüchtern, wenn einer steinreich wird
und sein Haus immer prachtvoller ausstattet!
18 Nichts kann er davon mitnehmen, wenn er stirbt;
was er angehäuft hat, folgt ihm nicht ins Grab.
19 Er preist sich selbst: «Ich bin meines Glückes Schmied!»,
und man schmeichelt ihm, weil er so erfolgreich ist.
20 Und doch kommt auch er dorthin, wo seine Vorfahren sind,
die nie mehr das Licht sehen.

21 Ein Mensch mag zu Reichtum und Ansehen kommen;
aber wenn er keine Einsicht erlangt,
verendet er wie das Vieh.

a) Oder nach der griechischen Übersetzung: Gräber sind auf ewig ihre Behausung, ihre Wohnung für alle Generationen, auch wenn sie ganze Länder besessen haben.
b) Der hebräische Text ist nur schwer zu deuten.

Unbezahlbar

Traude Deitigsmann

Psalm 49, 8

Ein sehr reicher Mann erfährt von seinem Arzt, dass er unheilbar krank ist. Ihm bleiben nur noch wenige Wochen auf dieser Erde. Impulsiv hält der Patient dem Arzt einen Blanko-Scheck hin: «Besorgen Sie mir die beste Medizin!», bittet er. «Ich möchte mich so schnell wie möglich den modernsten Behandlungsmöglichkeiten unterziehen, wenn ich dadurch nur mit dem Leben davon kommen kann!» Traurig schüttelt der Arzt den Kopf. «Ich kann Ihnen nicht mehr helfen, um alles in der Welt!»

Leben ist nicht machbar oder käuflich. Es ist zu wertvoll, einzigartig! Die Bibel verweist uns auf die Tatsache, dass unser Leben eine Gabe Gottes ist. Und mit der Erlösung durch Jesus Christus am Kreuz hat Gott uns ein weiteres riesengroßes Geschenk gemacht. Es ist einmalig und einzigartig, nicht mit Leistung oder Geld zu verdienen.

Trotzdem – «auspacken» müssen wir dieses Geschenk schon selbst. Keiner kann die Erlösung stellvertretend für andere annehmen. Die Bibel macht deutlich: Eine so wichtige Lebensentscheidung – für ein Leben mit Gott oder ohne ihn – muss jeder selbst fällen. Vers 8 steht im Zusammenhang mit Gedanken, die sich um das Wesentliche in diesem Leben drehen. Worauf kann ich zählen: Reichtum, Menschen, Vernunft oder Besitz?

Nein, alles Wesentliche im Leben ist ein Geschenk. Wohl deshalb sagt Jesus auch: «Wer nicht wie ein kleines Kind voller Vertrauen zu Gott kommt, dem bleibt das Reich Gottes verschlossen» (Lukas 18,17). Nehmen Sie diese große Gabe Gottes an!

Freude

Lotte Bormuth

Freut euch, dass ihr zu Jesus Christus gehört. Und noch einmal will ich es sagen: Freut euch! Jeder soll eure Güte und Freundlichkeit erfahren. Denn: Der Herr kommt bald! (Philipper 4,4–5).

Einer unserer Söhne – längst erwachsen und aus dem Haus – feierte Geburtstag. Mich bewegte der Gedanke: Wie kann ich ihm ein besonderes Geschenk machen? Ich kam auf die Idee, einen Geschenkkorb mit besonderen Köstlichkeiten herzurichten. Während ich die Gaben verpackte, waren meine Sinne mit guten Wünschen und frohen Erinnerungen erfüllt.

Gewiss, es hat auch Spannungen zwischen uns gegeben, und ich war in der Erziehung oft an meine Grenzen geraten. Manchmal wollte mir die Angst um die Entwicklung meines Kindes den Schlaf rauben, und mitunter flossen auch Tränen. Aber das fürbittende Gebet und der lange Atem haben mir doch geholfen, auch in schwierigen Situationen Hoffnung zu haben. Ich begriff: Meine Erziehung darf von der Freude getragen sein, dass Gott mit meinem Sohn zu seinem Ziel kommt. So wurden in diese Geburtstagsgeschenke herzliche Segenswünsche und frohe Gedanken eingebündelt. Acht Tage später erreichten mich folgende Zeilen:

«Liebe Mutti! Einen großen Dank für das kulinarische Geburtstagsgeschenk und die Mühe und Zeit, die du dafür aufgebracht hast! Ich habe mich sehr darüber gefreut. Die Feier war ganz gelungen. Für dich wäre es sicher auch schön gewesen, hier zu sein. – Bei dieser Gelegenheit will ich einmal sagen, dass ich mich über die guten, offenen Gespräche zwischen uns sehr freue. Da reibt sich zwar manches, und es sprühen Funken, aber ich spüre eine wachsende Vertrautheit über klaffende Gräben hinweg. Das ist schön und gar nicht selbstverständlich. In einer Zeit, in der für viele die Eltern ausgedient haben, sind sie mir neu wichtig geworden, und eine Lebendigkeit im Vertrautsein hat sich eingestellt. Vielleicht ist mir am deutlichsten, dass sich mein Selbstverständnis heute von eurem unterscheidet und doch aus der gleichen Quelle kommt. So kann trotzdem Verständnis zwischen uns sein und Offenheit und Spannung in der Begegnung. Ich bin dankbar für dich und Papa und die ganze Familie. Sie ist mir auch hier ein Rückhalt. Sei herzlichst gegrüßt. Dein Sohn»

Die Erziehung unserer Kinder ist wohl die stärkste Herausforderung in unserem Leben. Aber sie darf von der Gewissheit getragen sein, die Martin Luther anspricht: «Wo nun Kinder das Evangelium nicht annehmen wollen, soll man sie deshalb nicht vernachlässigen oder verstoßen, sondern sie pflegen, versorgen und ihnen viel Gutes erweisen, so als wären sie schon die allerbesten Christen, und ihren Glauben Gott befehlen, bis dass Gott sie durch seine Gnade bekehre.»

Frömmigkeit ohne Selbstbetrug

50 Ein Lied Asafs.
Gott, der Herr, der Mächtige, spricht;
er ruft die Welt vom Osten bis zum Westen.
2 Auf dem Zion, dem schönsten Berg,
erscheint Gott in strahlendem Glanz.
3 Ja, unser Gott kommt, er kann nicht länger schweigen.
Ein verheerendes Feuer lodert vor ihm her,
um ihn tobt ein schwerer Sturm.
4 Himmel und Erde ruft er zu Zeugen,
denn über sein Volk hält er Gericht:
5 «Versammelt alle, die zu mir gehören!» verkündet er,
«alle, die mit mir den Bund geschlossen haben!
Damals schworen sie mir Treue und Gehorsam
und bekräftigten es mit einem Opfer.»
6 Der Himmel ist Zeuge dafür,
daß Gott seinem Volk die Treue bewahrt hat.
Deshalb kann er es jetzt zur Rechenschaft ziehen:
7 «Höre, Israel, nun rede ich!
Mein Volk, ich klage dich an, ich, dein Gott!
8 Nicht wegen deiner Schlachtopfer weise ich dich zurecht,
auch deine Brandopfer bringst du mir regelmäßig.
9 Doch ich nehme deine Opfer nicht an –
weder die Stiere aus deinem Stall,
noch die Böcke von deiner Weide.
10 Denn alle Tiere gehören mir ohnehin:
das Wild in Wald und Feld,
die Tiere auf den Bergen und Hügeln.
11 Ich kenne jeden Vogel unter dem Himmel
und die vielen kleinen Tiere auf den Wiesen.
12 Selbst wenn ich Hunger hätte,
würde ich dich um nichts bitten;
denn die ganze Welt gehört mir und alles, was auf ihr lebt.
13 Denkst du wirklich, ich wollte Fleisch von Stieren essen
und Blut von Böcken trinken?
14 Dank ist das Opfer, das ich von dir erwarte;
erfülle die Versprechen, die du mir,
dem Höchsten, gegeben hast!
15 Wenn du keinen Ausweg mehr siehst,
dann rufe mich zu Hilfe!
Ich will dich retten, und du sollst mich preisen.»

16 Wer aber Gott die Treue bricht, zu dem sagt er:
«Was erlaubst du dir eigentlich?
Du sagst immer wieder meine Gebote auf

Schon wieder besetzt?

Eva Breunig

Psalm 50, 15

Kennen Sie das? Sie möchten – ja Sie müssen – unbedingt mit jemandem sprechen, und zwar sofort! Sei es, um eine Sorge oder Befürchtung loszuwerden und ein verständnisvolles Ohr zu finden, sei es, um eine Freudenbotschaft mitzuteilen. Nur jetzt gleich muss es sein, sonst platzen Sie! Und dann passiert es: bei Marie läuft der Anrufbeantworter, bei Karin ist besetzt, und Gabys Handy teilt Ihnen freundlich mit, dass die gewünschte Nummer derzeit nicht erreichbar ist!

Was nun? Suchen Sie Verständnis beim Anrufbeantworter? Kann Ihre Sorge warten, bis nicht mehr besetzt ist? Teilen Sie Ihre Freude der Mailbox mit?

Zum Glück gibt es eine Notrufnummer, die niemals besetzt ist, und bei der auch kein Tonband läuft: 5015. Kennen Sie nicht? 5015 bedeutet: Psalm 50, Vers 15: «Wenn du keinen Ausweg mehr siehst, dann rufe mich zu Hilfe. Ich will dich retten, und du sollst mich preisen.» Luther übersetzt: «... rufe mich an in der Not ...».

Ja, Gott hat immer Zeit für seine Kinder. Ob in der Morgenhektik, im Feierabendstau oder mitten in der Nacht. Er hat stets ein offenes Ohr für unsere Sorgen oder Freuden. Ihm können wir alles sagen. Er lässt uns ausreden und hört verständnisvoll zu, wenn wir Sorgen haben. Und manches Problem wird ja schon dadurch ein bisschen leichter, dass wir uns einmal ausführlich aussprechen dürfen. Das Bewusstsein von Gottes Nähe rückt manches ins rechte Licht, es tröstet und schenkt selbst in der Not Zuversicht und Geborgenheit. Wenn wir traurig sind, dann leidet Gott mit uns, und wenn uns das Herz überströmt vor Freude, dann freut er sich auch. Wie jeder liebende Vater hat er es nämlich sehr gern, wenn seine Kinder mit ihm telefonieren!

Wenn Sie also das nächste Mal in einer Warteschleife hängen, die Ihnen zum siebenunddreißigsten Mal versichert, dass sie sogleich nach Freiwerden einer Leitung verbunden werden, dann denken Sie daran, dass da einer ist, der Sie niemals warten lässt. Nutzen Sie die Zeit in der Warteschleife für ein kleines Gespräch zwischendurch mit dem, der immer für Sie zu sprechen ist. Damit der «heiße Draht» nicht abkühlt!

und berufst dich auf meinen Bund.
[17] Doch sagen läßt du dir nichts von mir;
du tust, was du willst, und verwirfst meine Ordnungen.
[18] Mit Dieben machst du gemeinsame Sache,
und mit Ehebrechern schließt du Freundschaft.
[19] Gemeine Reden kommen dir leicht über die Lippen,
du betrügst schon, wenn du nur den Mund aufmachst!
[20] Deine Mitmenschen bringst du in Verruf,
sogar deinen eigenen Bruder verleumdest du.

[21] Bis jetzt habe ich zu deinem Treiben geschwiegen,
darum dachtest du, ich sei dir gleich.
Aber nun weise ich dich zurecht
und halte dir deine Untreue vor Augen.
[22] Ihr habt mich vergessen, euren Gott.
Hört doch auf das, was ich sage;
sonst werde ich euch vernichten.
Dann kommt jede Rettung zu spät!

[23] Wer mir dankt, der bringt ein Opfer, das mich ehrt.
Es gibt keinen anderen Weg, nur so kann ich ihn erretten!»

Herr, vergib mir!

51 Ein Lied Davids.
[2] Er schrieb es, nachdem der Prophet Nathan ihn wegen seines Ehebruchs mit Batseba zurechtgewiesen hatte.[a]

[3] Du großer, barmherziger Gott,
sei mir gnädig, hab Erbarmen mit mir!
Lösche meine Vergehen aus!
[4] Meine schwere Schuld – wasche sie ab,
und reinige mich von meiner Sünde!
[5] Denn ich erkenne mein Unrecht,
meine Schuld steht mir ständig vor Augen.
[6] Gegen dich habe ich gesündigt – gegen dich allein!
Was du als böse ansiehst, das habe ich getan.
Darum bist du im Recht, wenn du mich verurteilst,
dein Urteil wird sich als wahr erweisen.

[7] Seit mein Leben im Leib meiner Mutter begann,
liegt Schuld auf mir;
von Geburt an bestimmt die Sünde mein Leben.

a) 2. Samuel 12,1–14

Flecken entfernen

Anita Jantzen

Psalm 51, 4

Frühjahrsputz ist angesagt. Ich mache mich eifrig ans Fensterputzen. Staub und Schmutz von der Straße, die sich auf den Scheiben angesammelt haben, sollen endlich weg. Ich sprühe, wische und rubble, bis es quietscht. Doch ein Fleck – grau und trüb – ist hartnäckig und widersteht den heftigsten Reinigungsversuchen. Erneutes Sprühen, vermehrtes Rubbeln. Plötzlich merke ich: Der Fleck ist auf der anderen Seite der Scheibe – nicht außen, sondern innen!

Solche «blinden» Flecken gibt es auch auf dem Fenster unserer Seele. Sie behindern die Sicht. Unser Ausblick scheint getrübt, und alles äußere Aufpolieren bringt nichts. Solch ein «Schandfleck» kann unser Leben erheblich beeinträchtigen. Wir können versuchen, den Fleck zu verdecken, indem wir am Fenster etwas Apartes darüberhängen oder den Zustand unserer Seele mit einer Ladung Make-up und einem aufgesetzten Lächeln vertuschen. Oder wir trösten uns mit der Einstellung: «An dem Fleck sind andere schuld!»

Gott kennt die dunklen Flecken unserer Vergangenheit und unserer Gegenwart. Sünde ist hartnäckig. Sie verklebt unser Herz und unser Denken. Sie trübt unsere Sicht. Doch es gibt ein Reinigungsmittel, dem die Sünde nicht trotzen kann: das heilige Blut Jesu, des Sohnes Gottes. Wie der Psalmist können wir ausrufen: «Wasche meine Sünde ab!» Wir dürfen Jesus unsere Flecken hinhalten und uns reinwaschen lassen. Jesus schenkt die Befreiung. Er gibt uns eine neue, klare Sicht.

Wir haben die Wahl, Fassaden zu polieren oder aufrichtig die Vergebung Jesu in Anspruch zu nehmen. Es gibt Selbsthilfegruppen, die im Umgang mit diversen hartnäckigen Flecken sagen: «Dein Fleck ist dein Freund, nimm dich an, wie du bist, auch mit den trüben Seiten.» Gott aber sagt: «Ich will dein Freund sein. Ich nehme dich an, aber ich lasse dich nicht, wie du bist. Ich reinige dich durch und durch.»

Ein Lied von Manfred Siebald macht es deutlich: «Jesus, zu dir kann ich so kommen, wie ich bin. Du hast gesagt, dass jeder kommen darf. Ich muss dir nicht erst beweisen, dass ich besser werden kann. Was mich besser macht vor dir, das hast du längst am Kreuz getan.

Jesus, bei dir muss ich nicht bleiben, wie ich bin. Nimm fort, was mich und andere zerstört. Einen Menschen willst du aus mir machen, wie er dir gefällt, der ein Brief von deiner Hand ist, voller Liebe für die Welt. Du hast schon seit langer Zeit für mich das Beste nur im Sinn. Darum muss ich nicht so bleiben, wie ich bin.»

[8]Du freust dich,
wenn ein Mensch von Herzen aufrichtig und ehrlich ist;
verhilf mir dazu, und laß mich weise handeln![a]
[9]Reinige mich von meiner Schuld,[b]
dann bin ich wirklich rein;
wasche meine Sünde ab,
und mein Gewissen ist wieder weiß wie Schnee!
[10]Du hast mich hart bestraft;
nun laß mich wieder Freude erfahren,
damit ich befreit aufatmen kann!
[11]Sieh nicht länger auf meine Schuld,
vergib mir alle meine Sünden!
[12]Erschaffe in mir ein reines Herz, o Gott;
erneuere mich und gib mir Beständigkeit!
[13]Stoße mich nicht von dir,
und nimm deinen heiligen Geist nicht von mir!
[14]Schenk mir Freude über deine Rettung,
und mach mich bereit, dir zu gehorchen!
[15]Dann will ich den Gottlosen deine Wege zeigen,
damit sie zu dir zurückfinden.

[16]Herr, ich habe das Blut eines Menschen vergossen –
befreie mich von dieser Schuld, Gott, mein Helfer!
Dann werde ich deine Gnade preisen und jubeln vor Freude.
[17]Herr, schenke mir die Worte, um deine Größe zu rühmen!
[18]Du willst kein Schlachtopfer,
sonst hätte ich es dir gebracht.
Dir gefällt nicht, daß man Tiere schlachtet und für dich verbrennt,
um von der Sünde freizukommen.
[19]Ich bin zerknirscht und verzweifelt
über meine schwere Schuld.
Solch ein Opfer gefällt dir, du wirst es nicht ablehnen.

[20]Zeige Zion deine Liebe, und festige die Mauern Jerusalems!
[21]Dann werden dir unsere Opfer wieder gefallen,
durch die wir bekennen: «Du bist unser Herr!»
Dann werden wir Stiere schlachten und auf dem Altar verbrennen.

a) Wörtlich: Du willst Wahrheit im Innersten, und im Verborgenen wirst du mir Weisheit kundtun.
b) Wörtlich: Entsündige mich mit Ysop.

Das hast du nun davon!

52 Von David, zum Nachdenken.
[2]Dieses Lied stammt aus der Zeit, als der Edomiter Doëg zu Saul gekommen war und ihm verraten hatte: «David war bei Ahimelech!»[a]

[3]Warum läßt du dich als Held feiern
und gibst mit deiner Bosheit an?
Auch du bist nur von Gottes Güte abhängig!
[4]Mit deinen Worten verletzt du andere
wie mit einem scharfen Messer, du Lügner!
[5]Du liebst das Böse mehr als das Gute,
die Lüge mehr als die Wahrheit.
[6]Du redest, um zu zerstören,
und hast noch deinen Spaß daran, du Heuchler!
[7]Darum wird Gott auch dich für immer zerstören:
Er wird dich ergreifen und aus deinem Land verbannen;
er wird dich aus dem Leben reißen,
so wie man Unkraut ausreißt.

[8]Alle, die Gott vertrauen, werden es sehen und erschrecken.
Dann aber werden sie über dich lachen und sagen:
[9]«Schaut ihn an! Statt bei Gott Schutz zu suchen,
verließ er sich auf seinen großen Reichtum und glaubte,
seine Bosheit mache ihn stark!»

[10]Ich aber darf wachsen und gedeihen wie ein Ölbaum,
der im Schutz des Tempels grünt.
Für alle Zeiten weiß ich mich geborgen,
weil Gott mir gnädig ist.
[11]Herr, immer und ewig will ich dir danken für das,
was du getan hast;
vor allen, die dich lieben, will ich bezeugen,
wie gut du bist! Auf dich vertraue ich!

Es gibt keinen, der Gutes tut

53 Von David, zum Nachdenken.

[2]Menschen, die sich einreden:
«Gott gibt es überhaupt nicht!»,
leben an der Wirklichkeit vorbei.
Sie führen ein gottloses Leben, und alles,
was sie tun, ist abscheulich.
Es gibt keinen, der Gutes tut.

a) 1. Samuel 21,8; 22,9–10

Nicht in die Falle gehen!

Sabine Bockel

Psalm 52,5

Was passiert, wenn wir die Lüge mehr lieben als die Wahrheit? Wir meinen, gerade noch die Kurve gekriegt zu haben – eine Sache beschönigt, einen Vorteil ergattert, unser Gesicht gerettet zu haben. Doch in Wirklichkeit sind wir schon in den Graben geschlittert.

Wir sind dem in die Falle gegangen, den die Bibel als «Lügner schlechthin» und «Vater jeder Lüge» (Johannes 8,44) bezeichnet – Satan. Sein Werk der Zerstörung begann, als er am sichersten Ort, den es auf Erden gab, das Gift des Misstrauens säte: «Hat Gott wirklich gesagt ...?» (1. Mose 3,1). Damals, im Garten Eden, trat Satan eine Lawine los – die Lawine von Schuld, Angst und Scham. Seitdem haben wir Menschen natürlicherweise Angst, uns so zu zeigen, wie wir sind: mit Fehlern, Schuld und Schwächen. Es steckt uns in den Knochen, ein besseres Bild abgeben zu wollen, als es der Wirklichkeit entspricht. «Ich ... hatte Angst, weil ich nackt bin, darum habe ich mich versteckt» (1. Mose 3,10), sagte schon Adam zu Gott. Schnell wird das Feigenblatt zur Maske und die Maske zur Lüge.

Der Schriftsteller Monte Unger erzählt: «Eine meiner Schülerinnen in einem Schriftsteller-Seminar war ganz offensichtlich in Nöten. Ich konnte es an ihrem Gesicht ablesen. ‹Ich muss unbedingt mit Ihnen reden›, sagte sie.

Ich dachte, sie hätte vor, über irgendeine peinliche Sünde aus ihrer Vergangenheit zu schreiben. Wir machten einen Spaziergang, um über das Problem zu sprechen.

‹Ich habe Sie belogen ...›, begann sie zögernd. Und dann erklärte sie mir, sie habe hinsichtlich des Umfangs der von ihr angestellten Nachforschungen erheblich übertrieben.

‹Warum haben Sie übertrieben?›, wollte ich wissen.

‹Damit Sie eine bessere Meinung von mir haben sollten›, antwortete sie.»

Haben wir es wirklich nötig, das zu verdecken, was uns nicht annehmbar erscheint? Natürlich nicht. Die Lüge bietet lediglich eine Scheinlösung. Nur die Wahrheit – Jesus Christus selbst – befreit (Johannes 8,32). Er schaut hinter die Maske, mitten ins Herz. Und trotz allem, was er sieht, bietet er uns seine Liebe an. Angst, Schuld und Scham, den Wurzelgrund der Lüge, hat er am Kreuz entmachtet.

Wenn wir an ihn glauben, gehören wir nicht mehr zum «Vater jeder Lüge». Wir sind angenommen vom Vater im Himmel – und befähigt, als «Kinder des Lichts» zu leben (Epheser 5,9). Statt zu verstecken, können wir aufdecken. Statt einen besseren Anschein zu erwecken, können wir der Wahrheit standhalten. Statt dunkle Schlupfwinkel zu suchen, können wir ins wahre Licht treten.

[3] Gott schaut vom Himmel auf die Menschen.
Er will sehen, ob es wenigstens einen gibt,
der einsichtig ist und nach seinem Willen fragt.
[4] Aber alle haben sich von ihm abgewandt
und sind nun verdorben, einer wie der andere.
Es gibt wirklich keinen, der Gutes tut,
nicht einen einzigen!

[5] Wissen denn diese Unheilstifter nicht, was sie tun?
Sie verschlingen mein Volk wie ein Stück Brot
und denken sich nichts dabei.
Mit Gott rechnen sie überhaupt nicht mehr.
[6] Aber schon bald werden sie in Angst und Schrecken fallen,
wie sie es vorher noch nie erlebt haben[a].
Denn Gott wird die Feinde seines Volkes vollkommen vernichten,
und ihre Gebeine werden achtlos liegenbleiben.
Gott hat sie verworfen und wird sie darum scheitern lassen.

[7] Ach käme Gott doch vom Berg Zion, um sein Volk zu befreien!
Israel wird jubeln vor Freude,
wenn der Herr das Schicksal seines Volkes wendet.

Nur du kannst helfen!

54 Von David, zum Nachdenken. Mit Saiteninstrumenten zu begleiten.
[2] Dieses Lied stammt aus der Zeit, als die Sifiter zu Saul gekommen
waren, um ihm mitzuteilen: «David hält sich bei uns versteckt!»[b]

[3] Gott, du bist ein mächtiger Gott!
Darum hilf mir und verschaffe mir Recht durch deine Stärke!
[4] Erhöre mein Gebet, achte auf mein Schreien!
[5] Menschen, die ich nicht kenne, fallen über mich her.
Selbst vor Gewalt schrecken sie nicht zurück,
ja, sie trachten mir nach dem Leben.
Du, Gott, bist ihnen völlig gleichgültig!

[6] Ich weiß: Gott ist mein Helfer,
er setzt sich für mich ein.
[7] Meine Feinde werden durch ihre eigene Bosheit zu Fall kommen.
Gott wird dafür sorgen.
Ja, Herr, beseitige sie! Du hast es doch versprochen!
[8] Gern will ich dir Opfer bringen – fröhlich und ohne Zwang.

a) Wörtlich: ohne daß ein Schrecken da sein wird.
b) 1. Samuel 23,19; 26,1

Donnerstag

NIEMAND IST GUT

Daniela Kurz

Psalm 53, 2

Kennen wir nicht alle Situationen, in denen wir uns von Freunden verraten fühlten? Jahrelang sind wir denselben Weg gegangen, haben Freud und Leid miteinander geteilt und plötzlich – wir wissen gar nicht warum – ist die Freundschaft zu Ende. Wir reden immer weniger miteinander und stellen fest, dass sich hohe Mauern zwischen uns aufgebaut haben. Oft suchen wir Antworten und finden keine. Es fällt uns schwer zu verstehen, warum Freunde uns auf einmal nichts Gutes mehr wollen. Doch dann wird uns klar, dass wir in einigen Fällen auch schon so oder ähnlich gehandelt haben. Das Böse hat wieder einmal die Oberhand gewonnen! Verzweifelt versuchen wir, gut zu sein und das Gute auch in anderen zu sehen. Dann überlegen wir, warum das Böse überhaupt existiert. Vielleicht ziehen uns sogar Zweifel an Gott in die Tiefe.

Der Psalmist David führt mir in diesen Versen zwei Dinge vor Augen. Erstens: Menschen, die nicht an Gott glauben, leben an der Wirklichkeit vorbei. Und zweitens: Es gibt keinen Einzigen, der Gutes tut. Alles in mir sträubt sich, diese Wahrheit anzuerkennen. Es soll nichts Gutes in mir sein? Ich denke an all die guten Taten in der Vergangenheit. Wie habe ich mich aufgeopfert und gearbeitet und nicht einmal ein Dankeschön bekommen! Doch die Worte aus dem Psalm (Vers 4) wiederholen sich. Da erkenne ich plötzlich die Wirklichkeit: Die Wahrheit ist, dass es Gott gibt und unter den Menschen keiner ist, der Gutes tut. Das fängt schon im Kleinkindalter an. Kinder streiten sich, raufen und nehmen sich gegenseitig Dinge weg. Niemand hat ihnen das beigebracht.

Ja, es gibt wirklich keinen, der Gutes tut. Aber Gott hat uns in diesem Zustand nicht allein gelassen. Er meint es gut mit uns – auch wenn niemand gut ist. Er hat sich dem Menschen barmherzig zugewandt und einen Ausweg für ihn bereitet. In Jesus Christus bietet er uns allen den Weg zu ihm an. Wir brauchen nicht an der Wirklichkeit vorbei zu leben, sondern dürfen umkehren und uns im Glauben Christus anvertrauen.

Jeden Tag kann ich aufs Neue Gottes Liebe und Barmherzigkeit in Anspruch nehmen und an andere weitergeben. Nicht mit eigenem Gutsein, sondern in der Güte Gottes kann ich dann meinen Mitmenschen begegnen. Das ist die Wirklichkeit: mit Gott und seinem Handeln rechnen und mich auf seine Wege einlassen.

Ich will dich preisen, Herr, denn du bist gut.
[9] Aus jeder Not hast du mich errettet,
nur so konnte ich die Feinde besiegen.

Vom besten Freund verraten

55 Von David, zum Nachdenken. Mit Saiteninstrumenten zu begleiten.
[2] Beachte mein Gebet, o Gott,
und wende dich nicht ab von meinem Flehen!
[3] Höre doch und gib mir Antwort!
Meine Sorgen lassen mir keine Ruhe mehr.
Stöhnend irre ich umher
[4] und höre, wie die Feinde mich anpöbeln.
Sie bedrängen mich und wollen mir schaden,
voller Haß feinden sie mich an.
[5] Mein Herz krampft sich zusammen,
Todesangst überfällt mich.
[6] Furcht und Zittern haben mich erfaßt,
und vor Schreck bin ich wie gelähmt.

[7] Ach, hätte ich doch Flügel wie eine Taube,
dann würde ich an einen sicheren Ort fliegen!
[8] Weit weg würde ich fliehen – bis in die Wüste.
[9] Schnell fände ich eine Zuflucht vor dem Unwetter
und dem wütenden Sturm.

[10] Herr, verwirre die Sprache meiner Feinde,
damit sie sich nicht mehr verständigen können!
In der Stadt habe ich gesehen,
daß Streit und rohe Gewalt überhandnehmen.
[11] Tag und Nacht machen sie die Runde auf den Mauern.
Die Stadt ist erfüllt von Unrecht und Verderben.
[12] In ihren Straßen herrschen Erpressung und Betrug,
und das Verbrechen scheint kein Ende zu nehmen.

[13] Wäre es mein Feind, der mich verhöhnt,
dann könnte ich es noch ertragen.
Würde mein erbitterter Gegner sich über mich erheben,
wüßte ich ihm aus dem Weg zu gehen.
[14] Aber du bist es, mein Vertrauter,
mein bester und engster Freund!
[15] Wie schön war es, als wir noch unsere Gedanken austauschen konnten,
während wir mit den anderen Pilgern auf dem Weg zum Tempel waren!

[16] Ohne Vorwarnung hole der Tod meine Feinde!
Mitten aus dem Leben sollen sie gerissen werden,

Besiegte Feinde

Angelika Speck

Psalm 54, 9

Eine junge Frau erzählt: «Ich bin berufstätig, und meine Arbeit macht mir viel Freude. Für den Umgang mit meinen Mitmenschen – egal ob Kunden, Kollegen oder Vorgesetzen – ist die Bibel mein Maßstab. Deshalb habe ich mich auch bewusst von einer inszenierten Intrige gegen einen Kollegen distanziert. Doch damit hatte ich mir Feinde gemacht – ich war einem ständigen Mobbing ausgesetzt, das in einem heftigen Kritikgespräch mit den beiden obersten Führungskräften gipfelte.

Dieses Gespräch zog mir fast den Boden unter den Füßen weg. Glücklicherweise bot sich die Möglichkeit, eine Pause einzulegen, und ich rief zu Gott: ‹Herr, ich brauche deine Hilfe. Was soll das alles? Was soll ich tun?› Ich nahm meine Bibel in die Hand und betete: ‹Ich vertraue darauf, dass du mir durch den heutigen Bibelabschnitt Antwort auf meine Fragen gibst.› Total erstaunt war ich, als ich nun den Bibeltext las. Dort wurde eine Situation des Volkes Israel geschildert, die fast identisch mit meiner war. Und Gott sprach mir mit folgenden Worten Mut zu: ‹Tue nichts Unüberlegtes, bewahre Ruhe. Hab keine Angst, und lass dich nicht einschüchtern. Ihr Vorhaben wird nicht gelingen!› Da wusste ich, dass nichts passieren würde. Zwar gab es noch eine Weile immer wieder ‹Überraschungsangriffe›, aber ich blieb ruhig, denn ich wusste, Gott hält an seinen Zusagen fest.

Inzwischen ist einige Zeit vergangen. ‹Meine Feinde› sind nicht mehr im Unternehmen, und ich habe wieder einen Arbeitsplatz, der mir gefällt.»

So wie diese junge Frau oder König David stehen auch wir oft im Kampf gegen Feinde. Sie können «Angst», «Hoffnungslosigkeit», «Mutlosigkeit» oder «Unglauben» heißen. Doch das ist kein Grund davonzulaufen. Wir dürfen schon in unserer Not, in unserem Kampf die Hilfe Gottes sehen. Warum? Weil Jesus Christus, Gottes Sohn, gesagt hat: «Ich bin immer und überall bei euch, bis an das Ende dieser Welt!» (Matthäus 28,20). Das bedeutet, dass der starke Helfer in jeder Situation – auch heute – an unserer Seite ist.

Ermutigung

J. E. S.

Das alles kann ich durch Christus, der mir Kraft und Stärke gibt (Philipper 4,13).

Ich bin nie 450 Vertretern einer feindlichen Religion allein entgegengetreten.

Ich habe nie Feuer vom Himmel herabgerufen.

Ich habe nie um Regen gebetet, bis ich Sturmwolken heraufziehen sah.

Ich bin nie 40 Kilometer gelaufen.

Nie hat eine Königin mein Leben bedroht.

Aber ich bin entmutigt gewesen wie Elia und habe wie er gesagt: «Herr, ich kann nicht mehr!» (1. Könige 19,4).

Nach einem Tag mit einem schreienden Baby, einem aufsässigen Teenager, einem anspruchsvollen Chef oder einem unzufriedenen Ehemann; nach einem Tag der Entmutigung und Enttäuschung (mehr über mich selbst als über irgendjemand sonst), kann ich mit Elia sagen, wenn nicht rufen: «Herr, ich kann nicht mehr!»

Doch wenn ich mich an das Rezept halte, das Gott dem Propheten Elia gegen Entmutigung gab, werde ich eher in der Lage sein, mich selbst und meine Gefühle wieder in den Griff zu bekommen:

1. Schlafen Sie ausreichend (1. Könige 19,5). Haben Sie schon einmal den Zusammenhang zwischen schwachen Nerven und einer zu kurzen Nacht bemerkt?

2. Essen Sie regelmäßig gesunde Kost (1. Könige 19,6): Eine proteinreiche, zuckerarme Ernährung wird für die nötige Kraft sorgen, die ein anstrengender Tag von Ihnen fordert.

3. Verbringen Sie Zeit in der Stille mit Gott (1. Könige 19,12-13): Ohne das geht es einfach nicht. Egal, wie beschäftigt Sie sind, eine Zeit allein mit sich und mit Ihrem Herrn wird Ihnen so viel Stabilität geben, dass Sie an alles herangehen können, was das Leben mit sich bringt.

4. Und dann machen Sie sich auf (1. Könige 19,15). Es gibt viel zu tun. Mit Gottes Kraft können Sie es schaffen!

denn die Bosheit herrscht in ihren Herzen und Häusern.
17 Doch ich schreie zu Gott, und der Herr wird mir helfen.
18 Den ganzen Tag über klage und stöhne ich,
bis er mich hört.
19 Er rettet mich und gibt mir Sicherheit
vor den vielen Feinden, nichts können sie mir anhaben!
20 Gott, der seit Ewigkeiten herrscht, wird mich erhören.
Er bleibt ihnen die Antwort nicht schuldig.
Denn vor ihm haben sie keine Ehrfurcht,
und ändern wollen sie sich auch nicht.

21 Ach, mein ehemaliger Freund hat alle seine Freunde verraten
und seine Versprechen gebrochen!
22 Seine Worte sind honigsüß,
aber im Herzen ist er voller Haß.
Sein Gesicht ist freundlich,
aber seine Worte verwunden wie Messerstiche.

23 Überlaß alle deine Sorgen dem Herrn!
Er wird dich wieder aufrichten;
niemals läßt er den scheitern, der treu zu ihm steht.
24 Solche Mörder und Betrüger aber wirst du, Gott,
ins Grab stürzen;
mitten aus dem Leben wirst du sie reißen.
Ich aber vertraue dir, Herr!

Besiegte Angst

56 Ein Lied Davids, nach der Melodie «Die Taube verstummt in der Fremde». Es stammt aus der Zeit, als die Philister ihn in Gat festgenommen hatten.[a]

2 Gott, hab Erbarmen mit mir,
denn man will mich zur Strecke bringen!
Die Feinde verfolgen mich den ganzen Tag
und bedrängen mich hart.
3 Unaufhörlich greifen sie mich an,
viele bekämpfen mich in ihrem Hochmut.

4 Doch gerade dann, wenn ich Angst habe,
will ich mich dir anvertrauen.

5 Ich lobe Gott für das, was er versprochen hat;
ihm vertraue ich und fürchte mich nicht.
Was kann mir ein Mensch jetzt noch Böses tun?

a) 1. Samuel 21,10ff.

Ein sicherer Ort

Maria Utri

Psalm 55, 7–9

David ist verzweifelt: Er erlebt nicht nur den Angriff seiner Feinde, sondern auch den Verrat eines Freundes.

Ich kann seine Empfindungen gut nachvollziehen: sich bloßgestellt fühlen, verletzt, zu Unrecht beschuldigt und gedemütigt– da steigt Panik auf, die Kehle schnürt sich zu, man ist unfähig, ein Wort der Verteidigung oder Erklärung abzugeben. Man wünscht sich nur noch an einen sicheren Ort.

Wenn ich an so ein sicheres Plätzchen denke, erinnere ich mich an unsere Katze. Sie war sechs Wochen alt, als wir sie aus dem Tierheim in unser Haus holten. Zitternd und verängstigt ließ sie sich zum ersten Mal in ihr Körbchen im Wohnzimmer setzen. Doch innerhalb von Sekunden war sie hinter dem Sofa verschwunden. Ganze zwei Tage blieb sie dort. An diesem Platz fühlte sie sich sicher.

In all den Jahren, die sie bei uns lebte, blieb es dabei: Wann immer sie sich bedroht, ertappt oder schuldig fühlte, verkroch sie sich hinter dem Sofa, bis wir sie wieder vorholten. War das rettende Sofa nicht in der Nähe, genügte es ihr, ihren Kopf in meiner Hand oder meinem Ärmel zu vergraben – in der Meinung, dort sicher zu sein.

Wo können wir uns «verkriechen», wem anvertrauen, wenn Zeiten der Enttäuschung, des Nicht-Verstanden-Werdens, der Krankheit – ja, der Todesangst – über uns hereinbrechen?

Auch ich brauche so ein Sofa. Ich brauche die Stille vor meinem Gott, um den Bedrohungen meines Herzens zu entfliehen. Ich brauche die Zuflucht an einen sicheren Ort, wo nur er mich hört. Dort rolle ich alles wie einen Teppich vor ihm aus: meinen Zorn, meine Enttäuschung, meine wirren Gedanken. Bringe ihm die Menschen, von denen ich mich gekränkt fühle oder die mir Sorgen bereiten. Dort kann ich die Tränen laufen lassen, es wagen, meinem himmlischen Vater wirklich alles zu sagen. Erschöpft von meiner Klage merke ich dann, wie mein Herz und meine Seele zur Ruhe kommen. In der Stille nehme ich wahr, was Gott mir sagen will.

Manchmal schenkt er mir auch die Erkenntnis, dass ich schuldig bin. Dann kann ich Vergebung empfangen – und meine Gedanken werden wieder klar. Immer wieder tröstet Gott mich auch und schenkt mir eine Zusage, an der ich mich aufrichten kann.

Gestärkt kann ich meinen sicheren Ort wieder verlassen. Bis zum nächsten Mal. Vielleicht morgen?

6 Unablässig verdrehen sie, was ich sage, und überlegen,
wie sie mir schaden können.
7 Überall muß ich mit einem Hinterhalt rechnen.
Sie beschatten mich und warten nur darauf, mich umzubringen.
8 Gott, wirf diese Leute in deinem Zorn nieder!
Sollten sie bei so viel Bosheit ungeschoren davonkommen?
9 Du siehst doch, wie lange ich schon umherirre!
Jede Träne hast du gezählt,
ja, alle sind in deinem Buch festgehalten.
10 Sobald ich dich um Hilfe bitte,
werden meine Feinde kleinlaut den Rückzug antreten.
Denn das weiß ich: du, Gott, bist auf meiner Seite!

11 Ich lobe Gott für das, was er versprochen hat,
ja, ich lobe die Zusage des Herrn.
12 Ihm vertraue ich und fürchte mich nicht.
Was kann mir ein Mensch jetzt noch Böses tun?

13 Herr, was ich dir versprochen habe,
will ich jetzt einlösen und dir aus Dank Opfer bringen.
14 Denn du hast mich vor dem Tod gerettet,
vor dem Sturz in die Tiefe hast du mich bewahrt.
Ich darf weiterleben – in deiner Nähe.
Du hast mir das Leben neu geschenkt.

Ich bin geborgen

57 Ein Lied Davids, nach der Melodie «Richte nicht zugrunde». Es stammt aus der Zeit, als er sich auf der Flucht vor Saul in der Höhle aufhielt.[a]

2 Erbarme dich über mich, o Gott, erbarme dich!
Bei dir suche ich Zuflucht,
bei dir bin ich geborgen wie ein Küken,
das sich unter die Flügel seiner Mutter flüchtet,
bis das Unwetter vorbeigezogen ist.
3 Zu Gott, dem Höchsten, schreie ich,
zu ihm, der meine Not wendet
und alles zu einem guten Ende führt.
4 Vom Himmel her wird er mir seine Hilfe schicken
und mich retten vor denen,
die mir nachstellen und mich gehässig verleumden.
Ja, Gott wird zu mir halten, er ist treu.
5 Ich bin von Feinden umzingelt,

a) 1. Samuel 22,1–2; 24,1ff.

Der beste Platz für Tränen

Uschi Marty

Psalm 56, 9

Kennen Sie den besten Platz für Ihre Tränen? Wie gerne geben wir unsere besten Adressen weiter und freuen uns, wenn andere sich an sie wenden!

Ich erhielt die Zusage, dass Gott meine Tränen sieht und nicht vergisst, als ich bei einem Eheseminar meine Lebensgeschichte vorstellte. Es war der erste Versuch, mein tiefstes Trauma – die Erfahrungen der sexuellen Ausbeutung – in Worte zu fassen. Und ich scheiterte kläglich daran. Ich konnte nicht sprechen, der Schmerz war zu groß. Mein Mann kam an meine Seite und hielt mich tröstend fest. Dann übernahm er meine Aufgabe und las meine Geschichte vor.

Der Seminarleiter sprach mir anschließend die Zusage Gottes aus 2. Könige 20,5 zu: «Ich habe dein Gebet gehört und deine Tränen gesehen. Ich will dich gesund machen.»

Diese Worte habe ich in mein Leben mitgenommen. Immer wieder habe ich sie mir selbst vor Augen gestellt und dabei vor allem an den Absender dieser Zusage gedacht. Gott, mein Vater – der mich liebt, kennt und über alles Bescheid weiß – verspricht mir Hilfe und Heilung.

Gottes Worte halten, was sie versprechen! Ich habe es erfahren! Die alten Schatten sind fast ganz aus meinem Leben gewichen. Sie wurden durch das Licht der heilenden Liebe Jesu entmachtet. Ganz laut möchte ich es sagen – mit seinen Worten am Kreuz von Golgatha: «Es ist vollbracht!» (Johannes 19,30). Damit ist die Prophetie Jesajas auch in meinem Leben wahr geworden – Jesus Christus ist gekommen, um «den Armen die frohe Botschaft zu bringen und die Verzweifelten zu trösten», er ruft «Freiheit aus für die Gefangenen, ihre Fesseln werden nun gelöst und die Kerkertüren geöffnet» (Jesaja 61,1). Die Fesseln, die mich banden, hat Jesus gelöst. Mit Schritten, die immer sicherer werden, kann ich ins Leben hinaustreten und lernen, frei zu atmen.

Sehnen Sie sich nach Freiheit und Heilung? Bitte denken Sie an Jesus Christus, wenn Sie das nächste Mal vor Kummer weinen. Er ist die beste Adresse, an die wir uns wenden können.

Zuflucht im Sturm

Alexandra C.E. Depuhl

Psalm 57, 2

In Florida haben wir erlebt, was ein Hurrikan anrichten kann, wenn er sich über dem Meer zusammenbraut und dann mit über 200 Stundenkilometern auf das Festland zurast. Viele Menschen versuchen, sich zu schützen, wenn sie rechtzeitig gewarnt werden. Aber wenn der Hurrikan erst einmal da ist, dann ist alles zu spät!

Doch in der Mitte jedes Wirbelsturms gibt es ein Auge, in dem es ganz ruhig ist, kein Lüftchen weht, kein Hauch zu spüren ist. So stelle ich mir eine Zuflucht vor: absolute Stille und Ruhe. Beim Hurrikan kann diese Phase der Stille jedoch sehr trügerisch sein, denn danach bricht der Sturm wieder los.

Gott will uns inmitten der Stürme unseres Lebens bei ihm zur Ruhe kommen lassen. Wenn mir etwas Schwierigkeiten bereitet und ich deswegen manchmal nachts aufwache, habe ich mir angewöhnt zu beten. Ich vertraue Gott meine Stürme, meine Ängste, meine Not oder auch meine Wut an. In solchen Momenten merke ich, dass ich oft ohne mein Zutun in das Auge des Sturms gestellt werde. Ruhige Gedanken durchströmen mein Herz. Gott zeigt mir seine Liebe und lässt mich wissen, dass er bei mir ist und ich in seinen Armen gut aufgehoben bin. Nun sehe ich nicht mehr nur die Not, sondern die Chancen Gottes. Ich erkenne, dass Gott sich zu mir stellt und mir seine Hilfe anbietet – wenn nötig auch für das erneute Losbrechen des Sturms.

Oft legt sich der gewaltige Wind, wenn ich ganz in Gottes Nähe bin. Denn er ist mächtig genug, jeden Sturm zu stillen! Jesus hat uns und seinen Jüngern das bereits bewiesen. «Warum habt ihr Angst? Habt doch mehr Vertrauen zu mir!», fordert er uns auf (Matthäus 8,26). Gott will unsere Zuflucht sein, er möchte dazu nur unser Vertrauen. Als seine Kinder können wir in seine Arme laufen.

Manchmal brauchen wir Stürme in unserem Leben, um zu erkennen, wie liebevoll Gott mit uns umgeht. Meistens sind es die schwierigen Zeiten, in denen ich Neues lerne oder auf besondere Veränderungen vorbereitet werde.

David wurde in seinen Krisen auf seinen Dienst als König vorbereitet – er erkannte, wem er vertrauen konnte. Er lernte, seine Zuflucht bei Gott zu suchen und zu finden.

Im Auge des Sturms finden wir eine wahre Zuflucht – die Ruhe, in die Gott uns bringen möchte.

wie Löwen lechzen sie nach Blut.
Ihre Zähne sind spitz wie Speere und Pfeile,
ihre Zungen sind scharf wie geschliffene Schwerter.

6 Gott, zeige deine Größe, die den Himmel überragt;
erweise deine Macht und Herrlichkeit auf der ganzen Welt!

7 Die Feinde hatten mir Fallen gestellt,
ich war völlig verzweifelt.
Mir hatten sie eine Grube gegraben,
doch nun sind sie selbst hineingestürzt!

8 Gott, jetzt habe ich neuen Mut gefaßt,
voller Vertrauen blicke ich in die Zukunft.
Darum will ich singen und dir danken, Herr.
9 Fasse neuen Mut, mein Herz! Wach auf!
Harfe und Zither, wacht auf!
Ich will den neuen Tag mit meinem Lied begrüßen.
10 Herr, ich will dir danken vor den Völkern,
vor allen Menschen will ich dir singen.
11 Groß ist deine Güte! Sie reicht bis an den Himmel!
Und wohin die Wolken auch ziehen: überall ist deine Treue!

12 Gott, zeige deine Größe, die den Himmel überragt;
erweise deine Macht und Herrlichkeit auf der ganzen Welt!

Wer das Recht bricht, wird selbst zerbrochen

58 Ein Lied Davids nach der Melodie «Richte nicht zugrunde».
2 Ihr Mächtigen,
trefft ihr wirklich gerechte Entscheidungen?
Gilt noch gleiches Recht für alle,
wenn ihr eure Urteile fällt?
3 Nein!
Schon eure Gedanken sind von Ungerechtigkeit verseucht,
mit Willkür und Gewalt versklavt ihr das Land.
4 Diese Rechtsbrecher sind von Geburt an
verlogen und verdorben.
5 Sie sind giftig wie Schlangen.
Doch wenn es darauf ankommt, sich etwas sagen zu lassen,
dann stellen sie sich taub
6 wie eine Schlange, bei der jede Kunst des Beschwörers versagt.

7 O Gott, schlage ihnen die Zähne ein!
Brich diesen Löwen das Gebiß aus, Herr!
8 Laß diese Mächtigen verschwinden wie Wasser,

Was am Ende zählt

Else Diehl

Psalm 58, 12

Jakob ereifert sich mit lauten Worten: «Den Frommen müsste man es geben. Alles Heuchler! Tun nichts gegen die Ungerechtigkeit und halten zu den Reichen. Ich werde zu den Vorträgen gehen und mich selbst überzeugen. Die werden sich über den Artikel wundern, den ich in der Zeitung veröffentliche.»

Jakobs Vorhaben findet völlige Zustimmung bei seinen Kollegen. Noch am gleichen Abend mischt er sich unter die Zuhörer im Gemeindesaal. Der Redner ist zu einer Vortragsreihe eingeladen, bei der im Laufe einer Woche Lebensfragen anhand der Bibel besprochen werden. Doch schon nach wenigen Minuten hat Jakob aufgehört, Notizen für seinen Artikel zu machen. Gespannt verfolgt er den Vortrag – und ist tief berührt. Er hört das Evangelium, wie er es noch nie gehört hat. Wie selbstverständlich ist er auch an den nächsten Abenden da. Das Wort Gottes trifft ihn bis ins Innerste. Seine Argumente lösen sich wie Nebel auf. Er spürt: Es gibt tatsächlich einen lebendigen Gott. Und der begegnet ihm an diesen Abenden durch die Botschaft der Bibel.

Jakobs Sicherheit ist dahin. Er bekennt sich im Licht der Bibel schuldig vor Gott und bereut seine Selbstgerechtigkeit. Jakob wird Christ und begreift: Wer Vergebung von Gott bekommt, ist in Wirklichkeit gerecht und setzt sich auch in dieser Welt für Gerechtigkeit ein.

Dann schreibt Jakob seinen Artikel, doch es wird ein sehr persönlicher Bericht von dem, was er erkannt und erlebt hat. Seine Kollegen sind entsetzt, Angriffe bleiben nicht aus. In der nächsten Ausgabe erscheint ein hämischer Artikel mit der Überschrift: «Der wankelmütige Jakob». Er kann den Spott gelassen hinnehmen, denn ihm ist klar, dass Gott ihn nicht im Stich lässt, wenn er sich zu ihm hält. Jakob wird zum Gesprächsstoff im Ort. Viele beobachten ihn und sein Tun sehr genau. Was sie an seinem Lebensstil und an seiner Familie erleben, macht einige nachdenklich. Sie spüren, dass es wahr ist: Wer Gott vertraut und ihm gehorcht, darf mit seiner Hilfe rechnen. Nicht immer ist es sofort erkennbar. Ablehnung und Unverständnis mag es geben, doch am Ende wird Gott die Treue belohnen.

das im Boden versickert!
Wenn sie ihre Waffen einsetzen wollen,
schlage sie ihnen aus der Hand![a]
9 Laß sie eingehen wie Schnecken in sengender Hitze!
Wie eine Fehlgeburt sollen sie das Licht der Sonne nicht sehen!
10 Weg mit ihnen!
Noch bevor sie ihre hinterhältigen Pläne verwirklichen,
soll der Herr sie davonjagen.[b]

11 Gott wird mit ihnen abrechnen!
Wer ihm die Treue hält, wird sich darüber freuen
und im Blut der Rechtsbrecher waten.
12 Dann werden die Menschen bekennen:
Wer Gott gehorcht, wird doch belohnt;
es gibt tatsächlich einen Gott,
der auf dieser Erde dem Recht zum Sieg verhilft!

Gott wird mit meinen Feinden fertig!

59 Ein Lied Davids nach der Melodie «Richte nicht zugrunde». Er verfaßte es, als Saul sein Haus überwachen ließ, um ihn zu töten.[c]

2 Befreie mich von meinen Feinden, o Gott!
Sie stellen sich mir überall in den Weg.
Laß mich ihnen entkommen!
3 Rette mich vor diesen böswilligen Menschen,
die vor keiner Bluttat zurückschrecken!
4 Siehst du nicht, wie sie mir auflauern, um mich zu töten?
Alles, was in ihrer Macht steht,
haben sie gegen mich aufgeboten.
Doch niemand kann mir vorwerfen, ich hätte treulos gehandelt
oder sonst ein Unrecht begangen, Herr.
5 Obwohl ich völlig unschuldig bin,
kommen sie angelaufen und umstellen mein Haus.
Steh auf, Herr! Sieh meine Not an und komm mir zu Hilfe!
6 Denn du bist Gott, der Herr über Himmel und Erde,
du bist Israels Gott! Greif ein!
Du richtest doch alle fremden Völker;
so strafe auch meine heimtückischen Verfolger erbarmungslos!

a) Wörtlich: Wenn sie ihre Pfeile schießen, dann seien diese wie abgeknickt.
b) Der hebräische Text ist nicht sicher zu deuten. Wörtlich: Noch bevor eure (Koch)töpfe (das Feuer vom) Dornstrauch verspüren – ob er frisch ist oder ob er schon hell brennt – er (Gott) wird ihn fortwirbeln.
c) 1. Samuel 19,11

Klammere dich an Gott

Joni Eareckson Tada

Psalm 59, 10

Als der Orkan «Diana» vor ein paar Jahren auf die Küste von Carolina zuraste, standen die Filmteams der Fernsehanstalten schon mit laufenden Kameras bereit. Und von behaglichen Wohnzimmern aus konnten wir mit schreckgeweiteten Augen verfolgen, wie Sturmböen mit einer Geschwindigkeit von 150 Stundenkilometern Autos umwarfen, Fenster zerschmetterten und ganze Segelboote in die Schlafzimmer von Strandhäusern hineindrückten. Es war ein so heftiger Sturm, dass sich sogar Straßenlampen wie dünne Drähte bogen und zerbrachen.

Aber von all diesen Fernsehbildern ist mir eine Szene ganz besonders im Gedächtnis geblieben: Da konnte man in einer dunklen Seitenstraße einen einsamen Mann im gelben Regenmantel sehen, der sich krampfhaft an einem Telefonmast festhielt, während wahre Sturzbäche von Regen und brüllender Wind versuchten, ihn in die Finsternis zu schleudern.

Mir ist dieses Bild im Lauf der vergangenen Jahre immer wieder eingefallen. Manchmal denke ich daran, wenn ich Bibelverse lese, die davon reden, wie vollkommen schwach und hilflos wir Menschen doch eigentlich sind – körperlich, geistig und geistlich gesehen. Gott macht uns eins immer wieder eindringlich klar: Wir dürfen es überhaupt nicht wagen, uns selbst zuzutrauen, dass wir den richtigen Weg aus eigener Kraft gehen oder auch nur entdecken könnten. Und genau aus diesem Grund verwendet Gott in seinem Wort viel Zeit darauf, uns daran zu erinnern, wie stark, sicher und verlässlich er ist.

Vielleicht gibt es in Ihrem persönlichen Leben heute keine großen Stürme. Die Sonne scheint, kleine, schneeweiße Schönwetterwolken ziehen im sanften Windhauch vorüber. Aber das Leben ist unberechenbar. Plötzlich springt der Wind um und zieht uns in seinen Wirbel. Eine Versuchung kann uns aus heiterem Himmel überfallen. Manchmal setzt uns Gott der rohen Gewalt unserer Umwelt, unseres Eigensinnes oder den Angriffen Satans aus. Wenn wir von Kummer und Nöten überrollt werden, überwältigt uns das Gefühl unserer gänzlichen Unvollkommenheit – unserer moralischen und seelischen Schwäche.

Wenn uns so zu Mute ist, werden wir auf Gott zugetrieben, um uns nur noch fester an ihn zu halten. Wir lernen genau dasselbe wie der Mann, der mitten im Orkan stand und sich an den Mast klammerte. Dann kommt es darauf an, die beste Zuflucht, den stärksten Felsen, die standhafteste und unerschütterlichste Verteidigungsstellung zu finden und sich daran mit allen Fasern des Herzens festzuklammern – so, als ob das ganze Leben davon abhinge.

7 Sie gleichen wilden Hunden,
die am Abend kläffend die Stadt durchstreifen.
8 Vor Gier läuft ihnen schon der Geifer aus dem Maul.
Jedes Wort, das über ihre Lippen kommt,
ist wie ein Dolchstoß.
Dabei denken sie: «Keiner hört, was wir hier planen!»

9 Aber du, Herr, kannst über sie nur lachen.
Nichts als Spott hast du für diese Völker übrig.
10 Du bist meine Stärke[a], an dich will ich mich klammern.
Du gibst mir Schutz wie eine Burg.
11 Du kommst mir in Liebe entgegen
und läßt mich über meine Feinde triumphieren.

12 Herr, töte sie nicht sofort,
sonst gerät alles rasch in Vergessenheit,
und mein Volk würde nichts daraus lernen.
Laß sie ruhelos umherirren und langsam zugrunde gehen!
Du bist mächtig genug, Herr, unser Beschützer!
13 Mit jedem Wort laden sie nur noch mehr Schuld auf sich.
Durch ihre Überheblichkeit werden sie sich im Netz ihrer Lügen
und Lästerungen verstricken.
14 Vertilge sie in deinem Zorn!
Rotte sie aus mit Stumpf und Stiel!
Dann wird die ganze Welt erkennen,
daß du, Gott, in Israel regierst.

15 Sie gleichen wilden Hunden,
die am Abend die Stadt durchstreifen.
16 Sie streunen umher auf der Suche nach Fraß,
und wenn sie nicht satt werden, knurren sie wütend[b].

17 Ich aber singe von deiner Macht.
Früh am Morgen juble ich dir zu, weil du so gnädig bist.
Du bietest mir Schutz wie eine sichere Burg;
zu dir kann ich fliehen, wenn ich weder aus noch ein weiß.
18 Ja, dir will ich singen und musizieren,
denn du bist meine Stärke.
Bei dir, Gott, weiß ich mich geborgen.
Ja, Herr, wie gut bist du zu mir!

a) So mit anderen hebräischen Handschriften und der griechischen Übersetzung; der hebräische Text lautet: seine Stärke.
b) So nach der griechischen Übersetzung; der hebräische Text lautet: und wenn sie nicht satt werden, bleiben sie über Nacht.

Angst

Helen Lescheid

Werft nun euer Vertrauen nicht weg!
Es wird sich erfüllen, worauf ihr hofft (Hebräer 10,35).

Die Anruferin klang außer sich. Sie steckte in einer echten Lebenskrise. Drohende Termine standen wie Felswände vor ihr. Familiäre Nöte brachen wie unheilvolle Wellen über sie herein, raubten ihr den Atem und ließen sie mit einem Gefühl der Hilflosigkeit zurück. Sie wusste, wenn nicht bald eine entscheidende Veränderung eintrat, würde sie untergehen.

«Helen, bitte bete für mich!», stammelte sie mit tränenerstickter Stimme.

Ich empfand tiefes Mitgefühl für meine Freundin. Schon oft hatten wir uns über unsere persönlichen Nöte ausgetauscht und füreinander gebetet. Aber bei der Dringlichkeit ihres augenblicklichen Problems wollte fast so etwas wie Panik in mir hochkommen. Wenn es nach meinem Gefühl gegangen wäre, hätte ich beten müssen: «Vater, du siehst, wie ernst die Lage ist. Sie ist wirklich schlimm. Tu bitte jetzt sofort etwas für meine Freundin. Rette sie vor der Katastrophe!» Konnte aber ein solches Gebet ihr wirklich helfen? Es würde zweifellos ihre Ängste bestätigen, aber konnte es ihr Vertrauen auf einen liebevollen himmlischen Vater stärken?

Wie würde Jesus für meine Freundin beten? Ich hatte erst kürzlich die Gebete Jesu intensiv studiert und mit Erstaunen festgestellt, dass er zwar gelegentlich den Ernst einer Situation erwähnt, aber nie die Angst hervorgehoben hatte. Im Gegenteil: Ihn beten zu hören, rief Hoffnung hervor. Jesu Gebete versetzten die Menschen unmittelbar in die Gegenwart eines Gottes, der sich um seine Kinder kümmert, ihr Flehen hört und aktiv in ihr Leben eingreift.

Jesus stellt mit seinem Gebet keineswegs ihr schweres Herz in Frage. Er spielt auch nicht ihre Ängste herunter. Mit grenzenlosem Einfühlungsvermögen gibt er ihnen das, was sie im Augenblick am dringendsten brauchen: Hoffnung für die Zukunft und die notwendigen Hilfsmittel, um mit der Gegenwart fertig zu werden.

Jetzt war es an mir, für meine Freundin zu beten – und zwar in der gleichen positiven Weise, wie Jesus es tun würde. «Sollen wir gerade hier am Telefon zusammen beten?», fragte ich sie. «Würdest du das tun?», erwiderte sie. Ja, natürlich! «Vater im Himmel, du wohnst bei dieser Familie. Du siehst die Not, und du weißt, wie dringend sie ist. Danke, dass wir wissen, wir können dir absolut vertrauen ...»

Besiegt, aber nicht mutlos

60 Ein Lied Davids zur Belehrung, nach der Melodie «Lilien als Zeug-
nis». 2 Es stammt aus der Zeit, als David mit den Aramäern von Me-
sopotamien und mit den Aramäern von Zoba im Krieg lag. Damals fügte
Joab auf dem Rückweg den Edomitern im Salztal eine Niederlage zu, bei
der zwölftausend von ihnen fielen.[a]

3 Gott, du hast uns aufgegeben:
unsere Truppen wurden zersprengt und aufgerieben.
Wir haben deinen Zorn zu spüren bekommen,
doch nun richte uns wieder auf!
4 Du hast das Land erschüttert und zerrissen;
heile seine Risse, daß es nicht zerbricht!
5 Du hast dein Volk hart geschlagen,
wie betrunken torkeln wir umher.[b]
6 All denen aber, die dir gehorchen,
hast du ein Warnzeichen gegeben.
So konnten sie fliehen
und den Pfeilen ihrer Verfolger entkommen.
7 Hilf uns und antworte! Rette uns!
Wir sind doch dein geliebtes Volk!

8 Darauf hat Gott in seinem Heiligtum geantwortet:
«Im Triumph will ich meinem Volk
die Gegend um Sichem geben;
das Tal von Sukkot will ich ihnen zuteilen.
9 Mir gehören die Gebiete von Gilead und Manasse,
Ephraim ist mein Helm auf dem Haupt,
Juda das Zepter in meiner Hand.
10 Das Land Moab dient mir als Waschbecken;
auf Edom werfe ich meinen Schuh als Zeichen dafür,
daß ich von ihm Besitz ergreife.
Und ihr Philister: Jubelt auch ihr mir zu!»

11 Wer gibt mir Gewalt über die befestigte Stadt?
Wer schenkt mir den Sieg über Edom?
12 Außer dir, Herr, kommt ja niemand in Frage!
Doch gerade du hast uns verstoßen.
Gerade du, Gott, ziehst nicht mehr mit uns in den Krieg.
13 Rette du uns vor den Feinden!

a) 2. Samuel 8,1–14; 1. Chronik 18,3–13. – Der Psalm wurde wahrscheinlich vor dem Sieg Joabs über die Edomiter gedichtet.
b) Wörtlich: Du hast uns einen Wein zu trinken gegeben, der uns zum Taumeln brachte.

Montag

Auf wen kann ich mich verlassen?

Margret Meier

Psalm 60, 13

Abends kam ich zu einem Treffen in ein großes altes Haus. Als ich gerade die Treppe in den ersten Stock hinaufstieg, hörte ich aus der Wohnung im Erdgeschoss ein kleines Kind schreien. Die Schreie gingen mir durch Mark und Bein, so anhaltend und durchdringend waren sie. Wahrscheinlich war das Kind aufgewacht und hatte bemerkt, dass seine Eltern nicht da waren. Offenbar gab es in der Wohnung keinen Menschen, der nach dem verschreckten Kind sah, um es zu beruhigen und zu trösten. Es fühlte diese Verlassenheit und schrie in seiner Angst um Hilfe. Nur die Gegenwart eines vertrauten Menschen konnte es daraus befreien.

Jeder Mensch hat das Grundbedürfnis nach Sicherheit und Geborgenheit. Bei Kindern ist es besonders stark ausgeprägt, doch es bleibt das ganze Leben bestehen. Für viele stellt sich im Leben die Frage: «Auf wen kann ich mich wirklich verlassen? Wer ist absolut vertrauenswürdig?» Das wird beispielsweise dann konkret, wenn wir an einen anderen Ort gezogen sind. Wer bekommt einen Zweitschlüssel zur Wohnung? Wem geben wir Zutritt zu unserem eigenen Reich, wenn wir nicht zu Hause sind?

Zuverlässigkeit ist etwas ganz Wesentliches. Wem vertrauen wir unsere innersten Gedanken und Nöte, sogar unser Versagen, an? Vermutlich hat jeder schon die Erfahrung gemacht, dass er ganz und gar vertraut hatte und dieses Vertrauen enttäuscht wurde. Da können gute Freunde uns verraten, wenn sich Situationen verändern. Nette Arbeitskollegen tricksen uns durch Mobbing oder Unwahrhaftigkeit aus. Menschen, auf die wir wirklich gebaut hatten, lassen uns im Stich. Vielleicht nutzen sie Umstände für sich selbst und ihren Vorteil aus. Freunde können dann zu Feinden werden. Solche Erfahrungen sind schwer zu verkraften und hinterlassen deutliche Spuren in unserer Seele.

Gott ist da ganz anders. Er ist absolut zuverlässig. In der Bibel hat er uns zugesagt, immer bei uns zu sein. Niemals wird er sein Wort brechen, denn sein Wesen ist Treue. Er hält Wort – er kann gar nicht anders. Das ist Ausdruck seiner unendlichen Liebe zu uns Menschen.

Auf Gott können wir uns verlassen. Wer ihm sein Leben anvertraut, der wird erfahren, dass er genau das ist, was er verspricht. Gott ist nicht wie ein Mensch, er ist das «Brot», das uns satt macht und den Lebenshunger stillt. Er ist das «Licht», das unser Leben erhellt und unsere Wege erleuchtet. In Gott finden wir starken Halt, der auch dann bleibt, wenn es im Leben mal kräftig wackelt. Nie können wir tiefer fallen als in Gottes liebende Arme.

Denn wer sich auf Menschen verläßt, der ist verlassen!
[14] Mit Gott werden wir große Taten vollbringen;
er wird unsere Feinde zertreten!

Herr, wo du wohnst, will auch ich sein

61 Von David, mit Instrumenten zu begleiten.
[2] Höre, Gott, meinen Hilfeschrei,
und achte auf mein Gebet!
[3] Aus dem fernen Land rufe ich zu dir,
denn ich bin am Ende meiner Kraft.
Ich selbst kann mich nicht mehr in Sicherheit bringen,
darum hilf du mir und rette mich[a]!

[4] Zu dir kann ich jederzeit fliehen;
du bist seit jeher meine Festung,
die kein Feind bezwingen kann.
[5] Wo du wohnst, möchte auch ich für immer bleiben –
dort, in deinem Heiligtum.
Bei dir suche ich Zuflucht
wie ein Küken unter den Flügeln seiner Mutter.

[6] Gott, du kennst die Versprechen, die ich dir gegeben habe.
Du beschenkst jeden reich, der dich in Ehrfurcht anruft.
Auch mir gibst du meinen Anteil.
[7] Gib dem König ein langes Leben,
gewähre ihm noch viele Jahre!
Viele Generationen sollen erleben, wie er regiert.
[8] Laß ihn stets in Verantwortung vor dir herrschen,
beschütze ihn durch deine Güte und Treue!
[9] Dann will ich dich allezeit besingen
und deinen Namen preisen.
Tag für Tag werde ich erfüllen,
was ich dir versprochen habe.

Bei Gott komme ich zur Ruhe

62 Ein Lied Davids, für Jedutun.
[2] Nur bei Gott komme ich zur Ruhe;
geduldig warte ich auf seine Hilfe.
[3] Nur er ist ein schützender Fels und eine sichere Burg.
Er steht mir bei, und niemand kann mir schaden.

a) Wörtlich: bringe mich zum Felsen, der mir zu hoch ist.

Dienstag

Am Ende meiner Kraft

Gigi Graham Tchividjian

Psalm 61, 3

Als Kind wachte ich jeden Morgen auf und hoffte mit allen Fasern meines Herzens, ich könnte heute einmal «gut» sein. Noch bevor ich die Füße auf den Boden setzte, flehte ich Gott an, es mir doch heute gelingen zu lassen.

Manchmal schaffte ich es bis nach dem Frühstück. Meistens gelang es mir nicht einmal bis dahin. Ich fing an zu streiten. Ich verlor die Beherrschung. Ich sagte das Falsche. Ich redete zu viel. Dann kroch diese Verzweiflung, dieses würgende Gefühl in mir hoch, das mir wieder einmal sagte: «Du hast alles verdorben!»

Doch bald entdeckte ich, dass Versagen nichts Endgültiges ist. Wenn der neue Tag herandämmerte, war ich bereit, es aufs Neue zu versuchen. Aber als die Monate zu Jahren wurden und sich das Muster wiederholte, schmolz die Hoffnung immer mehr. Ich erinnere mich, wie ich als junge Mutter in unsrer Wohnung saß und eins dieser wunderbaren Bücher las, die geistliches Leben so beschrieben, wie ich es mir wünschte. Die Tränen strömten mir übers Gesicht, und ich rief frustriert: «Aber wie denn? Wie denn bloß?» Ich verglich mein Glaubensleben nur mit großartigen Modellchristen.

Doch langsam wurde mir bewusst, dass ich bei meinen ständigen Versuchen, die Siege über mich selbst aus eigener Kraft zu gewinnen, nur die zermürbende Erfahrung von Schuld und Versagen machen konnte. Denn ich strebte Perfektion an und versuchte, die Schlacht allein zu gewinnen. Aber Jesus will nicht unseren einsamen Kampf. Er will bei uns sein und für uns streiten: «Habt keine Angst! Fürchtet euch nicht vor diesem großen Heer! Ich werde gegen sie kämpfen, nicht ihr» (2. Chronik 20,15).

Als ich dies schließlich verstanden und beherzigt hatte, geschah etwas Unglaubliches. Ich konnte mich entspannen! Wenn ich jetzt einen Fehler machte, deprimierte mich das nicht mehr endlos. Ich redete mit Gott darüber, und dann lebte ich in Frieden weiter.

Und dann fiel mir etwas auf. Ich merkte, dass die Christen, die ich neiderfüllt betrachtete, sich nicht einmal bewusst waren, dass sie Heilige waren. Bewusst waren sie sich einzig und allein ihrer totalen Abhängigkeit von Gott. Ihre persönliche Beziehung und die Nähe zu ihm waren ihnen viel wichtiger als die Perfektion ihres Glaubenslebens.

Wir haben das Versprechen, dass «Gott sein Werk, das er bei euch durch den Glauben begonnen hat, zu Ende führen wird, bis zu dem Tag, an dem Jesus Christus wiederkommt» (Philipper 1,6). Gott liebt mich viel zu sehr, als dass er mich aufgeben könnte.

4 Wie lange noch wollt ihr alle über einen herfallen
und ihm den letzten Stoß versetzen wie einer Wand,
die sich schon bedrohlich neigt,
oder einer Mauer, die bereits einstürzt?
5 Ja, sie unternehmen alles,
um meinen guten Namen in den Dreck zu ziehen.
Es macht ihnen Freude, Lügen über mich zu verbreiten.
Wenn sie mit mir reden, sprechen sie Segenswünsche aus,
doch im Herzen verfluchen sie mich.

6 Nur bei Gott komme ich zur Ruhe;
er allein gibt mir Hoffnung.
7 Nur er ist ein schützender Fels und eine sichere Burg.
Er steht mir bei, und niemand kann mir schaden.

8 Gott rettet mich, er steht für meine Ehre ein.
Er schützt mich wie ein starker Fels,
bei ihm bin ich geborgen.
9 Ihr Menschen, vertraut ihm jederzeit,
und schüttet euer Herz bei ihm aus!
Gott ist unsere Zuflucht.

10 Die Menschen vergehen wie ein Hauch;
ob einfach oder vornehm – sie sind wie ein Trugbild,
das verschwindet.
Legt man sie auf die Waagschale,
dann schnellt sie nach oben,
als wären die Menschen nur Luft.
11 Verlaßt euch nicht auf erpreßtes Gut,
laßt euch nicht blenden von unrecht erworbenem Reichtum!
Wenn euer Wohlstand wächst,
dann hängt euer Herz nicht daran!
12 Mehr als einmal habe ich gehört, wie Gott gesagt hat:
«Ich allein habe alle Macht!»
13 Du, Herr, bist ein gnädiger Gott;
du vergiltst jedem, wie er es verdient.

Herr, ich brauche dich!

63 Ein Lied Davids. Es stammt aus der Zeit, als er in der
Wüste Juda war.

2 Gott! Du bist mein Gott!
Ich sehne mich nach dir, dich brauche ich!
Wie eine dürre Steppe nach Regen lechzt,
so dürste ich, o Gott, nach dir.
3 Ich suche dich in deinem Heiligtum,

Mittwoch

Ein Gott, der tröstet und heilt

Gitta Leuschner

Psalm 62, 9

In meiner Familie sind wir vier Schwestern. Alle haben nach und nach geheiratet. Und alle bekamen Kinder – nur ich nicht. Mein Mann studierte noch, ich arbeitete als Stewardess und war viel unterwegs. Den Wunsch nach Kindern verschob ich auf später. Doch plötzlich ging unsere Ehe kaputt. Dieser Zerbruch war für mich unglaublich schmerzhaft. Ich fühlte mich wie ein Scherbenhaufen.

Einige Zeit später entschied ich mich, mein Leben Jesus Christus anzuvertrauen. Jetzt konnte ich die Berge von Schuld, Verletzungen und Schmerzen bei ihm abladen und ungeahnte Ruhe, Trost und Befreiung finden. Er machte ein neues Gefäß aus mir. Jesus sagt: «Kommt alle her zu mir, die ihr euch abmüht und unter eurer Last leidet!» (Matthäus 11, 28).

Gott brachte nun Erlebnisse aus der Vergangenheit hoch, um daran zu arbeiten und sie zu heilen. Auch meinen Kinderwunsch. Als meine jüngste Schwester ihre kleine Tochter bekam, besuchte ich sie. Ich hielt das Baby in meinem Arm, und es sah mich mit großen, verständigen Augen an. So viel Reinheit, Unberührtheit, Schönheit! Es war, als ob Jesus mich voller Liebe durch dieses Kind anblickte. Und plötzlich stieg ein ganz tiefer Schmerz in mir hoch. Ich musste daran denken, dass ich keine Kinder hatte. Tränen liefen mir die Wangen herunter, und ich stöhnte: «O Gott, es tut mir so Leid, dass ich das schönste Geschenk, dass du einer Frau gemacht hast – Kinder zu gebären und Mutter zu sein – nicht angenommen habe.» Da sprach Gott sehr klar in meinem Innern: «Es ist nicht so wichtig, dass du Mutter eigener Kinder bist. Ich erwarte von dir nur, dass du mit deinem Leben als allein stehende Frau zeigst, dass ich ein Gott bin, der jedem ein gutes, erfülltes Leben geben kann. Schließlich gibt es so viele Kinder auf der Welt – kleine und große –, die du lieben kannst und in deren Leben du dich einbringen kannst.»

Diese Worte waren wie Balsam auf meine Wunden, und ich erlebte eine tiefe Heilung. Ja, das konnte ich: Gott mit meinem Leben verherrlichen. David sagt: «... schüttet euer Herz bei ihm aus! Gott ist unsere Zuflucht.» Er ist ein Gott der Gnade; und seine Gnade brauchen wir – egal ob verheiratet oder allein stehend, ob mit Kindern oder ohne.

So war die erste Begegnung mit meiner kleinen Nichte Florentine für mich ein wunderbares Erlebnis der Heilung und des Getröstetwerdens – von einem Gott, der uns in allem Überfluss schenkt (Johannes 10,10) und uns Frieden mit uns selbst und unserer Vergangenheit schließen lässt.

um deine Macht und Herrlichkeit zu sehen.
4 Deine Liebe bedeutet mir mehr als mein Leben!
Darum will ich dich loben;
5 mein Leben lang werde ich dir danken
und meine Hände zum Gebet emporheben.
6 Ich juble dir zu und preise dich,
ich bin glücklich und zufrieden wie bei einem Festmahl.[a]
7 Wenn ich nachts in meinem Bett liege,
denke ich über dich nach,
meine Gedanken sind dann nur bei dir.
8 Denn du hast mir immer geholfen; ich preise dich,
unter deinem Schutz bin ich sicher und geborgen.
9 Ich klammere mich an dich,
und du hältst mich mit deiner starken Hand.

10 Die mir nach dem Leben trachten,
müssen alle selbst umkommen.
Der Tod erwartet sie schon.
11 Sie werden dem Schwert nicht entkommen –
ihre Leichen werden von Schakalen gefressen.

12 Der König aber freut sich, weil Gott ihm beisteht.
Wer sich beim Schwören auf Gott berufen kann,
der darf sich glücklich schätzen;
den Lügnern aber wird das Maul gestopft.

Bosheit zahlt sich nicht aus!

64 Ein Lied Davids.
2 Gott, ich bin in großer Not, höre auf mein Schreien!
Ich fürchte mich vor meinen Feinden – rette mein Leben!
3 Eine Bande von Verbrechern hat sich gegen mich verschworen
und plant einen Aufstand.
Wende die Gefahr von mir ab!
4 Ihre Zungen sind scharf geschliffene Schwerter,
und ihre bissigen Worte verletzen wie Pfeile.
5 Aus dem Hinterhalt schießen sie auf Unschuldige –
ohne Vorwarnung und skrupellos.
6 Sie stacheln sich gegenseitig zum Bösen an
und wollen heimlich Fallen legen.
Hämisch fragen sie: «Wer wird's schon merken?»
7 Sie brüten Gemeinheiten aus und prahlen:

a) Wörtlich: Wie von Mark und Fett wird meine Seele gesättigt werden, und mit jubelnden Lippen wird mein Mund dich preisen.

Quelle lebendigen Wassers

Rosalind Rinker

Psalm 63, 2

Das Buch der Psalmen schließt jede menschenmögliche Erfahrung ein. In diesem Psalm sehen wir, dass David ein Flüchtling in der Wüste Juda war. Er befand sich in großer Not. Und er dürstete nach Gott. Davids großen Durst können wir wahrscheinlich nachempfinden. Und er verdient es, dass wir uns ein wenig näher mit ihm beschäftigen.

Wir dürsten zu verschiedenen Zeiten nach unterschiedlichen Dingen: Anerkennung, Freunde, Ehepartner, Haus, Kinder, Gemeinde, Ausbildung, Arbeitsstelle, Geld und Gaben wie Weisheit, Einsicht oder Mut, um damit Gott zu dienen. Doch am meisten dürsten wir danach, zu lieben und geliebt zu werden.

Jesus Christus benutzte natürliches Wasser, um auf das lebendige Wasser hinzuweisen, das allein den Durst unserer Herzen stillen kann – ganz egal, wer wir sind (Johannes 4). Als Jesus die Samariterin am Brunnen um etwas zu trinken bat, tat er es in dem Wissen, dass er mit dieser Bitte die religiösen Gesetze der Juden brach. Doch diese Gebote und Sitten waren für ihn weniger wichtig als sein Wunsch, der Frau lebendiges Wasser anzubieten.

Noch heute gilt uns allen die gleiche Einladung: «Jeder, der dieses [natürliche] Wasser trinkt, ... wird bald wieder durstig sein. Wer aber von dem Wasser trinkt, das ich ihm gebe, der wird nie wieder Durst bekommen. Dieses Wasser wird in ihm zu einer Quelle, die bis ins ewige Leben hineinfließt» (Johannes 4,13–14).

Freudig empfing David die Segnungen, die Gott ihm gab, als er zu ihm schrie. Die gleichen Segnungen dürfen auch wir erleben: Wir können Gottes Macht und Herrlichkeit sehen; wissen, dass Gottes Liebe mehr wert ist als das eigene Leben; ihn mit Liedern preisen; über ihn nachdenken, wenn wir nicht schlafen können; dürfen ganz nah bei ihm bleiben und uns von seiner starken Hand festhalten lassen.

Wir dienen dem auferstandenen Christus, der uns seinen Heiligen Geist als «Leben schaffendes Wasser» gegeben hat (Johannes 7,37–39). Dieses Wasser in uns gleicht einem artesischen Brunnen, der nie aufhört zu sprudeln. Jesus fordert uns auf: Wenn jemand dürstet, bitte er mich, «denn wer bittet, der wird bekommen» (Matthäus 7,7–9).

«Wir haben's! Unser Plan ist ausgezeichnet!»
Abgrundtief böse ist das Herz dieser Menschen.[a]

8 Doch jetzt schießt Gott seine Pfeile auf sie,
und plötzlich sind sie schwer verwundet.
9 Ihre eigenen Worte bringen sie nun zu Fall;[b]
wer sie am Boden liegen sieht, schüttelt nur noch den Kopf.
10 Da wird jeder von Furcht gepackt und erzählt:
«So handelt Gott! So machtvoll greift er ein!»

11 Wer aber dem Herrn treu bleibt,
wird sich über ihn freuen und bei ihm sicher sein.
Ja, jeder, der von Herzen aufrichtig ist,
darf sich glücklich schätzen!

Du überschüttest uns mit deinen Gaben

65 Ein Lied Davids.
2 Auf dem Berg Zion kann man dir, o Gott, begegnen:
wenn man dich still anbetet, dir Loblieder singt
und das einlöst, was man dir versprochen hat.
3 Weil du Gebete erhörst, kommen die Menschen zu dir.
4 Schwere Schuld drückt uns[c] zu Boden;
doch trotz unserer Untreue wirst du uns vergeben.
5 Glücklich ist jeder, den du erwählt hast
und der zu deinem Heiligtum kommen kann!
Dort, in deinem Tempel, segnest du uns mit allem Guten
und stillst unsere Sehnsucht.

6 Gott, du bist treu! Mit gewaltigen Taten antwortest du uns,
wenn wir deine Hilfe brauchen.
Du bist die Hoffnung aller Völker
bis in die fernsten Länder.
7 Mit deiner Kraft hast du die Berge gebildet,
deine Macht ist allen sichtbar.
8 Du besänftigst das Brausen der Meere,
die tosenden Wellen läßt du verstummen;
ja, auch die tobenden Völker bringst du zum Schweigen.
9 Alle Bewohner der Erde erschrecken vor deinen Taten,
vom Osten bis zum Westen jubeln die Menschen dir zu.

a) Wörtlich: Das Innere eines jeden und sein Herz ist unergründlich.
b) Wörtlich: Sie brachten ihn zum Straucheln, ihre Zunge kommt über sie.
c) So mit einigen hebräischen Handschriften und der griechischen Übersetzung. Der hebräische Text lautet: «mich».

... DA HABE ICH DICH GETRAGEN

Annemarie Pfeifer

Psalm 64, 11

Hatten Sie als kleines Kind auch Angst vor Gewittern? Wie unheimlich waren die grellen Blitze und das ohrenbetäubende Krachen des Donners! Für mich gab es damals nur einen sicheren Ort vor diesen Naturgewalten: das Bett meiner Eltern. Draußen mochte der Sturm noch immer toben – ich war geborgen.

Auch als erwachsene Menschen suchen wir immer wieder nach einem sicheren Ort, der uns vor den Stürmen des Lebens schützt. So vieles kann an unseren Kräften zehren, uns zermürben, den Schlaf rauben, erschrecken.

Mitten in unsere Sorgen hinein bietet uns Gott einen sicheren Platz an, an dem wir geborgen sind. Doch er verspricht nicht, alle Stürme des Lebens zu stillen und alle Not zu entfernen, wenn wir machtvoll zu ihm beten – auch wenn wir das oftmals so gerne hätten. Er macht uns aber die Zusage, dass er bei uns ist, was auch immer passieren mag.

Als wir vor vielen Jahren unser drittes Kind durch plötzlichen Kindstod verloren, wurde mir der folgende Vers besonders wichtig: «Wenn du durch tiefes Wasser oder reißende Ströme gehen musst – ich bin bei dir, du wirst nicht ertrinken. Und wenn du ins Feuer gerätst, bleibst du unversehrt ... Habt keine Angst, denn ich, der Herr, bin bei euch!» (Jesaja 43,2.5) Diese Worte halfen mir zu verstehen, dass ich mich bei Gott sicher fühlen konnte, auch wenn mir mein geliebtes Baby durch den Tod entrissen worden war.

Gott verspricht uns in diesen Versen nicht, dass er uns mit einem Helikopter aus dem Hochwasser unserer Probleme rettet oder das Feuer der Not gänzlich auslöscht. Wir haben auch keine Garantie, dass er uns immer vor Unglücksfällen und schwierigen Zeiten verschont. Doch gerade, wenn wir uns besonders alleine fühlen, gilt die Zusage, dass er ganz nahe bei uns ist und uns durchträgt. Er umgibt uns mit seinem Geist und schafft gleichzeitig eine unsichtbare Zone der Sicherheit um uns herum. Nichts kann uns trennen von seiner Liebe. In allem Schmerz ist er da mit seinem Trost.

Manchmal sendet er auch menschliche Hilfe, damit wir das Gewitter heil überstehen können. Ein Gebet mit einer Freundin oder ein Gespräch mit einer Beraterin kann eine Hilfe zur Stillung des Sturms sein.

Egal wie turbulent es um uns herum ist – Gott ist ganz nah. Er gibt auf uns Acht. Bei ihm dürfen wir uns wie kleine Kinder verkriechen.

Geborgenheit

Katrine Trobisch Stewart

Unser Bürgerrecht aber haben wir im Himmel. Von dort erwarten wir auch Jesus Christus, unseren Retter (Philipper 3,20).

Geboren in Kamerun, zur Schule gegangen in Österreich, in Salzburg und Boston studiert. Verheiratet mit einem amerikanischen Diplomaten, fünf Kinder, mehrjährige Aufenthalte in Indien, Washington, Rumänien, den Bahamas, Pakistan, Deutschland, zurzeit im Norden Mexikos. Was bedeutet Heimat für jemanden wie mich? In meinem Leben hat sie nur wenig mit vertrauter Geografie zu tun.

Und doch suche ich an jedem neuen Wohnort nach ein wenig Vertrautem. Einfach ist es nicht, etwas von der malerischen Schönheit des österreichischen Salzkammerguts in der staubigen Steinwüste Nordmexikos wiederzufinden! Mein Tagebuch habe ich deshalb zu dieser Zeit unter das Thema gestellt: «Rosen in meiner Wüste». Mit den Augen des Herzens fing ich an, nach Schönheit zu suchen. Und plötzlich wurde jedes Lächeln der Bettlerinnen am Straßenrand zu einer Rose. Wo sich das Herz öffnet, da ist Heimat.

Doch immer wieder kommen auch schwere Tage, an denen ich unter Heimat- und Wurzellosigkeit leide. Doch Selbstmitleid führt nur noch zu größerer Wehmut. Statt mich in das schwarze Loch meines Heimwehs hineinfallen zu lassen, versuche ich, etwas Schönes in der Gegenwart zu finden. Das mag ein unvergesslicher Sonnenuntergang im amerikanischen Südwesten sein, das strahlende Lächeln eines Mitmenschen, ein Choral von Bach oder die biblischen Worte aus dem Brahms-Requiem: «Denn wir haben hier keine bleibende Stadt, sondern die zukünftige suchen wir ...» Oder ich denke an andere, die trauriger sind als ich, und denen ich mit Worten des Verständnisses und Mit-Leidens zur Seite stehen kann.

Auch schaue ich auf Jesus. Wie kein anderer war er fremd in dieser Welt. Er hatte keinen Ort, wo er seinen Kopf hinlegen konnte. Immer wieder wurde er in seinem kurzen Leben missverstanden. Letzten Endes verließen ihn sogar diejenigen, die ihm an nächsten standen. Und doch bringt er Hoffnung, Liebe und Licht in das Leben. Sein Beispiel schenkt mir Mut und Zuversicht für den nächsten Schritt, sei er auch noch so klein.

Der beste Beweis für die Existenz des Himmels besteht für mich darin, dass wir uns alle – egal, wer und wo wir sind – nach einem Ort sehnen, der besser als unsere irdische Heimat ist. Gott legte diese tiefe Sehnsucht nach Schönheit, Frieden, Wahrheit und Harmonie in unser Menschsein hinein. Mit großer innerer Freude stimmt mein Herz in die Worte Hiobs mit ein: «Doch eines weiß ich: Mein Erlöser lebt» (Hiob 19,25). Diese Gewissheit bereitet mir die schönste und unvergänglichste Heimat.

10 Du sorgst für das ganze Land,
machst es reich und fruchtbar.
Du schenkst Wasser im Überfluß,
deshalb wächst Getreide in Hülle und Fülle.
11 Du feuchtest das gepflügte Land und tränkst es mit Regen.
Das ausgedörrte Erdreich weichst du auf,
und alle Pflanzen läßt du gedeihen.
12 Du schenkst eine reiche und gute Ernte –
die Krönung des ganzen Jahres.
13 Selbst die Steppe fängt an zu blühen,
von den Hügeln hört man Freudenrufe.
14 Dicht an dicht drängen sich die Herden auf den Weiden,
mit wogendem Korn bedecken sich die Täler.
Alles ist erfüllt von Jubel und Gesang.

Kommt und seht, was Gott getan hat!

66 Ein Lied.
2 Jubelt Gott zu, all ihr Menschen auf der Erde!
Singt und musiziert zu seiner Ehre,
stimmt ein Loblied an auf seine Größe und Pracht!
3 Sprecht zu Gott: «Wie gewaltig sind deine Taten!
Vor deiner Macht müssen sogar deine Feinde sich beugen.
4 Alle Völker der Erde werden dich anbeten
und deinen Namen besingen.»

5 Kommt und seht, was Gott getan hat,
wie gewaltig sind seine Taten unter den Menschen!
6 Er teilte das Meer und ließ sein Volk sicher hindurchgehen,
trockenen Fußes konnten sie den Jordan[a] durchqueren.
Darum freuen wir uns über Gott!
7 Ja, er hat alle Macht und regiert für immer und ewig.
Er schaut auf die Völker – ihm entgeht nichts.
Wer kann schon gegen ihn bestehen?

8 Ihr Völker, preist den Herrn!
Lobt ihn laut, daß alle es hören!
9 Gott erhält uns am Leben,
er läßt uns nicht untergehen.

10 Du, o Gott, hast uns geprüft,
du hast uns geläutert wie Silber im Schmelzofen.
11 Wir waren gefangen, stöhnten und jammerten unter der Last,
die wir tragen mußten.

a) Wörtlich: den Fluß. – Vgl. Josua 3,9 ff.

Montag

Der Weihnachtsapfelbaum

Edith Horcher

Psalm 65, 12

Zum ersten Mal trug er im Advent eine Lichterkette – der Apfelbaum direkt vor unserem Küchenfenster. Weil er leicht zu besteigen und weil es einfacher ist, an seinen Ästen die Kette aufzuhängen als an der Tanne ein paar Meter weiter, erstrahlte er abends im Lichterglanz. Kein einziges Blatt, kein verschrumpelter Apfel war mehr an ihm zu finden – nur graue, knorrige, in ihrer Starrheit leblos zum Himmel ragende Äste.

Nichts erinnerte mehr an die überwältigende Schönheit des weißen Brautkleides, das er im April trug, an den betörenden, nicht nur für Bienenschwärme unwiderstehlichen Duft der Tausende von Apfelblüten. Vorbei die Zeit, als sich seine Äste tief unter der schweren Last der reifenden Früchte beugten und abgestützt werden mussten. Nichts deutete mehr auf die überreiche Ernte im Herbst hin.

Doch jetzt waren es die Lichter an unserem «Weihnachtsapfelbaum», die es mir in Erinnerung riefen: die unübertreffliche Fülle, die Gnade und den Segen, den Gott uns in jenem Jahr nicht nur mit der Apfelernte schenkte. Bereichernde Begegnungen mit anderen Menschen, unvergesslich schöne Erlebnisse mit der Familie, Kraft, Zuversicht und Glauben für den Alltag haben wir reichlich empfangen.

Die Lichter am Weihnachtsapfelbaum zeigten uns, dass der Baum nicht kahl bleiben, sondern zu seiner Zeit wieder Blüten und Früchte hervorbringen würde. So erinnert uns Gott an seine Verheißung, dass Saat und Ernte nicht aufhören werden und wir – wenn wir ihm vertrauen – zum richtigen Zeitpunkt mit allem versorgt werden, was Leib, Seele und Geist brauchen.

12 Du hast andere Menschen auf uns herumtrampeln lassen,
durch viele Feuerproben mußten wir hindurch –
aber du hast uns aus der Gefahr befreit
und uns mehr gegeben, als wir brauchten.

13 Ich komme jetzt mit Brandopfern in dein Heiligtum
und löse meine Versprechen ein,
14 die ich in meiner Not herausgeschrien habe.
15 Nun bringe ich dir die wertvollsten Opfertiere:
fette Widder, Rinder und Ziegenböcke.
Ihr Rauch soll aufsteigen zu dir.

16 Kommt und hört mir zu, ihr, die ihr Gott ernst nehmt,
ich will euch erzählen, was er für mich getan hat.
17 Als ich zu ihm um Hilfe schrie, wußte ich:
Gott wird mir helfen! Deshalb begann ich, ihn zu loben.
18 Hätte ich Böses im Sinn gehabt,
dann hätte der Herr mich nicht erhört.
19 Aber er hat mich erhört,
mein Gebet hat er angenommen.
20 Ich preise den Herrn,
denn er hat meine Bitten nicht verachtet
und mir seine Liebe nicht entzogen.

Erntedank

67

Ein Lied. Mit Instrumenten zu begleiten.

2 Gott, sei uns gnädig und segne uns!
Sieh uns an im Licht deiner Liebe!
3 Dann wird man auf der ganzen Welt erkennen,
daß du uns führst.
Alle Völker werden sehen und verstehen:
du willst die Menschen retten.

4 Die Völker sollen dir danken, Gott!
Ja, alle Völker sollen dich preisen!

5 Alle Menschen sollen sich freuen und jubeln,
denn du bist ein gerechter Richter,
du regierst die ganze Welt.

6 Die Völker sollen dir danken, Gott!
Ja, alle Völker sollen dich preisen!

7 Das Land brachte eine gute Ernte hervor,
unser Gott hat uns reich beschenkt.

Feuerprobe

Reinhilde Klatte

Psalm 66, 10

Befreit von allen Schlacken – wer möchte das nicht sein? Doch wie hoch ist der Preis? Die Läuterung geschieht in einem Schmelzofen – sie tut weh. Ich glaube, dass die Schmelzöfen für unsere persönliche Läuterung sehr individuell sind – maßgeschneidert von Gott selbst. Für manche sieht der Schmelzofen vielleicht so aus: «Du hast andere Menschen auf uns herumtrampeln lassen» (Vers 12). Wie plastisch! Vielleicht waren diese Herumtrampler schon die Eltern oder Geschwister, vielleicht waren es Nachbarn und Kollegen oder sogar die eigenen Kinder.

Mein persönlicher Schmelzofen heißt Krankheit. Nein, nicht eine akute Krankheit, bei der man sich der Anteilnahme durch andere sicher sein kann. Auch diese Art von Krankheit gab es in meinem Leben, doch sie hatte nicht diesen Schmelzofencharakter. Es waren vielmehr die über Jahre regelmäßig wiederkehrenden Tiefs, die ich nicht vertreiben konnte und denen ich hilflos ausgeliefert war. Das nagt an der Substanz, kann mürbe machen, ist nicht berechenbar, durchkreuzt Pläne. Ja, da habe ich gestöhnt und gejammert (Vers 11), weil ich entgegen dieses negativen Gefühls leben musste, und das war für mich das Schwerste!

Doch ich durfte ein großes, nicht zu erwartendes Wunder erleben: Gott hat mich aus meinem persönlichen Schmelzofen erlöst. Und deshalb kann ich von Herzen einstimmen in den Schluss des Psalms: «Aber er hat mich erlöst, mein Gebet hat er angenommen. Ich preise den Herrn, denn er hat meine Bitten nicht verachtet und mir seine Liebe nicht entzogen.» Und das gilt auch und ganz besonders für die Zeiten, in denen ich nichts gefühlt habe von seiner Macht. «Er führte mich doch zum Ziele – auch durch die Nacht.»

Die Völker sollen dir danken!

Hannelore Illgen

Psalm 67, 4

Das wäre doch wunderbar: Ganze Nationen danken Gott! Dafür, dass er sie führt, dass er gerecht ist, dass er regiert und die Menschen segnet. Nicht zuletzt dafür, dass es Jahr für Jahr Wachstum und Ernte gibt.

Für mich bleibt unvergesslich, wie Ende der Achtzigerjahre die Mauer in Deutschland fiel und der eiserne Vorhang zwischen Ost- und West-Europa zerbrach. Zusammen mit vielen Menschen aus verschiedenen Ländern dankten wir Gott, weil wir in diesen Ereignissen seine Hand sahen. Ich glaube, dass der Fall des Kommunismus Gottes Wille für Europa war und er dadurch durchgeführt hat, was er sich vorgenommen hatte.

Doch ich denke nicht, dass es Gott darum geht, in einem Land ein bestimmtes politisches System zu beenden, weil es dem Land beispielsweise keinen wirtschaftlichen Segen gebracht hat. Durch das Neue Testament wissen wir, dass Gottes Hauptanliegen mit einem Volk darin besteht, dass Menschen ihn und seine Liebe kennen lernen, dass sie sich durch Jesus vom ewigen Tod retten lassen. Als Christen sind wir aufgefordert, Ereignisse in den verschiedenen Ländern aus biblischer Perspektive zu werten.

Als europäisches Land ist mir Albanien, das ich durch viele Reisen kenne, ein Beispiel. Wirtschaftlich ging es den Menschen vor dem gewaltsamen Sturz des atheistisch-kommunistischen Systems 1991 recht schlecht. Alte Leute mussten sich schon nachts in der Schlange anstellen, um überhaupt etwas Milch für ihre Enkel zu bekommen. Heute ist das Leben dort einfacher geworden, doch vielen geht es immer noch schlecht. Gehälter reichen nur für Grundnahrungsmittel – es sei denn, man ist auf illegale Art und Weise zu Geld gekommen oder hat Verwandte im Ausland, die einen unterstützen.

Die Veränderungen bringen leider schwierige politische Verhältnisse mit sich, aber eine Folge ist auch, dass beinahe jeder der drei Millionen Albaner ohne Gefahr für sein Leben ein- oder sogar mehrmals die Gute Nachricht von Jesus Christus gehört hat. Früher war es bei Todesstrafe verboten, die Bibel zu lesen. Kaum einer wusste, wer Jesus ist – man durfte seinen Namen nicht einmal aussprechen. Heute haben, prozentual gesehen, erst wenige Albaner Jesus Christus aufgenommen, aber die ausgestreute geistliche Saat wird aufgehen.

Ich will bei allem, was ich aus verschiedenen Ländern höre, nicht aus meiner persönlichen politischen Perspektive urteilen, sondern Gott danken, weil er es dazu benutzt, mit einem Land seine Rettungsabsichten zu verwirklichen.

8 Er segne uns auch weiterhin!
Alle Völker der Erde sollen ihn anbeten!

Gott ist Sieger!

68 Ein Lied Davids.
2 Gott erhebt sich und zerstreut seine Feinde;
alle, die ihn hassen, ergreifen die Flucht.
3 Gott treibt sie auseinander wie Wind den Rauch.
Wie Wachs im Feuer zerschmilzt, so vergehen alle,
die Gott verachten, wenn er ihnen begegnet.
4 Alle aber, die Gott die Treue halten,
freuen sich, wenn er sich zeigt.
Sie jubeln ihm zu, überwältigt von Freude.

5 Singt für den Herrn, besingt seinen Namen!
Ebnet den Weg für den, der durch die Steppe reitet:
«Herr» ist sein Name. Jubelt ihm zu, wenn er erscheint!
6 Ein Anwalt der Witwen und ein Vater der Waisen
ist Gott in seinem Heiligtum.
7 Den Einsamen gibt er ein Zuhause,
den Gefangenen schenkt er Freiheit und Glück.
Wer jedoch gegen jede Ordnung verstößt,
führt ein trostloses Leben.

8 Gott, als du vor deinem Volk herzogst
und mit ihm die Wüste durchquertest,
9 da bebte die Erde;
vom Himmel strömte der Regen herab,
als du dich am Berg Sinai zeigtest, du Gott Israels.
10 Du ließest so viel Regen fallen, Herr,
daß das ausgedörrte Land wieder fruchtbar wurde.
Das Land, das du uns zum Erbe gegeben hattest,
11 wurde so zur Heimat für dein Volk, das keine Bleibe hatte.
Du hast für sie gesorgt, du gütiger Gott!

12 Der Herr gab den Befehl,
und viele Frauen verbreiteten die freudige Nachricht vom Sieg:
13/14 «Die feindlichen Könige jagen mit ihren Heeren
in heilloser Flucht davon!
Wir Frauen zu Hause teilen die Beute aus:
Silber und schimmerndes Gold –
alles glitzert und glänzt in herrlicher Pracht![a]

a) Wörtlich: Flügel der Taube, die mit Silber und deren Schwingen mit grünlichem Golde bedeckt sind. – Der hebräische Text ist nur schwer zu deuten.

GOTT SETZT SICH FÜR DIE SCHWACHEN EIN

Hannelore Risch

Psalm 68, 6–7a.20

Dieser Psalm ist ein einziges Loblied auf Gottes Stärke und Sieg. Seiner Macht sind auf der Erde und über den Wolken keine Grenzen gesetzt. Erhaben thront er in seinem Heiligtum und regiert nach seinem guten Plan über alle Welt. Er führt die Menschheitsgeschichte letztlich zu dem Ziel, das er gesetzt hat – auch wenn wir ihm immer wieder dazwischen pfuschen.

Doch eine trauernde Witwe könnte denken: «Vor ihm bin ich ein Nichts! Um mich kümmert er sich nicht! Ich bin von Gott und aller Welt verlassen!» Weil sie ihren Mann hergeben musste, hat sie tiefe Verlassenheitsgefühle. Oder ein Waisenkind klagt: «Ich habe keinen Papa mehr, der mich auf den Schoß nimmt, mir etwas erklärt, einfach für mich da ist und mich lieb hat!»

Aber da zeigt sich die wahre Größe Gottes – und ich habe es selbst erlebt: Er bleibt nicht triumphierend über den Sternen auf seinem Thron sitzen, sondern beugt sich herunter – ganz tief herunter zu den Kleinsten, zu den Weinenden, zu den Einsamen, zu den Verachteten und Verlassenen. Ihr Leid bekümmert ihn. Mit zärtlicher Fürsorge tröstet er sie. Er sucht sie heim, damit sie für immer bei ihm daheim sein können. Nach und nach heilt er ihre schmerzende Wunde. Gern trägt er die Last, die sie ihm aufladen. Sie können sich entlastet fühlen, weil er die Verantwortung übernommen hat. Er bietet sich als Anwalt und Verteidiger an, der ihnen zu ihrem Recht verhilft. Bei Witwen und Waisen tritt er selbst in die Lücke, die der Tod gerissen hat. Rückblickend können sie dann sagen: «Wenn unser himmlischer Vater uns nicht geholfen hätte, hätten wir es niemals geschafft! Gott sei Dank! Er ist unser Helfer in der Not.»

Doch Gott will gebeten sein. Für Witwen, Waisen und Einsame, die in Nöten sind, hat der himmlische Vater stets ein offenes Ohr. Sie sollen sogar beharrlich immer wieder das Gleiche erbitten. Seine Hilfe wird nicht zu spät kommen. Manchmal erprobt Gott auch Vertrauen – dann gilt es, dranzubleiben und nicht aufzugeben. Wenn wir sein Handeln nicht verstehen, aber trotzdem an ihm festhalten, bewegt er für uns sein Herz und seinen Helferarm.

Wollt ihr da noch bei den Herden sitzen bleiben?»
15 Als der allmächtige Gott die feindlichen Könige aus dem Land jagte,
da bedeckte die Beute den Boden wie Schnee den dunklen Berg[a].

16 Mächtig erhebt sich der Berg Baschan,
gewaltig ragen seine Kuppen empor.
17 Du zerklüfteter Berg,
warum blickst du neidisch auf den Berg Zion[b],
den Gott sich zu seinem Wohnsitz erwählt hat?
Ja, für immer wird der Herr dort wohnen.
18 Unzählige Kampfwagen besitzt Gott,
der Herr über die himmlischen Heere[c].
Vom Sinai her zieht er in sein Heiligtum ein.[d]
19 Du bist in die Höhe hinaufgestiegen
und hast Gefangene im Triumphzug mitgeführt.
Du hast den Menschen Tribut auferlegt;[e]
sogar die hartnäckigsten Feinde sind bereit,
sich dir zu unterwerfen.

20 Gepriesen sei der Herr!
Tag für Tag trägt er unsere Lasten. Gott ist unsere Hilfe.
21 Sind wir in Not, dann greift er ein;
er kann sogar vom Tod erretten.

22 Seinen Feinden aber wird er den Kopf zerschmettern,
denen, die sich von ihren Sünden nicht abbringen lassen.
23 Der Herr hat gesagt:
«Ich ziehe meine Feinde zur Rechenschaft,
ob sie sich im Baschangebirge verstecken
oder gar im tiefen Meer.
24 Dann wirst du mit deinen Füßen in ihrem Blut stehen,
und deine Hunde werden es auflecken.»

25 Gott, alle sind Zeugen deines Triumphzuges;
sie sehen, wie du ins Heiligtum einziehst,
du, mein Gott und König!
26 Die Sänger führen den Zug an,
ihnen folgen die Harfenspieler,
umringt von Mädchen, die das Tamburin schlagen:
27 «Preist Gott, ihr Chöre,
preist den Herrn, ihr Nachkommen Israels!»

a) Wörtlich: da fiel Schnee auf den Zalmon (= dunklen Berg).
b) Wörtlich: auf den Berg.
c) «Herr... Heere» ist sinngemäß eingefügt.
d) Oder: Der Herr ist unter ihnen, Sinai im Heiligtum.
e) Wörtlich: Du hast von Menschen Gaben empfangen.

28 Darauf folgt Benjamin, der kleinste unter den Stämmen,
nach ihm kommen die Fürsten von Juda mit ihrem Gefolge,
und schließlich die Fürsten von Sebulon und von Naftali.

29 Gott, zeige deine Macht,
die du schon früher an uns erwiesen hast![a]
30 Dein Tempel ragt hoch über Jerusalem.
Dorthin bringen dir Könige ihren Tribut.
31 Erschrecke die Großmacht Ägypten, das Ungeheuer am Nil!
Weise die Machthaber und ihre Völker zurecht!
Wirf die Nationen zu Boden, die nach Beute gieren
und den Krieg lieben![b]
32 Aus Ägypten werden Gesandte ankommen,
Äthiopien wird herbeieilen
und Gott reiche Geschenke bringen[c].

33 Singt zur Ehre Gottes,
spielt für ihn auf euren Instrumenten,
ihr Völker dieser Erde!
34 Er reitet durch den Himmel, der seit Urzeiten besteht.
Hört, wie gewaltig seine Stimme ertönt!
35 Verkündet Gottes Macht;
er regiert über Israel,
seiner Macht ist auch über den Wolken keine Grenze gesetzt!
36 Die Menschen erschrecken und staunen,
wenn er in seinem Heiligtum erscheint.
Der Gott Israels gibt seinem Volk Stärke und Macht.
Gelobt sei Gott!

In der Zerreißprobe

69 Von David. Nach der Melodie: «Lilien».
2 Rette mich, Gott,
das Wasser steht mir bis zum Hals!
3 Ich versinke im tiefen Schlamm;
meine Füße finden keinen Halt mehr.
Die Strudel ziehen mich nach unten,
und die Fluten schlagen schon über mir zusammen.
4 Ich habe mich heiser geschrien und bin völlig erschöpft,
der letzte Hoffnungsschimmer ist erloschen.

a) Oder: Es ist der Wille deines Gottes, daß du machtvoll auftrittst, (Volk) Israel!
b) Wörtlich: Bedrohe das Tier im Schilf, die Schar der Stiere samt den Völkerkälbern! Zerstampfe, die an Silber Gefallen haben, zerstreue die Völker, die Kriege lieben!
c) Oder: wird schnell seine Hände zu Gott ausstrecken.

Wenn uns das Wasser bis zum Hals steht

Lisa Fuchs

Psalm 69, 2–3

Mir kommt eine Szene aus dem Film «Titanic» in den Sinn. Die Passagiere wissen, dass der hintere Teil des Schiffes schon völlig unter Wasser steht. Doch vorne sind die Gänge noch einigermaßen frei. So schnell sie können, laufen die Menschen dorthin. Verzweifelt schreien sie um ihr Leben. Jeder möchte auf den freien Teil des Decks gelangen, um gerettet zu werden.

Da dringen plötzlich Hilferufe aus einer Kabine. Ein Mann kämpft dort drinnen gegen das steigende Wasser an. Er kann die Tür nicht öffnen, weil der Wasserdruck zu groß ist. Doch seine Rufe verklingen ungehört, weil auf dem Gang jeder um sein eigenes Leben läuft. Seine Schreie werden immer lauter und jämmerlicher. Es muss schrecklich sein, zuzuschauen, wie das Wasser immer höher steigt!

Da, jemand drückt von außen gegen die Tür. Ein Spalt öffnet sich, und das Wasser strömt auf den Gang. Tatsächlich schafft es der Retter, die Tür immer weiter aufzumachen. Seine Hand reißt den Eingeschlossenen mit aller Wucht auf den Gang. Dort sacken beide zusammen, und der Gerettete stammelt: «Ehrlich, das Wasser stand mir fast bis zum Hals!» Beide, Retter und Geretteter, können von einem kleinen Rettungsboot aufgenommen werden und entrinnen so dem Ertrinken.

David spricht in diesem Psalm von einer solchen Situation; allerdings spielt sie sich in seiner Seele ab. Er sieht für sein Leben keine Möglichkeit der Hilfe mehr. Auch Gott scheint für ihn unerreichbar geworden zu sein. Davids Hoffnung ist dahin. Aller Mut, der ihn sonst ausgezeichnet hat, wie weggeblasen. Welche Handlungsmöglichkeiten gibt es noch in so einer Lage? Auch wenn menschlich gesehen alles trostlos scheint, kann Gott handeln. «Ich aber bete zu dir, Herr!», sagt David (Vers 14).

Wenn alles, was wir einsetzen können, plötzlich nicht mehr zählt, steht Gott schon längst bereit, um in seinen göttlichen Dimensionen zu handeln. Denn er will uns helfen. Und es macht ihm noch nicht einmal Mühe, denn unsere Krisen sind seine Chancen.

Vergeblich halte ich Ausschau nach meinem Gott.
5 Wie viele hassen mich ohne jeden Grund!
Ich habe mehr Feinde als Haare auf dem Kopf.
Sie besitzen Macht und wollen mich auslöschen.
Ich soll zurückgeben, was ich nie gestohlen habe,
so fordern sie lauthals von mir.

6 Menschen können mir nichts vorwerfen,[a]
in deinen Augen jedoch bin ich nicht ohne Schuld;
du weißt besser als ich, wie blind ich war.
7 Herr, du gebietest über alle himmlischen Heere,
und du bist Herr und Gott in Israel:
Enttäusche nicht die Menschen, die dir vertrauen!
Denn wenn sie sehen, daß du mich im Stich läßt,
werden sie an dir verzweifeln!
8 Man verhöhnt mich, weil ich zu dir gehöre,
Schimpf und Schande muß ich über mich ergehen lassen.
9 Meine nächsten Verwandten wollen nichts mehr mit mir zu tun haben,
selbst meinen Brüdern bin ich fremd geworden.
10 Ich verzehre mich in rastlosem Eifer für deinen Tempel.
Daß andere Menschen dich beleidigen und verhöhnen,
trifft mich bis ins Mark.
11 Ich weinte über den Zustand deines Heiligtums[b]
und fastete, aber damit wurde ich erst recht zum Gespött der Leute.
12 Als ich ein grobes Bußgewand anzog,
kam ich noch mehr ins Gerede.
13 Auf dem Marktplatz zerreißen sie sich das Maul über mich;
und bei Zechgelagen grölen sie ihre Spottlieder.

14 Ich aber bete zu dir, Herr! Jetzt ist die Zeit gekommen,
in der du mich erhören wirst! Antworte mir!
Du hast so viel Gutes für mich bereit!
Ich rechne fest mit deiner Hilfe.
15 Ziehe mich aus dem Sumpf heraus, laß mich nicht versinken!
Rette mich vor denen, die mich hassen!
Zieh mich heraus aus dem reißenden Wasser,
16 sonst schlagen die Fluten über mir zusammen,
und der Strudel reißt mich in die Tiefe;
hol mich heraus, sonst verschlingt mich der Abgrund!
17 Antworte mir, Herr, denn deine Güte tröstet mich!
Wende dich mir zu in deinem großen Erbarmen.
18 Verbirg dich nicht länger vor mir, ich gehöre ja zu dir!
Ich weiß keinen Ausweg mehr, darum antworte mir schnell.
19 Komm und rette mich,
damit meine Feinde das Nachsehen haben!

a) Sinngemäß eingefügt.
b) «über ... Heiligtums» ist sinngemäß eingefügt.

[20] Du kennst die Schmach, die man mir zufügt,
du weißt, wie man mich mit Hohn und Spott überschüttet.
Und du kennst jeden, der mich bedrängt.
[21] Die Schmach bricht mir das Herz, sie macht mich krank.
Ich hoffte auf Mitleid, aber nein!
Ich suchte Trost und fand ihn nicht!
[22] Sie mischten Gift in meine Speise;
und als ich Durst hatte, gaben sie mir Essig zu trinken.

[23] Zur Falle sollen ihre Festessen werden!
Laß sie ins Verderben stürzen![a]
[24] Laß sie blind werden, daß sie nichts mehr sehen,
und renke ihnen die Hüfte aus!
[25] Schütte deinen Zorn über sie aus,
überwältige sie in deinem Grimm!
[26] Ihr Wohnort soll verwüstet werden,
in ihren Zelten niemand mehr wohnen!
[27] Denn sie verfolgen noch den erbarmungslos,
den du schon gestraft hast.
Schadenfroh erzählen sie von seinen Schmerzen.
[28] Vergib ihnen nichts! Rechne ihnen jede einzelne Schuld an,
damit sie nicht vor dir bestehen können!
[29] Lösche ihre Namen aus dem Buch des Lebens,
damit sie nicht bei denen aufgeschrieben sind,
die nach deinem Willen leben!

[30] Ich aber bin elend und von Schmerzen gequält.
Beschütze mich, Gott, und hilf mir wieder auf!
[31] Dann will ich dich loben mit meinem Lied;
ich will deinen Namen rühmen und dir danken!
[32] Daran hast du mehr Freude als an Rindern,
die man dir opfert, oder an fetten Stieren.
[33] Wenn die Unterdrückten das sehen, werden sie froh.
Ihr, die ihr Gott vertraut, faßt neuen Mut!
[34] Denn der Herr hört das Rufen der Armen und Hilflosen.
Wer um seinetwillen ins Gefängnis geworfen wird,
den überläßt er nicht seinem Schicksal.

[35] Himmel und Erde sollen ihn loben,
die Meere und alles, was darin lebt!
[36] Denn der Herr wird den Berg Zion befreien
und die Städte in Juda wieder aufbauen.
Sein Volk wird sich darin niederlassen

a) So nach der griechischen Übersetzung. Der hebräische Text lautet: Möge ihr Tisch vor ihnen zur Schlinge und den Sicheren zum Fallstrick werden!

Zum Wochenende

Ermutigung

Elisabeth Mittelstädt

Kümmert euch um die Schwierigkeiten und Probleme des anderen, und tragt die Last gemeinsam. Auf diese Weise verwirklicht ihr, was Christus von euch erwartet (Galater 6,2a).

Als das behinderte Mädchen sich nach vorn warf, hielt die Frau auf dem Außenfeld die Luft an. Der Sprung wurde gemessen – 60 Zentimeter! Spontan rannte die Frau auf ihre Freundin zu, um sie zu umarmen.

Bei der Behinderten-Olympiade hat jeder Teilnehmer einen «Sideliner». Das ist ein Mensch, der sich möglichst in seiner Nähe im Außenfeld aufhält, ihn mit ermutigenden Worten unterstützt und anfeuert, ihn bei Bedarf aber auch tröstet und aufrichtet.

Jeder von uns braucht solch einen «Sideliner» in seinem Leben – einen Menschen unseres Vertrauens, der an unsere Fähigkeiten glaubt und uns hilft, mit unseren Unzulänglichkeiten fertig zu werden. Unterstützung ist etwas, das wir alle brauchen.

In einer Zeit, in der ich körperlich sehr angeschlagen war, war ich ziemlich entmutigt. Doch das rief meine «Sideliner» auf den Plan. In dieser Situation war ich auf meinen Mann angewiesen, um überhaupt aus dem Bett zu kommen. Wenn ich dann endlich auf meinen Füßen stand, bekam ich eine Extra-Umarmung! Wir lachten zusammen, wenn er mich wie eine Stoffpuppe ins Badezimmer trug. Aber manchmal weinte er auch mit mir, wenn die Schmerzen in der Nacht unerträglich wurden. – Freunde und auch meine Nachbarin überraschten uns oft mit einer warmen Mahlzeit. Sie waren für mich eine echte Verkörperung der Liebe und Anteilnahme Gottes. Ich habe Briefe und Anrufe bekommen, in denen man mir versicherte: «Wir beten für dich!» Diese «Sideliner» ließen sich nicht dazu verleiten, irgendwelche Patentlösungen anzubieten. Sie kamen auch nicht mit hochtheologischen, abstrakten Ideen über den «Willen Gottes». Sie hatten nur eins anzubieten – sich selbst!

Wie viel Trost habe ich auch in Gottes Wort gefunden! In Johannes 1,1 las ich: «Am Anfang war das ewige Wort: Christus.» Für mich heißt das, dass Jesus gekommen ist, um mich ganz persönlich durch sein Wort zu trösten. Was für ein «Sideliner»!

Ob ich überhaupt in der Kampfbahn des Lebens durchgehalten hätte, wenn da nicht «Sideliner» gewesen wären, die mich immer wieder ermutigt hätten? Aber solange es sie gibt, kann ich weitermachen, meinen Wettlauf beenden und die Ziellinie erreichen.

Und wer ruft Ihnen ermutigende Worte zu? Danken Sie Gott für diese Unterstützer! Doch wenn die Stimmen der Menschen bisher eher schwach waren, können Sie sicher sein, dass Jesus Sie anfeuert. Von ihm können wir lernen, selbst Sideliner zu sein.

und das Land erneut in Besitz nehmen.
37 Die Nachkommen derer, die dem Herrn dienen,
werden es erben;
alle, die ihn lieben, werden darin wohnen.

Herr, hilf mir!

70 Ein Lied Davids, beim Gedächtnisopfer zu singen.
2 Herr, ich bitte dich:
Rette mich, komm mir schnell zu Hilfe!
3 Wer mir nach dem Leben trachtet,
der soll scheitern und öffentlich bloßgestellt werden.
Wer sich über mein Unglück hämisch freut,
den jage mit Schimpf und Schande davon!
4 Alle, die schadenfroh lästern:
«Haha, das geschieht dir recht!»,
sollen kleinlaut davonschleichen
wegen ihrer selbstverschuldeten Schande!
5 Aber alle, die sich dir anvertrauen,
werden vor Freude jubeln!
Wer dich als Retter kennt und liebt,
wird immer wieder rufen: «Groß ist der Herr!»
6 Ich bin hilflos und ganz auf dich angewiesen, Herr;
sorge für mich, denn du bist mein Helfer und Befreier!
Komm rasch zu mir! Mein Gott, zögere nicht länger!

Alt und schutzlos?

71 Bei dir, Herr, suche ich Schutz.
Laß nicht zu, daß meine Feinde mich zugrunde richten!
2 Du bist ein gerechter Gott, darum hilf mir und rette mich!
Höre mein Gebet! Hilf mir doch!
3 Schenke mir Geborgenheit,
wie ein Haus, in das ich jederzeit kommen kann!
Du hast doch beschlossen, mich zu retten!
Ja, du bietest mir Schutz, du bist meine Burg.

4 Mein Gott! Die Gottlosen haben mich in ihrer Gewalt.
Sie brechen die Gesetze
und schrecken vor keiner Gewalttat zurück.
Rette mich aus ihren Klauen!

5 Du bist meine Hoffnung, Herr,
dir vertraue ich von Kindheit an!
6 Ja, seit meiner Geburt bist du mein Halt.
Vom ersten Tag an hast du für mich gesorgt.

Montag

Wenn wir schwach sind, ist er stark

Katrin Ledermann

Psalm 70, 6

Der Himmel wölbte sich tiefblau über Palmenäste, deren Spitzen das azurfarbene Meer zu streicheln schienen. Eine dunkelrote Hibiskusblüte schaukelte sanft im Wind – was für eine paradiesische Kulisse! Unter halb geschlossenen Lidern nahm ich sie schwach wahr – und dann rannte ich plötzlich los. Was hatte ein so fluchtartiges Verlassen dieser herrlichen Aussicht bewirkt? Ein heftiger Durchfall schien meine Gedärme auszuwringen, während ich erbrechen musste. Minuten später schleppte ich mich zurück aufs Bett. Es war sieben Uhr morgens. Um zehn sollten wir zum Flughafen, um nach Hause zu fliegen. Ferienende!

Bevor wir in den Urlaub gefahren waren, war mir vieles gut gelungen. Ich war stark gewesen. «Mit dir, mein Gott, kann ich über Mauern springen» (Psalm 18,30), war meine Devise. «Wo der Geist des Herrn weht, da ist Freiheit» (2. Korinther 3,17, Luther) – davon war ich überzeugt. Und diese Überzeugung hatte ich auch Christen, die in Nöten steckten, im Gespräch weitergegeben. Manchmal überging ich ihren leisen Protest, dass schwierige Umstände zu bedenken seien, dass man nicht immer so könne, wie man möchte ...

Das alles ging mir seit zwei Uhr morgens durch den Kopf. Es war, als würden all die widrigen Umstände meines seit drei Tagen geplagten, ausgelaugten Körpers und der Druck der nahen Rückreise mich eines lehren wollen: Wir sind auf Gott angewiesen! Wir sind nicht nur «Geist» und «Wille», wir haben auch dieses zerbrechliche Gefäß, unseren Körper. In dieser Nacht kamen mir die siegreichen Bibelverse nicht mehr so leicht in den Sinn!

Unbarmherzig schritt der Uhrzeiger vorwärts. «Ich bin hilflos und ganz auf dich angewiesen, Herr», betete ich. «Sorge für mich, denn du bist mein Helfer und Befreier! Komme rasch zu mir! Mein Gott, zögere nicht länger!» Meine schwache Hand tastete nach der meines Mannes: «Bitte bete mit mir – ich weiß keinen Ausweg!» Mit einem schlichten Gebet sagte er: «Herr, komm uns schnell zu Hilfe.» Die Krämpfe ebbten ab. Um acht Uhr setzte ich mich hoffnungsvoll auf die Bettkante. Um zehn saßen wir mit gepackten Koffern im Bus.

Gott führt uns nicht in Schwächen, um uns zu quälen. Er will uns etwas sehr Kostbares lehren: dass wir auf ihn angewiesen sein *dürfen*! Nicht mentale Stärke, sondern ganzheitliche Abhängigkeit führt uns immer tiefer in das Geheimnis jener Liebe, die sagt: «Abba, lieber Vater!»

Darum will ich dich loben mein Leben lang.

7 Viele, die meine Not und mein Leiden sahen, mußten denken:
Gott hat ihn verworfen![a]
Aber du hast dich als ein machtvoller Beschützer erwiesen.
8 Darum will ich dich vor anderen loben,
Tag für Tag will ich dich rühmen.

9 Verstoße mich nicht, jetzt, wo ich alt geworden bin;
verlaß mich nicht, wenn meine Kräfte nun schwinden!
10 Meine Feinde wollen mich umbringen;
schon tun sie sich zusammen und planen einen Anschlag.
11 «Gott hat ihn aufgegeben», sagen sie. «Los, ihm nach!
Packt ihn! Jetzt hat er keinen mehr, der ihm beisteht!»

12 Gott, warum bist du so weit weg?
Mein Gott, komm mir schnell zu Hilfe!
13 Mit allen Mitteln kämpfen sie gegen mich –
laß sie scheitern und umkommen!
Nichts lassen sie unversucht,
um mich ins Unglück zu stürzen.
Bring Schimpf und Schande über sie!
14 Nie werde ich aufhören, auf dich zu hoffen –
loben will ich dich, je länger, je mehr.
15 Laut werde ich es sagen: Auf deine Zusagen ist Verlaß!
Jeden Tag will ich erzählen, wie du aus der Not befreist;
du tust viel mehr, als ich aufzählen kann!
16 Deine machtvollen Taten will ich rühmen, Herr, mein Gott!
Du hältst Wort – das allein werde ich weitersagen!

17 Von Jugend auf bist du mein Lehrer gewesen,
und bis heute erzähle ich von deinen Wundertaten.
18 Laß mich auch jetzt nicht im Stich, o Gott,
jetzt, wo ich alt und grau geworden bin!
Gib mir noch so viel Zeit,
daß ich auch meinen Kindern und Enkeln noch erzählen kann,
wie groß und mächtig du bist!

19 Gott, deine Treue umschließt Himmel und Erde.
Du hast große Dinge getan! Wer ist wie du?
20 Not und Elend hast du mir zwar nicht erspart,
aber du erhältst mich am Leben
und bewahrst mich vor dem sicheren Tod.
21 Du bringst mich wieder zu Ehren,

a) Wörtlich: Für viele bin ich wie ein Vorzeichen geworden.

Ein reiches Leben

Lotte Bormuth

Psalm 71, 18

Johanna Busch war die Mutter der Brüder Johannes und Wilhelm Busch, die in Deutschland vielen Menschen das Evangelium verkündeten. Auch in notvollen Zeiten vertraute sie Gott. Eines Tages – es war zur Zeit der Inflation – stellte sie fest, dass Wilhelms Schuhe, die nur aus Ersatzstoffen geschustert waren, sich durch die Pfützen auf dem Schulweg völlig aufgelöst hatten. Es mussten also neue her. Aber woher sollte die Mutter das Geld nehmen? Da rief sie in Gegenwart ihres Sohnes zu Gott, er möge doch helfen. Kurz darauf kam ein Brief aus Amerika, der einige Dollar enthielt. Da wusste auch Wilhelm, dass Gott eingegriffen hatte. Allerdings beschäftigte ihn die Frage, wie die Dollars abgesandt sein konnten, ehe die Mutter das innige Gebet gesprochen hatte. Aber seine Mutter meinte nur: «Das ist Gottes wunderbare Zusage: ‹Ehe sie rufen, will ich antworten.›»

Doch es gab in späteren Jahren auch Situationen, in denen der Glaube der Mutter ernsthafter auf die Probe gestellt wurde. Als es auf das Sterben ihres Mannes zuging, rief Johanna mit überzeugender Stimme: «Hier hat der Tod keine Macht; hier hat Jesus gesiegt!» Da wurde es unter den trauernden Kindern ganz still. Als dann am nächsten Tag der Sarg geholt wurde, ging der Abschied der Familie sehr ans Herz. Sie merkte, dass ein wundervoller Lebensabschnitt zu Ende gegangen war. Alle schluchzten und weinten. Da rief die Mutter mit starken, klaren Worten: «Kinder, wenn wir jetzt keinen Heiland hätten, müssten wir verzweifeln.» Die Gegenwart Jesu war deutlich zu spüren. Mit ihrem Glaubensmut vermittelte die Mutter ihren Kindern die Einzigartigkeit Jesu. Nie braucht ein Mensch zu verzweifeln, wenn er den Gottessohn an seiner Seite weiß.

In einem Lied wird diese Wahrheit deutlich:

«Gott wird dich tragen durch Tage der Not; Gott wird dir beistehn in Alter und Tod.
Fest steht das Wort, ob auch alles zerstäubt, Gott ist ein Gott, der in Ewigkeit bleibt.»

Gott ist in jeder Beziehung vertrauenswürdig. Seine Liebe zeigt er uns gerade in den schwierigen Belastungen des Lebens. Wir dürfen ihn um alles bitten, was wir brauchen. Er wird uns nie im Stich lassen. Sei es, dass wir in finanziellen Nöten stecken, um eine gute Entwicklung unserer Kinder bangen, uns um den Erhalt eines Arbeitsplatzes sorgen oder von einer unheilbaren Krankheit wissen – alle Bedrängnisse dürfen wir Gott anvertrauen. Selbst der Tod verliert sein Grauen, wenn wir unseren Herrn an unserer Seite haben. Durch die Auferstehung des Gottessohnes ist dem Tode die Macht genommen. Wir dürfen ewig leben.

ja, du schenkst mir größeres Ansehen als zuvor.
Das tröstet mich!
22 Darum will ich dir mit dem Spiel auf der Harfe danken.
Ich lobe deine Treue, du, mein Gott!
Zur Laute will ich dir singen,
dir, dem heiligen Gott Israels!
23 Ich juble vor Freude, wenn ich von dir singe,
denn du hast mich errettet.
24 Tag für Tag will ich davon reden,
daß du wirklich Wort hältst.
Alle, die mich ins Unglück stürzen wollten,
haben es nicht geschafft.
Mit Schimpf und Schande wurden sie überhäuft!

Der Friedenskönig

72 Von Salomo.

Gott, laß den König an deiner Stelle Recht sprechen!
Gib ihm deinen Sinn für Gerechtigkeit ins Herz!
2 Als oberster Richter soll er dein Volk unparteiisch regieren
und dem Rechtlosen zu seinem Recht verhelfen.
3 Durch seine Herrschaft werden im ganzen Land Frieden
und Wohlstand wachsen.[a]
4 Er wird für die Unterdrückten eintreten
und sich zum Anwalt der Armen machen;
die Unterdrücker aber wird er zum Tode verurteilen.
5 Er soll regieren, solange die Erde besteht
und solange es Menschen gibt.[b]
6 Seine Herrschaft sei wohltuend wie der Regen,
der auf die Wiesen niedergeht,
wie erfrischende Schauer, die trockene Felder bewässern.
7 Dann werden alle aufblühen, die Gott die Treue halten,
Gerechtigkeit und Wohlstand werden herrschen
bis ans Ende der Zeit.

8 Seine Macht reiche von einem Meer zum anderen,
vom Euphrat bis zum Ende der Erde!
9 Ihm sollen sich die Bewohner der Wüste unterwerfen,
und auch seine Feinde sollen im Staub vor ihm kriechen.
10 Die Könige von Tarsis[c] und von den fernen Inseln

a) Wörtlich: Mögen die Berge dem Volk Heil tragen, und die Hügel durch Gerechtigkeit!
b) Wörtlich: Er wird dauern so lange wie die Sonne und im Angesicht des Mondes von Geschlecht zu Geschlecht. – So mit der griechischen Übersetzung; der hebräische Text lautet: Sie werden dich (Gott) fürchten, solange …
c) Wahrscheinlich Südspanien.

Himmlische Zeiten

Doris Reinthaler

Psalm 72, 3–4

Karl Marx sagte, Religion sei Opium fürs Volk. Die Meinung, durch Religion seien die Menschen von ihrer Sehnsucht nach einer Verbesserung der irdischen Verhältnisse leicht abzulenken, ist auch heute noch verbreitet. Die besseren Zeiten im Himmel – nichts als ein schwacher Trost, eine billige Hoffnung, eben Opium für den gepeinigten Menschen, der jetzt und heute leidet?

Die Bibel spricht vom Kommen Christi und seiner Herrschaft, damit wir heute beginnen, gegen schlechte Verhältnisse, Ungerechtigkeiten, Not und Elend aufzustehen. Gottes Wort macht die Verantwortung jedes Einzelnen gegenüber seinem Nächsten deutlich. Es spricht über die Ungerechtigkeit dieser Welt, die vielleicht auch uns manchmal bis ins Innerste erschüttert und an unseren Lebensfundamenten rüttelt. Doch was bedeuten dann solche Aussagen: «Durch seine Herrschaft werden im ganzen Land Frieden und Wohlstand wachsen»? Nichts als fromme Worte und nett gemeinte, aber nichts sagende Wünsche?

Ich denke an die Geburten unserer zwei Töchter. Bei beiden Entbindungen kam ich jeweils an den Punkt, an dem ich kurz vor dem Aufgeben war. Ich war erschöpft, total überrascht von der Stärke der Schmerzen – ich konnte einfach nicht mehr. Doch da waren der Arzt, die Hebamme und mein Mann. Alle drei redeten mir zu, dass ich es schon fast geschafft hätte. Sie ermunterten mich, sagten, sie hätten schon einen schwarzen Haarschopf gesehen, und malten mir den Lohn für alle Anstrengungen vor Augen: unser Kind! Das half mir, durchzuhalten und nochmals alle Kräfte zu sammeln. Tatsächlich lag kurze Zeit später «das Paradies in Babygestalt» leibhaftig in meinen Armen.

So leibhaftig, so lebendig, ja noch viel wirklicher und vollkommener wird die Zeit sein, in der wir in Gottes Gegenwart leben werden. Dort werden Gerechtigkeit, Frieden und Wohlergehen alltäglich sein. Das Leben fasst manche von uns so hart an, dass die Versuchung aufzugeben nahezu unüberwindbar ist. Aber Gott ist besonders an der Seite der Schwachen! Jesus ist mit uns, und sein Geist hilft uns durchzuhalten, den Kampf zu kämpfen, um das Ziel – die totale Gemeinschaft mit Gott – zu erreichen.

Himmlische Zeiten also. Doch wenn Gott in Ihrem Leben die «erste Geige» spielt, schenkt er Ihnen schon heute seinen Frieden und seine liebevolle Nähe. Ihr Leben wird aufblühen und Auswirkungen haben. Er schenkt Frieden und Liebe, die Ihr Leben durchziehen. Das ist der Wohlstand, der sich durch keine materiellen Werte aufwiegen lässt, weil er sich vermehrt, wenn wir ihn verschwenden. So gesehen beginnen die himmlischen Zeiten schon heute!

werden ihm Geschenke bringen,
und auch die Herrscher von Saba und Seba[a]
werden ihm Abgaben entrichten.
11 Huldigen sollen ihm alle Könige,
und alle Völker ihm dienen!

12 Denn er rettet den Wehrlosen, der um Hilfe fleht;
den Schwachen, dem jeder andere seine Unterstützung versagt.
13 Am Schicksal der Hilflosen nimmt er Anteil
und bewahrt sie vor dem sicheren Tod.
14 Er befreit sie von Gewaltherrschaft,
ihrer Unterdrückung macht er ein Ende,
denn in seinen Augen ist ihr Leben wertvoll.

15 Lang lebe der König! Man bringe ihm Gold von Saba!
Man bete allezeit für ihn
und wünsche ihm Glück und Segen den ganzen Tag!
16 Im ganzen Land möge das Getreide wachsen im Überfluß,
sogar noch auf den Gipfeln der Berge soll es gedeihen –
so üppig wie die Wälder auf dem Libanon.
In den Städten möge reges Leben herrschen.[b]
17 Der Name des Königs soll nie vergessen werden;
sein Ruhm sei unsterblich, solange die Erde besteht![c]
Mögen alle Völker Gott bitten, sie so zu segnen,
wie er den König gesegnet hat!
Ihn, den König, sollen sie preisen!

18 Gelobt sei Gott, der Herr, der Gott Israels!
Er vollbringt Wunder, er allein!
19 Lobt seinen erhabenen Namen für alle Zeit!
Seine Macht und Hoheit erfülle die ganze Welt!
Amen!

20 Hier sind die Gebete Davids, des Sohnes Isais, zu Ende.

Handelt so ein gerechter Gott?

73 Ein Lied Asafs.

Gott ist gut zu Israel, zu allen, die ihm ganz vertrauen.
Das kann niemand bestreiten!
2 Ich aber hätte beinahe an ihm gezweifelt,

a) Saba ist wahrscheinlich Südarabien, Seba vielleicht Nordost-Afrika.
b) Wörtlich: Sie sollen hervorblühen aus der Stadt wie das Kraut der Erde.
c) Wörtlich: vor der Sonne soll aufsprossen sein Name.

Donnerstag

Was ist das für ein Gott?

Ingrid Heinzelmaier

Psalm 73, 2

Häufig herrscht Krisenstimmung beim runden Geburtstag einer Singlefrau: «Jetzt ist der Zug abgefahren! Ich finde keinen Ehemann mehr. Dabei habe ich Gott so lange in den Ohren gelegen. Was ist das für ein Gott?»

Eine Frau Mitte Dreißig wird von ihrem zweiten Ehemann verlassen. Mit ihm wollte sie nicht nur eine neue Ehe wagen, sondern auch einen Anfang im gemeinsamen Leben mit Gott. Was ist das für ein Gott, der diesen Schmerz zulässt?

Was ist das für ein Gott? Vor rund 3000 Jahren hat ein Mann im alten Israel nach Gott gesucht – mit genau dieser Frage im Hinterkopf. Der Sänger Asaf gehörte zum Lobpreisteam von König David, das Gott gepriesen hatte, als die Bundeslade nach Jerusalem gekommen war und König David vor lauter Begeisterung über Gott öffentlich auf der Straße getanzt hatte. Auch Jahre später war Asaf mit dabei, als unter Davids Sohn Salomo die Lade Gottes in den Tempel gebracht wurde – an den Ort ihrer Bestimmung.

Bestimmt waren das geistliche Höhepunkte in seinem Leben. Und trotzdem ist der bekannteste Psalm, den er uns vermacht hat, nicht gerade von Halleluja-Rufen durchsetzt. In diesem Psalm stoßen Fragen durch, die uns auch heute zu schaffen machen: Warum geht es Menschen, die sich nicht um Gott kümmern, so viel besser als uns? Zweifel daran, ob Gott es gut mit ihm meint, nagen an Asafs Seele und wirken wie bitteres Gift (Vers 2). Schleichend wird seine Freude an Gott zerstört.

Den Durchbruch erlebt Asaf erst, als er aufhört, sich in seinen Gedanken um sich selbst zu drehen. Als er sich aufmacht und in das «Heiligtum Gottes» geht. Das muss nicht unbedingt eine Kirche sein – obwohl ich immer wieder in den Krisenmomenten meines Lebens erlebt habe, wie wohl tuend es sein kann, wenn ein Raum «mitbetet». Entscheidend ist: Asaf musste sich aufmachen und einen bewussten Schritt auf Gott hin tun, eine innere Kehrtwende um 180 Grad. Dann konnte er das, was ihm Not machte, aus der Perspektive Gottes sehen. Und der Unterschied war wie Tag und Nacht.

Jetzt sieht Asaf sein Leben auf einmal in ewigen Zusammenhängen. Er erkennt: Das vergängliche Glück in dieser Welt muss in Beziehung gebracht werden zu der Frage, wo und wie der Mensch seine Ewigkeit verbringt. Die intensive Begegnung mit Gott im Tempel hat ihm diesen Durchbruch gebracht. Und Asafs Lied klingt aus mit ganz wunderbaren Versen: «Ich aber darf dir immer nahe sein, mein Herr und mein Gott; das ist mein ganzes Glück! Dir vertraue ich, deine wunderbaren Taten will ich weitererzählen.»

fast hätte ich den Glauben aufgegeben.
[3]Denn ich beneidete die überheblichen Menschen:
Ihnen geht es gut,
obwohl Gott ihnen völlig gleichgültig ist.
[4]Ihr Leben lang haben sie keine Schmerzen,
sie strotzen vor Gesundheit und Kraft.
[5]Sie müssen sich nicht abplagen wie andere Menschen,
und die täglichen Sorgen sind ihnen ganz und gar fremd.
[6]Sie sind stolz auf ihren Stolz und tragen ihn zur Schau,
ja, sie prahlen sogar mit ihren Gewalttaten.
[7]In ihren feisten Gesichtern
spiegelt sich die Bosheit ihres Herzens wider.
[8]Mit Verachtung schauen sie auf andere herab
und verhöhnen sie,
mit zynischen Worten setzen sie jeden unter Druck.
[9]Sie tun, als kämen ihre Worte vom Himmel;
sie meinen, ihre Sprüche seien für die ganze Menschheit wichtig.
[10]Darum läuft sogar Gottes Volk ihnen nach,
es hängt an ihren Lippen und glaubt alles,
was man ihm vorsetzt.[a]
[11]Denn diese eingebildeten Leute sagen:
«Gott kümmert sich um nichts – wie sollte er auch?
Er thront so weit oben und weiß nicht,
was sich hier unten abspielt!»
[12]Selbstsicher und sorglos leben sie in den Tag hinein,
ihr Vermögen und ihre Macht werden immer größer.
[13]War es denn völlig umsonst,
daß ich mir ein reines Gewissen bewahrte
und mir nie etwas zuschulden kommen ließ?
[14]Jeder Tag wird mir zur Qual,
eine Strafe ist er schon am frühen Morgen!

[15]Hätte ich mir vorgenommen:
«Ich will genauso vermessen reden wie sie!»,
dann hätte ich dein ganzes Volk verraten.
[16]Also versuchte ich zu begreifen,
warum es dem Gottlosen gut und dem Frommen schlecht geht,
aber es war viel zu schwer für mich.

[17]Da ging ich in Gottes heiligen Tempel,
und dort wurde mir auf einmal klar:
entscheidend ist, wie ihr Leben endet!
[18]Du stellst sie auf schlüpfrigen Boden

a) Wörtlich: Darum wendet sich sein Volk ihnen zu. Wasser in Fülle wird bei ihnen ausgetrunken.

und wirst sie ins Verderben stürzen.
19 Ganz plötzlich wird sie das Entsetzen packen,
sie werden ein Ende mit Schrecken nehmen.
20 Wie ein Traum beim Erwachen verschwindet,
so vergehen sie, wenn du dich erhebst, o Herr.

21 Als ich verbittert war und mich vor Kummer verzehrte,
22 da war ich dumm wie ein Stück Vieh,
denn ich verstand dich nicht.
23 Jetzt aber bleibe ich immer bei dir,
und du hältst mich bei der Hand.
24 Du führst mich nach deinem Plan
und nimmst mich am Ende in Ehren auf.
25 Herr, wenn ich nur dich habe,
bedeuten Himmel und Erde mir nichts.
26 Selbst wenn alle meine Kräfte schwinden und ich umkomme,
so bist du doch, Gott, allezeit meine Stärke – ja, du bist alles, was ich habe!

27 Eines ist sicher: Wer dich ablehnt, wird zugrunde gehen;
du vernichtest jeden, der dir die Treue bricht.
28 Ich aber darf dir immer nahe sein, mein Herr und Gott;
das ist mein ganzes Glück!
Dir vertraue ich,
deine wunderbaren Taten will ich weitererzählen.

Gottes Tempel – ein Trümmerhaufen!

74 Von Asaf, zum Nachdenken.
Gott, warum hast du uns für immer verstoßen?
Warum läßt du deinen Zorn an uns aus?
Wir gehören doch zu dir wie die Schafe zum Hirten!
2 Erinnere dich daran, daß wir dein Volk sind!
Vor langer Zeit hast du uns angenommen
und uns aus der Gefangenschaft befreit.
Wir alle sind dein Eigentum!
Denke an den Berg Zion,
den du dir als Wohnsitz erwählt hast!
3 Geh über die Trümmer, die schon so lange dort liegen;
sieh doch: alles haben die Feinde im Tempel verwüstet!
4 Ihr lautes Siegesgeschrei entweihte die heilige Stätte,
ihre Fahnen haben sie als Zeichen des Sieges aufgestellt.
5 Im Tempel sieht es aus, als hätte man Kleinholz gehackt:
6 die kostbaren Schnitzereien
haben sie mit Äxten und Brechstangen zertrümmert.
7 Danach steckten sie dein Heiligtum in Brand,
sie entweihten den Ort, wo du angebetet wurdest.

8 Sie wollten uns alle vernichtend schlagen,
im ganzen Land haben sie die Gotteshäuser niedergebrannt.
9 Nichts mehr deutet darauf hin,
daß du noch Herr der Lage bist.[a]
Es gibt keinen Propheten mehr – niemand von uns weiß,
wie lange das noch so weitergehen soll.
10 Wie lange, Gott, willst du dich von den Feinden verhöhnen lassen?
Sollen sie für immer deinen Namen in den Schmutz ziehen?
11 Warum hältst du dich zurück? Warum greifst du nicht ein?
Zeige deine Macht und vernichte sie!

12 Gott, seit uralter Zeit bist du unser König[b],
schon oft hast du unser Land gerettet.
13 Du hast mit deiner Macht das Meer gespalten
und den Seedrachen die Schädel zerschmettert.
14 Ja, du hast dem Seeungeheuer[c] die Köpfe abgehauen
und es den Wüstentieren zum Fraß vorgeworfen.
15 Du ließest Quellen und Bäche hervorsprudeln
und brachtest große Ströme zum Versiegen.
16 Dir gehört der Tag und auch die Nacht,
du hast die Sonne und den Mond geschaffen.
17 Du hast alle Grenzen der Erde festgelegt,
hast Sommer und Winter gemacht.

18 Denke daran, Herr, wie deine Feinde dich verhöhnen!
Dieses gewissenlose Pack zieht deinen Namen in den Schmutz!
19 Liefere uns nicht diesen Raubtieren aus,[d]
du weißt doch, wie hilflos wir sind!
20 Denke an deinen Bund mit uns!
Selbst in den Schlupfwinkeln des Landes
ist niemand mehr vor roher Gewalt sicher.
21 Herr, laß nicht zu,
daß dein unterdrücktes Volk mit Schande überhäuft wird!
Wir sind arm und wehrlos.
Rette uns, damit wir dich loben können!
22 Gott, greife endlich ein, denn ihr Angriff gilt dir!
Sorge dafür, daß du recht behältst!
Sieh auf diese Meute, die dich Tag für Tag verspottet!
23 Ständig lärmen deine Feinde
und lehnen sich gegen dich auf.
Vergiß ihre Schmähungen nicht!

a) Wörtlich: Zeichen für uns sehen wir nicht.
b) So mit der griechischen Übersetzung. Der hebräische Text lautet: «mein König».
c) Wörtlich: dem Leviathan.
d) Wörtlich: Gib das Leben deiner Taube nicht den Tieren preis.

Gott muss sich nicht beweisen

Sharon Mumper

Psalm 74

Der Professor beugte sich über das Pult des zitternden jungen Studienanfängers. «Sie glauben also, dass es einen Gott gibt», bemerkte er spöttisch. «Nun, wir werden gleich feststellen, ob diese Theorie stimmt.» Die anderen Studenten grinsten. Sie wussten, was kommen würde. Es gehörte zu den üblichen Taktiken des atheistischen Professors, der darauf aus war, christliche Studenten zu demütigen.

«Wenn es einen Gott gibt, soll er mich auf der Stelle tot umfallen lassen!», rief er theatralisch. Er wartete einen Moment, den Blick zur Decke gerichtet. «Na also», verkündete er dann, «damit wäre der Fall ja wohl erledigt!»

«Wisst ihr», vertraute der Student später seinen christlichen Freunden an, denen er die Geschichte erzählt hatte, «ich wünschte fast, Gott hätte ihn beim Wort genommen!»

Warum greift Gott nicht ein, wenn seine Ehre auf dem Spiel steht? Warum kommen gottlose Leute, die ihn lästern und seine Kinder verfolgen, meistens ungestraft davon?

Schon der Psalmist stellt solche Fragen. Jerusalem war besiegt und ohne viel Federlesens zerstört worden. Sogar den Tempel Gottes hatte man geschändet und in Schutt und Asche gelegt. «Wie konnte so etwas bloß passieren?», fragt sich der Psalmist. «Wie konnte der allmächtige Gott es zulassen, dass die Feinde Israels seine ureigene Anbetungsstätte zerstörten? Wie konnte er sich dem Spott von Menschen aussetzen, die nun bestimmt behaupten würden, ihre Götter seien mächtiger als der Gott Israels?»

Manchmal stört es uns, dass Gott nicht übermäßig besorgt darum scheint, seine Ehre zu verteidigen. Er lässt sich weder von Drohungen einschüchtern, noch ist er bestechlich. Wir Menschen möchten eher unsere Meinung und Überzeugung vor anderen verteidigt sehen. Mit anderen Worten: Wir möchten, dass zu unseren Gunsten gehandelt wird. Wir hätten gern einen Rambo-Gott, der sich mit Gewalt gegen die Ungläubigen durchsetzt.

Wer das letzte Buch der Bibel gelesen hat, weiß, dass ein Tag kommen wird, an dem jeder Mensch Rechenschaft über sein Leben ablegen muss. Dann wird sich jedes Knie vor dem beugen müssen, der als König der Könige und Herr der Herren erscheint. Bis dahin befinden wir uns in einer Übergangsphase; wir sollen Gott treu sein, auch wenn wir ihn nicht sehen, und auf Grund seines Wortes an ihn glauben, auch wenn wir manchmal sein Tun nicht verstehen. Wir sind zum Glauben an einen Gott aufgefordert, dem es zwar große Freude bereitet, sich seinen Kindern zu offenbaren, der es aber nicht nötig hat, sich seinen Feinden gegenüber zu beweisen.

Anbetung

Katrine Trobisch Stewart

Singt miteinander Psalmen,
und lobt den Herrn mit Liedern,
wie sie euch sein Geist schenkt.
Singt und jubelt aus vollem Herzen (Epheser 5,19) .

Musik erklingt im verspielten Gurgeln des Bachs, im machtvollen Tosen der Welle, im einsamen Lied des Singvogels. Ohne Worte spricht Musik die Sprache der Seele. Neue Ideen, lebendige und lebensnahe Gefühle, hoffnungsfrohe Träume entspringen der Musik.

Musik heilt und hebt. Musik regt zum Tanze an und zum Überwinden der Schwerkraft des Alltags. Musik ist eine himmelwärts hebende Kraft.

Finden Sie Musik, die Ihre Gedanken in neue Höhen lockt, und spielen Sie sie während der langwierigsten und freudlosesten Aufgaben des Alltags. Vielleicht fangen Sie plötzlich beim Entladen der Waschmaschine zu singen an, und ihr Kind fragt erstaunt: «Was ist denn heute mit dir los, Mama?»

Lassen Sie Ihr Herz zu Gott aus Freude oder aus Wehmut, aus Sehnsucht oder aus Mutlosigkeit oder aus neugefundenem Trost laut aufsingen.

Haben Sie je die Psalmen nach Ihrer eigenen persönlichen Melodie gesungen? Sie werden niemals so schnell singen, wie Sie lesen können! Durch die Musik entspringen den Worten völlig neue Inhalte und Deutungen und Erkenntnisse.

Lassen Sie sich von der Musik die Seele waschen und das Herz zum Tanzen auffordern!

Schluß mit euren großen Worten!

75 Ein Lied Asafs, nach der Melodie «Richte nicht zugrunde».
2 Wir danken dir, o Gott, wir danken dir! Du bist uns nahe!
Wir erzählen von deinen wunderbaren Taten.

3 Gott spricht: «Wenn meine Zeit gekommen ist,
werde ich gerecht richten!
4 Mag auch die Erde beben,
und mögen ihre Bewohner vor Angst zittern –
ich selbst habe die Fundamente der Erde unverrückbar festgelegt.
5 So befehle ich nun den großmäuligen Angebern:
Schluß mit euren großen Worten!
Denen, die mich ablehnen, sage ich: Blast euch nicht so auf!
6 Ja, hört auf zu prahlen, und laßt ab von eurem Stolz![a]
Tragt eure Nase nicht so hoch!
7 Wahre Größe kann kein Mensch verleihen –
ganz gleich, woher er kommt!»[b]

8 Denn Gott allein ist Richter:
den einen läßt er fallen,
den anderen bringt er zu Ansehen und Macht.
9 Der Herr hat einen Becher in seiner Hand,
gefüllt mit starkem, betäubendem Trank.
Alle, die den Herrn verachten, müssen den Becher
bis zum letzten bitteren Tropfen austrinken.

10 Ich aber will immer von Gott erzählen,
für ihn, den Gott Jakobs, will ich musizieren.

11 Er spricht: «Ich werde die Macht der Gottlosen brechen;
doch alle, die mir die Treue halten,
bringe ich zu Ansehen und Macht[c].»

Gottes Zorn

76 Ein Lied Asafs, mit Saiteninstrumenten zu begleiten.
2 Gott ist in Juda jedem bekannt,
in ganz Israel wird sein Name geehrt.

a) Verse 5b.6a wörtlich: Denen, die mich ablehnen, sage ich: Erhebt nicht das Horn! Erhebt nicht zur Höhe euer Horn!
b) Wörtlich: Denn weder vom Osten noch vom Westen noch von der Wüste (= vom Süden) kommt Erhöhung.
c) Wörtlich: die Hörner der Treuen werden erhöht werden.

Das letzte Wort

Elke Werner

Psalm 75, 3

Unter freiem Himmel hatten sich viele Menschen aus den unterschiedlichsten Nationen versammelt, um gemeinsam Jesus anzubeten. In einem islamischen Land sicher keine Selbstverständlichkeit. Der Pastor berichtete von seinem Besuch im gefürchteten Gefängnis der Stadt, wo Folter und Ungerechtigkeit herrschten. Aber es war auch eine kleine Gemeinde von Gefangenen entstanden. Regelmäßige Besuchsdienste, Gottesdienste und Bibelstudien hatten dazu geführt, dass Menschen an diesem grausamen Ort Liebe und Leben in Jesus fanden. Nun erzählt er von einem jungen Moslem, der seinen Vater im Streit erschlagen hatte. Die Familie wollte Rache für den Tod des Vaters und hatte ihn angezeigt. Vor Gericht wurde der junge Mann zum Tod verurteilt. Jetzt war die Familie zufrieden. Die Ehre der gesamten Sippe würde wiederhergestellt.

Doch dann passierte etwas Unvorhersehbares. Der junge Mann bekam im Gefängnis Kontakt zur christlichen Gemeinde. Er lernte Jesus kennen und wollte von nun an als Christ leben. Die Familie schlug Alarm. Schon wieder stand die Familienehre auf dem Spiel. Ein «Abtrünniger», der den Islam verlässt, beschämt die ganze Familie. Auch den Wärtern und Aufsehern im Gefängnis gefiel das ganz und gar nicht. Ein Moslem durfte dem Islam nicht den Rücken kehren, sonst musste er sterben. Die Wärter machten dem jungen Mann ein Angebot. «Sprich noch einmal das islamische Glaubensbekenntnis, und du bist ein freier Mann. Deine Todesstrafe wird ausgesetzt. Du kannst leben.» Der junge Mann überlegte kurz und bat darum, den Pastor vor der geplanten Hinrichtung noch einmal zu sehen. In Gegenwart des Pastors, der Wärter und der Mitgefangenen legte der junge Mann dann sein letztes Bekenntnis ab. Er gehöre zu Jesus, im Leben und im Sterben, sagte er. Ein Richter könne ihn zum Tod verurteilen, aber Gott allein sei der Richter über das ewige Leben. Und das habe er in Jesus gefunden und wolle es auf keinen Fall wieder verlieren. Auch nicht, um noch etwas länger auf dieser Erde zu leben. Der Mann wollte, dass jeder weiß: Er stirbt als Christ. Und Gott, der sein Herz kennt, wird zu ihm stehen. Auch nach dem Tod.

Hier hat jemand verstanden, dass die Gerichte dieser Welt nur Urteile für diese Welt fällen können. Gott allein kann freisprechen vom Tod, vom ewigen Tod. Und aus dieser Perspektive ändern sich die Dimensionen in unserem Leben. Wer an Jesus glaubt, wird leben, auch wenn er stirbt. Und wer mit Jesus stirbt, der hat das Leben. Gott hat das letzte Wort. Deshalb ist es absolut notwendig, das Leben auf sein Urteil auszurichten. Denn er sagt: «Wenn meine Zeit gekommen ist, werde ich gerecht richten!»

3 In Jerusalem[a] wurde sein Heiligtum errichtet;
sein Tempel steht auf dem Berg Zion.
4 Dort zerbrach er Pfeile, Schilde und Schwerter,
ja, alles Kriegsgerät!
5 Du bist glanzvoller und mächtiger
als die Feinde in den Bergen,
die von dort aus ihre Raubzüge unternahmen.[b]

6 Diese stolzen Krieger – nun sind sie ihrer Waffen beraubt!
Sie schlafen den Todesschlaf,
und niemals werden sie wieder zur Waffe greifen.
7 Du, Gott Jakobs, brauchtest nur zu drohen,
und schon fielen Roß und Reiter.
8 Furchterregend bist du, o Gott!
Wer kann vor dir bestehen, wenn dein Zorn losbricht?
9 Die Menschen auf der Erde erstarrten vor Schreck
und wurden stumm, als dein Richterspruch vom Himmel ertönte,
10 als du dich erhobst, um Gericht zu halten
und den Entrechteten im Land zu helfen.
11 Das Wüten der Feinde vermehrt deinen Ruhm,
selbst ihr verzweifeltes Toben machst du dir zunutze[c]!

12 Gebt Gott, dem Herrn, Versprechen und haltet sie!
Ihr Völker rings um Israel – bringt ihm eure Gaben,
denn groß und gewaltig ist er!
13 Er bricht den Stolz der hochmütigen Herrscher,
die Mächtigen dieser Welt müssen ihn fürchten!

Gott, hast du uns für immer verstoßen?

77 Ein Lied Asafs, für Jedutun.
2 Ich rufe zu Gott, ja, ich schreie immer wieder,
damit er mich endlich hört.
3 Ich habe große Angst und sehe keinen Ausweg mehr.
Unaufhörlich bete ich zu Gott –
sogar in der Nacht strecke ich meine Hände nach ihm aus.
Ich bin untröstlich.

a) Wörtlich: In Salem. – Anstelle des vollen Namens ist hier der alte Name gewählt, um das Wort «Schalom» (Frieden) anklingen zu lassen.
b) Wörtlich: Glänzender bist du, mächtiger als die Berge des Raubes. – Gemeint sind wohl die Mächte, die vom Norden und Osten in Israel einfielen.
c) Wörtlich: auch noch mit dem Rest des Zornes wirst du dich gürten.

Hochmut kommt vor dem Fall

Roswitha Wurm

Psalm 76, 6

«Seht euch diesen Verrückten an!», ruft der Mann. «Zum Totlachen, der Alte! Baut ein Schiff mitten auf dem Land und behauptet, Gott hätte ihm den Auftrag dazu gegeben. So ein Schwachsinn, wo soll dies Schiff denn fahren; es gibt doch kein Wasser weit und breit!» Die Umstehenden bekommen vor lauter Hohngelächter fast keine Luft mehr! «Es muss immer ein paar Spinner geben», grölt ein anderer. Kopfschüttelnd lässt die Menge den weißhaarigen Mann bei seiner emsigen Tätigkeit zurück. Unbeirrt schlägt er Nagel um Nagel in das große Holzschiff ...

Noah hatte genaue Anweisungen von Gott bekommen, wie und warum er die Arche bauen sollte. Daran hielt er sich. Nicht auszudenken, was passiert wäre, wenn Noah die Arche nicht gebaut, sondern auf die feindlichen Angriffe seiner Mitmenschen geachtet hätte! Noah wurde samt seiner Familie und den Tieren aller Arten gerettet. Dadurch ging er in die Geschichte der Menschheit ein. Die Spötter aber gingen erbärmlich in der großen Flut zu Grunde, ihren Namen kennt heute keiner mehr.

Stolz, Hochmut und Auflehnung gegen Gott scheinen für eine gewisse Zeit lebbar oder gar Erfolg versprechend zu sein. Letztlich aber führt solch eine Herzenshaltung ins Verderben. Gott lässt nicht über sich spotten und stellt sich zu denen, die sich an sein Wort und seine Gebote halten.

Jeder Christ erlebt gerade wegen seines Glaubens manchmal Ablehnung, Spott und Hohn von seinen Mitmenschen. In solch einer Situation tröstet uns das Wort Gottes: «Der Herr ist auf meiner Seite, und ich brauche mich vor nichts und niemandem zu fürchten. Was kann mir ein Mensch schon antun?» (Psalm 118,6). Es sagt auch: «Denn die Hochmütigen und Stolzen werden niemals Gottes Barmherzigkeit erfahren. Seine Gnade gilt denen, die zum demütigen Gehorsam bereit sind» (1. Petrus 5,5b).

«Diese stolzen Krieger», von denen Asaf in Vers 6 schreibt, können in unserem Leben unterschiedliche Menschen sein: ein guter Bekannter, ein Nachbar, manchmal sogar unsere engsten Verwandten! Vielleicht hat unser Arbeitgeber einen sehr unangenehmen Charakter, oder wir leben unter einem ungerechten Regime. Doch das letzte Wort hat immer Gott. Keiner versteht uns in unserer Unterdrückung und Not besser als Jesus, der – von den Soldaten verspottet und von allen verlassen – für unseren Stolz und Hochmut ans Kreuz gegangen ist. Er hat das Böse überwunden und uns eine ewige Heimat bei seinem Vater im Himmel versprochen, wo kein Platz für Hochmütige und Stolze ist!

4 Wenn ich an Gott denke, fange ich an zu seufzen;
grüble ich über meine Lage nach, so verliere ich allen Mut.
5 Ich kann nicht schlafen, weil er mich wach hält;
die Unruhe treibt mich umher, ich finde keine Worte mehr.

6 Ich erinnere mich an frühere Zeiten,
an Jahre, die längst vergangen sind,
7 als ich beim Spiel auf der Harfe noch fröhlich sein konnte.
Jede Nacht grüble ich nach;
das Herz wird mir schwer,
weil meine Gedanken immer um die gleichen Fragen kreisen:
8 Hat der Herr uns für alle Zeiten verstoßen?
Wird er nie wieder freundlich zu uns sein?
9 Ist seine Gnade für immer zu Ende?
Gelten seine Zusagen nicht mehr?
10 Hat Gott vergessen, uns gnädig zu sein?
Warum verschließt er uns im Zorn sein Herz?
11 Das ist es, was mich am meisten schmerzt:
Gott, der Höchste, verhält sich jetzt anders als vorher –
er setzt sich nicht mehr für uns ein!

12 Ich erinnere mich an deine großen Taten, Herr,
und denke an die Wunder, die du einst vollbracht hast.
13 Ich führe mir vor Augen, was du getan hast,
immer wieder mache ich es mir bewußt.
14 O Gott, heilig ist alles, was du tust.
Kein anderer Gott ist so mächtig wie du!
15 Du allein bist der Gott, der Wunder vollbringt;
du hast die Völker deine Macht spüren lassen.
16 Mit starker Hand hast du dein Volk aus der Gefangenschaft
in Ägypten befreit,
die Nachkommen Jakobs und Josefs.
17 Als dich die Wasserfluten sahen, begannen sie zu brodeln,
sogar die Tiefen des Meeres erzitterten.
18 Aus den Wolken goß strömender Regen,
gewaltige Donnerschläge krachten,
und deine Blitze durchzuckten die Luft.
19 Ja, im Sturm donnerte deine Stimme;
grelle Blitze erhellten die Erde, sie zitterte und bebte.
20 Du bahntest dir einen Weg mitten durch das Meer.
Dein Pfad führte durch mächtige Fluten,
doch deine Spuren konnte niemand erkennen.
21 Durch Mose und Aaron, deine Diener,
hast du dein Volk wie ein Hirte geführt.

Wenn Gott fern zu sein scheint

Silvia Konstantinou

Psalm 77, 3

Als sie uns die schlechte Nachricht überbrachte, reagierten wir – ihr Freundeskreis – hilflos. Wir verstanden Gottes Wege nicht mehr. Schon seit Jahren kämpfte unsere Freundin mit schlimmen psychischen Nöten. Sie brauchte Medikamente und musste zeitweise in die Klinik. Erst letzten Sommer hatte sie ihre Mutter verloren – seit diesem Verlust ging es ihr schlechter denn je. In einem kleinen persönlichen Gebetskreis traten wir für sie ein und flehten für ihre Heilung. Wir legten Gott alles hin, was wir über ihre psychische Krankheit in unserem begrenzten menschlichen Denken zu verstehen meinten. Danach schien alles noch schlimmer zu werden. Wir waren enttäuscht und verbargen das auch nicht voreinander.

Schlag auf Schlag kamen die Hiobsbotschaften: ein aufgeschürftes Muttermal entpuppte sich als bösartig. Diagnose: Hautkrebs. Es musste sofort operiert werden; weitere Operationen waren nötig, bei denen befallenes Lymphdrüsengewebe entfernt werden musste. Qualvolle Chemotherapien folgten. Die Entmutigung unter uns war grenzenlos. Unsere Freundin stellte Gottes Liebe in Frage, und wir hatten ihr wenig entgegenzuhalten.

Bald bewahrheitete sich jedoch, dass der Christus im anderen oft größer ist als der Christus in einem selbst. Das gilt ganz besonders für Notzeiten. Wir konnten einander wieder Schritt für Schritt die Augen für Gottes Gnade und Barmherzigkeit öffnen. Gott hatte jeden von uns in der Vergangenheit so liebevoll geführt, an jedem so viel geheilt und verändert – hatten wir das plötzlich alles vergessen? Nur weil *wir* Gottes Wirken (noch) nicht im Leben unserer Freundin wahrnehmen konnten, hieß das nicht, dass *Gott* nicht wirkte!

Einst hatte man an der Wand eines Konzentrationslagers diese Zeilen gefunden:

«Ich glaube an die Sonne, auch wenn sie nicht scheint. Ich glaube an die Liebe, auch wenn ich sie nicht fühle. Ich glaube an Gott, auch wenn er schweigt.»

Und plötzlich wussten wir wieder in unseren Herzen, dass Gott kein Gebet überhört. Seine Antwort auf unsere Gebete konnte «Ja», «Nein» oder «Wartet noch» lauten, doch seine Verheißungen würde er niemals streichen. Seine «Notrufnummer» 5015 (Psalm 50,15) dürfen wir jederzeit mit großer Gewissheit in Anspruch nehmen: «Wenn du keinen Ausweg mehr siehst, dann rufe mich zu Hilfe! Ich will dich retten, und du sollst mich preisen.»

Gott hat gerettet, und wir preisen ihn. Unsere Freundin lebt, und ihr so steiniger Weg öffnete einer Mitpatientin im Krankenhaus die Augen und bewirkte ihre Hinwendung zu Gott. Täglich staunen wir über die Frucht im Leben unserer Freundin und über Gottes wunderbaren Plan, den wir lange nicht begreifen konnten.

Israels Geschichte – Gott straft und rettet sein Volk

78 Von Asaf, zum Nachdenken.
Höre, mein Volk, auf meine Weisungen;
gib acht auf das, was ich dir sage!
2 Ich will euch die Geschichte unseres Volkes
vor Augen malen.
Ihre dunklen Rätsel will ich euch erklären.
3/4 Was wir gehört und erfahren haben,
was schon unsere Väter uns erzählten,
das wollen wir auch unseren Kindern nicht verschweigen.
Jede Generation soll von den mächtigen Taten Gottes hören,
von allen Wundern, die er vollbracht hat.
5 Er gab Israel sein Gesetz,
gab den Nachkommen Jakobs seine Gebote.
Unseren Vorfahren befahl er,
sie ihren Kindern bekannt zu machen.
6 So soll jede Generation seine Weisungen kennenlernen –
alle Kinder, die noch geboren werden.
Auch diese sollen sie ihren Nachkommen einprägen.
7 Sie alle sollen auf Gott ihr Vertrauen setzen
und seine Machttaten nicht vergessen.
Was er befohlen hat, sollen sie tun,
8 und nicht so handeln wie ihre Vorfahren,
die sich gegen Gott auflehnten und sich ihm widersetzten:
sie waren untreu und unbeständig.

9 Die Ephraemiten besaßen starke und gut ausgerüstete Bogenschützen.
Trotzdem flohen sie, als es zur Schlacht kam.
10 Sie hatten den Bund gebrochen,
den Gott mit ihnen geschlossen hatte,
und weigerten sich, nach seinem Gesetz zu leben.
11 Sie vergaßen seine großen Taten –
alle Wunder, die er sie mit eigenen Augen hatte sehen lassen.
12 Ja, schon ihre Vorfahren hatten seine Wunder erlebt,
damals in Ägypten im Gebiet von Zoan.
13 Er teilte das Meer und ließ sie hindurchziehen,
das Wasser türmte er auf wie einen Wall.
14 Am Tage führte er sie mit einer Wolke
und in der Nacht mit hellem Feuerschein.
15 In der Wüste spaltete er Felsen
und gab ihnen Wasser aus der Tiefe in Hülle und Fülle.
16 Ganze Bäche brachen aus den Felsspalten hervor
und stürzten herab wie ein Wasserfall.

Aus Fehlern lernen

Marianne Kawohl

Psalm 78,7–8

«Ich habe so viele Fehler gemacht», sagte ich während eines Seminars im Gespräch zu einem Kollegen. Doch er meinte: «Das macht nichts. Fehler sind nur das, was noch fehlt. Fehler sind das Fehlende, das ergänzt werden muss und kann.»

Diese Worte haben mich damals sehr getröstet und mir geholfen, Fehler nicht mehr nur negativ zu sehen. Vielleicht denken wir bei dem Wort «Fehler» gleich an das Diktatheft aus der Schulzeit. «0 Fehler» – das hatte jeder gern, doch wenn mit roter Tinte eine höhere Zahl von Fehlern ins Heft geschrieben war, haben wir uns leicht enttäuscht und verärgert, vielleicht auch entmutigt gefühlt.

In der Geschichte des Volkes Gottes tat Gott immer wieder Großes, doch die Menschen achteten nicht darauf. Sie hörten nicht auf Gottes Worte, machten Fehler, fielen in Sünde, waren nicht aufgeschlossen für Korrektur.

Auch unsere Eltern und Vorfahren haben Fehler gemacht, vielleicht sogar schwer wiegende. Doch als Nachfahren können wir von diesem «Erbe» lernen. Wir sind nicht verpflichtet, die Fehler zu wiederholen. Auch aus unseren eigenen Fehlern, ja selbst aus unseren Verfehlungen, können wir lernen. Wenn Fehler das «Fehlende» sind, das, was noch der Ergänzung und Vervollständigung bedarf, entspringen sie unserer Unkenntnis. Verfehlungen dagegen resultieren aus unserem Ungehorsam. Einerseits sollten wir unsere Fehler und Verfehlungen nicht verharmlosen, doch auf der anderen Seite auch nicht erdrückt werden von alledem, was in unserem Leben falsch gelaufen ist.

Mich tröstet da das beeindruckende Bild «Die Rückkehr des Verlorenen Sohnes» von Rembrandt. Auch wenn wir vielleicht keine Gelegenheit haben, das Original in St. Petersburg anzuschauen, gibt es doch viele aussagestarke Reproduktionen. Sie illustrieren nach dem Gleichnis vom Verlorenen Sohn in Lukas 15, dass die Rückkehr aus dem fehlerhaften, sündigen Leben möglich ist.

Ja, es lohnt sich, auf Gott zu hören, denn er hat uns Gutes zu sagen und er will uns Gutes tun, mehr als je zuvor. Er möchte uns beschenken, das Fehlende ausgleichen, das Schuldhafte vergeben und Schuldgefühle nehmen. Wenn wir mit einem Herzen, das um Vergebung bittet, zu ihm kommen, wird er uns nicht unsere Fehler und Sünden vorhalten. Und wenn er uns heute richtet, dann so, wie man einen gebrochenen Arm «richtet», damit er wieder gut zusammenwachsen kann. Denn als der Heiland will Gott seine Kinder heilen.

[17] Aber unsere Vorfahren sündigten weiter gegen Gott, den Höchsten,
dort in der Wüste lehnten sie sich gegen ihn auf.
[18] Sie forderten Gott heraus
und verlangten von ihm die Speise,
auf die sie gerade Lust hatten.
[19] Voller Mißtrauen fragten sie:
«Ist Gott denn überhaupt in der Lage,
uns hier in der Wüste den Tisch zu decken?
[20] Den Felsen hat er zwar gespalten,
und das Wasser floß in Strömen heraus –
aber kann er auch Brot herbeischaffen,
kann er für sein Volk Fleisch auftreiben?»
[21] Als der Herr das hörte, wurde er zornig;
sein Zorn entflammte über Israel wie ein zerstörendes Feuer.
[22] Denn sie glaubten ihm nicht
und rechneten nicht mit seiner Hilfe.

[23] Dennoch gab er den Wolken Anweisungen
und öffnete die Schleusen des Himmels.
[24] Er ließ das Manna auf sie herabregnen,
Getreide vom Himmel gab er ihnen zu essen.
[25] Sie aßen das Brot der Engel,
und Gott gab ihnen genug zum Sattwerden.
[26] Dann ließ er den Ostwind losbrausen
und schickte auch den Südwind auf seine stürmische Reise.
[27] Er ließ Fleisch auf sie regnen:
Vögel, so zahlreich wie Sand am Meer.
[28] Mitten ins Lager seines Volkes ließ er sie fallen,
ihr Zeltplatz war mit ihnen bedeckt.
[29] Sie aßen davon und wurden mehr als satt;
Gott gab ihnen alles, was sie verlangten.
[30] Doch ihre Gier war immer noch nicht gestillt,
hemmungslos fraßen sie alles in sich hinein.
[31] Da wurde Gott aufs neue zornig
und brachte ihre stärksten Männer um,
er vernichtete die jungen Krieger Israels.

[32] Dennoch sündigten sie weiter und vertrauten ihm nicht,
obwohl er all diese Wunder vollbracht hatte.
[33] Da ließ er ihr Leben ohne jeden Sinn verstreichen,
von Angst erfüllt gingen ihre Jahre dahin.
[34] Immer wenn Gott einige von ihnen tötete,
fragten sie wieder nach ihm,
von Reue ergriffen suchten sie Gott.
[35] Dann erinnerten sie sich, daß er ihr Beschützer war,
daß er, der Höchste, sie befreit hatte.
[36] Aber ihre Reue war nicht echt:

jedes ihrer Worte war eine Lüge,
nichts von dem, was sie sagten, war ehrlich.
37 Ihr Vertrauen auf Gott war schwach und unbeständig;
sie standen nicht treu zu dem Bund,
den er mit ihnen geschlossen hatte.

38 Trotzdem blieb er barmherzig,
vergab ihre Schuld und tötete sie nicht.
Immer wieder hielt er seinen Zorn zurück,
anstatt ihm freien Lauf zu lassen.
39 Er wußte ja, wie vergänglich sie waren –
flüchtig wie ein Hauch, der verweht und nicht wiederkehrt.

40 Wie oft boten sie Gott die Stirn,
wie oft verletzten sie ihn tief, dort in der Wüste!
41 Immer wieder forderten sie ihn heraus,
sie beleidigten den heiligen Gott Israels.
42 Sie vergaßen seine Macht und den Tag,
an dem er sie von ihren Feinden befreit hatte.

43 Damals vollbrachte er viele Zeichen und Wunder
in dem Gebiet von Zoan im Land Ägypten.
44 Er verwandelte die Ströme und Bäche der Ägypter in Blut,
so daß niemand mehr daraus trinken konnte.
45 Er schickte ihnen Insektenschwärme, die sie plagten,
und Frösche, die ihnen Verderben brachten.
46 Ihre Ernte überließ er gefräßigen Heuschrecken,
die den Ertrag ihrer Arbeit vernichteten.
47 Ihre Weinstöcke zerschlug er durch Hagel,
ihre Feigenbäume wurden durch Eisstücke zerstört.
48 Auch das Vieh lieferte er dem Hagel aus,
ganze Herden kamen durch Seuchen[a] um.
49 Sein Zorn auf die Ägypter war grenzenlos,
darum quälte er sie und schickte Scharen von Unglücksengeln gegen sie.
50 Ja, er hielt seinen Zorn nicht länger zurück;
er verschonte sie nicht mehr vor dem Tod,
sondern ließ sie durch die Pest umkommen.
51 Jeden ältesten Sohn tötete er in den Familien der Ägypter,
der Nachkommen Hams.
52 Dann ließ er sein Volk aufbrechen
und führte es durch die Wüste wie ein Hirte seine Schafe.
53 Sie fürchteten sich nicht, so sicher führte er sie;
für ihre Feinde aber wurde das Meer zum Grab.
54 Bis ins heilige Land brachte er sein Volk,

a) Oder: durch Blitze.

bis zu dem Berg Zion, den er zu seinem Heiligtum erklärte.
55 Ganze Völker vertrieb er aus dem Land
und verteilte es unter die Stämme Israels.
Die Häuser der vertriebenen Völker waren nun ihre Wohnungen.

56 Doch erneut forderten sie Gott, den Höchsten, heraus
und lehnten sich gegen ihn auf.
Seine Gebote waren ihnen gleichgültig.
57 Sie wandten sich von ihm ab
und verließen ihn treulos wie schon ihre Vorfahren;
sie waren unzuverlässig wie ein Bogen, dessen Sehne reißt.
58 Sie erzürnten Gott, denn sie errichteten auf den Bergen
Heiligtümer für fremde Götter;
mit ihren Götzenbildern reizten sie ihn zum Zorn.
59 Ja, er geriet außer sich vor Zorn
und gab Israel völlig auf.
60 Er verließ sein Heiligtum in Silo –
das Zelt, in dem er den Menschen nahe gewesen war.
61 Die Bundeslade, das Zeichen seiner Macht und Ehre,
gab er in die Hände der Feinde.
62 Er war zornig über sein Volk
und ließ es durch das Schwert der Gegner umkommen.
63 Die jungen Männer fielen im Krieg,[a]
den Mädchen sang man kein Hochzeitslied mehr.
64 Die Priester wurden mit dem Schwert umgebracht,
ihre Witwen durften nicht einmal die Totenklage anstimmen.

65 Doch dann erhob sich der Herr,
als hätte er geschlafen;
er stand auf wie ein starker Krieger,
der aus seinem Rausch erwacht.
66 Er schlug seine Feinde in die Flucht
und machte sie für alle Zeiten zum Gespött.
67 Die Nachkommen Josefs ließ er fallen,
vom Stamm Ephraim wollte er nichts mehr wissen.
68 Den Stamm Juda jedoch wählte er aus,
den Berg Zion, dem seine Liebe gehört.
69 Dort errichtete er sein Heiligtum – hoch ragt es auf;
fest und unerschütterlich wie die Erde steht es da.
70 Er wählte David aus, ihm zu dienen;
von den Weiden holte er ihn weg,
71 wo er die Schafe hütete.
Gott machte ihn zum Hirten über Israel,

a) Wörtlich: Das Feuer fraß die jungen Männer.

über sein erwähltes Volk.
72 David regierte es mit aufrichtigem Herzen
und führte es mit kluger Hand.

Gott, es geht um deine Ehre!

79 Ein Lied Asafs.

Gott, fremde Völker sind in dein Land eingefallen,
das du uns anvertraut hast;
sie haben deinen heiligen Tempel entweiht
und Jerusalem in einen Trümmerhaufen verwandelt.
2 Sie haben alle umgebracht,
die dir dienten und dir treu waren.
Ihre Leichen wurden ein Fraß der Geier und der wilden Tiere.
3 Auch rings um Jerusalem richteten sie ein schreckliches Blutbad an,
und keiner war da, der die Toten begrub.
4 Unsere Nachbarvölker verhöhnen uns,
nur noch Spott haben sie für uns übrig.

5 Herr, wie lange willst du noch zornig auf uns sein?
Soll dein Zorn für immer so weiterbrennen wie ein Feuer?
6 Laß ihn doch an den Völkern aus, die dich nicht anbeten,
und an den Königreichen, die deinen Namen nicht anrufen!
7 Denn sie haben dein Volk umgebracht
und seine Wohnorte verwüstet.
8 Strafe uns doch nicht für die Sünden unserer Vorfahren!
Zögere nicht, erbarme dich über uns,
denn wir sind am Ende unserer Kraft!
9 Hilf uns, Gott, unser Retter!
Steh uns bei und vergib uns unsere Schuld!
Es geht doch um deine Ehre!
10 Warum sollen die fremden Völker spotten:
«Wo bleibt er denn, ihr Gott?»
Zeige ihnen, wie du das Blut deines Volkes
an den Feinden rächst!
Laß uns das noch erleben!
11 Laß das Stöhnen der Gefangenen zu dir dringen!
Du hast grenzenlose Macht;
darum rette die, denen man das Leben nehmen will!
12 Herr, unsere Nachbarvölker haben dich beleidigt
und verspottet.
Zahle es ihnen siebenfach zurück!
13 Wir aber sind dein Volk,
wir gehören zu dir wie Schafe zu ihrem Hirten.
Allezeit wollen wir dich loben
und jeder neuen Generation erzählen, wie groß du bist!

Erzählt es den Kindern!

Roswitha Wurm

Psalm 79, 13

Erwartungsvoll blicken zwanzig Vor- und Grundschulkinder auf die blaue Stofftafel und lauschen mit offenen Mündern der biblischen Geschichte, die mit spannenden Worten und unterstreichenden Gesten erzählt wird. Jedes Mal ist mein Herz tief bewegt, wenn ich auf die vielen Nachbarskinder und Freunde meiner Söhne in unserem Wohnzimmer blicke, die ganz neugierig auf Gottes Wort sind. «Ist das wirklich wahr mit Jesus? Oder ist das ein Märchen?», fragt einer der Jungen. «Na, sicher ist das wahr!», antwortet einer unserer Söhne. Schließlich weiß er seit dem Babyalter Bescheid. Für seinen kleinen Freund sind die biblischen Geschichten allerdings wunderbares Neuland, das es zu erobern und zu entdecken gilt.

Mein Mann und ich haben das Vorrecht, ihm und anderen Kindern von Jesus und seiner rettenden Liebe zu erzählen. Es gibt kaum etwas Schöneres, als diesen vom Leben noch nicht zerstörten kleinen Menschen die frohe Botschaft weiterzusagen, damit auch sie wie Schafe zu ihrem Hirten – zu Jesus – gehören dürfen.

Wenn ihre Eltern ihnen nichts davon erzählen können, weil sie von Gottes Liebe selber nichts wissen, ist es der Auftrag von Christen aus ihrer Umgebung, das Wort Gottes weiterzutragen. Die frohe Botschaft darf niemals in Vergessenheit geraten, von Generation zu Generation soll sie weitergetragen werden. Das Lob Gottes darf nicht abreißen, und wo eine Lücke entstanden ist, dürfen wir helfen, sie zu füllen! Welch ehrenvoller Auftrag!

Asaf war ein Nachkomme Levis und von David als Chorleiter eingesetzt. Mit seinen Leuten war er für den Lobpreis Gottes zuständig. Die Leviten hatten – im Gegensatz zu den anderen Stämmen Israels – kein Land als Erbteil, ihr Anteil war Gott. Asaf hörte Gottes Wort von seinem Vater, und dieser wiederum von seinen Vorfahren. So wird der Lobpreis Gottes von Generation zu Generation weitergegeben. Die entscheidende Frage lautet: Was möchte ich meinen Kindern am liebsten hinterlassen; was ist mein Erbteil für sie?

Von Paul Gerhardt, der durch seine Lieder noch heute vielen bekannt ist, weiß man, dass er seinem einzigen überlebenden Sohn nichts hinterlassen konnte, was irdischen Wert hatte. Aber er lebte ihm ein festes Gegründetsein in Gott vor, das mit allem Gold der Erde nicht aufzuwiegen ist. So dichtete Paul Gerhardt, der sein Erbteil in Gott sah: «Solange dieses Leben währt, sei er stets unser Heil, und wann wir scheiden von der Erd, verbleib er unser Teil!»

Gott ist da – auch wenn wir ihn nicht sehen und viele unserer Mitmenschen nicht an ihn glauben. Diese Tatsache dürfen wir der jungen Generation nicht vorenthalten.

Nächstenliebe

Sophie Englmann

Die Liebe aber ist das Größte (1. Korinther 13,13b).

Ich habe eine ganz besondere Vorliebe für Vögel. Es macht mir Freude, sie in meinem Garten zu beobachten und hier und da unter den vielen vertrauten Arten auch ein paar ganz seltene Gäste zu sehen.

Eines Tages rief mich mein Sohn an das Fenster seines Zimmers, um mich auf einen besonders schönen Vogel aufmerksam zu machen, der in der Buche saß. «Ein großer Buntspecht!», rief ich begeistert. Fasziniert betrachtete ich die prächtige Zeichnung seines Federkleides, und in meinem Entzücken darüber rief ich unwillkürlich aus: «Wie wunderbar, dass es dich gibt!»

«Das hast du zu mir aber noch nie gesagt», stellte mein Sohn, der neben mir stand, trocken fest. Ich war von seinen Worten betroffen. Hatte ich ihm wirklich nie gesagt, was er – mein schwieriger Achtzehnjähriger – mir bedeutet? Aber musste er das nicht spüren, brauchte es da noch Worte? Muss man das aussprechen, was man durch tausend tägliche Handreichungen beweist? Auch wenn ich viel Grund hatte, mit ihm zu streiten, auch wenn es nötig war, dass ich ihm immer wieder «den Kopf wusch», auch wenn er mir hundert Sorgen auf eine Freude bereitete: Wusste er denn nicht, wie viel er mir wert war? Waren nicht auch mein Zorn und mein Kampf gegen seine Faulheit und Schlamperei schließlich ein Ausdruck meiner Liebe zu ihm?

Aber vielleicht wartete er gerade deshalb auf das Wort der bedingungslosen Annahme und Liebe. Einer Liebe, die man nicht verdienen muss durch Leistung. Was hatte der Buntspecht denn geleistet, dass ich mich so über ihn freute? Er war einfach nur da, das war genug. Er war wunderbar um seiner selbst willen.

Ob es da wohl noch irgendjemanden in meiner Umgebung gab, dem ich ein Wort der Liebe schuldig geblieben war? Der es nötig hatte, gerade weil er «schwierig» war, dass man ihm sagte: «Wie schön, dass es dich gibt! Die Welt ist reicher, weil es dich gibt, gerade *dich*!»

Der verbrannte Weinstock

80 Ein Lied Asafs, nach der Melodie «Lilien», ein Bekenntnislied.

2 Höre uns, Gott, du Hirte Israels,
der du dein Volk wie eine Herde hütest!
Der du über den Cherub-Engeln thronst –
erscheine in deinem strahlenden Glanz!
3 Zeige deine Macht den Stämmen Ephraim, Benjamin und Manasse!
Komm und hilf uns!

4 O Gott, richte uns, dein Volk, wieder auf!
Wende dich uns in Liebe zu, dann sind wir gerettet!

5 Herr, du Gott über Himmel und Erde,
wie lange willst du noch zornig auf uns sein,
obwohl wir zu dir beten?
6 Tränen sind unsere einzige Speise –
ganze Krüge könnten wir mit ihnen füllen!
7 Unsere Feinde spotten über unsere Ohnmacht,
sie streiten sich schon über unser Land.[a]

8 Herr, du Gott über Himmel und Erde – richte uns, dein Volk, wieder auf!
Wende dich uns in Liebe zu, dann sind wir gerettet!

9 In Ägypten grubst du den Weinstock Israel aus;
du pflanztest ihn ein in einem Land,
aus dem du fremde Völker verjagtest.
10 Für ihn hast du den Boden gerodet,
so daß er Wurzeln schlagen
und sich im ganzen Land ausbreiten konnte.
11 Mit seinem Schatten bedeckte er das Gebirge,
bis zu den gewaltigen Zedern im Norden[b] wuchsen seine Reben.
12 Seine Ranken erstreckten sich bis zum Mittelmeer,
und bis an den Euphrat gelangten seine Zweige.
13 Warum hast du nur die schützende Mauer niedergerissen?
Jetzt kann jeder, der vorüberkommt, ihn plündern!
14 Die Wildschweine aus dem Wald verwüsten ihn,
die wilden Tiere fressen ihn kahl.

15 Herr, du Gott über Himmel und Erde –
wende dich uns wieder zu!
Schau vom Himmel herab und rette dein Volk[c]!

a) Wörtlich: Du hast uns zum Zankapfel für unsere Nachbarn gemacht.
b) «im Norden» ist sinngemäß eingefügt.
c) Wörtlich: diesen Weinstock.

Wenn alles verloren scheint …

Renate Eschner

Psalm 80,4

Eine Frau steht am Fenster und schaut hinunter in den Hof. Erinnerungen steigen in ihr auf: Schon bald nach Kriegsende war ihr Vater nach Hause gekommen. Er war einem Minenräumkommando zugeteilt gewesen, und die wenigen, die den Einsatz überlebt hatten, wurden aus der Gefangenschaft entlassen. Als er heimkam, herrschte große Freude bei ihrer Mutter. Auch sie realisierte, dass ihr Vater wieder da war, doch er war ihr fremd geworden. Als sie geboren wurde, war er an irgendeiner Kriegsfront stationiert gewesen. Und inzwischen war sie sechs Jahre alt. Sie litten beide unter der Entfremdung.

Eines Abends stand er vor ihr – sie weiß heute nicht mehr, wie es dazu kam – und sagte ziemlich unvermittelt: «Du bist doch meine Tochter. Wenn du Vertrauen zu mir hast, dann legst du dich hier auf meine Arme, und ich halte dich zum Fenster raus.» Die Familie wohnte im zweiten Stock. Ihr ging diese Aufforderung des Vaters durch und durch. In ihrer Vorstellung fühlte sie die dunkle Tiefe unter ihr. Erst zögerte sie, dann schüttelte sie den Kopf. «Was, du hast Angst?», kam es zurück. «Ich bin doch dein Vater. Glaubst du, ich würde dich fallen lassen?»

Schon bald lernten sie sich kennen. Durch die enge Lebensgemeinschaft wuchsen gegenseitiges Vertrauen und Liebe. Jahre später wurde ihr Herz sehr berührt, als ihr Vater aus Mitgefühl und Sorge um sie sogar weinte. Heute weiß sie, dass er sie lieb hat und es gut mit ihr meint.

Gott, unser himmlischer Vater, ist die Liebe selbst. Er gestaltet unseren Lebensraum und weiß, was wir brauchen. Er lässt uns Zeiten erleben, in denen wir spüren, dass er uns versorgt und uns erfreuen will. Das gefällt uns. Solche Zeiten möchten wir am liebsten festhalten. Doch dann werden wir plötzlich durchgeschüttelt. Nichts ist mehr so wie es gestern war – das kann durch eigene Schuld oder äußere Einflüsse verursacht sein. Fühlen wir uns dann «zum Fenster rausgehalten»?

Die Liebe kennt keine Selbstsucht (1. Korinther 13,4). Gott ist treu und absolut vertrauenswürdig. Er liebt uns unverändert und ist uns nahe, auch wenn wir das Gefühl einer Entfremdung haben. Wenn wir völlig am Ende sind, weinend zu ihm laufen und unser Herz bei ihm ausschütten, weint er mit uns. Die Antwort auf unseren Hilferuf kann sehr unterschiedlich aussehen. Doch sie schließt auf jeden Fall die Wohltaten, die Jesus durch seinen Tod am Kreuz für uns erworben hat, mit ein. Gott gibt uns Hoffnung und tiefen Frieden – auch wenn alles verloren scheint.

16 Kümmere dich um den Weinstock,
den du selbst gepflanzt hast;
sorge für den jungen Sproß, der durch dich erst stark wurde!
17 Unsere Feinde haben ihn abgehauen und ins Feuer geworfen;
doch wenn du ihnen entgegentrittst, kommen sie um.
18 Beschütze dein Volk, das du erwählt hast
und das durch dich erst stark wurde![a]
19 Dann wollen wir nie mehr von dir weichen.
Erhalte uns am Leben, dann wollen wir dich loben.

20 Herr, du Gott über Himmel und Erde –
richte uns, dein Volk, wieder auf!
Wende dich uns in Liebe zu, dann sind wir gerettet!

Heilige Feste – nur noch Theater!

81 Von Asaf.
2 Jubelt unserem Gott zu, stark und mächtig ist er!
Jubelt laut über Gott, den Gott Jakobs!
3 Stimmt Lieder an und schlagt die Pauken!
Laßt die Saiten von Zither und Harfe erklingen!
4 Stoßt in die Trompete zum jährlichen Fest;
blast zu Beginn und zum Abschluß des Festes –
bei Neumond und bei Vollmond!
5 Dies ist für Israel eine bindende Ordnung,
ein Gesetz des Gottes Jakobs.
6 Er gab es dem Volk Gottes, als er gegen die Ägypter kämpfte.

Da! Ich höre eine Stimme, die mir bisher unbekannt war:
7 «Ich habe deine Schultern von der Last befreit,
den schweren Tragekorb habe ich dir abgenommen.
8 Als du in der Not zu mir schriest, rettete ich dich.
Ich antwortete dir aus der Gewitterwolke,
in der ich mich verborgen hielt.
In Meriba prüfte ich dein Vertrauen zu mir,
als es dort in der Wüste kein Wasser mehr gab.
9 Höre, mein Volk; laß dich warnen, Israel!
Wenn du doch auf mich hören würdest!
10 Du sollst keine anderen Götter neben mir haben,
wie sie bei fremden Völkern verehrt werden – bete sie nicht an!
11 Denn ich allein bin der Herr, dein Gott,

a) Wörtlich: Deine Hand sei über dem Mann deiner Rechten, über dem Menschensohn, den du dir hast stark werden lassen. – Der Vers könnte sich auch auf den König des Volkes beziehen.

Wer kann die Sehnsucht stillen?

Hertha-Maria Haselmann

Psalm 81, 11

Sehnsucht ohne Erfüllung, ohne ein Gegenüber und Ziel, kann zur entscheidenden Zerreißprobe des Lebens werden. Wir alle kommen mit der Sehnsucht nach Erfüllung auf die Welt. Mediziner sagen, dass ein Ungeborenes im Mutterleib schon im frühen Stadium die Stimmen der Eltern wahrnimmt und sie von allen anderen Stimmen unterscheiden kann. Ob es auch Sehnsucht kennt nach den Menschen, die es – hoffentlich aus Liebe – gezeugt haben? Welch eine Freude, wenn das Neugeborene und die erschöpfte Mutter sich zum ersten Mal im Leben sehen: die Sehnsucht auf beiden Seiten hat sich erfüllt. Faszination Liebe! Die oftmals schwere Geburtszeit für die Mutter und die Belastung für das Kind, den geschützten Raum im Mutterleib für immer verlassen zu müssen – das alles ist dann vergessen. Die Sehnsucht hat einen Namen bekommen.

Gott ist der Schöpfer des ungeborenen Lebens, er ist Ihr und mein Schöpfer. Auch Gott kennt Sehnsucht. Können Sie sie vernehmen? Es ist die Stimme aus dem Paradies. Gott sehnt sich nach der Gemeinschaft mit uns verlorenen Menschen. Darum hat er seinen Sohn Jesus Christus ans Kreuz nageln lassen. Aus Liebe. Liebe und Kreuz – eine merkwürdige Kombination. Und doch war es der einzige Weg. Johannes der Täufer ist dafür ein authentischer Zeuge (Johannes 19,35). Auch beim Hauptmann, der neben dem Kreuz wachte, wurde die Sehnsucht nach dem unbekannten Gott im großen Römischen Reich von dieser Stunde an gestillt. «Dieser Mann ist wirklich Gottes Sohn gewesen!», bekannte er (Matthäus 27,54).

Wenn die Sehnsucht im Leben nicht grundlegend gestillt wird, kann es zu bitteren Zeiten, manchmal auch zu einem bitteren Leben kommen. Davor will uns Gott bewahren. Wenn wir die Bibel lesen, können wir erfahren, wie Gott wirklich ist. Er bietet uns ewiges Leben an, denn letztlich wird darin unsere ganze Sehnsucht gestillt, das Ziel erreicht. Wir haben Antwort auf das Leben und auf das, was nach dem Tod kommt. Welch ein Segen: Unsere tiefsten Lebensfragen bekommen grundlegende Antworten, Gestalt und ein Gegenüber. Das ist Gott, der Allmächtige.

Und im Alltag, wo sich noch manche Sehnsucht meldet? Auch da ist Gott. Bei ihm kommt keine Sehnsucht zu kurz. Allerdings weiß Gott besser, was für unser Leben das Richtige ist. Wir können dem Gott der Bibel wirklich trauen. Er hat ein in der Sklaverei verlorenes, scheinbar vergessenes und sich nach seinem Erlöser sehnendes Volk aus der Gefangenschaft herausgeführt. Möge sich Israel immer daran erinnern – und auch wir selbst mit unserer eigenen Biografie: Es gibt keinen anderen Gott außer ihm!

ich habe dich aus Ägypten herausgebracht.
Nach mir sollst du verlangen, und ich werde dich sättigen,
ja, ich schenke dir Segen im Überfluß!»[a]

12 Aber mein Volk hat nicht auf mich gehört,
sie haben nicht mit sich reden lassen.
13 Da überließ ich sie ihrer Starrköpfigkeit,
und sie machten, was sie wollten.
14 Wenn doch mein Volk auf mich hören wollte!
Wenn doch Israel nach meinen Geboten lebte!
15 Dann würde ich seine Feinde sofort in die Knie zwingen
und denen, die Israel unterdrücken,
eine vernichtende Niederlage zufügen.
16 Ja, alle, die den Herrn hassen, müßten sich ihm ergeben,
und ihre Strafe hätte kein Ende.
17 Israel aber würde ich mit dem besten Weizen versorgen
und mit Honig aus den Bergen sättigen.

Gott rechnet mit den Göttern ab

82 Ein Psalm Asafs.
Gott steht auf inmitten der Götter,
in ihrer Versammlung erhebt er seine Anklage:
2 «Wie lange noch wollt ihr das Recht verdrehen,
wenn ihr eure Urteile sprecht?
Wie lange noch wollt ihr Partei ergreifen für Menschen,
die sich mir widersetzen?
3 Verhelft den Wehrlosen und Waisen zu ihrem Recht!
Behandelt die Armen und Bedürftigen, wie es ihnen zusteht!
4 Reißt sie aus den Klauen ihrer Unterdrücker!»

5 Aber sie handeln ohne Sinn und Verstand;
sie irren im Dunkeln umher und sehen nicht,
daß durch ihre Bosheit die Welt ins Wanken gerät.
6 Zwar hatte ich ihnen gesagt:
«Ihr seid Götter! Ihr alle seid Söhne des Höchsten!
7 Aber wie gewöhnliche Menschen müßt auch ihr sterben;
euer Leben wird genauso enden wie das eines jeden Herrschers!»

8 Erhebe dich, Gott, und richte die Welt,
denn dir gehören alle Völker!

a) Wörtlich: Mache deinen Mund weit auf, und ich will ihn füllen.

Wahre Persönlichkeiten

Monika Deitenbeck-Goseberg

Psalm 82, 3

Wahrscheinlich haben wir alle in unserem Leben Menschen kennen gelernt, die wir als Persönlichkeit bezeichnen würden – und solche, die wir als das genaue Gegenteil betrachten. Der Satz: «Der oder die hat's nötig» sagt bereits alles. Eine echte Persönlichkeit «hat es nicht nötig» – nicht, sich aufzublasen und Machtgebahren zu zeigen; nicht, sich mit Hilfe von Statussymbolen zu präsentieren; nicht, Chefallüren an den Tag zu legen, um mal zu zeigen, wo's lang geht; nicht, arrogant aufzutreten.

Eine echte Persönlichkeit kann Schwächen zeigen und darf Schwachheiten zulassen. Eine echte Persönlichkeit kann sich deshalb Barmherzigkeit mit den Schwächen anderer erlauben.

Wir leben in einer Welt, in der man mit dem Preisgeben von Schwächen sehr vorsichtig sein muss, in der das Recht des Stärkeren vielfach gnadenlos gelebt wird.

Doch dieser Psalm macht deutlich, dass die Welt genau daran kaputtgeht. Gott hat sie von Anfang an ganz anders geplant. Und Jesus, die starke Persönlichkeit, hat es uns vor Augen gemalt und vorgelebt, wie Gott ist und wie er den Menschen gemeint hat. Jemand hat Jesus einmal als die «integrierte Persönlichkeit» bezeichnet und damit zum Ausdruck gebracht, wie Jesus die verschiedenen Anteile, die zu unserer Persönlichkeit gehören, in sich versöhnt gelebt hat: Weinen und Lachen, Zärtlichkeit und Zorn, Herzlichkeit und Klarheit, Scharfsinn und Auseinandersetzung, Feiern und Leiden.

So ist Jesus. An ihm, unserem Erlöser, dürfen wir Maß nehmen. Weil er uns in die Arme schließt, dürfen wir anderen den Druck nehmen. Weil er uns im Blick hat und wir bei ihm nicht zu kurz kommen, dürfen wir anderen ganz viel Aufmerksamkeit schenken. Weil er sich an uns freut, dürfen wir von Herzen großzügige und barmherzige Menschen werden.

Mehr noch: Jesus formt Persönlichkeiten, die das Salz der Erde sind. Aus dem Wissen des eigenen Aufgehobenseins darf nun ein engagierter Umgang mit jeder Form von Schwachheit werden und ein Einsatz dafür. Wer mir über den Weg läuft und mich in seiner Schwachheit braucht, soll erfahren, dass bei mir Raum für die Belange der anderen ist – tagtäglich. Und dann kann sich für mich auch auf Grund besonderer Lebensführungen und Weichenstellungen die Möglichkeit ergeben, mich weltweit oder vor Ort für die Schwachen und Elenden in dieser Welt zu engagieren.

Aufstand der Völker

83 Ein Lied Asafs.
2 Gott, schweige nicht! Sieh nicht untätig zu!
3 Höre doch, wie deine Feinde rebellieren;
alle, die dich hassen, sind stolz und siegessicher.
4 Sie planen einen heimtückischen Anschlag auf dein Volk;
sie halten Kriegsrat gegen jene,
die du bisher beschützt hast.
5 «Kommt!» sagen sie, «wir wollen dieses Volk ausrotten!
Den Namen Israel soll niemand mehr kennen!»
6 Darin sind sie sich völlig einig,
alle haben sich gegen dich verschworen:
7 die Beduinen von Edom und die Ismaeliter,
die Moabiter und die Hagariter,
8 die von Byblos, Ammon und Amalek,
die Philister und die Bewohner von Tyrus;
9 sogar die Assyrer haben sich ihnen angeschlossen –
sie verbünden sich mit den Moabitern und den Ammonitern[a].

10 Herr, schlage sie in die Flucht wie damals die Midianiter!
Besiege sie wie den Kanaaniterkönig Jabin
mit seinem Heerführer Sisera am Flusse Kischon!
11 Bei En-Dor wurden sie vernichtet,
und ihre Leichen verrotteten auf dem Acker.
12 Töte ihre Fürsten wie Oreb und Seeb,
bestrafe ihre Machthaber wie Sebach und Zalmuna!
13 Sie alle hatten einst gesagt:
«Wir erobern das Land, das Gott gehört!»
14 Mein Gott! Wirble sie davon wie ausgedörrte Disteln,
wie dürres Laub[b], das der Wind verweht!
15 Wie ein Flächenbrand,
dessen Flammen Berge und Wälder fressen,
16 so verfolge sie durch ein Unwetter,
erschrecke sie mit einem Sturm!
17 Laß sie vor Scham erröten,
damit sie endlich nach dir, Herr, fragen!
18 Sie sollen scheitern und für immer verstummen,
ja, laß sie in ihrer Schande umkommen!
19 Denn sie müssen erkennen, daß du allein der Herr bist,
der Herrscher über die ganze Welt!

a) Wörtlich: mit den Söhnen Lots. – Vgl. 1. Mose 19,30–38
b) Wörtlich: wie Spreu.

Wer hält die Fäden in der Hand?

Hildegard Horie

Psalm 83, 19

Gewalt hielt das Land in den Klauen, Angst lauerte auf allen Straßen. Es herrschte Krieg. Keiner konnte dem anderen vertrauen. Gerechtigkeit gab es nicht mehr. All das, was früher einmal Sicherheit bedeutet hatte, war zerbrochen. Das musste auch Saba erleben. Das einzige «Verbrechen», das sie begangen hatte, bestand darin, zu einem anderen Volk zu gehören – einem Volk, das plötzlich zum Feind erklärt worden war.

Eines Tages wurde sie auf offener Straße ergriffen und in einen wartenden Lastwagen verfrachtet. Warum, das wusste sie nicht. Ihrer Familie entrissen saß sie in einer engen Zelle mit winzigen, vergitterten Fenstern. Von dort gab es kein Entrinnen. Angst würgte sie. Was sollte nun werden? Würde man sie foltern und töten wie so viele vor ihr? Eine Welle des Zorns und der blinden Wut lähmte sie. Was half es, wenn sie versuchte, gegen das Unrecht anzukämpfen? Ihre Peiniger waren stärker. Ohnmächtig war sie ihrer Brutalität ausgeliefert. Schließlich war sie nicht die Einzige. Vielen erging es wie ihr: Sie waren Menschen ohne Zukunft. Doch das tröstete sie nicht.

Plötzlich hörte sie eine leise, gebrochene Stimme, die einen Psalm vor sich hinsummte. Saba erkannte die Worte: «Wenn der Herr die Gefangenen Zions erlösen wird, so werden wir sein wie die Träumenden» (Psalm 16,1 – Luther). Ihr Großvater hatte ihr diesen Psalm als Vermächtnis mitgegeben, bevor er selbst von fremden Händen ergriffen und weggezerrt worden war. Jetzt drangen diese Worte erneut zu ihr durch. Wollte Gott ihr damit vielleicht sagen, dass letztlich er es war, der alle Fäden in seiner Hand hielt? Was konnten die Menschen schon tun? Sie hatten nicht das letzte Wort. Denn da war Einer, der stärker ist; Einer, der um alles weiß; Einer, der das innerste Schreien seiner Kinder hört.

Auch wenn Menschen sich wie wild benehmen, anderen den Leib verstümmeln und all das wegnehmen, was Sicherheit bedeutet – Familie, Haus, Heimat: Dieses innere Heiligtum können sie nicht antasten. Diesen Raum, in dem Gott wohnt.

Dann erinnerte sich Saba an Josef. Hatte nicht auch er Unrecht erdulden müssen? Und Gott hat es zugelassen. Erst als seine Zeit gekommen war, hatte er ihn aus dem Kerker geführt und ihm mehr gegeben, als ihm Menschen je rauben konnten (1. Mose 37.39–50). «Oh Gott, ich bin in deiner Hand», betete sie. «Du bist da!»

Gottes Kraft offenbart sich in der Ohnmacht des Menschen – dort, wo ein Mensch keine andere Hoffnung mehr hat. In der äußersten Hoffnungslosigkeit wird das Leiden zum Triumph. Und aus dem Tod wird Leben geboren. Das ist das Geheimnis.

Herr, ich liebe deinen Tempel!

84 Ein Lied der Korachiter.
2 Herr, du Gott über Himmel und Erde!
Wie sehr liebe ich deinen Tempel – den Ort, an dem du wohnst!
3 Ich kann es kaum noch erwarten, ja, ich sehne mich danach,
in die Vorhöfe deines Heiligtums zu kommen!
Mit Leib und Seele juble ich dir zu, du lebendiger Gott!
Herr, du Gott über Himmel und Erde,
du bist mein König und mein Gott!
4 Sogar die Vögel haben hier ein Nest gebaut,
die Schwalben sind hier zu Hause –
in der Nähe deiner Altäre ziehen sie ihre Jungen groß.

5 Glücklich sind alle, die in deinem Tempel wohnen dürfen!
Jederzeit können sie dich loben!
6 Glücklich sind alle, die ihre Stärke in dir suchen,
die gerne und voll Freude zu deinem Tempel ziehen[a].
7 Wenn sie durch ein dürres Tal gehen[b],
brechen dort Quellen hervor,
und ein erfrischender Regen bewässert das Land.
8 So wandern sie mit stets neuer Kraft,
bis sie vor Gott auf dem Berg Zion stehen.
9 Herr, du Gott über Himmel und Erde – höre mein Gebet!
Verachte es nicht, du Gott Jakobs!
10 Herr, hilf dem König, der uns beschützt![c]
Steh ihm bei, denn du hast ihn erwählt![d]

11 Herr, ein Tag in deinem Tempel
ist mehr wert als tausend andere!
Ich möchte lieber ein einfacher Türhüter sein
an der Schwelle deines Hauses,
als bei den Menschen zu wohnen, die dich mißachten!
12 Denn Gott, der Herr, ist die Sonne,
die uns Licht und Leben gibt, schützend steht er vor uns.
Niemand ist so gut zu uns wie er,
durch ihn gelangen wir zu hohem Ansehen.
Wer ihm rückhaltlos ergeben ist,
den läßt er nie zu kurz kommen.
13 Herr, du Gott über Himmel und Erde!
Glücklich ist jeder, der sich auf dich verläßt!

a) Wörtlich: in deren Herzen gebahnte Wege sind.
b) Wörtlich: durch das Bakatal.
c) Wörtlich: Sieh her, o Gott, auf unseren Schild. – Vgl. Psalm 47,10; 89,19
d) Wörtlich: Blicke auf das Antlitz deines Gesalbten!

Wie wird eine Wüste zum Garten?

Rosemarie Bräumer

Psalm 84, 7

Beim Lesen dieses Psalms fällt mir spontan der Refrain eines Liedes ein: «Herr, ich habe lieb die Stätte deines Hauses, ich liebe, Herr, den Ort, da deine Ehre wohnt!»

Oft singe ich diese Worte – zwar nur in Gedanken –, wenn ich an die Orgel in unserer Kirche «Zum Guten Hirten» gehe. Diese Kirche ist der geistliche Mittelpunkt der Arbeit und des Lebens in «Lobetal». In dieser diakonischen Einrichtung, die mein Mann seit mehr als 23 Jahren leitet, finden 890 geistig und mehrfach behinderte Menschen eine Heimat.

Besucher, die zum ersten Mal nach «Lobetal» kommen, haben oft die Vorstellung, eine Wüste tiefer Traurigkeit und Hoffnungslosigkeit zu betreten. Umso mehr sind sie überrascht und beeindruckt von dem fröhlichen Leben und Treiben in den Häusern. Hier wird eine Wüste des Leides und der Resignation umgewandelt in einen Garten der Hoffnung.

Das Geheimnis liegt in der Ausrichtung der Arbeit. «Lobetal» ist – so steht es in der Satzung – eine Einrichtung, in der der Glaube im Alltag gelebt wird. In der Kirche finden nicht nur am Sonntag Gottesdienste und Andachten statt, sondern die ganze Woche hindurch. Daneben gibt es jeden Freitagmorgen einen Beicht- und Abendmahlsgottesdienst und ein tägliches Mittags- und Nachtgebet. Hier hat jeder der fast 1200 Mitarbeiter die Möglichkeit, für seine schwere Aufgabe im Alltag neue Kraft zu schöpfen. Er kann sich stets aufs Neue senden lassen, um die Wüste der körperlichen und seelischen Behinderungen in einen bunten Garten zu verwandeln.

Was für «Lobetal» gilt, gilt für alle Menschen. Jeder ist eingeladen, im Hause Gottes wie aus einem Brunnen frisches Wasser – neue Kraft – zu schöpfen. So kann er auf ganz andere Weise seine Aufgaben in der Familie und im Beruf erfüllen. Er erlebt, wie aus einem Jammertal ein Lobetal, aus einer Wüste ein Garten wird.

Zum Wochenende

Gottes Liebe

Vera Lebert-Hinze

**Wir wollen lieben,
weil Gott uns zuerst geliebt hat (1. Johannes 4,19).**

Ein fast in Vergessenheit geratenes Kirchenlied von Gerhard Tersteegen lautet: «Ich bete an die Macht der Liebe, die sich in Jesus offenbart; ich geb mich hin dem heilgen Triebe, mit dem ich selbst geliebet ward; ich will, anstatt an mich zu denken, ins Meer der Liebe mich versenken.»

Heute kommt uns dieser Text vielleicht süßlich, ja sentimental vor. Ich möchte ihn deshalb mit anderen Worten wiedergeben: «Durch-Lieben» als Problembewältigung. Was macht Gott anderes mit uns? Er liebt uns *durch* all die Probleme hindurch, die wir ihm machen, und ist offen für unsere Nöte und Ängste. Er lässt die Tür zu sich unverschlossen.

Verschlossene Türen – verschlossene Herzen. Wer kennt sie nicht? Vor verschlossenen Türen zu stehen ist schlimm, vor verschlossenen Herzen zu stehen noch schlimmer. Am schlimmsten ist beides zusammen. Türen können aus Angst, aus falschem Ehrgefühl, aus beleidigtem Stolz, aus Enttäuschung verschlossen sein, und doch kann hinter diesen Türen ein Mensch mit einem noch offenen Herzen stehen. Es können aber auch die Türen offen bleiben, doch der Eintretende steht vor einem Menschen mit verschlossenem Herzen. In einem solchen Fall sind die Innenräume ebenso kalt wie draußen eine Winternacht. Man ist drinnen und doch nicht daheim. Man ist nicht allein und doch einsam. In beiden Fällen ist aber noch die Möglichkeit zur Änderung gegeben. Sind jedoch Türen und Herzen verschlossen, bedeutet das die totale Isolation für alle Beteiligten. Wir finden solche Fälle im Verhältnis Eltern-Kinder und umgekehrt, in partnerschaftlichen und ehelichen Beziehungen wie im Verhältnis zur älteren Generation. Überall fallen Türen ins Schloss, verhärten sich die Herzen, sind Rückwege blockiert. Muss das so sein? Warum ist die Harmonie so sehr gestört?

Die Lösung deutet das Kirchenlied an: denken – nämlich an den anderen. «Aus-mir-heraus und baden gehen» im Meer der Liebe – ohne zu warten, bis die anderen meine Liebe *wollen*. Sehr wahrscheinlich wollen sie sie nicht. Aber damit sind wir in guter Gesellschaft. Wollen wir Gottes Liebe, wenn wir sündigen? Wir wollen sie erst wieder, wenn wir bereuen. Sie ist aber dennoch da, immer und zu allen Zeiten. Wir sind hindurchgeliebt durch unsere Abwendung, durch unsere Verfehlungen, durch unsere Ablehnung, ja durch unseren Hass. Die Liebe, die sich in Jesus offenbart, ist stark genug, hindurchzulieben durch die Widrigkeiten der Zeit.

Wenn Gott neues Leben schenkt

85 Ein Lied der Korachiter.
2 Herr, du bist deinem Land gnädig gewesen
und hast sein Geschick wieder zum Guten gewendet.
3 Die Schuld deines Volkes hast du vergeben
und alle seine Sünden zugedeckt.
4 Dein Zorn fand ein Ende, seine Glut ist verloschen.

5 So hilf uns auch jetzt, damit wir wieder stark werden.
Gib deinen Unwillen gegen uns auf!
6 Willst du für immer zornig auf uns sein –
ohne Ende, von einer Generation zur anderen?
7 Willst du uns nicht wieder neues Leben schenken,
damit wir uns über dich freuen können?
8 Herr, zeige doch, wie sehr du uns liebst!
Komm uns zu Hilfe!

9 Ich will hören, was Gott, der Herr, zu sagen hat:
Er verkündet Frieden seinem Volk – denen, die ihn lieben;
doch sollen sie nicht in ihre alten Fehler zurückfallen.
10 Eins ist sicher:
Er wird allen helfen, die ihm mit Ehrfurcht begegnen,
seine Macht und Hoheit wird wieder in unserem Lande wohnen.
11 Dann verbünden sich Güte und Treue,
dann küssen einander Gerechtigkeit und Frieden.
12 Treue wird aus der Erde sprießen
und Gerechtigkeit vom Himmel herabblicken.
13 Der Herr selbst wird uns mit vielen Gütern beschenken,
und unsere Felder werden reiche Ernte einbringen.
14 Ja, Gerechtigkeit wird dem Herrn vorausgehen
und ihm den Weg bahnen.

Gib mir ein Zeichen deiner Güte!

86 Ein Gebet Davids.
Höre mich, o Herr, und antworte mir,
denn ich bin niedergeschlagen und hilflos!
2 Rette mein Leben – ich gehöre doch zu dir!
Hilf mir, denn ich vertraue dir!
Du bist mein Gott, und ich diene dir.
3 Sei mir gnädig, Herr,
zu dir rufe ich den ganzen Tag.
4 Schenke mir wieder neue Freude,
nach dir sehne ich mich!

Neu anfangen

Sabine Schmidt

Psalm 85, 3

Sie waren die besten Freunde. Doch in einem hässlichen Streit ging alles zu Bruch. Worte wie Messer zerschnitten fest geknüpfte Bande. Durchbohrte Herzen, gebrochenes Vertrauen, vergossene Tränen. Aus und vorbei. Eiszeit.

Monate vergehen. Dann ein Anruf. Beim ersten Treffen können sie sich kaum in die Augen sehen. Doch irgendwann spricht einer die erlösenden Worte: «Bitte, vergib mir!» Die Last fällt ab. Aufatmen. Ein Lächeln im Gesicht. Ein Arm um eine Schulter.

Schuld macht uns das Leben zur Hölle – buchstäblich. Das Atmen wird schwer, die Last drückt uns nieder, tötet Lachen und Leben. Wie befreiend, wenn dann jemand kommt und den bösen Bann mit heilbringenden Worten zerbricht. Wie schön, wenn man die Worte hört (oder selber sagen kann): «Es tut mir Leid. Bitte, verzeih mir. Es soll wieder gut sein zwischen uns!» Da atmen wir auf und werden wieder stark. Vergebung ist wunderbar!

Sie waren die besten Freunde, Gott und Mensch. Doch dann kam es zum Bruch. Ihm, der heilig ist und heil, haben wir mit unserer Sünde Unheil gebracht. Wir zerstörten seine vollkommene Welt. Wir traten seine Liebe mit Füßen. Wir verließen ihn, nur um am Ende zu sehen, dass wir die wahrhaft Verlassenen sind. Wir schlossen ihn aus unserem Leben aus und merkten zu spät, dass wir mit ihm das Leben selbst hinter Schloss und Riegel gebracht hatten. Wir erklärten ihm den Krieg und liegen seitdem in ständigem Kampf mit uns selbst. Wir wollten unabhängig sein und taumeln seitdem haltlos durch Raum und Zeit. Aus und vorbei? Wie sollten wir je wieder einen Schritt auf ihn zugehen?

Es gibt eine gute Nachricht: Gott selbst hat sich auf den Weg gemacht. In seinem Sohn Jesus Christus ist er uns entgegengekommen – viel weiter als nur bis zur Mitte! Er ist nur einen Schritt hinter uns. Hören Sie seine Worte: «Ich verzeihe dir! Es soll wieder gut sein zwischen dir und mir»? Gott ist bereit, unsere Schuld zuzudecken, wenn wir nur wollen. Er fängt neu mit uns an. Will uns wieder in die Augen sehen und seinen Arm um unsere Schulter legen. Es liegt an uns, ob wir die ausgestreckte Hand ergreifen oder sie ausschlagen. Wir müssen uns nur umdrehen.

5 Du, Herr, bist gut und zum Vergeben bereit,
unermeßlich ist deine Gnade für alle, die zu dir beten.
6 Höre, Herr, mein Gebet, ich flehe zu dir!
7 Ich weiß weder aus noch ein.
Darum schreie ich zu dir, und du wirst mich erhören.

8 Kein anderer Gott ist wie du, Herr;
niemand kann tun, was du tust!
9 Du hast alle Völker geschaffen.
Sie werden zu dir kommen,
sich vor dir niederwerfen und dich verehren.
10 Denn du bist groß und mächtig, ein Gott, der Wunder tut;
nur du bist Gott, du allein!

11 Herr, zeige mir deinen Weg,
ich will dir treu sein und tun, was du sagst.
Gib mir nur dies eine Verlangen:
dich zu ehren und dir zu gehorchen!
12 Von ganzem Herzen will ich dir danken, Herr, mein Gott;
dich will ich preisen.
13 Denn deine Liebe zu mir ist grenzenlos!
Du hast mich dem sicheren Tod entrissen.

14 Hochmütige Menschen lehnen sich gegen mich auf!
Sie tun sich zusammen und schrecken vor keiner Gewalttat zurück.
Sie wollen mich umbringen!
Von dir, Herr, wollen sie überhaupt nichts wissen.
15 Aber du bist ein gnädiger und barmherziger Gott.
Deine Geduld ist groß,
deine Liebe und Treue kennen kein Ende.
16 Darum wende dich mir zu und hab Erbarmen! Hilf mir!
Gib mir deine Kraft! Dir bin ich treu ergeben.
17 Herr, gib mir ein sichtbares Zeichen deiner Güte!
Dann werden alle, die mich hassen, sich schämen,
weil du, Herr, mir geholfen und mich getröstet hast!

Zion, Gottes geliebte Stadt

87 Ein Lied der Korachiter.

Hoch auf dem heiligen Berg
hat Gott die Stadt Zion errichtet.
2 Er liebt Jerusalem mit seinen herrlichen Toren
mehr als alle anderen Orte in Israel.

Loslassen

Hanne Baar

Psalm 86, 13

In Lebenskrisen liegt die Chance, dass unsere charakterlichen Grenzen gesprengt werden und wir zu einer unendlichen Freiheit in Gott gelangen. Und das deshalb, weil wir in der Krise bereit werden, unseren Selbstschutz und alles, was wir durch ihn bewahren wollen, loszulassen. Manchmal, besonders angesichts des Todes, geschieht das in einem einzigen Augenblick.

Die russische Autorin Tatjana Goritschewa berichtet von einer sehr kurzen, dafür besonders intensiven und das ganze Leben verändernden Krise. Bevor in der UdSSR die ideologische Wende stattfand, war sie dem KGB ein Dorn im Auge, denn als Christin wirkte sie im Untergrund und brachte dort eine Zeitschrift heraus. Eines Tages standen die Schergen des KGB in ihrer Wohnung. Durch eine Einweisung in die Psychiatrie wollte man sie unschädlich machen. Sie erzählt:

«Als man mir sagte, wir werden Sie in eine psychiatrische Klinik schicken, und als ich hörte, wie man anrief, um das Auto anzufordern, da habe ich mir vorgestellt, dass mein Leben – nicht nur mein physisches, sondern auch mein psychisches und geistiges Leben – wirklich an der Grenze zum Tode angelangt war. Nun war das Leid da. Ich befand mich in einer Sackgasse. Das war unbeschreiblich schwer zu ertragen. Und dann habe ich gesagt: Gott, wenn du willst, dann nimm sogar diese letzte Möglichkeit zu leben von mir. Und ich kann sagen, dass mich augenblicklich eine ganz andere, eine neue Energie erfüllte, eine solche Ausstrahlung wirklichen Glückes, dass ich mich zu nichts mehr durchringen musste. Ich habe mich einfach geändert. Ich war ein anderer Mensch dort in jenem Zimmer, ein ganz anderer Mensch. Das war eine solche Gnade, wie ich sie niemals vorher erlebt hatte. Man kann nur wünschen, dass alle Menschen das erleben. Ich glaube, es ist nicht das Leid. Man könnte so viel, so unendlich viel leiden. Es ist die Bereitschaft, das Leid auf sich zu nehmen.»

Wie Abraham seinen Sohn Isaak nicht zu opfern brauchte, als er Gott dazu sein Ja gab (1. Mose 22), so wurde auch Tatjana Goritschewa nicht in die Psychiatrie eingeliefert, als sie dazu bereit war, sondern des Landes verwiesen. In Europa, besonders in Frankreich und Deutschland, nahm sie dann die von Gott offensichtlich längst vorbereitete Aufgabe wahr, eine Reihe von Büchern herauszubringen und zu sehr vielen Menschen über den Glauben zu sprechen.

[3]Du bist weltberühmt, du Stadt Gottes!
Denn der Herr sagt:[a]
[4]«In Ägypten und Babylon gibt es Menschen,
die mich kennen,
und auch bei den Philistern,
in Tyrus und Äthiopien werde ich angebetet.»[b]

[5]Aber von Jerusalem sagt man:
«Alle seine Einwohner kennen Gott!»[c]
Ja, er, der Höchste, hat Zion errichtet!

[6]Der Herr wird eine Liste aller Völker aufstellen
und bei jedem einen Vermerk machen,
der zu Jerusalem gehört.[d]
[7]Sie alle werden tanzen und fröhlich singen:
«Was wir haben, verdanken wir dieser Stadt!»

Am Rande des Todes – völlig allein!

88 Ein Lied der Korachiter. Der Esrachiter Heman verfaßte es zum Nachdenken.

[2]Herr, mein Gott, du allein kannst mir noch helfen!
Tag und Nacht schreie ich zu dir!
[3]Höre mein Gebet, vernimm mein Flehen!
[4]Schweres Leid drückt mich nieder,
ich bin dem Tod schon näher als dem Leben.
[5]Jeder rechnet damit, daß ich bald sterbe,
so schwach bin ich.
[6]Es geht mir wie den Toten,
wie den Erschlagenen in ihrem Grab,
die du vergessen hast, die von dir verlassen sind.
[7]Du hast mich in den tiefsten Abgrund gestoßen,
in unergründliche Finsternis.
[8]Dein schwerer Zorn lastet auf mir,
er wirft mich um wie hohe Brandungswellen.
[9]Meine Freunde haben sich von mir abgewandt.
Du hast erreicht, daß sie mich
voller Abscheu verlassen haben.

a) Sinngemäß eingefügt.
b) Wörtlich: Ich will Rahab und Babel zählen zu denen, die mich kennen; siehe, Philistäa und Tyrus samt Kusch. Dieser ist dort geboren. – Zu Rahab vgl. Jesaja 30,7
c) Wörtlich: Mann für Mann ist dort geboren.
d) Wörtlich: Der Herr wird schreiben beim Verzeichnen der Völker: Dieser ist dort geboren. – Vgl. Jesaja 56,5; Hesekiel 13,9

Zu Hause ankommen

Daniela Kurz

Psalm 87, 5

Die Sissy-Trilogie erzählt von einer Prinzessin aus Bayern, die Kaiserin von Österreich wird. Jeder denkt, dass einem jungen Mädchen nichts Schöneres passieren kann! Doch Sissy ist bedrückt, sie wird von Heimweh geplagt. Sie sehnt sich nach ihrem Zuhause – nach den Tieren, den Bergen und der Familie. Immer wieder spricht Sissy von Possenhofen, den Menschen dort und ihren Erinnerungen daran. – Mit Begeisterung habe ich diese Filme ein ums andere Mal gesehen und zugeschaut, wie ihr Mann Franz immer wieder versucht, Sissy ein gutes Zuhause zu geben. Dann habe ich mein Leben betrachtet. Dabei ist mir aufgefallen, dass es auch für mich schwer ist, ein beständiges Zuhause zu finden. Viele Umzüge und ein Beruf, der mich sehr oft reisen lässt, machen es nicht leicht.

Zu Hause sein – wir wünschen uns oft nichts sehnlicher als das! Doch Streit, Neid, Eifersucht und viele andere Umstände zerstören nicht selten diese Hoffnung. Gott verspricht denen, die Jesus treu nachfolgen, ein Zuhause in der Ewigkeit. Im Neuen Testament wird berichtet, dass Jesus schon eine Wohnung für uns bereithält (Johannes 14,2). Wir dürfen uns auf ein Zuhause freuen, in dem Liebe und Frieden herrscht; ein Zuhause, in dem alle, die dort wohnen, Gott kennen; ein Zuhause, das sich niemals mehr verändert; ein Zuhause für die Ewigkeit – von Gott selbst vorbereitet.

Dieses neue Jerusalem (Offenbarung 21) kann für jeden von uns zum Zuhause werden. Eine Hoffnung, die uns schon heute begleitet und Mut zuspricht. Einen Abglanz dieses Zuhauses können wir bereits hier auf der Erde sehen: die Gemeinde Jesu. Doch gerade dort gibt es viele Probleme, Streit, Neid und Eifersucht. Verzagen müssen wir deswegen allerdings nicht – wir können uns auf das endgültige Zuhause freuen.

Aber möchten wir dieses Zuhause überhaupt? Gottes Zuhause erleben nur die, die Jesus im Glauben treu nachfolgen. Wie sieht es mit meiner Hingabe an Jesus in den vergangenen Wochen und Monaten aus? Sind mir die Kosten, ihm nachzufolgen, zu hoch? Habe ich die Hoffnung auf ein Zuhause schon aufgegeben? Habe ich zu viele Enttäuschungen erlebt, und macht sich Bitterkeit breit?

Ich kann die Erde nicht mit dem himmlischen Jerusalem vergleichen. Doch in jedem Moment kann ich mich neu auf Gott und die Zukunft, die er schenkt, ausrichten. Das soll mich auch daran erinnern, dass mein irdisches Zuhause nicht von Dauer ist. Gott fordert mich heute auf, ihm zu folgen. Er öffnet mir die Augen für mein ewiges Zuhause. Das macht mir immer wieder Freude und Mut, Jesus treu nachzufolgen.

Ich bin gefangen und weiß keinen Ausweg mehr.
10 Meine Augen sind vom Weinen ganz verquollen.
Jeden Tag rufe ich zu dir, Herr,
im Gebet strecke ich die Hände nach dir aus.

11 Wirst du an den Toten noch ein Wunder tun?
Kommen sie etwa aus ihren Gräbern, um dich zu loben?
12 Erzählt man im Totenreich von deiner Gnade,
in der Gruft von deiner Treue?
13 Sind deine Wunder am Ort der Finsternis noch bekannt?
Denken die Toten, die man vergessen hat, noch daran,
daß du deine Versprechen hältst?

14 Herr, ich schreie zu dir um Hilfe.
Schon früh am Morgen klage ich dir mein Leid.
15 Warum hast du mich aufgegeben, Herr?
Warum verbirgst du dich vor mir?
16 Schon seit meiner Jugend bin ich schwerkrank
und dem Tode nah,
du hast mir diese schreckliche Last auferlegt –
und jetzt bin ich am Ende!
17 Dein strafender Zorn hat mich zu Boden geschmettert,
ich bin vernichtet!
18 Die Angst bedrängt mich von allen Seiten
wie todbringende Wasserwogen,
denen ich nicht mehr entrinnen kann.
19 Du hast erreicht, daß meine Freunde und Nachbarn
nichts mehr mit mir zu tun haben wollen!
Alle, die mich gekannt haben, kennen mich jetzt nicht mehr.

Hat Gott sein Wort gebrochen?

89 Von Etan, dem Esrachiter. Zum Nachdenken.
2 Herr, von deiner Gnade will ich singen ohne Ende;
allen kommenden Generationen will ich erzählen,
wie treu du bist.
3 Ich weiß: Deine Gnade gilt für alle Zeiten
und deine Treue, solange der Himmel besteht.
4 Du hast gesagt:[a] «Ich habe einen Bund geschlossen
mit dem Mann, den ich erwählte.
Ich schwor David, der mir von ganzem Herzen diente:
5 Für alle Zeiten sollen deine Nachkommen herrschen,
für immer wird dein Königshaus bestehen!»

a) Sinngemäß eingefügt.

Donnerstag

An der Schwelle des Todes

Helen Lescheid

Psalm 88, 4

Als Krankenschwester auf der Intensivstation hatte ich einen todkranken Patienten und seine Familie zu betreuen. An diesem speziellen Morgen ging es dem Kranken – einem großen, starken Mann, der an Leukämie litt – erheblich schlechter als am Abend zuvor. Totenblass lag er in den Kissen. Seine Frau Susanne beugte sich über ihn und redete ihm gut zu, den Mund zu öffnen und etwas Wasser zu trinken. Aber er war in die Bewusstlosigkeit gesunken.

«Paul!», rief sie, «Liebling, hörst du mich?» Sie stellte das Glas ab und nahm sein Gesicht zärtlich in beide Hände. Als ich Susanne so verzweifelt am Bett stehen sah, betete ich im Stillen: «Herr Jesus, tröste sie bitte und zeige mir, was ich tun kann, um ihr zu helfen.»

Plötzlich fiel mir das Liederbuch ein, das in meiner Handtasche steckte. Susanne hatte mir erzählt, wie sehr ihr Mann Musik liebte und wie er stundenlang am Klavier oder an der Orgel christliche Lieder gespielt hatte. Daraufhin hatte ich das Liederbuch eingesteckt – für alle Fälle. Ich griff nach meiner Handtasche und nahm das Buch heraus. Dann reichte ich es Susanne mit der Frage: «Meinst du, wir könnten eines von Pauls Lieblingsliedern singen?»

Sie schlug das Liederbuch auf. «O, da ist ja ‹Amazing Grace›», stieß sie erfreut hervor, «Pauls Lieblingslied!» Dann wandte sie sich dem teilnahmslos in den Kissen Liegenden zu und sagte: «Liebling, die Schwester und ich singen dir jetzt etwas vor.»

«Amazing Grace ...», begann sie. Ihre Stimme zitterte, und sie konnte vor Schluchzen nicht weitersingen. Sie holte tief Luft und fuhr tapfer fort: «... how sweet the sound ...» Wieder wurde sie von starkem Schluchzen geschüttelt. Sie betrachtete das Gesicht ihres geliebten Mannes und schaffte es schließlich irgendwie, das Lied zu Ende zu singen.

Dann suchte sie das nächste Lied aus. Diesmal wurde es nicht mehr so oft von Schluchzen unterbrochen. Beim dritten Lied bemerkte ich, dass ihre Stimme fester wurde.

Mit neuem Mut sangen wir weiter. Geschlagene zwei Stunden lang stimmten wir ein Lied nach dem anderen an. Die Dienst habenden Schwestern kamen auf Zehenspitzen ins Zimmer geschlichen, um die Infusionen und das Sauerstoffgerät zu überprüfen oder Medikamente zu verabreichen. Wir bemerkten es kaum.

Während die Minuten verstrichen, geschah etwas Wunderbares: die Gegenwart Gottes erfüllte das Zimmer. Susannes gequältes Gesicht hatte sich entspannt, ja, es strahlte förmlich. Dann hörte ich sie mit einer Stimme, aus der tiefe Zuversicht klang, sagen: «Paul, dies ist keine Niederlage. Dies ist Sieg!» – An der Schwelle des Todes war Jesus selbst zu ihr gekommen und hatte ihr den Sieg geschenkt.

6 Herr, der Himmel lobt dich, denn du tust Wunder;
die Schar deiner heiligen Engel[a] preist deine Treue.
7 Denn wer im Himmel ist dir gleich?
Kein himmlisches Wesen[b] ist so mächtig wie du!
8 In der himmlischen Ratsversammlung fürchten sie Gott
mit heiliger Scheu;
ja, Ehrfurcht ergreift alle, die um ihn sind.
9 Herr, du Gott über Himmel und Erde!
Niemand ist so mächtig wie du!
Was du auch tust: auf dich ist Verlaß!
10 Du hast Gewalt über die Meere,
und wenn sich die Wellen auftürmen wie gewaltige Mauern,
bändigst du sie!
11 Du hast das Meerungeheuer[c] besiegt und zermalmt;
machtvoll hast du deine Feinde in alle Winde zerstreut.
12 Dir gehört der Himmel und dir gehört die Erde,
das weite Land und was darauf lebt:
du hast alles geschaffen.
13 Norden und Süden legtest du fest;
der Berg Tabor und das Hermongebirge jubeln dir zu.
14 Wie stark ist dein Arm, wie gewaltig deine Hand!
Du erhebst sie zum Zeichen deines Sieges!
15 Gerechtigkeit und Recht sind die Säulen deiner Herrschaft;
alles, was du tust, zeigt deine Liebe und Treue.

16 Herr, glücklich ist das Volk,
das dich jubelnd als König feiert!
Du selbst bist unter ihnen und bringst Licht in ihr Leben.
17 Sie freuen sich jeden Tag über dich und sind fröhlich,
weil du deine Versprechen hältst.
18 Du allein machst sie stark,
durch deine Liebe gelangen sie zu Ansehen und Macht.
19 Herr, du Heiliger Israels,
dir gehört unser König, der uns beschützt.[d]

20 Gott, vor langer Zeit hast du in einer Vision
zu denen geredet, die dir vertrauten.
Du sprachst: «Ich habe mir einen jungen Mann aus dem Volk ausgewählt,
den ich zu einem starken Helden machen will.
21 David ist sein Name, ihn habe ich gefunden
und mit heiligem Öl zum König gesalbt.
22 Ich werde ihn mit meiner Kraft begleiten,

a) Wörtlich: die Schar deiner Heiligen.
b) Wörtlich: Keiner von den Göttersöhnen.
c) Wörtlich: Rahab. – Vgl. Hiob 9,13; 26,12; Jesaja 51,9
d) Wörtlich: Dem Herrn gehört unser Schild, und dem Heiligen Israels unser König.

Auf Gott ist Verlass

Lilo Kramer

Psalm 89, 9

Auf Gott kann ich mich verlassen. Und weil das so ist, will der hebräische Autor dieses Psalms allen kommenden Generationen (und dazu gehören auch wir heute) die Treue und Liebe dieses einzigartigen, zuverlässigen Gottes bezeugen.

Mit solch ansteckender Begeisterung und festen Gewissheit kann nur jemand berichten, der das buchstäblich und persönlich erfahren hat. Der Sänger will uns zeigen, dass

- Gott größer ist als alles auf der Welt,
- Gott alles unter Kontrolle hat und ihn nichts überraschen kann,
- wir uns voll und ganz auf Gott verlassen können,
- Gott niemals sein Wort gebrochen hat.

Wäre der Autor noch am Leben, würde ich ihm gerne folgenden Brief schreiben: «Lieber Etan, ich muss dir Recht geben zu deinen überzeugenden Ausführungen über die Tugenden Gottes! Danke, dass du mich heute neu daran erinnert hast, wie groß und einmalig Gott ist. Leider muss ich bekennen, dass ich in der Hektik unserer Zeit das so leicht vergesse. Aber beim Lesen deines Berichts wurde ich wieder daran erinnert, Gott zu loben und zu danken.

Gott hat auch mein Leben reich gemacht, indem er mir ganz persönlich begegnet ist. Das war im Juni 1977, als ich am Nullpunkt meines Lebens angekommen war. Bis dahin war ich fast zehn Jahre von Alkohol, Tabletten und Nikotin abhängig gewesen. Menschlich und medizinisch gesehen galt ich als «hoffnungsloser Fall»! – Aber weil es bei Gott keine hoffnungslosen Fälle gibt, gab es Hoffnung für mich. Ich durfte – so wie ich war – mit all dem Schutt meines Lebens zu ihm kommen und meine Schuld bekennen. Dadurch erfuhr ich völlige Vergebung und auch Befreiung von der Sucht.»

Rückblickend möchte ich zur Ehre Gottes mit dem Psalmdichter bekennen – und mit vielen anderen Menschen, die Jesus Christus als ihren Herrn und Heiland angenommen und kennen gelernt haben: «Alles was du tust, Vater, zeigt deine Liebe und Treue» (Vers 15 b). Ich wünsche jedem, der diesen Psalm liest, die Erfahrung – ganz neu oder zum ersten Mal –, dass

- auf Gott Verlass ist,
- Gott größer ist als alles auf dieser Welt,
- Gott alles unter Kontrolle hat,
- ich mich fest auf Gott verlassen kann.

Kann es etwas Größeres geben?

stark soll er werden, weil ich ihn stütze.
23 Kein Feind wird ihn jemals überwältigen,
und kein Aufstand kann ihn stürzen.
24 Vor seinen Augen werde ich seine Feinde niedermachen;
alle, die ihn hassen, will ich vernichtend schlagen.
25 Immer will ich treu zu ihm stehen;
und durch mich wird er mächtig werden[a].
26 Ich werde seine Herrschaft bis zum Meer ausdehnen –
ja, über die großen Ströme wird er gebieten.
27 Wenn er betet, wird er mir sagen:
‹Du bist mein Vater, mein Gott,
mein Fels, der mich schützt, mein starker Helfer!›
28 Und ich statte ihn mit allen Rechten
eines erstgeborenen Sohnes aus;
ich mache ihn zum größten aller Könige der Welt!
29 Für alle Zeiten darf er wissen: ich bin ihm gnädig,
mein Bund mit ihm wird für immer bestehen.
30 Nie wird sein Königsgeschlecht aussterben,
sein Thron wird bleiben, solange der Himmel besteht.
31 Wenn aber seine Nachkommen meinem Gesetz nicht gehorchen
und meine Weisungen in den Wind schlagen,
32 wenn sie meine Ordnungen mißachten
und meine Gebote nicht halten,
33 dann werde ich sie für ihre Treulosigkeit bestrafen
und ihnen ihre Schuld mit Schlägen heimzahlen.
34 Aber meine Gnade will ich David nie entziehen,
meine Zusagen werde ich halten.
35 Meinen Bund mit ihm werde ich niemals brechen,
versprochen ist versprochen!
36 Ein für allemal habe ich einen Eid geschworen,
ich, der Heilige: Nie werde ich David täuschen!
37/38 Seine Nachkommen werden für alle Zeiten
den Thron besitzen.
Ihre Herrschaft soll so beständig sein wie Sonne und Mond –
die treuen Zeugen in den Wolken!»

39 Nun aber hast du deinen König doch aufgegeben
und verstoßen,
dein Auserwählter bekommt deinen großen Zorn zu spüren.
40 Du hast deinem Diener den Bund aufgekündigt,
seine Krone in den Schmutz getreten und entweiht.
41 Die schützenden Mauern seiner Stadt hast du niedergerissen
und alle seine Festungen in Trümmer gelegt.
42 Jeder, der vorüberzog, hat ihn ausgeplündert,
und bei den Nachbarvölkern erntet er nur Hohn und Spott.

a) Wörtlich: und durch meinen Namen wird sein Horn erhöht werden.

Loslassen

Vera Lebert-Hinze

Jesus sagt: «Jeder, der bereit ist, sein Haus, seine Frau, seine Geschwister, seine Eltern oder Kinder dem Reich Gottes unterzuordnen, der wird dafür reich belohnt werden: hier schon, in dieser Welt, und erst recht in der zukünftigen Welt mit dem ewigen Leben» (Lukas 18,29–30).

Sie hatte ein selten gutes Verhältnis zu ihrer erwachsenen Tochter, um das sie oft beneidet wurde. Fragte man sie, wie sie die Abnabelung so gut bewältigt habe, so lächelte sie etwas verlegen und versuchte, das Thema zu wechseln – wissend, die Wahrheit würde ihr doch niemand glauben. Erst nach ihrem Tod fand man eine kleine versiegelte Schachtel mit der Aufschrift: «Das Geheimnis». Nach langem Zögern brach die Tochter schließlich das Siegel auf. Die Schachtel enthielt nur eine Fadenrolle und dieses Schreiben:

«Geliebte A., wenn du einmal selbst Kinder haben wirst und es dir schwer wird, sie ihren eigenen Weg gehen zu lassen, dann möchte ich dir zu dem Fadenspiel raten, das ich an dir und mir erprobt habe. Als du die ersten unsicheren Gehversuche ins Land des Erwachsenseins machtest, band ich dir den Anfang jenes Fadens ums Handgelenk, der auf dieser Rolle aufgespult war. Die Rolle behielt ich in den Händen. Ich sagte zu dir: ‹Gehe nun hinaus, so wie du es willst und wie du musst, weil es das Leben so fordert. Falls du mich brauchst oder dir etwas zustößt, so ziehe an dem Faden. Ich rolle ihn dann auf, und du wirst wieder bei mir sein.› So saß ich nun, Tag für Tag, Woche für Woche, Monat für Monat, Jahr für Jahr. Heute erst verrate ich dir: Die Fadenrolle war mein Halt in dieser Zeit. Ich wusste, wenn ich zurückspule, dann wirst du kommen, wenn es auch lange dauern sollte.

Eines Tages war ich voller Verzweiflung und Sehnsucht nach dir. Ich wollte nicht mehr länger warten und begann, die Spule zu drehen. Doch fühlte ich keine Spannung mehr an dem Faden. Was ich ängstlich befürchtete, war Wahrheit geworden: Der Faden war schon lange gerissen!

Ich legte die Rolle aus den Händen. Nun waren sie leer. Aber auch frei. Jetzt begriff ich, es galt anderes in meine Hände zu nehmen, was mir wieder Inhalt gab. Nach einiger Zeit kam eine junge Frau zu mir, die ich sehr gut verstand und zu der ich ein ungetrübtes Verhältnis hatte, um das mich manche beneideten. An ihrem Handgelenk sah ich oft das Ende des feinen abgerissenen Fadens; ich hütete mich aber davor, diesen jemals zu erwähnen.»

Die Tochter nahm einen Stift und schrieb mit sicherer Hand hinter das Wort «Geheimnis»: «Loslassen – um wieder zu finden».

43 Seinen Feinden hast du den Sieg ermöglicht,
ihre Schadenfreude ist groß.
44 Die starken Streitkräfte des Königs hast du zerschlagen,
im Kampf hast du ihn im Stich gelassen.
45 Seinen Glanz und sein Ansehen hast du zerstört
und seinen Thron zu Boden gestoßen.
46 Du hast ihn vorzeitig alt werden lassen;
ja, mit Schimpf und Schande hast du ihn bedeckt.

47 Herr, willst du dich für immer verbergen?
Wie lange soll dein Zorn noch brennen?
48 Bedenke doch, wie kurz mein Leben ist!
Nur für einen flüchtigen Augenblick
hast du uns Menschen geschaffen.
49 Welcher Mensch ist unsterblich?
Wer kann dem Tod entrinnen?
50 Herr, wo sind die Beweise deiner Liebe geblieben?
Du hast doch David deine Treue zugesichert
und einen Eid darauf geschworen!
51 Höre doch, wie deine Diener beschimpft werden!
Ich leide darunter, daß die Völker uns verachten!
52 Deine Feinde verspotten den König, den du erwählt hast;
sie verhöhnen ihn auf Schritt und Tritt.

53 Lobt den Herrn allezeit!
Amen, so soll es sein!

Ist denn alles vergeblich?

90 Ein Gebet von Mose, dem Mann Gottes.

Herr, solange es Menschen gibt, bist du unsere Zuflucht!
2 Ja, bevor die Berge geboren wurden,
noch bevor Erde und Weltall unter Wehen entstanden,
warst du, o Gott.
Du bist ohne Anfang und Ende.
3 Du läßt den Menschen wieder zu Staub werden,
«Kehr zurück!» sprichst du zu ihm.
4 Tausend Jahre sind für dich wie ein einziger Tag,
wie ein Tag, der im Flug vergangen ist,
wie eine Stunde Schlaf.
5 Du reißt die Menschen hinweg,
sie verschwinden so schnell wie ein Traum nach dem Erwachen.
Sie vergehen wie das Gras:
6 Morgens sprießt es und blüht auf,
doch schon am Abend welkt und verdorrt es
im heißen Wüstenwind.

Dem Tod ins Auge gesehen

Gerlinde Scheunemann

Psalm 90, 12

Zweimal hat Gott mich in besonderer Weise daran erinnert, dass mein Leben ganz plötzlich zu Ende sein kann.

Nach einer Fehlgeburt bekam ich eine Thrombose und musste in einem indonesischen Krankenhaus versorgt werden. Auf meine Frage, warum denn alle Ärzte, Hebammen und Krankenschwestern so sehr an meinem kranken Bein interessiert seien, antwortete mir eine junge Hilfsschwester: «Weil Indonesier wegen ihrer andersartigen Blutbeschaffenheit keine Thrombose bekommen, nur Ausländer. Sie sind erst der dritte Fall in diesem Krankenhaus. Die anderen beiden sind gestorben!»

Mein Mann war zu dieser Zeit dienstlich in Deutschland, unsere drei kleinen Kinder hatte ich notfallmäßig bei liebevollen indonesischen Mitarbeitern untergebracht. Dann stellte sich heraus, dass die nötige Medizin nicht vorhanden war. Doch ich empfand tiefen Frieden. Gott hatte mich durch einen kostbaren Zuspruch auf diese Situation vorbereitet: «Ich werde nicht sterben, sondern am Leben bleiben und erzählen, was der Herr getan hat!» (Psalm 118,17)

Jahre später erlitt ich, ebenfalls in Indonesien, einen Herzinfarkt. Ich war auf der Intensivstation eines Missionskrankenhauses zwar in guten Händen, doch in akuter Lebensgefahr. Aber nicht der Tod schreckte mich, sondern der Gedanke, mit unvergebener Schuld vor Gott treten zu müssen. Ich war der Bitte um einen Krankenbesuch nicht nachgekommen, und der Kranke war gestorben – ohne Jesus Christus in sein Leben aufgenommen zu haben. Verantwortung tragen für die ewige Trennung einer Menschenseele von Gott – gibt es eine größere Schuld? Ich kann gar nicht beschreiben, in welcher Seelenqual ich mich befand. Doch in seiner großen Barmherzigkeit ließ Gott einen Liedvers in meinem Herzen erklingen:

«Jesu Blut und Gerechtigkeit, das ist mein Schmuck und Ehrenkleid.
Damit kann ich vor Gott bestehen, wenn ich zum Himmel werd eingehn.»

Es kam mir vor, als ginge die Sonne in meiner tiefen Dunkelheit auf. Und ein sehnliches Verlangen erfüllte mein Herz, durch den dünnen Vorhang zu schreiten, hinein in diese ewige Liebe. Ich hatte Gnade erfahren. Wunderbare Gnade! Unverdient!

Gott hat mir noch einmal das Leben geschenkt, zusammen mit dem tiefen Wunsch, an keiner Menschenseele mehr schuldig zu werden. Gibt es auch in Ihrem Leben einen Menschen, dem Sie die gute Nachricht von Gottes großem Liebesangebot in Jesus Christus weitersagen sollten? Ich bitte Sie: Versäumen Sie nicht die Zeit!

7 Ja, durch deinen Zorn vergehen wir,
schnell geht es mit uns zu Ende!
8 Unsere Schuld liegt offen vor dir,
auch unsere geheimsten Verfehlungen bringst du ans Licht.
9 Dein Zorn läßt unser Leben verrinnen –
schnell wie ein kurzer Seufzer ist es vorbei!
10 Unser Leben dauert siebzig,
vielleicht sogar achtzig Jahre.
Doch worauf wir stolz sind, ist nur Mühe,
viel Lärm um nichts!
Wie schnell eilen die Jahre vorüber!
Wie rasch fliegen sie davon!

11 Doch wer kann begreifen, wie gewaltig dein Zorn ist?
Wer fürchtet sich schon davor?
12 Mach uns bewußt, wie kurz unser Leben ist,
damit wir endlich zur Besinnung kommen!

13 Herr, wende dich uns wieder zu!
Wie lange soll dein Zorn noch dauern?
Hab Erbarmen mit uns, wir gehören doch zu dir!
14 Herr, schenke uns deine Liebe jeden Morgen neu!
Dann können wir singen und uns freuen, solange wir leben!
15 So viele Jahre litten wir unter Not und Bedrückung;
laß uns nun ebenso viele Jahre Freude erleben!
16 Zeige uns, wie machtvoll du eingreifst;
auch unsere Kinder sollen deine mächtigen Taten sehen!
17 Herr, unser Gott! Zeige uns deine Güte!
Laß unsere Mühe nicht vergeblich sein!
Ja, laß unsere Arbeit Früchte tragen!

Unter Gottes Schutz

91 Wer unter dem Schutz des Höchsten wohnt,
der kann bei ihm, dem Allmächtigen, Ruhe finden.
2 Auch ich sage zu Gott, dem Herrn:
«Bei dir finde ich Zuflucht, du schützt mich wie eine Burg!
Mein Gott, dir vertraue ich!»

3 Er bewahrt dich vor versteckten Gefahren
und vor tödlicher Krankheit.
4 Er wird dich behüten wie eine Henne,
die ihre Küken unter die Flügel nimmt.
Seine Treue schützt dich wie ein starker Schild.
5 Du brauchst keine Angst zu haben vor den Gefahren der Nacht
oder den heimtückischen Angriffen bei Tag.
6 Selbst vor der Pest, die im Dunkeln zuschlägt, oder dem tödlichen

Meine «Engelshose»

Saskia Barthelmeß

Psalm 91, 12

Da lag ich nun – am Ende einer sehr langen Treppe – und sah verwundert auf die vielen Menschen, die mir zu Hilfe geeilt waren. «Haben Sie sich wehgetan?», fragte eine freundliche Dame. «Soll ich einen Arzt rufen?», eine andere.

Langsam rieb ich mein Handgelenk und schob mein Hosenbein nach oben, das ein aufgeschürftes Knie und ein paar rote Flecken offenbarte. «Nein, alles in Ordnung», sagte ich stockend. Noch während ich auf einem schnell bereitgestellten Stuhl zur Besinnung kam, ging mir auf, dass es keine Selbstverständlichkeit war, diesen Sturz so gut überstanden zu haben. Ich war mit meinem Schuhabsatz an einer der obersten Stufen hängen geblieben und kopfüber die sechs Meter lange und steile Steintreppe hinuntergestürzt. Hatten mich da wohl Gottes tüchtige Helfer, seine Engel, beschützt?

Noch heute erinnern mich zwei kleine abgewetzte Stellen auf meiner Hose an die Bewahrung Gottes. Im Stillen nenne ich sie meine «Engelshose» und muss jedes Mal dankbar lächeln, wenn sie mich an meinen glimpflich verlaufenen Sturz erinnert.

Wie oft ist mir die Gegenwart Gottes in den alltäglichen Dingen meines Lebens nicht bewusst! Doch ich habe schon häufig erkannt, dass er uns gerade auch beim Treppensteigen (!), Wäsche bügeln und Auto fahren sieht. Während eines Aufenthaltes in Ghana/Westafrika hat es mich sehr beeindruckt, dass viele Menschen erst ein kurzes Gebet zum Himmel schicken, bevor sie losfahren – und das nicht nur, weil die Verkehrssituation in diesem Land lebensgefährlich ist. Ich wünsche mir, noch viel mehr zu begreifen, wie groß mein himmlischer Vater ist, wenn er all seine Kinder jede Sekunde ihres Lebens im Blickfeld behält!

Gott hat uns fest versprochen, seine Engel zu schicken, damit wir uns nicht einmal an einem kleinen Stein den Fuß anstoßen. So sorgsam und behutsam wacht er über unser Leben. Wir dürfen gewiss sein, dass seine Engel uns nicht aus den Augen lassen – auch wenn das manchmal ganz schön viel Stress für sie bedeuten muss.

Wir sind geborgen in Gottes Gegenwart, die uns umgibt wie eine «unkaputtbare» Schutzhülle. In diesem Vertrauen kann ich gehen – egal ob die Stufen des Lebens mich momentan nach oben oder nach unten führen.

Fieber, das am hellen Tag die Menschen befällt, fürchtest du dich nicht.
7 Wenn tausend neben dir tot umfallen,
ja, wenn zehntausend in deiner Nähe sterben –
dich selbst trifft es nicht!
8 Mit eigenen Augen wirst du sehen,
wie Gott es denen heimzahlt, die ihn mißachten.
9 Du aber darfst sagen: «Beim Herrn bin ich geborgen!»
Ja, bei Gott, dem Höchsten, hast du Heimat gefunden.
10 Darum wird dir nichts Böses zustoßen,
kein Unglück wird dein Haus erreichen.

11 Denn Gott hat seine Engel ausgesandt,
damit sie dich schützen, wohin du auch gehst.
12 Sie werden dich auf Händen tragen,
und du wirst dich nicht einmal an einem Stein verletzen!
13 Löwen werden dir nichts anhaben,
auf Schlangen kannst du treten.
14 Gott sagt:[a] «Er liebt mich von ganzem Herzen,
darum will ich ihn retten.
Ich werde ihn schützen, weil er mich kennt und ehrt.
15 Wenn er zu mir ruft, antworte ich ihm.
Wenn er keinen Ausweg mehr weiß, bin ich bei ihm.
Ich will ihn befreien und zu Ehren bringen.
16 Bei mir findet er die Hilfe, die er braucht;
ich gebe ihm ein erfülltes und langes Leben!»

Wie gut ist es, dir, Herr, zu danken!

92 Ein Lied zum Sabbat.
2 Wie gut ist es, dir, Herr, zu danken
und dich, du höchster Gott, zu besingen,
3 schon früh am Morgen deine Gnade zu loben
und noch in der Nacht deine Treue zu preisen,
4 zum Klang der Laute,
zur Musik der Harfe und Leier!

5 Herr, was du tust, macht mich froh,
und ich juble über deine großen Taten.
6 Wie machtvoll sind deine Werke,
und wie tief deine Gedanken!
7 Nur ein unvernünftiger Mensch sieht das nicht ein,
nur ein Narr kann nichts damit anfangen.
8 Mag auch ein Gottloser Erfolg haben,
mag er emporwachsen und blühen –

a) Sinngemäß eingefügt.

Wer Gott liebt

Herti Dixon

Psalm 92, 15

Wer hätte gedacht, dass der «verkalkte» alte Ingemar noch innerlich wachsen könnte, dass dieser kraftlose Mann noch etwas beizutragen hatte? In seinen Erinnerungen flossen die politischen Ereignisse der letzten dreißig Jahre bunt durcheinander. Auch in der Gegenwart war er nicht mehr wirklich verankert. Immer wieder stellte er dieselben Fragen. Von einer Minute auf die andere vergaß er, was er gerade gesagt hatte. Wenn er von «neuen Aufgaben» und «neuen Herausforderungen» sprach, konnte man nur lächeln und schweigen. Was sollte es denn noch Neues geben für einen Menschen, der seine Gedanken nicht mehr im Griff hatte, dem die Neuzeit keine Anhaltspunkte bieten konnte? Weggeblasen war das verstandesmäßige Denken, abgerissen die Wurzeln seiner Persönlichkeit. Ja, er konnte in mehreren Sprachen sprechen, aber was hatte er noch zu sagen?

Wie sich herausstellte: Viel! In den Jahren, in denen ich das Vorrecht hatte, Ingemar zu kennen, waren seine Beiträge bei Gebetstreffen sehr geschätzt. Oft sprach er über die Einheit unter den Christen, zitierte Johannes 17,21: «Sie alle sollen eins sein, genauso wie du, Vater, mit mir eins bist. So wie du in mir bist und ich in dir bin, sollen auch sie in uns fest miteinander verbunden sein. Dann werden sie die Welt überzeugen, dass du mich gesandt hast.» Er erzählte, dass seine Theologie «immer einfacher» wurde und sich zum Schluss in einem Wort zusammenfassen ließ: «Jesus!» Bei diesen Gebetstreffen sprach er völlig zusammenhängend, klar und mit einer Liebe, die Respekt einflößte. Je mehr sein Verstand an Schärfe zu verlieren schien, umso geschliffener führte er das «Schwert des Geistes» (Epheser 6,17). Denn jetzt, da seine natürlichen Fähigkeiten ihn im Stich ließen, war er gezwungen, aus anderen Wurzeln zu leben! Vor vielen Jahren, als er noch jung gewesen war, war Ingemar in der Liebe «gegründet und verwurzelt» (Kolosser 2,7) worden, wie es in der alten Luther-Bibelübersetzung heißt, die er am liebsten las. Darum konnte er jetzt, als er alt geworden war, in den Vorhöfen seines Gottes «gedeihen» (Vers 14).

Ich sehe Ingemar noch vor mir, wie er am Klavier sein Lieblingslied spielt: «Ich liebe dich, Jesus. Du weißt, dass es wahr ist.» Ingemars tiefe Liebe zu Jesus war die Wurzel, die ihn auch noch im Alter frisch sein ließ, durch die er anderen – bei all seiner Schwäche – vieles geben konnte.

In Vers 13 dieses Psalmtextes lesen wir über das Geheimnis des inneren Wachstums, das auch das Geheimnis unseres Lebens werden kann. Wer Gott liebt, heißt es dort, wird eingepflanzt, wird gedeihen, wird wachsen, wird Frucht bringen. Auch wenn er alt wird.

er wird doch für immer vertilgt werden.
[9]Du aber, Herr,
bist groß und erhaben für immer und ewig!

[10]Eines ist sicher: Deine Feinde werden umkommen;
die, die Unrecht tun, werden in alle Winde zerstreut werden!

[11]Doch mir gibst du Kraft, wie ein wilder Stier sie hat;
du schenkst mir Freude und neuen Mut.[a]
[12]Ich werde noch miterleben, wie meine Feinde stürzen;
ich werde hören, wie sie um Gnade wimmern.

[13]Doch wer Gott liebt, gleicht einer immergrünen Palme,
er wird mächtig wie eine Zeder auf dem Libanongebirge.
[14]Er ist wie ein Baum, der im Vorhof des Tempels gepflanzt wurde
und dort gedeihen kann.
[15]Noch im hohen Alter wird er Frucht tragen,
immer ist er kraftvoll und frisch.
[16]Sein Leben ist ein Beweis dafür,
daß der Herr seine Versprechen hält.
Bei Gott bin ich sicher und geborgen;
was er tut, ist nie verkehrt!

Der ewige Gott

93 Der Herr allein ist König!
Hoheit bekleidet ihn wie ein Festgewand,
mit Macht ist er umgürtet.
Er hat die Fundamente der Erde gelegt,
sie wankt und weicht nicht.

[2]Herr, seit Urzeiten steht dein Thron fest,
vor Beginn aller Zeiten warst du schon da.
[3]Die Fluten der Meere toben und tosen,
sie brüllen ihr mächtiges Lied.
[4]Doch stärker als das Donnern gewaltiger Wasser,
größer als die Wogen des Meeres ist der Herr in der Höhe!

[5]Herr, dein Wort ist wahr und zuverlässig;
der Tempel ist der Ort deiner heiligen Gegenwart
für alle Zeit!

a) Wörtlich: Du erhöhst mein Horn wie das eines Büffels, mit frischem Öl hast du mich überschüttet.

Donnerstag

Frucht bringen im Alter

Rosa Jenni

Psalm 92, 13–16

Durch Gottes Gnade durfte ich in diesem Jahr meine 102ten Geburtstag feiern. Es geht mir gut, und ich lebe allein in meiner schönen 3-Zimmer-Wohnung. Auf meinem Balkon pflanze ich gerne viele Blumen, aber auch kleine Tomaten und Bohnen kann ich ernten. Sie wachsen so reichlich, dass ich auch andere damit beschenken kann.

Vor mehr als 20 Jahren ist mein Mann heimgegangen, und plötzlich war ich nach 55 Jahren gemeinsamen Ehelebens auf mich gestellt. Unser Arzt sagte damals zu mir: «Frau Jenni, wenn ich etwas für Sie tun kann, so kommen Sie in meiner Praxis vorbei.» Damals nahm ich die Bibel, legte meine Hand darauf und sagte: «Herr Doktor, von hier – aus dem Wort Gottes – werde ich die Kraft für mein Leben nehmen. Dies trägt mich alle Tage aufs Neue. Gottes Wort gibt die Zusage: ‹Ich werde dich nie verlassen noch versäumen, ich bin bei dir alle Tage.›»

Erst im Alter habe ich gelernt, Gitarre zu spielen. Jeden Morgen und Abend singe und spiele ich zur Ehre meines Gottes, der mich durch Jesus Christus errettet hat.

Ich bin nicht einsam, obwohl ich keine eigenen Kinder habe. Durch den Dienst meines Mannes als Laienprediger und durch die Straßenmission sind viele Kontakte entstanden, die ich heute noch fleißig durch Briefe und Telefonate pflege. Ich erlebe, wie wahr das Wort Gottes ist: «Die nicht geboren hat, hat viele Kinder.» Ja, ich habe viele Kinder und eine große Familie, deren Vater der himmlische Vater ist.

Seit zwanzig Jahren gehe ich regelmäßig in ein Altenheim. Zurzeit fährt mich eine treue Frau, die auch an Christus glaubt, ein- bis zweimal pro Woche dorthin. Die Angestellten gehen so lieb mit den alten Menschen um, es herrscht ein gute Atmosphäre. Auch erlebe ich, wie Gott durch seinen Heiligen Geist wirkt. Vor kurzem haben zwei Männer durch Jesus Christus den Weg zu Gott gefunden. Welch eine Gnade! Wir singen gemeinsam Loblieder und beten, und ich erzähle ihnen und anderen Menschen biblische Geschichten.

Mir ist sehr wichtig, mit allen Menschen ausgesöhnt zu sein. Wenn mir andere wehgetan haben, habe ich für sie gebetet und ihnen die Hand zur Versöhnung gereicht. In Jesus Christus haben wir die Kraft, einander zu lieben und zu vergeben. So bin ich froh und zuversichtlich, wenn mich Gott eines Tages zu sich ruft. Ich bin bereit, auch heute zu gehen – heim zum Vater und zu meinem Bräutigam Jesus Christus.

Unerschütterlich

Birgit Schilling

Psalm 93, 2

Vor einigen Jahren lebten wir als Missionarsfamilie in einem kleinen Bergdorf in Nepal – 60 Kilometer von der nächsten Straße entfernt. Als mein Mann für mehrere Tage beruflich unterwegs war, blieb ich mit unseren drei Kindern unter vier Jahren im Dorf zurück. In dieser Zeit erkrankten sie an Durchfall und litten drei Tage lang an über 40 Grad Fieber. Außerdem aßen sie so gut wie nichts mehr und waren völlig lethargisch. Besonders um Katharina, unsere zarte zweijährige Tochter, machte ich mir große Sorgen. In manchen Nächten saß ich an ihrem Bett und bangte um ihr Leben. Litt sie vielleicht an Typhus wie viele Einheimische zu dieser Zeit? Was sollte ich tun? Es gab keinen Arzt im Dorf.

In mein Tagebuch schrieb ich: «Nur mit großer Mühe kann ich Katharina das (hoffentlich richtige) Antibiotikum einflößen. Aber das Fieber geht nicht runter! Was soll ich nur tun? Ich habe solche Angst! Herr, bleibe bei uns! Verlass uns nicht! Rühre du die Kinder an und heile sie! Ich bin völlig am Ende. Gib du mir übermenschliche Kraft, die Kinder zu versorgen!»

Gott erhörte mein Gebet. Einen Tag später schrieb ich: «Das Fieber ist nach wie vor hoch. Aber trotz allem habe ich Frieden im Herzen und die Gewissheit, dass wir in Gottes Händen geschützt sind. Ich merke einfach, wie Gott mir hilft, hier durchzuhalten.»

Als mein Mann zehn Tage später zurückkehrte, befanden sich die Kinder auf dem Wege der Besserung.

Wenn wir nur noch Unmöglichkeiten, Bedrängnis und Mauern um uns herum sehen und weder ein noch aus wissen – gerade dann dürfen wir zu Gott schreien. All unsere Angst, unsere Traurigkeit, unsere Enttäuschung, unsere Wut, unsere Verwirrung dürfen wir bei ihm unsortiert abladen! Er ist der Herr über Himmel und Erde! Gott steht fest, auch wenn alles um uns herum wankt. Er verändert sich nicht. Er ist unsere Zuflucht und Stärke. Er kann Wege aus der Ausweglosigkeit aufzeigen. Er kann Wunder tun.

Und das gilt nicht nur ganz allgemein oder für andere. Nein, es gilt heute für mich!

Recht muß doch Recht bleiben!

94 O Gott, räche dich!
Herr, du Gott der Vergeltung,
erscheine in deinem strahlenden Glanz!
2 Erhebe dich, du Richter der ganzen Welt!
Gib den Hochmütigen, was sie verdient haben!
3 Wie lange noch sollen sie hämisch lachen,
wie lange noch schadenfroh spotten?

4 Einer versucht den anderen zu überbieten,
sie schwingen große Reden und prahlen mit ihren Verbrechen.
5 Herr, sie unterdrücken dein Volk!
Alle, die zu dir gehören, leiden unter ihrer Gewalt.
6 Brutal ermorden sie Witwen und Waisen,
Ausländer schlagen sie tot.
7 «Der Herr sieht es ja doch nicht!» höhnen sie,
«der Gott unserer Vorfahren[a] merkt nichts!»

8 Ihr Dummköpfe! Seid ihr wirklich so unverständig?
Wann kommt ihr Narren endlich zur Vernunft?
9 Gott, der den Menschen Ohren gegeben hat –
sollte er selbst nicht hören?
Er gab ihnen Augen – sollte er selbst nicht sehen?
10 Er, der fremde Völker zurechtweist,
sollte er nicht auch euch zur Verantwortung ziehen?
Gott allein kann die Menschen zur Vernunft bringen!
11 Er durchschaut ihre Gedanken und weiß:
sie sind oberflächlich und hohl.

12 Glücklich ist jeder Mensch, den du, Herr, zurechtweist
und in deinem Gesetz unterrichtest!
13 Denn du willst ihn bewahren,
wenn die Bösen ihr Unwesen treiben,
solange bis die Übeltäter endlich begraben sind.
14 Denn der Herr wird sein Volk nicht verstoßen;
er wird niemanden verlassen, der zu ihm gehört.
15 Die Richter werden wieder gerechte Urteile sprechen,
und die Aufrichtigen werden sie dabei unterstützen.

16 Wer steht mir bei gegen diese Verbrecher?
Wer beschützt mich vor diesen bösen Menschen?
17 Herr, wenn du mir nicht geholfen hättest,
dann wäre ich jetzt tot – verstummt für immer!

a) Wörtlich: der Gott Jakobs.

Vertrauen

Maike Münch

Jesus sagt: «Das will ich euch sagen: Wenn ihr euch nicht ändert und so werdet wie die Kinder, kommt ihr nie in das Reich Gottes. Wer aber so klein und demütig sein kann wie ein Kind, der ist der Größte in Gottes Reich» (Matthäus 18,3–4).

Im Spätsommer ist die Zeit der herrlich vielen frischen Früchte. Manchmal erkläre ich den Kindern, dass alle Gott gemacht hat – die Bananen, Nektarinen, Äpfel und Birnen. Heute waren wir wieder im Supermarkt und haben unseren Einkaufswagen mit diesen Köstlichkeiten gefüllt.

Nach dem Mittagessen ist es endlich so weit. «Du hast doch heute Morgen Weintrauben gekauft, gibt's die jetzt?», fragt unser Ältester mit einem hoffnungsvollen Blick in den Augen. Ich nicke, und schon greift die kleine Hand zu, zupft geschickt eine Beere ab und will sich gerade anschicken, sie im ebenso kleinen Mund zu versenken. Da hält er noch einmal inne, und es kommt das, worauf ich schon gewartet habe: «Sind da keine Kerne drin?» Ich antworte: «Nein, du kannst sie so essen.» «Die hat Gott rausgemacht», kommentiert unser kleiner Sohn.

Dieser Satz bringt Welten in mir in Bewegung, und ich brauche erst mal einige Zeit, um ihn zu verdauen. Leider gerät, was ich daraufhin sage, ziemlich platt: «Nee, er hat erst gar keine reingemacht.»

Erst später wird mir richtig bewusst, was alles in dem Satz des Kindes dringesteckt hat.

War das nicht ein riesiger, unermesslicher Vertrauensbeweis an Gott? Als würde Gott sich bemühen, die Kerne für den kleinen Jungen herauszumachen (aus größeren Trauben machen wir Eltern die Kerne für die Kinder heraus). So wichtig bin ich Gott, dass er sich um meine kleinste Kleinigkeit kümmert. Und: Gott kann alles. Wenn ich Kerne aus der Weinbeere entferne, ist sie zerschnitten. Beim Schöpfer hingegen ist sie heil, noch nicht einmal eine Nahtstelle ist zu sehen.

Ich möchte Sie ermutigen, es immer wieder auszuprobieren – zu werden wie ein Kind. Zu erfahren, wie es ist, mit einem solch kindlichen Gottvertrauen in den Tag – oder an den Nachtisch – zu gehen. Sie brauchen Vorbilder? Kein Problem. Kinder gibt's genug: im Wartezimmer, in der Straßenbahn oder Zuhause!

18 Sooft ich dachte: «Jetzt ist alles aus!»,
halfst du mir in Liebe wieder auf.
19 Als quälende Sorgen mir Angst machten,
hast du mich beruhigt und getröstet.

20 Du würdest dich nie mit bestechlichen Richtern verbünden,
die Unheil anrichten, indem sie das Gesetz mißbrauchen.
21 Sie aber tun sich zusammen gegen jeden, der Ungerechtigkeit haßt,
und sprechen ihn schuldig,
obwohl er ohne Schuld ist!
22 Der Herr aber verteidigt mich, bei ihm finde ich Schutz.
Er steht auf meiner Seite.
23 Die Richter müssen für ihre Untaten büßen,
Gott wird sie für ihre Verbrechen bestrafen.
Ja, der Herr, unser Gott, wird sie vernichten!

Lobt Gott und hört auf das, was er sagt!

95 Kommt, laßt uns dem Herrn zujubeln!
Wir wollen ihn laut preisen, ihn, unseren mächtigen Retter!
2 Laßt uns dankbar zu ihm kommen
und ihn mit fröhlichen Liedern besingen!
3 Denn der Herr ist ein gewaltiger Gott,
der große König über alle Götter!
4 In seiner Hand liegen die Tiefen der Erde
und die Gipfel der hohen Berge.
5 Ihm gehört das Meer, er hat es ja gemacht,
seine Hände haben das Festland geformt.
6 Kommt, wir wollen ihn anbeten und uns vor ihm beugen;
laßt uns niederknien vor dem Herrn, unserem Schöpfer!
7 Denn er ist unser Gott, und wir sind sein Volk.
Er kümmert sich um uns wie ein Hirte,
der seine Herde auf die Weide führt.

8 Hört jetzt auf das, was er euch sagt:
«Verschließt eure Herzen nicht,
wie es eure Väter getan haben;
damals, als sie mir in der Wüste Vorwürfe machten
und sich erbittert gegen mich auflehnten[a].»
9 Jeden Tag erlebten sie, daß ich sie führte.
Und trotzdem haben sie immer wieder neue Beweise
meiner Macht verlangt.
10 Vierzig Jahre lang ekelte ich mich vor diesem Volk.
Schließlich sagte ich:

a) Vers 8b wörtlich: wie zu Meriba, wie am Tag von Massa in der Wüste. – Meriba bedeutet «Vorwurf», Massa «Herausforderung». 2. Mose 17,1–7

Frei von Sorgen-Steinen

Annemarie Pfeifer

Psalm 94, 19

«Was würdet ihr anders machen, wenn ihr eure Kinder noch einmal erziehen könntet?», fragte ich eine Gruppe von Müttern. Eine Antwort hat mich besonders beeindruckt. Ganz spontan meldete sich eine Frau mit den Worten: «Ich würde mir weniger Sorgen machen.»

Wenn ich zurückblicke auf meine 20-jährige Karriere als Mutter, dann kann ich ihr nur aus voller Überzeugung beipflichten. Wie oft habe ich mir beispielsweise Sorgen wegen der Schulleistungen meines Sohnes gemacht. Wird er den nächsten Test in der Schule bestehen? Muss er eine Klasse wiederholen? Kann er sich im rauen Schulklima durchsetzen? Seine Zeugnisse waren buchstäblich gepflastert mit meinen Sorgen. Heute, Jahre später, erscheinen mir jene Sorgen sinnlos. Wie viel Kraft habe ich dabei verloren! Warum nur habe ich die Sorgen jahrelang mit mir herumgeschleppt?

Als Frauen sind wir ja so für*sorglich*. Aber kippt nicht allzu oft unsere gut gemeinte Fürsorge in bedrückende und belastende Sorgen um? Sie liegen uns auf dem Magen wie Blei, und wir tragen sie herum wie schwere Steine. Dabei dürften wir diese Sorgen-Steine wegwerfen. Stück für Stück. Tag für Tag.

In der Bibel finden wir in einem einzigen kurzen Satz das Wesentliche über den Umgang mit Sorgen zusammengefasst: «Überlasst alle eure Sorgen Gott, denn er sorgt für euch» (1. Petrus 5,7). Dieses Überlassen ist nicht immer einfach. Es scheint, als würden die Sorgen mit einem starken Kleber an uns haften.

In diesem Psalm gibt der Dichter seinen Sorgen-Steinen zuerst einen Namen. Er verdrängt seine Not nicht, sondern breitet sie vor Gott aus. Was genau bedrückt Sie? Wovor fürchten Sie sich? Oft ist es hilfreich, sich genau zu überlegen, was als Schlimmstes passieren könnte. Schon das Aussprechen oder Aufschreiben in einem Tagebuch nimmt der Sorge einen Teil ihrer Macht. Wir werden frei, Wege zur Lösung des Problems zu suchen. Dabei merken wir, dass wir gar nicht so ohnmächtig und hilflos sind, wie es uns manchmal scheint. In uns schlummern Fähigkeiten und Kräfte, die wir vielleicht noch gar nicht kennen oder die von den sorgenvollen Gedanken überdeckt werden. Stellen Sie deshalb als zweiten Schritt eine Liste mit allen denkbaren Lösungsmöglichkeiten zusammen. Erstaunlich, was da zusammenkommen kann!

Und dann dürfen wir Gottes Verheißungen statt der Sorgen-Steine in unseren Lebensrucksack packen. Auch wenn wir es uns heute noch nicht vorstellen können, wie seine Hilfe aussehen wird – Gott sorgt für uns!

Mitten in der Hektik

Eva Breunig

Psalm 95, 8 a

«Uff!» Michaela sah sich in der Küche um. Die erste Schlacht des Tages war geschlagen – Frühstück für alle, die ins Büro oder in die Schule mussten. Sie stapelte das benutzte Geschirr in der Spüle und beschloss, diese Tätigkeit mit einigen Lobliedern zu begleiten. Ja, ein wenig mit Gott zusammen zu sein, das würde ihr gut tun. «Großer Gott, wir loben dich!», sang sie in das Rauschen des heißen Wassers. Ach, das Geschirrspülmittel war fast alle. Sie notierte es auf ihrer Einkaufsliste. «Herr, wir preisen deine Stärke!» Diese Tasse hier hatte schon lange einen Sprung. Man sollte sie wegwerfen.

Nein, so ging es nicht. Hier in der Küche schweiften ständig ihre Gedanken ab. Vielleicht könnte sie sich im Wohnzimmer hinsetzen und an nichts denken als an Gott? Und an die Staubflusen unterm Sofa und die dreckigen Fenster ...

Michaela hielt inne. Ihr wurde plötzlich klar, dass sie *nie* den Punkt erreichen konnte, an dem alles fertig war und sie endlich Muße haben würde, in Ruhe zu beten. Sie musste es schaffen, auch mal etwas unfertig zu lassen, um etwas Wichtigeres zu tun. Und dieses Wichtige war: in den nahen Wald zu laufen, um dort mit Gott allein zu sein. Michaela kämpfte ihr widerstrebendes Pflichtbewusstsein nieder. Wenige Minuten später war sie schon in Richtung Waldrand unterwegs.

Im letzten Haus vor dem Wald sah eine alte Frau aus dem Fenster und winkte Michaela zu. Widerstrebend hielt sie an: «Brauchen Sie Hilfe?» – «Wie? Ach so, nein ... Wissen Sie, hier kommt so selten jemand vorbei!» – «Kann ich mir denken.» Schon wollte Michaela weiterlaufen, doch die alte Dame fuhr fort. «Früher, als es mit meinen Beinen noch besser war, bin ich oft in die Stadt gegangen. Aber jetzt schaffe ich's nicht mehr so weit.»

Michaela nickte und hüpfte von einem Fuß auf den anderen. «Wenigstens kommt meine Tochter ab und zu», seufzte die Frau, «aber seit sie wieder berufstätig ist, hat sie wenig Zeit.»

Michaela hörte auf zu hüpfen. Sie ordnete ihre Prioritäten neu. Die alte Dame und sie tranken miteinander Kaffee. Es war nach elf, als Michaela sich auf den Heimweg machte. Mit einem letzten sehnsüchtigen Blick auf den Wald, in dem sie nicht mit Gott allein sein würde (zumindest heute nicht mehr), seufzte Michaela: «Ach, lieber Gott! Ich wollte so gern mit dir reden! Aber immer kommt was dazwischen. Morgen lass ich mich durch nichts und niemand ablenken, das versprech ich dir!»

«Abgemacht», sagte Gott. «Aber heute haben wir zwei uns doch auch ganz gut unterhalten, findest du nicht?»

«Alles, was sie wünschen und wollen, ist verkehrt
und führt sie in die Irre.
Die Wege, die ich sie führen will, verstehen sie nicht!»
11 Darum habe ich in meinem Zorn geschworen:
«Niemals sollen sie in das verheißene Land kommen,
nie die Ruhe finden, die ich ihnen geben wollte!»

Alle sollen es wissen: Der Herr allein ist König!
(1. Chronik 16,23–33)

96 Singt dem Herrn ein neues Lied,
singt dem Herrn, alle Bewohner der Erde!
2 Singt dem Herrn und preist seinen Namen!
Verkündet jeden Tag: Gott ist ein Gott, der rettet!
3 Erzählt den Völkern von seiner Hoheit!
Macht den Menschen alle seine Wunder bekannt!
4 Denn groß ist der Herr! Jeder soll ihn rühmen!
Von allen Göttern soll man ihn allein fürchten.
5 Die Götter der Völker sind machtlose Figuren,
der Herr aber hat den Himmel geschaffen!
6 Majestät und Pracht gehen von ihm aus,
seine Stärke und Schönheit erfüllen den Tempel.
7 Hört, ihr Völker: Begegnet dem Herrn mit Ehrfurcht!
Unterwerft euch seiner Herrschaft!
8 Ehrt seinen großen Namen, kommt in seinen Tempel,
und bringt ihm Opfer dar!
9 Werft euch vor ihm nieder,
wenn er in seiner Größe und Macht erscheint!
Die ganze Welt soll vor ihm erzittern!
10 Sagt den Völkern: Der Herr allein ist König!
Er hat die Fundamente der Erde gelegt,
sie wankt und weicht nicht.
Allen Völkern wird er ein gerechter Richter sein!

11 Der Himmel soll sich freuen
und die Erde in Jubel ausbrechen!
Das Meer mit allem, was in ihm lebt, soll brausen und tosen!
12 Der Acker freue sich mit allem, was auf ihm wächst!
Auch die Bäume im Wald sollen jubeln,
13 wenn der Herr kommt. Ja, er kommt, um die Welt zu richten.
Sein Urteil über die Völker ist unbestechlich und gerecht.

Der Herr über die ganze Welt

97 Der Herr allein ist König!
Die ganze Welt soll in Jubel ausbrechen,
und die fernen Inseln sollen fröhlich sein!

Mittwoch

Ehrfurcht

Sigrid Arnold-Levey

Psalm 96, 7

In Davids Herzen brennt ein Verlangen: Alle Bewohner der Erde sollen Gott als treuen und fürsorglichen Herrn kennen lernen. Denn Gott hat die Welt nach seinem Plan zum Lebensraum für Mensch und Tier erschaffen, hat sie mit Schönheit und Fruchtbarkeit erfüllt und wacht über ihre Erhaltung. David sehnt sich danach, dass Gott die Anerkennung und Ehre zuteil wird, die ihm gebührt. Ergriffen von der Herrlichkeit Gottes – seinem Wesen und seiner Majestät – sprudelt ein neues Lied aus Davids Herz. In seiner Begeisterung sucht er Menschen, die dieses Lied nicht nur weitertragen, sondern auch selbst ihre innersten Gedanken und Gefühle in Liedern zum Ausdruck bringen. Zusammen mit ihm sollen sie dann in den gewaltigen Anbetungschor der gesamten Schöpfung einstimmen.

Die Bibel berichtet von vielen neuen Liedern. Sie werden von Menschen gesungen, die das weise Handeln Gottes in ihrem Leben erkennen, nachdem sie durch innere Reifungsprozesse oder prägende Lebensabschnitte gegangen sind. Ihre Verse erzählen von neuem Lebensmut und schöpferischer Kraft, die sie mit in die Zukunft nehmen wollen.

Dieser Psalm soll die Ernennung des Hirtenjungen David zum König über Israel endgültig bestätigen (1. Chronik 16). Inzwischen liegen viele Jahre persönlicher Gefahr, Hunger und Verfolgung hinter David. Er sehnt sich danach, mitzuerleben, wie Gott im Herzen Jerusalems seinen Wohnsitz aufschlägt. In dieser Stadt sollen die Anbetungslieder nie verklingen, Gottes Ruhm Tag für Tag verkündet werden. Alle Völker sollen von der rettenden Liebe Gottes erfahren und ihn ehrfürchtig als Schöpfer und Herrn des gesamten Weltalls anbeten.

Und wie klingt das Lied meines Lebens?

Wenn ich mein Leben Gott anvertraut habe, wird sich auch nach einer schweren Zeit Stille ausbreiten – Frieden über meinen inneren Stimmen aus Angst, Protesten und Fragen. Dann kann ich von ganzem Herzen in das Lied Davids einstimmen. Ja, rühmen und preisen will ich das machtvolle und gerechte Handeln eines persönlichen, liebenden und rettenden Gottes, der die Not jedes Einzelnen kennt, der Anteil nimmt, Situationen und Umstände verwandelt und Unmögliches möglich macht. Die Verse meines Liedes sollen den Menschen meiner Generation bezeugen, wie barmherzig, gnädig und gütig Gott ist – der allmächtige Herrscher des Himmels und der Erde –, und sie lehren, ihm mit Ehrfurcht zu begegnen.

[2] Bedrohliche, dunkle Wolken umhüllen ihn,
Gerechtigkeit und Recht sind die Säulen seiner Herrschaft.
[3] Feuer ist sein Vorbote,
es verzehrt seine Feinde ringsumher.
[4] Seine Blitze tauchen die Erde in helles Licht,
die ganze Welt sieht es und erbebt.
[5] Berge zerschmelzen vor ihm wie Wachs,
vor ihm, dem Herrn der ganzen Welt.
[6] Der Himmel ist Zeuge dafür, daß er sein Versprechen hält,
und alle Völker sehen seine Hoheit und Macht.

[7] Alle, die Götterbilder verehren und mit ihren Götzen prahlen,
werden im Erdboden versinken vor Scham.
Denn ihre Götter müssen sich dem Herrn unterwerfen.
[8] Freude herrscht auf dem Berg Zion,
die Bewohner der Städte Judas jubeln dir zu.
Denn du, Herr, richtest gerecht.
[9] Ja, Herr, du allein regierst die ganze Welt,
du bist mächtiger und größer als alle Götter!

[10] Liebt ihr den Herrn? Dann verabscheut das Böse!
Gott beschützt alle, die ihm treu sind,
und rettet sie aus der Gewalt der Gottlosen.
[11] Wer Gott gehorcht, der lebt im Licht,
und Freude erfüllt jeden, der aufrichtig ist.
[12] Ja, freut euch über den Herrn und dankt ihm!
Erinnert euch, was der heilige Gott für euch getan hat!

Freut euch mit uns – Gott hat uns befreit!

98

Ein Lied.

Singt dem Herrn ein neues Lied, denn er hat Wunder getan!
Er, der heilige Gott, hat einen gewaltigen Sieg errungen.
[2] Alle Völker wissen es jetzt: Der Herr hat Israel befreit;
er hat bewiesen, daß man sich auf ihn verlassen kann!
[3] Er hat sein Versprechen gehalten,
seinem Volk gnädig und treu zu sein.
Bis in die fernsten Länder ist die Nachricht gedrungen:
Gott hat Israel gerettet!

[4] Jubelt dem Herrn zu, ihr Menschen auf der Erde!
Preist ihn mit Liedern, singt und jubelt laut vor Freude!
[5] Spielt ihm auf der Laute, laßt die Saiten erklingen
und erfreut den Herrn mit Gesang!
[6] Trompeten und Hörner sollen erschallen;
lobt Gott, euren König!

Donnerstag

Mit Liebe bedeckt

Lotte Bormuth

Psalm 97, 10

Vor mir liegt ein Stapel Liebesbriefe. Eine Frau hat sie mir geschickt, denn diese Briefe bereiten ihr große Not – sie erinnern sie an alte Schuld. Ein Ehebruch in früheren Jahren lässt sie nicht zur Ruhe kommen. Sie schreibt: «Alles, was sich ereignet hat, war in nur fünf Wochen meines Lebens geschehen. Damals war ich 36 Jahre und liebte einen Menschen, den ich nie lieben durfte.» Als ich diesen Brief gelesen hatte, wusste ich, warum der Frieden in ihrem Herzen gestört war. «... die Sünde ist der Leute Verderben», heißt es in Sprüche 14,34 (Luther). Sünde kann nicht wegdiskutiert, vergessen, auch nicht entschuldigt werden.

Doch es gibt einen Ausweg. Das Bekenntnis der Schuld macht den Weg für die Vergebung frei. Jesus Christus ist am Kreuz gestorben, damit wir mit dem Vater im Himmel versöhnt leben können.

Ich tröste die Frau mit den Worten: «Denn wo sich die ganze Macht der Sünde zeigte, da erwies sich auch Gottes Barmherzigkeit in ihrer ganzen Größe» (Römer 5,20). Es ist für uns Menschen schwer, wenn der Heilige Geist unsere Schuld aufdeckt. Bei ihm gibt es kein Verjähren. Doch sein Tun ist heilsam. Auch wenn uns unsere Sünde schwer zu schaffen macht und wir uns vor Gott schämen, müssen wir nicht ständig darunter leiden. Jesus sichert uns die Vergebung zu. Die Anklagen des Teufels müssen verstummen, wenn Jesus beim Vater im Himmel für uns eintritt. Der Vers aus Hesekiel 16,8 unterstreicht diese Wahrheit: «Da breitete ich meinen Mantel über dich aus und bedeckte deinen nackten Körper ...», spricht Gott, der Herr.

Dazu fällt mir ein Beispiel ein. Stets war es meinem Mann und mir wichtig, unsere fünf Kinder zur Ordnung zu erziehen. Doch bei Gottfried hapert es in diesem Punkt bis heute. Er ist großzügig, lässig, genial. Das Zusammenleben mit ihm ist lustig und aufregend zugleich. Mal sitzt er im falschen Zug und fährt in die entgegengesetzte Richtung in die Ferien. Mal finde ich noch nach Tagen Blätter für eine wichtige Klassenarbeit in seiner Mappe.

Als er einmal mit einer rot gekringelten und einer blau gekringelten Socke in der Küche erschien, schimpfte ich los: «Gottfried, jetzt bist du bald Vikar und läufst mit verschiedenen Socken durch die Gegend. Verschwinde, und ziehe dir ein passendes Paar an!» Verschmitzt schaut er mich von der Seite an: «Mutter, warum regst du dich so auf? Habe ich nicht den richtigen Beruf gewählt? Der Talar wird alles bedecken.» Ich musste lachen. Und wurde erneut an den Vers aus Hesekiel erinnert: «Da breitete ich meinen Mantel über dich aus ... .»

Absolut zuverlässig

Margarete Blank-Mathieu

Psalm 98, 3

Zuverlässigkeit ist ein positiver Charakterzug. Wir brauchen Menschen, die zuverlässig sind; denen wir etwas erzählen können, ohne dass sie es gleich weitersagen; denen wir auch mal unsere Kinder oder unser Geld anvertrauen können – in dem Wissen, dass ihnen diese «Schätze» ebenfalls wertvoll sind. Und doch machen wir immer wieder die Erfahrung, dass uns Menschen enttäuschen. Auch die Zuverlässigsten können nicht immer unsere Erwartungen erfüllen, vergessen Dinge, die uns wichtig sind und nehmen sich und ihre Anliegen oft wichtiger als unsere.

Kinder können uns enttäuschen, wenn sie einen anderen Weg einschlagen als den, den wir für richtig halten. Vielleicht wenden sie sich vom Glauben und der Kirche ab, suchen sich Freunde oder Lebensgefährten, die einen schlechten Einfluss auf sie ausüben. Auch Scheidungen sind oft von großer Enttäuschung geprägt. Was hatten die Ehepartner nicht alles voneinander erwartet – und nun das! Wie konnte es dazu kommen, dass sich der Partner in einen anderen verliebte und mich verlassen hat? Was war schuld daran, dass er sich immer weiter von meinen Wertvorstellungen entfernte und mich schließlich im Stich ließ?

Und trotz unserer Zuverlässigkeit können wir den Arbeitsplatz verlieren oder werden hinter einem Kollegen zurückgestuft, der sich besser «verkaufen» kann, aber unzuverlässig ist.

Zuverlässig hängt mit dem Wort «verlassen» zusammen. Wir Menschen möchten uns auf andere «verlassen» können, aber fühlen uns häufig «verlassen». Immer wieder halten wir Versprechen nicht ein, sind weder gnädig mit unseren Mitmenschen noch können wir von ihnen Barmherzigkeit erwarten, wenn wir einen Fehler gemacht haben.

Ganz anders handelt Gott. Er ist der absolut Zuverlässige. Wir wissen, dass er uns nie verlässt – dass er uns auch nicht fallen lässt, wenn wir ihn vergessen oder eigene Wege gehen. Zu ihm dürfen wir immer zurückkommen, ob wir zuverlässig sind oder uns als wankelmütig und schwach erweisen. Wenn wir uns ihm anvertrauen, werden wir erleben, dass er uns nie im Stich lässt, uns die Treue hält und unser Versagen nicht zum Anlass nimmt, uns zu verlassen.

Wir brauchen einen Halt im Leben – das Wissen, dass wir gehalten sind und zuverlässige Hilfe erwarten können. Gut, wenn wir verlässliche Menschen um uns haben. Doch noch wichtiger ist es zu wissen, dass bei allen Enttäuschungen, die uns Menschen bereiten und die wir anderen antun, Gott gnädig und treu ist. Er hat stets sein Versprechen gehalten – und wird es für alle Zeit tun.

7 Das Meer mit allem, was in ihm lebt,
soll zu seiner Ehre brausen und tosen!
Die ganze Welt soll in Jubel ausbrechen!
8 Ihr Flüsse, klatscht in die Hände;
ihr Berge, preist unseren Herrn,
9 denn er kommt, um die Welt zu richten.
Sein Urteil über die Völker ist unbestechlich und gerecht!

Betet den heiligen Gott an!

99 Der Herr allein ist König!
In Ehrfurcht erschauern die Völker.
Er thront über den Cherub-Engeln, darum erzittert die Erde.
2 Ja, der Herr regiert in Jerusalem[a],
er herrscht über alle Völker.
3 Ihn sollen sie preisen,
ihn, den großen und gewaltigen Gott! Heilig ist er!

4 Mächtiger König! Weil du das Recht liebst,
hast du Recht und Ordnung gegründet.
Deinem Volk gabst du das Gesetz
und sorgtest für Gerechtigkeit.
5 Betet den Herrn an, unseren Gott!
Fallt vor seinem Thron nieder, denn er ist der heilige Gott!

6 Schon Mose und Aaron gehörten zu seinen Priestern,
auch Samuel betete zum Herrn.
Sie alle riefen zu ihm, und er gab ihnen Antwort.
7 Gott sprach zu ihnen aus der Wolkensäule,
und sie gehorchten den Geboten und Ordnungen,
die er ihnen gab.
8 Herr, unser Gott! Du hast sie erhört.
Du hast deinem Volk die Schuld vergeben,
aber auch ihre Vergehen bestraft.
9 Betet den Herrn an, unseren Gott!
Auf seinem heiligen Berg Zion fallt vor ihm nieder,
denn er ist der heilige Gott, unser Herr!

Ein fröhliches Danklied

100 Ein Lied für den Dankgottesdienst.
Jubelt dem Herrn zu, ihr Völker der Erde!
Dient ihm voll Freude,
2 kommt zu ihm mit fröhlichen Liedern!

a) Wörtlich: in Zion.

Gottes Liebe

Seht doch, wie groß die Liebe ist,
die der Vater uns schenkt!
Denn wir dürfen uns
nicht nur seine Kinder nennen,
sondern wir sind es wirklich (1. Johannes 3,1).

Wenn Gott eine Geldbörse hätte,
wäre dein Foto darin.
Er schickt dir jeden Frühling Blumen
und jeden Morgen einen Sonnenaufgang.
Wann immer du reden willst – er hört dir zu.
Er kann überall im ganzen Universum leben
und hat dein Herz gewählt.
Wie findest du das Geschenk,
das er dir aus Bethlehem geschickt hat?
Nicht zu schweigen von dem Geschenk
an einem Freitag auf Golgatha.
Sieh den Tatsachen ins Auge, mein Freund.
Er liebt dich unaussprechlich!

Verfasser unbekannt

Was ist uns heilig?

Ute Zintarra

Psalm 99, 5

«Heiligs Blechle» sagt man im Schwäbischen und meint damit das Auto. Heiß geliebt und mit Inbrunst gepflegt – schließlich ist es ja ein kostbares Blech. Aber gleich stellt sich die Frage, was denn daran heilig sein soll.

Was ist überhaupt damit gemeint, wenn etwas heilig genannt wird? Und was bedeutet es für den Menschen, dem es heilig ist? Am Auto, am «heiligs Blechle» kann man das recht gut verdeutlichen. Dass das Auto dem Menschen heilig ist, erkennt man nämlich an der Aufmerksamkeit, die er diesem toten Ding auf vier Rädern zuwendet. An den Opfern, die er dafür bringt. An der Hingabe, mit der er sich ihm widmet. Also: Je inniger das Waschen und Wienern, desto heiliger das Objekt der Zuwendung? Nein, Blech ist und bleibt Blech. Es sind die Menschen, die mit ihrem Verhalten das Etikett «heilig» darauf kleben.

Menschen mögen reich sein und viel Geld für ein Auto bezahlt haben, aber eigentlich sind sie arm dran, wenn ihnen ein totes Ding aus Blech wichtiger als alles andere, ja geradezu heilig ist. Offenbar braucht der Mensch aber etwas, dem er sich hingeben kann. Da kann schon die Frage aufkommen, wer oder was solcherart Anbetung, Aufmerksamkeit, Opfer und Hingabe verdient – und zwar nicht gezwungenermaßen, sondern aus Liebe. Und wer oder was uns heilig ist.

Stopp! Denn wer so fragt, fragt schon falsch. Nicht wir bestimmen, was heilig ist: Gott allein ist heilig. Und darum ist eigentlich schon geklärt, dass uns anderes nicht heilig sein darf – und auch nicht heilig sein muss. Wenn wir nun schon etwas oder jemanden brauchen, dem wir unser Herz schenken – warum dann an zweit- oder dritt- oder zwölftwichtige Dinge? Warum nicht gleich an den Höchsten, den Allerwichtigsten für unser Leben und Sterben?

Im Prinzip ist uns das klar. Im alltäglichen Leben passiert es jedoch allzu leicht, dass weniger wichtige Dinge plötzlich zu wichtig werden. Aber dagegen kann man etwas tun und zwar gleich, in diesem Moment: Indem wir nämlich Herz und Sinn auf Gott hinlenken, indem wir an ihn denken, der über allen Dingen ist. Indem wir zu ihm sprechen und im Angesicht seiner Größe und Macht die wichtigen und weniger wichtigen Dinge wieder in die richtige Reihenfolge bringen.

Was für ein Vorrecht, den heiligen Gott kennen zu dürfen! Und was für eine Entlastung, in seiner Gegenwart unterscheiden zu lernen, was der Hingabe wert ist!

[3]Erkennt, daß der Herr unser Gott ist!
Er hat uns zu seinem Volk gemacht, ihm gehören wir[a]!
Er sorgt für uns wie ein Hirte für seine Herde.

[4]Geht durch die Tempeltore ein mit Dank,
betretet den festlichen Vorhof mit lautem Lob!
Preist ihn! Rühmt ihn!
[5]Denn der Herr ist gut zu uns,
seine Gnade hört niemals auf,
für alle Zeiten hält er uns die Treue.

Wie der König regieren will

101 Ein Lied Davids.

Von Gnade und Recht will ich singen;
dich, Herr, will ich preisen.
[2]Ich möchte aufrichtig und weise regieren –
Herr, hilf mir dabei!
An meinem Hof soll nur geschehen,
was ich vor dir verantworten kann.
[3]Auf unnütze und schädliche Vorhaben
lasse ich mich niemals ein.
Ich hasse es, wenn sich Menschen bewußt
über Gottes Gebote hinwegsetzen.
Mir selbst soll das niemand nachsagen!
[4]Einen Heuchler will ich nicht bei mir dulden,
und mit einem Menschen, der nur Böses im Sinn hat,
will ich nichts zu tun haben.
[5]Wer seinen Mitmenschen heimlich verleumdet,
den werde ich für immer zum Schweigen bringen.
Hochmut und Stolz verbanne ich aus meiner Nähe.
[6]Wer aber glaubwürdig und zuverlässig ist,
nach dem halte ich Ausschau.
Solche Leute hole ich mir an den Hof,
Menschen mit einem guten Ruf nehme ich in meinen Dienst.
[7]Betrüger und Lügner aber haben nichts in meinem Palast zu suchen –
sie sollen mir nicht unter die Augen kommen!
[8]Jeden Morgen halte ich Gericht über die Verbrecher im Land.
Denn für Leute, die Unheil stiften,
ist kein Platz in der Stadt des Herrn.
Ich lasse sie hinrichten!

a) Oder: wir haben nichts dazu getan.

Dienstag

Von der Unzufriedenheit zur Freude

Angelika Speck

Psalm 100, 3

Unsere Gesellschaft ist geprägt von dem Streben nach mehr: immer weiter, immer höher, immer schöner, immer erfolgreicher. Dabei verlieren wir oft ganz aus den Augen, was wir an unserer derzeitigen Lebenssituation, unserer Arbeit, unserer Familie und unserem Zuhause haben. Durch die Beeinflussung der Medien können wir über den wenigen Kleinigkeiten, die uns fehlen, das viele Gute vergessen, das uns geschenkt wurde. Doch das hat seinen Preis: Die Freude geht, die Unzufriedenheit kommt!

Wenn der Dichter dieses Psalms über Gott schreibt: «Er sorgt für uns wie ein Hirte für seine Herde» (Vers 3), dann will er uns etwas in Erinnerung rufen, das vielleicht verschüttet ist. Nämlich: Da ist jemand – der Schöpfer aller Dinge –, der sich jedem Einzelnen von uns wie ein Hirte zuwendet.

Was umfasst denn eigentlich die Tätigkeit eines Hirten? Er kümmert sich um die Schafe, damit sie keinen Mangel an Nahrung und eine sichere Unterkunft haben. Es ist auch seine Aufgabe, sie zu schützen, sie zu pflegen, ihnen zu helfen, wenn sie sich verletzt haben. Für uns bedeutet das: In welcher Lage wir uns auch befinden, wir stehen immer – auch in diesem Moment – unter der Fürsorge des Hirten.

Diese Erkenntnis kann unsere Augen öffnen für all die Wohltaten Gottes in unserem Leben. Dann wird sich unsere Unzufriedenheit in Freude verwandeln, Dankbarkeit wird sich Bahn brechen und wir können sagen:

«Danke Herr,
dass ich heute leben darf,
dass ich ein Zuhause habe,
dass ich mein Auskommen habe,
dass ich eine Familie habe,
dass ich eine Zukunft habe.
Danke, für deine Fürsorge in allen Bereichen meines Lebens,
für die Erlösung in Jesus Christus,
für dein Wort.
Danke, dass ich ein wunderbares Frühstück genießen darf,
dass ...
(Setzen Sie doch einfach ein, was gerade aus Ihrem Herzen strömt!)

Verantwortung übernehmen

Ilse Ammann-Gebhardt

Psalm 101, 2–3

Wer diesen Psalm liest, versteht, warum David «ein Mann nach dem Herzen Gottes» (Apostelgeschichte 13,22) genannt wurde. Es wird auch deutlich, wieso sein Andenken bis heute so hoch geehrt wird wie das keines anderen israelitischen Königs. Dabei war David kein vollkommener Mensch. Es gab manche unschönen Dinge in seinem Leben. Und darin gleicht er allen anderen Menschen, die über diese Erde gehen. Doch bei aller Unvollkommenheit und Fehlerhaftigkeit hatte er das Herz auf dem rechten Fleck. Er wollte das Gute, suchte das Gute, suchte Gott. Davids Gesinnung stimmte. Und das machte den Unterschied zwischen ihm und vielen anderen Königen aus. «Ich möchte aufrichtig und weise regieren – Herr, hilf mir dabei! An meinem Hof soll nur geschehen, was ich vor dir verantworten kann», sagt er.

David war bereit, die Verantwortung für das zu übernehmen, was an seinem Hof geschah. Also nicht nur die Verantwortung für sein eigenes Tun und Lassen, sondern für alle Personen am Hof. Er drückte sich nicht davor. Er wusste, dass er letztlich Gott selbst verantwortlich war, und so bat er um Gottes Hilfe und Beistand.

Zu allen Zeiten war es nötig, dass Menschen bereit waren, ihre Verantwortung vor Gott ernst zu nehmen. Wenn das geschah, war es zum Segen des Volkes und des Landes – oder aber im Kleinen zum Segen für die Umwelt, die Gesellschaft, die Familie. Hier sind wir alle gefordert und aufgerufen. Aber warum sollten wir uns nicht freiwillig den Herausforderungen des Lebens stellen? Freiwillig Verantwortung übernehmen? Gott hat uns in der Bibel gezeigt, was sein Wille ist. Wenn wir uns ihm unterstellen, uns von ihm motivieren und gebrauchen lassen, wird unser Leben zum Segen für unsere Umwelt. Wenn wir Gott – wie König David – um Kraft und Weisheit bitten, wird er sie uns schenken, um das Richtige zu tun und um einen guten Einfluss auszuüben.

Nur keine Angst, es ist gar nicht so schwer! Und es ist dringend notwendig – gerade in der heutigen Zeit. Lassen Sie uns den Mut haben, unseren Kindern wieder zu sagen, was richtig und schön in Gottes Augen ist. Lassen Sie uns ihnen zeigen, wie gottgefälliges Leben gelebt werden kann. Als Christen haben wir den Erscheinungen des Zerfalls in unserer Welt viel Gutes und Positives entgegenzusetzen. Wo wir das wagen, wird Gott uns schöne Früchte unserer Hingabe und Treue ernten lassen.

Herr, erbarme dich über Jerusalem!

102 Gebet eines Menschen, der allen Mut verloren hat und dem Herrn sein Leid klagt.

2 Höre mein Gebet, Herr,
und achte auf meinen Hilfeschrei!
3 Ich bin in großer Not – verbirg dich nicht vor mir!
Höre mir zu und antworte mir schnell!
4 Mein Leben verflüchtigt sich wie Rauch,
mein ganzer Körper glüht, von Fieber geschüttelt.
5 Meine Kraft vertrocknet wie abgemähtes Gras,
selbst der Hunger ist mir vergangen,
6 ich bin nur noch Haut und Knochen!
Laut stöhnend wälze ich mich auf meinem Lager hin und her.
7 Man hört mich klagen wie eine Eule in der Wüste,
wie ein Käuzchen in verlassenen Ruinen.
8 Ich kann nicht schlafen; ich bin verlassen
und fühle mich wie ein einsamer Vogel auf dem Dach.
9 Tag für Tag beschimpfen mich meine Feinde,
und wenn sie andere verfluchen, mißbrauchen sie meinen Namen
und sagen: «Gott strafe dich wie diesen da!»[a]
10 Ich esse Staub statt Brot,
und in meine Getränke mischen sich Tränen.
11 Denn dein furchtbarer Zorn hat mich getroffen.
Du hast mich hochgeworfen und zu Boden geschmettert!
12 Mein Leben gleicht einem Schatten am Abend,
der bald in der Dunkelheit verschwindet.
Ich bin wie Gras, das bald verdorrt.

13 Du aber, Herr, regierst für alle Zeiten;
immer wird man von dir erzählen.
14 Du wirst eingreifen und dich über die Stadt Zion erbarmen.
Denn die Zeit ist gekommen, sie zu begnadigen – die Stunde ist da!
15 Herr, dein Volk liebt die Mauern dieser Stadt
und trauert über ihre Trümmer.
16/17 Aber der Herr wird sie wieder aufbauen
und damit zeigen, wie mächtig er ist.
Dann werden die Völker ihn fürchten
und die Könige der Erde seine Macht anerkennen.
18 Ja, der Herr wird das Gebet der Hilflosen hören,
er wird ihr Flehen nicht verachten.

a) Vers 9b wörtlich: die mich verspotten, fluchen bei mir.

Donnerstag

Wie ein wärmender Mantel

Hanne Baar

Psalm 102, 12

In dieser Welt sind Christen Soldaten. Sie sind Kämpfer und gleichzeitig auch Botschafter eines anderen Landes – des Reiches Gottes, für dessen Ausbreitung sie sich einsetzen, wo immer sie sind. Darum sind sie Botschafter der frohen Nachricht der Erlösung, Botschafter an Christi statt.

Christen in der Krise gleichen verwundeten Soldaten, die vorübergehend ins Lazarett oder in eine Art Wärmebett der Liebe Gottes gehören, um Heilung und Erholung zu finden. Dort können sie neue Weisung empfangen. Vielleicht müssen sie auch eine Art Amputation über sich ergehen lassen.

Die Grundposition, die unser Leben als Christ kennzeichnet, wird schließlich so selbstverständlich, wie es selbstverständlich ist, im Winter einen Mantel zu tragen. Sie besteht aus den Grundaspekten unseres Glaubens:

«Ich bin erlöst. Jesus Christus ist der Herr meines Lebens. Meine Sünden, auch die, die mir vielleicht noch gar nicht bewusst sind, gehören ihm. Meine gesamte Schuld ist durch das Blut Jesu Christi erkauft, deshalb gehört sie ihm. Und mir gehört die Erlösung. Für diese Erlösung, die mich nichts und ihn alles gekostet hat, danke ich ihm in Liedern und Psalmen, mit Gebeten im Geist und in der Wahrheit.

Mein erlöstes Leben gehört Gott, deshalb darf er damit machen, was er will. Ich bin sein Eigentum – bedingungslos. Und wenn mir das noch Angst macht, dann gehört ihm auch diese Angst. Denn alles gehört ihm, wovon ich mich nicht selbst erlösen kann. Er ist der Herr, der mir durch Jesus Christus hilft, ‹das zu tun, was Gott gefällt› (Hebräer 13,21). Durch seinen Geist will und darf er in mir wohnen.»

Wer sich immer wieder auf diesen Grund stellt, erlebt, dass er warm und behütet wie in einem weichen wolligen Mantel durch die Kälteperioden des Lebens hindurchkommt – ohne zu frieren oder gar zu erfrieren.

[19] Dies lasse ich für unsere Nachkommen aufschreiben,
damit sie es lesen und den Herrn loben:
[20] Der Herr blickte von seinem Heiligtum auf uns herab,
er schaute vom Himmel auf die Erde.
[21] Er hörte das Stöhnen der Gefangenen
und rettete sie vor dem sicheren Tod.
[22] Darum wird man den Herrn auf dem Berg Zion rühmen;
in ganz Jerusalem wird man ihn loben,
[23] wenn alle Völker und Königreiche sich versammeln,
um ihm zu dienen.

[24] Mitten im Leben[a] hat Gott meine Kraft gebrochen,
er hat mich vorzeitig alt werden lassen.
[25] Darum flehe ich ihn an:
Mein Gott, laß mich nicht so früh sterben!

Herr, dein Leben hat keinen Anfang und kein Ende.
[26] Vor langer Zeit hast du, Herr, alles geschaffen.
Die Erde und die Himmel, alles ist das Werk deiner Hände.
[27] Sie werden vergehen, du aber bleibst.
Wie alte Kleider werden sie zerfallen,
wie ein abgetragenes Gewand wechselst du sie
und schaffst sie neu.
[28] Du aber bleibst ein und derselbe,
du wirst immer und ewig leben.

[29] Die Nachkommen deines Volkes werden in Sicherheit wohnen,
unter deinem Schutz werden sie geborgen sein.

Lobt den Herrn!

103 Ich will den Herrn von ganzem Herzen loben,
alles in mir soll seinen heiligen Namen preisen!
[2] Ich will den Herrn loben und nie vergessen,
wieviel Gutes er mir getan hat.
[3] Ja, er vergibt mir meine ganze Schuld
und heilt mich von allen Krankheiten!
[4] Er bewahrt mich vor dem sicheren Tod
und schenkt mir das Leben neu.
Seine Liebe und Güte umgeben mich allezeit.[b]
[5] Mein Leben lang gibt er mir Gutes im Überfluß,
darum fühle ich mich jung und stark wie ein Adler.

a) Wörtlich: Auf dem Weg.
b) Wörtlich: Er krönt dein Leben mit Gnade und Erbarmen.

Vergiss das Gute nicht

Ingrid Heinzelmaier

Psalm 103, 2

Ich bin vergesslich. Nicht nur, dass ich ab und zu ein Papier suche, das in den überdimensionierten Stapeln auf meinem Schreibtisch untergegangen ist. Nein, manchmal droht auch mein inneres Leben ein Spiegel des unaufgeräumten Schreibtisches zu werden. So viele Eindrücke stürzen Tag für Tag auf mich ein: Informationen, Menschen mit ihren Sehnsüchten und Wünschen, Erfahrungen mit Gott und seiner Nähe ... Oft weiß ich kaum, wohin damit.

Was meinen Schreibtisch angeht, habe ich gelernt, dass es Schubladen und Mappen mit Reitern drauf braucht, die ich beschriften kann – dann geht es besser. Und was mein inneres Leben und meine Beziehung zu Gott betrifft, braucht auch das eine gewisse Ordnung. Ich habe angefangen, alles, wofür ich bete, in einem elektronischen Notizbuch zu notieren. Dann kann ich es ganz leicht wieder aufrufen und ergänzen und, wenn es abgeschlossen ist, auch löschen. Die elektronische Ordnung ist leichter herzustellen als die mit dem Papier – aber auch da braucht es regelmäßige Gedankenarbeit und Disziplin.

König David kannte mit Sicherheit keinen PC und keine Datenbank, doch auch er hatte ein Rezept gegen Reizüberflutung und Vergesslichkeit in geistlichen Dingen. «Lobe den Herrn, meine Seele, und vergiss nicht, was er dir Gutes getan hat!»

Interessant ist der Doppelklang: David fordert sich selbst auf, Gott zu loben. Mitten in allem Durcheinander an Eindrücken ist das der Einstieg zum Ausweg. Und dann: aufzählen. Sich Zeit nehmen, um einen Blick dafür zu bekommen, was Gott getan hat. Wie er den Weg zum Himmel frei gemacht hat, indem er die Trennwand der Schuld durchbrochen hat.

Dabei tut es gut, die Dinge beim Namen zu nennen. David zählt in diesem Psalm auf, wie der innere Mensch durch Erfahrungen mit Gott reich geworden ist. Doch er schließt auch den äußeren Menschen mit ein – den Körper mit seinen Grenzen und Schmerzen. Gott lässt diese Gebrechen nicht nur zu, er kann und will sie auch heilen.

«Vergiss nicht, was er dir Gutes getan hat» – dieses Aufzählen vor Gott ist ein Akt der geistlichen Disziplin. Er ähnelt dem Aufräumen im Büro. Das Geheimnis dabei ist: *Ich* muss damit anfangen! Manchmal muss ich das in Situationen tun, die mir ziemlich dunkel und chaotisch erscheinen; in denen ich kaum sehe, wofür ich dankbar sein soll. Doch wenn ich mich erst einmal auf den Weg mache, werden meine inneren Augen frei und ich lerne, mein Leben mit Gottes Augen zu sehen. Dann kann ich erleben, wie reich Gott auch *mein* Leben beschenkt hat.

6 Der Herr hält Wort!
Den Unterdrückten verhilft er zu ihrem Recht,
so wie er es versprochen hat.
7 Er weihte Mose in seine Pläne ein
und zeigte allen Israeliten,
daß er gewaltige Taten vollbringen kann.
8 Barmherzig und gnädig ist der Herr,
groß ist seine Geduld und grenzenlos seine Liebe!
9 Er beschuldigt uns nicht endlos
und bleibt nicht immer zornig.
10 Er bestraft uns nicht, wie wir es verdienen;
unsere Sünden und Verfehlungen zahlt er uns nicht heim.
11 Denn so hoch, wie der Himmel über der Erde ist,
so groß ist seine Liebe zu allen,
die ihm mit Ehrfurcht begegnen.
12 So fern, wie der Osten vom Westen liegt,
so weit wirft Gott unsere Schuld von uns fort!
13 Wie ein Vater seine Kinder liebt,
so liebt der Herr alle, die ihn ehren.

14 Denn er weiß, wie vergänglich wir sind;
er vergißt nicht, daß wir nur Staub sind.
15 Der Mensch ist wie das Gras,
er blüht wie eine Blume auf dem Feld.
16 Wenn der heiße Wüstenwind darüberfegt,
ist sie spurlos verschwunden,
und niemand weiß, wo sie geblüht hat.

17 Die Güte des Herrn aber bleibt für immer und ewig;
sie gilt allen, die ihm gehorchen.
Auf seine Zusagen können sich auch alle kommenden
Generationen berufen,
18 wenn sie sich an seinen Bund halten
und seine Gebote befolgen.

19 Der Herr hat seinen Thron im Himmel errichtet,
als König herrscht er über die ganze Welt.
20 Lobt den Herrn, ihr mächtigen Engel,
die ihr seinen Befehlen gehorcht und auf seine Worte hört!
21 Lobt den Herrn, ihr mächtigen Wesen im Himmel,
die ihr ausführt, was er euch befohlen hat!
22 Lobt den Herrn, alle seine Geschöpfe,
an allen Orten seiner Herrschaft!
Auch ich will den Herrn von ganzem Herzen loben!

Ermutigung

Gigi Graham Tchividjian

Schließlich, meine lieben Brüder, orientiert euch an dem, was wahrhaftig, gut und gerecht, was anständig, liebenswert und schön ist. Wo immer ihr etwas Gutes entdeckt, das Lob verdient, darüber denkt nach (Philipper 4,8).

Ist es nicht sonderbar, wie viel leichter uns das Geschirrspülen fällt, wenn die Kinder uns sagen, dass ihnen das Essen geschmeckt hat? Oder wie das Putzen gleich weniger mühselig erscheint, wenn der Ehemann bemerkt, wie gemütlich es daheim ist?

Ermutigung ist der Schlüssel zum Gelingen jeder mitmenschlichen Beziehung. Dies gilt natürlich besonders innerhalb der Familie, weil Ermutigung ein Gefühl der Sicherheit und Selbstachtung schenkt.

Doch Ermutigung ist keine Erfindung von Menschen. Der beste Ermutiger ist Gott selbst.

Wir hatten gerade ein herrliches Wochenende bei unserer Tochter verbracht. Als wir ins Auto stiegen, um die lange Heimfahrt anzutreten, fühlte ich mich traurig wegen des Abschieds von ihr und bedrückt bei den Gedanken an all die Arbeit und die Verantwortung der kommenden Woche.

Jeder zurückgelegte Kilometer entfernte mich weiter von meiner Tochter und brachte mich den Mühen der Woche näher. In mir breitete sich Entmutigung aus. Die Dämmerung wich der Dunkelheit – und genau so war mir auch innerlich zu Mute. Unsere Kinder auf dem Rücksitz, die mit ihren Spielen und kleinen Auseinandersetzungen beschäftigt waren, bemerkten meine Verzagtheit nicht. Aber Gott kannte sie!

Plötzlich begann in der Dunkelheit hinter mir die starke, helle Stimme meines Sechsjährigen zu singen: «Mein Gott ist so groß, so stark und so mächtig – unmöglich ist nichts meinem Gott. Die Berge sind sein, die Täler sind sein, die Sterne schuf alle der Herr. Mein Gott ist so groß, so stark und so mächtig. Alles kann er – und tut es für DICH!»

Tränen der Dankbarkeit strömten aus meinen Augen. «Danke, Herr, für deine Ermutigung!»

Freude an Gottes Schöpfung

104 Ich will den Herrn von ganzem Herzen loben.
Herr, mein Gott, wie groß bist du!
Majestätische Pracht ist dein Festgewand,
2 helles Licht umhüllt dich wie ein Mantel.
Du spanntest den Himmel aus wie ein Zeltdach,
3 über den Wolken[a] hast du deine Wohnung errichtet.
Ja, die Wolken sind dein Wagen,
du fährst auf den Flügeln des Windes dahin.
4 Wind und Wetter sind deine Boten,
zuckende Blitze deine Diener.

5 Die Erde hast du auf ein festes Fundament gegründet,
damit sie für alle Zeiten nicht wankt.
6 Wie ein Kleid bedeckte die Urflut ihre Kontinente,
noch über den höchsten Bergen standen die Wassermassen.
7 Doch vor deinem lauten Ruf wichen sie zurück,
vor deinem Donnergrollen flohen sie.
8 Die Berge erhoben sich, und die Täler senkten sich
an den Ort, den du für sie bestimmt hattest.
9 Du hast dem Wasser eine Grenze gesetzt,
die es nicht überschreiten darf,
nie wieder soll es die ganze Erde überschwemmen.
10 Du läßt Quellen sprudeln
und als Bäche in die Täler fließen,
zwischen den Bergen finden sie ihren Weg.
11 Die Tiere der Steppe trinken davon,
Wildesel stillen ihren Durst.
12 An ihren Ufern nisten die Vögel,
in dichtem Laub singen sie ihre Lieder.
13 Vom Himmel läßt du Regen auf die Berge niedergehen,
die Erde saugt ihn auf und wird fruchtbar.
14 Du läßt Gras für das Vieh wachsen
und Pflanzen, die der Mensch anbaut.
Er pflügt das Land, sät und erntet;
15 so hat er Wein, der ihn erfreut,
Öl, das seinen Körper pflegt, und Brot, das ihn stärkt.
16 Du, Herr, hast die riesigen Zedern auf dem Libanongebirge gepflanzt
und gibst ihnen genügend Regen.
17 In ihren Zweigen bauen die Vögel ihre Nester,
und Störche haben in den Zypressen ihren Brutplatz.
18 In den hohen Bergen hat der Steinbock sein Revier,

a) Wörtlich: in den Wassern. – Vgl. 1. Mose 1,6–8

Freude bahnt sich an

Dorothea Unbehend

Psalm 104, 34

Dieser Psalm ist ein Loblied auf die Schöpfung Gottes, die mir in der Ecke Deutschlands, in der ich lebe, besonders wunderbar vorkommt. Das Staunen über diese Schönheit wurde mir in einer sehr schweren Phase meines Lebens Stütze und Halt. Dunkle Wolken lagen auf meiner Seele, und obwohl die Sonne vom Himmel strahlte, bemerkte ich sie nicht.

Eines frühen Morgens fuhr ich allein durch unsere Gegend. Die Sonne war gerade über den Bergen aufgegangen und tauchte die Wolken in ein herrliches Licht. Da war mir, als würde jemand neben mir sitzen und mir ins Ohr flüstern: «Mach deine Augen auf! Schau und staune! Sollte derjenige, der dies alles geschaffen hat, dich nicht beschützen und behüten können? Hältst du ihn für zu gering, als dass er deine schweren Sorgen tragen könnte? Gibst du deinen Sorgen mehr Macht über dich als ihm?»

Ich schämte mich. Nach langer Zeit öffnete sich meine Seele und ich konnte endlich wieder weinen. Der Schmerz brach heraus, die Kruste der Verbitterung bekam Risse – und durch diese Risse drang langsam der Friede ein, der alle Vernunft übersteigt (Philipper 4,7).

Diese schwere Zeit in meinem Leben ist noch nicht zu Ende, aber inzwischen kann ich mich wieder über die Schönheit der Schöpfung freuen. Denn ich weiß, dass er – der Schöpfer selbst – mich behütet und beschützt. Das lässt mich jubeln, wenn die Sonne über den Bergen aufgeht. Und wie der Psalmist bete ich, dass ihm mein Lied gefällt.

und das Murmeltier[a] findet in den Felsen Zuflucht.
19 Du hast den Mond gemacht, um die Monate zu bestimmen,
und die Sonne weiß, wann sie untergehen soll.
20 Du läßt die Dunkelheit hereinbrechen, und es wird Nacht –
dann regen sich die Tiere im Dickicht des Waldes.
21 Die jungen Löwen brüllen nach Beute;
von dir, o Gott, erwarten sie ihre Nahrung.
22 Sobald aber die Sonne aufgeht, schleichen sie zurück
und suchen in den Schlupfwinkeln ihr Lager auf.
23 Dann aber steht der Mensch auf und geht an seine Arbeit,
er hat zu tun, bis es wieder Abend wird.

24 O Herr, welch unermeßliche Vielfalt zeigen deine Werke!
Sie alle sind Zeugen deiner Weisheit,
die ganze Erde ist voll von deinen Geschöpfen.

25 Da ist das Meer – so unendlich groß und weit,
unzählbar sind die Tiere darin, große wie kleine.
26 Schiffe ziehen dort vorüber und auch die Seeungeheuer,
die du geschaffen hast, um damit zu spielen.
27 Alle deine Geschöpfe warten auf dich,
daß du ihnen rechtzeitig zu essen gibst.
28 Sie holen sich die Nahrung, die du ihnen zuteilst.
Du öffnest deine Hand, und sie werden reichlich satt.
29 Doch wenn du dich von ihnen abwendest,
ist es mit ihnen vorbei.
Ja, sie sterben und werden zu Staub,
wenn du ihnen den Lebensatem nimmst.
30 Doch wenn du deinen lebendigen Geist schickst,
dann werden sie geschaffen;
so schenkst du der Erde neues Leben.

31 Die Macht und Hoheit des Herrn möge für immer bleiben!
Er freue sich an dem, was er geschaffen hat!
32 Er braucht die Erde nur anzusehen – schon erbebt sie;
wenn er die Berge berührt, dann fangen sie an zu rauchen.
33 Singen will ich für den Herrn, solange ich lebe,
für meinen Gott will ich musizieren mein Leben lang.
34 Wie freue ich mich über den Herrn –
möge ihm mein Lied gefallen!
35 Doch wer sich ihm widersetzt, soll nicht mehr weiterleben,
sondern vom Erdboden verschwinden.
Ich will den Herrn von ganzem Herzen preisen.
Halleluja!

a) Wörtlich: der Klippdachs. – Der Klippdachs war ein murmeltierähnlicher Pflanzenfresser von gelb-brauner Farbe. 3. Mose 11,5; 5. Mose 14,7

Israels Geschichte zeigt: Gott hat Wort gehalten!
(Verse 1–15: 1. Chronik 16,8–22)

105 Preist den Herrn, und ruft seinen Namen aus,
verkündet seine großen Taten allen Völkern!
2 Singt und musiziert zu seiner Ehre,
macht alle seine Wunder bekannt!
3 Seid glücklich, daß ihr zu ihm, dem heiligen Gott, gehört!
Ja, alle, die den Herrn suchen, sollen sich freuen!
4 Fragt nach dem Herrn, und rechnet mit seiner Macht,
wendet euch immer wieder an ihn!
5/6 Ihr Nachkommen seines Dieners Abraham,
ihr Kinder und Enkel Jakobs, den er auserwählte,
erinnert euch an die Wunder, die er getan hat!
Denkt immer wieder an seine mächtigen Taten
und an die Urteile, die er fällte!

7 Er ist der Herr, unser Gott!
Auf der ganzen Welt hat er das letzte Wort.
8 Niemals vergißt er seinen Bund mit uns,
sein Versprechen, das er gab.
Es gilt auch allen Generationen nach uns,
selbst wenn es tausend sind.
9 Schon mit Abraham schloß er diesen Bund;
er schwor auch Isaak, sich daran zu halten.
10 An Jakob bestätigte er ihn als gültige Ordnung,
ja, als ewiges Bündnis für ganz Israel.
11 Er sprach: «Euch gebe ich das Land Kanaan,
ihr sollt es für immer besitzen.»

12 Als sie noch eine kleine Schar waren,
nur wenige, dazu noch fremd im Land,
13 als sie von Volk zu Volk wanderten,
von einem Land zum anderen,
14 da erlaubte der Herr keinem, sie zu unterdrücken.
Um sie zu schützen, warnte er die Könige der fremden Völker:
15 «Rührt mein Volk nicht an! Ich habe es erwählt!
Ich habe durch sie etwas Besonderes zu sagen – tut ihnen nichts Böses!»[a]

16 Der Herr ließ eine Hungersnot ins Land kommen,
und die Vorräte an Getreide und Brot gingen schnell zu Ende.
17 Aber Gott hatte ihnen schon einen Mann
nach Ägypten vorausgeschickt:
Josef, der als Sklave verkauft worden war.

a) Wörtlich: Rührt meinen Gesalbten nicht an, und tut meinem Propheten nichts Böses!

Den Mund voller Lob

Ruth Frey

Psalm 105, 2

Laut singend radelte die junge Klavierlehrerin in die Nachbarorte zu ihren Schülerinnen. Sie war rundum glücklich. Die Angst vor Gott, die sie jahrelang gequält hatte, war einer tiefen Freude gewichen. Endlich wusste sie: Jesus Christus hat mein Versagen und meine Fehler weggenommen. Ich bin frei! Nun sang «es» in ihr. Und in ihrem Herzen formte sich ein Lied: «Ich freue mich, ich freu mich, freu mich den ganzen Tag. / Ob Liebes oder Leides mir auch begegnen mag. / Und wollen Not und Sorge die Seele mir beschwer'n, / so blicke ich nach oben und werf sie auf den Herrn.»

Dieses Lied wurde begeistert aufgenommen. Berta Isselmann sang es immer wieder, wuchs in eine große Arbeit hinein und erzählte vom Grund ihrer Freude: vor Schaustellern und Artisten, in Bauarbeiterbuden, in Kneipen und Gaststätten, in Strafanstalten. Sie wurde belächelt und hoch geachtet. Trotz ihres zunehmenden Augenleidens wurde sie nicht müde, jede geöffnete Tür zu nutzen. Selbst als sie fast blind war, gab sie die gute Nachricht in Liedern und Worten weiter. Alle sollten wissen: sie sind von Gott geliebt.

«Wenn ich auch das gedruckte Bibelwort nicht mehr lesen kann», sagte sie, «so reißt mir der Herr gnädig die Herzensaugen auf. Und meine Glaubensfüße hüpfen von einer Verheißung zur anderen. Natürlich muss ich die Glaubensfußgelenke im Gebet täglich ölen lassen, dass sie munter hüpfen können.» Es gibt viele Möglichkeiten, andere in das Staunen über Gott mit hineinzunehmen. Manchmal äußert sich dieses Staunen als tiefer Friede. Dann wieder im Geborgensein oder Erfülltwerden, wenn uns beim Hören oder Lesen der Bibel «ein Licht» aufgeht. Das kann und will nicht verborgen bleiben.

Wir Frauen sind unterschiedlich. Die einen hüten diese Liebe als unermesslichen Schatz, machen nicht viele Worte, sind «durchsonnt» und «durchstrahlt». In ihrer Nähe fühlen sich Menschen wohl und fragen vielleicht nach ihrem Geheimnis. Andere suchen immer neue Wege, um in der Traurigkeit um sie herum ein Licht anzuzünden.

Der Posaunengeneral Kuhlo hatte die Gewohnheit, jeden Morgen vor dem Frühstück am offenen Fenster einen Choral zu blasen. Und einer unserer vielen Gäste, ein Armenier, der durch die Kriegswirren in Russland von seiner Familie getrennt leben musste, sang jeden Morgen einen Psalm. Als er einmal gefragt wurde: «Zieht es Sie nicht sehr zu Ihren Lieben?», antwortete er: «Es zieht mich sehr nach Russland, aber mehr zu Gott.»

Dieses «Ziehen» der Liebe Gottes wird in unserem Leben eine neue Freude wecken, die andere trösten und anstecken kann.

18 Man band seine Füße mit Ketten
und zwängte seinen Hals in einen eisernen Ring.
19 Dies änderte sich erst, als alles eintraf,
was er vorausgesagt hatte.
Es war das Wort, das Gott ihm gab,
und so stellte sich heraus, daß Josef unschuldig war.
20 Da befahl der König, ihn von seinen Fesseln zu befreien;
der Mann, der über viele Völker herrschte, gab ihn frei!
21 Er berief ihn an die höchste Stelle seiner Regierung
und machte ihn zum Verwalter seines Vermögens.
22 Die hohen Beamten wurden ihm unterstellt,
und die Ratgeber des Königs sollten bei ihm lernen,
wie man weise entscheidet.

23 Dann kamen Jakob und seine Familie nach Ägypten,
und sie lebten dort als Fremde.
24 Der Herr ließ sein Volk rasch wachsen
und schließlich mächtiger als seine Unterdrücker werden.
25 Er sorgte dafür, daß die Ägypter anfingen, sein Volk zu hassen.
Am Ende behandelten sie es heimtückisch und gemein.

26 Dann sandte er seine Diener Mose und Aaron,
die er auserwählt hatte, zu ihnen.
27 Sie vollbrachten in Ägypten die Zeichen und Wunder,
die der Herr vorher angedroht hatte:
28 Er sandte pechschwarze Finsternis,
und dennoch widersetzten sich die Ägypter seinem Befehl.[a]
29 Ihre Gewässer verwandelte er in Blut
und ließ die Fische darin umkommen.
30 Im ganzen Land wimmelte es von Fröschen,
die auch vor dem Palast des Königs nicht haltmachten.
31 Auf Gottes Weisung kam Ungeziefer,
ganze Schwärme von Stechmücken bedeckten das Land.
32 Und als die Ägypter auf Regen warteten, sandte er Hagel;
Blitze flammten über das ganze Land und verursachten Brände.
33 Er zerschlug ihre Weinstöcke und Feigenbäume
und zerbrach auch die anderen Bäume im Land.
34 Auf seinen Befehl rückten Heuschrecken heran,
riesige Schwärme, die nicht zu zählen waren.
35 Sie machten sich über alle Pflanzen im Lande her,
alles, was grünte und blühte, fraßen sie kahl.
36 Schließlich tötete der Herr in jeder Familie der Ägypter
den ältesten Sohn – ihren ganzen Stolz.

a) So mit der griechischen Übersetzung. Der hebräische Text fügt ein «nicht» ein: (Mose und Aaron) – sie widersetzten sich nicht.

37 Dann führte er sein Volk heraus, gesund und stark,
reich beladen mit Silber und Gold.
38 Die Ägypter waren froh, sie endlich los zu sein,
so sehr hatte sie die Furcht vor ihnen gepackt.
39 Der Herr gab seinem Volk Schutz hinter einer Wolke,
und in der Nacht erleuchtete ein Feuer ihnen den Weg.
40 Sie verlangten nach Speise, da ließ er Wachteln in ihr Lager kommen,
und mit Brot vom Himmel machte er sie satt.
41 Er öffnete einen Felsen:
Wasser floß heraus und strömte in die Wüste.

42 Ja, Gott hat Wort gehalten!
Er löste sein heiliges Versprechen ein,
das er Abraham, seinem Diener, gegeben hatte.
43 So führte er sein auserwähltes Volk heraus,
und sie sangen und jubelten vor Freude.
44 Dann gab er ihnen das Land anderer Völker;
was diese erarbeitet hatten, wurde nun ihr Besitz.
45 Diese Wunder ließ er sein Volk erleben,[a]
damit sie seinen Weisungen gehorchten
und seine Gebote hielten.
Halleluja!

Wir haben schwere Schuld auf uns geladen!

106 Halleluja!
Preist den Herrn, denn er ist gut,
und seine Gnade hört niemals auf!
2 Wer könnte seine mächtigen Taten alle aufzählen?
Wer könnte ihn jemals genug loben?

3 Glücklich sind alle, die sich an seine Ordnungen halten
und immer das tun, was in Gottes Augen recht ist!
4 Herr, denke auch an mich, wenn du deinem Volk hilfst;
komm auch zu mir und rette mich!
5 Laß mich mit eigenen Augen sehen,
wie du deinem auserwählten Volk Gutes tust!
Ich will mich gemeinsam mit ihnen freuen
und stolz darauf sein, daß ich zu denen gehöre,
die du zu deinem Eigentum gemacht hast.

6 Wir haben schwere Schuld auf uns geladen
wie schon unsere Vorfahren.
Wir haben Unrecht begangen und dich mißachtet!

a) Sinngemäß eingefügt.

Gehorsam wird belohnt

Ingrid Krieger

Psalm 106, 3

Die Zeit wurde knapp. Der vereinbarte Termin für das Treffen mit lieben Freunden rückte immer näher. Aber der Weg dorthin schien nicht enden zu wollen. Eine lange gerade Landstraße mit dem Begrenzungszeichen «70 Kilometer» lag vor mir. Dieses Schild zerrte an meinen Nerven. Ich wollte doch pünktlich sein! Mir schossen viele Argumente durch den Kopf, warum ich schneller fahren sollte. Ich musste abwägen: Ab wann gab es Punkte in Flensburg? War jemand hinter mir, der meinen frommen Fisch-Aufkleber bemerken könnte? Doch dann diese Stimme, nicht hörbar, aber für mich klar vernehmbar: «Sind dir Zeitvorteil und Pünktlichkeit wichtiger als deine Liebe zu mir? Du weißt doch genau, dass ich Gehorsam meinem Wort gegenüber immer belohne.»

Also traf ich eine Entscheidung: Ich werde dieses Verkehrszeichen achten. Ich ärgere mich zwar über das Schild, und es bringt mich vielleicht sogar dazu, dass ich mich bei meinen Freunden entschuldigen muss, weil ich zu spät bin. Aber eigentlich ist es ja meine Schuld. Wäre ich früher weggefahren, dann würde ich jetzt nicht in diesen Gewissensnöten stecken.

Ich schaltete gerade das Radio ein, als ich hinter einem Baum – in letzter Sekunde – eine Radarfalle entdeckte. Mein Blick ging schnell zum Tacho, und mein Schreck verwandelte sich in Freude. Zum Bremsen wäre es zu spät gewesen.

Das, was ich manchmal als Einengung erlebe, ist nur zu meinem Wohl. Und es fängt bei den Alltäglichkeiten – auch schon bei einer Geschwindigkeitsbeschränkung – an. Letztlich erlebe ich Freiheit nur in der Gebundenheit an Jesus, denn die Freiheit, mich an seine guten Gebote zu halten, wird mir geschenkt, je mehr ich in der Abhängigkeit von ihm lebe. Gebundenheit und Freiheit – das scheint sich zu widersprechen, aber meine Erfahrung zeigt mir immer wieder, dass Jesus mich nicht einengen will. Er hat seine Weisungen nicht gegeben, um mich zu versklaven, sondern um mich frei zu machen. Deshalb lohnt es sich, seine Ordnungen zu halten.

Psalm 106 zeigt in der Geschichte Israels genau diesen Zusammenhang auf. Doch wir müssen die Fehler des Volkes nicht wiederholen, sondern können daraus lernen.

[7] Schon unsere Väter in Ägypten
wollten nicht aus deinen Wundern lernen.
Schnell vergaßen sie, wie oft du sie gerettet hattest.
Am Ufer des Schilfmeeres lehnte sich dein Volk gegen dich auf.

[8] Trotzdem befreite sie der Herr,
wie er es versprochen hatte.
So bewies er ihnen seine Macht.
[9] Er befahl dem Schilfmeer, sich zu teilen, und es geschah;
die Fluten türmten sich auf,
und er führte sein Volk wie auf Wüstenboden hindurch.
[10/11] Das Wasser schlug über ihren Verfolgern zusammen,
und nicht einer kam mit dem Leben davon.
So rettete er sie aus der Gewalt ihrer Feinde,
unter deren Haß sie so lange gelitten hatten.
[12] Da endlich glaubten sie seinen Worten
und lobten ihn mit ihren Liedern.

[13] Doch schon bald vergaßen sie, was er für sie getan hatte.
Sie wollten nicht auf das warten,
was nach seinem Plan geschehen sollte.
[14] In der Wüste forderten sie Gott heraus,
in ihrer Gier verlangten sie, Fleisch zu essen.
[15] Da gab er ihnen, wonach sie gierten,
aber gleich darauf plagte er sie mit einer schrecklichen Seuche.

[16] Im Lager wurden sie neidisch auf Mose und auf Aaron,
den der Herr zu seinem Diener erwählt hatte.
[17] Da öffnete sich auf einmal die Erde.
Sie verschlang die Aufrührer Datan und Abiram mit ihren Familien
und schloß sich wieder über ihnen.
[18] Dann brach ein Feuer aus unter denen, die zu ihnen hielten,
und verbrannte sie, weil sie Gott mißachteten.

[19] Am Berg Horeb goß sich das Volk Israel ein goldenes Kalb
und betete das Standbild an.
[20] Die Macht und Hoheit ihres Gottes tauschten sie ein
gegen das Abbild eines grasfressenden Stieres!
[21] Sie vergaßen Gott, ihren Retter,
der in Ägypten mächtige Taten und Wunder vollbracht hatte.
[22] Sie dachten nicht mehr daran, wie er den Ägyptern am Schilfmeer
Angst und Schrecken eingejagt hatte.
[23] Schon sprach Gott davon, sie alle zu vernichten,
doch Mose, sein Auserwählter, setzte sich für sie ein.
Er wandte Gottes Zorn von ihnen ab,
so daß sie nicht vernichtet wurden.

24 Dann verschmähten sie das schöne Land,
denn sie glaubten Gottes Zusagen nicht.
25 Sie blieben in ihren Zelten und schimpften über Gott;
längst nahmen sie seine Worte nicht mehr ernst.
26 Da hob er seine Hand zum Schwur und sagte:
«Ich werde sie in der Wüste umkommen lassen
27 und ihre Nachkommen unter die Völker zerstreuen,
damit sie dort untergehen!»

28 Sie gaben sich dazu her, Baal anzubeten,
den Gott vom Berg Peor,
und aßen das Fleisch von Opfertieren,
die man toten Götzen geweiht hatte.
29 Durch ihr gottloses Treiben reizten sie den Herrn zum Zorn,
da brach eine schreckliche Seuche unter ihnen aus.
30 Pinhas aber griff ein und hielt Gericht,
und die Seuche hörte auf.
31 So fand er Gottes Anerkennung,
er und seine Nachkommen für alle Zeit.

32 Auch bei der Felsenquelle von Meriba
forderte Israel Gottes Zorn heraus,
und über Mose brach ihretwegen das Verhängnis herein:
33 Sie hatten ihn so erbittert,
daß er sich zu unbedachten Worten hinreißen ließ.

34 Sie beachteten nicht den Befehl Gottes,
die anderen Völker zu vernichten.
35 Statt dessen vermischten sie sich mit ihnen
und übernahmen ihre schrecklichen Gebräuche:
36 sie beteten ihre Götter an,
die ihnen dann zum Verhängnis wurden.
37/38 Sie opferten ihre eigenen Söhne
und Töchter den Dämonen.
Sie vergossen unschuldiges Blut und entweihten das Land,
indem sie ihre Kinder zu Ehren der Götzen Kanaans schlachteten.
39 Durch ihre bösen Taten wurden sie unrein in Gottes Augen –
sie brachen ihm die Treue.

40 Da geriet Gott in Zorn über Israel
und verabscheute sein eigenes Volk.
41 Er gab sie in die Hand fremder Völker;
sie wurden beherrscht von denen, die sie haßten.
42 Ihre Feinde unterdrückten sie,
ihrer Gewalt mußte Israel sich beugen.
43 Immer wieder befreite sie der Herr,
aber sie dachten nicht im geringsten daran,

ihm zu gehorchen.
So sanken sie durch ihre Schuld immer tiefer ins Unglück.
44 Doch als Gott ihre verzweifelte Lage sah
und ihre Hilfeschreie hörte,
45 da dachte er an seinen Bund mit ihnen.
Ja, seine Liebe zu ihnen war stark, darum tat es ihm leid,
daß er sie ihren Feinden ausgeliefert hatte.
46 Er ließ sie Erbarmen finden
bei denen, die sie gefangen hielten.

47 Rette uns, Herr, unser Gott!
Führe uns heraus aus den Völkern, die dich nicht kennen,
und bring uns wieder zusammen!
Dann werden wir deinen heiligen Namen preisen
und stolz darauf sein, daß wir dich loben können.
48 Ja, gelobt sei der Herr, der Gott Israels,
jetzt und für alle Zeit!
Und das ganze Volk soll antworten:
Amen! Halleluja!

Herr, du hast uns gerettet!

107 Preist den Herrn, denn er ist gut,
und seine Gnade hört niemals auf!
2 Dies sollen alle bekennen, die der Herr gerettet hat.
Ja, er hat sie aus der Gewalt ihrer Unterdrücker befreit
3 und aus fernen Ländern wieder zurückgebracht –
aus Ost und West, aus Nord und Süd.

4 Viele irrten in der trostlosen Wüste umher
und konnten den Weg zu einer bewohnten Stadt nicht finden.
5 Vor Hunger und Durst waren sie am Ende ihrer Kraft
und verloren allen Mut.
6 In auswegloser Lage schrien sie zum Herrn,
und er rettete sie aus ihrer Not.
7 Er half ihnen, den richtigen Weg zu finden,
und führte sie zu einer Stadt, in der sie wohnen konnten.
8 Sie sollen den Herrn preisen für seine Gnade
und für seine Wunder, die er uns Menschen erleben läßt!
9 Denn fast wären sie verhungert und verdurstet,
doch er gab ihnen genug zu essen und zu trinken.

10 Andere lagen in finsteren Gefängnissen,
gequält und mit eisernen Ketten gefesselt.
11 Sie hatten mißachtet, was Gott ihnen sagte,
und seine Weisungen in den Wind geschlagen.
12 Darum zerbrach er ihren Stolz durch Zwangsarbeit;

sie lagen am Boden, und keiner half ihnen auf.
13 In auswegloser Lage schrien sie zum Herrn,
und er rettete sie aus ihrer Not.
14 Er holte sie aus den finsteren Gefängnissen
und riß ihre Fesseln entzwei.
15 Sie sollen den Herrn preisen für seine Gnade
und für seine Wunder, die er uns Menschen erleben läßt.
16 Denn er hat die gepanzerten Türen zerschmettert
und die eisernen Riegel aufgebrochen.

17 Andere litten unter den Folgen ihrer Sünden und Verfehlungen;
sie siechten dahin
18 und ekelten sich vor jeder Speise – vom Tod gezeichnet.
19 In auswegloser Lage schrien sie zum Herrn,
und er rettete sie aus ihrer Not.
20 Er sprach nur ein Wort, und sie wurden gesund.
So rettete er sie vor dem sicheren Tod.
21 Sie sollen den Herrn preisen für seine Gnade
und für seine Wunder, die er uns Menschen erleben läßt.
22 Aus Dank sollen sie ihm Opfergaben bringen
und voll Freude von seinen Taten erzählen!

23 Wieder andere fuhren mit ihren Schiffen aufs Meer hinaus,
um Handel zu treiben.
24 Dort erlebten sie Gottes Macht,
auf hoher See wurden sie Zeugen seiner wunderbaren Taten.
25 Nur ein Wort von ihm – und ein Sturm peitschte das Meer.
Wogen türmten sich auf,
26 warfen die Schiffe hoch in die Luft
und stießen sie sogleich wieder in gähnende Abgründe.
Da verloren sie jede Hoffnung.
27 Sie wirbelten durcheinander und taumelten wie Betrunkene,
mit ihrer Weisheit waren sie am Ende.
28 In auswegloser Lage schrien sie zum Herrn,
und er rettete sie aus ihrer Not.
29 Er bannte die tödliche Gefahr:
der Sturm legte sich, und die tobenden Wellen wurden ruhig.
30 Da freuten sie sich, daß es endlich still geworden war!
Gott brachte sie in den Hafen, an das ersehnte Ziel.
31 Sie sollen den Herrn preisen für seine Gnade
und für seine Wunder, die er uns Menschen erleben läßt.
32 Wenn sich das Volk versammelt,
sollen sie seine Größe rühmen und ihn vor dem Rat der Ältesten loben.

33 Der Herr verwandelt wasserreiches Land in dürre Wüste,
und wo vorher Quellen sprudelten,
entstehen trostlose Steppen.

Heimat finden

Maria Utri

Psalm 107, 7

Ich komme in unser Haus. Seit ich denken kann, leben mein Vater, meine Mutter und meine Geschwister dort. Hier ist mir alles vertraut. Mein Schlüssel passt ins Schloss, ich kann alle Räume betreten, schaue in Mutters Kochtöpfe, die auf dem Herd stehen. Noch einen kurzen Blick in die Speisekammer, um «etwas Besonderes» zu entdecken. Schnell stibitze ich eine kleine Kostprobe. Überall vertraute Gerüche, bekannter Wechsel von Licht und Schatten.

Meine Mutter sitzt im Wohnzimmer über die Stickerei gebeugt. Ich stecke meinen Kopf zur Tür hinein und rufe: «Hallo!» Sie schaut über ihre Brille. «Ach, du bist es!», sagt sie und lächelt mich an. Als ich mich auf dem gemütlichen Sofa niedergelassen habe, dauert es nicht lange, bis mein Vater kommt.

Was bedeutet Heimat? Menschen, Geborgenheit, Vertrautheit, Schutz, Erinnerungen, die sich mit Gefühlen verbinden. Dort, wo mein Ausgangspunkt war, wo sich meine Persönlichkeit gebildet hat, wo ich Menschsein erlernen durfte, Trauriges und Schönes erlebt habe, Fehler machen konnte und trotzdem geliebt wurde, wo Vater und Mutter um mich bemüht waren – das alles bedeutet für mich Heimat.

Im vergangenen Jahr sind meine Eltern gestorben. Nun ist es nicht mehr möglich, zu Vater und Mutter nach Hause zu kommen. Noch immer gehe ich in dieses Haus, aber ich läute an der Tür. Meine Schwester wohnt jetzt mit ihrer Familie dort, und ich bin sehr froh darüber. Wir verstehen uns prächtig, und ich vermute, sie würde es mir erlauben, in alle Zimmer zu schauen oder die Speisekammer zu durchforsten – doch ich habe Hemmungen. Zugegeben, manchmal schaue ich in ihre Töpfe, die auf dem Herd stehen, weil ich der Meinung bin, dass sie besser kochen kann als ich.

Unsere Heimat hier auf der Erde ist zeitlich begrenzt, manchmal mit schlimmen Erfahrungen verbunden, verloren gegangen oder nie gefunden worden. Doch unser Vater im Himmel hat eine wunderbare Heimat für uns vorbereitet, die keine Begrenzung kennt. Eine Heimat, die mit nichts vergleichbar ist, die alle unsere Vorstellungen übertreffen wird. Unser Schöpfer, von dem wir ausgegangen sind, hat uns durch Jesus Christus gefunden. Er umsorgt uns und führt uns die richtigen Wege. Wir können sein, wie wir sind – er kennt uns. Bei ihm dürfen wir nach Hause kommen. Die Bibel spricht davon, dass wir durch Jesus Christus die Hoffnung auf ein ewiges, von keiner Sünde beschmutztes und unzerstörbares Erbe haben, das Gott in seinem Reich für uns bereithält (1. Petrus 1,4). Ich freue mich darauf!

34 Fruchtbare Gebiete macht er zur Salzwüste,
wenn die Bosheit der Bewohner überhand nimmt.
35 Doch er verwandelt auch dürres Land in eine Oase
und läßt mitten in der Steppe Quellen aufbrechen.
36 Hungernde Menschen siedeln sich dort an
und gründen Städte.
37 Sie bestellen die Felder, legen Weinberge an
und bringen Jahr für Jahr eine reiche Ernte ein.
38 Gott segnet sie mit vielen Kindern
und vergrößert ihre Viehherden immer mehr.
39 Wenn habgierige Machthaber sie unterdrücken
und sie immer weniger werden, gebeugt von Unglück und Leid,
40 dann macht Gott ihre Unterdrücker zum Gespött
und läßt sie in der Wüste umherirren.
41 Die Hilflosen aber rettet er aus ihrem Elend
und läßt ihre Familien wachsen wie große Herden.

42 Die aufrichtigen Menschen sehen es und freuen sich,
und alle niederträchtigen müssen verstummen.
43 Wer verständig ist, soll immer wieder daran denken.
Er wird erkennen, daß der Herr auf vielfache Weise zeigt,
wie gnädig er ist!

Gottes Antwort auf die Niederlage

108 Ein Lied Davids.
2 Voller Vertrauen blicke ich in die Zukunft, mein Gott;
darum will ich singen und dir danken, Herr!
Fasse neuen Mut, mein Herz! Wach auf!
3 Harfe und Zither, wacht auf!
Ich will den neuen Tag mit meinem Lied begrüßen.
4 Herr, ich will dir danken vor den Völkern,
vor allen Menschen will ich dir singen.
5 Groß ist deine Güte! Sie reicht über den Himmel hinaus!
Und wohin die Wolken auch ziehen: Überall ist deine Treue!
6 Gott, zeige deine Größe, die den Himmel überragt;
erweise deine Macht und Herrlichkeit auf der ganzen Welt!
7 Hilf uns und antworte! Rette uns!
Wir sind doch dein geliebtes Volk!

8 Darauf hat Gott in seinem Heiligtum geantwortet:
«Im Triumph will ich meinem Volk
die Gegend um Sichem geben;
das Tal von Sukkot will ich ihnen zuteilen.
9 Mir gehören die Gebiete von Gilead und Manasse,
Ephraim ist mein Helm auf dem Haupt,

Freitag

Fasse neuen Mut

Roswitha Wurm

Psalm 108, 2

«Jeder neue Morgen ist ein neuer Anfang unseres Lebens!» Dieser Ausruf ist durchdrungen von Neugier und Lebensmut. Welch herrliches Leben und welche ungeahnten Möglichkeiten liegen wohl vor dem Mann, der dies gesagt hat? Die Realität sah für diesen begnadeten Christen allerdings ganz und gar nicht vielversprechend aus. Dietrich Bonhoeffer wusste nicht, ob es für ihn noch ein Morgen geben würde, als er in der Zeit des nationalsozialistischen Regimes wegen seines Glaubens und seines Widerstandes im Gefängnis saß. Die Flamme seines irdischen Lebens drohte ausgelöscht zu werden. Wenn er diese Wahrheit voller Vertrauen im Angesicht des Todes und in Verlassenheit sagen konnte, wie viel mehr gilt diese Zukunftsfreude auch uns!

Wie David dürfen wir voller Vertrauen in die Zukunft blicken – stets mit einem Loblied im Herzen und voller Dankbarkeit unserem Vater im Himmel gegenüber! Er verlässt uns nicht, auch in unseren dunkelsten Stunden ist er bei uns. So konnte auch Dietrich Bonhoeffer kurz vor seinem Sterben das bekannte Lied schreiben, in dem es heißt: «Gott ist mit uns am Abend und am Morgen und ganz gewiss an jedem neuen Tag!» Bald darauf wurde er hingerichtet, doch Gott hatte ihn in dieser verzweifelten Lage nicht allein gelassen, sondern ihm den Mut und die Gnade gegeben, bis zum bitteren Ende treu zu sein. Und Gott führte ihn in ein besseres Leben, in eine Zukunft, die allen verheißen ist, die Gott lieben: für immer beim Vater im Himmel zu sein.

Wenn uns bewusst ist, dass ein Leben nach dem Tod auf uns wartet, brauchen wir unsere Sehnsüchte und Wünsche nicht auf unser kurzes Dasein auf dieser Erde zu beschränken. Ein Christ weiß, dass es eine Zukunft in der ewigen Heimat gibt – das schenkt Hoffnung und Mut und macht unendlich dankbar!

«Fasse neuen Mut, mein Herz! Wach auf!», ruft uns David zu. Auch wenn wir in einer Lebenssituation stehen, die uns ausweglos und trostlos erscheint: Es gibt immer ein Morgen! Unser ewiger Herr verlässt uns nicht und schenkt uns Mut und Kraft für jeden Augenblick.

ALTER

Doris Reinthaler

Von den älteren Frauen verlange, dass sie ein Leben führen, wie es Gott Ehre macht. So können sie die jungen Frauen zu einem guten, geordneten Leben anleiten (Titus 2,3–4).

Nichts aufzuweisen
außer abgearbeiteten Händen,
mit dünn gewordener Haut und Altersflecken,
außer krumm gewordenem Rücken und Schwerhörigkeit.
Überhaupt leise geworden,
kaum, dass dich noch jemand wahrnimmt,
kaum, dass jemand sich für deine Meinung interessiert.
Denkst du.
Und doch mustern dich,
unauffällig und verstohlen,
junge Augen – bemüht, dein Leben zu entziffern, zu verstehen.
Mach für sie dein Lebensbuch ein wenig auf,
du hast etwas zu bieten:
dein Lachfältchenkranz verrät es
und diese Falte auf der Stirn.
Junge Augen suchen hinter Fassaden nach Inhalt.
Mach dein Lebensbuch ein wenig auf,
zeig, wie du es geschafft hast, bis hierher.
Sie brauchen Mut für ihren Weg durchs Leben.
Du hast vieles zu bieten:
ein Leben mit Gott.
Gefallen, aufgestanden, weitergegangen.
Getröstet, gestärkt, geborgen.
Auch heute noch gesegnet,
zum Segen für andere.

Juda das Zepter in meiner Hand.
[10] Das Land Moab dient mir als Waschbecken;
auf Edom werfe ich meinen Schuh als Zeichen dafür,
daß ich von ihm Besitz ergreife.
Und über die Philister triumphiere ich als Sieger!»

[11] Wer gibt mir Gewalt über die befestigte Stadt?
Wer schenkt mir den Sieg über Edom?
[12] Außer dir, Herr, kommt ja niemand in Frage!
Doch gerade du hast uns verstoßen.
Gerade du, Gott, ziehst nicht mehr mit unseren Truppen in den Kampf.
[13] Rette uns vor den Feinden!
Denn wer sich auf Menschen verläßt, der ist verlassen!
[14] Mit Gott werden wir große Taten vollbringen,
er wird unsere Feinde zertreten!

Herr, bestrafe meine Feinde!

109 Ein Lied Davids.
Mein Gott, ich lobe dich und bitte: Schweige nicht!
[2] Rücksichtslos gehen gottlose Menschen gegen mich vor,
sie reißen ihren Mund auf und verleumden mich.
[3] Sie bedrängen und beschimpfen mich mit haßerfüllten Worten;
sie bekämpfen mich ohne jeden Grund.
[4] Meine Liebe zu ihnen beantworten sie mit Feindschaft,
ich aber bete weiter zu dir.
[5] Mit Bosheit zahlen sie mir heim, was ich ihnen Gutes tue;
meiner Liebe setzen sie nur Haß entgegen.

[6] O Herr, laß einen Ankläger gegen meinen Feind auftreten
und bestimme einen Richter, der sich nicht an deine Gesetze hält![a]
[7] Wenn das Urteil gefällt wird,
soll er schuldig gesprochen werden.
Selbst sein Gebet rechne ihm als Sünde an!
[8] Er soll nicht mehr lange leben,
und seine Stellung soll ein anderer bekommen.
[9] Seine Kinder sollen Waisen werden
und seine Frau eine Witwe.
[10] Ruhelos sollen seine Kinder umherirren und betteln,
ihr Elternhaus laß zu einer Ruine verfallen.
[11] Seine Gläubiger mögen seinen Besitz an sich reißen,
und Fremde sollen rauben, was er sich erworben hat.
[12] Niemand soll sein Andenken in Ehren halten

a) Möglicherweise zitiert der Beter in den Versen 6–19 die Verwünschungen seiner Gegner. Dann müßte der Abschnitt eingeleitet werden mit: «Sie sagen: Ein Ankläger soll gegen ihn auftreten ... »

Montag

Hunger nach Gerechtigkeit

Monica Anna Guedel

Psalm 109, 2

Es gibt wohl kaum einen tieferen Schmerz, als von den Menschen, die einem nahe stehen und die man liebt, verleumdet und ungerecht beschuldigt zu werden.

David erzählt Gott in diesem Psalm sein Leid. Es ist das Gebet eines unschuldig Angeklagten. Doch obwohl David sich hilflos, niedergeschlagen und im Innersten verwundet fühlt, spricht er Gott sein Vertrauen aus. Er kennt ihn und verlässt sich auf ihn. Das allein ist die Grundlage, auf der uns Gottes Eingreifen erreichen kann. «Was ihr mir zutraut, das soll sich erfüllen», sagt Jesus (Matthäus 9,29).

Was für eine herrliche Botschaft! «Für meine Feinde bin ich zum Gespött geworden», sagt David zwar (Vers 25). Aber während er noch betet «... du bist doch ein Gott, der gerne rettet» (Vers 26), lebt er schon im Sieg über die Umstände. Sein Blick richtet sich auf Gott, von dort erwartet er seine Hilfe.

Es tut gut, dem himmlischen Vater in Zeiten der Verleumdung sein Herz ausschütten zu können, denn er versteht unseren Schmerz. Keiner wurde je so verleumdet und verachtet wie Jesus. Keiner weiß besser, was es heißt, verraten zu werden. Mit Bosheit wurde ihm das Gute vergolten, schließlich schlug man ihn ans Kreuz. Aber noch dort bat er: «Vater, vergib ihnen, denn sie wissen nicht, was sie tun!» (Lukas 23,34).

Wir haben den Sieg, wenn wir im Vertrauen auf Gott handeln und uns nach den Worten richten: «Liebt eure Feinde und betet für alle, die euch hassen und verfolgen» (Matthäus 5,44). Damit überlassen wir Gott die nötige Reaktion. Und wir sind frei – frei von Rachegefühlen und Magengeschwüren, von bösen Gedanken und Kopfweh. Aber das Schönste dabei ist: Unser Herz bleibt frei zum Danken für all das Gute, das Gott schon getan hat und noch tun wird.

Böse Worte können treffen wie verletzende Pfeile, falsche Anklagen können einem Menschen hart zusetzen. Aber Menschen, die in Jesu Liebe geborgen sind, bleiben im Innersten unantastbar – das ist die Macht der Kinder Gottes. «Doch wenn du mir treu bleibst, treu bis zum Tod, werde ich dir den Preis des Siegers geben: das ewige Leben» (Offenbarung 2,10).

und mit seinen verwaisten Kindern Mitleid haben.
[13]Seine Nachkommen sollen ausgerottet werden,
schon in der nächsten Generation möge ihr Name erlöschen.
[14]Der Herr soll meinem Feind das Unrecht seiner Vorfahren
nie vergessen,
und auch die Schuld seiner Mutter bleibe ungesühnt!
[15]Die Sünden aller seiner Vorfahren
sollen dem Herrn stets vor Augen stehen,
doch an sie selbst soll niemand mehr denken!
[16]Denn dieser Mensch dachte nicht daran,
anderen Gutes zu tun.
Die Armen und Hilflosen verfolgte er,
und die Niedergeschlagenen trieb er in den Tod.
[17]Er liebte es, andere zu verfluchen –
nun soll der Fluch ihn selber treffen!
Er haßte es, andere zu segnen –
darum bleibe der Segen von ihm fern!
[18]Das Fluchen wurde ihm zur Gewohnheit,
er hüllte sich darin ein wie in einen Mantel.
Aber nun wird sein Fluch gegen ihn selbst wirksam:
er dringt in ihn ein wie Wasser, das man trinkt,
und wie Öl, mit dem man sich einreibt.
[19]Er soll ihn bedecken wie ein Gewand
und ihn für immer einschnüren wie ein enger Gürtel!

[20]Ja, Herr, damit strafe alle meine Feinde,
alle, die mich verleumden!
[21]Herr, mein Gott, tritt für mich ein,
es geht um deine Ehre!
Rette mich, denn auf deine Gnade ist Verlaß!
[22]Ich bin niedergeschlagen und hilflos,
im Innersten verwundet.
[23]Mein Leben gleicht einem Schatten am Abend,
der bald in der Dunkelheit verschwindet.
Ich bin wie eine Heuschrecke, die man vom Arm abschüttelt.
[24]Vom vielen Fasten zittern mir die Knie,
ich bin nur noch Haut und Knochen.
[25]Für meine Feinde bin ich zum Gespött geworden;
wenn sie mich sehen, schütteln sie den Kopf.
[26]Hilf mir doch, Herr, mein Gott! Steh mir bei –
du bist doch ein Gott, der gerne rettet!
[27]Laß meine Feinde erkennen,
daß du es bist, der alles so gefügt hat!
[28]Mögen sie mich auch verwünschen – du wirst mich segnen!
Sie greifen mich an, aber sie werden dabei scheitern!
Zuletzt werde ich mich doch wieder freuen können.
[29]Schimpf und Schande soll über meine Ankläger kommen,

soll sie einhüllen wie ein Mantel!
30 Mit lauter Stimme will ich dem Herrn danken,
vor der großen Menge will ich ihn loben.
31 Er steht dem Wehrlosen zur Seite;
er rettet ihn vor den Richtern,
die ihn zum Tode verurteilen wollen.

König und Priester in einer Person

110 Ein Lied Davids.
Gott, der Herr, sprach zu meinem Herrn:
«Setze dich auf den Ehrenplatz an meiner rechten Seite,
bis ich dir alle deine Feinde unterworfen habe,
bis du deinen Fuß auf ihren Nacken setzt!»
2 Vom Berg Zion aus wird der Herr
deine königliche Macht ausweiten –
nun herrsche über alle deine Feinde!
3 Wenn du ein Heer zum Kampf aufstellst,
wird dir dein Volk begeistert folgen.
Feierlich geschmückt, voll jugendlicher Kraft,
stehen dir die jungen Krieger in großer Zahl zur Seite.[a]

4 Gott, der Herr, hat meinem Herrn geschworen:
«In alle Ewigkeit sollst du ein Priester sein,
so wie es Melchisedek war!»
Diesen Schwur wird er niemals brechen.
5 Der Herr wird dir zur Seite stehen;
am Tag des Gerichtes zerschmettert er Könige.
6 Wenn er über die Völker sein Urteil spricht,
wird das Schlachtfeld mit Leichen bedeckt sein.
Den Herrscher über ein großes Land wird er vernichten.
7 Auf seinem Feldzug wird der Herr nur kurz rasten
und aus dem Bach am Wege trinken.
So gestärkt erringt er den Sieg.

Was Gott tut, ist einzigartig!

111 Halleluja – lobt den Herrn!
Ich will dem Herrn von ganzem Herzen danken vor allen,
die ihm treu sind – ja, vor der ganzen Gemeinde!
2 Wie gewaltig ist alles, was der Herr vollbracht hat!
Wer sich über seine Taten freut,
denkt immer wieder darüber nach.

a) Vers 3 wörtlich: Dein Volk ist willig am Tag deiner Macht. Aus dem Schoß der Morgenröte kommt dir der Tau deiner Kindschaft. – Der Vers ist nicht sicher zu deuten.

Gott bleibt Sieger

Maria Czerwonka

Psalm 110, 7

Was für eine wunderbare Beschreibung unseres siegreichen Streiters Jesus Christus! David hat mit seinem Herzen Gottes Sohn prophetisch gesehen, angekündigt und geehrt. Aber dies soll keine schöne Poesie sein, an der wir uns nur erfreuen können. Nein, als Töchter des Vaters im Himmel dürfen wir ihn, unseren Erlöser, wirklich so erleben!

Die Vorausschau Davids gilt sowohl geschichtlich als auch für alle Bereiche unseres alltäglichen Lebens. Feinde standen und stehen nicht nur dem Volk Israel gegenüber, sondern auch uns! Sie treten uns täglich entgegen. In unserem Alltag heißen sie nicht Moabiter oder Ammoniter, sondern haben Namen wie Sorge, Zweifel, Angst, Bitterkeit, Minderwertigkeitsgefühle oder Stolz.

Sie tragen auch keine glänzenden Rüstungen. Aber sie sind sehr überzeugend mit menschlicher Logik, eigenen und übernommenen Erfahrungen oder überlieferten Denkschemen bekleidet. Wir haben uns oft so an diese Quälgeister gewöhnt, dass wir uns mit ihnen arrangieren, ja uns ihnen sogar unterordnen, weil das unabänderlich scheint! Dabei kosten sie uns Kraft, beeinflussen unser Handeln, löschen unsere Freude aus und – was am gefährlichsten ist – lenken uns von dem ab, wozu Gott uns berufen hat!

David spricht hier nicht von einem Wunschtraum, sondern erkennt den, der uns befreien möchte von allen angreifenden Heeren der Angst, der Sorge, der Zweifel, der falschen Einschätzung unserer selbst und anderer! Nein, es geht nicht darum, diese Feinde einfach zu ignorieren, sondern darum, unserem Streiter Raum zu geben, gegen diese Widersacher anzutreten und zu siegen.

Wir sind nicht dazu geschaffen, uns unter das Joch dieser aufgeblasenen Angreifer zu begeben – sondern dazu, inmitten der Feinde zu herrschen, denn wir dürfen an Jesu Seite kämpfen (Verse 2 und 3). Der König der Könige lädt uns ein und deckt uns im Angesicht dieser Feinde den Tisch, damit wir in seiner Geborgenheit speisen und unseren Becher von ihm überfließend gefüllt empfangen! (Psalm 23 – Luther)

Denn er, der aus der Quelle des Lebens trinkt, will in uns selbst die Quelle des Lebens sein. Er will sein Haupt über alle unsere Feinde erheben! Und noch mehr – er selbst, unser König, erhebt unser Haupt (Psalm 3,4 – Luther). Ja, wir als seine Töchter dürfen lernen, unter seiner Leitung ebenfalls unser Haupt über die Feinde zu erheben! (Psalm 27,6 – Luther)

[3] Was der Herr tut, ist eindrucksvoll und einzigartig.
Für immer und ewig hält er, was er versprochen hat.
[4] Er selbst hat alles dafür getan,
daß seine Wunder nicht in Vergessenheit geraten.
Gnädig und barmherzig ist der Herr!
[5] Denen, die ihn ehrten und achteten,
gab er immer genug zu essen.
Niemals vergißt er den Bund,
den er mit Israel geschlossen hat.
[6] Er bewies ihnen seine Macht:
Die Länder anderer Völker gab er ihnen zum Besitz.
[7] Er ist zuverlässig und gerecht in allem, was er tut;
seinen Geboten kann man völlig vertrauen.
[8] Niemals verlieren sie ihre Gültigkeit,
für alle Zeiten bleiben sie bestehen.
Er hat sie gegeben, um uns seine Treue und Wahrhaftigkeit
vor Augen zu führen.
[9] Der Herr hat sein Volk erlöst
und mit ihnen einen Bund geschlossen für immer und ewig.
Heilig und furchterregend ist unser Gott!
[10] Alle Weisheit fängt damit an, daß wir ihn ernst nehmen.
Wer sein Leben nach Gottes Geboten ausrichtet,
der allein gewinnt Einsicht.
Nie wird das Lob unseres Gottes verstummen!

Geben macht glücklicher als Nehmen!

112 Halleluja – lobt den Herrn!
Glücklich ist, wer dem Herrn in Ehrfurcht begegnet
und sich über seine Gebote freut!
[2] Seine Nachkommen werden im ganzen Land
hohes Ansehen genießen,
denn Gottes Segen liegt auf jeder Generation,
die sich von ihm nicht abbringen läßt.
[3] Bei einem solchen Menschen
sind Reichtum und Wohlstand zu Hause.
Unerschütterlich und treu hält er zu Gott.
[4] Selbst in dunklen Stunden leuchtet ihm ein Licht,
er ist voll Erbarmen, großmütig und gerecht.

[5] Gut geht es dem, der freundlich zu den Armen ist
und ihnen gerne Geld leiht,
der sich an das Recht hält bei allem, was er unternimmt!
[6] Nichts wird ihn zu Fall bringen,
einen solchen Menschen vergißt man nicht!
[7] Er fürchtet sich nicht vor schlechter Nachricht,
denn sein Glaube ist stark – er vertraut dem Herrn.

Wie werde ich klug?

Magdalena Paulus

Psalm 111, 10

Gut und erfolgreich leben – ob uns das gelungen ist, zeigt sich auch an dem, was wir am Ende des Lebens vorzuweisen haben. Deshalb sind die Buchläden voll von Ratgebern, die für ein erfolgreiches Leben werben – wie dieser: «Sag ja zum Erfolg! Der Weg zu Reichtum und persönlicher Freiheit – die Lösung für alle, die gerne reich werden wollen.» Dass ich meine erste Million noch immer nicht gemacht habe, zeigt nur, wie einfältig ich bin. Es scheint, als könne jeder reich werden. Ja, wahrscheinlich stimmt es sogar: Wer sich das Buch kauft und sämtliche Regeln konsequent befolgt, wird merken, dass sich das positiv auf den Geldbeutel auswirkt. Allerdings muss er auch den Preis dafür zahlen: Disziplin und konsequente Ausrichtung auf das *eine* Ziel – reich zu werden. Alle Ausgaben und Lebensbereiche werden kritisch überprüft und dem Geldvermehren untergeordnet. Am Ende kann sich der Reichgewordene beglückwünschen: Das Ziel ist erreicht, er hat Erfolg im Leben gehabt. Oder?

Wer bestimmt eigentlich, was Erfolg im Leben ist? Der Ratgeber zu finanzieller Freiheit hat die Entscheidung schon getroffen: Erfolgreich ist, wer reich wird. Es ist zwar schön, dass es so viele Ratgeber für die unterschiedlichsten Lebenslagen gibt: Fitness und Ernährung, Partnerschaft und Kindererziehung, Karriere und Geldanlagen. Über unsere Lebensziele dürfen wir sie jedoch nicht entscheiden lassen. Selbst wenn wir uns im Vergleich zu den Cleveren ziemlich einfältig vorkommen – über Erfolg oder Misserfolg unseres Lebens entscheidet kein Erfolgsautor, kein Finanz-, Fitness- oder Schönheits-Berater. Darüber entscheidet allein Gott.

Zum Glück ist Gott nicht nur ein Richter, der am Ende seine Bewertung vornimmt. Er ist viel mehr. Mitten im Trubel und der Orientierungslosigkeit unserer Zeit ist er der ultimative und kompetenteste Ratgeber für ein erfolgreiches Leben. Wirklich clever ist, wer auf seinen Rat hört. Denen, die um jeden Preis reich werden wollen, sagt er: «Solche unsinnigen und schädlichen Wünsche stürzen die Menschen in den Untergang und ins Verderben» (1. Timotheus 6,9). Ziemlich konkret, nicht wahr?

Gottes Gebote machen wirklich klug. Sie sind der goldene Weg zu jeglicher Freiheit: Freiheit von unseren kurzsichtigen Vorstellungen, die nur in neue Zwänge führen, hin zu der ungeheuren Freiheit, das Leben für Menschen und Ziele einzusetzen, die noch in der Ewigkeit Bestand haben. Und aus der Freude, die unser Herz dann erfüllt, hören wir schon heute Gottes «Ja!»

8 Er läßt sich nicht erschüttern und hat keine Angst,
denn er weiß, daß er über seine Feinde triumphieren wird.
9 Großzügig schenkt er den Bedürftigen, was sie brauchen;
auf seine barmherzige Liebe kann man immer zählen[a].
Darum ist er überall hoch angesehen.[b]
10 Alle, die Gott mißachten, sehen es und ärgern sich,
sie knirschen mit den Zähnen und vergehen vor Wut.
Denn was sie sich erträumt haben, zerrinnt in nichts.

Hoffnungslos im Elend?

113 Halleluja! Lobt den Herrn, ihr seine Diener!
Lobt seinen herrlichen Namen!
2 Ja, der Name des Herrn werde gepriesen –
jetzt und in alle Zukunft!
3 Von dort, wo die Sonne aufgeht,
bis dorthin, wo sie untergeht –
überall werde der Herr gelobt!
4 Er herrscht über alle Völker,
seine Macht und Hoheit überragt den Himmel!
5/6 Einzigartig ist der Herr!
Niemand im Himmel und auf der Erde ist ihm gleich.
Sein Thron steht hoch über allen Thronen,
und doch sieht er, was in der Tiefe vor sich geht.
7 Wer hoffnungslos im Elend sitzt, den holt er heraus;
wer erniedrigt wurde, den bringt er wieder zu Ehren
8 und gibt ihm einen Platz unter den Angesehenen,
die in seinem Volk Rang und Namen haben.
9 Auch die kinderlose Frau befreit er von ihrer Schmach
und macht sie zu einer glücklichen Mutter.
Halleluja!

Gott macht Geschichte

114 Als Israel aus Ägypten zog,
als die Nachkommen Jakobs das Volk verließen,
dessen Sprache sie nicht verstehen konnten,
2 da machte der Herr das Gebiet Juda zu seinem Heiligtum
und Israel zu seinem Herrschaftsbereich.
3 Das Rote Meer sah das Volk kommen und wich zurück,
auch der Jordan hörte auf zu fließen und staute sein Wasser.

a) Wörtlich genau wie Vers 3b: seine Gerechtigkeit bleibt für immer. – Jedoch gewinnt in diesem Zusammenhang das hebräische Wort für «Gerechtigkeit» den Sinn « Mildtätigkeit». Vgl. Matthäus 6,1
b) Wörtlich: Sein Horn ragt in Ehren auf.

Donnerstag

Aus vollem Herzen geben

Ruth Imhof-Moser

Psalm 112, 5

Beim Stichwort «geben» kommt mir der Bibelvers in den Sinn: «Wer das, was er hat, gewissenhaft nutzt, dem kann man noch mehr anvertrauen. Wer aber mit Wenigem nachlässig umgeht, dem wird man auch das noch nehmen» (Lukas 19,26).

Haben Sie auch ab und zu Gedanken wie: «Was kann ich denn überhaupt geben? Ich habe nichts oder nur wenig zu verschenken. Zeit und Geld sind knapp. Vieles wird von mir gefordert. Oft komme ich selbst an die Grenze meiner Kräfte. Und dann ist niemand für mich da ...»

Ist das wirklich wahr? Oder sind Sie, ohne es zu wollen, zu einer Gefangenen der Umstände geworden? Lassen Sie sich zu stark von den täglichen Sorgen und Lasten ablenken, sodass sie gar keinen Freiraum mehr haben, über die immer noch vorhandenen Möglichkeiten und Chancen nachzudenken?

Versuchen Sie doch einfach, sich darüber klar zu werden, was Gott Ihnen geschenkt hat. Vielleicht kommen Sie dann plötzlich zu der Einsicht: «Eigentlich habe ich vieles zu geben. Etliches tue ich ja bereits. Ich habe tatsächlich Zeit, Liebe und Ermutigung zu verschenken – Zeit für einen Krankenbesuch, Unterstützung für die Familie, ein gutes Wort für die Bekannte. Sogar unerwartet Zeit für einen einsamen Menschen in der Nachbarschaft.»

Gott hat uns Begabungen und Mittel geschenkt. Wie gehen wir damit um? Haben wir sie schon entdeckt und Gott dafür gedankt? Stellen wir sie ihm und unseren Mitmenschen zur Verfügung? Vielleicht ist es ein Geldbetrag, vielleicht sind es aber auch andere Gaben, die er uns in seiner Güte anvertraut hat.

Ich erinnere mich an die Speisung der Fünftausend. Die Situation war schwierig, ja bedrohlich. Aber da war ein Junge, der fünf Brote und zwei Fische hatte. Damit hätte er lediglich sich selbst und vielleicht einen Freund versorgen können. Doch er gab das Wenige weiter und erlebte, wie Tausende von hungrigen Menschen satt wurden.

Haben Sie den Mut, heute einen Moment lang darüber nachzudenken: «Was habe ich zu geben? Was ist heute dran?» Bitten Sie Gott, dass er aus dem, was Sie geben, mehr macht und seinen Segen auf ihre vollen Hände gibt.

Gott weiss immer weiter

Doris Reinthaler

Psalm 113, 7

Gott sagt uns seine Nähe und Hilfe zu. Aber – hält er auch, was er verspricht? In den vergangenen vier Jahren hatten wir viele Gelegenheiten, diese Aussage zu überprüfen. Mein Mann war mit 45 Jahren arbeitslos geworden. Erst nach Monaten fand er eine neue Anstellung – leider nur für kurze Zeit. Wo blieb Gottes versprochene Hilfe? Nach ratlosen Wochen bekam er endlich wieder ein attraktives Angebot: Seine Erfahrung, seine Kreativität und sein Kommunikationstalent schienen plötzlich wieder gefragt. Doch schon wenige Wochen später fühlte er sich wie ein Akteur in einer Seifenoper ...

Ich habe mir angewöhnt, selbst in schwierigen Situationen nicht nach dem «Warum», sondern nach dem «Wozu» zu fragen. Daher sann ich auch jetzt nach, welche Absicht Gott wohl mit uns hatte. Wir wussten, seine Hilfe würde kommen. In all den Unsicherheiten schenkte er uns im Innersten Frieden. Dennoch hoffte ich, dass wir nicht zu lange in der «Warteschlange» ausharren mussten.

Während dieser Zeit wuchs in mir die Überzeugung, dass die Erfahrungen der Arbeitslosigkeit, der Unsicherheit und der Einsamkeit eine wichtige Rolle in unserer Zukunft spielen würden. Doch wann würde Gott eingreifen, um uns aus unserer elenden Situation zu retten? Seine Hilfe sah zuerst anders aus, als wir erhofft hatten. Wieder verlor mein Mann seine Stelle. Doch das brachte ihn zu dem Punkt, an dem er sagen konnte: «Hier bin ich, Herr. Verwende mich, wie du es willst!»

Kurz darauf hörten wir von einer Missionsgesellschaft, die dringend einen Nachfolger für den betagten Gründer suchte. Wir fühlten beide, dass wir am Ziel dieser Lebensetappe angekommen waren. Ein Zweig dieser Arbeit widmet sich Menschen in Not – Flüchtlingen, Asylanten, Arbeitslosen. Wie notwendig waren plötzlich unsere vorangegangenen Erfahrungen! Wir hatten am eigenen Leib erfahren, wie es ist, wenn das Selbstwertgefühl immer wieder erschüttert, wenn der Wert eines Menschen nur nach seiner Leistung und seinem Einkommen bemessen wird. Wir ahnten, wie sich Langzeitarbeitslose fühlen mussten, und hatten erfahren, wie der unausgesprochene Vorwurf «Wer arbeiten will, findet auch Arbeit» auf der Seele lasten konnte.

Wir sind voller Freude und Dankbarkeit über unsere neue Aufgabe. Aber mehr noch freuen wir uns darüber, einem Gott vertrauen zu dürfen, auf dessen Liebe und Zusagen Verlass ist – auch wenn diese Liebe sich manchmal anders zeigt, als wir es erwarten. Gott wird auch Sie nicht im Stich lassen!

Ermutigung

Helft und ermutigt ihr euch als Christen gegenseitig? Seid ihr zu liebevollem Trost bereit? Spürt man bei euch etwas von der Gemeinschaft, die der Heilige Geist schafft? Verbindet euch herzliche und mitfühlende Liebe? Darüber würde ich mich sehr freuen (Philipper 2,1–2a).

Menschen, die ein gemeinsames Ziel haben und über einen gesunden Gemeinschaftssinn verfügen, kommen schneller und leichter ans Ziel, weil sie die gegenseitige «Schubkraft» ausnutzen. Dafür können die Wildgänse ein hervorragendes Beispiel sein. Wenn ein Schwarm Wildgänse zu weit entfernten Zielen fliegt, gibt jede Gans mit ihrem Flügelschlag den nachfolgenden Vögeln Auftrieb. Durch die V-Formation beim Fliegen können die Gänse ihre Kraft um 71 Prozent effektiver einsetzen, als wenn jede Gans allein fliegen würde.

- Wenn eine Gans aus der Formation ausschert, spürt sie plötzlich die Anstrengung des Alleinfliegens und den Widerstand, der ihr entgegenkommt. Sie kehrt dann schleunigst wieder in die Gruppe zurück, um nicht auf den Auftrieb verzichten zu müssen, den sie durch die vor ihr fliegende Gans erhält.

Wenn wir klug sind wie eine Gans, bleiben wir mit den Menschen zusammen, die dasselbe Ziel verfolgen wie wir. Wir sind bereit, ihre Hilfe anzunehmen und auch unsererseits anderen zu helfen.

- Wenn die Leitgans müde wird, wechselt sie nach hinten, und eine andere Gans übernimmt den Platz an der Spitze des Zuges.

Es ist immer besser, sich bei den schweren Arbeiten abzuwechseln und die Aufgaben zu teilen. Genau wie die Gänse sind auch wir Menschen aufeinander angewiesen, wenn es um Sachkenntnis, spezielle Fähigkeiten oder das einzigartige Zusammenspiel von Begabungen, Talenten und finanziellen Mitteln geht.

- Die im Verband fliegenden Gänse stoßen Schreie aus, um die Vögel an der Spitze zu ermutigen, ihre Geschwindigkeit beizubehalten.

Wir müssen darauf achten, dass unsere «Zurufe» ermutigend sind. In Kreisen, wo es viel Ermutigung gibt, fühlt man sich wohl. Man wird innerlich aufgebaut.

- Wenn eine Gans krank wird, sich verletzt hat oder abgeschossen wird, verlassen zwei andere den Verband und bleiben bei ihr, um ihr zu helfen und sie zu beschützen. Sie halten bei der Verunglückten aus, bis sie stirbt oder wieder fliegen kann. Dann schließen sie sich einem anderen Verband an oder versuchen, ihre eigene Gruppe einzuholen.

Wenn wir von den Gänsen lernen, werden wir zueinander stehen – in schwierigen Zeiten und auch dann, wenn wir uns stark fühlen.

Verfasser unbekannt

4 Die Berge sprangen wie die Schafe,
und die Hügel hüpften wie die Lämmer.
5 Was ist mit dir geschehen, Meer?
Warum bist du so plötzlich zurückgewichen?
Jordan, warum hast du aufgehört zu fließen?
6 Ihr Berge, weshalb seid ihr gesprungen wie die Schafe,
und ihr Hügel, warum seid ihr wie die Lämmer gehüpft?
7 Erde, erbebe, wenn der Herr, der Gott Jakobs, erscheint!
8 Er verwandelte Felsen in Wasserteiche
und ließ Quellen sprudeln,
wo vorher nur harter Stein zu finden war!

Tote Götzen, aber ein lebendiger Herr

115 Nicht uns, Herr, nicht uns,
sondern dir allein steht Ehre zu!
Du allein bist gnädig und treu!
2 Warum dürfen die Völker höhnisch fragen:
«Wo bleibt er denn, ihr Gott?»
3 Unser Gott ist im Himmel,
und alles, was er will, das tut er auch!

4 Doch ihre Götter sind nur Figuren aus Silber und Gold,
von Menschenhänden gemacht.
5 Sie haben einen Mund, aber reden können sie nicht;
Augen haben sie, doch sie können nicht sehen.
6 Mit ihren Ohren hören sie nicht,
und mit ihren Nasen riechen sie nichts.
7 Ihre Hände können nicht greifen,
mit ihren Füßen gehen sie nicht.
Aus ihren Kehlen kommt kein einziger Laut!
8 Genauso starr und tot sollen alle werden,
die diese Götzen schufen,
und auch alle, die solchen Götzen vertrauen!

9 Ihr Israeliten, vertraut dem Herrn!
Er allein gibt euch Hilfe und Schutz.
10 Ihr Priester, vertraut dem Herrn!
Er allein gibt euch Hilfe und Schutz.
11 Ihr alle, die ihr den Herrn achtet – vertraut ihm!
Er allein gibt euch Hilfe und Schutz.

12 Der Herr denkt an uns und wird uns segnen.
Sein Segen gilt ganz Israel.
Sein Segen gilt den Priestern.
13 Sein Segen gilt allen, die ihn achten,
ganz gleich, ob unbedeutend oder einflußreich!

Montag

Der Vergangenheit den Rücken kehren

Edith Horcher

Psalm 114, 8

Als Mädchen und selbst als junge Frau war ich sehr unsicher und pessimistisch bei dem Gedanken, einmal eine eigene Familie zu gründen. Meine Verwandten waren mir in diesem Punkt keine große Ermutigung und Stütze – eher das Gegenteil. Immer wieder brachten meine Mutter und meine Großmutter zum Ausdruck, dass sie Kinder als eine große Belastung empfanden. Noch dazu stellte meine Mutter meine persönlichen Fähigkeiten in Abrede. Oft war ich innerlich tief verletzt. Das Vertrauen in meine Begabungen ging verloren, ich zweifelte an mir und fühlte mich nicht angenommen. Den Gedanken an eine Familiengründung verdrängte ich immer mehr.

Auch als ich heiratete, konnte ich mir noch nicht vorstellen, einmal Kinder zu haben. Wie dicke Felsbrocken lastete das Vergangene auf meiner Seele. Dabei spielte auch die Frage nach dem Sinn des Lebens eine Rolle – ich spürte, dass diese Frage beantwortet sein müsste, wenn ich Kinder auf ihrem Lebensweg gut begleiten wollte.

Dann lernte ich Jesus Christus kennen und öffnete ihm mein Herz. Ihm wollte ich vertrauen. Zum ersten Mal fühlte ich mich angenommen und bedingungslos geliebt! Ich wusste, dass er alle meine Verletzungen und Probleme kannte und ernst nahm. Voller Zuversicht bat ich ihn um Heilung und die Kraft zur Vergebung, und er erhörte meine Gebete. In Jesus erkannte ich auch den Sinn meines Lebens. Damit waren die unüberwindlich scheinenden Felsblöcke weggeräumt, ein neues Leben begann! Nun konnte ich optimistisch, dankbar und zuversichtlich in die Zukunft blicken, weil ich mir sicher war, dass Jesus mit mir ging und mich nicht allein lassen würde.

Inzwischen begleiten mein Mann und ich unsere beiden Söhne auf dem ersten Stück ihres Lebensweges. Ich bin mir der großen Verantwortung für meine Kinder bewusst, erlebe – wie andere Mütter auch – viele kräftezehrende Stunden. Trotzdem gibt es für mich nichts Schöneres, als mich dieser Aufgabe mit voller Kraft zu stellen. Alle meine Sorgen, Nöte und Zweifel weiß ich bei Jesus gut aufgehoben. Er rüstet mich für meine Aufgaben täglich mit Kraft, Liebe, Geduld und Weisheit aus. Felsen verwandelte er in Wasserteiche! Sein Wort zeigt mir das Ziel und weist mir den Weg.

Hat Gott mich vergessen?

Ulrike Schild

Psalm 115, 12

Es gibt Zeiten, in denen ich den Eindruck habe, ganz «oben» zu sein. Dann meine ich, es geschafft zu haben. Ich fühle mich Gott sehr nahe, alles läuft wie am Schnürchen. Ich habe ein prima Gefühl und glaube, jetzt wird alles klappen.

Doch dann gibt es auch Zeiten, die anders aussehen, in denen ich mich furchtbar mies fühle. Ich komme mir auch von Gott völlig verlassen vor. Auf meine Gebete scheint er schon lange nicht mehr zu reagieren. Mich beschleicht ein Gefühl der Angst. Bin ich auf dem falschen Weg? In mir spüre ich nur Einsamkeit und Leere. Ich merke, wie ich zu einer alten, befestigten Ritterburg mit dicken Mauern erstarre. Nichts und niemanden lasse ich hindurch. Die Mauern schützen mich, aber sie sind auch kalt und machen mich einsam und unglücklich.

Im Nachhinein stelle ich allerdings meistens fest, dass die schweren Zeiten eigentlich gute Zeiten für mich waren. Sie haben mich einen großen Schritt weitergeführt: Durch sie bin ich aus meiner gefälligen Selbstsicherheit aufgewacht. Sie haben mir Gott und sein Wort auf wunderbare Weise nahe gebracht.

Vielleicht liegt es daran, dass ich in den schweren Zeiten am intensivsten spüre, wie sehr ich auf Gott angewiesen bin – und wie wenig ich eigentlich ohne ihn tun kann. Er lehrt mich, die Zugbrücke meines Lebenshauses wieder herunterzulassen und mich neu für seine Liebe zu öffnen, die niemanden vergisst.

Ja, ich kann diesen Psalmvers nur bestätigen: «Der Herr denkt an uns und wird uns segnen.»

14 Der Herr gebe euch viele Kinder,
euch und euren Nachkommen!
15 Auf euch ruht der Segen des Herrn,
der Himmel und Erde geschaffen hat.
16 Der Himmel gehört dem Herrn allein,
die Erde aber hat er den Menschen anvertraut.
17 Die Toten können den Herrn nicht mehr loben,
denn dort, wo sie sind, schweigt man für immer.
18 Doch wir, wir loben und preisen unseren Gott,
jetzt und in Ewigkeit!
Halleluja!

Du hast mir das Leben neu geschenkt!

116 Ich liebe den Herrn, denn er hat mich erhört,
als ich zu ihm um Hilfe schrie.
2 Ja, er hat sich zu mir herabgeneigt;
mein Leben lang will ich zu ihm rufen!

3 Ich war schon gefangen in den Klauen des Todes,
Angst vor dem Grab überfiel mich,
ich war völlig verzweifelt.
4 Da schrie ich laut zum Herrn, ich flehte ihn an:
«O Herr, rette mein Leben!»
5 Wie gnädig ist der Herr!
Was er verspricht, das hält er auch.
Unser Gott ist voll Erbarmen!
6 Er beschützt alle, die sich selbst nicht helfen können.
Ich war in großer Gefahr,
doch der Herr hat mir herausgeholfen!
7 Nun sage ich mir: «Werde wieder ruhig!
Der Herr hat dir Gutes erwiesen!»
8 Ja, er hat mich vor dem sicheren Tod errettet.
Meine Tränen hat er getrocknet
und mich vor dem Untergang bewahrt.
9 Ich darf am Leben bleiben, in seiner Nähe.
10 Mein Vertrauen zu ihm blieb unerschüttert,
auch als ich zugeben mußte:
«Jetzt weiß ich nicht mehr aus noch ein!»,
11 auch als ich bestürzt ausrief:
«Keinem Menschen kann man vertrauen!»

12 Wie soll ich dem Herrn nun danken für all das Gute,
das er mir getan hat?
13 Beim Opfermahl will ich vor allen den Kelch erheben
als Zeichen meines Dankes.
Denn der Herr hat mich gerettet –

In Todesangst

Gertraud Zinßer

Psalm 116, 3-6

Mein staatliches Anerkennungsjahr als Sozialarbeiterin hatte gerade begonnen. Auf dem Weg zum Kinderdorf stand ich eines Abends um halb neun an der Bushaltestelle. Es war schon dunkel und nieselte ungemütlich. Auf einmal hielt vor mir ein Kleinwagen, und ein junger Mann fragte höflich: «Wollen Sie bei dem schlechten Wetter nicht einsteigen? Wir fahren in die gleiche Richtung.» Ich war der Meinung, es handele sich um Mitarbeiter im Kinderdorf und ging gerne auf das Angebot ein.

Der junge Mann nahm mir Koffer und Schirm ab und forderte mich auf, mich hinter den Fahrer zu setzen. Als er sich selbst zu mir auf die enge Hinterbank drängte, wurde mir schlagartig klar, welche Stunde geschlagen hatte! Aber es war schon zu spät – die rasante Fahrt begann. Ich bat inständig, mich wieder aussteigen zu lassen, doch der «höfliche» junge Mann befasste sich sogleich mit mir, und beide lachten nur. Ich war ein einziges Angstbündel und konnte keinen klaren Gedanken mehr fassen.

Doch plötzlich fiel mir ein, dass wir im letzten Treffen meines Bibelkreises davon gesprochen hatten, wie viel stärker und mächtiger der Name Jesu wirkt, wenn wir ihn laut ausrufen, statt leise zu beten. Innerlich hatte ich von Anfang an zu Gott gefleht, aber in meiner Todesangst rief ich deshalb dreimal ganz laut: «Herr Jesus Christus, hilf mir!» Der Fahrer spottete nur: «Jetzt fahren wir zuerst da und da hin, und dann kann er Ihnen ja helfen!»

Aber auf einmal merkte ich, dass die Angst von mir abgefallen war. Plötzlich war es so, als ob *ich* die Situation in der Hand hätte und nicht die beiden Kerle.

Plötzlich bog der Fahrer in einen kaum sichtbaren Seitenweg ab und steuerte auf einen kleinen Waldparkplatz zu. Da stieg die Angst noch einmal auf. Aber aus unerklärlichen Gründen drehte er nur eine Kurve und fuhr wieder zurück auf die Straße, die leicht bergan stieg. Plötzlich stotterte der Motor, und der Wagen blieb mitten in der Fahrbahn stehen: Motorschaden! Jetzt war ich im wahrsten Sinne des Wortes «geistesgegenwärtig», holte mein Gepäck vom Beifahrersitz und drückte den Fahrer zur Tür hinaus, die er nur einen Spalt geöffnet hatte. Mein Nebenmann klebte wie angeleimt auf seinem Platz und rührte keinen Finger. Ungehindert konnte ich das Weite suchen.

Am nächsten Tag ging ich zur Polizei. Wochenlang zitterten mir noch die Knie, wenn ich an das Erlebte dachte. Aber ich bin Gott so überaus dankbar, dass er mein Rufen gehört und mich aus Todesangst errettet hat.

das allein will ich bekennen![a]
14 So will ich vor Gottes Volk erfüllen,
was ich dem Herrn versprochen habe.

15 Der Herr bewahrt alle, die ihn lieben,
denn in seinen Augen ist ihr Leben wertvoll[b].
16 Gott, du bist mein Herr, und ich diene dir,
wie meine Mutter es schon tat.
Du hast mich den Klauen des Todes entrissen.
17 Deshalb will ich dir ein Dankopfer bringen;
laut will ich bekennen, daß du mein Herr bist.
18/19 Vor deinem ganzen Volk –
auf dem Vorhof des Tempels mitten in Jerusalem –
will ich dir, Herr, meine Gelübde erfüllen.
Halleluja!

Lobt den Herrn, alle Völker!

117 Lobt den Herrn, alle Völker;
preist ihn, alle Nationen!
2 Denn seine Liebe zu uns ist stark und mächtig,
und seine Treue hört niemals auf!
Halleluja!

Ein Dankgottesdienst nach dem Sieg

118 Dankt dem Herrn, denn er ist gut,
und seine Gnade hört niemals auf!
2 Alle Israeliten sollen es sagen:
Seine Gnade hört niemals auf!
3 Die Priester sollen rufen:
Seine Gnade hört niemals auf!
4 Alle, die ihm in Ehrfurcht begegnen, sollen einstimmen:
Seine Gnade hört niemals auf!

5 In auswegloser Lage schrie ich zum Herrn: «Hilf mir!»
Er holte mich aus der Bedrängnis heraus
und schenkte mir Freiheit.
6 Der Herr ist auf meiner Seite,
und ich brauche mich vor nichts und niemandem zu fürchten.
Was kann mir ein Mensch schon antun?
7 Der Herr steht für mich ein und hilft mir;
ich werde noch die Niederlage meiner Feinde erleben.

a) Wörtlich: Ich will den Becher des Heils erheben und den Namen des Herrn anrufen.
b) Wörtlich: denn kostbar ist in den Augen des Herrn der Tod seiner Frommen.

Donnerstag

Lob und Dank

Helga Becker

Psalm 117

Während ich den kürzesten aller Psalmen las, dachte ich: «Was ist dem noch hinzuzufügen?» Ich meinte fast zu hören, mit welchem Jubel das Volk Gottes und der Dichter dieses Lied gesungen haben. Der Psalm ermuntert uns und fordert auch uns dazu auf, Gott zu loben. Kann man so etwas denn befehlen? Nein, befehlen kann man es nicht. Doch wir dürfen Gott loben, weil es gute Gründe dafür gibt. Wie vor einigen Jahren, als meine Familie zum Sommerurlaub auf die Nordseeinsel Borkum gefahren war.

Bei wunderschönem Wetter wollten wir den Tag am Strand verbringen. Gleich nach dem Frühstück radelte mein Mann ans Meer, um einen Strandkorb zu mieten. Unsere dreijährige Tochter half mir beim Abspülen, und gemeinsam packten wir den Picknickkorb. Ich ging noch einmal ins Schlafzimmer, um etwas zu holen. Und als ich zurückkam, war sie weg.

Schnell hängte ich mir den Korb über den Arm und verließ die Wohnung. Bestimmt war sie noch einmal zur Schaukel gelaufen! Doch nein, dort war sie nicht. Sofort rannte ich zum Kaufmann drei Häuser weiter, bei dem wir am Morgen Brötchen geholt hatten. Aber auch da war sie nicht. Langsam wurde mir angst und bange. Laut rief ich nach ihr, doch ich erhielt keine Antwort. In meinem Herzen betete ich zu Gott: «Vater, pass du auf sie auf! Beschütze sie und hilf mir, sie zu finden.» Endlich sah ich am Ende der Straße meinen Mann mit dem Fahrrad auftauchen. Als er näher kam, entdeckte ich unsere kleine Tochter in ihrem Kindersitz. Sie war ihm entgegengelaufen, über einen unbeschrankten Bahnübergang hinweg, aber Gott hatte über ihr gewacht. Mein Mann war genau diesen Weg zurückgefahren und hatte sie wohlbehalten mitgebracht.

Dafür wollen wir Gott loben – für die kleinen Alltäglichkeiten, in denen er uns immer wieder seine große Liebe und unaufhörliche Treue spüren lässt. Wir wollen die Schönheit seiner Schöpfung preisen. Er hat die Erde so wunderbar gemacht, die Natur, die Tiere, die Menschen – welch unendliche Vielfalt zeigen seine Werke!

Und Gott hat uns in Nöten getragen, in Anfechtungen bewahrt. Er will uns mit seiner Liebe und Treue gerade in unserem Alltag begleiten. Auch dafür wollen wir ihn loben – und davon weitererzählen, damit ihn alle Völker preisen.

8 Es ist viel besser, bei dem Herrn Schutz zu suchen,
als sich auf Menschen zu verlassen.
9 Es ist viel besser, bei dem Herrn Schutz zu suchen,
als mit denen zu rechnen, die mächtig und einflußreich sind.

10 Ich war von feindlichen Völkern eingekreist,
aber mit der Hilfe des Herrn schlug ich sie in die Flucht.
11 Sie hatten mich umzingelt,
aber mit der Hilfe des Herrn schlug ich sie in die Flucht.
12 Sie fielen über mich her wie ein Bienenschwarm,
aber mit der Hilfe des Herrn schlug ich sie in die Flucht.
Wie ein Strohfeuer erlischt,
so schnell war es mit ihnen vorbei.
13 Sie haben mich erbittert bekämpft,
um mich zu Fall zu bringen,
doch der Herr hat mir geholfen.
14 Er hat mir Kraft gegeben und mich froh gemacht;
nun kann ich wieder singen. Er hat mir den Sieg geschenkt!

15/16 Hört die Freudenrufe und Siegeslieder
in den Zelten der Menschen, die für Gott leben!
Sie singen: «Der mächtige Gott vollbringt gewaltige Taten!
Er hat die Hand erhoben zum Zeichen des Sieges –
ja, er vollbringt Gewaltiges!»

17 Ich werde nicht sterben, sondern am Leben bleiben
und erzählen, was der Herr getan hat!
18 Er hat mich hart gestraft, doch er ließ nicht zu,
daß ich umkam.

19 Öffnet mir die Tore des Tempels[a]!
Ich will durch sie einziehen und dem Herrn danken.
20 Ein Priester:[b]
«Hier ist das Tempeltor, der Zugang zum Herrn!
Wer Gott die Treue hält, darf hier hereinkommen!»

21 Ich danke dir, Herr, denn du hast mich erhört!
Du selbst hast mich gerettet.
22 Der Stein, den die Bauleute wegwarfen,
weil sie ihn für unbrauchbar hielten,
ist zum Grundstein des ganzen Hauses geworden!
23 Was keiner für möglich gehalten hat,
das tut Gott vor unseren Augen!

a) Wörtlich: die Tore der Gerechtigkeit.
b) Sinngemäß eingefügt.

«Ich kann das nicht!»

Anne Graham Lotz

Psalm 118, 6

Als ich anfing, eine Bibelgruppe zu unterrichten, wurde mir vor jeder Stunde so schlecht, dass ich mich übergeben musste. Jahrelang hatte ich mit Unsicherheit und Minderwertigkeitsgefühlen zu kämpfen. Doch eines Tages hatte ich in meinem Herzen ganz klar gehört, wie Gott mich mit Worten aus der Bibel in den Dienst berief: «Deine Kraft ist klein; doch du hast an meinem Wort festgehalten und dich unerschrocken zu mir bekannt» (Offenbarung 3,8). «Ich habe doch so viele Schwächen», begann ich zu argumentieren. «Ich kann das nicht!»

Aber Gott akzeptierte meine Entschuldigungen nicht. Er schien zu erwidern: «Anne, du bist schwach, aber ich bin stark. Du hast Schwächen, aber in mir ist die Fülle. Stelle dich mir zum Dienst zur Verfügung.»

Selbst mit dieser klar umrissenen Anweisung bedeutete es für mich einen großen Glaubensschritt, auf seinen Ruf einzugehen. Aber es war auch unglaublich befreiend zu erkennen, dass ich dazu weder geeignet noch in der Lage war, dass ich weder stark noch ausreichend befähigt war. Denn das weckte in mir ein tiefes Bewusstsein der Abhängigkeit von Gott. Er kann jeden gebrauchen, der sich auf ihn verlässt, weil die Verantwortung für den Dienst bei ihm liegt – er will nur, dass wir uns ihm zur Verfügung stellen. Das Großartige an einem Minderwertigkeitsgefühl ist, dass es mich dazu veranlasst, mich völlig auf Gott zu verlassen. Und das empfinde ich als sehr befreiend.

Doch das war nicht immer so. Als mir als Teenager klar wurde, dass ich es nicht jedem recht machen konnte, wurde ich depressiv. Schließlich stellte ein guter Freund mich zur Rede und sagte: «Anne, du bist eine Heuchlerin.» Er hatte Recht, denn statt echt zu sein und so zu leben, wie es Gott gefiel, lebte ich, um anderen zu gefallen. Ich bat Gott um Hilfe. Von diesem Moment an habe ich – auch wenn es nicht ohne Fehler abging – entschieden versucht, nur für Christus zu leben. Es ist absolut befreiend, sich keine Sorgen darüber zu machen, was andere denken oder über mich sagen und wie ich mit bestimmten Menschen oder Situationen klarkommen werde.

Ich kann mit den prominentesten christlichen Leitern auf einem Podium stehen, vor zehntausend Menschen predigen, ein persönliches Gespräch mit einer Nachbarin führen oder einfach meinen täglichen Verpflichtungen als Ehefrau und Mutter nachgehen, ohne etwas anderes zu sein, als ich tatsächlich bin: eine durch Gottes Gnade gerettete Sünderin, die sich danach ausstreckt, in jedem Augenblick und in jeder Situation für ihn zu leben.

[24] Diesen Tag hat er zum Fest gemacht,
laßt uns fröhlich sein und jubeln!
[25] O Herr, hilf uns doch! Gib uns Gelingen!

[26] Ein Priester:[a]
«Willkommen ist, wer im Auftrag des Herrn kommt!
Wir versehen den Dienst am Tempel, darum segnen wir euch.
[27] Der Herr allein ist Gott, er sieht uns freundlich an.
Mit Zweigen in euren Händen beginnt den festlichen Reigen
um den Altar!»[b]

[28] Du bist mein Gott, dir will ich danken.
Mein Gott, dich allein will ich ehren!
[29] Dankt dem Herrn, denn er ist gut zu uns,
und seine Gnade hört niemals auf!

Gottes gute Ordnungen sind nicht zu überbieten![c]

119 I
Glücklich sind die Menschen,
denen man nichts Böses nachsagen kann,
die sich nach Gottes Gesetz richten.
[2] Glücklich sind alle,
die sich an seine Weisungen halten
und ihm von ganzem Herzen dienen.
[3] Sie tun kein Unrecht,
denn sie leben nach seinem Willen.
[4] Was du, Herr, angeordnet hast,
soll jeder genau beachten.
[5] Ich wünsche mir noch mehr Beständigkeit,
damit ich mich an deine Ordnungen halten kann.
[6] Deine Gebote verliere ich nicht mehr aus den Augen.
Darum brauche ich mich nicht zu schämen,
[7] sondern kann dich mit aufrichtigem Herzen loben.
Deine guten Gesetze lerne ich immer besser kennen;
[8] ich will mich an deine Ordnungen halten,
hilf mir dabei und laß mich nicht im Stich!

a) Sinngemäß eingefügt.
b) Oder: Bindet das Festopfer mit Stricken bis an die Hörner des Altars! – Der hebräische Text ist nicht sicher zu deuten.
c) Der Psalm besteht im Grundtext aus 22 Strophen zu je 8 Zeilen. Die Strophen folgen den 22 Buchstaben des hebräischen Alphabets. Innerhalb jeder Strophe beginnt jede Zeile mit demselben Buchstaben.

Ruhe

Gerdi Stoll

«Geht jetzt an einen einsamen, stillen Platz!», sagte Jesus zu ihnen. «Ihr habt Ruhe nötig!» (Markus 6,31a).

Ein Weißer und ein Afrikaner sind schon seit mehreren Tagen unterwegs. Plötzlich setzt sich der Afrikaner an den Wegrand. «Du kannst dich doch nicht einfach hinsetzen, wir müssen weiter!», protestiert der Weiße. «Nein, ich muss warten. Meine Seele ist noch nicht nachgekommen.»

Sehnen wir uns nicht alle danach, dass unsere erschöpfte Seele einmal aufatmen und sich erholen kann? Gott möchte uns zu einer ausgewogenen Lebensführung im Hier und Jetzt ermutigen. Das habe ich persönlich erfahren, als ich in einer sehr stressreichen Zeit in meinem Leben an meine Grenzen gestoßen bin. Unsere Kinder waren noch klein. Ein Umzug lag gerade hinter uns, und nun traten Anforderungen an mich heran, mit denen ich in jener Zeit seelisch und körperlich überfordert war.

Schon längst war für mich Jesus Christus der persönliche Erretter, der für meine Schuld gestorben und auferstanden ist. Doch in dieser Krise habe ich erkannt, dass er mir die Tür dazu geöffnet hat, dass ich in der Verantwortung vor ihm meinen Lebensraum bewusster wahrnehmen und sorgfältiger gestalten lerne. Weil seine Liebe zu mir an keine Bedingungen geknüpft ist, war ich frei, meine bisherigen Abhängigkeiten zu überdenken, zu hinterfragen und meine Lebensweichen neu einzustellen. Denn: Ein vor Gott ausgewogener Lebensstil schafft Freiräume. Das kann beispielsweise so aussehen:

- Ich nehme mir Zeit für Gott. Ich kann mit ihm reden und auf ihn hören. In seinem Sohn Jesus Christus schenkt er mir das ganze Heil, den wahren Frieden.
- Ich achte auf Gottes lebensspendende Ordnung. Dabei muss ich mich fragen, wie ich meine Sonntage gestalte, ob ich gesunde Schlaf- und Essensgewohnheiten habe und wie voll mein Terminkalender ist.
- Ich suche nach gefährlichen «Zeiträubern» wie Fernsehen, Telefongespräche oder übertriebener Sauberkeitswahn und überlege, in welchen Bereichen ich Zeit einsparen kann.
- Ich muss mich nicht für alle und alles verantwortlich fühlen. Ich darf mich abgrenzen und auch «nein» sagen.

Gerade in schwierigen Zeiten möchte Gott uns besonders seine Führung zeigen, damit wir getröstet und gestärkt werden. Daraus erwächst die Kraft, unsere Flügel nicht hängen zu lassen. Gottes Zuspruch befreit uns, für Wesentliches belastbar zu werden, und macht Mut, auch einmal gegen den Strom zu schwimmen und neue Wege zu wagen.

II
9 Herr, wie kann ein junger Mensch leben,
ohne schuldig zu werden?
Indem er sich nach deinen Geboten richtet.
10 Auch ich will dir treu sein;
laß mich nicht von dem Weg abkommen,
den du mir gezeigt hast!
11 Tief präge ich mir dein Wort ein,
damit ich nicht vor dir schuldig werde.
12 Ich will dir danken und dich preisen, Herr!
Lehre mich, deinen Ordnungen immer mehr zu gehorchen!
13 Alle deine Anweisungen sage ich mir immer wieder auf.
14 Ich freue mich über deine Gebote wie über großen Reichtum.
15 Ich denke über deine Vorschriften nach
und halte mich daran.
16 Deine Gesetze machen mich glücklich;
nie werde ich dein Wort vergessen.

III
17 Herr, ich bin dein Diener! Gib mir alles, was ich brauche;
nur so kann ich leben und dein Wort befolgen.
18 Öffne mir die Augen, damit ich die Wunder erkenne,
die dein Gesetz enthält!
19 Diese Welt wird nicht für immer meine Heimat sein.
Deshalb brauche ich deine Gebote,
die mir zeigen, was du für richtig hältst.
20 Ich sehne mich sehr danach,
deine Weisungen noch besser kennenzulernen.
21 Du strafst die Selbstgerechten und verfluchst alle,
die deine Gebote übertreten.
22 Weil ich mich nach dem richte, was du angeordnet hast,
werde ich mit Hohn und Spott überschüttet.
Mach dem ein Ende!
23 Die Herrschenden sitzen zusammen
und schmieden gemeine Pläne gegen mich;
ich aber will dir dienen
und denke über deine Ordnungen nach.
24 Über deine Gesetze freue ich mich sehr,
denn sie sind hervorragende Ratgeber.

IV
25 Herr, ich bin am Boden zerstört.
Schenke mir neue Kraft, wie du es versprochen hast!
26 Ich habe dir schon oft meine Not geklagt,
und du hast mir immer geholfen.
Zeige mir auch jetzt, was ich tun soll!
27 Hilf mir, deine Anordnungen zu verstehen,

Wer ist wirklich reich?

Sabine Ball

Psalm 119, 14

Als ich 1949 das zerbombte Deutschland hinter mir ließ und nach Amerika auswanderte, hatte ich konkrete Pläne: Ich wollte an die Spitze kommen. Ich wusste, dass ich gut aussah, und wollte einen reichen Mann heiraten.

Schließlich wurde ich Chefin eines Jachtklubs in Miami Beach im Sonnenparadies Florida. Dort verkehrten die ganz Reichen, Menschen mit einem bekannten Namen und Einfluss in der Welt.

Meine Vorstellungen erfüllten sich: Unter den vielen Heiratsanträgen, die mir gemacht wurden, hatte ich die Wahl. Ich verliebte mich in den Erben einer reichen amerikanischen Steinkohlendynastie. 1952 feierten wir Hochzeit.

Fortan lebte ich das Leben einer Dame der Gesellschaft. Reisen, Kreuzfahrten, Shopping und Cocktailpartys füllten meine Zeit. Doch: Jeder wollte den anderen übertreffen. Wir spielten ein Spiel und trugen Masken. Mit der Zeit empfand ich es als Tretmühle – ich musste mir eingestehen, dass zwar meine Wünsche in Erfüllung gegangen, meine Sehnsucht jedoch ungestillt war.

Meine Suche nach einem «anderen» Leben begann. Ich trennte mich von meinem Mann und kaufte ein Stück Land in Kalifornien, wo ich mit meinen beiden Kindern und mit Hippies – es war die Zeit der Blumenkinder – wohnte. Aber am Ziel war ich noch nicht angekommen.

Das änderte sich mit dem Besuch von Tommy. Sieben Tage lang erklärte dieser junge Mann mir die Bibel und las daraus vor, bis ich so zornig war, dass ich das Buch verbrennen wollte. Am letzten Tag sagte Tommy mir auf den Kopf zu, dass ich im Dunkeln sei. Da wusste ich plötzlich, dass Gott direkt zu mir redete. Ich erkannte: Ich stehe mir selbst im Wege. In diesem Moment gab ich den Kampf auf. Ich weinte, ging auf die Knie und bat Jesus Christus um Vergebung. Ich sagte zu ihm: «Nimm mein ganzes Leben, nimm das Land, und von jetzt ab leite du mich.»

Mehr als zwei Jahrzehnte später hat Gott mich nach Dresden in den Dienst unter Straßenkindern gerufen. Hier herrscht kein materieller Reichtum – im Gegenteil. Aber meine Mitarbeiter und ich lernen, uns ganz auf Gottes Zusagen zu verlassen und nicht mehr aus eigenen Hilfsquellen, sondern aus seiner Kraft zu leben. Das ist ein Tausch, der sich wirklich lohnt. Denn Gott ist der, der unsere Sehnsucht stillt. Er zeigt uns, wie wir leben können. Und seine Worte weisen uns den Weg. *Sie* sind unser Reichtum.

Dienstag

Auf der Durchreise

Ulrike Herrmann

Psalm 119, 19

Traurig und ratlos sieht mich meine Freundin an: «Meine Mutter ist ganz schwer an Krebs erkrankt. Aber dass ihr Leben vielleicht bald zu Ende gehen könnte – das schließt sie völlig aus. Darüber darf ich gar nicht mit ihr reden! Das belastet mich sehr. Warum verdrängt sie dieses Thema so radikal?»

«Sie weiß nicht, wohin sie nach dem Tod geht! Das macht ihr bestimmt Angst», antworte ich. «Sie glaubt nicht an Gott und hat deshalb keinerlei Vorstellung von ihrem allerletzten Ziel! Würden wir da nicht auch jeden Gedanken an den Tod lieber verdrängen?»

In den nächsten Minuten werden wir uns dankbar bewusst, welches Vorrecht es ist, Gottes Wort nicht nur zu kennen, sondern auch zu glauben. Denn darin klärt Gott uns darüber auf, dass wir auf dieser Erde alle nur auf der Durchreise sind. Unsere endgültige Heimat ist eine «bessere Heimat, eine Heimat im Himmel» (Hebräer 11,16).

Welch ein herrliches Ziel: Das himmlische Vater-Land, das Vater-Haus mit seinen vielen Wohnungen (Johannes 14,2–3)! Der Vater selbst wartet dort sehnsüchtig auf die Ankunft seiner Kinder!

Gott möchte, dass jedes seiner Kinder am Ende des Erdenlebens sicher in seinen Armen ankommt. Deshalb bietet er an, sie bis dahin an seiner starken Hand zu leiten. Sein Wort, die Bibel, ist dabei das Licht auf unserem Weg – egal ob wir über sonnige Höhen oder durch schattige Täler wandern müssen. Wir haben diese Orientierung dringend nötig, um wirklich am Ziel anzukommen!

Doch es werden nicht alle Menschen in der ewigen Heimat beim Vater leben. Das Tor hinein öffnet sich nur für Gottes Kinder. Sie kennen das «Passwort» für einen freien Zutritt in das himmlische Vaterland: «Jesus».

Alle, die Jesus Christus als ihren Erlöser angenommen haben und ihm in diesem Leben nachfolgen, so wie es die Bibel lehrt, nennt Gott seine Kinder. Mit ihnen möchte er die Ewigkeit verbringen. Darauf dürfen wir uns jetzt schon freuen! Die Vorfreude auf das ewige Leben ist dennoch keine Weltflucht. Ganz im Gegenteil: Sie gibt uns reale Kraft, unser Leben hier und jetzt zu bewältigen – auch wenn große Tragödien, schwere Krankheit und der Tod uns begegnen. Denn die Gewissheit der herrlichen Heimat zieht meinen Blick gerade auch in schwierigen Zeiten immer vorwärts – und das heißt: himmelwärts! Welch eine tröstliche Perspektive!

damit ich über die Wunder nachdenken kann,
von denen dein Wort berichtet.
28 Vor Kummer weine ich hemmungslos.
Richte mich wieder auf, wie du es versprochen hast!
29 Wenn ich in Versuchung komme, unehrlich zu sein,
dann tritt mir in den Weg!
Steh mir gnädig bei und gib mir klare Anweisungen!
30 Ich habe mich entschlossen, dir treu zu bleiben.
Darum will ich mir immer vor Augen halten,
was du als göttliches Recht festgelegt hast.
31 Unbeirrbar halte ich an deinen Anordnungen fest.
Herr, laß nicht zu, daß ich deswegen ausgelacht werde!
32 Zielstrebig will ich den Weg gehen,
den deine Gebote mir weisen,
denn nur so kann ich froh der Zukunft entgegensehen[a].

V

33 Herr, zeige mir, was deine Ordnungen für uns bedeuten!
Ich will sie beachten, solange ich lebe.
34 Gib mir Einsicht, damit ich mich an dein Gesetz halte
und es entschieden befolge!
35 Hilf mir, deine Gebote zu erfüllen,
denn sie bereiten mir Freude.
36 Gib mir Liebe zu deinem Wort und laß nicht zu,
daß ich habgierig werde!
37 Ich will mich nicht mit dem abgeben,
was sinnlos und wertlos ist.
Hilf mir dabei und schenke mir Freude, deinen Willen zu tun!
38 Herr, löse deine Zusagen ein!
Sie gelten mir und allen, die dich achten und ehren.
39 Ich habe Angst, daß man mich verlacht und beschimpft.
Bewahre mich davor und verhilf mir zu meinem Recht[b]!
40 Ich sehne mich danach, deinen Befehlen zu gehorchen.
Wenn du dein Versprechen hältst, lebe ich wieder auf.

VI

41 Herr, zeige mir immer wieder, wie sehr du mich liebst,
und hilf mir, wie du es versprochen hast!
42 Dann kann ich denen die passende Antwort geben,
die mich jetzt noch verachten.
Ich vertraue darauf, daß du Wort hältst.
43 Auf dein Wort habe ich meine Hoffnung gesetzt.
Laß mich darum nicht schweigen,

a) Wörtlich: denn du machst das Herz mir weit.
b) Wörtlich: denn deine Rechtsentscheidungen sind gut.

Kleine Wegweiser

Lisa Fuchs

Psalm 119, 26

Die russische Stewardess kündigte den Anflug auf Moskau an. Zusammen mit Kerstin hatte ich mich aufgemacht, um in den Ural zu fliegen – mit Zwischenstopp in Moskau. Hier wollten wir drei Wochen lang verschiedene Dienste in einer großen Gemeinde übernehmen.

In Moskau würde eine Ost-Missionarin dazustoßen, die bereits im Hotel auf uns wartete. Natürlich hatten wir vorher über einige organisatorische Dinge gesprochen, doch bis zu diesem Zeitpunkt wussten wir nicht, wer uns vom Flughafen abholen würde. Deshalb war uns nicht von der Landung flau im Magen, sondern vor allem deshalb, weil wir keine Ahnung hatten, was auf uns zukommen sollte.

Das Flugzeug rollte aus, und nach einiger Zeit durften wir aussteigen. Auf diesem riesigen Weltflughafen versuchten wir nun, uns mit aller Mühe zu unseren Koffern durchzufragen, denn alle Schilder waren in kyrillischer Schrift geschrieben. Doch die wenigsten Menschen, die an uns vorbeihasteten, verstanden Englisch. Ich versuchte, meine Fassung Kerstin gegenüber zu bewahren. Sie war noch sehr jung und sollte nicht merken, dass ich Angst hatte.

Dank sei Gott – unsere Koffer waren da! Voller Hoffnung schauten wir nun zu dem großen Fenster hinüber, hinter dem die Angehörigen standen, die Reisende abholen wollten. Nirgends konnte ich ein Schild entdecken, das uns galt. So weit ich sehen konnte, wurden nur kyrillisch beschriebene Schilder hochgehalten. «Gott», schrie es in mir, «was sollen wir tun?» Tausend Gedanken und Ängste schossen mir durch den Kopf.

Plötzlich richteten sich meine Gedanken nach oben. Wie oft hatte ich während meines Reisedienstes schon Gottes Hilfe erfahren! Als Reiseleiterin hatte ich häufig Gruppen in fernen Ländern zu führen und war dabei oft an meine eigenen Grenzen gestoßen. In meinem Inneren formte sich nun ein Satz: «Bitte Gott, zeige mir auch jetzt, was ich tun soll!»

Kerstin und ich schleppten unsere Koffer zur Passkontrolle. Schließlich kamen wir in den Raum, in dem die Wartenden Ausschau nach ihren reisenden Angehörigen hielten. Noch einmal schaute ich alle Schilder an, die hochgehalten wurden. Plötzlich entdeckte ich ein Schild, das mit lateinischen Buchstaben beschriftet war. Ich erkannte meinen Namen, der jedoch völlig falsch geschrieben war. «Wie kann man diesen Namen nur so verdrehen?», dachte ich und musste dabei herzhaft lachen. Tatsächlich waren die Leute gekommen, die uns abholen sollten, und zu unserer Überraschung konnten sie sogar ein paar Brocken Deutsch. Erleichtert schickte ich ein Dankgebet nach oben: «Herr, du hast mir bisher immer geholfen. Spaciba! Danke!»

Befreites Leben

Reinhilde Klatte

Psalm 119, 45

Freiheit ist wie ein Adelstitel – sie ist «von» und «zu». Wie ich das meine? Ich will es an Brigitte verdeutlichen. Sie durchlebt, was für eine Frau wohl zum Demütigendsten und Verletzendsten überhaupt gehört: Ihr Mann hat eine andere, und diese Frau ist Brigittes ehemals beste Freundin. Wie kann jemand in einer solchen Situation überhaupt noch atmen? Das schnürt einem doch die Luft ab!

In diesem Psalm heißt es: «Du gewährst mir großen Freiraum für mein Leben, weil ich deine Ordnungen beständig erforsche.» Doch was hat dieser Vers mit Brigitte zu tun? Wie bringt sie ihn in Beziehung zu ihrem Leben? Nach «Gottes Ordnung» soll niemand in Bitterkeit ersticken müssen. Doch wie kann das in einer so extremen Situation wie dieser ganz praktisch aussehen?

Immer wieder schüttet Brigitte ihren Schmerz, ihre Wut, ja, sogar ihren Hass vor Gott aus und lädt ihre ganze Last bei ihm ab. Das ist etwas völlig anderes, als diese Gefühle zu verdrängen. Gott kann sie dadurch nämlich frei «von» ihren quälenden Emotionen machen. Trotzdem ertappt Brigitte sich immer wieder dabei, wie sie ihre Lage selbstzerstörerisch «meditiert». Jeden Tag muss sie neu Gottes Befreiung «von» diesen belastenden Gedanken, die sich im Kreis drehen, sie blockieren und lähmen, in Anspruch nehmen.

Aber Gott befreit sie auch «zu» etwas, nämlich «zu» großem Freiraum für ihr Leben. Dort, wo Brigitte zunächst nur Erniedrigung und Verzweiflung gesehen hat, eröffnet Gott ihr eine ganz neue Sicht der Dinge. Menschen – geliebte Menschen – haben sie verlassen, betrogen und hintergangen, aber Gott liebt sie unwandelbar.

Erst kam Brigitte ihre Welt wie vernagelt vor. Welchen Zweck sollte ihr Leben noch haben? Doch Stück für Stück erkannte sie den «großen Freiraum für ihr Leben», den Gott ihr schafft. Sie muss nicht untergehen im Sumpf ihrer verletzten Gefühle. Sie wird frei «zu» neuen Wegen, frei für neue Aufgaben und Ausrichtungen. Ja, das Leben verläuft für Brigitte zwar völlig anders, als sie es sich erhofft hat. Ihr Lebenstraum ist zusammengefallen wie ein Kartenhaus. Aber Gott ist für sie zum Fels geworden, auf den sie jetzt ihr Leben baut. An ihn hat sie sich mehr denn je gebunden. Und Gott hat sie befreit – «von und zu»!

wenn ich deine Treue rühmen soll!
44 Niemals will ich aufhören, dein Gesetz zu befolgen.
45 Du gewährst mir großen Freiraum für mein Leben,
weil ich deine Ordnungen beständig erforsche.
46 Sogar vor Königen will ich ohne Scheu bezeugen,
daß dein Wort unumstößlich gilt.
47 Ich befolge deine Gebote mit Freude,
denn ich liebe sie.
48 Ich sehne mich nach deinem Wort, denn es ist mir wertvoll;
über alles, was du angeordnet hast,
denke ich gründlich nach.

VII
49 Herr, für dich habe ich mich eingesetzt.
Mach dein Versprechen wahr, denn darauf hoffe ich!
50 Immer, wenn ich in Not war,
hat deine Zusage mich wieder aufgerichtet und belebt.
51 Selbstgefällige Leute reden gehässig über mich,
sooft sie nur können.
Trotzdem bin ich keinen Fingerbreit
von deinem Gesetz abgewichen.
52 Nie habe ich den Mut verloren,
denn ich erinnerte mich daran,
wie du schon früher für Recht gesorgt hast.
53 Wenn ich an die Menschen denke,
die sich von dir und deinem Gesetz losgesagt haben,
dann packt mich der Zorn.
54 Nur kurze Zeit lebe ich auf dieser Erde;
aber solange ich lebe, werde ich deine Ordnungen besingen.
55 Herr, sogar in den Nachtstunden denke ich an dich,
und deine Gebote werden mir zur festen Gewohnheit.
56 Immer wieder macht es mich glücklich,
unbeirrt nach deinen Leitlinien zu leben.

VIII
57 Das muß ich bekennen: Ich gehöre zu Gott!
Deshalb werde ich tun, was er sagt.
58 Von ganzem Herzen will ich dir gefallen;
sei mir gnädig, wie du es versprochen hast!
59 Ich gebe mir Rechenschaft über mein bisheriges Leben
und entschließe mich von neuem, deinen Geboten zu gehorchen.
60 Ich zögere nicht und will keine Zeit verlieren,
das zu tun, was du befohlen hast.
61 Die Leute, die sich dir widersetzen,
wollen mich zu Fall bringen,
doch ich vergesse dein Gesetz nicht.
62 Mitten in der Nacht stehe ich auf, um dir zu danken,

Wem will ich gefallen?

Doris Siegenthaler

Psalm 119, 58

Wir leben in einem Zeitalter des Körperkults. Vor allem das Äußere steht im Blickpunkt; alles Erdenkliche wird getan, um den Körper gesund und fit zu erhalten. Trainingszentren schießen wie Pilze aus dem Boden. Saunakur und Heilbäder, Kosmetik- und Massagestudios haben Hochkonjunktur. Aktiv- und Wellnessferien werden in allen Variationen angeboten.

Aber wie lange hält sich die jugendliche Frische? Vielleicht ein paar Jahre? Und was ist, wenn durch Unfall oder Krankheit der Vitalität ein Ende gesetzt wird? Wenn die Jahre vergehen und man merkt, dass man nicht immer zwanzig bleiben kann?

Wenn ich in die Bibel hineinschaue, stelle ich fest: Gott selbst hat uns den Körper samt Geist und Seele anvertraut. Er möchte, dass wir sorgsam mit ihm umgehen – jedoch nach dem Maß, das er uns gesetzt hat. Andernfalls würden wir zum Spielball des Zeitgeistes und gerieten heute unter einen unangemessenen Leistungsdruck.

Überhaupt: Was nützt es dem Menschen, wenn der Körper gesund ist, die Seele jedoch krankt? Was ist mit denen, die unter körperlichen Defiziten leiden? Mit jenen Menschen, die schwer krank sind, aber eine innere Schönheit ausstrahlen, die auf Freude und Geborgenheit hinweist? Vor Gott darf der Mensch sein, wie er ist. Diese Erkenntnis führt zum Stressabbau, zur Entlastung und Entspannung.

Wenn Sie das nächste Mal spazieren gehen, schauen Sie sich die Natur doch wieder einmal genau an. Staunen Sie darüber, dass nicht ein Blatt dem anderen gleicht, nicht eine Schneeflocke wie die andere aussieht. In der Natur ist alles einzigartig; genauso unverwechselbar ist jeder Mensch – auch im Blick auf seine körperliche Verfassung.

Stellen Sie sich vor den Spiegel, schauen Sie sich an, und sagen Sie zu Gott: «Herr, ich danke dir dafür, dass du mich so wunderbar und einzigartig gemacht hast!» Vielleicht schwingt unser Gefühl dabei nicht mit, weil uns der eine oder andere «Makel» stört, weil uns das eine oder andere nicht gefällt. Doch dieser Zuspruch an uns selbst stimmt mit dem Wort Gottes überein (Psalm 139,14).

Wem gestatten wir es, in unser Leben hineinzusprechen? Den Stimmen eines ästhetischen Ideals oder der Stimme unseres Schöpfers? Nur im Hören auf ihn werden wir Geborgenheit für Leib, Seele und Geist finden. Sie hat auch dann noch Bestand, wenn der Körper durch Krankheit oder Unfall bedroht oder verletzt ist. Wenn wir Jesus Christus unser Leben anvertrauen, geht der Zuspruch, dass wir Gott wohlgefallen, über die Zeit hinaus bis in die Ewigkeit.

Trost

Hanna Stahlberg-Hansen

Glücklich sind die Traurigen, denn Gott wird sie trösten (Matthäus 5,4).

Es war am frühen Abend eines trüben Tages. Dem dringlichen Bescheid, so schnell wie möglich zu meinem Vater zu kommen, war ich sofort gefolgt. Obwohl es nur eine kurze Strecke zurückzulegen galt, kam ich zu spät. Der Tod war schneller gewesen! Ein plötzliches Herzversagen hatte dem arbeitsreichen Leben meines geliebten Vaters ein Ende gesetzt.

Ich stand an seinem Bett und konnte es nicht fassen. Er hatte – ohne eine Möglichkeit des Abschieds – die Reise zu seiner himmlischen Wohnung angetreten. Wie oft hatte er wohl im Laufe seines Lebens die Worte Jesu zitiert: «... im Hause meines Vaters gibt es viele Wohnungen» (Johannes 14,2)? Ich kniete spontan nieder und rief: «Paps, ich hab' dich so lieb gehabt!» Doch er schwieg für immer. Seine Antwort: «Ich dich auch, Murkel!» kam nicht mehr.

Der Schmerz schien mich zu zerreißen. Wie gern hätte ich die Nähe meines Mannes gespürt, doch er war geschäftlich unterwegs und nicht zu erreichen. In einer stillen Zeit des Abschieds versuchte ich loszulassen, was mir so lieb war. Mein gestammeltes Gebet war wie ein Einatmen des Friedens Gottes.

Ich war nicht fähig, am nächsten Tag meinen Dienst als Lehrerin zu tun. Als es zaghaft an der Tür läutete, öffnete ich mit verquollenem Gesicht. Meine Freundin! Wir umarmten uns. Gemeinsam saßen wir auf dem Sofa, und sie weinte mit mir, bis es schien, als hätten wir keine Tränen mehr. Marianne sagte fast gar nichts. Wir mussten nicht sprechen. Sie kannte mich. Sie litt mit mir. Trost verschenkte sie, indem sie schluchzend neben mir saß.

So still, wie sie gekommen war, ging sie wieder – verweint und mit meiner Trauer beschwert. Sie hatte es gewagt, meinem Schmerz buchstäblich ins Gesicht zu sehen.

Auf der Grundlage des Vertrauens war ich bereit gewesen, mich trösten zu lassen, anstatt mich einzuigeln. Meine Freundin hatte den Mut gehabt, vor meiner tiefen Trostlosigkeit nicht zurückzuschrecken. Wir wussten beide, dass es Schlimmeres gab als den Heimgang eines Menschen, der sein Leben Gott anvertraut hatte. Aber weil sie meinem Abschiedsschmerz nicht auswich, wurde mir das unbezahlbare Geschenk zuteil, dass ein Mensch mir selbstlosen Trost entgegenbrachte. Wie dankbar war ich für das Geschenk, eine solche Freundin zu haben!

weil deine Urteile gerecht sind.
63 Wer dich achtet und nach deinen Maßstäben lebt,
ist mein Freund.
64 Herr, überall auf dieser Welt
können die Menschen deine Güte erleben.
Laß mich erkennen, was ich tun soll!

IX
65 Herr, du bist gut zu mir,
wie du es versprochen hast.
66 Schenke mir Urteilskraft und Verständnis,
denn ich vertraue deinem Wort.
67 Ich bin viele Irrwege gegangen,
bis ich mir eingestehen mußte: «So geht es nicht weiter!»
Daher will ich mich jetzt nach deinem Willen richten.
68 Gott, du bist gut!
Wieviel Gutes hast du mir schon erwiesen!
Laß mich verstehen, was ich tun soll!
69 Unverfrorene Lügner ziehen meinen Namen in den Schmutz,
aber ich befolge deine Anordnungen von ganzem Herzen.
70 Ihr Gewissen ist abgestumpft;
an ihnen prallt alles ab, was du sagst.
Ich aber freue mich über dein Gesetz.
71 Für mich war es gut, daß ich erkennen mußte:
«So geht es nicht weiter!»
Denn da erst lernte ich, wie hilfreich deine Gebote sind.
72 Ja, dein Gesetz läßt sich nicht mit Bergen von Gold aufwiegen!

X
73 Herr, mein Schöpfer! Du hast mir das Leben gegeben.
Schenke mir nun auch die Einsicht, die ich brauche,
um nach deinen Geboten zu leben!
74 Alle, die dich achten und ehren,
werden sich über mich freuen,
denn ich verlasse mich auf dein Wort.
75 Herr, ich weiß, daß deine Entscheidungen richtig sind.
Selbst als du mich in unlösbare Schwierigkeiten brachtest,
meintest du es gut mit mir.[a]
76 Laß mich deine Gnade erfahren und tröste mich,
wie du es mir versprochen hast!
77 Dein Gesetz befolge ich gerne.
Erbarme dich über mich und hilf mir,
damit ich wieder Freude am Leben habe.
78 Bring die unverschämten Lügner zu Fall,

a) Wörtlich: In Treue hast du mich gebeugt.

Montag

Endlich am Ziel

Prinzessin Sixtina zu Waldeck und Pyrmont

Psalm 119, 71

Das Schloss in Stolberg im Harz war ein wunderbarer Ort, um als Kind aufzuwachsen. Wir – drei jüngere Geschwister und ich – hatten eine unbesorgte Kindheit, wurden aber auch sehr streng erzogen. In dem weitläufigen Schloss erlebten wir unsere Eltern nicht aus der Nähe, sondern wurden von Kinderschwestern betreut. Allerdings gab es auch Zeiten besonderer Zuwendung: Die Kartoffelferien im Herbst waren für mich immer ein willkommenes Ereignis. Da das auch die Zeit der Hirschbrunft war, verbrachten wir sie zusammen mit meinen Eltern in einem Jagdhaus, ohne Kinderschwester. Da hatten wir die Eltern ganz für uns. Doch im Allgemeinen erfuhren wir einfach nicht dieses Gefühl von Nestwärme, und es gab auch keine Spontaneität unseren Eltern gegenüber.

Und ebenso war mein Verhältnis zu meinem himmlischen Vater. Ich habe niemals an der Existenz Gottes gezweifelt. Aber Gott war für mich einfach abstrakt. Ich übertrug auf ihn die Erfahrungen, die ich mit meinem leiblichen Vater machte: Er war mir nicht nah, und es gab Bedingungen, um geliebt zu werden.

Als mein Mann und ich Anfang der 60er Jahre heirateten, brachten wir beide einen Mangel an Nestwärme mit. Zwanzig Jahre lang war unsere Ehe ein Auf und Ab. Anfang der 80er Jahre beschlossen wir die Scheidung. Wir waren am Ende.

Ein Gedanke, wie ein entfernter, rettender Strohhalm, trieb meinen Mann noch um. Er fuhr zu einer Cousine und erzählte ihr vom Scheitern der Ehe. «Das Einzige, was euch noch helfen kann, ist ein Neuanfang mit Gott», war ihr Rat. Sie schlug uns vor, zu einem Eheseminar zu fahren. Und dort erlebten wir eine Wende, an die niemand mehr geglaubt hatte! Ausschlaggebend war, dass wir dort zum ersten Mal etwas von einer persönlichen Beziehung zu Jesus Christus hörten.

Vergeben zu lernen, wie Christus uns vergeben hat, wurde für mich zum Schlüssel – nicht nur für die Erneuerung unserer Ehe, sondern als Zugang zu einem neuen Leben überhaupt. Nun ging es mir darum, Gottes Wort kennen zu lernen, es zu glauben und für mich anzunehmen. Gott stellte mir eine gereifte Christin zur Seite, die mir Mut machte, alles, was mich bewegte, im Gebet auszusprechen. Schließlich musste ich Gott nicht mehr ein braves Kind vorspielen, sondern konnte kommen, wie ich bin! Mein himmlischer Vater hatte diesen Mangel in mir gestillt – was mir gefehlt hatte, hatte ich von ihm bekommen. Als es nicht mehr weiterzugehen schien, hatte er in seiner Güte in mein Leben eingegriffen.

Warum Warten sich lohnt

Gigi Graham Tchividjian

Psalm 119, 81–82

Es gibt unzählige Situationen in unserem Leben, in denen wir warten sollen. Warten, bis wir mit der Schule fertig sind. Sehnsuchtsvoll auf den überfälligen Brief warten. Warten am Bett eines geliebten Kranken oder Sterbenden. Warten bis in die Morgenstunden, dass die Teenager-Tochter von der Party heimkommt – bleiern vor Müdigkeit, aber ohne Aussicht auf Schlaf, bevor sie nicht sicher zu Hause ist. Warten auf die Erhörung der tiefsten, schmerzlichsten Herzensbitte.

Warten kann das Gefühl von Hilflosigkeit und Inaktivität hervorrufen. Aber die Schule des Wartens lehrt uns unter anderem Geduld, Hoffnung und Vertrauen. Wartezeiten sind oftmals Zeiten, in denen unsere Beziehung zu Gott zu einer neuen Tiefe oder größerer Nähe heranreift.

In solchen Zeiten habe ich auch durch das Beispiel von Menschen der Bibel neuen Mut bekommen. Mose, der große Führer des Volkes Israel, war vierzig Jahre in der Wüste. Mit Sicherheit hat auch er erst viel später, vielleicht erst im Lebensrückblick, den Segen entdeckt, der in dieser langen Wartezeit enthalten war. Denn vierzig Jahre in der Wüste sind lang für jemanden, der wie Mose im verschwenderischen Reichtum und der intellektuell anregenden Atmosphäre des ägyptischen Königshofs aufgewachsen war. Sich danach allein mit Gott und den eigenen Gedanken in der Wüste wiederzufinden, ist hart.

Wüstenerfahrungen begegnen uns in unterschiedlichster Gestalt: von körperlicher Krankheit bis zu innerer Leere, von tiefster Einsamkeit bis zu äußerster Erschöpfung und Verwirrung. – Ich habe sehr jung, mit siebzehn Jahren, geheiratet und bin in die Schweiz gezogen. Mein Nestbauinstinkt war sehr stark und drängte mich zu Träumen von einem Häuschen mit roten Geranien vor den Fenstern, das sich mit vielen Kindern bevölkern sollte. Doch Gottes Pläne waren ganz anders. Es kamen zwar die Kinder, aber kein sicheres Nest. Erst viele Jahre später bekam unsere Familie ein Nest, das alles übertraf, was wir zu hoffen gewagt hatten. Im Rückblick bin ich für die Wartezeit nur dankbar. Ich habe so unendlich viel über Vertrauen gelernt und darüber, wie Gott sich um uns kümmert.

Wachsen tut manchmal weh. Noch immer muss ich lernen, zu warten – nicht frustriert oder resigniert, sondern in Vorfreude auf alles, was Gott tun will. Er kann unseren Glauben durch Wartezeiten und Verzögerungen auf die Probe stellen. Wir sollten niemals vergessen, dass wir auf den Einen warten, der uns nie enttäuscht – auch dann nicht, wenn wir uns viele Jahre durch die Widrigkeiten des Alltags kämpfen.

denn sie haben mich grundlos ins Elend gestürzt.
Ich aber denke über deine Ordnungen nach.
79 Ich wünsche mir, daß alle, die dich ehren
und deine Anweisungen befolgen, zu mir halten.
80 Ich will mich entschlossen nach deinen Geboten richten,
damit ich nicht zu Fall komme.

XI
81 Voller Sehnsucht warte ich auf deine Hilfe,
denn du hast sie mir fest versprochen.
82 Ich vergehe fast vor Ungeduld,
bis du deine Zusage erfüllst.
Wann endlich tröstest du mich?
83 Ich fühle mich nutzlos, alt und verbraucht;[a]
trotzdem werde ich nicht müde, deine Ordnungen zu befolgen.
84 Wie lange muß ich noch warten?
Wann gehst du endlich mit denen ins Gericht,
die es auf mich abgesehen haben?
85 Diese frechen, überheblichen Menschen
haben mir eine Grube gegraben;
dein Gesetz ist ihnen völlig gleichgültig.
86 Hilf mir, denn sie verfolgen mich ohne Grund!
Doch auf deine Gebote kann ich mich verlassen.
87 Ich weigere mich, gegen deine Anordnungen zu verstoßen,
obwohl die Feinde mich fast umgebracht hätten.
88 Sei mir gnädig und erhalte mein Leben!
Dann kann ich weiterhin deine Gebote befolgen!

XII
89 Herr, dein Wort bleibt für immer und ewig.
Schon als du den Himmel erschufst, war es gültig.
90 Deine Treue gilt für alle Zeiten.
Durch sie erhältst du die Erde,
seitdem du sie ins Dasein gerufen hast.
91 Himmel und Erde bestehen bis heute, weil du es so willst,
denn dir muß alles dienen.
92 Wenn ich nicht Freude an deinem Wort gehabt hätte,
dann wäre ich in meinem Elend umgekommen.
93 Nie will ich deine Befehle vergessen,
denn sie haben mich gestärkt.
94 Ich gehöre zu dir, Herr. Hilf mir,
denn ich habe mich immer nach deinen Geboten gerichtet!
95 Gewissenlose Menschen liegen auf der Lauer,
um mich zu beseitigen.

a) Wörtlich: Ich bin wie ein Weinschlauch im Rauch.

Doch ich achte um so mehr auf das, was du mir zu sagen hast.
[96]Ich sah, daß alles ein Ende findet,
auch wenn es noch so vollkommen ist.
Nur dein Wort bleibt für immer.

XIII
[97]Wie sehr liebe ich dein Gesetz;
den ganzen Tag denke ich darüber nach!
[98]Gerade weil es mir immer gegenwärtig ist,
bin ich meinen Feinden an Klugheit überlegen.
[99]Ich habe mehr begriffen als alle meine Lehrer,
denn ich mache mir ständig Gedanken über deine Ordnungen.
[100]Ich gewinne noch mehr Einsicht als alte Menschen
mit ihrer Lebenserfahrung,
denn ich habe mein Leben nach deinen Geboten ausgerichtet.
[101]Nie bin ich vorsätzlich krumme Wege gegangen,
denn stets befolge ich dein Wort.
[102]Ich habe deine Belehrungen gerne angenommen,
denn einen besseren Lehrer als dich gibt es nicht.
[103]Dein Wort ist meine Lieblingsspeise,
es ist süßer als der beste Honig.
[104]Dein Gesetz macht mich klug und einsichtig,
deshalb hasse ich jede Art von Falschheit.

XIV
[105]Dein Wort ist wie ein Licht in der Nacht,
das meinen Weg erleuchtet.
[106]Was du in deinem Wort festgelegt hast,
das will ich tun, gerechter Gott!
Ich habe einen Eid darauf geleistet, und dazu stehe ich.
[107]Doch jetzt bin ich völlig am Ende!
Herr, schenke mir neue Kraft, wie du es versprochen hast!
[108]Herr, nimm meinen Dank als ein Opfer an,
und laß mich erkennen, was du von mir willst!
[109]Mein Leben ist ständig in Gefahr,[a]
trotzdem vergesse ich dein Gesetz nicht.
[110]Die Gottlosen wollen mich in ihre Fallen locken.
Doch ich lasse mich nicht von deinen Geboten abbringen.
[111]Was uns als dein Wille überliefert wurde,
ist mein kostbarer Besitz für alle Zeit
und erfüllt mich mit Freude.
[112]Entschlossen will ich mich an deine Ordnungen halten,
solange ich lebe[b].

a) Wörtlich: Mein Leben halte ich ständig in der Hand.
b) Oder: für ewig ist mein Lohn.

Schritt für Schritt im Licht

Ulla Schaible

Psalm 119, 105

Zusammen mit einem Freund machten mein Mann und ich Urlaub in einem abgelegenen Bergdorf in den Alpen. Wir wohnten in zwei verschiedenen Häusern, die nur durch einen schmalen Pfad miteinander verbunden waren. Abends saßen wir oft mit unserem Freund in seinem Haus zusammen. Später mussten mein Mann und ich dann im Dunkeln den schmalen Pfad hinabsteigen, um in unser Quartier zu kommen. Da es im ganzen Dorf keinen elektrischen Strom gab, war natürlich auch unser Weg von keiner Straßenlampe beleuchtet. Es war so dunkel, dass wir die Hand nicht vor den Augen sehen konnten. Unsere einzige Lichtquelle war eine Taschenlampe, doch sie leuchtete immer nur drei bis vier Schritte weit voraus. Aber wir wussten: Wenn wir genau auf dem Weg bleiben und uns Schritt für Schritt im Schein der Taschenlampe vorantasten, kommen wir an unser Ziel. Denn dies ist der Weg, der zu unserem Haus führt.

Als solch ein Licht in der Nacht, das uns den Weg weist, beschreibt der Psalmbeter das Wort Gottes. Doch darin gibt es viele Verse, und kaum jemand wird die ganze Bibel im Kopf haben. Wie kann Gottes Wort da Licht auf meinem Weg sein?

Ich denke, dass der grundsätzliche Wegweiser in der Bibel die Liebe ist. Und die zehn Gebote sind so etwas wie Wegmarkierungen, die es mir deutlich machen, wenn ich vom Weg abkomme. Doch darüber hinaus kann ich mir auch andere Bibelverse als «Wegweiser» aussuchen und sie eine Zeit lang intensiver bedenken, damit sie sich mir einprägen und zu einer Leitlinie für mein Leben werden. Welchen Vers ich wähle, hängt dabei von meiner Lebenssituation ab.

Wenn ich mir momentan sehr viele Sorgen mache, ist es zum Beispiel hilfreich, diesen Vers zu wählen: «Überlasst alle eure Sorgen Gott, denn er sorgt für euch» (1. Petrus 5,7). Jeden Morgen kann ich zu Gott sagen: «Herr, ich will diesen Tag aus deiner Hand nehmen und darauf vertrauen, dass du für mich sorgen wirst.» Abends blicke ich dann zurück auf den Tag und danke Gott für alle Situationen, in denen er für mich gesorgt hat. Ich überlege mir aber auch, wo ich mir die Sorgen selbst wieder aufgeladen habe und bitte Gott dafür um Vergebung. Zusätzlich kann ich mich mit anderen Menschen darüber austauschen, wie sie mit dieser Verheißung umgehen. Auf diese Weise kann sich ein Bibelwort tief bei mir einprägen und mir den Weg weisen, auf dem ich zu einem guten Ziel komme.

Welches Wort von Gott soll Ihnen die nächste Etappe Ihres Weges ausleuchten?

Donnerstag

Alles wird gut!

Silvia Konstantinou

Psalm 119, 122

Am Tag, bevor sie ins Krankenhaus musste, bekam die alte Frau von ihrer Tochter einen Brief:

«Liebste Mutter! Seit Tagen fühle ich mich nicht richtig wohl. Du weißt warum, denn ich habe dir die Ängste mitgeteilt, die deine bevorstehende Operation in mir auslöst. Unverarbeitete Gefühle und viele Fragen, die sich im Lauf der Jahre zwischen uns aufgebaut haben, wurden dabei aufgeweckt. Gott hat es gut gemeint und uns in den vergangenen Tagen viel Zeit geschenkt, um offen über so manches zu sprechen. Dankbar erkenne ich nun, dass wir eine Wegstrecke miteinander gegangen sind, auf der wir uns besonders nahe waren.

Inzwischen bist du über achtzig. Ich durfte bis jetzt noch eine Mutter haben und meine Kinder eine liebende Omi. Nach meiner Scheidung warst du uns eine unverzichtbare Hilfe. Dafür will ich dir von Herzen danken! Doch hier auf der Erde wird diese Gemeinschaft einmal ein Ende finden, vielleicht schon bald. Gestern hat mir ein lieber Freund, der meine momentane Bedrückung kennt, einen Vers aus der Bibel geschickt: «Eines Tages wirst du mit meiner Hilfe hierher zurückkehren. Halte mir die Treue, tu, was in meinen Augen richtig ist! Verlass dich voll und ganz auf mich, deinen Gott!» (Hosea 12,7). Seitdem habe ich mehr Frieden in meinem Herzen. Ich nehme den Vers als Verheißung für dich in Anspruch, denn du bist seit Jahren ein Kind Gottes.»

Die alte Frau legte den Brief zur Seite und nickte. Ja, wenn Gott es wollte, würde sie aus dem Krankenhaus wieder nach Hause zurückkehren. Oder sollte sein göttlicher Plan vorsehen, sie heim ins Vaterhaus zu holen? Tränen liefen über ihre Wangen. Sie konnte nicht verhindern, dass der Gedanke wehtat, doch sie wusste sich in den besten Händen. Ihr war klar, dass es in göttlichen Lebensplänen keine Zufälle gab. Alles würde gut werden – für sie, ihre Tochter und die Enkelkinder.

Wer die Bibel kennt, weiß, dass Gott selbst einmal jede Träne trocknet und es dann keinen Tod, kein Leid, keine Angst und keine Schmerzen mehr geben wird (Offenbarung 21,4). Wer auf die Worte der Bibel vertraut, kann aufgeblähte Zukunftsängste in Gottes liebende Hände legen und sich ihm ganz anbefehlen. Er darf wissen: Was immer auch auf mich zukommt, Gott hat den Ausgang der Dinge schon so vorherbestimmt, dass ich ihn ertragen kann (1. Korinther 10,13b). Der Wunsch, dass alles wieder gut wird, ist bei, durch und in Jesus eine berechtigte Hoffnung – für Kleine wie für Große.

XV
113 Herr, ich kann es nicht leiden,
wenn Menschen einmal «ja» und einmal «nein» zu dir sagen.
Aber dein Gesetz liebe ich mit ungeteiltem Herzen.
114 Bei dir allein bin ich geborgen,
bei dir finde ich Schutz.
Deine Zusage ist meine einzige Hoffnung.
115 Verschwindet, ihr Übeltäter!
Ich richte mich nach den Geboten meines Gottes.
Hindert mich nicht daran!
116 Herr, gib mir festen Halt, wie du es versprochen hast!
Dann lebe ich wieder auf.
Laß nicht zu, daß ich vergeblich hoffe und den Mut verliere!
117 Richte mich auf, Herr, dann ist mir geholfen!
Ich will mich stets mit deinen Anordnungen beschäftigen.
118 Wer deine Befehle ablehnt, den wirst auch du ablehnen,
und wer dich hinters Licht führen will,
der schadet sich selbst[a].
119 Wie Müll beseitigst du alle deine Verächter.
Darum liebe ich deine Ordnungen.
120 Wenn ich daran denke,
daß du mich als Richter verurteilen könntest,
läuft es mir kalt den Rücken herunter.

XVI
121 Herr, ich habe getan, was richtig und gut ist,
darum überlaß mich nicht der Willkür meiner Feinde!
122 Versprich mir, daß alles wieder gut wird,
und laß nicht zu, daß mich diese selbstherrlichen Menschen unterdrücken!
123 Gerechter Gott, ich sehne mich danach,
daß du mich befreist und das Versprechen erfüllst,
das du mir gegeben hast.
124 Herr, du hast mich lieb.
Bitte hilf mir und laß mich deine Ordnungen verstehen!
125 Ich stelle mich dir zur Verfügung;
nun schenke mir auch das Verständnis für die Überlieferungen,
in denen wir deinen Willen erkennen!
126 Es ist höchste Zeit, daß du eingreifst, Herr,
denn die Menschen mißachten deine Gesetze.
127 Ich aber liebe deine Gebote.
Sie bedeuten mir mehr als reines Gold.
128 Jede Art von Falschheit ist mir verhaßt.
Nur deine Gebote garantieren einen guten und geraden Weg.[b]

a) Vers 118b wörtlich: denn umsonst ist ihr Trug. Oder: denn Lüge ist ihr Trug.
b) Die griechische Übersetzung lautet: Darum halte ich alle deine Ordnungen für recht.

XVII
[129] Herr, deine Gebote sind wunderbar,
deshalb befolge ich sie gern.
[130] Im Leben eines Menschen wird es hell,
wenn er anfängt, dein Wort zu verstehen.
Wer bisher gedankenlos durchs Leben ging,
der wird jetzt klug.
[131] Mein Verlangen nach deinen Geboten ist stärker als der Durst eines Menschen, der in der Hitze nach Wasser lechzt.
[132] Herr, wende dich mir zu und sei mir gnädig,
so wie du es allen versprochen hast, die dich lieben.
[133] Beschütze mich und mach mich stark,
wie du es zugesagt hast!
Laß nicht zu, daß das Böse über mich Macht gewinnt!
[134] Rette mich vor den Menschen,
die mich gewaltsam unterdrücken;
dann kann ich nach deinen Ordnungen leben!
[135] Laß mich erleben, wie gut du es mit mir meinst,
und zeige mir, was ich nach deinem Willen tun soll!
[136] Ich weine hemmungslos, wenn ich sehe,
wie andere dein Gesetz mißachten.

XVIII
[137] Herr, auf dich kann man sich verlassen,
und alles, was du beschließt, ist richtig.
[138] Deine Gebote beweisen:
Du bleibst dir selber treu und hältst an der Wahrheit fest.
[139] Ich bin außer mir vor Zorn, weil ich sehe,
wie meine Feinde deine Worte übergehen.
[140] Dein Wort ist zuverlässig[a],
darum liebe ich es.
[141] Ich bin klein und verachtet;
trotzdem werde ich dein Wort nicht vergessen.
[142] Deine Gerechtigkeit bleibt für immer bestehen;
dein Gesetz ist die reine Wahrheit.
[143] Selbst wenn ich vor Angst keinen Ausweg mehr weiß,
freue ich mich über deine Gebote;
[144] sie sind gerecht, und daran wird sich nie etwas ändern.
Hilf mir, sie besser zu verstehen, damit ich wieder auflebe.

XIX
[145] Herr, ich flehe dich an: Antworte mir!
Entschlossen will ich mich an deine Ordnungen halten.
[146] Ich bitte dich: Hilf mir;

a) Wörtlich: ganz durchläutert.

Wofür nehme ich mir Zeit?

Lilo Kramer

Psalm 119, 148

Erschütternd aufrichtig und zur Nachahmung empfohlen! Gottes Wort und das Gebet nehmen im Leben des Psalmdichters eine Schlüsselstellung ein. Bis in die Nachtstunden hinein wendet sich der verfolgte und angefochtene Beter seinem Herrn zu. Er zeigt uns, wie eine tiefe Beziehung mit Gott gepflegt werden kann, wenn er immer wieder beteuert: «Aber du, Herr, du bist mir nahe» (Vers 151). Diese Erfahrung kann er immer dann machen, wenn er sich Zeit nimmt, seinem Gott zu begegnen – sei es bei Tag oder Nacht. Sein ganzes Leben ist auf Gott ausgerichtet, und das prägt ihn. Die gleiche Erfahrung dürfen auch wir, die wir an Jesus Christus glauben, täglich in allen Lebensumständen und besonders in notvollen Stunden machen.

Dietrich Bonhoeffer hat die Psalmen das «Gebetbuch der Bibel» genannt. Zwar enthalten auch andere Bücher der Bibel Gebete, doch die Psalmen sind eine einzigartige Sammlung von Liedern und Gebeten, mit denen Menschen ihre Freude und Klage, ihre Anfechtungen und ihre Erfahrung der Rettung und Tröstung vor Gott brachten. Ein Zitat von J. Angerhausen unterstreicht dies: «Es gibt keinen Weg, der sich auf so viel Erfahrung berufen kann wie der Psalter. Das ganze menschliche Leben findet sich in ihm wie in einem klaren Spiegel!»

Welche Erfahrungen machen wir heute mit unserer persönlichen Gebetszeit? Was bedeutet uns die Begegnung mit Gott im Gebet? Nehmen wir uns dafür Zeit?

Um eine tiefe Beziehung mit Jesus zu pflegen, brauchen wir Zeit, um mit ihm zu reden und auf ihn zu hören. Zeit ist für das Gebet wie der Nährboden für eine Pflanze. Zeit «hat» man übrigens selten, man muss sie sich nehmen! Unsere kostbare Zeit widmen wir dem, was wir schätzen und lieben. Wenn ich mir Zeit zum Beten nehme, erlebe ich tatsächlich, dass das Gebet – die Zeit mit Gott – meine Zeit bestimmt.

Wir werden dann auch mehr und mehr lernen, wachsam im Umgang mit den Gedanken zu sein, die aus unserem Herzen kommen, und sie nicht einfach unkontrolliert laufen lassen. Diese Gedanken sagen viel über unsere innere Ausrichtung aus. Wenn wir uns die Zeit nehmen, Jesus anzuschauen, beeinflusst er unser Leben und prägt auch immer mehr unsere spontanen Gedanken. Denn unsere Gedanken sind da, wo unsere Schätze sind (Matthäus 6,21). Was einem Menschen vor allen anderen Dingen wichtig ist, dem gibt er einen besonderen Platz und schenkt ihm seine Zeit.

FRIEDEN

Hannah Whitall Smith

Und der Friede, den Christus schenkt, soll euer ganzes Leben bestimmen (Kolosser 3,15a).

Eingebettet in die schneebedeckten Gipfel der Sierra Nevada, nicht weit von dem geschäftigen Treiben der Großstadt San Francisco, liegt der Tahoe-See. Er ist 37 Kilometer lang, 16 Kilometer breit und so tief, dass ein Seil, 600 Meter tief hinabgelassen, noch nicht den Grund berührt. Außerdem liegt er 1500 Meter über dem Meeresspiegel.

Stürme kommen und gehen über die Gewässer weiter unten in den Bergen, aber dieser See ist so ruhig und klar, dass das Auge – so sagt man – 30 Meter in die Tiefe schauen kann. Rings um die milden, grünen Ufer ziehen sich die mit ewigem Schnee bedeckten Berge. Der Himmel über dem See ist genauso still wie das bewegungslose Wasser. Die Natur, die sich in ihm widerspiegelt, verliert kaum etwas von ihren klaren Konturen. Hier kann die Seele wirklich erfahren, was Ruhe ist, wenn sie sich Tag für Tag dem wohltuenden Einfluss der Natur öffnet, ihren Frieden ins Herz einziehen und dort regieren lässt.

Und doch – dies ist nur ein ganz schwaches Abbild von dem, was wir in Christus finden können. Bei allem Druck der Verantwortung, der Sorge um die alltäglichen Aufgaben, ja, selbst in den kritischsten Augenblicken des Lebens, in denen wir nicht mehr aus noch ein wissen, können wir in seine Ruhe eintauchen und uns absolut im Willen Gottes geborgen wissen.

Versuchen Sie zu lernen, in dieser Ruhe zu leben! Sie wird Ihr Herz still machen, und Ihre Seele wird – wie in einem Spiegel – die Schönheit Gottes widerspiegeln. Dann wird der Sturm in Menschenherzen in Ihrer Gegenwart zur Ruhe kommen, so wie Ihre Stürme in Gottes Gegenwart zur Ruhe gekommen sind.

ich möchte doch deine Gebote befolgen!
147 Schon vor Tagesanbruch schreie ich zu dir um Hilfe,
ich setze alle meine Hoffnung auf dein Wort;
148 auch die ganze Nacht denke ich darüber nach.
149 Höre mich doch, Herr; ich vertraue ganz auf deine Gnade.
Schenke mir neuen Mut durch deine gerechten Gebote.
150 Böse Menschen machen sich an mich heran,
um mir zu schaden;
wie weit haben sie sich von deinem Gesetz entfernt!
151 Aber du, Herr, du bist mir nahe!
Auf alle deine Worte kann ich mich verlassen.
152 Ich habe mich in dein Gesetz vertieft und dabei erkannt:
Es gilt für alle Zeiten!

XX
153 Sieh doch, wie niedergeschlagen ich bin! Hilf mir,
denn ich habe dein Gesetz nie aus den Augen verloren!
154 In meinem Rechtsstreit vertrete du mich als mein Anwalt,
und sorge für meinen Freispruch!
Rette mich, wie du es mir versprochen hast!
155 Wer sich dir widersetzt, kann nicht damit rechnen,
daß du ihn rettest,
denn deine Ordnungen sind ihm gleichgültig.
156 Herr, schon oft hast du dein Erbarmen gezeigt;
nun gib auch mir wieder neuen Mut durch dein gerechtes Urteil!
157 Viele Feinde verfolgen und bedrängen mich,
trotzdem bin ich von deinen Geboten keinen Fingerbreit abgewichen.
158 Ich empfinde Abscheu und Ekel,
wenn ich mir die Menschen ansehe,
die dir untreu sind und sich über dein Wort hinwegsetzen.
159 Herr, ich liebe deine Befehle.
Zeige mir nun auch deine Liebe,
und schenke mir wieder Freude am Leben!
160 Jedes Wort, das du sagst, ist wahr.
Was du, gerechter Gott, entschieden hast,
gilt für immer und ewig.

XXI
161 Herr, die Mächtigen verfolgen mich ohne Grund.
Doch mich beeindruckt allein das, was du mir zu sagen hast.
162 Ich freue mich über dein Wort
wie jemand, der einen wertvollen Schatz findet.
163 Ich verabscheue gemeine Lügen,
dein Gesetz aber liebe ich.
164 Siebenmal am Tag lobe ich dich, Herr,
denn deine Entscheidungen sind gut und gerecht.
165 Wer dein Gesetz liebhat, lebt in Frieden

Montag

Strassenkarte des Lebens

Marianne Kawohl

Psalm 119, 165

Wie kann mein Leben wirklich gelingen? Wie kann ich die Ziele erreichen, die Gott für mich gesteckt hat? Dieser Psalm macht in poetischen und gleichzeitig heilsamen Worten klar, dass Gottes Wort mich vor dem Scheitern, der Sinnlosigkeit und der Zielverfehlung bewahren möchte.

Aber was ist, wenn wir auf unser Leben zurückblicken? Je mehr Lebensjahre hinter uns liegen, desto mehr gibt es da zu sehen – nicht nur an Freude, auch an Leid; nicht nur an Gelingen, auch an Versagen; nicht nur an Aufbruch, sondern auch an Abbruch und Zerbruch. Vielleicht müssen wir viele Scherben aufsammeln. Vielleicht finden wir uns sogar vor einem ganzen Scherbenhaufen wieder, vor dem wir schier verzweifeln wollen. In der Seelsorge habe ich zahllose tragische Beispiele für zerbrochenes Leben erlebt.

Ein kreativer Mensch mit viel Phantasie würde selbst aus Glasscherben noch ein schönes Mosaik schaffen können. Sollte Gott, der große Schöpfer des Himmels und der Erde, nicht auch aus den Scherben unseres Lebens ein Kunstwerk schaffen und Leid in Liebe verwandeln können? Ja, das kann und will er ganz bestimmt!

Doch in seinem Wort gibt er uns auch Anleitung, wie wir manchen Zusammenbruch und Zerbruch vermeiden, wie wir positiven Einfluss auf den Verlauf unseres Lebens nehmen können. Wenn wir ein bestimmtes Ziel mit dem Auto erreichen wollen, ist es ratsam, sich vorher die Strecke auf einer Straßenkarte anzuschauen. Wenn wir einfach ins Blaue hinein starten, verfahren und verirren wir uns, verlieren Zeit und Kraft. So eine Straßenkarte will Gottes Wort für uns sein. Sie gibt uns Orientierung und Wegweisung. Sich daran zu halten macht ruhig, zuversichtlich und gelassen, schenkt uns tiefen Frieden im Herzen.

Allerdings gibt es keine Garantie, dass unser Weg immer so verläuft, wie wir uns das in unseren menschlichen Vorstellungen ausmalen. Das Leben mit Gott kann zeitweise sehr schwer sein, doch das Leben ohne ihn ist noch viel schwerer. Denn der Friede, den der Allmächtige uns gibt, übersteigt all unser Verstehen und unsere Vernunft (Philipper 4,7). Nichts und niemand kann ihn uns jemals rauben. Nein, Gottes Friede vergeht nicht – trotz allem!

und wird niemals scheitern.
166 Herr, ich hoffe darauf, daß du mich rettest,
denn ich habe mich nach deinen Geboten gerichtet.
167 Deine Weisungen sind der Maßstab für mein Handeln;
ich habe sie fest ins Herz geschlossen.
168 Ja, alle deine Befehle und Mahnungen befolge ich aufrichtig,
denn du siehst alles, was ich tue.

XXII
169 Herr, ich flehe dich an: Erhöre mich!
Laß mich dein Wort immer besser verstehen!
170 Höre auf mein Schreien und rette mich,
wie du es versprochen hast!
171 Mein Herz ist erfüllt von deinem Lob.
Ich singe und juble,
denn du läßt mich deine Ordnungen erkennen.
172 Fröhlich besinge ich dein Wort,
denn alles, was du befiehlst, ist gut.
173 Greif ein und hilf mir!
Ich habe meine Wahl getroffen:
nur deine Gebote sind der Maßstab für mein Leben.
174 Sehnsüchtig warte ich auf deine Hilfe, Herr;
dein Gesetz ist meine größte Freude.
175 Schenke mir ein langes Leben,
damit ich dich immer mehr preisen kann,
und hilf mir durch deine Ordnungen!
176 Heimatlos irre ich umher wie ein Schaf,
das seine Herde verloren hat.
Suche doch nach mir, denn ich gehöre noch immer zu dir!
Ich habe nicht vergessen, was du befohlen hast.

Herr, rette mich vor den Lügnern

120 Ein Lied für die Festbesucher, die nach Jerusalem hinaufziehen.[a]

Ich schrie zum Herrn, als ich nicht mehr aus noch ein wußte,
und er half mir aus meiner Not.
2 Herr, rette mich auch jetzt vor diesen Lügnern
und Betrügern, die die Wahrheit verdrehen!
3 Ihr Lügner, glaubt ihr denn,
ihr könntet der Strafe Gottes entgehen?
Er wird es euch heimzahlen!

a) Wörtlich wie zu Beginn aller Psalmen von 120–134: « Lied der Hinaufgänge» oder «Lied der Stufen». Es sind Wallfahrtslieder für Festbesucher, die aus der Jordanebene zum hochgelegenen Jerusalem hinaufziehen oder im Tempelgebiet die Stufen zum Altar hinaufsteigen.

Dienstag

Die Lüge entlarven

Hildegard Horie

Psalm 120, 2

Heidi war eine fleißige und gewissenhafte Mitarbeiterin der Firma. Schon bald wurde ihr Chef auf sie aufmerksam und überließ ihr größere Verantwortung. Immer häufiger rief er sie zu sich, um mit ihr Probleme der Firma zu besprechen. Das blieb den anderen Mitarbeitern nicht verborgen. Bald tuschelte man hinter Heidis Rücken und wich ihr aus. Eines Tages machte das Gerücht die Runde, Heidi hätte ein Verhältnis mit dem Chef. Heidi wusste, dass das eine Lüge war – sie war seit fünfzehn Jahren glücklich verheiratet. Aber wie konnte sie sich rechtfertigen? Als sie versuchte, ihre Kolleginnen zur Rede zu stellen, zuckten sie nur mit den Achseln, was so viel bedeuten sollte wie: «Du kannst uns viel erzählen, wir wissen es besser!»

Das Leben in der Firma wurde für Heidi unerträglich. Sollte sie das Feld räumen? Aber die Aufgabe in der Firma bedeutete ihr sehr viel; außerdem brauchte ihre Familie das zusätzliche Gehalt. Und würde ihr Rückzug die Lüge nicht noch unterstreichen?

Dann kam der Betriebsausflug, an dem auch die Frau des Chefs teilnehmen sollte. Zuerst wollte Heidi sich krankmelden. Aber wäre nicht auch das eine Lüge gewesen? «Ich weiß nicht, wie ich mich verhalten soll», klagte sie ihrem Mann. «Ich bin so verunsichert!» «Warum fürchtest du dich vor Menschen?», antwortete er. «Du stehst vor Gott. Überlasse es ihm!»

Beim Ausflug sprach keiner mit Heidi. Schon bald bereute sie es, mitgefahren zu sein. Immer wieder beobachtete sie die Frau des Chefs. Ob das Gerücht bis zu ihr durchgedrungen war? Als sich ihre Blicke zufällig begegneten, spürte sie, wie eine heiße Welle ihr Gesicht überzog. Endlich fasste sich Heidi ein Herz und suchte das Gespräch mit der Frau des Chefs. Zu ihrer Verblüffung lachte sie hell auf. «Ich habe davon gehört, und ich bin froh, dass Sie mit mir darüber sprechen. Aber seien Sie unbesorgt, ich kenne meinen Mann. Und ich vertraue ihm, egal, was andere reden.» «Aber was soll ich tun?», fragte Heidi. «Gar nichts! Lassen Sie die anderen ruhig reden. Eines Tages wird das Thema uninteressant.»

Lügen hinterlassen hässliche Spuren im Leben eines Menschen. Wichtig ist, dass wir uns nicht darin verwickeln lassen. «Ich bin die Wahrheit» (Johannes 14,6), hat Jesus von sich gesagt. In seiner Gegenwart kann die Lüge nicht gedeihen. Er durchschaut alle Dunkelheit und sieht auch unsere heimlichsten Motive. Er kennt uns besser, als wir uns selbst kennen. Darum betete David: «Durchforsche mich, o Gott, und sieh mir ins Herz, prüfe meine Gedanken und Gefühle! Sieh, ob ich in Gefahr bin, dir untreu zu werden, dann hol mich zurück auf den Weg, der zum ewigen Leben führt!» (Psalm 139,23–24)

[4] Er, der mächtige Gott, wird euch mit seinen Pfeilen treffen
und mit glühenden Kohlen versengen!
[5] Bei euch zu leben ist schlimmer
als unter den gewalttätigen Völkern von Mesech und Kedar![a]
[6] Viel zu lange wohne ich schon hier bei euch.
Ihr haßt den Frieden,
[7] ich dagegen liebe ihn.
Aber sobald ich ein Gespräch beginne, fangt ihr Streit an!

Unterwegs unter Gottes Schutz

121

Ein Lied für Festbesucher, die nach Jerusalem hinaufziehen.

Ich schaue hinauf zu den Bergen – woher kann ich Hilfe erwarten?
[2] Meine Hilfe kommt vom Herrn,
der Himmel und Erde gemacht hat!

[3] Der Herr wird nicht zulassen, daß du fällst;
er, dein Beschützer, schläft nicht.
[4] Ja, der Beschützer Israels schläft und schlummert nicht.
[5] Der Herr gibt auf dich acht; er steht dir zur Seite
und bietet dir Schutz vor drohenden Gefahren[b].
[6] Tagsüber wird dich die Sonnenglut nicht verbrennen,
und in der Nacht wird der Mond dir nicht schaden.
[7] Der Herr schützt dich vor allem Unheil,
er bewahrt dein Leben.
[8] Er gibt auf dich acht,
wenn du aus dem Hause gehst und wenn du wieder heimkehrst.
Jetzt und für immer steht er dir bei!

Frieden für Jerusalem!

122

Ein Lied Davids für Festbesucher, die nach Jerusalem hinaufziehen.

Wie sehr habe ich mich gefreut, als man zu mir sagte:
«Komm mit, wir gehen zum Tempel, zum Haus des Herrn!»
[2] Nun sind wir am Ziel!
Wir haben die Stadttore durchschritten

a) Wörtlich: Wehe mir, daß ich ein Fremder bin in Mesech, daß ich wohne bei den Zelten Kedars. – Mesech war das Volk der Moscher im Gebiet zwischen dem Schwarzen und dem Kaspischen Meer (vgl. 1. Mose 10,2), Kedar war ein räuberischer Nomadenstamm in der syrisch-arabischen Wüste (vgl. 1. Mose 25,13). Beide Völker wurden zu Sinnbildern für «Heiden und Barbaren».

b) Wörtlich: der Herr ist ein Schatten über deiner rechten Hand.

Einer passt auf mich auf

Uta Krieger

Psalm 121, 2

Schon lange ist dies mein Lieblingspsalm. In Zeiten der Not, Trauer, Anfechtung und Angst ist er mir zu einem Fels geworden, an den ich mich klammern kann, zu einem Rettungsboot mitten im Sturm.

Unser Sohn Luca kam mit einem schweren Herzfehler zur Welt und musste, erst zwei Wochen alt, operiert werden. In dieser Zeit erlebte ich, wie Gottes Wort mir auch in einer fast ausweglosen Situation Hoffnung gab.

«Meine Hilfe kommt vom Herrn, der Himmel und Erde gemacht hat!» (Vers 2). Darauf konnte ich mich trotz der komplizierten Operation verlassen, bei der unser Sohn hätte sterben können. Der Eingriff verlief zwar sehr erfolgreich, doch kurze Zeit später fiel Lucas Lunge in sich zusammen.

«Der Herr wird nicht zulassen, dass du fällst» (Vers 3). Gott hatte Luca zum ersten Mal das Leben gerettet, als wir den Kleinen gerade noch rechtzeitig ins Krankenhaus brachten, wo dann sein Herzfehler diagnostiziert wurde. Auch durch die Operation hatte Gott uns gezeigt, dass er unserem Sohn helfen wollte. Warum jetzt diese zusätzliche Sorge?

«Ja, dein Beschützer ... schläft ... nicht» (Vers 3). Während dieser Zeit kämpften mein Mann und ich ständig gegen Müdigkeit. Da war es beruhigend zu wissen, dass Gott wachte – auch dann, wenn wir nicht im Gebet für unseren Sohn eintreten konnten. Immer wieder musste ich mir sagen, dass Gott alles im Griff hat!

Endlich konnte Luca nach Hause. Er entwickelte sich prächtig, doch die weiteren Untersuchungen deuteten auf eine Verengung der operierten Vene hin. Wann war dieser Albtraum endlich vorbei?

«Der Herr gibt auf dich Acht; er steht dir zur Seite» (Vers 5). Ich fing an, Luca an Gott abzugeben, ihn in seine Hände zu legen und darauf zu vertrauen, dass er es gut mit unserem Sohn meint – egal, wie seine Krankheit ausgeht. Das war ein schwerer Schritt, und es hat einige Tage gedauert, bis mein Herz mit meinem Verstand übereinstimmte. Wenn ich mich jetzt dabei erwische, dass ich Gott nicht vertraue, male ich mir vor Augen, welche Wunder er schon an Luca geschehen ließ, und ich erinnere mich an Zusagen wie «Überlasst alle eure Sorgen Gott, denn er sorgt für euch» (1. Petrus 5,7) oder «Werft nun euer Vertrauen nicht weg! Es wird sich erfüllen, worauf ihr hofft» (Hebräer 10,35). Das gibt mir wieder Hoffnung, Kraft und Freude. Und was das Wunderbare ist: Es nimmt mir die Angst!

Donnerstag

Endlich am Ziel

Anita Jantzen

Psalm 122, 2

Kinotag mit dem Film «Family Man». Das letzte Bild auf der Leinwand erlischt. Die Besucher sind bewegt und verharren noch einen Augenblick auf ihren Plätzen. Der Held des Filmes, ein reicher Manager, ist aus dem Erfolgskarussel ausgestiegen, denn er hat die echte Liebe entdeckt. Endlich am Ziel?

Lektüre im Weltbestseller Bibel. Thomas, ein Mitarbeiter des Herrn, gibt auf. Nach dem Tod seines Meisters bleibt ihm nur noch die Verzweiflung. Er findet erst zurück, als sein auferstandener Herr sich ihm mit großer Liebe neu offenbart. Endlich am Ziel?

Der Held des Filmes «Family Man» ist bereit, seine Karriere zu opfern, als ihn die tiefe Liebe zu einer Frau bewegt. Der Mitarbeiter Thomas ist fähig, seine menschlichen Zweifel loszulassen, als ihm der Sohn Gottes in seiner mächtigen Liebe neu begegnet.

Wo haben wir erlebt, wie Neues in unserem Leben aufbrach, wie die Macht der Liebe alte Zweifel, Ängste und Gewohnheiten ablöste? Wie war es, als das, was uns schmerzlich begrenzte, plötzlich weichen musste? Als wir endlich wieder auf- und durchatmen konnten und unser Herz weit wurde? Waren wir am Ziel angelangt?

Es lohnt sich zu fragen, wo wir gerade auf unserem Lebensweg stehen. Sind wir auf der Suche nach dem lebendigen Gott oder lassen wir uns von den alltäglichen Sorgen und Nöten ablenken? Wenn er selbst sich heute oder morgen offenbart – wären wir dann bereit, unser altes Leben hinter uns zu lassen und ganz neu zu werden?

Wenn wir das von Herzen bejahen, dann wird keine Macht der Welt uns noch die Freude rauben können – denn Gott selbst wird unsere Freude sein. Sogar in schwierigen Situationen werden wir ausrufen: «Und doch will ich jubeln, weil Gott mir hilft, der Herr selbst ist der Grund meiner Freude!» (Habakuk 3,18). Ja, dann sind wir am Ziel!

und stehen in Jerusalem.
3 Jerusalem, du herrliche Stadt,
wie mächtig und schön bist du gebaut!
4 Zu dir ziehen alle Stämme Israels hinauf – das ganze Volk Gottes.
Dort preisen sie den Herrn, wie er es ihnen geboten hat.
5 Jerusalem, in dir regiert das Königshaus Davids,
in dir übt der König das höchste Richteramt aus.

6 Wünscht Jerusalem Frieden!
Alle, die dich lieben, sollen hier glücklich leben!
7 Hinter deinen festen Mauern soll Frieden herrschen
und Sicherheit in deinen Palästen!
8 Weil mir meine Brüder und Freunde am Herzen liegen,
wünsche ich dir, Jerusalem, Frieden.
9 Weil in dir der Tempel des Herrn, unseres Gottes, steht,
setze ich mich für dein Wohlergehen ein.

Das Maß ist voll!

123 Ein Lied für Festbesucher, die nach Jerusalem hinaufziehen.

Herr, ich richte meine Augen auf dich,
der du im Himmel wohnst.
2 Wie ein Knecht auf ein Handzeichen seines Herrn wartet
und eine Magd auf einen Wink ihrer Herrin achtet –
so blicken wir auf den Herrn, unseren Gott,
bis er uns ein Zeichen seiner Gnade gibt.
3 Hab Erbarmen mit uns, Herr, hilf uns!
Schon viel zu lange haben wir Verachtung erlitten!
4 Wir haben das Gespött dieser selbstsicheren
und überheblichen Gegner satt!
Wir können es nicht länger ertragen,
daß uns diese Hochmütigen verachten!

Frei!

124 Ein Lied Davids für Festbesucher, die nach Jerusalem hinaufziehen.

Israel soll bekennen:
Hätte der Herr uns nicht geholfen,
2 als die Feinde uns angriffen,
wäre er nicht für uns eingetreten,
3 dann hätten sie uns wutentbrannt bei lebendigem Leib verschlungen.
4 Dann hätten uns mächtige Wogen überschwemmt
und Wildbäche uns fortgerissen.
5 Wir alle wären in den tosenden Fluten versunken!

Freitag

Bereit zum Gehorsam

Ruth Heil

Psalm 123, 2

«Herzlichen Glückwunsch», mit einem strahlenden Lächeln reichte der Gynäkologe ihr die Hand. «Sie sind schwanger!» Die Frau musste sich erst einmal setzen. Ihr Sohn war doch schon halbwegs erwachsen. Was würde nur ihr Mann dazu sagen?

Als sie ihm am Abend davon berichtete, sagte er nicht nur etwas, er tobte: «Entweder lässt du es dir sofort wegmachen, oder ich gehe!» Demonstrativ knallte er den Schlüsselbund auf den Tisch.

«Ich lebe als Christ allein in der Ehe», erzählte mir die Frau später am Telefon. «Immer habe ich versucht, auf meinen Mann einzugehen. Doch jetzt bin ich völlig verunsichert. Muss ich meinem Mann in dieser Situation gehorchen?»

Wir redeten lange miteinander, und dann in einigen Abständen immer wieder. Die Frau trug das Kind aus. Ihr Mann blieb. Doch während der Schwangerschaft musste sie seine Verachtung ertragen. Und sie musste schmerzhaft erleben, wie auch ihr Sohn – aufgewiegelt durch seinen Vater – sie verspottete und sich von ihr abwandte. Er schäme sich dafür, dass seine Mutter in diesem Alter noch ein Kind austrug, sagte er.

Doch die Augen der Frau waren auf Gott gerichtet. Niemand in ihrer Familie stand ihr bei, doch Gott erhörte ihre verzweifelten Gebete. Bei der Geburt war ihr Mann dabei – und der große Sohn hängt heute an dem kleinen Bruder, als wäre er heiß erwünscht gewesen.

In diesem Psalm mag ein Mensch in ähnlicher Not gewesen sein. In tiefer Verzweiflung ruft er Gott um Erbarmen an. Er ist in einer schlimmen Situation, erlebt Verachtung wegen seiner Haltung. Der Spott der anderen brennt auf seiner Seele. Er fühlt sich buchstäblich ausgebrannt, am Ende, leer. Aber statt nur auf die Situation zu starren, rafft er sich auf, um seine Augen wegzulenken – hin zu seinem Gott. Er zwingt sich selbst, den Blick unablässig auf Gott zu heften, bis ihm Hilfe widerfährt. Wie ein Angestellter dem Auftrag seines Chefs nachkommt, so entschließt er sich zu gehorchen, ganz gleich, was die anderen mit ihm anstellen.

Dieser Beter ist ein Mensch wie du und ich – ausgesetzt den Meinungen der Zeit, dem Druck des Ehepartners, der Ungerechtigkeit der Nachbarn, der Willkür einer Behörde, den Launen des Vorgesetzten. Dieser Mensch gehorcht Gott, auch wenn er dabei viel verlieren kann. Er schaut auf seinen himmlischen Vater, weil der für ihn der Höchste ist und sein Maßstab vor allen anderen Maßstäben Gültigkeit hat.

Gebet

Ingrid Trobisch

Am nächsten Morgen stand Jesus vor Tagesanbruch auf und ging an eine einsam gelegene Stelle, um dort allein zu beten (Markus 1,35).

Vor einiger Zeit fragte ich meinen Sohn, der an der Universität Heidelberg lehrt, was junge Leute – ob verheiratet oder Singles – seiner Meinung nach tun sollten, um ausgewogen zu leben. Seine Antwort lautete: «Regelmäßig essen, regelmäßig schlafen und regelmäßig ihre Wohnung sauber machen.» Wichtiger als die genannten Dinge, so möchte ich hinzufügen, ist es, regelmäßig auf Gott zu hören.

«Wir sind in Wirklichkeit nicht für diese Zeit geschaffen», hat der Schriftsteller C.S. Lewis einmal gesagt. «Der Fisch lebt im Wasser und hat damit überhaupt keine Schwierigkeiten, aber wir leben in der Zeit und haben damit ständig Schwierigkeiten. Der Mensch ist nun einmal für die Ewigkeit geschaffen ...»

Wir alle müssen lernen, mit unserer Zeit richtig umzugehen. Wenn ich mich täglich eine Stunde mit Gott beschäftige, sind das nur vier Prozent meiner Zeit – Zeit, die ich mir nehme, um sein Wort zu lesen, zu beten und auf das zu hören, was er mir zu sagen hat. Wenn ich bewusst in seine Gegenwart trete, benutze ich einen Notizblock, um seine Weisungen aufzuschreiben. Das kostet natürlich Zeit. Eine ältere Freundin ermahnte mich einmal, als ich ihr von meinem überfüllten Zeitplan erzählte, mit den Worten: «Der Teufel sagt immer: ‹Schnell, schnell!›, aber Gott sagt: ‹Sei still!›»

Jesus nahm sich Zeit, um auf seinen Vater zu hören, und traf dann seine Entscheidungen für den Tag. «Am nächsten Morgen stand Jesus vor Tagesanbruch auf und ging an eine einsam gelegene Stelle, um dort allein zu beten.» Seine Jünger liefen ihm nach, und als sie ihn gefunden hatten, riefen sie: «Alle Leute fragen nach dir!» Darauf konnte Jesus, ohne zu zögern, erwidern: «Wir müssen auch noch in die anderen Dörfer gehen, um dort die Heilsbotschaft zu verkünden. Das ist meine Aufgabe.» Er wusste genau, was er zu tun hatte (siehe Markus 1,35–38).

Ich habe festgestellt: Wenn ich einmal nicht dem Beispiel Jesu folge, geht es mir so, als säße ich in einem Boot, das kein Steuerruder hat. Anstatt einem geraden Kurs zu folgen, werde ich von Wind und Wellen hin und her getrieben. Wenn ich in so einer Situation zur inneren Ruhe kommen will, gibt es für mich nur einen Weg: in die Arme meines himmlischen Vaters zu laufen.

Gott ist der einzige «Aufseher», der es mir gestattet, auf seinen Schoß zu klettern und mich «liebkosen» zu lassen, während er mir Aufträge für den Tag gibt.

[6]Laßt uns den Herrn loben!
Er hat nicht zugelassen, daß sie uns zerfleischten.
[7]Wir sind ihnen entkommen
wie ein Vogel aus dem Netz des Fallenstellers.
Das Netz ist zerrissen, und wir sind frei!
[8]Ja, unsere Hilfe kommt vom Herrn,
der Himmel und Erde erschaffen hat.

Auf Gottes Schutz ist Verlaß!

125 Ein Lied für Festbesucher, die nach Jerusalem hinaufziehen.

Wer dem Herrn vertraut, ist wie der Berg Zion;
er steht fest und unerschütterlich.
[2]Berge erheben sich rings um Jerusalem –
genauso umgibt der Herr schützend sein Volk,
jetzt und für alle Zeit.
[3]Nicht mehr lange werden gottlose Könige über unser Land herrschen,
das Gott den Gerechten zum Besitz gegeben hat.
Sonst könnte es noch so weit kommen,
daß auch die dem Unrecht verfallen,
die Gott bisher gehorcht haben.
[4]Herr, tue denen Gutes, die Gutes tun,
denen, die nach deinem Willen leben!
[5]Aber alle, die sich von dir abwenden und krumme Wege gehen,
wirst du verstoßen wie alle anderen Übeltäter!
Frieden komme über Israel!

Die Befreiung ist kein leerer Traum!

126 Ein Lied für Festbesucher, die nach Jerusalem hinaufziehen.

Als der Herr uns aus der Gefangenschaft
nach Jerusalem zurückbrachte,[a] wußten wir nicht,
ob wir wachen oder träumen.
[2]Doch dann lachten und jubelten wir laut vor Freude.
Auch die anderen Völker mußten zugeben:
«Was der Herr für sie getan hat, ist groß und gewaltig!»
[3]Ja, der Herr hat große Taten für uns vollbracht!
Wir waren außer uns vor Freude.

[4]Herr, wende auch jetzt unser düsteres Geschick zum Guten[b],
so wie du ausgetrocknete Bäche wieder mit Wasser füllst!
[5]Wer die Saat mit Tränen aussät,

a) Oder: Als der Herr das Geschick Zions (zum Guten) wendete.
b) Oder: Herr, bringe auch jetzt unsere Gefangenen zurück.

Aus der Falle befreit

Ingrid Kern

Psalm 124, 7

Ein immer stärker werdendes Geräusch weckt mich am frühen Morgen auf. Ein kleiner bunter Vogel ist durch das offene Fenster in den Vorraum des Sommerhauses geflogen. Nun flattert er auch noch in den Innenraum! Behutsam stehe ich auf. Doch da ist es schon geschehen – erschrocken fliegt das Tierchen dem Licht entgegen und gerät dabei in die Gardine. Je stärker es mit den Flügeln schlägt, um sich zu befreien, desto mehr verfangen sich seine Krallen in dem Stoff. Als ich mich langsam nähere, nimmt sein klägliches Piepsen zu. Es hilft nichts: Ich muss den ängstlichen Piepmatz packen und dabei seine Flügel festhalten, um die Krallen aus dem Stoff zu lösen. Am schnellen Pochen des Herzens spüre ich die ganze Angst des Tieres. Vorsichtig befreie ich ihn und trage ihn zum offenen Fenster, um ihn in die Freiheit zu entlassen.

Dieses Erlebnis ist ein Bild dafür, wie es auch uns manches Mal im Leben ergeht. Jesus Christus hat das Netz zerrissen, das uns gefangen nehmen wollte. Und doch kann es vorkommen, dass wir uns auf unserem Lebensflug in den Fetzen des Netzes verheddern, dass wir aus sehr unterschiedlichen Gründen immer tiefer in die Falten von Sorgen, Leid und Angst hineingeraten. Wie dieser Vogel bemühen wir uns dann, aus eigener Kraft wieder herauszukommen. Doch je stärker wir «zappeln», desto größer wird die Macht, die uns festhält.

So, wie ich den kleinen Vogel gepackt habe, um ihn am Ende in die Freiheit zu entlassen, muss auch uns derjenige zu Hilfe kommen, der uns aus solchen Fallen befreien kann. Für einen kurzen Augenblick mag Gott uns dann matt setzen, indem er uns die Flügel zusammenhält. Doch dann beschenkt er uns mit einer Freiheit, die uns bekennen lässt: «Ja, unsere Hilfe kommt vom Herrn, der Himmel und Erde erschaffen hat.»

26 Engel

Psalm 125, 2

Ein Missionar erzählte während eines Besuchs in seiner Heimatgemeinde folgende wahre Begebenheit:

«Ich arbeitete in einem kleinen Buschkrankenhaus in Afrika. Alle zwei Wochen musste ich mit dem Fahrrad durch den Urwald zur nahe gelegenen Stadt fahren. Die Reise dauerte gewöhnlich zwei Tage, wobei ich auf halber Strecke im Zelt übernachtete.

Einmal wollte ich in der Stadt Geld von der Bank abholen, Medizin und Nahrungsmittel einkaufen und dann wieder zurückfahren. Als ich in der Stadt ankam, sah ich, wie zwei Männer sich prügelten – einer von ihnen war schwer verletzt. Ich verband seine Wunden und sprach dabei mit ihm über Jesus. Dann trat ich die Rückreise an, übernachtete im Zelt und kam nach zwei Tagen wohlbehalten auf meiner Buschstation an. Zwei Wochen später fuhr ich wieder in die Stadt. Dort kam der junge Mann, dem ich geholfen hatte, auf mich zu und sagte, er habe gewusst, dass ich damals Geld und Arzneimittel bei mir hatte. Dann fuhr er fort: ‹Mit fünf Freunden bin ich dir gefolgt, denn ich wusste, dass du unterwegs übernachten würdest. Wir hatten vor, dich zu töten und dir das Geld und die Medikamente abzunehmen. Doch gerade, als wir dich überfallen wollten, stellten wir fest, dass du von 26 bewaffneten Männern umgeben warst.› Ich versicherte ihm, dass ich ganz allein gewesen sei. Doch der junge Mann erklärte: ‹Ich war nicht der Einzige, der die Wachen gesehen hat. Meine Freunde haben sie auch gesehen, und wir haben sie gezählt.›»

Als der Redner so weit gekommen war, sprang einer der Zuhörer auf. Er fragte den Missionar, ob er ihm das genaue Datum dieser Begebenheit nennen könne. Der Redner nannte es, und der Mann, der ihn unterbrochen hatte, erzählte:

«Als es bei dir in Afrika damals Abend war, war es bei uns Morgen, und ich wollte zum Sport gehen. Als ich mich fertig machte, fühlte ich plötzlich einen starken inneren Drang, für dich zu beten. Er wurde so stark, dass ich mehrere Männer aus der Gemeinde anrief und sie bat, ins Gemeindehaus zu kommen und mit mir für dich zu beten. – Würden bitte alle, die an jenem Tag zum Gebet zusammen waren, kurz aufstehen?» Die Angesprochenen erhoben sich. Der Missionar war indessen überhaupt nicht daran interessiert, *wer* die Männer waren – er war viel zu sehr damit beschäftigt, sie zu zählen. Es waren genau 26!

Verfasser unbekannt

wird voller Freude die Ernte einbringen.
6 Weinend geht er hinaus und streut die Saat aufs Feld;
doch wenn er zurückkommt, jubelt er über die reiche Ernte.

An Gottes Segen ist alles gelegen!

127 Ein Lied Salomos für Festbesucher, die nach Jerusalem hinaufziehen.

Wenn der Herr nicht das Haus baut,
dann ist alle Mühe der Bauleute umsonst.
Wenn der Herr nicht die Stadt bewacht,
dann wachen die Wächter vergeblich.
2 Ihr steht frühmorgens auf
und gönnt euch erst spät am Abend Ruhe,
um das sauer verdiente Brot zu essen.
Doch ohne Gottes Segen ist alles umsonst!
Denn Gott gibt denen, die ihn lieben,
alles Nötige im Schlaf!

3 Auch Kinder sind ein Geschenk des Herrn;
wer sie bekommt, wird damit reich belohnt.
4 Die Söhne eines jungen Mannes
sind wie Pfeile in der Hand eines Kriegers.
5 Wer viele solcher Pfeile in seinem Köcher hat,
der ist glücklich zu nennen!
Seine Söhne werden ihm Recht verschaffen,
wenn seine Feinde ihn vor Gericht anklagen.

Eine glückliche Familie

128 Ein Lied für Festbesucher, die nach Jerusalem hinaufziehen.

Glücklich ist jeder, der dem Herrn gehorcht
und nach seinen Weisungen lebt!
2 Was du dir erarbeitet hast, wirst du auch genießen können.
Es geht dir gut, und das Glück ist auf deiner Seite.
3 Deine Frau gleicht einem fruchtbaren Weinstock,
der viele Reben trägt:
die Kinder um deinen Tisch sind so zahlreich
wie die jungen Triebe eines Ölbaums!
4 So segnet Gott einen Mann, der ihn achtet und ehrt.
5 Der Herr segne dich – er, der auf dem Berg Zion wohnt!
Dein Leben lang sollst du sehen, daß es Jerusalem gut geht.
6 Mögest du so lange leben,
daß du dich noch an deinen Enkeln erfreuen kannst!
Frieden komme über Israel!

Mit Tränen säen

Elisabeth Mittelstädt

Psalm 126

Nach 27 Jahren sind mir seine Worte immer noch im Ohr. Es war zu der Zeit, als ich die Missionsschule besuchte. Doktor Del Tarr war mein Professor für Anthropologie:

«Früher konnte ich mit Psalm 126 wenig anfangen – bis ich eines Tages in die Sahelzone reiste. Dort fallen sämtliche Niederschläge in nur vier Monaten: Mai, Juni, Juli und August. Danach gibt es acht Monate lang nicht einen Tropfen Regen. Natürlich muss das Getreide für das ganze Jahr in diesen vier Monaten gesät und geerntet werden.

Oktober und November sind herrliche Monate. Die Kornspeicher sind gefüllt. Die Menschen essen zwei Mahlzeiten am Tag. Der Dezember folgt, und die Kornvorräte gehen allmählich zurück. Viele Familien lassen die Morgenmahlzeit weg. Spätestens im Januar gibt es von fünfzig Familien kaum eine, die immer noch zwei Mahlzeiten am Tag isst. Im Februar wird auch die Abendmahlzeit kärger, bis sie im März so weit geschrumpft ist, dass die Kinder krank werden. Im April hört man die Babys in der Dämmerung schreien. Die meisten Tage vergehen mit nichts als einer Tasse Hirseschleim am Abend.

Und dann passiert das Unvermeidliche: Ein kleiner Junge kommt aufgeregt auf seinen Vater zugelaufen. ‹Papa, wir haben Getreide!›, ruft er. ‹Sohn, du weißt doch, dass wir schon seit Wochen kein Getreide mehr haben›, antwortet der Vater. ‹Doch, haben wir! Drüben in der Ziegenhütte hängt ein Ledersack. Papa, da ist Getreide drin! Gib es Mami, dann kann sie Mehl machen!› Der Vater steht reglos da. ‹Sohn, das geht nicht›, stößt er mühsam hervor. ‹Das ist die Saat fürs nächste Jahr. Sie ist unsere einzige Hoffnung gegen den Hungertod. Wenn der Regen kommt, müssen wir sie aussäen.›

Endlich – im Mai treffen die Niederschläge ein. Dann schaut der Junge fassungslos zu, wie sein Vater den Sack nimmt und etwas völlig Unbegreifliches tut: Statt seine hungernde Familie zu sättigen, geht er aufs Feld und wirft das kostbare Getreide weg. Warum tut er das? Weil er an die Ernte glaubt! Doch das Säen schmerzt ihn so sehr, dass er weint.

Die afrikanischen Pastoren sagen, wenn sie über Psalm 126 predigen: ‹Das ist Gottes Gesetz der Ernte. Erwartet nicht, euch später zu freuen, wenn ihr nicht bereit wart, mit Tränen zu säen.›»

Wie viele von uns säen mit Tränen in den Augen? Vielleicht beten Sie seit Jahren für geliebte Menschen, die von Gott nichts wissen wollen. Vielleicht haben Sie das Gefühl, dass alles, wofür Sie sich einsetzten, sinnlos ist. Doch Gott hat uns versprochen, dass er die Ernte reich machen wird, wenn wir nur bereit sind, mit all dem zu säen, was wir haben.

Anvertraut und wertvoll

Claudia Mühlan

Psalm 127, 3

Ich saß auf dem Sandkastenrand und beobachtete das Treiben sechs kleiner Geschöpfe. Fünf angenommene Kinder tollten um mich herum, eines betuttelt den acht Monate alten Nico, unser erstes leibliches Kind. Vorüberschlendernde Mütter schauen erst mich, dann die Kinder an. Ihr Blick verrät, dass sie die Situation nicht ganz einordnen können. Wie kommt eine junge Frau von 21 Jahren zu so vielen Kindern? Wer konnte damals ahnen, dass mein Mann Eberhard und ich einmal Eltern von sechs angenommenen und sieben leiblichen Kindern sein würden?

In mir war eine tiefe Liebe zu den angenommenen Kindern aufgebrochen – als wenn etwas von Gottes Erbarmen für diese kleinen Geschöpfe auf mich überging – und so etwas wie die «Furcht des Herrn», ihnen stets mit Wertschätzung und liebevoller Achtung zu begegnen. Denn schließlich waren sie ja als Gabe Gottes in meine Obhut gegeben. Und sobald ich wusste, dass ich mit einem Kind schwanger war, habe ich angefangen, das Kind in meinem Leib zu segnen, für es zu beten und mit ihm zu sprechen.

Kinder sind uns von Gott anvertraut und in seinen Augen überaus wertvoll. Haben Sie auch eine ganze Schar von Kindern? Dann brauchen Sie sich nicht zu verstecken! Haben Sie keine Angst, komisch angesehen zu werden. Die Art, wie Mütter auftreten und zu ihrer Kinderzahl stehen, spielt eine große Rolle. Sie leisten wirklich viel, und ihr Auftreten kann von vornherein den Mund der Spötter verschließen.

Seit ich damals auf dem Sandkastenrand saß, ist ein gutes Vierteljahrhundert vergangen. Nur die Jüngsten leben noch in unserem Haus, die anderen sind längst auf eigenen Wegen. Zum Teil haben sie selbst schon Familien gegründet. Was ich Müttern mitgeben möchte ist zweierlei: Eines der wichtigsten Dinge ist, dass Sie Ihre Berufung als Mutter von ganzem Herzen annehmen und mit einem gesunden Selbstbewusstsein auftreten können. Dies ist eine wichtige Voraussetzung, um Ihrer Familie und auch anderen dienen zu können.

Als Zweites: Lernen Sie es, aus der Kraft Gottes zu leben. Gott hat ein Herz für Familien, ganz besonders für gestresste Mütter. Vergessen Sie nicht, Sie haben eine ganz wichtige Position inne: In Ihrer Obhut wachsen die künftigen Männer und Frauen Gottes heran. Wenn Sie sich Zeit nehmen zum Gebet, zur Anbetung und zum Bibellesen, gibt er Ihnen die Kraft und die Weisheit, die Sie für Ihren Erziehungsauftrag unbedingt brauchen.

Gesegnet, um zu segnen

Hannelore Risch

Psalm 128, 4–5

Seit vielen Jahren weiß ich, dass Christen von Gott Gesegnete sind – und deshalb auch berufen, andere zu segnen. Doch in der Vergangenheit kamen mir oft Zweifel: «Hat das Segnen überhaupt Auswirkungen? Und wenn ja, welche? Vielleicht ist es nur eine leere Form? Schließlich sind Ergebnisse nicht ohne weiteres nachzuweisen!»

Freundlicherweise hat Gott mir zu diesem Thema Nachhilfeunterricht gegeben! Als junge Mutter begegnete ich einer Pfarrfrau aus der damaligen DDR. «Bevor wir unsere Schulkinder in die atheistische Umgebung entlassen, segnen wir sie», erzählte sie mir. «Wenn wir sie verabschieden, legen wir unsere Hände auf ihre Schultern oder ihren Kopf. Dabei sagen wir zu jedem laut: ‹Gott segne dich und behüte dich!› Sie sollen es spüren und hören, dass sie Gesegnete sind. Ich bin sicher, dass es sie stark macht, Spott und Benachteiligungen zu ertragen.»

Das machte mich damals sehr nachdenklich. «Sind meine wilden Buben nicht auch gefährdet? Sie klettern auf Bäume oder rangeln auf der Straße, ohne auf den Verkehr zu achten! Und in der Schule erzählen ihnen die Klassenkameraden nicht nur Gutes.» Also begann ich, meine Kinder täglich zu segnen – allerdings nur selten laut. Ich hüllte sie in Gottes Segen wie in einen Schutzmantel ein. Auch wenn ich es einmal vergaß, hatte ich den Eindruck, dass der himmlische Vater nie vergessen hatte, sie zu segnen. Er ist treuer als ich!

Mit der Zeit fasste ich immer mehr Mut und merkte dabei: Kranke und Sterbende fühlen sich gestärkt, wenn sie gesegnet werden. Senioren, die Geburtstag feiern, freuen sich über einen Segen fürs neue Lebensjahr. Junge Eltern möchten, dass ihre Kleinen gesegnet werden. Ehepaare bitten um den Segen, weil sie ihre Ehe erneuern wollen. Menschen ließen sich ermutigen, einander zu segnen: der Vater segnet seinen Sohn vor einer Reise, die Ehefrau segnet ihren Mann vor einem wichtigen geschäftlichen Termin.

Segnen wirkt! Nicht nur kirchliche Amtsträger sind zum Segnen berufen, sondern jeder von uns – ohne Ausnahme! Petrus schreibt: «Vergeltet Böses nicht mit Bösem und gebt Beleidigungen nicht wieder zurück. Im Gegenteil: Segnet eure Beleidiger, so gewiss euch Gott dazu berufen hat, in der kommenden Welt die Fülle seines Segens zu empfangen» (1. Petrus 3,9). – Wer andere segnet, wird zuerst von Gott gesegnet. Wir haben viel bekommen und müssen nicht mit leeren Händen dastehen. Aus der göttlichen Segensquelle reichen wir – so gut wir können – an andere weiter. Im Himmel wartet ein unvorstellbares Erbe auf die, die hier auf Erden reichlich segnen.

Ständig verfolgt, aber nie vernichtet!

129 Ein Lied für Festbesucher, die nach Jerusalem hinaufziehen.

Das soll Israel bekennen: Solange wir zurückdenken können,
wurden wir ständig unterdrückt.
2 Ja, solange es uns Israeliten gibt, hat man uns verfolgt.
Und doch konnten sie uns nicht auslöschen!
3 Unseren Rücken haben sie bearbeitet wie einen Acker,
in den man tiefe Furchen pflügt.
4 Doch der Herr hat gezeigt, daß auf ihn Verlaß ist:
Er durchschnitt die Stricke,
mit denen uns die Unterdrücker gefangenhielten.

5 Alle, die Gottes Tempel auf dem Zionsberg hassen,
sollen beschämt zurückweichen!
6 Es soll ihnen ergehen wie dem Gras auf den Dächern,
das verdorrt, bevor es aufschießen kann!
7 Kein Schnitter kann es schneiden,
und niemand bindet es zu Bündeln zusammen.
8 Kein Wanderer ruft im Vorbeigehen den Schnittern zu:
«Der Herr segne euch!»
Wir aber segnen euch im Auftrag des Herrn!

Herr, ich bin völlig am Ende!

130 Ein Lied für Festbesucher, die nach Jerusalem hinaufziehen.

Herr, ich bin völlig am Ende.
Darum schreie ich zu dir!
2 Höre mich, Herr!
Ich flehe dich an, bitte höre mir zu!
3 Wenn du jedes Vergehen gnadenlos anrechnest,
wer kann dann vor dir bestehen?
4 Doch bei dir finden wir Vergebung.
Ja, du vergibst, damit wir dir in Ehrfurcht begegnen.

5 Ich setze meine ganze Hoffnung auf den Herrn;
voller Sehnsucht warte ich darauf, daß er zu mir spricht.
6 Ja, ich warte auf den Herrn,
mehr als die Wächter auf den Morgen!

7 Volk Israel, setze deine Hoffnung auf den Herrn!
Denn er allein ist gnädig, er erlöst ganz und gar!
8 Er wird Israel von aller Schuld befreien.

Nächstenliebe

Elisabeth Motschmann

Jesus sagt: «Was ihr für einen meiner geringsten Brüder getan habt, das habt ihr für mich getan» (Matthäus 25,40b).

Niemals hat mich ein Gespräch so bewegt und berührt wie das mit der Friedensnobelpreisträgerin Mutter Teresa. Ihr Gesicht hat eine ungewöhnliche Ausstrahlung. Es spiegelt wider, was dieser Welt fehlt und was sie doch so dringend braucht: Liebe, Güte, Freude, Frieden und Glauben.

Vor mehr als fünfzig Jahren begann Mutter Teresa in den Slums von Kalkutta die Kinder der Ärmsten zu unterrichten. Später betreute sie mit der von ihr gegründeten Kongregation der «Missionarinnen der Nächstenliebe» viele Tausende sterbender Menschen, die sie und die anderen Schwestern von den Straßen Kalkuttas auflasen. «Nicht ich habe angefangen, sondern Gott gab den Auftrag», sagte sie. «Ich bin nur sein Werkzeug. Ich möchte lieben, wie er liebt, helfen, wie er hilft, geben, wie er gibt, dienen, wie er dient, und retten, wie er rettet.»

Trotz der Not und des Leids, das sie täglich vor ihren Augen hatte, hat Mutter Teresa ihre Hoffnung nie verloren. «Wir möchten diesen Menschen das Gefühl geben, geliebt zu werden – auch wenn es vielleicht nur für ein paar Stunden oder einige Tage ist. Sie sollen göttliche und menschliche Liebe kennen lernen. Sie sind nicht vergessen. Das wollen wir sie spüren lassen, indem wir uns für sie hingeben.»

Nicht nur die leidenden Menschen in der Dritten Welt bewegten das Herz dieser demütigen Frau. Sie sah und diagnostizierte auch die seelische Armut der so genannten reichen Nationen. Doch nie begnügte sie sich damit, Not aufzuspüren und zu benennen. Sie zeigte immer auch den Weg, der aus dem Elend herausführt. «Ihr müsst wieder lernen, in den Familien zu beten», sagte sie. «Eine Familie, die miteinander betet, hält auch zusammen.»

Bevor wir uns verabschiedeten, schrieb sie mit ihrer klaren Handschrift eine Botschaft auf ein Blatt Papier. Es ist das Vermächtnis ihres ganzen Lebens: «Liebe andere, so wie Gott dich liebt!»

Montag

Gott trägt durch

Angelica Jackson

Psalm 129, 2

Die Existenz des Staates Israel ist ein sichtbares Zeichen der Treue, die Gott seinem Volk gegenüber zeigt.

Durch die Jahrtausende hindurch ist es den Feinden der Juden trotz aller Verfolgungen nicht gelungen, dieses Volk auszulöschen. Ja, sogar in der Fremde, der Diaspora, bewahrten die Juden ihre Identität und hielten an ihren Traditionen fest. Und dann, kurz nach einer der furchtbarsten Judenverfolgungen in der Geschichte, stellte sich Gott zu seinem Volk und durchschnitt die Stricke der Unterdrücker: 1948 wurde der Staat Israel geboren. Seither kehren immer wieder Juden aus dem Exil zurück. Damit erfüllen sich die vom Geist Gottes inspirierten Worte der alttestamentlichen Propheten.

Viele der Heimkehrer haben gelitten, mussten lange voller Sehnsucht auf die Erfüllung dieser Verheißung warten. Tief zerfurchte Gesichter zeugen von schweren Zeiten, die durchlebt wurden. Auch die jungen Gesichter sind häufig von Armut, Entbehrung und Unterdrückung gezeichnet.

Dass Gott sein Volk vor den Augen der ganzen Welt sammelt und Israels Feinde trotz ihrer Übermacht durch sein «himmlisches Eingreifen» immer wieder scheitern müssen, ist ein wunderbares Zeichen seiner Souveränität und Treue. Es soll uns versichern, dass er, der Alpha und Omega (Offenbarung 1,8) ist, das letzte Wort hat – sowohl in der Weltgeschichte als auch in unserem persönlichen Leben.

Auch uns bleiben schwierige Zeiten nicht erspart. Doch gerade dann spüren wir Gottes Nähe meist intensiver als sonst. Wir dürfen erkennen, wie Gott uns für Situationen Gnade schenkt, die sonst fast unerträglich wären. Er, der Helfer Israels, trägt auch uns. Selbst durch das dunkelste Tal bringt er uns sicher hindurch.

Befreit von Schuld

Eva Breunig

Psalm 130, 4

Auf Zehenspitzen schlichen die beiden Jungen durch Großvaters Garten. Sie spielten «Landstreicher» und wollten versuchen, sich unsichtbar zu machen. Doch als der Großvater für kurze Zeit zu den Nachbarn hinüberging, wurde das Spiel langweilig. Sie beschlossen, sich etwas zum Essen aus der Küche zu holen. Natürlich würden sie, wie richtige Landstreicher, durch das Küchenfenster einbrechen, das ohnehin einen Spalt offen stand.

Leise drückte der Ältere den Fensterflügel auf – da geschah es! Ein lautes Klirren und Splittern von Porzellan ließ die Kinder zusammenzucken. Großvaters Teekanne, die er auf dem Fensterbrett abgestellt hatte, lag in Scherben auf dem Boden! Alle Farbe wich aus den kleinen Gesichtern. Schnell stürzten die beiden davon und versteckten sich hinter dem Rosenbusch.

Was nun? Sie hatten nicht genug Geld, um die Kanne zu bezahlen. Niemals konnten sie diesen Schaden wieder gutmachen! Ob der Großvater sie schlagen würde? Nach Hause schicken? Oder noch etwas Schrecklicheres?

Als der alte Mann endlich von den Nachbarn zurückkam, hielt der Kleinere es nicht mehr aus. Er stürzte aus seinem Versteck und warf sich dem verblüfften Großvater verzweifelt in die Arme.

«Großpapa, hast du mich noch lieb?», brach es schluchzend aus ihm hervor. Jetzt näherte sich auch der Größere mit kreidebleichem Gesicht.

Es dauerte eine Weile, bis der Mann begriff, was geschehen war. Doch dann verzieh er. Mit vielen Tränen, Küssen und Umarmungen vergab er den Kindern von Herzen. Was bedeutete ihm schon diese Kanne? Gemeinsam räumten sie die Scherben weg. Wie schön war es zu sehen, dass den Kleinen wieder leicht und froh ums Herz wurde!

Jeder lädt im Lauf seines Lebens Schuld auf sich. Und unsere schwachen Kräfte reichen nicht aus, um den angerichteten Schaden wieder gutzumachen. Wenn uns die Schuld wie eine schwere Last auf unsere Schultern drückt, fragen wir dann nicht auch manchmal wie der kleine Junge, ob Gott uns überhaupt noch lieb hat? Kann er, der vollkommen ist, denn einen schwachen Sünder lieben?

Er kann. Ja, er liebt die Sünder so sehr, dass er seinen eigenen Sohn geopfert hat, um ihnen ein für alle Mal Vergebung für all ihre Verfehlungen zuzusichern. Wer seine Schuld bekennt, dem wird sie verziehen – von Herzen, unter Tränen, Küssen und Umarmungen. Und wenn uns wieder leicht und froh ums Herz wird, dann freut sich auch Gott.

Das Geheimnis der Zufriedenheit

131 Ein Lied Davids für Festbesucher, die nach Jerusalem hinaufziehen.

Herr, ich bin nicht hochmütig
und schaue nicht auf andere herab.
Ich maße mir nicht an,
deine Geheimnisse und Wunder zu ergründen.
2 Ich bin zur Ruhe gekommen.
Mein Herz ist zufrieden und still.
Wie ein Kind in den Armen seiner Mutter,
so ruhig und geborgen bin ich bei dir!
3 Volk Israel, vertraue dem Herrn,
jetzt und für alle Zeiten!

Gottes Heiligtum und Davids Königshaus

132 Ein Lied für Festbesucher, die nach Jerusalem hinaufziehen.

Herr, erinnere dich doch,
welche Mühe David auf sich nahm!
2 Denke an den feierlichen Schwur, den er dir leistete,
dir, dem starken Gott Jakobs!
3 Er schwor: «Ich will mein Wohnzelt nicht mehr betreten
und mich nicht mehr zur Ruhe legen,
4 ich will mir keinen Schlaf gönnen
und mich nicht mehr ausruhen,
5 bis ich einen Platz gefunden habe, der dem Herrn,
dem starken Gott Jakobs, als Wohnstätte dienen kann!»

6 In Ephrata bekamen wir Nachricht über die Bundeslade;
wir fanden sie dann im Gebiet von Jaar.
7 Kommt, wir gehen zur Wohnung des Herrn!
Wir wollen uns zu seinen Füßen niederwerfen!

8 Herr, erhebe dich! Begleite die Bundeslade,
das Zeichen deiner großen Macht!
Laß dich im Heiligtum für immer nieder![a]
9 Die Priester, die dir dienen,
sollen sich treu an deinen Bund halten!
Jeder, der dich liebt, soll jubeln vor Freude!

10 Herr, denke daran,
was du David, deinem Diener, versprochen hast,

a) Wörtlich: Erhebe dich, Herr, zu deinem Ruheort, du und die Lade deiner Macht.

Geborgen

Roswitha Wurm

Psalm 131, 2

Die beiden Schulfreundinnen hatten sich seit Jahren nicht gesehen. Und jetzt, gerade eben, waren sie sich auf dem Spielplatz über den Weg gelaufen. Die Wiedersehensfreude ist groß! Im Gespräch versunken nähern sich die beiden einem hohen Klettergerüst, auf dem sich viele Kinder tummeln. Plötzlich breitet eine der beiden Frauen die Arme aus und ruft dem kleinen Mädchen, das auf der höchsten Sprosse der Leiter steht, zu: «Anna, spring!» Ohne zu zögern springt die Kleine lachend in die Arme der Frau. Verblüfft fragt die andere ihre Schulkameradin: «Warum hat die Kleine gewagt, von dieser hohen Leiter in deine Arme zu springen? Das ist ja unglaublich!» «Ganz einfach!», erwidert die andere. «Sie ist schließlich meine Tochter!» Zärtlich drückt sich das Kind an seine Mutter.

So wie Anna sich in den Armen ihrer Mutter sicher fühlt und ihren Aufforderungen ohne Zweifel folgt, so ruhig und geborgen kann ein Mensch bei Gott sein, wenn er sein Kind wird.

Als dreifache Mutter möchte ich die Erfahrung nicht missen, meine Babys kurz nach der Geburt in den Armen gehalten zu haben. Jedes Mal bewegte mich das grenzenlose Vertrauen des Neugeborenen zutiefst. Auch wir brauchen dieses Urvertrauen eines Kindes, wenn wir uns ganz auf Gott einlassen möchten. Nicht umsonst sagt Jesus zu seinen Jüngern: «Wer nicht wie ein kleines Kind voller Vertrauen zu Gott kommt, dem bleibt das Reich Gottes verschlossen» (Markus 10,15). Ein Kind, das noch nicht enttäuscht worden ist, vertraut seinen Eltern bedingungslos.

Manchmal verstehen wir die Wege Gottes in unserem Leben nicht, doch wir haben die Verheißung, dass unser himmlischer Vater es gut mit uns meint. Egal, welche Situationen auf uns zukommen – wir können uns vertrauensvoll in Gottes Arme fallen lassen, wenn er uns zuruft: «Spring!» Dass er uns immer auffängt und sicher in seinen Armen hält, macht uns zufrieden und still.

Ja, mein Herz ist in Jesus Christus wirklich zur Ruhe gekommen – zu einer Ruhe, die mit menschlichem Verstand nicht zu begreifen ist. Gerade in Zeiten der Unsicherheit über Wahrheit und Gerechtigkeit, Herkunft und Zukunft, darf ich mich zu einem Gott bekennen, bei dem alle meine Bedürfnisse gestillt werden. Wenn alles um mich herum bedrohlich erscheint, verlässt er mich nicht und hält mich fest!

und weise auch jetzt den König nicht ab, den du erwähltest!
11 Ja, der Herr hat David einen Treueeid geschworen,
und diesen Schwur wird er niemals brechen! Er versprach ihm:
«Einen deiner Söhne mache ich zu deinem Thronfolger!
12 Wenn deine Nachkommen sich an meinen Bund
und an meine Gebote halten, die ich ihnen einprägen werde,
dann sollen auch ihre Nachkommen König sein für alle Zeit!»

13 Der Herr hat den Berg Zion ausgewählt,
denn dort wollte er wohnen.
14 Er sprach:
«An diesem Ort lasse ich mich für alle Zeiten nieder.
Hier soll mein Ruheplatz sein – so habe ich es gewollt!
15 Die ganze Stadt Jerusalem werde ich reich beschenken
mit allem, was sie braucht,
auch die Armen sollen genug zu essen haben!
16 Die Priester sollen dem Volk mein Heil bezeugen.[a]
Alle, die mich lieben, sollen laut jubeln vor Freude.
17 In dieser Stadt festige ich die Herrschaft der Nachkommen Davids,
ja, sein Königshaus wird für immer bestehen![b]
18 Schimpf und Schande komme über die Feinde des Königs,
aber der Ruhm seiner Krone soll immer heller erstrahlen!»

Bruderliebe – kein leeres Wort

133

Ein Lied Davids für Festbesucher, die nach Jerusalem hinaufziehen.

Wie schön und angenehm ist es,
wenn Brüder in Frieden zusammen leben!
2 Das ist so wohltuend wie duftendes Öl,
das auf den Kopf des Priesters Aaron gegossen wird
und nun herunterrinnt in seinen Bart,
bis zum Halssaum seines Gewandes.
3 Es ist so wohltuend wie frischer Tau,
der vom Berg Hermon auf die Berge Zions niederfällt.
Ja, dort schenkt der Herr seinen Segen
und Leben, das niemals aufhört.

a) Wörtlich: Ihre Priester werde ich mit Heil bekleiden.
b) Wörtlich: Dort will ich das Horn Davids wachsen lassen, meinem Gesalbten habe ich ein Licht bereitet.

Donnerstag

Wo wohnt Gott?

Ilse Ammann-Gebhardt

Psalm 132, 14

Vor etwa dreieinhalbtausend Jahren war ein Mann auf der Flucht. Er hatte seinen Bruder betrogen – nicht nur einmal. Wen wundert es da, dass die Bitterkeit im Herzen des Bruders wuchs, dass der Gedanke «Ich bringe ihn um!» Wurzeln trieb.

Deshalb musste der Mann fliehen. In der kalten orientalischen Nacht legte er seinen Kopf auf einen Stein, der die Tageswärme gespeichert hatte, und schlief ein. Im Traum sah er eine Leiter, deren Spitze bis in den Himmel reichte. Die Engel Gottes stiegen daran hinauf und hinunter. Hoch oben stand Gott, der dem Mann tröstende Worte zusagte und ihm versprach, mit ihm zu gehen, wo er auch hinzöge, und ihn nie zu verlassen. Der Mann erwachte aus seinem Schlaf und sagte: «Wie Furcht erregend ist dieser Ort! Hier ist die Wohnstätte Gottes und das Tor zum Himmel». Genau an dieser Stelle baute er Gott einen Altar (1. Mose 28, 10–19).

Der Erzvater Jakob, der die Himmelsleiter schaute, war ein Mensch wie wir: Er hatte gute und problematische Seiten, er machte Fehler und verletzte andere, doch er hatte auch ein hilfsbereites, weiches Herz. Und vor allem liebte er Gott. In jener Nacht, als er nicht mehr ein noch aus wusste, verdammte Gott ihn nicht, sondern schenkte ihm einen tröstlichen, Mut machenden Traum.

Seither sind Generationen von Menschen gekommen und gegangen, die aus dem Traum von der Himmelsleiter Trost geschöpft haben. Sie haben begriffen: Wir müssen Gott nicht irgendwo hoch über den Sternen suchen. Seine Gegenwart durchdringt das ganze All. Gott hatte später König David offenbart, an welchem Ort er unter dem Volk Israel seine Gegenwart zeigen wollte. Doch der Gott, der Jakob dort in der einsamen, dunklen Nacht sah und sich um ihn kümmerte, ist heute an jedem Ort für jeden da. Er sieht uns, er kennt uns, er bleibt uns nicht fern. Nein, er ist hier und jetzt bei uns. Gott ist da, wo sein müdes Kind sich mit verzweifeltem Herzen in den Schlaf weint. Er ist dort, wo die Mutter sorgenvoll am Bett ihres kranken Kindes wacht. Er ist nahe, wo ein Mensch leidend den Tod vor Augen hat, wo Menschen nicht mehr ein noch aus wissen, wo sie in Krieg und Elend zu ihm rufen – überall dort ist Gott.

Er sagt: «Ich ... wohne in der Höhe, im Heiligtum. Doch ich wohne auch bei denen, die traurig und bedrückt sind. Ich gebe ihnen neuen Mut und erfülle sie wieder mit Hoffnung» (Jesaja 57,15). Dieser Vers gilt auch uns – an jedem neuen Tag.

In Einheit leben

Margarete Behrens

Psalm 133

«Ich hätte nie gedacht, dass mir diese Gesprächskreise so gut tun würden», sagt Renate aus tiefstem Herzen. Schon vorher hatte sie zusammen mit einer älteren Frau aus ihrer Gemeinde einen Gesprächskreis geleitet. Dort hatten sich gute Kontakte zu jungen Frauen ergeben, mit denen sie tiefe Gespräche über Gott und die Welt führten. Nun sollte ein über-konfessioneller Gesprächskreis angeboten werden, und wieder war Renate als Leiterin angefragt worden. Doch wer war die Frau, mit der sie zusammenarbeiten sollte? «Ich wusste nur», erinnert sich Renate, «dass sie zu einer anderen Kirche gehört. Und ehrlich gesagt war ich ein bisschen misstrauisch, ob das gut gehen könnte. Glaubten wir nicht ein bisschen ‹richtiger› als andere? Sonst wären wir ja nicht in unserer Kirche, oder? Allerdings habe ich bald gemerkt, dass diese Gedanken den Christen in anderen Kirchen auch nicht ganz fremd waren.» – Sie überwand ihre Vorbehalte und sagte zu. Sie wünschte sich von Herzen, dass die Frauen, die sich zum Gesprächskreis angemeldet hatten, Gottes Liebe in diesem Kreis entdecken würden.

Und dann die große Überraschung: Die Mitarbeiterin aus der anderen Kirche entpuppte sich als eine sehr sympathische, offene Frau. Auch sie ging gerne in den Gottesdienst, las die Bibel, glaubte an Jesus Christus. Mit der Zeit entdeckten die beiden mehr Gemeinsames als Trennendes. Im Gesprächskreis ergänzten sie sich wunderbar und hatten den Teilnehmerinnen viel zu bieten. Die Unterschiede zwischen den verschiedenen Gemeinden waren kein Thema mehr, statt dessen ging es darum, was Gott Gutes tun konnte. Die Teilnehmerinnen waren so angetan von den Gesprächen, dass sie bald ihre Freundinnen einluden, sich auch zu einem solchen Kreis anzumelden.

Die beiden Frauen haben in dieser Situation die Wahrheit des Psalms erlebt: Wie schön und angenehm ist friedliches Zusammenleben! Natürlich fällt uns gute Gemeinschaft nicht einfach zu. Doch es lohnt sich, Zeit zu investieren und Begegnungen zu riskieren. Es kostet Kraft, immer wieder auf andere zuzugehen und sich bei Konflikten um eine friedliche Lösung zu bemühen. Doch darauf liegt der Segen Gottes.

Der Psalm beschreibt diesen Segen als Öl, das in Hülle und Fülle herabfließt. In der Bibel wird Öl häufig als ein Bild für Freude verwendet. Außerdem riecht es gut und heilt. So reich kann Gott unsere Beziehungen machen, in der Verwandtschaft, bei der Arbeit, in der Familie, mit Fremden. Dieser Segen erfrischt, belebt und macht fruchtbar – so, wie der Tau, der vom Hermon fließt, die Pflanzen in der Wüste erfrischt. Lassen auch wir uns von Gottes Fülle überraschen!

Nächtliches Lob im Tempel

134 Ein Lied für Festbesucher, die nach Jerusalem hinaufziehen.
Kommt und lobt den Herrn, alle seine Diener,
die ihr nachts in seinem Tempel steht!
2 Streckt eure Hände in seinem Heiligtum anbetend empor
und preist den Herrn!
3 Der Herr segne dich, er, der auf dem Berg Zion wohnt!
Er hat Himmel und Erde geschaffen!

Der Herr ist mächtiger als alle Götter!

135 Halleluja – preist den Herrn, lobt den Namen des Herrn!
Lobt ihn, alle seine Diener,
2 die ihr in seinem Tempel steht,
in den Vorhöfen am Hause unseres Gottes!
3 Preist ihn, denn er ist gut zu uns;
musiziert zu seiner Ehre, denn er ist freundlich.
4 Er hat die Nachkommen Jakobs auserwählt
und ganz Israel zu seinem Eigentum erklärt.

5 Ja, ich habe erkannt: Groß ist der Herr!
Unser Herr ist mächtiger als alle Götter.
6 Was er will, das tut er auch –
sei es im Himmel oder auf der Erde,
im Meer oder in den tiefsten Tiefen.
7 Er läßt Wolken aufsteigen am Horizont
und sendet Regen und Blitze,
den Sturmwind holt er aus seiner Kammer
und schickt ihn auf die Reise.
8 In Ägypten tötete er alle Erstgeborenen
von Mensch und Vieh.
9 Er vollbrachte dort Zeichen und Wunder
am Pharao und allen seinen Dienern.

10 Er besiegte viele Völker
und tötete mächtige Könige:
11 Sihon, den König der Amoriter, Og, den König von Basan,
und die anderen Könige Kanaans.
12 Ihre Länder übergab er Israel,
so bekam sein Volk das ganze Gebiet zum bleibenden Besitz.

13 Herr, dein Name wird nie in Vergessenheit geraten;
an dich wird man denken, solange es Menschen gibt.
14 Du, Herr, wirst dafür sorgen,
daß deinem Volk kein Unrecht geschieht.

Gebet

Elisabeth Mittelstädt

Herr, sage uns doch, wie wir richtig beten sollen (Lukas 11,1).

«Gebet» ist ein Thema, das mich fasziniert. Jahrelang habe ich mir gewünscht, mehr über die Macht des Gebets zu erfahren. Jedes Mal, wenn ich eine Biografie über einen Mann oder eine Frau Gottes las, ist mir irgendwo ein Satz aufgefallen, der mir das Geheimnis ihrer Kraft verriet. Immer war es das Gebet.

Doch was war an ihren Gebeten so Besonderes? Wie sollte ich beten? Würde ich nach fünf Minuten überhaupt noch etwas zu sagen wissen? Konnten meine Gebete jemals so viel ausrichten wie ihre? Diese und andere Fragen beschäftigten mich.

Ich begann intensiv danach zu forschen, worin das Geheimnis des Betens bestand. Dabei entdeckte ich, dass jeder Einzelne seine eigene Art hatte zu beten. Das irritierte mich zunächst, denn ich wusste nicht, welche Form ich mir zum Vorbild nehmen sollte. Schließlich kam ich zu der Erkenntnis, dass es am besten wäre, meinen eigenen Weg zu finden.

Ich schlug die Bibel auf und fing an, wie die Jünger zu bitten: «Herr, lehre mich beten!» Erstaunlich, Jesus hat sie nicht gelehrt, wie sie predigen oder schreiben sollten, aber er hat sie gelehrt zu beten. Nun war ich bereit für die erste Lektion.

Für mich ist der Gebetsort sehr wichtig. In den neunundzwanzig Jahren unserer Ehe sind wir zwölfmal umgezogen und haben in verschiedenen Ländern gelebt. Ich brauchte also einen ganz speziellen Platz, wo ich Gott begegnen konnte. Für mich wurde mein Schaukelstuhl der Lieblingsort, an dem mich niemand stören kann. Oft bete ich auch draußen auf den Feldern, wo ich gerne in der Nähe unseres Hauses spazieren gehe.

Am liebsten bete ich früh am Morgen. Noch bevor das ganze Haus erwacht ist, gehe ich hinaus und schlage den Weg in die Felder ein. Dort wartet die gewaltigste «Kathedrale» – Gottes Schöpfung – auf mich.

Jeden Tag habe ich unterschiedliche Nöte und Bedürfnisse, deshalb muss ich sie auch jeden Tag neu mit Gott besprechen. Darum möchte ich keinesfalls, dass meine Gebete eine Routineangelegenheit werden. Meine Bitten, mein Lob und Danksagungen sollen spontan bleiben und der Liebe zu Gott Ausdruck geben. Wenn ich morgens mit meinem Vater im Himmel rede, benutze ich manchmal das «Vaterunser» (Matthäus 6,9–16) als Grundlage.

Am Ende des Gebets bringe ich noch einmal meinen Dank. Ich danke ihm für die Zeit des Zusammenseins, für seine Liebe und Nähe. Ich bin erstaunt, wie schnell die Stunde verflogen ist – jetzt ist es Zeit, um nach Hause zu gehen und das Frühstück zu richten!

Zeit zu loben

Birgit Schilling

Psalm 134, 1

Schon seit Jahren warteten mein Mann und ich vergeblich auf ein Baby. Jeden Monat hoffte ich: «Vielleicht bin ich dieses Mal endlich schwanger.» Doch wenn dann meine Periode einsetzte, war ich am Boden zerstört und manchmal über Tage hinweg von einem Nebel der Depression umgeben.

Doch es gab auch Zeiten, in denen ich besser mit der Situation umgehen konnte. Einmal schrieb ich in mein Tagebuch: «Heute Nacht bekam ich meine Periode. Lange lag ich wach, dachte nach und betete. Trotz meines Schmerzes konnte ich Gott loben, ihm mein Vertrauen aussprechen und mich bei ihm bergen. Da wurde mir plötzlich bewusst, was das in der unsichtbaren Welt für Auswirkungen haben könnte. Gott, der Vater, konnte zu Satan sagen: ‹Siehst du, mein Kind Birgit liebt mich und vertraut mir auch jetzt noch, nicht nur in guten Tagen. Ich bin ihr wertvoller als ein Baby.› Ich lobte Gott und fühlte mich plötzlich eins mit der unsichtbaren Welt, die Gott unaufhörlich lobt und preist. Inmitten meiner Traurigkeit überkam mich eine tiefe Freude. Ich wusste mich bei Gott geborgen und sicher.»

Gott inmitten widriger Umstände zu loben, fällt vielen von uns schwer. Oft ist unser Herz erst einmal mit Verzweiflung und Anfragen erfüllt: «Warum nur, Herr? Du könntest mir doch die Schmerzen nehmen!» Oder: «Du hättest doch die Macht, mein schwieriges Kind zu verändern.» Oder: «Warum bin ich schon wieder schwanger? Ich bin doch mit meinen zwei kleinen Kindern so oft am Ende meiner Kraft!»

Wenn wir durch den Nebel unserer Klage hindurchdringen und anfangen, Gott zu loben, dann verändert sich etwas in unserem Herzen. Unsere Not, wie auch immer sie heißen mag, ist plötzlich nicht mehr die einzige Realität in unserem Leben.

Gott freut sich, wenn wir ihn loben – in Zeiten, in denen wir das Leben umarmen könnten, aber auch an unseren persönlichen Tiefpunkten. Denn er ist derselbe – gestern, heute und morgen.

Alles unter Kontrolle

Christiane Bladt

Psalm 135, 6

«Der Autofahrer hatte durch Unachtsamkeit und überhöhte Geschwindigkeit die Kontrolle über sein Fahrzeug verloren» – wie oft hören wir das in den Verkehrsmeldungen oder lesen es im Unfallbericht der Zeitung. Immer ist Chaos die Folge eines solchen Unfalls: Verletzte, getötete Menschen. Sachschaden.

Oder: Ein Mensch verliert die Kontrolle über sich selbst und schlägt zu. Wieder ist Chaos die Folge: Verletzungen, zerstörte Beziehungen, gebrochene Herzen.

Lawinenunglücke, Sturmschäden, Unwetter, Erdbeben – Ereignisse, über die wir keine Kontrolle haben. Krankheiten, Veränderungen der Lebensumstände – Ereignisse, die sich unserer Kontrolle entziehen.

Wir Menschen glauben, alles kontrollieren und beherrschen zu können. Doch dann bricht plötzlich das Chaos über uns herein.

Die so sicher geglaubte Kontrolle geht verloren. Aber hatten wir sie überhaupt? Immer wieder setzen wir uns ins Auto, besteigen Flugzeuge, Züge und Schiffe, fahren Ski oder suchen den ultimativen Kick beim Abenteuerurlaub. Was wir erreichen wollen, tun wir in der Hoffnung, dass alles gut gehen möge. Doch Menschen machen Fehler, und die Natur ist nicht berechenbar. Schon oft hat das Gefühl einer falschen Sicherheit Menschenleben gefordert. Die Übriggebliebenen erheben sich aus dem Chaos und beginnen neu.

Wenn Gott seine Pläne durchsetzt, wenn er tut, was er will, dann brauchen wir nicht mehr zu *hoffen*, dass alles gut geht. Wir dürfen sicher *wissen*, dass das, was er schafft, gut ist. Denn Gott wird die Kontrolle niemals verlieren. Er hat uns zugesagt, dass er die Macht über alles in den Händen hält. Weil er gut und voll Erbarmen ist, wird er niemals Chaos verursachen. Er kann sogar aus unserem Chaos noch etwas Gutes machen.

Als Zeichen dafür hat Gott nicht nur seinen Bogen an den Himmel gehängt (1. Mose 9,12–17), sondern auch seinen Sohn ans Kreuz. Damit hat er uns aus unserem persönlichen Chaos einen Weg gebahnt, der direkt in seine Arme führt. Immer, wenn Sie einen Regenbogen sehen, besser noch: immer, wenn Sie einen Blick auf Jesu Kreuz werfen, dürfen Sie sich neu sicher sein, dass Gott die Kontrolle behalten wird!

Du erbarmst dich über alle, die zu dir gehören.

15 Die Götter der anderen Völker sind nur Figuren
aus Silber und Gold, von Menschenhänden gemacht.
16 Sie haben einen Mund, aber reden können sie nicht;
Augen haben sie, doch sie können nicht sehen.
17 Mit ihren Ohren hören sie nicht,
auch können sie nicht atmen.
18 Genauso starr und tot werden einmal alle sein,
die diese Götzen schufen,
und auch alle, die solchen Götzen vertrauen!

19 Volk Israel, lobe den Herrn!
Ihr Priester, lobt den Herrn!
20 Ihr Leviten, lobt den Herrn!
Alle, die ihr dem Herrn in Ehrfurcht begegnet – lobt ihn!
21 Lobt den Herrn auf dem Berg Zion,
denn dort in Jerusalem steht sein Tempel.
Halleluja!

Seine Gnade hört niemals auf!

136 Dankt dem Herrn, denn er ist gut,
seine Gnade hört niemals auf!
2 Dankt ihm, dem Gott über alle Götter,
seine Gnade hört niemals auf!
3 Dankt ihm, dem Herrn über alle Herren,
seine Gnade hört niemals auf!
4 Er vollbringt große Wunder, er allein.
Seine Gnade hört niemals auf!
5 Mit Weisheit hat er den Himmel geschaffen,
seine Gnade hört niemals auf!
6 Die Fundamente der Erde legte er auf den Meeresgrund,
seine Gnade hört niemals auf!
7 Er hat die großen Lichter geschaffen;
seine Gnade hört niemals auf!
8 Die Sonne, um den Tag zu regieren –
seine Gnade hört niemals auf!
9 Mond und Sterne für die Nacht,
seine Gnade hört niemals auf!
10 In jeder Familie der Ägypter tötete er den ältesten Sohn.
Seine Gnade hört niemals auf!
11 Er führte sein Volk Israel aus Ägypten heraus.
Seine Gnade hört niemals auf!
12 Das alles vollbrachte er durch seine gewaltige Macht,
seine Gnade hört niemals auf!
13 Er teilte das Rote Meer –

Gnade trägt durch

Linda Dillow

Psalm 136

Mattie hatte ihr Leben lang Gottes Wort geliebt und danach gelebt. Viele Verse aus ihrer alten, zerlesenen Bibel hatte sie auswendig gelernt. Ihr Lieblingsvers war 2. Timotheus 1,12: «Denn ich weiß genau, an wen ich glaube, und ich bin ganz sicher, dass Gott mich und all das, was er mir anvertraut hat, bis zum Tag seines Kommens bewahren wird.»

Als Mattie älter wurde, ließ ihr Gedächtnis nach, und sie bekam vieles nicht mehr mit. Selbst ihre nächsten Angehörigen erkannte sie oft nicht mehr. Schließlich wurde sie bettlägerig und musste in ein Pflegeheim gebracht werden. Wenn Angehörige und Freunde sie besuchen kamen, zitierte Mattie immer noch Bibelverse, vor allem ihren Lieblingsvers. Im Lauf der Zeit jedoch vergaß sie sogar Teile dieses ganz besonderen Verses. «Ich weiß genau, an wen ich glaube», fing sie an, «... bin ganz sicher, dass ... mir anvertraut hat ... zum Tag ... bewahren wird.» Je schwächer Mattie wurde, umso kürzer wurde der Vers. «... er ... anvertraut.»

Als Mattie im Sterben lag, war ihre Stimme so schwach, dass ihre Angehörigen sich anstrengen mussten, um das Flüstern zu verstehen. Von ihrem Lieblingsvers war nur noch ein Wort übrig geblieben: «er». Mattie wiederholte es immer wieder flüsternd, während sie sich der Himmelspforte näherte. «Er ... er ... er.» Er war allein übrig geblieben. Er war alles, was sie brauchte. Ihr Lebensziel war erfüllt in ihm.

Matties Geschichte hat meinen Wunsch nach einem festen Lebensziel sehr stark beeinflusst. Sie hat mir gezeigt, dass sich am Ende unseres Lebens auswirken wird, was uns jahrzehntelang geprägt hat – und dass Gnade uns durchträgt, wenn unsere Kräfte schwinden.

Als meine Freundin Mimi 32 Jahre alt war, fing sie an, ihr Leben im Blick auf die Ewigkeit zu betrachten. Sie fragte sich: «Was will ich mit 80 Jahren sein?» Ihre Antwort: «Eine Frau voller Zufriedenheit, eine Frau voller Weisheit, eine Frau voller Gottesfurcht.»

Mimi ist glücklich über den Entschluss ihres Herzens, nach Gottesfurcht, Weisheit und Zufriedenheit zu streben. Als ihre Freundin kann ich bestätigen, dass sie bereits heute eine Frau ist, in der sich diese Wesenszüge widerspiegeln. Es fasziniert mich, mir vorzustellen, was für eine Frau sie einmal sein wird!

Gott fordert uns auf, als Frauen zu leben, die Sinn und Zweck ihres Lebens erkannt haben – die wie Mattie und Mimi sagen können: «Das ist mein Ziel. Ich weiß, wohin ich gehe.» Denn Gottes Gnade trägt durch – und hört niemals auf!

seine Gnade hört niemals auf!
14 Sein Volk ließ er mitten hindurchziehen,
seine Gnade hört niemals auf!
15 Den Pharao und sein Heer aber
ließ er in die Fluten stürzen,
seine Gnade hört niemals auf!
16 Er führte sein Volk durch die Wüste,
seine Gnade hört niemals auf!
17 Er tötete mächtige Könige,
seine Gnade hört niemals auf!
18 Ja, gewaltige Herrscher brachte er um –
seine Gnade hört niemals auf!
19 Sihon, den König der Amoriter,
seine Gnade hört niemals auf!
20 Og, den König von Basan,
seine Gnade hört niemals auf!
21 Ihre Länder übergab er Israel,
seine Gnade hört niemals auf!
22 So bekam sein Volk, das ihm diente,
das ganze Gebiet zum bleibenden Besitz.
Seine Gnade hört niemals auf!
23 Er vergaß uns nicht, als wir unterdrückt wurden,
seine Gnade hört niemals auf!
24 Er befreite uns von unseren Feinden,
seine Gnade hört niemals auf!
25 Allen Geschöpfen gibt er zu essen,
seine Gnade hört niemals auf!
26 Ja, dankt ihm, dem Gott, der im Himmel regiert,
seine Gnade hört niemals auf!

Klagelied der Gefangenen

137 Wir saßen an den Flüssen Babylons und weinten,
wenn wir an Zion dachten.
2 Unsere Lauten hängten wir an die Zweige der Pappeln,
wir hatten aufgehört, auf ihnen zu spielen.[a]
3 Unsere Peiniger hielten uns gefangen
und wollten Lieder von uns hören;
sie verlangten von uns, daß wir Freudengesänge anstimmen.
Höhnisch forderten sie:
«Singt doch eins von euren Zionsliedern!»
4 Doch wie hätten wir im fremden Land
Lieder zur Ehre Gottes singen können?
5 Jerusalem, wenn ich dich jemals vergesse,

a) «wir … spielen» ist sinngemäß eingefügt.

Donnerstag

Zeit zur Trauer – Zeit zur Freude

Uschi Marty

Psalm 137, 2

Ich bin mir sicher: Würden wir uns fünf Minuten Zeit nehmen, um still nachzudenken, käme uns eine lange Liste der Situationen in den Sinn, die uns vor Kummer verstummen ließen, in denen uns jegliches Spielen und Singen unmöglich schien. «Unsere Lauten hängten wir an die Zweige der Pappeln», könnten wir mit den Israeliten sagen.

Es ist noch keine vier Jahre her, als mir der Boden unter den Füßen weggezogen wurde. Unsere Tochter eröffnete uns ihr wohl behütetes Geheimnis: Sie war tief in Essstörungen gefangen. Jetzt hatte sie endlich den ersten Schritt vom Dunklen ins Licht gewagt. Damit begann ihr Weg in Richtung Heilung. Doch in mir brach der Kummer auf. Eine tiefe Verzweiflung warf mich um. Die Fragen nach Schuld und die Suche nach Ursachen ließen mir keine Ruhe mehr. Jegliches positives Lebensgefühl war verschwunden. Ich hatte keine Freude mehr daran, etwas zu kochen, und bald wollte auch ich nichts mehr essen.

Zwei Monate schleppte ich mich so dahin. Dann begann unsere Urlaubszeit. Mein Mann und ich zogen uns in ein ruhig gelegenes Hotel in Ungarn zurück. Bei unserem ersten Frühstück war ich kaum am Tisch angekommen, als ein Choral, der gerade erklang, mich mitten ins Herz traf. Die Tränen rollten mir über die Wangen; es war nicht möglich, sie aufzuhalten. Mein Mann schaute mich erschrocken an. Er wusste nicht, wie und was mir geschah. Doch ich war außer Stande, etwas zu sagen. Ein lösendes, erlösendes Weinen schüttelte meinen Körper. Endlich konnte ich wieder zu Jesus aufsehen. Und in den folgenden Tagen fand ich zu neuem Vertrauen, zu neuer Hoffnung.

Unsere Tochter hat das Leben wieder gepackt. Sie hat fachliche Hilfe gesucht, und ihre Therapie ist schon lange abgeschlossen. Auch ihre Berufsausbildung hat sie trotz der Krise gemeistert.

Ja, wir müssen nicht stehen bleiben – weder in Not, noch in Verzweiflung oder Schuld. Wir können dem hämischen Grinsen der Feindeswelt den Rücken kehren und uns an die himmlische Adresse wenden, die Hilfe verspricht. Der Gott, der uns wollte und unsere Situationen kennt, kann und will helfen. Er wartet schon auf uns.

Ruhen Sie sich doch jetzt beim Vater im Himmel aus, und lassen Sie sich von ihm persönlich ansprechen. Danach werden Sie Ihr Instrument wieder von den Zweigen herunter holen können und mit einstimmen: «Ich will den Herrn von ganzem Herzen loben, alles in mir soll seinen heiligen Namen preisen! Ich will den Herrn loben und nie vergessen, wie viel Gutes er mir getan hat» (Psalm 103,1–2).

dann soll meine rechte Hand lahm werden!
6 Die Zunge soll mir am Gaumen kleben bleiben,
wenn ich nicht mehr an dich denke,
wenn du, Jerusalem, nicht mehr meine größte Freude bist!

7 Herr, vergiß es den Edomitern nicht,
wie sie jubelten, als Jerusalem in die Hand der Feinde fiel!
Damals grölten sie: «Reißt sie nieder, diese Stadt!
Zerstört ihre Häuser bis auf die Grundmauern!»
8 Babylon, auch dich wird man niederreißen und verwüsten!
Glücklich ist, wer dir heimzahlt, was du uns angetan hast!
9 Glücklich ist, wer deine kleinen Kinder packt
und am Felsen zerschmettert!

Gott steht zu seinem Wort!

138 Von David.
Herr, von ganzem Herzen will ich dir danken!
Dir und keinem anderen Gott will ich singen.
2 Vor deinem heiligen Tempel werfe ich mich anbetend nieder,
ich preise dich, deine Liebe und Treue.
Ja, du hast deine Versprechen eingelöst
und alle meine Erwartungen übertroffen.
3 Als ich zu dir um Hilfe schrie,
hast du mich erhört und mir neue Kraft geschenkt.[a]

4 Herr, alle Herrscher dieser Welt werden dich preisen,
wenn sie erfahren, daß du zu deinem Wort stehst!
5 Sie werden besingen, was du, Herr, getan hast,
denn deine Macht und Hoheit ist unermeßlich.
6 Ja, du bist hoch erhaben –
trotzdem sorgst du für die, nach denen keiner mehr fragt,
und durchschaust die Stolzen schon von ferne!

7 Selbst wenn ich von allen Seiten bedrängt werde,
erhältst du mich am Leben!
Du stellst dich meinen zornigen Feinden entgegen
und rettest mich durch deine Macht.
8 Ja, Herr, du wirst dich auch in Zukunft um mich kümmern,
deine Gnade hört niemals auf!
Was du angefangen hast, das führe zu einem guten Ende!

a) So mit der griechischen Übersetzung. Der hebräische Text lautet: Du machtest mich unruhig, in meiner Seele war Kraft.

Freitag

Wer fragt nach mir?

Traude Deitigsmann

Psalm 138, 6

In den Psalmen drückt David – und mit ihm ganz Israel – eine wichtige Glaubenserfahrung aus: Gott, der Schöpfer allen Lebens, der Herr aller Herren, ist hoch erhaben!

Doch diese Größe rückt ihn nicht ins Unerreichbare, in die weit überlegene Ferne. Immer wieder können wir in der Bibel das Erstaunliche lesen: Gott, der Erhabene, der Allmächtige, wird ganz Mensch und kommt uns nahe. Und diese Nähe trägt einen Namen – Jesus.

Wir sehen es im Leben des Sohnes Gottes: Er sorgt für die, nach denen keiner mehr fragt. Er kümmert sich um die Aussätzigen, die Vergessenen, die Witwen und Waisen. Er sieht die An-die-Wand-Gedrängten und die Im-Abseits-Stehenden. Jesus lebt Nähe. Er lässt seine Jünger nicht als Waisen zurück. Er kommt zu ihnen. Und mit ihm kommt auch der Vater zu ihnen. Er sendet den Geist. Er ist für sie da.

Auf einem Jugend-Missions-Kongress lautete einmal das Thema «Who Cares?» (Wen kümmert es?). Es war erstaunlich! Plötzlich standen vor unseren inneren Augen Volksgruppen auf, die vergessen waren. Einzelne Personen und Gemeinden wurden bereit, Patenschaften zu übernehmen. Sie versprachen vor Gott und den Menschen: «Auch wir wollen uns um andere kümmern, weil unser Gott ein Gott ist, der für uns sorgt.»

Eine kleine Mädchengruppe kümmerte sich um eine Freundin aus einem anderen Land. Für dieses Mädchen wurde das Erleben auf dem Kongress zum entscheidenden Ereignis in ihrem Leben. Heute sorgt sie zusammen mit ihrem Mann für andere.

Wer die Fürsorge Gottes in seinem eigenen Leben hautnah erlebt hat, der lässt sich mit hineinnehmen in die Liebe des himmlischen Vaters, die er für andere Menschen in dieser Welt hat. Eine solche Liebe steckt an. Das Feuer ist entzündet.

Ja, Gott kommt uns nahe und zieht uns in seine Nähe. Nur der stolze Mensch bleibt in der Ferne stehen.

Wie wohltuend ist es, dass Gott in Jesus und seinem Heiligen Geist uns heute ein naher Gott ist. Er ist der «Gott mit uns».

Einheit

Alexandra C.E. Depuhl

Als Christen leben wir nicht länger voneinander getrennt, der eine als Jude, der andere als Heide. Als Christen sind wir eins. So hat er zwischen uns Frieden gestiftet (Epheser 2,15b).

Er fiel mir gleich ins Auge, dieser bunte, künstlerisch gewebte Teppich. Seine Farbenpracht lockte mich an, und beim näheren Hinsehen konnte ich die einzelnen Fäden und das aufwändige Muster erkennen. Ich stellte mir die Menschen vor, die mit einer bestimmten Idee an dieses Meisterwerk herangegangen waren, ich sah den Webstuhl, das gefärbte Garn und die emsigen Hände.

In Belgrad hatte ich ihn entdeckt. Noch in Gedanken daran bereitete ich eine Andacht für jugoslawische Frauen vor. In diesem zerstrittenen Land hatten sie sich auf den Weg gemacht, um mit anderen Christinnen zusammen eine Frauenarbeit zu gründen. Sie kamen aus verschiedenen Gemeinden und hatten den Wunsch, sich kennen zu lernen – sie wollten die neuen Grenzen und damit die Feindschaft in den Herzen der Menschen nicht akzeptieren.

Es fiel mir schwer, in diesem zerrissenen Land, in dem alles auseinander brach, über Einheit zu sprechen. Doch die Einheit, die Gott geben will, ist ein Geschenk an uns.

Der Teppich ging mir nicht mehr aus dem Sinn – und auch nicht diese Frauen, die Christus mit sich verbunden hatte. Ich stellte mir Gott als den Weber vor! Da ist der Webstuhl mit der Kette – dem Teil der Fäden, die nachher unsichtbar sind, mit denen alles zusammengehalten wird. Wenn das Schiffchen den Schuss – die bunten Fäden – durchzieht, entsteht ein Kreuz in der Fadenführung. Was für ein Bild für Christus, der alles zusammenhält, unsichtbar wie die Fäden der Kette! Das Kreuz der Fäden, das ist der Anfang jedes Webens. So, wie Jesu Kreuz den Anfang aller Gemeinschaft unter uns Christen erst möglich macht.

Dann das gefärbte Garn, das in die Kette eingewebt wird. Um einen starken Halt zu bekommen, muss jeder einzelne Faden mit der Kette in Berührung kommen. Auch das ist ein Gleichnis für uns: Nur in der Verbindung zu Jesus Christus können unsere Gaben richtig zur Geltung kommen.

Durch den Kamm, den die Hand des Webers führt, werden die Fäden eng aneinandergepresst. Dadurch ergeben sie ein faszinierendes Muster und werden zu einem Meisterwerk.

Dieses Bild haben die Frauen in Jugoslawien verstanden. Sie erkannten, dass Gott aus ihnen einen wunderschönen Teppich gemacht hatte. Und sahen, dass in ihrer Gemeinsamkeit die Stärke und Hilfe liegt, die sie ihrem Land geben können.

Herr, du durchschaust mich!

139 Ein Lied Davids.
Herr, du durchschaust mich,
du kennst mich durch und durch.
2 Ob ich sitze oder stehe – du weißt es,
aus der Ferne erkennst du, was ich denke.
3 Ob ich gehe oder liege – du siehst mich,
mein ganzes Leben ist dir vertraut.
4 Schon bevor ich rede, weißt du, was ich sagen will.
5 Von allen Seiten umgibst du mich
und hältst deine schützende Hand über mir.
6 Daß du mich so genau kennst – unbegreiflich ist das,
zu hoch, ein unergründliches Geheimnis!

7 Wie könnte ich mich dir entziehen;
wohin könnte ich fliehen, ohne daß du mich siehst?
8 Stiege ich in den Himmel hinauf – du bist da!
Wollte ich mich im Totenreich verbergen – auch dort bist du!
9 Eilte ich dorthin, wo die Sonne aufgeht,
oder versteckte ich mich im äußersten Westen,
wo sie untergeht,[a]
10 dann würdest du auch dort mich führen
und nicht mehr loslassen.
11 Wünschte ich mir: «Völlige Dunkelheit soll mich umhüllen,[b]
das Licht um mich her soll zur Nacht werden!» –
12 für dich ist auch das Dunkel nicht finster;
die Nacht scheint so hell wie der Tag
und die Finsternis so strahlend wie das Licht.

13 Du hast mich geschaffen – meinen Körper und meine Seele,
im Leib meiner Mutter hast du mich gebildet.
14 Herr, ich danke dir dafür,
daß du mich so wunderbar und einzigartig gemacht hast!
Großartig ist alles, was du geschaffen hast – das erkenne ich!
15 Schon als ich im Verborgenen Gestalt annahm,
unsichtbar noch, kunstvoll gebildet im Leib meiner Mutter[c],
da war ich dir dennoch nicht verborgen.
16 Als ich gerade erst entstand,
hast du mich schon gesehen.

a) Wörtlich: Erhöbe ich die Flügel des Morgenrots, ließe ich mich nieder am äußersten Ende des Meeres.
b) So mit der griechischen Übersetzung. Der hebräische Text lautet: Nur Finsternis möge mich zermalmen.
c) Wörtlich: in den Tiefen der Erde. – Hier wahrscheinlich als Bezeichnung für den Mutterleib.

Montag

Ein Kunstwerk Gottes

Lena Maria Klingvall

Psalm 139, 14

Ich wurde ohne Arme und ohne linken Unterschenkel geboren. Doch mir ist nie in den Sinn gekommen, mit meinem Leben zu hadern. Denn ich weiß, dass ich etwas Besonderes bin: Ich habe etwas, das andere nicht haben, und Gott gebraucht diesen Unterschied zu seiner Verherrlichung.

Ich bin davon überzeugt, dass wir, sobald wir eine Aufgabe bewältigen können – selbst wenn wir tausend Hilfen dazu benötigen –, nicht wirklich behindert sind. Jeder Mensch kann bestimmte Dinge tun, während andere ihm unmöglich sind. Deshalb könnte man sagen, dass jeder irgendwie behindert ist, eben nur in unterschiedlichen Situationen. Statt sich auf die Dinge zu konzentrieren, die wir nicht tun können, halte ich es für wichtiger, zu erkennen, was wir tun können – und damit weiterzumachen.

Ich weiß, dass Gott einen besonderen Plan für jeden Menschen hat (Vers 16). Und wenn etwas Schlechtes geschieht, kann er es in etwas Gutes verwandeln, denn «wer Gott liebt, dem dient alles, aber auch wirklich alles zu seinem Heil» (Römer 8,28). Ich habe erlebt, wie das auch auf meine Behinderung zutrifft.

Deswegen habe ich in meinem ganzen Leben auch nie über meinen Zustand weinen müssen. Und ich war nie von Gott enttäuscht, weil ich nicht so bin wie alle anderen.

Ja, ich bin mir sicher, dass Gott jeden einzelnen Menschen mit besonderen Gaben und Talenten erschaffen hat; und so hat er auch für jeden Einzelnen eine andere Aufgabe. Aber diese Aufgabe ist nicht das Wichtigste. Worauf es am meisten ankommt, ist unsere Beziehung zu Gott. Wahre und anhaltende Freude stammt nur aus einer engen Beziehung zu ihm – und nicht aus den Dingen, die ich für ihn tue.

Ich glaube, wenn wir Gott von ganzem Herzen suchen und die Beziehung zu ihm wirklich wollen, dann wird alles andere folgen. Wenn wir ihn an die erste Stelle setzen, dann kann Gott uns zu der Freude und dem Frieden verhelfen, den wir brauchen, und uns in allen Bereichen unseres Lebens helfen. Denn wir sind seine Kinder – und er hat sich jeden von uns als besonderes Kunstwerk ausgedacht.

Alle Tage meines Lebens hast du in dein Buch geschrieben –
noch bevor einer von ihnen begann!

17 Deine Gedanken sind zu schwer für mich, o Gott,
es sind so unfaßbar viele!
18 Sie sind zahlreicher als der Sand am Meer;
wollte ich sie alle zählen,
so käme ich doch nie an ein Ende[a]!

19 Mein Gott! Wie sehr wünsche ich, daß du alle tötest,
die sich dir widersetzen!
Ihr Mörder, an euren Händen klebt Blut!
Mit euch will ich nichts zu tun haben!
20 Herr, wenn diese Leute von dir reden,
tun sie es in böser Absicht, sie mißbrauchen deinen Namen.
21 Herr, wie hasse ich alle, die dich hassen!
Wie verabscheue ich alle, die dich bekämpfen!
22 Deine Feinde sind auch meine Feinde.
Ich hasse sie mit grenzenlosem Haß!

23 Durchforsche mich, o Gott, und sieh mir ins Herz,
prüfe meine Gedanken und Gefühle!
24 Sieh, ob ich in Gefahr bin, dir untreu zu werden,
dann hol mich zurück auf den Weg,
der zum ewigen Leben führt!

Hinterlistige Feinde

140 Ein Lied Davids.
2 Herr, rette mich vor bösen Menschen!
Beschütze mich vor denen,
die sich mit roher Gewalt durchsetzen!
3 Ständig brüten sie Gemeinheiten aus
und versuchen, Streit anzufangen.
4 Sie reden mit spitzer Zunge,
und was über ihre Lippen kommt,
ist bösartig und todbringend wie Schlangengift.
5/6 Es sind deine Feinde, Herr.
Laß nicht zu, daß ich in ihre Gewalt gerate!
Diesen überheblichen Leuten ist jedes Mittel recht,

a) So mit einigen alten Handschriften. Der hebräische Text lautet: ich erwache und bin noch bei dir.

Ein starker Beistand

Lorry Lutz

Psalm 140, 13

Bewundernswert ist der Mut der Frauen, die einen hohen Preis für ihren Glauben zahlen müssen.

Lorisa ist eine von ihnen. Auf einer Glaubenskonferenz am Schwarzen Meer erzählte sie, wie Gott während der vielen Jahre, die ihre Familie unter dem Kommunismus zu leiden hatte, treu gewesen ist. Weil ihr Vater Pastor war, stand häufig die Polizei vor der Tür. «Sie nahmen seine Bibel, seine Konzepte und jedes Stückchen Papier fort, auf dem etwas Christliches stand», schilderte die junge Frau die Situation.

Lorisas Vater wurde von den Polizisten immer wieder schwer geschlagen. Doch eines Morgens kamen sie ins Haus und sagten, sie seien ihm gefolgt, als er von der Arbeit kam, weil sie ihn zusammenschlagen wollten. «Aber wir konnten es nicht tun», berichteten sie, «weil ein weiß gekleideter Mann bei dir war.»

Schließlich wurde Lorisas Vater wegen der vielen Schläge ernsthaft krank. Doch in jener Zeit, als er ans Bett gefesselt war, konnte Gott ihn vieles lehren. Nach dem Zusammenbruch des Kommunismus gründete Lorisas Vater eine Gemeinde in Krasnador, die in nur vier Jahren auf 1500 Mitglieder anwuchs.

Nach ihrer Rede wandte sich Lorisa den türkischen Frauen zu, die in einer Ecke des Saales zusammensaßen, und sagte: «Seit zwei Jahren kommen wir als Frauen unserer Gemeinde zu dieser Konferenz. Jedes Mal sind wir ans Ufer des Schwarzen Meeres hinuntergegangen, haben unsere Arme in Richtung der Türkei über das Wasser gebreitet und für euch dort drüben gebetet. Heute sehen wir, dass Gott angefangen hat, unsere Gebete zu erhören.»

Obwohl die Menschen, die in dieser entlegenen Ecke der Welt leben, manchmal von der allgemeinen Christenheit vergessen zu sein scheinen, sind sie bei Gott nicht vergessen. Er hat in Träumen und Visionen, durch Traktate und andere christliche Literatur zu ihnen geredet – nicht zuletzt auch durch seine Kinder, die die Jahre der Verfolgung in jener Gegend überlebt haben. Und die Gebete von Christen auf der ganzen Welt für diese «unerreichten Volksgruppen» werden auch in Zukunft Frucht tragen.

mich zu Fall zu bringen. Verschone mich vor ihnen!
Heimlich haben sie mir Fallen gestellt.
Auf allen Wegen lauert die Gefahr.

7 Herr, du bist mein Gott!
Höre meinen Hilfeschrei!
8 Herr, mein Gott,
ich habe schon so oft deine Hilfe erfahren.
Im Kampf hast du mich beschützt,
und kein Haar wurde mir gekrümmt!
9/10 So hilf mir auch jetzt:
Durchkreuze die Pläne der Unheilstifter, die mich umringen,
damit sie nicht noch überheblicher werden!
Laß sie selbst von dem Leid überwältigt werden,
das sie mir zufügen wollten!
11 Sprich ihnen das Urteil:
Laß glühende Kohlen auf sie fallen, stürze sie ins Feuer, in tiefe Schluchten,
aus denen sie nicht mehr entkommen können!

12 Wer den guten Ruf eines anderen zerstört,
der soll in diesem Land kein Glück haben.
Und wer vor brutaler Gewalt nicht zurückschreckt,
der soll vom Unglück verfolgt werden.

13 Ich weiß, daß der Herr den Unterdrückten beisteht
und den Wehrlosen Recht verschafft.
14 Deshalb werden dich, Herr, alle preisen,
die dir treu ergeben sind.
Deine Nähe erfährt jeder,
der offen und ehrlich vor dir lebt.

Wenn es mich reizt, Böses zu tun

141 Ein Lied Davids.
Herr, höre mich an, wenn ich zu dir rufe!
Hilf mir schnell!
2 Ich hebe meine Hände zu dir empor im Gebet.
Nimm mein Flehen an, so wie du das Rauchopfer
und das Speiseopfer annimmst!

3 Herr, hilf mir, den Mund zu halten,
wenn ich schweigen soll!
4 Wenn es mich reizt, Böses zu tun,
dann bewahre mich und hilf mir,
daß ich mich von den Übeltätern nicht mitreißen lasse!
Ihre Schlemmereien sollen mir nicht den Mund wäßrig machen.

Kritik hält lebendig

Dorothea Unbehend

Psalm 141, 5

Kritik – das ist so eine Sache! Dieser Vers spricht beide an – denjenigen, der Kritik übt, und denjenigen, dem sie gilt.

Kinder reagieren auf Kritik besonders empfindlich. Schnell hören sie heraus: «Ich mag dich nicht!» oder «Du bist nicht in Ordnung. So jemanden wie dich kann man nicht lieben!» Doch gilt das nur für Kinder? Immer mehr komme ich zu der Einschätzung, dass auch wir Erwachsenen die gleichen Probleme mit Kritik haben.

Deshalb genieße ich an diesem Vers, dass er in kurzen klaren Worten so viel aussagt. An erster Stelle steht der Gehorsam gegenüber Gott. Das wiederum bedeutet: Kritik darf nicht um ihrer selbst willen ausgesprochen werden oder um den anderen zu verletzen, zu ärgern, klein zu reden oder fertig zu machen. Bei dem, der Kritik übt, sollte man davon ausgehen können, dass er es gut meint.

In meinem Leben gibt es zwei Kritiker, die ich herzlich liebe und achte: meinen Vater im Himmel und meinen Mann. Auf diese beiden treffen die oben genannten Kriterien zu, und deshalb fällt es mir (meistens) relativ leicht, mich nicht gegen ihre Kritik zu wehren.

Bekomme ich Kritik von anderen und spüre, dass sie mich verletzt, dann sage ich das auch. Dieses Verhalten habe ich mir angewöhnt, weil sonst auf die Kritik leicht eine Gegenreaktion folgt. Und schnell entwickelt sich daraus eine negative Eigendynamik.

Ich bin dankbar, dass in diesem Vers nicht steht: «Mache es allen recht, nur dann ersparst du dir Kritik von anderen!» Ohne Kritik kommen wir nicht weiter. Sie gibt uns Orientierung und Halt in unserem Leben – vor allem auch in unserem Alltag, der so rasch eingefahrene Strukturen und Eigenheiten erkennen lässt. Sie hält uns, unser Wesen und unsere Persönlichkeit lebendig. Deshalb bete ich zwischendurch bewusst: «Durchforsche mich, o Gott, und sieh mir ins Herz, prüfe meine Gedanken und Gefühle! Sieh, ob ich in Gefahr bin, dir untreu zu werden, dann hol mich zurück auf den Weg, der zum ewigen Leben führt!» (Psalm 139,23–24).

5 Wer Gott gehorcht, darf mich zurechtweisen,
wenn ich schuldig werde, denn er meint es gut mit mir.
Es ist eine große Hilfe, wenn er mir meine Fehler vorhält.
Ich wehre mich nicht gegen seinen Rat.

Die Übeltäter tun weiter viel Böses,
aber ich bete darum, daß Gott eingreift.[a]
6/7 Die Mächtigen werden bald selbst zum Tode verurteilt
und die Felswand hinabgestoßen werden.
Man läßt ihre[b] Knochen achtlos liegen.
Dann wird man wieder auf mich hören und erkennen,
daß meine Worte Hilfe und Orientierung geben.[c]

8 Mein Herr und Gott, dir vertraue ich.
Bei dir suche ich Schutz.
Laß nicht zu, daß sie mich umbringen,
9 und bewahre mich vor den tückischen Fallen,
die sie mir gelegt haben!
Rette mich vor den Verbrechern, die mir nachstellen!
10 Laß sie alle miteinander in die Gruben fallen,
die sie mir gegraben haben;
mich aber laß sicher vorbeigehen!

«Niemand will etwas von mir wissen!»

142 Ein Gebet Davids, zum Nachdenken. Er verfaßte es, als er sich auf der Flucht vor Saul in einer Höhle versteckte.[d]

2 Ich schreie zum Herrn, so laut ich kann,
und flehe um sein Erbarmen.
3 Ihm klage ich meine Not;
ihm sage ich, was mich bedrängt.
4 Wenn ich niedergeschlagen bin und nicht mehr weiter weiß,
kennst du noch einen Ausweg.
Wohin ich auch gehe:
überall will man mich ins Unglück stürzen.

a) Vers 5 wörtlich: Schlägt mich der Gerechte, (ist es) Güte, züchtigt er mich, ist es Öl für mein Haupt. Mein Haupt weigere sich dessen nicht. Denn noch ist mein Gebet bei ihren Bosheiten. – Der Text ist nicht sicher zu deuten.
b) So mit alten griechischen Übersetzungen. Der hebräische Text lautet «unsere».
c) Verse 6–7 wörtlich: Ihre Richter (= Machthaber) werden den Felsen hinabgestürzt; und nun hören sie meine Sprüche, daß sie lieblich sind. Wie ein Pflügender und Spaltender auf der Erde werden unsere Knochen ausgestreut an den Eingang des Totenreiches. – Der hebräische Text ist nicht sicher zu deuten.
d) 1. Samuel 22,1

Donnerstag

Kein Ausweg?

Ursula Koch

Psalm 142, 4

Als ich nach einem mehrjährigen Auslandsaufenthalt wieder einmal nach Berlin kam, wollte ich wie früher mit der S-Bahn zu meiner Freundin fahren. An der Haltestelle «Westkreuz» musste ich umsteigen – wie immer. Alles schien unverändert, nur noch etwas verfallener als vor einigen Jahren zu sein. Doch als ich oben auf dem Bahnsteig stand, um Richtung Norden weiterzufahren, blieb es seltsam leer um mich herum – der Kiosk war verrammelt, zwischen den Schienen wuchs hohes Gras. Ratlos stand ich da und sah mich um. Schließlich schlurfte ein Bahnbeamter vorüber. Als er mich bemerkte, schüttelte er den Kopf und meinte: «Was machen Sie denn hier? Hier fährt doch schon lange kein Zug mehr.»

Zehn Jahre später stand ich auf demselben Bahnsteig. Ein hochmoderner S-Bahn-Zug brauste heran. Um mich drängelten bunt gekleidete Menschen, schoben sich mit großen Paketen in beide Richtungen. Ich musste zusehen, dass ich mich noch rechtzeitig durch die Tür quetschte. Dann fuhr der Zug an.

Inzwischen war die Mauer gefallen – eine Mauer, von der ihre Erbauer meinten, sie würde Menschen endgültig und für immer den Weg abschneiden. Es schien keinen Ausweg zu geben. Diejenigen, die diese Mauer überwinden wollten, mussten ihr Leben riskieren. Doch auf einmal war diese Mauer weg!

Ich weiß, dass es noch viele andere Wege in der Welt gibt, die endgültig und für alle Zeit abgeschnitten zu sein scheinen. Da sind Straßen, die nirgendwohin führen, Gleise, auf denen kein Zug mehr fährt. Doch ich habe dieses eine Mal und an dieser Stelle auf dem Bahnsteig gelernt: Nichts ist endgültig, was wir Menschen tun. So, wie es in der großen Politik geschehen ist und immer wieder geschieht, kann es auch in meinem kleinen Alltag geschehen. Vielleicht ist der Weg zwischen meiner Nachbarin und mir durch eine Mauer aus Minderwertigkeitsgefühlen und Missgunst blockiert; meine Schwester will mich nicht verstehen; meine Mutter ist mit mir unzufrieden; meiner Kollegin kann ich mich nicht verständlich machen. Nirgendwo scheint es einen Ausweg zu geben. Doch dem Handeln Gottes sind keine Grenzen gesetzt. Darum brauche ich nicht zu verzweifeln. Er handelt auch da, wo ich am Ende bin. Vielleicht schon morgen!

[5]Wohin ich auch sehe:
nirgendwo will man etwas von mir wissen.
Ich finde keine Hilfe mehr, und keiner kümmert sich um mich.

[6]Deshalb schreie ich zu dir, Herr!
Du allein bist meine Zuflucht!
Du sorgst dafür, daß ich am Leben bleibe.
[7]Höre auf meinen Hilfeschrei,
denn ich bin völlig verzweifelt!
Rette mich vor meinen Verfolgern,
denn ich bin ihnen hilflos ausgeliefert!
[8]Hole mich aus dieser Höhle[a] heraus!
Dann will ich dir danken vor allen, die dir vertrauen.
Denn du hast eingegriffen und mir geholfen.

In die Enge getrieben

143

Ein Lied Davids.

Herr, erhöre mein Gebet!
Achte auf mein Flehen und antworte mir!
Auf dich kann ich mich verlassen, denn du hältst Wort.
[2]Bring mich nicht vor dein Gericht,
denn vor dir ist kein Mensch unschuldig.
[3]Der Feind verfolgt mich und treibt mich in die Enge.
Mein Leben ist aufs äußerste bedroht.[b]
[4]Ich weiß nicht mehr weiter und bin vor Angst wie gelähmt.

[5]Ich denke zurück an früher,
an das, was du damals getan hast,
und halte mir deine großen Taten vor Augen.
[6]Zu dir strecke ich meine Hände empor im Gebet.
Wie ausgedörrtes Land auf Regen,
so warte ich sehnsüchtig auf dein Eingreifen.

[7]Herr, antworte mir doch jetzt, denn ich bin völlig am Ende!
Laß mich nicht allein, sonst lebe ich nicht mehr lange!
[8]Zeige mir schon früh am Morgen, daß du es gut mit mir meinst,
denn ich vertraue dir.
Ich brauche dich![c]
Zeige mir, wohin ich gehen soll,
[9]und rette mich vor meinen Feinden!

a) Wörtlich: aus dem Gefängnis.
b) Wörtlich: Er läßt mich in Finsternissen wohnen wie die Toten auf Ewigkeit.
c) Wörtlich: Zu dir erhebe ich meine Seele.

Freitag

Hilfe im Kampf

Sigrid Arnold-Levey

Psalm 143, 10

«Ravensbrück!» Wie ein geflüsterter Fluch legte sich das Wort über die Frauen in der Warteschlange. Ravensbrück, das berüchtigte Frauen-Todeslager, Symbol für alles Böse.

Corrie ten Boom, eine holländische Christin, deren Familie verfolgten jüdischen Menschen Schutz gewährte, war unter den Hunderten von Frauen, die durch das Tor des Konzentrationslagers stolperten. Sie spürte die kleine Bibel, die sie unter ihrer Kleidung versteckt hatte. «Solange ich sie habe», dachte sie, «könnte ich sogar der Hölle selbst ins Auge sehen.» Als die Wärter mit der Durchsuchung begannen, betete Corrie ten Boom leise um Gottes Schutz. «Die Frau vor mir wurde durchsucht. Hinter mir wurde meine Schwester durchsucht. Die Wärter rührten mich weder an, noch schauten sie mich an. Es war, als ob ich für ihre Augen unsichtbar war», berichtete sie später. So kam es, dass sie in ihrer Barracke einer immer größer werdenen Schar von Frauen heimlich aus der Bibel vorlas und mit ihnen über Gott sprach. Barracke 28 wurde im gesamten Lager bekannt als «der verrückte Ort, wo man noch Hoffnung hat».

Auch in innerer und äußerer Ausweglosigkeit, wenn wir von allen Seiten bedroht werden und vor Angst wie gelähmt sind, ist Gott da! Wie der Psalmist erlebten Corrie und ihre Schwester, dass das Heute zu schrecklich war, um eine Zukunftsperspektive zu bieten. Also richteten sie ihre Hoffnung auf den, der allein noch helfen konnte. Und sie erkannten: Inmitten dieses lebensbedrohlichen inneren und äußeren Sturms ging es letztendlich darum, den eigenen Willen vollkommen unter den Willen Gottes zu stellen und ihm bedingungslos zu vertrauen.

Corrie ten Boom wusste, wie sehr sie die kleine Bibel brauchte. In ihr fand sie Trost und Stärkung für sich und andere. Die Psalmen Davids haben die Frauen wohl täglich begleitet. Durch sie haben sie vielleicht – wie David – gelernt, Gott um seine Hilfe anzuflehen. Sie konnten erleben, wie sie aus Ausweglosigkeit und Verzweiflung in innere Freiheit und Frieden fanden, als sie ihren eigenen Wunsch nach Leben loslassen konnten. Ihre Seelen ruhten im Einklang mit Gottes unergründlichem Ratschluss.

Meine Gedanken führen mich nach Gethsemane. Voller Ehrfurcht sehe ich, wie Jesus Christus seinen Willen in den Willen des Vaters legt. Wir, seine Geschöpfe, werden in unserem Kampf – sollte ihn Gott in unser Leben einordnen – Jesus Christus an unserer Seite finden. Er wird uns in seiner Hand bergen und den Weg mit uns gehen.

Gottes Liebe

Manuela-Karen Trenz

**Liebe ist geduldig und freundlich.
Sie kennt keinen Neid, keine Selbstsucht,
sie prahlt nicht und ist nicht überheblich.
Liebe ist weder verletzend
noch auf sich selbst bedacht,
weder reizbar noch nachtragend.
Sie freut sich nicht am Unrecht,
sondern freut sich, wenn die Wahrheit siegt.
Diese Liebe erträgt alles,
sie glaubt alles, sie hofft alles
und hält allem stand (1. Korinther 13,4–7).**

Gottes Liebe – die einzige Liebe, die keine Gegenleistung erwartet.
Gottes Liebe – steht jederzeit zum Nehmen zur Verfügung.
Gottes Liebe – ist bedingungslos für uns da.
Gottes Liebe – kennt kein «keine Zeit».
Gottes Liebe – geht über unser menschliches Denken und Begreifen hinaus.
Gottes Liebe – wartet auf uns mit übermenschlicher Geduld.
Gottes Liebe – reicht uns jeden Tag aufs Neue die Hand.

Warum machen wir dann so wenig Gebrauch davon?

Nur bei dir bin ich geborgen.
10 Hilf mir, so zu leben, wie du es willst,
denn du bist mein Gott!
Führe mich durch deinen guten Geist!
Dann werde ich erleben,
wie du mir Hindernisse aus dem Weg räumst.
11 Herr, stehe zu deinem Wort und hilf mir aus der Not!
Es wird deinem Namen Ehre machen,
wenn du mich am Leben erhältst.
12 Laß meine Feinde umkommen und vernichte alle,
die mich in diese ausweglose Lage gebracht haben!
Ich verlasse mich ganz auf dich,
denn du bist mein Herr, und ich diene dir.

Der König betet

144 Von David.

Gepriesen sei der Herr!
Bei ihm bin ich geschützt wie hinter einem großen Felsen.
Er hat mir gezeigt, wie ich mich wehren kann
und wie ich im Kampf die Waffen gebrauchen muß.
2 Wie gut ist Gott zu mir!
Er gewährt mir Zuflucht und Sicherheit.
Er ist mein Schild, der mich vor Bösem bewahrt.
Er hat mich zum Herrscher über sein Volk gemacht.[a]

3 Herr, was ist schon der Mensch!
Warum schenkst du ihm überhaupt Beachtung?
Warum kümmerst du dich um ihn?
4 Sein Leben ist vergänglich
und gleicht einem Schatten, der vorüberhuscht.

5 Herr, komm vom Himmel herab;
berühre die Berge – und sie stoßen Rauch aus!
6 Schleudere deine Blitze, schieße deine Pfeile
und jage die Feinde auf und davon!
7 Strecke mir deine Hand von oben entgegen
und reiße mich aus den tosenden Fluten!

Rette mich vor der Macht der feindlichen Völker!
8 Ihre Worte sind Lug und Trug.
Selbst wenn sie schwören, lügen sie.

a) Einige griechische Übersetzungen lauten: Er hat mich zum Herrscher über Völker gemacht.

Montag

Sich nicht unterkriegen lassen

Barbara Jakob

Psalm 144, 1–2

Mit Weltuntergangsstimmung saß meine Tochter am Küchentisch. «Oh, Mami, ich weiß gar nicht, wie alles weitergehen soll! Die Welt wird ja immer schlimmer, schau dir mal die Kriege und Nöte an! Und überhaupt: Wofür lohnt es sich noch zu leben?» Ich weiß nicht mehr, was diese Stimmung bei ihr ausgelöst hatte, aber ich erinnere mich noch genau an meine Antwort. «Weißt du, Christen sind eigentlich die einzigen Menschen, die immer Optimisten sein können! Ganz egal, wie die Umstände sind – Gott hat die Kontrolle über die Welt, auch wenn wir das manchmal nicht erkennen können.»

Immer Optimist sein? Hatte ich da nicht etwas übertrieben? Der Alltag ist nicht immer leicht, und jeder Mensch steht öfter vor Schwierigkeiten. «Im Leben herrschen» hieß ein Buch, das ich vor vielen Jahren gelesen habe. An den Inhalt erinnere ich mich nicht mehr genau, aber eins ist bei mir hängen geblieben: Gott fordert uns auf, nicht passiv im Leben zu stehen und nur darauf zu warten, was uns «geschieht», sondern aktiv das Richtige anzupacken – egal wie die Umstände sein mögen.

Im Neuen Testament macht Jesus uns das am Gleichnis der Goldstücke deutlich (Matthäus 25,14-29), die jeder erhalten hat. Der eine hat mehr, der andere weniger bekommen, aber wir alle sollen unser «Gold» einsetzen, damit wuchern und einen Gewinn herauswirtschaften. Wo und wie könnten wir das besser tun als in unserem Alltag, dort, wo Gott uns hingestellt hat? Wenn wir uns darin üben, Gott täglich für die Gaben zu danken, die er uns geschenkt hat, werden wir viel Positives in Gang setzen können – und beginnen, unser Leben aktiv zu gestalten!

Wie aber sieht es in unseren Kämpfen aus? Können wir auch dort lernen, zu «herrschen»? Ja, mit Gottes Hilfe! Wenn ich bei ihm Zuflucht suche, wird er mir zeigen, in welchen Situationen ich mich wehren und in welchen ich loslassen soll. Gott allein bietet mir das sichere Fundament, das ich brauche, um im Leben erfolgreich zu sein. Deshalb will ich mich jeden Tag ganz bewusst auf diesen Felsen stellen – oder mich hinter ihm in Sicherheit bringen – und beten: «Herr, zeige mir, wie ich heute in meinen Umständen, in meinen Schwierigkeiten und Nöten mit dir herrschen kann. Ich will mich nicht unterkriegen lassen, sondern auf dich und deine Lösungen sehen!»

9 Gott, für dich will ich ein neues Lied singen
und es auf der Harfe[a] begleiten.
10 Denn du gibst den Königen Sieg
und rettest auch David, deinen Diener, aus tödlicher Gefahr.

11 Befreie mich,
rette mich vor der Macht der feindlichen Völker!
Ihre Worte sind Lug und Trug.
Selbst wenn sie schwören, lügen sie.

12 Wenn du uns rettest,
können unsere Kinder ungestört aufwachsen.
Unsere Söhne werden stark und groß sein wie Bäume.
Unsere Töchter werden schön sein wie gemeißelte Statuen,
die prächtige Paläste zieren.
13 Unsere Vorratskammern sind dann randvoll,
so daß wir mehr haben, als wir zum Leben brauchen.
Unsere Schafe und Ziegen auf den Weiden
werfen Tausende von Lämmern,
14 und unsere Kühe bringen ihre Kälber
ohne Fehlgeburten zur Welt.
Dann muß niemand mehr auf unseren Märkten
klagen und jammern.
15 Glücklich das Volk, das so etwas erlebt!
Glücklich das Volk, dessen Gott der Herr ist!

Gottes Liebe ist grenzenlos

145 Ein Loblied Davids.
Dich will ich ehren, mein Gott und König!
Dich will ich preisen für alle Zeit!
2 Jeden Tag will ich dich loben
und deinen Namen überall bekannt machen.
3 Groß ist der Herr! Jeder soll ihn rühmen!
Seine Größe kann niemand erfassen.
4 Eine Generation soll der anderen von deinen großen Taten erzählen
und schildern, wie machtvoll du eingegriffen hast.
5 Deine Hoheit und Macht wird in aller Munde sein,
und auch ich will stets über deine Wunder nachdenken.
6 Immer wieder wird man davon sprechen,
wie dein Handeln den Menschen Ehrfurcht eingeflößt hat.
Auch ich will ihnen sagen, wie groß du bist.
7 Wenn sie dann zurückdenken,

a) Wörtlich: auf der Harfe mit zehn Saiten.

Dienstag

Alle sollen es wissen

Margarete Blank-Mathieu

Psalm 145, 2

«Jeden Tag will ich dich loben und deinen Namen überall bekannt machen.» Ist das nicht einfacher gesagt als getan? Wer möchte denn heute noch hören, dass Gott für uns das Wichtigste im Leben ist? Stoßen wir die Menschen nicht vor den Kopf, wenn wir ihnen diese Botschaft jeden Tag wieder sagen?

Ich erinnere mich an die Zeit, als meine Tochter in die Pubertät kam. Immer wieder hatte sie Probleme mit sich selbst und ihren Zukunftsvorstellungen. Wenn ich dann die «Losungen» der Herrnhuter Brüdergemeine las, gab ich ihr oft die ermutigenden Bibelverse weiter, die dort für jeden Tag standen, oder legte ihr einfach eine Karte mit einem Bibelspruch auf den Schreibtisch.

Die Worte der Bibel sind für mich eine große Hilfe im täglichen Leben. Jeden Tag möchte ich mit dem Lob Gottes beginnen, und in meinem Leben habe ich bisher erfahren, wie positiv sich das auswirkt. Aber meine Kinder haben mir jetzt, wo sie erwachsen sind, erzählt, dass sie meine Bibelsprüche und Grußkarten nicht als hilfreich empfanden. Sie wollten, dass ich für sie da bin und sie nicht an einen Gott verweise, der ihnen fern war.

Kann ich den Namen Gottes denn noch auf andere Weise bekannt machen als nur durch die Aussagen der Bibel? Dieser Psalm weist uns darauf hin, dass die Ausstrahlungskraft eines Lebens mit Gott mit dem Loben beginnt. Wenn ich Gott lobe, brauche ich anschließend nicht von Haus zu Haus zu gehen, um das weiterzugeben, was ich durch die biblische Botschaft erfahren habe. Natürlich wird es auch einmal nötig sein, anderen vom Glauben zu erzählen. Aber kaum zu überschätzen ist, dass die Auswirkungen der biblischen Wahrheit in meinem Leben sichtbar werden. Wenn ich meine Kraft und meine Geduld nicht aus mir selbst empfangen muss, wenn ich freudig in den Tag hineingehen kann, auch wenn er nicht leicht zu werden scheint – das bringen die Menschen um mich herum mit meinem Glauben in Verbindung, ohne dass ich es ständig betonen muss.

Mein Leben wird geprägt von dem Verhältnis, das ich zu Gott habe. Nur wenn ich in einer engen Beziehung zu meinem himmlischen Vater lebe, kann ich anderen in Liebe und Zuwendung so begegnen, wie Gott selbst es tun würde. Er wird mir auch zur richtigen Zeit die richtigen Worte schenken – und das müssen oft gar keine Bibelverse sein.

werden sie deine unermeßliche Güte rühmen.
Weil du deine Versprechen gehalten hast,
werden sie dich laut loben:
[8] «Der Herr ist gnädig und barmherzig;
seine Geduld hat kein Ende, und seine Liebe ist grenzenlos!
[9] Der Herr ist gut zu allen und schließt niemanden von seinem
Erbarmen aus, denn er hat allen das Leben gegeben.»

[10] Darum sollen dich alle deine Geschöpfe loben.
Jeder, der dich liebt, soll dich rühmen
[11] und weitersagen, wie großartig deine Königsherrschaft ist!
Sie alle sollen erzählen von deiner Stärke,
[12] damit die Menschen erfahren,
wie du deine Macht gezeigt hast
und wie prachtvoll und herrlich dein königliches Reich ist!
[13] Deine Herrschaft hat kein Ende,
sie wird bestehen von einer Generation zur anderen.

Auf das Wort des Herrn kann man sich verlassen,
und was er tut, das tut er aus Liebe.[a]
[14] Wer keinen Halt mehr hat, den hält der Herr;
und wer schon am Boden liegt, den richtet er wieder auf.
[15] Alle schauen erwartungsvoll zu dir,
und du gibst ihnen zur rechten Zeit zu essen.
[16] Du öffnest deine Hand und sättigst deine Geschöpfe;
allen gibst du, was sie brauchen.
[17] Der Herr ist gerecht in allem, was er tut;
auf ihn ist Verlaß!
[18] Der Herr ist denen nahe,
die zu ihm beten und es ehrlich meinen.
[19] Er geht auf die Wünsche derer ein,
die voll Ehrfurcht zu ihm kommen.
Er hört ihren Hilfeschrei und rettet sie.
[20] Gott bewahrt alle, die ihn lieben,
aber wer mit ihm nichts zu tun haben will,
den läßt er umkommen.

[21] Ich will den Herrn loben,
und alles, was lebt, soll ihn allezeit rühmen.
Er ist der heilige Gott!

a) Vers 13b ist eine Ergänzung nach einer hebräischen Handschrift, nach der griechischen und der syrischen Übersetzung.

Gott schützt die Schwachen

146 Halleluja – lobt den Herrn!
Ich will den Herrn loben,
2 ich will ihn loben, solange ich lebe!
Zur Ehre Gottes will ich singen mein Leben lang.

3 Setzt euer Vertrauen nicht auf Männer,
die Einfluß haben und Macht ausüben!
Sie sind vergängliche Menschen wie ihr
und können euch nicht erretten.
4 Sie müssen sterben,
und mit ihnen vergehen ihre Pläne.

5 Glücklich aber ist der Mensch,
der seine Hilfe von dem Gott Jakobs erwartet!
Glücklich ist, wer seine Hoffnung auf den Herrn setzt!
6 Denn er hat Himmel und Erde geschaffen,
das Meer und alles, was darin lebt.
Niemals bricht er sein Wort!
7 Den Unterdrückten verschafft er Recht,
den Hungernden gibt er zu essen,
und die Gefangenen befreit er.
8/9 Der Herr macht die Blinden wieder sehend
und richtet die Niedergeschlagenen auf.
Er bietet den Ausländern Schutz
und versorgt die Witwen und Waisen.
Wer treu zu ihm steht, der erfährt seine Liebe,
aber wer ihn verachtet, den führt er in die Irre.

10 Der Herr regiert für immer und ewig.
Jerusalem[a], dein Gott wird herrschen für alle Zeiten!
Halleluja!

Der Herr baut Jerusalem wieder auf

147 Halleluja – lobt den Herrn!
Es ist gut, unserem Gott Loblieder zu singen;
es macht Freude, ihn zu loben.

2 Der Herr baut Jerusalem wieder auf.
Er bringt die Israeliten zurück,
die aus ihrem Land verschleppt wurden.
3 Er heilt den, der innerlich zerbrochen ist,

a) Wörtlich: Zion

«Not-wendig»!

Renate Eschner

Psalm 146, 5

Er saß in der Falle! Hinter ihm zog sein Schwiegervater fort, mit dem er gerade ein Abkommen geschlossen hatte. Vor ihm wartete sein Bruder, der eine alte Rechnung mit ihm begleichen wollte. Doch er konnte nicht einfach fliehen. Schließlich war er für seine große Familie, seine Untergebenen und seinen Besitz verantwortlich. All das war nun in Gefahr.

Früher hatte er sich Vorteile durch die Schwächen anderer verschafft: durch die Unbeherrschtheit seines Bruders, die Blindheit seines Vaters, die Inkonsequenz seiner Mutter. Durch Hinterlist und Betrug hatte er sich in Situationen manövriert, die dazu führten, dass er in ein fremdes Land fliehen musste. Doch auch hier hatte Gott ihn nicht aus den Augen gelassen. Im Ausland gründete er eine Familie und kam zu großem Wohlstand – nicht immer mit durchsichtigen Mitteln. Er verstand es, Menschen zu manipulieren und sein Leben selbst in die Hand zu nehmen. Aber jetzt steckte er in der Klemme. Er musste sich eingestehen, dass er am Ende war. All seine Tricks, seine Cleverness und Eigeninitiative halfen ihm nun nicht mehr. Er brauchte Hilfe!

Hatte der Gott seiner Väter ihn damals auf der Flucht nicht durch einen ermutigenden Traum wunderbar getröstet und motiviert? Ihn wollte er suchen, ihm begegnen, ihm ganz allein. In der Abgeschiedenheit und Stille eines Flussufers rang er mit Gott. Verzweifelt klammerte er sich an sein Gegenüber und ließ nicht ab, bis seine eigene Kraft zerbrach. Bis in seinen Körper hinein spürte er seine Grenzen. Das war «Not-wendig» und bewirkte eine tief greifende Wende in ihm, die Gott durch seine Namensänderung zusätzlich bestätigte: Nun sollte er nicht länger Jakob heißen, der «Betrüger», sondern Israel, der «Gotteskämpfer». Danach kam es zur Aussöhnung mit seinem Bruder. Durch Demut und die Bitte um Vergebung gewann er auch dessen Herz. Er war glücklich (1. Mose 31–33).

Gott ist nicht nur der Gott Jakobs, sondern auch der Gott Israels. Das ist auch heute noch – nach Tausenden von Jahren – sein Name. Wenn wir so wie Jakob um Gottes Eingreifen ringen und die persönlichen Konsequenzen ziehen, dann wird er sich auch in unserem Leben als der Gott Jakobs erweisen.

Gott geht es um die «Not-wendige» Veränderung unseres Herzens. Daraus erwächst meistens auch die Veränderung einer «Not-vollen» Situation. Wir dürfen den Gott Jakobs – durch den Vermittler Jesus Christus – als unseren Gott erleben. Er ist der allmächtige Gott, der Herr der Geschichte, der Herr der ganzen Welt. Warum sollten wir nicht all unsere Hoffnung allein auf ihn setzen?

und verbindet seine Wunden.
[4]Er hat die Zahl der Sterne festgelegt
und jedem einen Namen gegeben.
[5]Wie groß ist unser Herr und wie gewaltig seine Macht!
Unermeßlich ist seine Weisheit.
[6]Der Herr richtet die Erniedrigten auf
und tritt alle, die sie unterdrückt haben, in den Staub.

[7]Singt dem Herrn Danklieder!
Spielt für unseren Gott auf der Harfe!
[8]Er überzieht den Himmel mit Wolken
und läßt es auf der Erde regnen.
Er sorgt dafür, daß Gras auf den Weiden wächst,
[9]und gibt den Tieren Futter –
auch den jungen Raben, wenn sie danach krächzen.

[10]Viele Menschen erwarten ihre Sicherheit
von starken Armeen und guten Soldaten.
Gott aber läßt sich davon nicht beeindrucken.[a]
[11]Er freut sich über alle, die ihm in Ehrfurcht begegnen
und von seiner Gnade alles erwarten.

[12]Jerusalem, lobe den Herrn!
Du Stadt auf dem Berg Zion, rühme deinen Gott!
[13]Er gewährt dir Schutz in deinen Mauern
und segnet deine Kinder.
[14]Er gibt deinem Land Frieden und Wohlstand
und schenkt dir bei jeder Ernte die besten Erträge.
[15]Er sagt nur ein Wort zur Erde,
und was er befiehlt, geschieht sofort.
[16]Er läßt es in dichten Flocken schneien
und überzieht alles mit Rauhreif.
[17]Dicke Hagelkörner läßt er auf die Erde prasseln,
er schickt klirrende Kälte, die kaum zu ertragen ist.
[18]Er gibt einen Befehl, und schon schmilzt der Schnee;
er läßt den Frühlingswind wehen, und schon taut das Eis.

[19]Auch Israel hat er sein Wort verkündet,
damit sein Volk nach seinen Gesetzen und Ordnungen lebt.
[20]An keinem anderen Volk hat Gott so gehandelt.
Kein anderes kennt seine Ordnungen.
Halleluja!

a) Wörtlich: Er hat nicht Lust an der Stärke des Rosses, er findet nicht Gefallen an den Schenkeln des Mannes.

Vollkommene Bruchstücke

Renate Hübsch

Psalm 147, 3

Meine kleine Nichte hatte zum Geburtstag das lang ersehnte ferngesteuerte Auto bekommen. Die Freude war groß! Im Eifer des Gefechts wurde das Spielzeug allerdings nicht so behandelt, wie es ihm gut getan hätte, und nach kurzer Zeit war es fahruntüchtig. Ich hatte erwartet, dass es nun Tränen geben würde. Aber meine Nichte stellte nur gelassen fest: «Kaputt! Macht nichts. Papa repariert es wieder.» – Wenn wir doch auch mit unseren «inneren Bruchstellen» so umgehen könnten. Ist das naiv? Wir wissen nur zu gut: Es gibt Risse im Leben, die sich nicht einfach so reparieren lassen; sie bleiben sichtbar im Kunstwerk Leben. Hat der Beter dieses Psalms also Unrecht?

Vielleicht können wir nicht zurückkehren zum fraglosen Vertrauen meiner Nichte. Aber ist das nicht der eigentliche Riss in unseren Herzen – dass wir Gott eben nicht mehr so kindlich vertrauen können; dass wir eher unsere Klagelieder anstimmen, als uns den Blick frei machen zu lassen für Gottes Freundlichkeit und Macht? Ich möchte mich anstecken lassen von der Perspektive dieses Psalms. Vers 3 steht ja im Zusammenhang eines gewaltigen Lobliedes auf Gott: auf seine Macht in der Schöpfung und auf sein Handeln an seinem Volk. Loblieder singen – das führt uns heraus aus der Klage über die Wunden, die das Leben schlägt. Wir können Gott unser Herz hinhalten, mit allen Wunden, die wir vielleicht sorgfältig versteckt haben. Wunden verbinden will Gott – keine Fernheilung per Fingerschnippen. Das bedeutet Körperkontakt, bedeutet behutsame Nähe. In seiner Nähe können sie heilen, auch wenn nicht alle Risse unseres Lebens verschwinden.

An einem Sommerabend ging ich am Strand entlang. Überall dort, wo das Licht der untergehenden Sonne den Sand bestrahlte, von dem sich die letzte Welle gerade zurückzog, funkelten und blinkten Steine und Muscheln in einer überwältigenden Farbenpracht und vollkommenen Schönheit. Lange genoss ich das Spiel von Farben und Licht. Erst als ich mich bückte, um das eine und andere dieser glitzernden Kleinode aufzuheben, stellte ich fest, dass ich nur Bruchstücke vor mir hatte: zerbrochene Muscheln, Steinsplitter, Schalenreste – kaum einmal war eine unbeschädigte Muschel darunter. Und doch war in diesen Fragmenten etwas von der vollkommenen Schönheit sichtbar, die Gottes Schöpfung auszeichnet. – So möchte ich auch mein Leben verstehen: Es mag Brüche haben, Narben davontragen, vielleicht nur ein Fragment bleiben. Aber wenn es von Gottes Liebe durchstrahlt und in seiner Nähe getröstet worden ist, wird es selbst dann etwas von der Vollkommenheit ausdrücken, die Gott ihm zugedacht hat, und etwas von der Größe und Schönheit dieses Gottes widerspiegeln.

Lobt Gott im Himmel und auf der Erde!

148 Halleluja – lobt den Herrn!
Lobt den Herrn im Himmel, lobt ihn dort in der Höhe!
2 Lobt ihn, alle seine Engel,
lobt ihn, ihr himmlischen Heere!
3 Lobt ihn, Sonne und Mond,
lobt ihn, ihr leuchtenden Sterne!
4 Lobt ihn auch im fernsten Weltall,[a]
lobt ihn, ihr Wassermassen über dem Himmel!

5 Sie alle sollen den Herrn loben!
Denn auf seinen Befehl wurden sie erschaffen.
6 Er wies ihnen für alle Zeiten ihren Platz im Weltall zu
und gab ihnen feste Gesetze,
denen sie für immer unterworfen sind.

7 Lobt den Herrn auf der Erde!
Lobt ihn, ihr Walfische und alle Meerestiefen!
8 Lobt ihn[b], Blitze, Hagel, Schnee und Nebel,
du Sturmwind, der du Gottes Befehle ausführst!
9 Lobt ihn, ihr Berge und Hügel,
ihr Obstbäume und Tannen!
10 Lobt ihn, ihr wilden und ihr zahmen Tiere,
ihr Vögel und alles Gewürm!
11 Lobt ihn, ihr Könige und alle Völker,
ihr Herrscher und Machthaber dieser Welt!
12 Lobt ihn, ihr jungen Männer und ihr Mädchen,
Alte und Junge miteinander!

13 Sie alle sollen den Herrn loben,
denn er allein ist hoch erhaben.
Seine Majestät erstreckt sich über Himmel und Erde!
14 Er hat seinem Volk wieder Kraft und Hoffnung geschenkt.[c]
Deshalb lobt ihn Israel.
Es ist das Volk, das ihm am nächsten steht
und treu zu ihm hält.
Halleluja!

a) Wörtlich: Lobt ihn, Himmel der Himmel.
b) Im hebräischen Grundtext fehlt von Vers 8–12 beim jeweiligen Versanfang der Ausruf: «Lobt ihn».
c) Wörtlich: Er hat das Horn seines Volkes erhöht.

Freitag

Das Lob aller Generationen

Rosemarie Uschold

Psalm 148, 12

Erst in reiferen Jahren habe ich mich von ganzem Herzen Gott zugewandt. In der Gemeinde, in der das geschah, gab es eine überwiegende Zahl junger Menschen, die selbstvergessen, spontan und begeistert Gott zujubelten. Doch hier existierte die Kluft der Ablehnung nicht, die Generationen sonst so oft schmerzlich voneinander trennt. Wenn uns die Freude am Lob Gottes gemeinsam ist, wachsen wir zu einer geistlichen Familie zusammen. Die gleiche Gesinnung verbindet uns mehr, als die Lebensalter uns scheiden.

Sicher hat das Lob der Jugend ein anderes Tempo, einen anderen Rhythmus und «Sound» als die etwas besinnlichere, feierlichere Anbetungsweise der Älteren. Doch es ist keine «Fremdsprache», denn das Ziel der Verherrlichung ist ein und dasselbe. Jeder soll sich beim Lobpreis seiner eigenen Herzenssprache bedienen dürfen!

«Miteinander» ist hier das Schlüsselwort. Psalm 148 vereint bei der Aufforderung, den Schöpfer zu loben, Gegensätzliches zu einer Einheit: Jedes geschaffene Wesen und jeder Teil der Schöpfung wird hineingenommen in eine gewaltige Symphonie – Engel und Menschen, Elemente und Tiere, Gestirne und Gewürm. Alle sind dazu aufgerufen, Gott zu verherrlichen. Und alles trägt dazu bei – die Begeisterung der Jungen, die Weisheit der Alten, die ganze Menschenfamilie mit ihren verschiedenen Rassen, Stämmen und Sprachen. Selbst aus dem Mund der Kinder erklingt Gottes Lob (Psalm 8,3).

Der Seher Johannes erkennt in der Offenbarung vom Ende der Zeiten: Menschen aus allen Nationen, «ob groß oder klein» (Offenbarung 19,5), Mächtige und Arme, Alte und Junge – alle verschmelzen zu *einem* Volk des Lobpreises, dessen Stimme wie das Rauschen und Brausen großer Wasserfälle tönt. Das ist die Zukunftsvision der Christenheit, an der jeder, der glaubt, beteiligt ist – egal, wo er im Leben steht. Jeder Junge kann alt werden und jeder Alte jung. Jedes Lebensalter hat seine Aufgabe: die Tatkraft der Jungen und die Gebetskraft der Alten ergänzen sich.

Als ich jünger war, versuchte ich anderen zu helfen. Jetzt im Alter muss ich mir helfen lassen, wenn die Kräfte versagen. Aber zum Loben und Danken haben wir immer Grund – ob alt oder jung. Nicht, weil die Umstände immer rosig wären; nicht, weil Christen ständig von Krisen verschont blieben, sondern weil Gott des Lobes würdig ist. Er ist der Schöpfer aller Wesen und der Garant einer ewigen Zukunft.

Freundschaft

Alina Wieja

Jesus sagt: «Und ihr seid meine Freunde, wenn ihr tut, was ich euch aufgetragen habe. Ich nenne euch nicht mehr Knechte; denn einem Knecht sagt der Herr nicht, was er vorhat. Ihr aber seid meine Freunde; denn ich habe euch alles gesagt, was ich vom Vater gehört habe» (Johannes 15,14–15).

Wie viele Freunde haben wir eigentlich? Ich meine, echte Freunde. Ich spreche hier nicht von einer netten Nachbarin, mit der wir bei jeder Begegnung ein paar freundliche Worte wechseln. Und auch nicht von Bekannten, mit denen wir gelegentlich plaudern oder die als Kollegen in derselben Firma arbeiten.

Ein wirklicher Freund ist jemand, der mich besser kennt als irgendjemand sonst. Einer, der weiß, was mich verletzt und was mir Freude macht. Einer, der ohne besonderen Grund anruft. Solche Menschen stehen mir zur Seite, wenn es hart auf hart kommt. Sie akzeptieren mich so, wie ich bin, zeigen mir aber auch ehrlich, was verändert werden kann. Sie teilen nicht nur die bereichernden, freudigen Ereignisse mit mir, sondern auch die sehr persönlichen und manchmal traurigen. Sie sind nicht neidisch auf meinen Erfolg, meinen Besitz oder meine anderen Beziehungen. Sie schauen nicht auf die Uhr, wenn ich anfange zu reden, und können Vertrauliches für sich behalten. Es sind Menschen, denen ich mein Bestes geben kann. Wir sind füreinander da, und dieses gegenseitige Geben und Nehmen macht uns viel Freude.

Gott legte in unsere Herzen den Wunsch nach engen Beziehungen zu anderen Menschen. Höchst erstaunlich finde ich die Geschichte über die Situation des Menschen im Garten Eden vor dem Sündenfall. Der Schöpfer sah den Menschen umgeben von all der Schönheit und Fülle des Gartens und sagte dennoch: «Es ist nicht gut, dass der Mensch allein lebt» (1. Mose 2,18). Oft wird dieser Abschnitt nur im Blick auf die Ehe ausgelegt, und es besteht kein Zweifel, dass Gott selbst die erste Ehe zwischen den Menschen stiftete. Aber es ist meiner Meinung nach kein theologischer Fehler, aus der Situation im Garten Eden den Schluss zu ziehen, dass der Mensch die vertraute Nähe einer anderen Person braucht – also einen Freund. Wir können diesen Gedanken nicht nur auf die Ehe beschränken, weil Unverheiratete gleichermaßen Freundschaften brauchen, in denen sie Freude und Kummer miteinander teilen können.

In Situationen, die wir alleine nur schwer durchstehen könnten, segnet Gott uns oft mit der Anwesenheit eines Freundes, der ohne Worte unsere Tränen teilt. Doch auch wenn dieser Freund ausbleibt, sind wir nicht auf uns gestellt, denn Jesus Christus selbst möchte unser Freund sein. Gott streckt seine Arme nach uns aus. Er will uns trösten, tragen, mit uns lachen und mit uns weinen. In ihm haben wir den besten Freund, den wir uns vorstellen können.

Sieg und Vergeltung

149 Halleluja – lobt den Herrn!
Singt dem Herrn ein neues Lied!
Preist ihn, wenn ihr euch versammelt
mit allen, die ihn lieben!
2 Ganz Israel freue sich über seinen Schöpfer.
Jubelt ihm zu, ihr Einwohner Jerusalems!
Er ist euer König.
3 Tanzt zu seiner Ehre
und schlagt den Rhythmus auf dem Tamburin!
Spielt für ihn auf der Harfe!

4 Denn der Herr liebt sein Volk.
Er wird die Unterdrückten befreien.
5 Darüber sollen sie sich freuen und ihn rühmen,
selbst noch in der Nacht.
6 Sie sollen ihre Stimme erheben und Gott loben.
In ihren Händen halten sie scharfe Schwerter,
7 um an den gottlosen Völkern Vergeltung zu üben
und sein Strafgericht zu vollziehen.
8 Dann werden sie die Könige dieser Völker in Ketten legen
und ihre hohen Beamten in Handschellen abführen,
9 um Gottes Urteil zu vollstrecken.
So steht es in seinem Gesetz.
Für alle, die treu zu Gott halten,
ist dies ein Tag des Triumphes.
Halleluja!

Lobt den Herrn mit allen Instrumenten!

150 Halleluja – lobt den Herrn!
Lobt Gott in seinem Tempel!
Lobt ihn, den Mächtigen im Himmel!
2 Lobt ihn für seine gewaltigen Taten!
Lobt ihn, denn seine Größe ist unermeßlich!
3 Lobt ihn mit Posaunen,
lobt ihn mit Harfe und Zither!
4 Lobt ihn mit Tamburin und Tanz,
lobt ihn mit Saitenspiel und Flötenklang!
5 Lobt ihn mit Zimbelschall und Paukenschlag!
6 Alles, was lebt, lobe den Herrn!
Halleluja!

Glaube singt schon in der Nacht

Brunhilde Blunck

Psalm 149, 5

Gespannt hörten wir dem chinesischen Prediger zu, der von den vierzehn Jahren erzählte, die er unter der Regierung Maos in einem Arbeitslager verbracht hatte. Weil er mit Studenten über den Glauben an Jesus Christus diskutiert hatte, war er zur «Umerziehung» in dieses Lager geschickt worden. Dort wurde gearbeitet, gehungert, geflucht, gelitten und gestorben. «Ich konnte nicht schweigen», erinnerte sich der Mann. «Die Menschen brauchten Halt und Hoffnung. Auch im Lager musste ich von Jesus Christus reden. Meistens führte ich die Gespräche in der Nacht. Leise schlich ich mich an die Pritschen der Kameraden, die völlig verzweifelt waren, und betete für sie – und manchmal auch mit ihnen. Wir erlebten das Wunder, wie Klage sich in Lob verwandelte. Jesus war bei uns im Lager und veränderte die Menschen.»

Die Nacht gehört zum Tag. Gott hat sie geschaffen, damit wir Ruhe finden und im Schlaf neue Kräfte sammeln. Aber wir alle kennen wohl auch Nächte, in denen wir nicht schlafen können. Sorgen und Ängste, Leid und Schmerz rauben uns den Schlaf. Die Dunkelheit der Nacht erscheint uns noch schwärzer. Viele Menschen sind überzeugt, dass man in solchen Situationen nur noch stöhnen, klagen und verzweifeln kann. Doch gerade in den dunklen Stunden brauchen wir die gute Nachricht, die Hoffnung gibt: Jesus Christus ist in unsere Welt gekommen. «Er ist das Licht, das die Finsternis durchbricht» (Johannes 1,5).

Die Männer im chinesischen Arbeitslager schöpften neue Hoffnung, weil da einer war, der wusste: Jesus ist stärker als die Dunkelheit! Obwohl auch der Prediger wie alle anderen unter dem entsetzlichen Zustand im Lager litt, ließ ihn sein Glaube an Jesus mitten in der Nacht das Lied der Hoffnung anstimmen.

Dieser Psalm fordert das Volk Israel auf, Gott zu loben – laut, jubelnd und von Instrumenten begleitet. Noch umgeben feindliche Völker das Land. Es gäbe also genug Anlass, sich zu fürchten. Doch weil Israel die Macht seines Gottes kennt, kann es schon in der Nacht mit dem Loblied beginnen und sich auf den Tag freuen, an dem der Herr die Unterdrückten befreien wird (Vers 4).

Wenn wir Jesus vertrauen, können auch wir das Lied der Hoffnung schon anstimmen, wenn es noch dunkel ist. Es wird uns Mut machen und aufrichten. Und bestimmt warten auch andere darauf, dass wir sie auf Jesus hinweisen, der Licht in der Dunkelheit schenken will.

Anbetung des Herzens

Dorothea Unbehend

Psalm 150, 6

Musik mag ich grundsätzlich sehr gerne, vor allem weil Musik und Gesang zu den schönsten Möglichkeiten gehören, unseren Schöpfer zu loben und ihm für den Frieden zu danken, der uns begleitet, wenn wir aus seiner Vergebung leben. Deshalb singe ich gerne und mit lauter Stimme – und mit anderen Christen zusammen – Lieder zum Lob Gottes.

Da ich gelernt habe, eine bestimmte Art von Seitenblicken zu ignorieren, kam mir sogar die Idee, meine Stimme schulen zu lassen. Ich kaufte mir auch eine Gitarre und nahm Unterricht. Wenn nun am Vormittag meine Familie aus dem Haus war, nahm ich mir regelmäßig Zeit zum Üben. Ab sofort bewunderte ich alle Gitarrenspieler, deren Finger leicht und geschmeidig über die Saiten gleiten, während ich schon nach fünf Minuten Krämpfe bis zum Ellbogen hatte und mir ständig bewusst wurde, wie empfindlich Fingerkuppen sein können. Doch alles will bekanntlich gelernt sein, und so gab ich nicht auf. Ich träumte sogar davon, eines Tages mit meinem Instrument meinen Gott öffentlich zu loben.

Als ich fünf Griffe beherrschte, beschloss ich, mein Gitarrenspiel mit Gesang zu begleiten. Feierlich legte ich ein Liederbuch auf den Küchentisch, schloss Fenster und Türen und probte für meinen ersten Auftritt. Unser kleiner Hund lag neben mir im Körbchen und schlief fest. Mir fiel nur auf, dass er anscheinend rhythmisch mit den Ohren wackelte. Darüber freute ich mich sehr, glaubte ich doch, in ihm meinen ersten Fan gefunden zu haben.

Eines Tages vergaß ich, vor meiner Übungsstunde die Küchentür zu schließen. Nach den ersten Tönen schlich unser Hündchen zur Tür, schaute mich aus unendlich traurigen Augen an, zog sein winziges Schwänzlein ein, trottete hinaus und verkroch sich im Flur unter dem Telefontisch. Fassungslos schaute ich ihm nach und wehrte mich krampfhaft gegen die Erkenntnis, dass mir die Gabe des Singens wohl doch nicht gegeben sei.

Seitdem lobe ich meinen Herrn zwar immer noch mit jubelndem Herzen, aber mit deutlich leiserer Stimme. Unser Vater im Himmel – und dafür danke ich ihm sehr – sieht unser Herz an und freut sich ganz gewiss auch über die leisen Töne.

Die Sammlung der Sprüche

Der Wert dieses Buches

1 Die folgenden Lebensweisheiten sind in Sprüche gefaßt von Salomo, dem Sohn Davids und König von Israel.

2 Wenn du sie beachtest, wirst du lernen, dich im Leben zurechtzufinden. Sie helfen dir, dich selbst zu beherrschen, und machen dich fähig, gute Ratschläge zu erkennen und anzunehmen. 3 Durch sie gewinnst du Einsicht; du lernst, aufrichtig und ehrlich zu sein und andere gerecht zu behandeln. 4 Wer jung und unerfahren ist, wird urteilsfähig, er bekommt das Gespür für gute Entscheidungen. 5 Selbst wer darin schon geübt ist, kann noch dazulernen. Neue Gedankenanstöße helfen ihm, 6 die Sprichwörter der weisen Lehrer zu verstehen und ihre Bilder und verschlüsselten Sprüche zu enträtseln.

7 Alle Erkenntnis beginnt damit, daß man Ehrfurcht vor dem Herrn hat. Nur ein Dummkopf lehnt Lebensweisheit und Selbstbeherrschung ab.

Gib dich nicht mit gewissenlosen Menschen ab!

8 Mein Sohn[a], denke immer an die Ermahnungen deines Vaters, und habe die Weisung deiner Mutter stets vor Augen; 9 wenn du auf ihre Worte hörst, wirst du Ehre und Anerkennung erlangen.[b] 10 Wenn gottlose Leute dich beschwatzen, dann hör nicht auf sie! 11 Sie wollen dich überreden und sagen: «Komm, wir legen uns auf die Lauer und erschlagen jeden, der vorbeikommt – am liebsten rechtschaffene Menschen! 12 Wir überraschen und beseitigen sie restlos – so schnell, als hätte der Erdboden sie verschluckt! 13 Denk an die Beute, die uns winkt, wir werden reich sein! 14 Mach mit, wir teilen gerecht!»

15 Mein Sohn, laß dich nicht von ihren Überredungskünsten täuschen, gib dich bloß nicht mit ihnen ab! 16 Denn sie haben nur Böses im Sinn, jederzeit sind sie zum Mord bereit. 17 Es ist sinnlos, ein Fangnetz vor den Augen der Vögel auszubreiten – sie fliegen davon. 18 Ganz anders diese Verbrecher: Sie stellen sich selbst eine Falle und rennen auch noch hinein, sie verspielen ihr eigenes Leben. 19 So geht es jedem, der darauf brennt, sich an fremdem Hab und Gut zu bereichern: er wird dabei umkommen.

Die Weisheit ruft

20 Hört! Die Weisheit ruft laut auf den Straßen, auf den Marktplätzen erhebt sie ihre Stimme. 21 Im Lärm der Stadt macht sie sich bemerkbar und ruft allen Menschen zu:

a) «Mein Sohn» ist hier wohl die Anrede eines Weisheitslehrers an seinen Schüler.
b) Wörtlich: denn ihre Worte sind wie ein schöner Kranz auf deinem Kopf oder wie eine Halskette.

Beliebt um jeden Preis?

Magdalena Paulus

Sprüche 1, 7

«Image ist alles, Inhalt nichts», so spottete eine große deutsche Tageszeitung über Parteien und Politiker. Viele von ihnen heuern PR-Berater an, um in der Öffentlichkeit ein gutes Bild abzugeben. «Ich brauche kein Image», mag manche von uns denken, «das ist nur Eitelkeit und Oberflächlichkeit.» Doch Umfragen in Unternehmen haben ergeben: An der Spitze der Beliebtheitsskala stehen die Vorgesetzten und Mitarbeiter, die erfolgreich *scheinen* – selbst wenn sie es nicht sind. Beim Bewerbungsgespräch ist oft nur der allererste Eindruck entscheidend. Auch bei uns können Karriere und Arbeitsplatz vom Schein abhängen. Angst und Depressionen häufen sich, wenn wir unseren Wert und unser Leben von Menschen abhängig machen, denen unser wahres Ich egal ist. Viele spüren, dass diese Scheinwelt schnell zusammenbrechen kann.

Geradezu verständlich scheint es da, dass vielen kein Preis zu hoch ist, um «anzukommen». Große Opfer werden gebracht, um es allen recht zu machen, schick auszusehen, cool aufzutreten – manch einer scheut dabei sogar vor Schönheitsoperationen nicht zurück. Doch bei all dem verbiegt und verformt man sich hinter einer Fassade, und am Ende verschwindet die Persönlichkeit vielleicht sogar ganz, weil es auf den wahren Inhalt nicht ankommt. Das ist die moderne Variante der Menschenfurcht. Sie ist der Götze, der einen hohen Preis fordert und uns leer zurücklässt.

Die Rettung ist die Ehrfurcht vor Gott. Bei ihm zählt nicht der Schein, sondern das Sein. Gott sieht das Herz an. Ehrfurcht vor Gott heißt: Nicht das zählt, was andere meinen, sondern was *er* von uns denkt. In der heutigen Zeit scheint das nicht mehr automatisch klar zu sein. Wir müssen eine bewusste Entscheidung treffen zwischen der Sucht, beliebt zu sein und es allen recht zu machen, und unserem Ansehen bei Gott. Wir können nicht beides haben. Das eine schließt das andere aus. Wer Gott respektiert, der fragt: «Was willst du, Herr? Wie lautet dein Gebot in dieser Situation? Was sind deine Wünsche und Pläne für die Welt, für meine direkte Umgebung? Und was ist meine Aufgabe dabei?»

Wenn wir unser Leben auf dieses neue Fundament stellen, werden wir reich beschenkt. Ob wir zurzeit beliebt sind oder nicht, wirft uns dann nicht mehr um und zwingt uns nicht zu hektischer Aktivität. Wir bekommen ein festes Herz. Und unser innerer Mensch wird nicht leer bleiben, sondern stark und schön werden.

22 «Ihr Dummköpfe! Wann kommt
ihr endlich zur Vernunft?
Wie lange noch wollt ihr spötteln
und euch mit einem Lächeln über
alles hinwegsetzen?
Ist euch jede Einsicht verhaßt?
23 Hört, was ich euch sagen will!
Dann überschütte ich euch mit dem
Reichtum meiner Weisheit[a]
und teile mit euch meine
Lebenserfahrung.

24 Schon oft rief ich euch und bot
meine Hilfe an,
aber niemand hat je gehört.
25 Jeden Rat verachtet ihr,
über meine Weisungen rümpft ihr
nur die Nase.
26 Aber eines Tages bricht das Unheil
über euch herein,
dann lache ich euch aus und spotte
über euer Elend.
27 Wie ein Gewitter wird es euch
überfallen,
wie ein Sturm, der Angst und
Schrecken mit sich bringt.
28 Dann werdet ihr um Hilfe schreien,
ich aber antworte nicht.
Ihr werdet mich überall suchen,
aber ich lasse mich nicht mehr
finden.

29 Vor jeder Erkenntnis verschließt
ihr die Augen,
Gott wollt ihr nicht gehorchen.
30 Jeden Rat von mir weist ihr
zurück –
31 dann tragt auch die Folgen eures
Handelns,
bis ihr genug davon habt!

32 Schon viele Tagträumer fanden ein
schlimmes Ende,
weil sie mich verachteten,
und viele Dummköpfe täuschten sich
selbst durch ihre Sorglosigkeit.
33 Wer aber auf mich hört, lebt ruhig
und sicher,
vor keinem Unglück braucht er sich
zu fürchten.»

Der Wert der Weisheit

2 Mein Sohn, höre auf mich, und be-
folge meine Ratschläge!
2 Nimm
dir die Lebensweisheiten zu Herzen,
die ich dir weitergebe, achte auf sie,
und werde klug!
3 Ringe um Verstand
und Urteilskraft,
4 suche danach vol-
ler Eifer wie nach einem wertvollen
Schatz!
5 Dann wirst du Gott immer
besser kennenlernen und Ehrfurcht
vor ihm haben.
6 Er allein gibt Weis-
heit, und nur von ihm kommen Wis-
sen und Urteilskraft.
7 Aufrichtigen
Menschen verleiht er Glück; er hilft
allen, die offen und ehrlich sind.
8 Wer andere gerecht behandelt und
Gott verehrt, steht unter seinem
Schutz.
9 Mein Sohn, wenn du auf mich
hörst, wirst du vertraut mit dem, was
richtig, gerecht und gut ist. So kannst
du ein Leben führen, das Gott gefällt.
10 Du erlangst Weisheit und lernst,
das Leben zu meistern; darüber wirst
du dich selbst am meisten freuen.
11 Du lernst, wohlüberlegt zu handeln
und dir selbst ein Urteil zu bilden.
12 So wirst du vor Fehlern bewahrt.
Du bist gewappnet gegen Menschen,
die mit ihren Worten andere täuschen
13–15 und selbst krumme Wege gehen.
Vom Guten haben sie sich abge-
wandt, sie verdrehen die Wahrheit
und haben ihre helle Freude daran.
Alles, was sie sagen und tun, ist verlo-
gen und verkommen.

a) Wörtlich: Dann lasse ich euch meinen Geist sprudeln.

Aufrichtigkeit

Jill Briscoe

Sprüche 2, 21–22

Ich war noch eine junge Frau, als ich öfter gebeten wurde zu erzählen, wie ich zum Glauben gekommen war. Man überließ mir gern das Rednerpult, und ich genoss es, gesehen und gehört zu werden.

Im Verlauf einer Veranstaltung wurde das Geldopfer eingesammelt. Ich saß auf dem Podium, steckte meine Hand in die Tasche und merkte plötzlich, dass ich kein Geld dabei hatte! Als ein etwa fünfzehnjähriger Junge zu mir kam, um Geld einzusammeln, fiel ich in meine alte Gewohnheit des Lügens – ich steckte meine leere Hand in den Korb und tat so, als lege ich Geld hinein. Ich wusste nicht, dass überhaupt noch kein Geld im Korb war!

Der Junge blickte in den Korb und sah mich dann an. Sofort griff ich zu einer weiteren Lüge. «Oh», sagte ich, als wäre das Geld auf den Boden gefallen. Der Junge ging in die Knie, um danach zu suchen, und ich machte es ihm nach. Da krochen wir beide auf dem Boden herum und suchten nach Geld, das gar nicht da war. Schließlich zischelte ich ihm ins Ohr: «Los, geh weiter!» Er sah mich erschrocken an, stand auf und ging weiter. Ich wankte zurück an meinen Platz.

Von der Predigt bekam ich kein Wort mit. Und bis heute weiß ich nicht, was ich in meiner Rede gesagt habe, denn Gott hatte angefangen, in meinem Herzen zu mir zu reden: «Hör zu, Jill – wenn das jetzt vorbei ist, will ich, dass du zu dem jungen Mann gehst und ihm bekennst, was du getan hast!» Ich brauchte den ganzen Gottesdienst, um mich dazu bereit zu erklären.

Nach der Veranstaltung fand ich den Jungen schließlich hinter einem Vorhang. Mit stockender Stimme beichtete ich ihm, dass ich gelogen und betrogen hatte. Er sah mich mit strengem Blick an und fragte: «Darf ich für Sie beten?» Dann bat er, dass ich lernen möge, nicht zu lügen – weder durch Worte noch durch Gesten – und dass ich zu geistlicher Integrität finden möge. Ich fühlte mich gedemütigt, aber auch sehr gesegnet.

Wir müssen Gott, uns selbst und anderen gegenüber ehrlich werden. Der Heilige Geist sagt uns beständig, was die Wahrheit ist. Das gibt uns die Chance, ehrlich und aufrichtig zu leben. Und wir – was machen wir damit? Soll unser Leben den widerspiegeln, der gesagt hat, dass er die Wahrheit ist – Jesus Christus? Das ist es, was geistliche Aufrichtigkeit bedeutet.

16 Besonnenheit schützt dich auch
vor einer fremden Frau, die dich mit
schmeichelnden Worten umgarnt
und dich verführen will. 17 Dem
Mann, den sie in ihrer Jugend gehei-
ratet hat, ist sie untreu – und damit
bricht sie den Bund, den sie vor Gott
geschlossen hat. 18 Wer sich ihrem
Haus nähert, begibt sich in tödliche
Gefahr. 19 Niemand, der sich mit ihr
einläßt, findet wieder auf den richti-
gen Weg zurück.
20 Suche statt dessen nach guten
Vorbildern, die dir zeigen, wie man
ein gutes Leben führt. 21 Wer aufrich-
tig ist, wird dieses Land bewohnen;
22 wer aber unehrlich ist und Gott ver-
achtet, wird daraus vertrieben.

Vergiß nie, was du gelernt hast!

3 Mein Sohn, vergiß nie, was ich dir
beigebracht habe! Nimm dir mei-
ne Ratschläge zu Herzen, und bewah-
re sie! 2 Dann wird es dir gutgehen,
ein langes und erfülltes Leben liegt
vor dir. 3 Sei gütig und treu, und wer-
de nicht nachlässig, sondern sporne
dich immer wieder an! 4 So wirst du
Freundschaft und Ansehen bei Gott
und Menschen finden.
5 Verlaß dich nicht auf deine eigene
Urteilskraft, sondern vertraue voll
und ganz dem Herrn! 6 Denke bei je-
dem Schritt an ihn; er zeigt dir den
richtigen Weg und krönt dein Han-
deln mit Erfolg. 7 Halte dich nicht
selbst für klug; gehorche Gott und
meide das Böse! 8 Das heilt und be-
lebt deinen ganzen Körper, du fühlst
dich wohl und gesund. 9 Ehre den
Herrn mit deinen Opfergaben:
Schenke ihm das Beste deiner Ernte.
10 Dann wird er deine Vorratskam-
mern füllen und deine Weinfässer
überfließen lassen.
11 Mein Sohn, wenn der Herr dich
zurechtweist, dann sei nicht entrü-
stet, sondern nimm es an, 12 denn
darin zeigt sich seine Liebe. Wie ein
Vater den Sohn erzieht, den er liebt,
so erzieht dich auch der Herr.

Wertvoller als der größte Reichtum

13 Glücklich der Mensch, der weise
und urteilsfähig geworden ist! 14 Er
ist reicher als jemand, der Silber und
Gold besitzt. 15 Selbst die größten
Schätze und die schönsten Perlen
verblassen gegenüber dem Wert der
Einsicht. 16 Wer weise ist, wird lange
leben und Reichtum und Ansehen
erwerben. 17 Ja, die Weisheit schenkt
Glück und Sicherheit; 18 sie allein
gibt ein erfülltes Leben,[a] und wer an
ihr festhält, ist glücklich! 19 Durch
Weisheit schuf Gott die Erde, mit
seinem Verstand entwarf er das
Weltall. 20 Seine Klugheit ließ die
Quellen aus der Tiefe hervorspru-
deln und Regen aus den Wolken fal-
len.
21 Mein Sohn, achte darauf, daß du
die Weisheit und Besonnenheit nie
aus den Augen verlierst! 22 Sie wird
dein Leben erfüllen und dir Ansehen
bei den Menschen geben.[b] 23 Dann
kannst du sicher deinen Weg gehen,
nichts bringt dich zu Fall. 24 Dein
Schlaf ist ruhig und tief; 25 vor nichts
brauchst du dich zu fürchten – auch
nicht vor dem Unglück, das gottlose
Menschen plötzlich trifft. 26 Denn der
Herr beschützt dich; er läßt dich nicht
in eine Falle laufen.

a) Wörtlich: sie ist ein Baum des Lebens für alle, die sie ergreifen.
b) Wörtlich: Sie werden Leben sein für deine Seele und Schmuck für deinen Hals.

Auf dem Weg

Ruth Imhof-Moser

Sprüche 3, 6

Bei unseren regelmäßigen Abendspaziergängen kommen mein Mann und ich immer wieder zu einer Wegkreuzung, an der sich sechs Wege treffen. Manchmal stehen wir davor und fragen uns: «Welchen Weg gehen wir heute?» Diese Kreuzung ist für mich zu einem Symbol geworden: Die täglichen Entscheidungen können meinem Leben eine neue Richtung geben.

Wenn ich zurückschaue, frage ich mich: Wo kann ich in meinem Leben die Spuren Gottes entdecken? Wo waren bisher Wegkreuzungen? Wie oft mussten wir als Ehepaar und Familie im Vertrauen auf Gott einen Weg gehen, den wir zuerst nicht verstanden: als die Arbeit und die damit verbundenen Lasten immer drückender wurden; als wir uns plötzlich für drei statt zwei Adoptivkinder entscheiden sollten; als wir mit Arbeitslosigkeit konfrontiert waren. Türen schlossen sich, aber gleichzeitig öffneten sich andere. Allmählich wurde Gottes Führung sichtbar. Unser Vertrauen begann sich auszuzahlen.

Oft habe ich gefragt: «Herr, was willst du von mir? Wie kann ich deinen Willen herausfinden?» Doch nicht immer kam die Antwort zur gewünschten Zeit. Ich musste lernen, dass es viele Möglichkeiten gibt, Gottes Stimme zu hören. Vielleicht durfte ich mich eine Zeit lang in die Stille zurückziehen. Oder ich erkannte Gottes Willen während einer Wanderung in den Bergen, auf einem Gebetsspaziergang im Wald oder bei einem Gottesdienst. Aber auch bei meinen alltäglichen Hausarbeiten oder nach dem Aufwachen am Morgen erreichte mich die feine, kaum wahrnehmbare Stimme Gottes.

Es gab auch Zeiten, in denen ich Gott nicht verstehen konnte und allein im Vertrauen weitergehen musste. Angst und Unsicherheit waren meine Begleiter. Verzweifelt rang ich um ein Bewusstsein der Nähe Gottes und um seine Antwort. Scheinbar vergeblich! Doch gerade in solchen Situationen durfte ich erfahren, dass er mich durchgetragen und nicht verlassen hat. Vielleicht brauchen wir solche «Zusatzschlaufen» in unserem Leben, damit wir unsere Mitmenschen besser verstehen können und auf unsere Aufgaben im Alltag vorbereitet werden.

Vielleicht geraten wir auf unserem Weg auch in Sackgassen, wenn sich zu viel angehäuft hat und wir dabei den Überblick verloren haben. Nun müssen wir bereit sein, den Weg zurückzugehen, damit wir eine neue Weisung für unsere nächsten Schritte empfangen. Diese Erfahrung musste auch ich in meinem Leben machen. Dabei durfte ich jedoch erleben, dass mir Menschen zur Seite standen, die mir Kraft gaben, weiterzugehen und nicht zu resignieren.

Ich möchte Sie ermutigen, Gottes Spuren in Ihrem Leben zu entdecken. Wagen Sie Schritte im Vertrauen auf Gott – im Wissen, dass er Türen verschließen und öffnen kann.

Wachstum

Kristina Hartmann

Von ganzem Herzen danke ich Gott dafür, dass er uns überall im Triumphzug Christi mitführt. Wohin wir auch kommen, verbreitet sich die Erkenntnis Gottes wie ein angenehmer Duft, dem sich niemand entziehen kann (2. Korinther 2,14).

Unser jüngster Sohn besaß eine Sammlung seltener Art – leere Parfümfläschchen. Hübsch anzusehen standen sie bei ihm im Regal: lange schmale, kleine dickbäuchige, sechseckige, rechteckige, runde. Kurzum: Schon von der äußeren Gestaltung her versuchten die Hersteller, ihr Produkt durch die unterschiedlichsten Formen und Glasarten für die Augen der Frauen attraktiv zu machen. Aber letztlich ist der Duft, der diesen Fläschchen entströmt, das Entscheidende. Auf ihn kommt es an!

Auch die Bibel sagt etwas zum Thema Geruch. «Ob die Menschen nun das Evangelium annehmen und gerettet werden, ob sie es ablehnen und verloren gehen: Unser Leben als Christen ist ein Wohlgeruch für Gott» (2. Korinther 2,15). Nicht nur Gott, sondern auch unseren Mitmenschen soll dieser gute Geruch Christi, der uns anhaftet, auffallen. Natürlich müssen wir damit rechnen, dass nicht jeder es schätzt, wenn wir über unseren Glauben reden. Denen, die gerettet werden, sind wir ein Geruch des Lebens zum Leben, aber denen, die verloren gehen, sind wir ein Geruch des Todes zum Tode (2. Korinther 2,16).

Mir steht ein ermutigendes Gleichnis vor Augen: Hier in Sambia, wo wir leben, wächst ein Zierstrauch, genannt «Königin der Nacht». Wenn der Abend kommt und die Nacht hereinbricht, öffnet die «Königin der Nacht» ihre prächtigen weißen Blüten und lässt einen lieblichen, süßen Geruch ausströmen. «Pflanzen Sie den Strauch vor Ihr Schlafzimmerfenster», riet mir der Gärtner, bei dem ich ihn kaufte. Genau das haben wir getan, und nun genießen wir in der Blütenzeit nachts den süßen Duft.

Ja, so soll es sein: In der Nacht der Nöte und Probleme, des Missverstandenwerdens, des Hart-angefasst-und-verleumdet-Werdens, sollen sich als Zeichen unserer Liebe zu Gott Blüten öffnen, die aus einem veränderten Charakter erwachsen und Wohlgeruch hervorbringen (siehe 2. Korinther 4,16–18).

Und wie ist es um unseren eigenen guten Geruch bestellt? Vielleicht spricht aus Ihrem Herzen dasselbe Verlangen wie aus meinem: «Trotz allen Versagens möchte ich sein wie die ‹Königin der Nacht›.»

Hilf deinem Mitmenschen!

27 Wenn jemand deine Unterstützung
braucht und du ihm helfen kannst,
dann weigere dich nicht. 28 Vertröste
ihn nicht auf morgen, wenn du heute
helfen kannst! 29 Nutze niemals einen
Menschen aus, der dir sein Vertrauen
schenkt. 30 Brich keinen Streit vom
Zaun mit einem, der dir nichts getan
hat.

31 Beneide einen gewalttätigen
Menschen nicht, und nimm ihn dir
nicht zum Vorbild. 32 Denn der Herr
verachtet den, der krumme Wege
geht, der Aufrichtige aber ist sein
Vertrauter. 33 Der Fluch des Herrn
trifft alle, die ihn mißachten; aber er
segnet den, der ihm gehorcht. 34 Er
treibt seinen Spott mit allen, die ihn
verspotten; aber er hilft denen, die
wissen, daß sie ihn brauchen. 35 Wer
klug und vernünftig ist, wird Aner-
kennung finden; aber ein Dummkopf
erntet nichts als Verachtung.

Es lohnt sich, nach Weisheit zu suchen

4 Ihr jungen Männer, hört auf mich
wie auf euren Vater! Achtet auf
meine Lehre, damit ihr klug werdet!
2 Was ich euch zu sagen habe, ist gut –
darum vergeßt es nicht. 3 Ich war das
einzige Kind meiner Eltern, mein Va-
ter und meine Mutter kümmerten
sich sehr um mich. 4 Mein Vater sagte
zu mir:

«Denk allezeit über das nach, was
ich dir beigebracht habe. Wenn du
dich danach richtest, wirst du ein er-
fülltes Leben haben. 5 Erwirb Ein-
sicht und übe dich im richtigen Urtei-
len. Vergiß meine Ratschläge nicht!
6 Trenne dich nie von der Weisheit,
liebe sie, so wird sie dich beschützen
und bewahren. 7 Nur eins im Leben ist
wirklich wichtig: Werde weise! Wer-
de verständig! Kein Preis darf dir zu
hoch dafür sein. 8 Liebe die Weisheit,
sie wird dir Ansehen verschaffen; eh-
re sie – dann erlangst du Ehre. 9 Sie
wird dich schmücken wie eine wert-
volle Krone.»

10 Mein Sohn, höre auf meine Wor-
te; dann wirst du lange leben. 11 Ich
lehre dich, damit du weise wirst, und
zeige dir den richtigen Weg. 12 Auf
diesem Weg wird kein Hindernis dich
aufhalten; selbst beim Laufen wirst
du nicht stolpern. 13 Richte dich nach
dem, was du gelernt hast, verwirf nie-
mals die Lehre deiner Eltern! Nur so
ist dein Leben gesichert.

14 Handle nicht so wie Menschen,
denen Gott gleichgültig ist, nimm sie
dir nicht zum Vorbild! 15 Folg nicht ih-
rem Beispiel, sondern meide das Bö-
se – ja, flieh vor ihm, und bleib auf
dem geraden Weg! 16 Diese gottlosen
Menschen können nicht einschlafen,
bevor sie nicht Schaden angerichtet
haben; sie finden keine Ruhe, bis sie
jemandem Unrecht zugefügt haben.
17 Was sie essen und trinken, haben
sie durch Betrug und Gewalttat an
sich gerissen. 18/19 Ihr Leben ist finster
wie die Nacht, im Dunkeln tappen sie
umher; und wenn sie fallen, wissen
sie nicht einmal, worüber sie gestol-
pert sind. Wer aber Gott gehorcht,
dessen Leben gleicht einem Sonnen-
aufgang: es wird heller und heller, bis
es lichter Tag geworden ist.

20 Mein Sohn, hör gut zu, und paß
auf, was ich dir sage! 21 Verachte mei-
ne Worte nicht, sondern präg sie dir
fest ein! 22 Sie geben dir ein erfülltes
Leben und erhalten dich gesund.
23 Was ich dir jetzt rate, ist wichtiger
als alles andere: Achte auf deine Ge-
danken und Gefühle, denn sie beein-
flussen dein ganzes Leben! 24 Verbrei-
te keine Lügen, vermeide jede Art

Montag

Was bestimmt mein Leben?

Doris Siegenthaler

Sprüche 4, 23

Vor kurzem ist mir ein kleines Missgeschick passiert. Ich hatte wichtige Termine und nur wenig Zeit, aber musste mir dringend eine Winterjacke kaufen. Weil ich den Einkauf so schnell wie möglich hinter mich bringen wollte, raste ich von einem Geschäft zum anderen. Schon nach kurzer Suche fand ich eine Jacke, bei der auch der Preis stimmte. Doch beim Anprobieren bekam ich komische Gefühle. Ich war mir nicht sicher, ob dieses «Prachtstück» wirklich zu mir passte. Doch die Verkäuferin riet mir dringend zu.

Schon auf dem Heimweg wusste ich, dass die Farbe der Jacke zwar sehr schön war und mir auch stand, der Stil jedoch zu einer «dramatischeren» Person gehörte. Fast wäre ich in der Jacke mit ihrem großen Kragen «ertrunken». In der folgenden Nacht schlief ich kaum. Den Kassenzettel hatte ich irgendwo liegen gelassen. Was nun? Gleich am nächsten Morgen rief ich im Geschäft an. Zu meiner Überraschung teilte mir die Verkäuferin mit, dass der Zettel ganz oben im Papierkorb lag. Ich konnte den Fehlkauf umtauschen. «Gerade noch mal gut gegangen», dachte ich erleichtert.

Besonders in Zeiten hoher Anforderungen können wir unsere Gedanken und Gefühle oft nicht mehr richtig einordnen. Schnell passieren dann Fehler. Deshalb ist es wichtig, sich Zeit zu nehmen, um abzuschalten, zur Ruhe zu kommen und sich an der Bibel zu orientieren. In der Begegnung mit Gott können wir mit unseren eigenen Worten ausdrücken, was unser Innerstes bewegt. Dieser Austausch gleicht tiefem Ein- und Ausatmen, das dem ganzen Körper wohl tut. Wir dürfen Gott bitten, dass er unsere Gefühle und Gedanken bestimmt und wir die Dinge aus seiner Perspektive sehen können.

Wenn Jesus sagt: «Kommt alle her zu mir, die ihr euch abmüht und unter eurer Last leidet! Ich werde euch Frieden geben» (Matthäus 11,28), bietet er uns die einzige Quelle und den sicheren Ort an, an dem wir – in der Verwirrung der heutigen Zeit – zur Ruhe kommen können. In der Zeit der Stille und der Begegnung mit Gott werden unsere Gedanken und Gefühle zum richtigen Handeln hin gelenkt.

Ich möchte Sie ermutigen, rechtzeitig auf Ihre Gedanken und Gefühle zu achten. Inzwischen habe ich mir angewöhnt, keine Kleider mehr zu kaufen, wenn ich gestresst bin und meine Gefühle nicht richtig im Griff habe. Lieber nutze ich diese Zeit, um zur Ruhe zu kommen und die Begegnung mit Gott zu genießen, die er mir persönlich schenken will.

von Falschheit! 25 Verliere nie dein
Ziel aus den Augen, sondern geh ge-
radlinig darauf zu. 26 Überleg sorgfäl-
tig, was du tun willst, und dann laß
dich davon nicht mehr abbringen!
27 Schau weder nach rechts noch nach
links, damit du nicht auf Abwege ge-
rätst.

Warnung vor Ehebruch

5 Mein Sohn, sei aufmerksam, und
hör auf meine Lehre, denn ich
weiß, wovon ich rede! 2 Dann lernst
du, überlegt zu handeln, und an dei-
nen Worten erkennt man, wie ver-
nünftig du bist.
3 Die Frau eines anderen Mannes
kann sehr verführerisch sein, wenn
sie dich mit schönen Worten betört.
4 Aber das Ende wird schmerzhaft
sein und der Nachgeschmack bitter.
5 Sie bringt dich an den Rand des Ab-
grunds und reißt dich mit in den Tod.
6 Sie umgarnt dich, damit du nicht
merkst, wie du in dein Verderben
läufst.
7 Ihr jungen Männer, hört auf mich,
und vergeßt nie, was ich jedem von
euch sage:
8 Geh einer solchen Frau aus dem
Weg, laß dich nicht einmal in der Nä-
he ihres Hauses blicken! 9 Sonst ver-
lierst du dein Ansehen, und in der
Blüte deines Lebens richten grausa-
me Menschen dich völlig zugrunde!
10 Fremde werden deinen Besitz an
sich reißen; der Lohn deiner Ar-
beit gehört dann einem anderen.
11 Schließlich bist du völlig abgema-
gert, du siechst dahin und stöhnst mit
letzter Kraft:
12 «Hätte ich doch die Ratschläge
ernst genommen! Warum habe ich
mich nur gegen die Ermahnung ge-
wehrt? 13 Warum habe ich meinen
Lehrern keine Aufmerksamkeit ge-
schenkt und nicht auf sie gehört?
14 Fast hätte ich mich vor aller Augen
ins Unglück gestürzt!»
15 Freu dich doch an deiner eigenen
Frau! Ihre Liebe ist wie eine Quelle,
aus der immer wieder frisches Wasser
sprudelt. 16 Willst du sie verlieren,
weil du dich mit anderen einläßt?[a]
17 Dir allein soll ihre Liebe gehören,
mit keinem anderen sollst du sie tei-
len! 18 Erfreue dich an deiner Frau,
die du als junger Mann geheiratet
hast. 19 Bewundere ihre Schönheit
und Anmut![b] Berausche dich immer
wieder an ihren Brüsten und an der
Liebe, die sie dir schenkt!
20 Mein Sohn, willst du dich wirk-
lich mit einer anderen vergnügen und
mit einer fremden Frau schlafen?
21 Der Herr sieht genau, was du tust;
nichts bleibt ihm verborgen. 22 Wer
Gottes Gebote mißachtet, dreht sich
selbst einen Strick und ist gefangen in
seiner Schuld. 23 Wer sich nicht be-
herrschen kann, schaufelt sich sein ei-
genes Grab.

Vier Gefahren

6 Mein Sohn, hast du dich mit
Handschlag dazu verpflichtet, für
die Schulden eines anderen aufzu-
kommen? 2 Bist du an ein Verspre-
chen gebunden, das du gegeben hast?
3 Dann gibt es nur einen Rat: Versuch
so schnell wie möglich, davon freizu-
kommen! Der Gläubiger hat dich in

a) Wörtlich: Sollen sich denn deine Quellen auf die Straße ergießen und deine Bäche auf die Plätze?
b) Wörtlich: Sie ist (anmutig) wie eine Hirschkuh und wie eine Gazelle.

Dienstag

Das könnte mir nicht passieren?

Ruth Heil

Sprüche 5, 12

In meiner Eheberatung sitzt ein Ehepaar. Sie haben drei Kinder. Konflikte hatten sie bisher kaum, konnten immer gut miteinander reden. Durch ihren Glauben hatten sie stets hohe Wertvorstellungen von Ehe und Familie, und ein Seitensprung war für beide undenkbar.

Aber dann fuhr die Frau zur Kur, und da geschah das Unfassbare. Sie schildert: «Nie im Leben hätte ich an einen anderen Mann gedacht. Ich habe meinen Mann stets geachtet, und meine Familie war mir wichtig. Aber da begegnete mir dieser Mann, der mir täglich Komplimente machte, mich so liebevoll ansah.» Sie beginnt zu weinen. «Ich kann es selbst nicht verstehen, wie ich dazu fähig war. Das wollte ich alles doch gar nicht. Ich schäme mich so sehr.» Auch der Ehemann ist erschüttert, für ihn bricht eine Welt zusammen.

Unzählige Versuchungen stürzen heute auch auf diejenigen ein, die feste Werte haben und in einer lebendigen Glaubensbeziehung stehen. Insbesondere in Krisensituationen – zum Beispiel Überforderung oder Angst davor, älter zu werden – wächst auch die Anfälligkeit für sexuelle Versuchungen. Für Zeiten der «Versuchung» möchte ich Ihnen einige Hilfen geben.

1. Ordnen Sie Ihre Gefühle und Gedanken (vielleicht hilft es Ihnen, sie aufzuschreiben). Fragen Sie sich, wodurch Ihre Sehnsucht entstanden ist.

2. Sprechen Sie sich bei einem vertrauenswürdigen Menschen aus, möglichst bei einer Frau.

3. Geben Sie gefährlichen Träumereien keinen Raum. Lassen Sie sich von Ihren Gefühlen nicht treiben.

4. Arbeiten Sie an der eigenen Persönlichkeit. Bringen Sie Bereicherung ins Leben durch neue Herausforderungen, wie zum Beispiel das Erlernen einer neuen Sprache, eines Musikinstruments, Belegung eines Kreativkurses und dergleichen.

5. Wenn es einen konkreten Mann gibt, zu dem Sie sich hingezogen fühlen, dann ist es gut, mit einem weisen Menschen zu sprechen, der Sie und Ihren Ehepartner kennt.

6. Erzählen Sie Ihrem Ehemann von Ihren konkreten Sehnsüchten, ohne es als Forderung zu formulieren. Drücken Sie in Worten aus, was Sie vermissen.

7. Wenn Sie spüren, dass Sie Ihren Mann nicht mit Ihrem Anliegen erreichen können, dann bitten Sie ihn, mit Ihnen eine Beratungsstelle aufzusuchen. Ist er dazu nicht bereit, so gehen Sie alleine in die Beratung, und lassen ihn dies auch wissen.

8. Schenken Sie Gott mehr Glauben als den Einflüsterungen der Schlange! Treffen Sie eine neue Entscheidung für Ihren Ehepartner, auch wenn Sie seine Unvollkommenheit kennen. Stellen Sie sich willentlich unter den Gehorsam Gottes. Er bietet Ihnen seine Hilfe an.

seiner Gewalt – also geh zu ihm, und
bestürme ihn so lange, bis er dich frei-
gibt. 4 Schieb es nicht auf – gönn dir
keine Ruhe! 5 Versuch mit allen Mit-
teln, dich herauszuwinden und zu
fliehen wie ein Tier vor seinem Jäger!
6 Beobachte die Ameisen, du Faul-
pelz! Nimm dir ein Beispiel an ihnen:
7 Kein Vorgesetzter treibt sie an;
8 trotzdem arbeiten sie den ganzen
Sommer über fleißig, und im Herbst
haben sie einen Vorrat für den Winter
angelegt. 9 Wie lange willst du noch
im Bett bleiben, du Faulpelz? Wann
stehst du endlich auf? 10 «Laß mich
noch ein bißchen schlafen», sagst du,
«nur noch ein Weilchen!» – 11 und
während du dich noch ausruhst, ist
die Armut plötzlich da, und die Not
überfällt dich wie ein Räuber.
12 Einen nichtswürdigen und gemei-
nen Menschen erkennt man an sei-
nem Verhalten: Er verbreitet Lügen
13 und will dich mit seinen Gesten und
Gebärden täuschen.[a] 14 Sein Wesen
ist falsch und heimtückisch, er hat
ständig Böses im Sinn und legt es im-
mer auf einen Streit an. 15 Darum wird
ihn das Unglück plötzlich treffen; so
unerwartet kommt sein Ende, daß er
nicht mehr entrinnen kann.
16–19 Sechs Dinge sind dem Herrn
verhaßt, und auch das siebte verab-
scheut er:[b]

Augen, die überheblich blicken;
eine Zunge, die Lügen verbreitet;
Hände, die unschuldige Menschen
töten;
ein Kopf, der heimtückische Pläne
ausheckt;
Füße, die schnell laufen, um Böses
zu tun;
ein Zeuge, der falsche Aussagen
macht;
ein Mensch, der Freunde
gegeneinander aufhetzt.

20 Mein Sohn, denke immer an die
Lehren deines Vaters, und die Wei-
sung deiner Mutter habe stets vor Au-
gen! 21 Erinnere dich zu jeder Zeit an
die Worte deiner Eltern, und bewah-
re sie in deinem Herzen! 22 Tag und
Nacht sollen sie dich begleiten und
dein Denken und Handeln bestim-
men. 23 Die Erziehung deiner Eltern
ist wie ein Licht, das dir den richtigen
Weg weist; ihre Ermahnungen zeigen
dir, wie du leben sollst. 24 Sie warnen
dich vor der fremden Frau, der Frau
eines anderen, die dich mit betören-
den Worten lockt. 25 Laß dich nicht
von ihren Reizen einfangen, fall nicht
auf sie herein, wenn sie dir schöne
Augen macht. 26 Für eine Hure be-
zahlst du nur so viel wie für ein Brot,
aber wenn du mit einer verheirateten
Frau die Ehe brichst, gefährdest du
dich selbst.
27 Kann man etwa Feuer in der
Manteltasche tragen, ohne den Man-
tel in Brand zu stecken? 28 Kann man
etwa barfuß über glühende Kohlen
gehen, ohne sich die Füße zu verbren-
nen? 29 Genauso schlimm sind die
Folgen, wenn man mit der Frau eines
anderen schläft: jeder, der es tut,
wird bestraft. 30 Wer Brot stiehlt, weil
er Hunger hat, wird nicht verachtet.
31 Wenn er ertappt wird, muß er es sie-
benfach ersetzen, aber das kostet ihn

a) Wörtlich: er zwinkert mit den Augen, scharrt mit den Füßen und gibt einen Hinweis mit den Fingern.

b) Es handelt sich um einen sogenannten «Zahlenspruch»: Verschiedene Beispiele werden zusammengestellt und an ein bestimmtes Zahlenschema gebunden.

Ein grossartiges Erbe

Sarah Koeshall

Sprüche 6, 23

Während ich müde ins Bett sinke, mein Körper sich entspannt und der Mond am Himmel immer höher steigt, weiß ich zwei Dinge ganz genau: dass Gott bei mir ist und mich führt und dass meine Eltern für mich beten – gerade jetzt, wo ich die Herausforderungen des Tages hinter mir habe. Auch wenn ich mittlerweile weit weg von meinen Eltern wohne und die Universität besuche, fühle ich mich immer noch eng mit ihnen verbunden. In erster Linie liegt das an ihren Gebeten, die mich das ganze Leben hindurch begleitet haben. Wie so oft denke ich auch heute Abend, während mir die Augen zufallen, wieder darüber nach: Welche Schätze haben mir meine Eltern hinterlassen? Welche Werkzeuge haben sie mir mitgegeben, um meine Lebensträume mit Zuversicht zu verfolgen und darauf zu vertrauen, dass Gott mich versorgt?

Zuhause war es uns wichtig, regelmäßig eine Familienandacht abzuhalten. Oft war es schwierig zusammenzukommen, weil wir alle sehr beschäftigt waren. Häufig gab es morgens noch dringende Dinge in letzter Minute zu erledigen, und die Abende waren mit Hausaufgaben und Klavierüben ausgefüllt. Doch dann lasen wir während der Mahlzeiten zusammen einen Abschnitt aus der Bibel und beteten anschließend gemeinsam.

Das großartigste Erbe, das meine Eltern mir hinterlassen haben, ist ihr Gebet. Viele Male, wenn ich am Schlafzimmer meiner Eltern vorbeikam, sah ich meine Mutter auf den Knien beten. Sie fastete auch einmal in der Woche. Manchmal hörte ich meine Eltern gemeinsam im Wohnzimmer beten. Ich wusste, wenn ich hineinginge, würden sie mich auffordern mitzubeten, und das konnte lange dauern! Also schlich ich auf Zehenspitzen am Wohnzimmer vorbei, um meinen jugendlichen Aktivitäten nachzugehen. Doch heute, wo ich meine Eltern nur noch sehr selten sehe, weiß ich, dass sie für mich beten – und das ist der stärkste Trost, den sie mir geben können. Ich weiß, dass sie Gott um Bewahrung und Weisheit für mich bitten. Und während ich darum ringe, meinen Weg im Leben zu finden, habe ich nicht den leisesten Zweifel, dass alles gut werden wird.

Es ist das tollste Geschenk, das meine Eltern mir machen können: mich dem Schutz meines himmlischen Vaters anzubefehlen. Gerade auch während meiner Teenagerzeit, als ich mich bemühte, nein zum Rauchen und übermäßigen Alkoholgenuss zu sagen und anderen Versuchungen zu widerstehen, wusste ich, dass Gott mir nahe war – und meine Eltern wussten das ebenfalls. Das war für uns alle eine Quelle der Ruhe und des Friedens.

höchstens seinen ganzen Besitz.
32 Wer dagegen die Ehe bricht, hat
den Verstand verloren und richtet
sich selbst zugrunde. 33 Schimpf und
Schande wird er ernten und sein Le-
ben lang verachtet werden. 34 Ein ei-
fersüchtiger Ehemann schnaubt vor
Wut, und in seiner Rachsucht kennt
er kein Erbarmen. 35 Keine Entschä-
digung, die du ihm anbietest, kein
noch so großes Geschenk wird ihn be-
sänftigen.

Die treulose Frau

7 Mein Sohn, beachte, was ich dir
sage, halte unter allen Umstän-
den daran fest! 2 Lebe danach, so
wirst du ein gutes Leben führen. Hüte
meine Worte wie einen wertvollen
Schatz, 3 denke jederzeit über sie
nach, und schreibe sie dir ins Herz!
4 Kümmere dich um die Weisheit wie
um deine Schwester, mach dir die
Einsicht zur besten Freundin! 5 Das
wird dich schützen vor jeder fremden
Frau, die dir mit schmeichelnden
Worten den Kopf verdrehen will.

6 Einmal stand ich am Fenster und
schaute hinaus auf die Straße. 7 Dort
sah ich eine Gruppe noch unerfahre-
ner junger Männer. Einer von ihnen
fiel mir durch sein kopfloses Verhal-
ten auf. 8 Er lief die Straße hinunter,
an deren Ecke eine bestimmte Frau
wohnte, und ging auf ihr Haus zu.
9 Inzwischen war es schon dunkel ge-
worden. 10 Da kam sie ihm entgegen,
herausgeputzt und zurechtgemacht
wie eine Hure. Sie war sich ihres Er-
folgs sicher. 11 Leidenschaftlich und
hemmungslos wie sie war, hielt sie es
zu Hause nie lange aus. 12 Man sah sie
jeden Tag draußen auf den Straßen
und Plätzen, an jeder Straßenecke
stand sie und schaute sich suchend
um.

13 Jetzt ging sie auf den jungen
Mann zu, umarmte und küßte ihn.
Mit herausforderndem Blick sagte
sie: 14 «Heute habe ich Gott ein
Dankopfer gebracht, und davon ist
noch Fleisch übrig. 15 Darum bin ich
hinausgegangen, um dich zu suchen.
Endlich habe ich dich gefunden! 16 Ich
habe mein Bett mit schönen bunten
Decken aus Ägypten gepolstert 17 und
mit Parfüm besprengt[a]. 18 Komm
doch mit! Wir wollen uns die ganze
Nacht hindurch lieben und uns bis
zum Morgen vergnügen! 19/20 Mein
Mann ist nicht da. Er ist auf Reisen
und kommt noch lange nicht zu-
rück[b]!»

21 Mit diesen Worten reizte und er-
regte sie den jungen Mann. 22 Er folg-
te ihr ins Haus wie ein Ochse, der zum
Schlachten geführt wird – in sein eige-
nes Verderben rannte dieser Dumm-
kopf! 23 Ohne es zu wissen, lief er in
eine tödliche Falle. Sie hatte ihn ge-
fangen wie einen Vogel im Netz.

24 Darum hört auf meine Warnung,
ihr jungen Männer, und befolgt sie!
25 Laßt euch von solch einer Frau
nicht verführen, sondern geht ihr aus
dem Weg! 26 Denn sie hat schon viele
Männer zu Fall gebracht, die Zahl ih-
rer Opfer ist groß. 27 Ihr Haus steht
am Rand des Abgrunds; wer zu ihr
geht, den reißt sie mit in den Tod.

Die Weisheit ruft

8 Hört! Die Weisheit ruft, und die
Einsicht läßt ihre Stimme erschal-

a) Wörtlich: und mit Myrrhe, Aloe und Zimt besprengt.
b) Wörtlich: und kommt erst bei Vollmond wieder zurück.

Bevor das Herz zerbricht

Hannelore Risch

Sprüche 7, 27

Die Warnung vor Ehebruch erscheint den Menschen unseres christlichen Abendlandes offensichtlich unzeitgemäß und längst überholt. Ehebruch wird in Film und Fernsehen als Normalität hingestellt. Zeitungen und Illustrierte berichten, wie bekannte Personen im Ehebruch leben oder lebten. Und viele denken: «Was die sich leisten, das kann ich auch!» Doch zu allen außerehelichen Verbindungen sagt Gott auch heute noch unumstößlich wie eh und je: «Du sollst nicht ehebrechen!»

Das heißt eindeutig: Die genitale Geschlechtlichkeit gehört in den geschützten Raum der Ehe. Gott muss es ja wissen, denn er ist der «Erfinder» der Geschlechtlichkeit. Er hat den Menschen als Mann und Frau geschaffen. Darum kennt er uns durch und durch. Er weiß von unserer Versuchlichkeit und unseren Schwachstellen. Seinen Menschenkindern hat er deswegen klare Richtlinien gegeben.

Welche Gründe hat Gott wohl, dass er sein Gebot «Du sollst nicht ehebrechen» nie widerrufen wird? Gott ist Liebe. Wenn er um die Ehe einen Schutzwall baut, geschieht das aus Liebe. Brechen die Partner aus der Ehe aus, erleiden sie innerlich Schaden, ob sie es zugeben oder nicht. Sie können diese Erinnerungen nicht aus ihrem Denken ausmerzen. Trotzig verbiegen sie ihr Gewissen, um Gewissensbisse abzuwenden. Dennoch haben sie Schuldgefühle und sind außerordentlich verletzlich, wenn sie darauf angesprochen werden. Oft verlieren sie ihre Selbstachtung und können sich selbst nicht verzeihen.

Aber Gott möchte nicht, dass wir Verletzungen erleiden, auch nicht, dass wir durch den Ehebruch andere kränken und verletzen, denn er liebt jeden von uns. Deshalb hat er unserem Sexualleben Grenzen gesetzt. Wenn wir sie verachten, werden wir immer weiter von Gott getrennt. Diese Trennung von der Quelle des Lebens ist der allergrößte Schaden. Unsere gesamte Lebensqualität ist vermindert, unsere Beziehung zu Gott gestört.

Erstaunlicherweise hat er jedoch höchstes Interesse daran, die Verbindung mit jedem von uns wieder aufzunehmen. Leidenschaftlich sehnt er sich danach. Es schmerzt ihn unvorstellbar, wenn wir durch das Übertreten seiner Gebote auch mit ihm in einem «geistlichen Ehebruch» leben und ihm untreu geworden sind. Darum setzt er alles ein für eine Wiederaufnahme der Verbindung. Zu der Ehebrecherin in Johannes 8,11 sagte Jesus Christus: «Dann will ich dich auch nicht verurteilen ... Geh, aber sündige nicht noch einmal!»

Wenn wir Sünde aufrichtig bereuen, vergibt Gott in großer Gnade, und wir können ganz neu beginnen.

len! 2/3 Man sieht sie auf allen Straßen
und Plätzen, an den Toren der Stadt –
dort, wo jeder sie sehen kann – steht
sie und ruft:

4 «Hört her, ja, ich meine euch alle!
5 Ihr Unerfahrenen, werdet reif und vernünftig!
Ihr Tagträumer, wacht auf und nehmt Verstand an!
6 Hört auf mich, denn es ist wichtig für euch.
Was ich sage, ist aufrichtig und ehrlich.
7 Meine Worte sind wahr, denn ich hasse die Lüge.
8 Ich sage immer die Wahrheit,
Hinterlist oder Betrug sind mir fremd.
9 Meine Worte sind klar und deutlich
für jeden, der sie verstehen will.
10 Meine Ratschläge sollt ihr dankbarer annehmen
als Silber oder Gold.
11 Denn Weisheit ist wertvoller als die kostbarste Perle,
unvergleichlich mehr als alles, was ihr euch erträumt.

12 Ich bin die Weisheit,
und zu mir gehört die Klugheit.
Ich handle überlegt und besonnen.
13 Wer Ehrfurcht vor Gott hat, der haßt das Böse.
Ich verachte Stolz und Hochmut,
ein Leben voller Bosheit und Lüge ist mir ein Greuel!
14 Ich stehe euch mit Rat und Tat zur Seite;
so werdet ihr klug und fähig zum Handeln.
15 Mit meiner Hilfe regieren Könige
und erlassen Staatsmänner gerechte Gesetze.
16 Alle Machthaber der Welt können nur durch mich regieren.
17 Ich liebe den, der mich liebt;
wer sich um mich bemüht, der wird mich finden.
18 Ansehen und Reichtum biete ich an,
bleibender Besitz und Erfolg sind mein Lohn.
19 Was ihr von mir bekommt,
ist wertvoller als das feinste Gold,
besser als das reinste Silber.
20 Wo Menschen gut und gerecht miteinander umgehen
und nach Gottes Willen fragen, bin ich zu Hause;
21 alle, die mich lieben, beschenke ich mit Reichtum,
ja, ich vergrößere ihr Vermögen!

22 Der Herr schuf mich vor langer Zeit,
ich war sein erstes Werk, noch vor allen anderen.
23 In grauer Vorzeit hat er mich geschaffen;
und so war ich schon da, als es die Erde noch nicht gab.
24 Lange bevor das Meer entstand, wurde ich geboren.
Zu dieser Zeit gab es noch keine Quellen,
25 und es standen weder Berge noch Hügel.
26 Ich war schon da,
bevor Gott die Erde mit ihren Feldern erschuf.
27 Ich war dabei,
als Gott den Himmel formte,
als er den Horizont aufspannte über dem Ozean,
28 als die Wolken entstanden
und die Quellen aus der Tiefe hervorsprudelten,
29 als er das Meer in die Schranken wies,
die das Wasser nicht überschreiten durfte,
als er das Fundament der Erde legte –

Ehrfurcht vor dem Leben

Marianne Hirzel

Sprüche 8, 13

Bereits zum achten Mal bin ich Großmutter geworden. Als ich mein neugeborenes Enkelchen in den Armen hielt, musste ich daran denken, wie ich vor vielen Jahren meine jüngste Tochter an mich gedrückt und über dieses neue Leben gestaunt hatte. Wie damals durchflutete mich beim Betrachten des winzigen Wesens große Ehrfurcht und riesige Dankbarkeit über die phantastische Schöpfung Gottes. Doch gleichzeitig durchfuhr mich ein starker Schmerz: Wie viele dieser kleinen Geschöpfe durften nicht zur Welt kommen, weil ihr Leben vorher gewaltsam beendet wurde?

Es tut mir weh zu sehen, wie wenig Ehrfurcht wir heute vor dem menschlichen Leben haben. Kinder werden zur Ware degradiert, gelten als unangenehm und teuer. Sie haben sich möglichst unauffällig zu verhalten. Alte Menschen sind im Weg und sollen so schnell wie möglich sterben, statt zu mühsamen Pflegefällen zu werden. Überall wird diskutiert, ob Sterbehilfe legal werden soll. «Uns darf es doch gar nicht mehr geben!», sagte kürzlich eine alte Frau.

Schnell kann sich die Ehrfurcht vor den Menschen, vor Gottes Schöpfung, in Verachtung verwandeln. Wie oft bin auch ich ungeduldig mit mir selbst oder mit meinen Enkeln, wenn sie nicht so reagieren, wie ich es mir wünsche. Alles muss ganz schnell und möglichst ohne Schwierigkeiten ablaufen!

Wie leicht vergessen wir das Staunen über das, was Gott sich mit uns Menschen ausgedacht hat! Wir alle sind nach seinem Bilde geschaffen – egal, in welcher Lebenssituation wir uns befinden. Wenn wir in der Bibel betrachten, wie weise Gott handelt und mit welcher Liebe er um uns wirbt, wächst in uns Ehrfurcht vor seiner Größe und Allmacht. Und je mehr wir von dieser Achtung erfüllt sind, desto mehr fangen wir an, das Böse in uns zu hassen, unseren Stolz und unseren Hochmut zu verachten.

Wie gut, dass wir Gottes Vergebung durch Jesus Christus in Anspruch nehmen dürfen. Gott ist es auch, der uns die Kraft gibt, unsere Mitmenschen mit seinen Augen zu sehen und ihnen mit großer Ehrfurcht und Dankbarkeit zu begegnen.

Vertrauen

Linda Dillow

Denn da bin ich ganz sicher: Weder Tod noch Leben, weder Engel noch Dämonen, weder Gegenwärtiges noch Zukünftiges, noch irgendwelche Gewalten, weder Himmel noch Hölle oder sonst irgendetwas können uns von der Liebe Gottes trennen, die er uns in Jesus Christus, unserem Herrn, bewiesen hat (Römer 8,38–39).

Um Gott vertrauen zu können, muss ich an seine Liebe glauben. Von meinem Verstand her mag ich vielleicht überzeugt sein, dass Gott Liebe ist, aber wenn das Vertrauen zu ihm wirklich wachsen und gedeihen soll, muss ich mir seine Liebe zu mir ganz persönlich jeden Tag neu vergegenwärtigen. Gott sagt mir in seinem Wort, dass er mich mit ewiger Liebe liebt (Jeremia 31,3). Er hat versprochen, dass er vor mir herziehen wird (Jesaja 52,12). Er wird immer bei mir sein (Matthäus 28,20). Er wird mich niemals aufgeben und mich nicht verlassen (Jesaja 41,17).

Wenn die Bibel von der Liebe Gottes zu uns Menschen und zur Schöpfung spricht, benutzt sie manchmal ein besonderes griechisches Wort, das auf eine Entscheidung des Liebenden hindeutet, das Gute des Geliebten zu suchen. Gott hat nur das im Blick, was für mich gut ist. Was ist denn «gut»?

Die Bibel verkündet die tiefe Wahrheit, dass Gott denen, die ihn lieben und die er erwählt hat, alles zu ihrem Heil dienen lässt (Römer 8,28). Im darauf folgenden Vers wird dieses Gute definiert: «Wen Gott nämlich auserwählt hat, der ist nach seinem Willen auch dazu bestimmt, seinem Sohn ähnlich zu werden, dem ersten unter vielen Brüdern» (Römer 8,29). Was auch immer in meinem Leben geschieht, kann sich zum Guten auswirken, weil ich dadurch Christus ähnlicher werden kann.

Wichtig ist zu beachten, dass Gott vom *Guten* spricht, er redet nicht vom A*ngenehmen*. Es war nicht angenehm zu sehen, wie meine Tochter unter einer schlimmen Krankheit litt. Der Zusammenstoß mit einem Reh letzte Woche und das daraus resultierende Schleudertrauma waren auch nicht angenehm. Probleme mit Arbeitskollegen und Freunden, Spannungen in der Familie, Sorgen und Nöte sind gewiss nicht angenehm. Aber Gott verspricht, dass alles Leid einen Sinn hat. Es kann Gutes bewirken, denn dadurch, dass ich immer mehr lerne, mit meinen Schmerzen, Problemen und Nöten zu ihm zu kommen, wird mein Wesen dem seinen ähnlicher. Meine Liebe wird weniger selbstsüchtig und meine Entscheidungen werden weiser sein.

[30]da war ich als Kind an seiner Seite.
Ich erfreute mich an Gott und seinen
Werken,
[31]ich spielte auf seiner Erde
und war glücklich über die
Menschen.

[32]Darum hört auf mich, ihr jungen
Männer!
Richtet euch nach mir, und ihr
werdet glücklich.
[33]Nehmt Belehrung an
und weist sie nicht zurück, werdet
vernünftig!
[34]Glücklich ist, wer auf mich hört
und mich immerzu erwartet!
[35]Wer mich findet,
der findet das Leben und wird von
Gott geliebt.
[36]Wer mich aber verachtet,
der zerstört sein Leben;
wer mich haßt, der liebt den
Tod.»

Die Weisheit und die Torheit

9 Frau Weisheit hat ein Haus
gebaut
und es mit sieben Säulen
ausgestattet.
[2]Sie hat ein Festessen vorbereitet,
guten Wein geholt und den Tisch
gedeckt.
[3]Ihren Dienstmädchen befahl sie:
«Geht auf den Marktplatz der Stadt,
und ruft:
[4]‹Ihr Unerfahrenen – kommt zu
mir!
Ihr Tagträumer, [5]euch lade ich ein.
Kommt, eßt euch satt, und trinkt
meinen guten Wein!
[6]Bleibt nicht länger unvernünftig,
fangt ein neues Leben an,
werdet reif und besonnen!›»

[7]Wer einen Spötter ermahnt, ern-
tet nichts als Verachtung, und wer
einen gottlosen Menschen tadelt,
wird von ihm gemieden. [8]Darum wei-
se nie einen Spötter zurecht, sonst
haßt er dich. Ermahne lieber einen
verständigen Menschen, denn er wird
dich dafür lieben. [9]Unterweise den
Klugen, und er wird noch klüger. Be-
lehre den, der Gott gehorcht, und er
wird immer mehr dazulernen.
[10]Alle Weisheit beginnt damit, daß
man Ehrfurcht vor Gott hat. Den hei-
ligen Gott kennen, das ist Einsicht!
[11]Ich, die Weisheit, schenke dir ein
langes und erfülltes Leben. [12]Du tust
dir selbst etwas Gutes, wenn du weise
bist; aber wenn du über alles mit
Spott hinweggehst, schadest du dir
selbst.

[13]Frau Torheit gleicht einer
unverschämten Hure,
die sich auf nichts anderes versteht,
als die Leute zu verführen.
[14]Sie sitzt vor ihrer Haustür
am Marktplatz der Stadt
[15]und ruft allen,
die vorbeigehen und an nichts Böses
denken, zu:
[16]«Wer unerfahren ist, den lade ich
ein!»
Sie beschwatzt die Unvernünftigen:
[17]«Es ist reizvoll,
heimlich vom Wasser zu trinken, das
anderen gehört,
und gestohlenes Brot schmeckt am
besten!»
[18]Wer auf sie hereinfällt,
weiß nicht, daß es seinen sicheren
Tod bedeutet.
Alle, die zu ihr gegangen sind,
ruhen schon im Totenreich.

Eine Sammlung von Sprichwörtern Salomos

10 Die folgenden Sprichwörter
stammen von König Salomo:

Montag

GOTTGEGEBENE VERANTWORTUNG

Claudia Mühlan

Sprüche 9, 8

Eltern kennen das – irgendwann zwischen dem ersten und zweiten Geburtstag geht es los: Wie kommen die süßen Kleinen nur darauf, uns durch Geschrei, Unwilligkeit und Ungehorsam herauszufordern? – Einmal ist es schlicht und einfach das Ergebnis größerer persönlicher Freiheit. Das Kind entdeckt, dass es wer ist und einen Willen hat. Das feste Stehen auf den Beinen bringt ja auch einen wesentlich größeren Aktionsradius. Mit wehenden Haaren und ausgestreckten Armen läuft es juchzend in genau die andere Richtung, wenn Sie es rufen. Das würde ich als Zeichen der neu entdeckten Freiheit sehen.

Wenn Ihre Tochter aber mit herausforderndem Blick den Finger in die Marmelade bohrt, liegt eine andere Situation vor. Sie sagen freundlich: «Lass das bitte sein!» Sie zieht den Finger zurück, um ihn eine Sekunde später umso tiefer hineinzubohren. Jetzt geht es nicht um das Auskosten persönlicher Freiheit, nein, die kleine Amazone provoziert ein Machtspiel.

Was hat es mit den «Machtspielen» auf sich? Was treibt ein Kind nur an, seine Mutter herauszufordern, den Vater abzulehnen und die Nachbarn zur Verzweiflung zu bringen?

Es stimmt einfach nicht, dass ein Mensch rein und unschuldig zur Welt kommt und sich dann erst, je nach Erziehungseinflüssen, zum Guten oder Schlechten hin entwickelt. Nein, jeder beginnt mit einer unguten Hypothek. In jedem steckt der Hang zur Sünde und zur Macht über andere. Das ist das realistische Menschenbild! So beschreibt es auch die Bibel. «Ich weiß wohl, dass der Mensch von Natur aus nicht gut ist ... Ich will zwar immer wieder Gutes tun und tue doch das Schlechte; ich verabscheue das Böse, aber ich tue es dennoch» (Römer 7,18-19).

Dieser Kampf zwischen Gutem und Bösem steckt in jedem Menschen, egal wie alt er ist, und kann letztlich nur durch die Erlösung und Hilfe durch Jesus Christus siegreich bestanden werden.

Deshalb sollten Sie Ihre Verantwortung als Eltern ernst nehmen und sich nicht scheuen, die Autorität einzusetzen, die Gott Ihnen gegeben hat. Damit meine ich keine harte, lieblose Erziehung, sondern eine Beziehung, die von Liebe und Humor, aber auch von fester Leitung getragen ist.

Schon ein Kind kann zu einem verständigen Menschen heranwachsen. Wie sagte doch einer meiner großen Söhne, als ich einmal unsere kleine Tochter in Sichtweite vor die Glastür setzte, weil sie ein großes Geschrei veranstaltete? «Da hab ich wohl auch des Öfteren sitzen dürfen. Aber geschadet hat es mir anscheinend nicht.»

Worte, die Leben bewirken

Ein vernünftiger Sohn macht seinen Eltern Freude, ein uneinsichtiger aber bereitet ihnen Kummer.

[2]Unrecht erworbener Besitz schadet nur, aber Ehrlichkeit rettet vor dem Verderben.

[3]Gott gibt dem, der ihn liebt, alles Nötige. Wer jedoch von ihm nichts wissen will, dessen Hunger stillt er nicht.

[4]Wer nachlässig arbeitet, wird arm; fleißige Hände aber bringen Reichtum.

[5]Klug ist, wer schon im Sommer einen Vorrat anlegt. Wer dagegen die Erntezeit verschläft, ist ein Dummkopf.

[6]Gott beschenkt jeden reich, der ihm gehorcht. Wer Gott mißachtet, zeigt mit jedem Wort seine Hartherzigkeit.

[7]An einen aufrichtigen Menschen erinnert man sich auch nach seinem Tod noch gerne; Gottlose dagegen sind schnell vergessen.

[8]Ein verständiger Mensch läßt sich belehren, aber wer sich nichts sagen läßt und nur Unsinn redet, richtet sich selbst zugrunde.

[9]Wer ehrlich ist, lebt gelassen und ohne Furcht; ein Unehrlicher aber wird irgendwann ertappt.

[10]Betrug richtet Schaden an, und ein Schwätzer rennt in sein eigenes Unglück.

[11]Wer Gott dient, dessen Worte sind eine Quelle des Lebens. Wer Gott mißachtet, zeigt mit jedem Wort seine Hartherzigkeit.

[12]Haß führt zu Streit, aber Liebe sieht über Fehler hinweg.

[13]Ein vernünftiger Mensch findet das richtige Wort; ein unvernünftiger sollte geschlagen werden.

[14]Wer klug ist, überlegt sich, was er sagt; aber ein Narr spricht vorschnell und richtet Schaden an.

[15]Dem Reichen gibt sein Besitz Sicherheit; den Armen aber schützt nichts vor dem Untergang.

[16]Wer Gott gehorcht, wird mit dem Leben belohnt; der Gottlose dagegen verstrickt sich in Schuld.

[17]Wenn du Ermahnungen annimmst, bist du auf dem richtigen Weg; wenn du dich gegen sie sträubst, läufst du in die Irre.

[18]Wer seinen Haß versteckt, ist ein Heuchler, und wer andere hinter ihrem Rücken verleumdet, ist ein hinterhältiger Mensch.

[19]Wer viele Worte macht, wird sicher schuldig – darum hält der Kluge sich zurück.

[20]Wer Gott gehorcht, spricht Worte so wertvoll wie reines Silber; die Gedanken des Gottlosen dagegen sind völlig wertlos.

[21]Wer Ehrfurcht vor Gott hat, hilft vielen Menschen durch das, was er sagt; ein Narr aber zerstört sich selbst durch seine Dummheit.

[22]Reich wird nur der, dem Gott Gelingen schenkt; eigene Mühe allein hilft nicht weiter!

[23]Der Unvernünftige freut sich an bösen Taten; ein Verständiger aber hat Freude an der Weisheit.

[24]Wer von Gott nichts wissen will, dem stößt das zu, was er am meisten fürchtet; wer jedoch zu Gott gehört, bekommt, was er sich wünscht.

[25]In der Stunde der Bewährung kann der Gottlose nicht bestehen,[a] aber wer Gott gehorcht, der steht auf festem Fundament.

a) Wörtlich: Wenn ein Sturm vorüberfegt, ist der Gottlose nicht mehr da.

Wie weisen wir unsere Kinder zurecht?

Claudia Mühlan

Sprüche 10, 17

Als jungen Eltern gingen uns die Augen über: Tatsächlich, Gottes Wort umreißt ein klares pädagogisches Modell zur Kindererziehung! So, wie unser himmlischer Vater mit uns umgeht, so sollen wir als irdische Väter und Mütter lernen, mit unseren Kindern umzugehen.

Aber wie geht unser «Vatergott» mit uns um? Er ist liebevoller, zuverlässiger und gerechter, als es irgendein Vater oder irgendeine Mutter auf dieser Erde sein könnte!

Ein zweiter Wesenszug Gottes ist, dass er uns klare Regeln für das Zusammenleben gibt und uns über die positiven als auch negativen Folgen unserer Entscheidungen nicht im Unklaren lässt. Vielleicht befremdet es uns, dass in der Bibel auch von Züchtigung die Rede ist. Doch Gott züchtigt seine Kinder, wenn sie seine Gebote, die ihnen zum Besten dienen, nicht befolgen.

Also, in gleicher Weise, wie Gott uns mit seiner Liebe begegnet, uns seine Unterweisung erteilt, uns aber auch züchtigt, sollen wir unsere Kinder lieben, sie unterweisen und auch disziplinieren, wenn es nötig ist. Wenn die Bibel von «züchtigen» beziehungsweise disziplinieren spricht, dann handelt es sich nicht in erster Linie um Schläge, sondern um ein pädagogisch begründetes, korrigierendes Eingreifen.

Oftmals lernen Kinder schon, wenn sie die natürlichen Folgen ihrer schlechten Entscheidung auskosten – selbstverständlich nur in einem vertretbaren Rahmen.

Es liegt schon viele Jahre zurück. Damals hatten wir einen schneereichen Winter. Am Abend guckte mein Mann aus dem Fenster und sagte: «Also, morgen mache ich eine Langlauftour. Wer Lust hat, kann mitkommen.» Die Kinder konnten kaum den nächsten Tag abwarten. Eifrig wurden die Sachen zusammengesucht und die Skier angeschnallt. Nur einer unserer Jungen lief wie ein Spürhund durch den Garten. Am Abend zuvor hatte er seine Bretter irgendwo auf dem Grundstück liegen gelassen. In der Nacht waren etwa zwanzig Zentimeter Schnee gefallen, und er konnte sich beim besten Willen nicht erinnern, wo er sie hatte fallen lassen; immerhin mussten zweitausend Quadratmeter abgesucht werden. Da stand er nun mit feuchten Augen und ließ uns ziehen.

In anderen Fällen kann es erforderlich sein, einem Kind angemessene Konsequenzen für sein Fehlverhalten aufzulegen. Dem biblischen Menschenbild entsprechend können wir als Eltern den Willen unserer Kinder lenken und schulen, lebenstüchtige Entscheidungen zu treffen, und zugleich das Wertgefühl der Kinder aufbauen und nicht verletzen – ganz so, wie Gott selbst mit seinen Kindern umgeht.

26 Laß niemals einen Faulpelz für dich arbeiten, denn er wird dir schaden wie Zucker[a] deinen Zähnen und Rauch deinen Augen!

27 Wer Ehrfurcht vor Gott hat, wird lange leben. Wer sich von ihm lossagt, wird früh sterben.

28 Wer Gott gehorcht, auf den wartet Freude; wer von ihm nichts wissen will, dessen Hoffnungen zerrinnen.

29 Der Herr beschützt die Aufrichtigen; aber er stürzt den ins Verderben, der Unrecht tut.

30 Wer Gott gehorcht, lebt ruhig und sicher; wer ihn mißachtet, hat keine Heimat.

31 Wer Gott liebt, sagt in jeder Lage das passende Wort; einem Lügner aber wird der Mund verboten.

32 Wer Gott gehorcht, dessen Worte sind wohltuend und hilfreich; aber was der Gottlose von sich gibt, richtet nur Schaden an.

Gott freut sich über aufrichtige Menschen

11 Gott haßt eine falsch eingestellte Waage, aber er freut sich, wenn die Gewichte stimmen.

2 Hochmut kommt vor dem Fall, ein weiser Mensch ist bescheiden.

3 Der Ehrliche geht aufrichtig und sicher seinen Weg; ein Unehrlicher zerstört sich selbst durch seine Falschheit.

4 Reichtum bewahrt nicht vor Gottes Zorn; wer aber Gott gehorcht, bleibt von dem Verderben verschont.

5 Wer ehrlich ist und sich nach Gottes Geboten richtet, geht ungehindert seinen Weg; aber ein gottloser Betrüger wird zu Fall kommen.

6 Den Aufrichtigen rettet seine Ehrlichkeit; doch der, dem man nicht trauen kann, ist durch seine eigene Gier gefangen.

7 Mit dem Tod eines Gottlosen sterben auch seine Hoffnungen; alles, worauf er sich bisher verlassen hatte, hilft dann nicht mehr weiter.

8 Wer Ehrfurcht vor Gott hat, wird aus der Not errettet; statt dessen gerät der ins Unglück, der von Gott nichts wissen will.

9 Wer Gott mißachtet, schadet anderen mit seinen Worten; wer Gott gehorcht, hilft anderen durch sein Wissen.

10 Die ganze Stadt feiert den Erfolg eines guten Menschen und bejubelt den Untergang eines Übeltäters.

11 Eine Stadt blüht auf durch ehrliche Menschen; aber die Worte der Gottlosen bringen ihr Unglück.

12 Wer verächtlich über seinen Mitmenschen herzieht, hat den Verstand verloren. Ein vernünftiger Mensch hält seine Zunge im Zaum.

13 Wer klatschsüchtig ist, wird auch anvertraute Geheimnisse ausplaudern; ein zuverlässiger Mensch schweigt.

14 Ohne eine gute Regierung geht jedes Volk zugrunde; wo aber viele Ratgeber sind, gibt es Sicherheit.

15 Wer sich für die Schulden eines anderen verbürgt hat, wird es eines Tages bereuen. Wer sich darauf gar nicht erst einläßt, hat seine Ruhe.

16 Eine Frau gewinnt Ansehen durch ein liebenswürdiges Wesen; andere werden durch Gewalt reich und berühmt.

17 Wer freundlich zu anderen ist, hilft sich selbst damit; der Unbarmherzige schneidet sich ins eigene Fleisch.

a) Wörtlich: wie Essig.

Anderen Gutes tun

Dorothea Klaue

Sprüche 11, 25

Beim Lesen dieses Verses musste ich an meine Zeit als junge Missionarsfrau in Brasilien denken. Jede Woche war mein Mann einige Tage unterwegs, und ich blieb mit drei Kindern unter fünf Jahren allein. Wie gerne hätte ich ihn ab und zu begleitet, um auch «missionarisch» tätig zu sein. Doch unsere Kinder hatten in diesem feuchten Klima sehr oft mit Krankheiten zu kämpfen, und an längere Reisen war nicht zu denken. Bald merkte ich, wie sich Selbstmitleid – dieses heimliche Gift, das der Feind sät – in meine Gedanken schlich. Ich versank in Depressionen. Würde ich je wieder lachen und singen können? Mir kam es vor, als würde Gott mich ungerecht behandeln. Ich wollte ihm doch dienen – warum erlaubte er es mir nicht?

Eines Mittags, als ich das Geschirr abwusch und zum Fenster hinaussah, fielen mir die vielen armen Kinder auf, die von der Schule nach Hause gingen. Ich fing an, täglich für sie zu beten. Schließlich lud ich sie ein, sich auf unsere Gartenmauer zu setzen, und erzählte ihnen biblische Geschichten. Bald hielt ich regelmäßige Kinderstunden ab, später auch Frauen- und Jugendstunden.

Oft setzte ich mir auch meinen Kleinen auf die Hüfte, nahm die beiden Größeren an die Hand und ging los, um Familien in ihren Hütten zu besuchen. Wie viel Elend, Not, Armut und Aberglaube sah ich da! In einer Familie war die Frau Spiritistin, der Mann Alkoholiker. Drei der Kinder waren lernbehindert. Die Frau bat mich, ihrem 14-jährigen Sohn Lesen, Schreiben und Rechnen beizubringen, was er in sechs Jahren Grundschule nicht gelernt hatte. Luis kam daraufhin täglich und lernte fleißig, bis ich ihn mit einem Zeugnis entlassen konnte. Wie gut ich es im Vergleich zu dieser Familie doch hatte! Ich schämte mich über meine Unzufriedenheit und tat Buße.

Ohne dass ich es gleich merkte, verschwand die Unzufriedenheit, als ich anderen Gutes tat. Mir selber wurde geholfen, indem Gott mir die Augen für die Not anderer öffnete.

Nicht nur in Südamerika, wo ich geboren und aufgewachsen bin, gibt es Menschen, die Hilfe brauchen. Auch in Deutschland, wo ich einige Jahre gelebt habe, herrscht große Not – auch wenn sie von außen meist nicht sichtbar ist. Es macht mich froh, wenn ich sehe, wie Christen sich dort um Kinder aus schwierigen Familienverhältnissen, ledige Mütter, Einsame, Traurige, Asylanten und Ausländer kümmern.

Ja, unsere eigenen Probleme werden ganz klein, wenn Gott uns die Augen für unsere Nächsten öffnet. Es ist ein großes Vorrecht, wenn er uns so an seinem Auftrag teilhaben lässt.

18 Wer Gott mißachtet, sammelt nur trügerischen Gewinn; wer Gott treu bleibt, erhält beständigen Lohn.

19 Wer sich unbeirrbar für das Gute einsetzt, der wird leben; wer Unrecht plant, kommt um.

20 Gott haßt die Heuchler und freut sich über jeden Aufrichtigen.

21 Du kannst sicher sein: Keiner, der Unheil stiftet, kommt ungeschoren davon; aber alle, die Gott gehorchen, bleiben verschont.

22 An einer Frau ohne Anstand wirkt Schönheit wie ein goldener Ring im Rüssel einer Sau.

23 Wer Gott die Treue hält, hat nur Gutes zu erwarten; aber die Hoffnungen der Gottlosen werden zerschlagen – nur Zorn bleibt zurück!

24 Manche sind freigebig und werden dabei immer reicher, andere sind geizig und werden arm dabei.

25 Wer anderen Gutes tut, dem geht es selber gut; wer anderen hilft, dem wird geholfen.

26 Wer in Notzeiten sein Getreide hortet, um es dann um so teurer verkaufen zu können, den verwünschen die Leute; aber sie danken dem, der für sein Getreide keine Wucherpreise verlangt.

27 Wer auf Gutes bedacht ist, findet Zustimmung. Wer Böses ausheckt, den wird es selbst treffen.

28 Wenn du auf dein Geld vertraust, wirst du fallen wie ein welkes Blatt im Herbst. Lebe so, wie Gott es will, dann wirst du aufblühen wie die Pflanzen im Frühling.

29 Wer Haus und Familie vernachlässigt, wird schließlich vor dem Nichts stehen; und der Dummkopf wird zum Diener eines Klugen.

30 Wer Gott gehorcht, verhilft anderen zum Leben;[a] ein weiser Mensch gewinnt die Herzen.

31 Wer Gott mit Ehrfurcht begegnet, wird hier auf Erden schon dafür belohnt; erst recht wird jeder bestraft, der von Gott nichts wissen will!

Lügen haben kurze Beine

12 Wer dazulernen möchte, läßt sich gern sagen, was er falsch macht. Wer es haßt, auf Fehler hingewiesen zu werden, ist dumm.

2 Der Herr freut sich über gute Menschen, aber er verurteilt jeden, der hinterlistige Pläne schmiedet.

3 Wer sich von Gott lossagt, verliert jede Sicherheit; nur wer Gott vertraut, steht fest wie ein tief verwurzelter Baum.

4 Eine tüchtige Frau verhilft ihrem Mann zu Ehre und Glück[b]; eine faule Schlampe aber ist Gift für ihn und raubt ihm jede Lebensfreude.

5 Wer zu Gott gehört, behandelt seine Mitmenschen gerecht; wer Gott mißachtet, versucht andere hereinzulegen.

6 Die Worte des Gottlosen bringen andere in tödliche Gefahr; aber was ein ehrlicher Mensch sagt, hilft ihnen wieder heraus.

7 Die Familie des Gottlosen wird aussterben – sein Name verschwindet für immer. Die Familie des Mannes, der Gott gehorcht, bleibt bestehen.

8 Jeder bewundert einen klugen Menschen, ein Dummkopf aber wird verachtet.

9 Wer kein Ansehen genießt, sich aber einen Diener leisten kann, ist

a) Wörtlich: Die Furcht des Gerechten ist ein Baum des Lebens.
b) Wörtlich: ist die Krone ihres Mannes.

Donnerstag

Eine Krone für den Mann

Maria Czerwonka

Sprüche 12, 4

In einigen Naturvölkern war die Macht und Autorität eines Königs an seine Krone oder sein Zepter gebunden. Wenn ihm die Krone gestohlen wurde oder abhanden kam, verlor er den Anspruch seiner Herrschaft. Deshalb wurde bei festlichen Umzügen – als Zeichen der Autorität – vor dem Herrscher die Krone durch die Straßen gefahren oder getragen.

«Eine tüchtige Frau ist ihres Mannes Krone ...» (Vers 4 – Luther). Was für ein Bild! Die Frau soll die Krone des Mannes sein – nicht Fußabtreter oder Putzlappen! Gott sieht sie als Erkennungszeichen der Ehre, ja der Autorität ihres Mannes.

Wir Frauen sind wie eine lebendige Bestätigung und Erinnerung dessen, was unser Mann sein soll und darf, und eine liebevolle Aufforderung dazu. Gott selbst, der uns als Mann und Frau füreinander bestimmt hat, will für die «Krone» verantwortlich sein. Wir müssen uns nicht aufplustern und von uns aus glänzen, sondern dürfen vor seinen Thron kommen und von ihm Glanz, Ehre und Glück für uns und unseren Mann empfangen.

Denn Tüchtigkeit hat bei Gott keine «Martha-Mentalität» (Lukas 10,38–42). Nein, er lädt uns dazu ein, wie Maria das Rechte – Jesus selbst – zu suchen und zu wählen. Das allein bedeutet in den Augen Gottes Tüchtigkeit! Die Liebe und Innigkeit gegenüber Gott, dem Initiator der Ehe, wird wiederum Liebe füreinander hervorbringen. Das Werk dieser Liebe ist die Fähigkeit zu entdecken, was wirklich wichtig ist.

Es ist unsere Bestimmung, bei unserem himmlischen Vater zu sein und auf seine Stimme zu hören. Nur so werden wir erkennen, was für uns und unsere Männer nötig ist. Gott ist die Quelle der Ehre und des Glücks, die uns Frauen erfüllt und sättigt. So werden durch uns auch unsere Männer und alle in unserer Umgebung geehrt und erhoben.

«Eine tüchtige Frau – wer findet sie schon? Sie ist wertvoller als viele Juwelen! Ihr Mann kann sich auf sie verlassen, sie bewahrt und vergrößert seinen Besitz» (Sprüche 31,10–11). Vertrauen ist eine Frucht der Liebe, die wir schmecken dürfen und sollen. Das ist Gottes Plan für uns!

Ich wünsche mir, dass wir alle Kronen sein können, die Gottes Glanz und seine Herrlichkeit widerspiegeln. Dann können wir auch unseren Männern zu der Ehre und dem Glück verhelfen, das Gott ihnen geben möchte.

besser dran als ein Wichtigtuer, der nichts zu essen hat.

10 Ein guter Mensch sorgt für seine Tiere, der Gottlose aber behandelt sie grausam.

11 Wer seine Felder bestellt, hat genug zu essen; wer unsicheren Geschäften nachjagt, ist leichtsinnig.

12 Wer Gott mißachtet, schreckt selbst vor unrechtmäßigem Gewinn nicht zurück; aber wer mit Gott lebt, ist freigebig.[a]

13 Die Worte eines bösen Menschen sind eine Falle; doch wer Gott gehorcht, fällt nicht hinein.

14 Wer Gutes sagt und tut, dem wird es gut ergehen. Denn der Mensch bekommt, was er verdient.

15 Ein Dummkopf weiß immer alles besser, ein Kluger nimmt auch Ratschläge an.

16 Wird ein Dummkopf gekränkt, macht er seinem Ärger sofort Luft; der Kluge beherrscht sich, wenn er bloßgestellt wird.

17 Wer vor Gericht die Wahrheit aussagt, fördert die Gerechtigkeit; ein falscher Zeuge unterstützt den Betrug.

18 Die Worte eines gedankenlosen Schwätzers verletzen wie Messerstiche; was ein weiser Mensch sagt, heilt und belebt.

19 Lügen haben kurze Beine, die Wahrheit aber bleibt bestehen.[b]

20 Wer Böses ausheckt, betrügt sich selbst um das Beste; denn Freude erfährt nur, wer sich für Frieden einsetzt.[c]

21 Kein Unglück geschieht den Menschen, die Gott gehorchen; über den Ungehorsamen aber bricht das Unheil zusammen.

22 Der Herr haßt Lügner, aber er freut sich über ehrliche Menschen.

23 Der Kluge prahlt nicht mit Wissen, ein Dummkopf aber kann seine Dummheit nicht verbergen.

24 Wer hart arbeitet, hat Erfolg und kommt nach oben; der Faule dagegen muß als Sklave dienen.

25 Sorgen drücken einen Menschen nieder – aber freundliche Worte richten ihn wieder auf.

26 Wer Gott gehorcht, kann anderen den richtigen Weg zeigen; wer Gott mißachtet, läuft in die Irre.

27 Der Faulpelz erlangt nicht, was er begehrt; der Fleißige dagegen schafft sich einen bleibenden Besitz.

28 Wer Gott gehorcht, wird gut und sicher leben; auf seinem Weg lauert keine tödliche Gefahr.[d]

Wer klug ist, läßt sich etwas sagen

13 Ein vernünftiger Sohn läßt sich von seinen Eltern zurechtweisen, der Spötter aber verachtet jede Belehrung.

2 Wer Gutes sagt und tut, wird auch Gutes erfahren; ein hinterlistiger Mensch aber sucht die Gewalt.

3 Wer seine Zunge im Zaum halten kann, schützt sich selbst. Ein Großmaul richtet sich zugrunde.

4 Der Faulpelz will zwar viel, erreicht aber nichts; der Fleißige bekommt, was er sich wünscht, im Überfluß.

a) Wörtlich: aber die Wurzel der Gerechten bringt Frucht.
b) Wörtlich: Die wahrhaftige Lippe bleibt für immer, aber nur einen Augenblick lang die lügnerische Zunge.
c) Oder: denn Freude erfährt nur der, der wertvollen Rat gibt.
d) Der hebräische Text ist nicht sicher zu deuten.

Ein kostbares Erbe

Gigi Graham Tchividjian

Sprüche 13, 22

Das Kaminfeuer tauchte das Wohnzimmer in ein sanftes Licht. Ich saß auf der blank polierten Ofenbank und sah in die Flammen. Dieser Raum barg unendlich viele Erinnerungen für mich. Einen Großteil von dem, was ich über Gott und die Bibel wusste, hatte ich hier gelernt.

In diesem Haus war ich mit meinen Geschwistern aufgewachsen. Der Sonntag war für uns immer ein ganz besonderer Tag. Mutter weckte uns mit christlichen Liedern, die vom Plattenspieler kamen, während der Duft frisch gebackener Brötchen in unsere Nasen stieg. Nach dem Gottesdienstbesuch und dem anschließenden Mittagessen ruhten wir uns aus, lasen oder unternahmen lange Spaziergänge. Am Spätnachmittag besuchten uns dann gewöhnlich meine Großeltern, um den Abend mit uns zu verbringen. Während das Feuer im Kamin angezündet wurde, versammelte sich die ganze Familie im Wohnzimmer, um zu singen, zu spielen und zu erzählen, was die einzelnen mit Gott erlebt hatten.

Großmutter saß am Klavier, während wir unsere Lieblingslieder sangen. Nach und nach wurden die Jüngeren müde, und eins nach dem anderen verschwand im Bett; nur wir Älteren blieben übrig und hörten gespannt zu, wie die Erwachsenen erzählten.

Papa berichtete beispielsweise von einem aufregenden Erlebnis bei seiner letzten Evangelisation, oder er erzählte, wie Gott ihn bei einer schwierigen Entscheidung geleitet hatte. Mein Großvater, der Arzt war, berichtete, wie Gott einen seiner Patienten angerührt und ihn nicht nur körperlich, sondern auch geistlich gesund gemacht hatte. Anschließend ging es manchmal um einen bestimmten Bibeltext oder eine spezielle Gebetserhörung.

Als Heranwachsende hörte ich viel von Gottes Souveränität, seiner beständigen Gegenwart, seiner Bewahrung und seinem Erbarmen, seiner Kraft und Gnade, seiner Treue und Versorgung sowohl in materieller als auch geistlicher Hinsicht. Meine Eltern und Großeltern sprachen von Gott immer wie von ihrem besten Freund. Diese Zusammenkünfte ergaben sich ganz natürlich und spontan und flossen aus Herzen, die mit Liebe und Dankbarkeit Gott gegenüber erfüllt waren.

Während ich auf der warmen Ofenbank saß und über die vielen schönen, harmonischen Stunden nachdachte, die wir hier am Kamin verbracht hatten, ging mir ganz neu auf, wie kostbar solch ein christliches Erbe doch ist und wie wichtig es ist, sich zu erinnern. In 5. Mose 4,9 lesen wir: «Hütet euch davor, etwas von dem, was ihr gesehen habt, zu vergessen! Erinnert euch euer Leben lang daran, und erzählt es euren Kindern und Enkeln weiter!»

Zum Wochenende

Dank

Simone Rosenfelder

Und immer gilt: Im Namen unseres Herrn Jesus Christus dankt Gott, dem Vater, zu jeder Zeit, überall und für alles (Epheser 5,20).

Es gibt Tage, die würde man am liebsten aus dem Kalender streichen!

In den Ferien hatte mein Mann vorgeschlagen, unseren beiden älteren Kindern eine Freude zu machen und mit ihnen ins Kino zu gehen. Auch ich wollte mir etwas gönnen und machte in der Zwischenzeit mit unserem jüngsten Kind im Kinderwagen einen Stadtbummel.

Plötzlich stieß ich auf eine Errungenschaft, nach der ich schon lange gesucht hatte. Ganz ins Glück versunken verließ ich das Geschäft. Doch der Schreck war groß, als ich im nächsten Laden bemerkte, dass meine Geldbörse fehlte. Ich konnte meine Tasche durchwühlen und auf den Kopf stellen – die Geldbörse war unauffindbar! Ich durchsuchte den Kinderwagen und rannte zurück zum anderen Geschäft. Fehlanzeige. Schnell suchte ich die nächste Bank auf, um meine ec-Karte sperren zu lassen, Formulare auszufüllen ...

Als ich dann meinen Mann mit den Kindern traf, war mir die Enttäuschung ins Gesicht geschrieben. Doch auch meine Frage: «Wie war's bei euch?» wurde mit einem Stöhnen kommentiert. Während der Vorstellung mussten die Kinder dreimal aufs Klo (die Sitzplätze waren in der Mitte), die Popkorntüte war hinuntergefallen, und mein Sohn hatte bemerkt, dass er den Film schon gesehen hatte. Na prima!

Abends im Bett überlegte ich mir, wozu das alles gut gewesen sein sollte. Mir kam der Bibelvers in den Sinn: «In Christus liegen verborgen alle Schätze der Weisheit und der Erkenntnis» (Kolosser 2,3 – Luther).

Klar tut es weh, Geld zu verlieren, aber wie nichtig ist das im Gegensatz zu den Schätzen, die wir bei Jesus finden! Schätze liegen nicht auf der Straße, man muss sie suchen. Sie sind im Verborgenen. Ich muss mir die Zeit nehmen, in Gottes Wort zu lesen, mich öffnen für das, was er mir zu sagen hat. Ich habe festgestellt, dass ich auch ohne Geldbeutel überreich beschenkt bin. Drei gesunde Kinder, die uns als Eltern anvertraut wurden – unbezahlbar! Einen lieben Mann, der mich so annimmt wie ich bin – unbezahlbar! Gute Freunde, die betend hinter uns stehen – unbezahlbar! Ein Dach über dem Kopf, auch wenn es eng ist – unbezahlbar!

Dankbarkeit wird in mir groß und meine Sorgen und Probleme werden klein. Sie sind noch da, aber ich kann sie aus einem anderen Blickwinkel betrachten. Ich möchte mich wieder ganz neu auf Schatzsuche begeben, Sie auch? Die Bibel ist voll von Schätzen.

5 Wer Gott liebt, haßt die Lüge; der Gottlose aber macht andere hinter ihrem Rücken schlecht.

6 Wer mit Gott lebt, lebt gut; den Gottlosen aber stürzt seine Schuld ins Verderben.

7 Einer gibt vor, reich zu sein – ist aber bettelarm. Ein anderer stellt sich arm und besitzt ein Vermögen.

8 Vom Reichen fordert man Lösegeld für sein Leben; der Arme braucht dies nicht zu fürchten.

9 Wer Gott treu bleibt, gleicht einem hell brennenden Licht. Der Gottlose aber ist wie ein Licht, das erlischt.

10 Wer überheblich ist, zettelt Streit an; der Kluge läßt sich etwas sagen.

11 Erschwindelter Reichtum schwindet bald; was man langsam erwirbt, das vergrößert sich noch.

12 Endloses Hoffen macht das Herz krank; ein erfüllter Wunsch schenkt neue Lebensfreude.[a]

13 Wer guten Rat in den Wind schlägt, muß die Folgen tragen; wer sich etwas sagen läßt, wird belohnt.

14 Der Rat eines weisen Menschen hilft anderen zum Leben[b] und bewahrt sie vor tödlichen Fallen.

15 Der Vernünftige findet Anerkennung, wer aber nicht vertrauenswürdig ist, läuft in sein Unglück.

16 Der Kluge überlegt, bevor er handelt. Die Taten des Dummen zeigen, wie unüberlegt er ist.

17 Ein unzuverlässiger Botschafter richtet Schaden an, ein vertrauenswürdiger bringt Versöhnung.

18 Wer sich nichts sagen läßt, erntet Armut und Verachtung. Wer auf Ermahnungen hört, wird hoch angesehen.

19 Wie erfreulich ist es, wenn ein Wunsch in Erfüllung geht! Darum kann der Dummkopf von seinen bösen Wünschen nicht lassen.

20 Wenn du mit vernünftigen Menschen Umgang pflegst, wirst du selbst vernünftig. Wenn du dich mit Dummköpfen einläßt, schadest du dir nur.

21 Wer von Gott nichts wissen will, wird vom Unglück verfolgt. Wer aber Gott gehorcht, wird mit Glück belohnt.

22 Ein guter Mensch hinterläßt ein Erbe für Kinder und Enkelkinder, aber das Vermögen des Gottlosen geht über an den, der Gott dient.

23 Auf den steinigen Feldern der Armen wächst gerade genug zum Überleben, aber rücksichtslose Menschen nehmen ihnen auch das Letzte noch weg.

24 Wer sein Kind nie schlägt, der liebt es nicht. Wer sein Kind liebt, der bestraft es beizeiten.

25 Wer Gott gehorcht, hat genug zu essen. Wer sich aber von ihm lossagt, muß Hunger leiden.

Der Kluge überlegt, bevor er handelt

14 Eine tüchtige Frau hält das Haus in Ordnung und sorgt für die Familie, eine leichtfertige aber zerstört alles.

2 Wer aufrichtig ist, nimmt Gott ernst; wer krumme Wege geht, mißachtet ihn.

3 Ein unverbesserlicher Starrkopf verrät sich durch hochmütiges Gerede, ein verständiger Mensch überlegt, was er sagt.

4 Ein leerer Stall bleibt zwar sauber –

a) Wörtlich: ein erfüllter Wunsch ist ein Baum des Lebens.
b) Wörtlich: ist eine Quelle des Lebens.

aber ohne Rinder gibt es keinen Ertrag!

5 Ein ehrlicher Zeuge sagt immer die Wahrheit aus, ein falscher Zeuge verbreitet Lügen.

6 Wer für alles nur Spott übrig hat, wird die Weisheit vergeblich suchen; wer aber vernünftig ist, findet sie schnell.

7 Gib dich nicht mit Dummköpfen ab – von ihnen hörst du nichts Vernünftiges!

8 Wer ist klug? Jeder, der sich richtig einschätzen kann. Wer ist ein Tagträumer? Jeder, der sich selbst betrügt.

9 Leichtfertigen Menschen ist ihre Sünde gleichgültig – ja, sie spotten darüber; aufrichtige dagegen finden Gefallen bei Gott.

10 Deine innersten Gefühle kannst du mit niemandem teilen – im tiefsten Leid und in der höchsten Freude ist jeder Mensch ganz allein!

11 Das Haus des Gottlosen wird abgerissen, aber die Familie des Aufrichtigen blüht auf.

12 Manch einer wähnt sich auf dem richtigen Weg – und läuft geradewegs in den Tod.

13 Hinter schallendem Gelächter verbirgt sich oft großer Kummer. Wenn die Freude verrauscht ist, bleibt die Trauer zurück.

14 Wer krumme Wege geht, bekommt, was er verdient; der Gute aber wird belohnt.

15 Nur ein gedankenloser Mensch glaubt jedes Wort! Der Vernünftige prüft alles, bevor er handelt.

16 Der Kluge ist vorsichtig, um Unrecht zu vermeiden; ein Dummkopf braust schnell auf und fühlt sich auch noch im Recht.

17 Wer jähzornig ist, richtet viel Schaden an. Wer heimlich Rachepläne schmiedet, macht sich verhaßt.

18 Ein unverständiger Mensch kann nur Unwissenheit vorweisen, ein Kluger gewinnt Ansehen durch sein Wissen.

19 Der Böse wird dem Guten dienen, und der Gottlose muß sich erniedrigen vor dem, der Gott gehorcht.

20 Der Arme gilt nichts, sogar seine Nachbarn wollen nichts mit ihm zu tun haben; der Reiche aber hat viele Freunde.

21 Wer seinen Mitmenschen verachtet, der sündigt. Doch glücklich ist, wer den Hilflosen beisteht!

22 Wer Böses plant, gerät auf Abwege; wer Gutes im Sinn hat, wird Liebe und Treue erfahren.

23 Wer hart arbeitet, bekommt seinen Lohn – wer allerdings nur dumm schwätzt, wird arm!

24 Verständige Menschen werden mit Reichtum belohnt, Dummköpfe können nur ihre Gedankenlosigkeit vorweisen.

25 Ein ehrlicher Zeuge rettet unschuldige Menschen vor dem Todesurteil, ein falscher Zeuge ist ein gefährlicher Betrüger.

26 Wer Gott ehrt, lebt sicher und geborgen; sogar seine Kinder leben noch in dieser Geborgenheit.

27 Wer Gott in Ehrfurcht begegnet, hat die Quelle des Lebens gefunden und vermeidet tödliche Fehler.

28 Stark und mächtig ist der Herrscher, der ein großes Volk regiert, aber wie kläglich steht er da, wenn seine Bevölkerung kleiner wird!

29 Wer seine Gefühle beherrscht, hat Verstand. Der Jähzornige stellt nur seine Unvernunft zur Schau!

30 Wer gelassen und ausgeglichen ist, lebt gesund. Der Eifersüchtige wird von seinen Gefühlen innerlich zerfressen.

31 Wer den Armen unterdrückt,

Montag

Eifersucht

Hanne Baar

Sprüche 14, 30

Nur wenige Menschen bleiben in ihrem Leben von Eifersucht verschont. Eifersucht ist die Sicht und Aufregung, in die wir geraten können, wenn der für uns wichtigste Mensch (unsere «Bezugsperson») uns etwas vorzieht, was ihm wichtiger ist als wir – oder es uns zumindest so scheint. Es ist nicht leicht, damit fertig zu werden, ohne dass uns die Gelassenheit und Ausgeglichenheit abhanden kommt.

Menschen, die viel über sich nachdenken, können sich auf einer tieferen Ebene von der Eifersucht lösen als andere. Nach und nach gelingt es ihnen, ihre Aufmerksamkeit auf einen anderen Halt zu lenken, an dem sie ihre Wichtigkeit festmachen. Sie buchstabieren mit Gott durch, was in ihren Gefühlen eigentlich abläuft, wenn sie eifersüchtig reagieren, welcher Gedanke sie beherrscht, welche Vorstellungen sie quälen und von was sie zutiefst Erlösung brauchen.

Irgendwann liegt die Eifersucht hinter ihnen. Dann ist es für sie nicht mehr so wichtig, welche Bedeutung sie in den Augen ihrer Bezugsperson (Partner, Elternteil ...) haben. Stattdessen geben sie lieber darauf Acht, wie sie in den Augen Gottes dastehen, der alles weiß, ja, wie Gott sie sieht und was er sich von ihnen wünscht. Wer Eifersucht schließlich auf diese Weise durchgestanden hat, kommt in eine Freiheit vor Gott und Menschen, von der er vorher – ohne diese Kämpfe – nicht einmal zu träumen wagte. Aufs Äußerste gewarnt weiß er dann:

- Der eigentliche Feind ist die Eifersucht, nicht der Rivale oder der Partner – auch dann nicht, wenn der Partner Anlass zur Eifersucht gibt.
- Eifersucht im Herzen zu nähren ist Sünde – auch dann, wenn der Partner mit seinem Verhalten gesündigt hat (Galater 5, 19–21).
- Eifersucht als Sünde einzustufen heißt nicht, sich selbst Vorwürfe zu machen, sondern zu sehen, dass ich derjenige bin, der von Gott Vergebung braucht und bekommt.
- Eifersucht gedeiht auf dem Boden überhöhter Ansprüche, also auf Stolz.
- Eifersucht heilt nicht, solange ich dem Schmerz des verletzten Stolzes ausweiche. Sie heilt, wenn ich mich diesem Schmerz stelle.
- Indem ich den Schmerz der Eifersucht ertrage und – so gut ich kann – dem anderen vergebe, verändert sich mein Herz.
- In diesem Prozess werde ich im guten Sinne stark. Mein Selbstwertgefühl hängt schließlich nicht mehr von Menschen – auch nicht vom Ehepartner – ab, sondern allein von Gott.

verhöhnt dessen Schöpfer. Wer dem Hilflosen beisteht, der ehrt Gott.
32 Wer sich von Gott lossagt, kommt durch seine eigene Bosheit um. Wer Gott vertraut, ist selbst im Tod noch geborgen.
33 Das Kennzeichen des vernünftigen Menschen ist Weisheit, sogar die Unvernünftigen können das erkennen.
34 Wenn ein Volk Gottes Gesetz befolgt, wird es stark. Verstößt es dagegen, stürzt es sich ins Verderben.
35 Ein kluger Diener erntet den Dank des Königs; aber den, der nur Schaden anrichtet, trifft sein Zorn.

Der Weise hat ein Ziel vor Augen

15 Eine freundliche Antwort vertreibt den Zorn, aber ein kränkendes Wort läßt ihn aufflammen.
2 Wenn kluge Menschen sprechen, wird Wissen begehrenswert; ein Dummkopf gibt nur Geschwätz von sich.
3 Gott durchschaut alles; er sieht, wenn Menschen Gutes oder Böses tun.
4 Ein freundliches Wort schenkt Freude am Leben, aber eine böse Zunge verletzt schwer.
5 Nur ein unverständiger Mensch verachtet die Erziehung seiner Eltern; wer sich ermahnen läßt, ist klug.
6 Wer Gott gehorcht, hat immer mehr als genug zum Leben; wer von ihm nichts wissen will, verliert seinen Besitz.
7 Ein verständiger Mensch gibt sein Wissen weiter, aber ein Dummkopf versteht nichts, weiß nichts und hat nichts zu sagen.
8 Der Herr haßt die Opfergaben gottloser Menschen, aber er freut sich über die Gebete der Aufrichtigen.
9 Gott verabscheut die Lebensweise der Menschen, die ihn mißachten; aber er liebt den, der seine Gebote liebt.
10 Wer krumme Wege geht, wird hart bestraft; und wer jede Ermahnung verwirft, schaufelt sich sein eigenes Grab.
11 Gott sieht hinab bis in den Abgrund des Totenreiches – erst recht durchschaut er die innersten Gedanken und Gefühle eines Menschen!
12 Ein Hochmütiger will nicht ermahnt werden, darum meidet er den Umgang mit klugen Menschen.
13 Einen fröhlichen Menschen erkennt man an seinem strahlenden Gesicht, aber einem verbitterten fehlt jede Lebensfreude.
14 Vernünftige Menschen möchten ihr Wissen vergrößern, Dummköpfe haben nur am Unsinn ihren Spaß.
15 Für den Niedergeschlagenen ist jeder Tag eine Qual, aber für den Glücklichen ist das Leben ein Fest.
16 Lieber arm und Gott gehorsam als reich und voller Sorgen.
17 Lieber eine einfache Mahlzeit mit guten Freunden als ein Festessen mit Feinden!
18 Ein Hitzkopf schürt Zank und Streit, ein Geduldiger aber schafft Versöhnung.
19 Der Weg eines Faulpelzes ist dornenreich, dem Zuverlässigen aber stehen alle Wege offen.
20 Ein vernünftiger Sohn macht seinen Eltern Freude, ein Dummkopf zeigt ihnen die kalte Schulter.
21 Wer unvernünftig ist, hat Spaß an Dummheiten; ein weiser Mensch handelt zielbewußt.
22 Ohne Ratgeber sind Pläne zum Scheitern verurteilt; aber wo man gemeinsam überlegt, hat man Erfolg.
23 Jeder freut sich, wenn er treffend zu antworten weiß – wie gut ist ein wahres Wort zur rechten Zeit!

Die Wahrheit in Liebe sagen

Christiane Bladt

Sprüche 15, 1

«Dem werde ich so richtig die Meinung sagen!» Wie oft haben wir das schon gedacht oder auch getan. Und? Hat es geholfen?

Manfred Siebald singt in einem Lied: «Gib mir die richtigen Worte, gib mir den richtigen Ton. Worte, die deutlich für jeden von dir reden, gib mir genug davon. Wunden zu finden und sie zu verbinden, gib mir die Worte dafür.»

«Der Ton macht die Musik», heißt es in einem Sprichwort. Wer kennt nicht die vielen Geschichten von Loriot? In den Gesprächen, die er darin beschreibt, wird ständig aneinander vorbeigeredet. Wir lachen darüber – und doch sieht unser Alltag oft genauso aus. Wie viele Worte, im Laufe des Tages gesprochen, werden missverstanden? Plötzlich ändert sich der Ton. Es wird ein bisschen lauter geredet, etwas schärfer formuliert: Der andere soll endlich zuhören und mich verstehen! Auf eine spitze Bemerkung folgt eine noch spitzere Antwort, und schon ist der verbale Schlagabtausch in vollem Gange.

Worte können verletzen, zerstören, traurig machen und Schaden anrichten. In unseren Worten ist eine Macht verborgen, die aufrichtet oder zerschlägt, hilft oder kränkt. Doch wir sind dieser Macht nicht hilflos ausgeliefert. Es liegt an uns, unsere Worte zu lenken. Mit dem, was wir sagen, können wir anderen zur Seite stehen und sie ermutigen, sie unterstützen und trösten.

Eine menschliche Beziehung wird lebendig durch Worte in Fragen und Antworten. Doch welches Ziel haben meine Worte? Will ich den anderen stärken, trösten, fördern, erfreuen? Ist es mir wichtig, dass *er* weiterkommt? Oder geht es darum, dass *ich* mich wohl fühle, mich bestätige, mich herausstelle, mich nur um mich selbst kümmere? Ein freundliches, ermutigendes Wort an den anderen zeigt, dass es nicht um mich, sondern um ihn geht.

Worte haben weit reichende Wirkung. Gott hat sein Wort an uns Mensch werden lassen. Jesus Christus – dieses Mensch gewordene Wort – hat stets zum Ziel, uns auf dem Weg zu Gott weiterzubringen. Niemals will er uns fertig machen oder es uns mal so richtig zeigen.

Dieses Wort sagt die Wahrheit, aber immer das Richtige zur rechten Zeit. So kann Kommunikation Liebe transportieren, heilende Wirkung haben, Vergebung zusprechen und Hoffnung vermitteln.

[24]Der Kluge geht zielstrebig den Weg, der zum Leben führt; er meidet den Weg hinab ins Verderben.
[25]Der Herr zerstört das Haus der Hochmütigen, aber den Grund und Boden der Witwen verteidigt er.
[26]Böse Pläne sind dem Herrn verhaßt, aber aufrichtige Worte erfreuen ihn.
[27]Wer sich auf unehrliche Weise Gewinn verschafft, stürzt seine ganze Familie ins Unglück; wer keine Bestechungsgelder annimmt, führt ein gutes Leben.
[28]Ein zuverlässiger Mensch überlegt sich, was er sagt; ein gewissenloser platzt mit giftigen Worten heraus.
[29]Gott ist denen fern, die von ihm nichts wissen wollen; aber er hört auf das Gebet derer, die ihn lieben.
[30]Ein freundlicher Blick erfreut jeden, und eine gute Nachricht gibt neue Kraft.
[31]Wer auf hilfreiche Ermahnung hört, den kann man klug nennen!
[32]Wenn du jeden Tadel in den Wind schlägst, schadest du dir selbst. Wenn du dir etwas sagen läßt, dann gewinnst du Einsicht.
[33]Wer Ehrfurcht vor Gott hat, erlangt Weisheit; bevor man zu Ehren kommt, muß man Bescheidenheit lernen.

Der Mensch denkt – Gott lenkt

16 Der Mensch denkt über vieles nach und macht seine Pläne, das letzte Wort aber hat Gott.
[2]Der Mensch hält sein Handeln für richtig, aber Gott prüft die Motive.
[3]Vertraue Gott deine Pläne an, er wird dir Gelingen schenken.
[4]Alles hat Gott zu einem bestimmten Zweck geschaffen – der Gottlose ist für das Verderben gemacht.
[5]Gott verabscheut die Hochmütigen. Du kannst sicher sein: Keiner entkommt seiner gerechten Strafe!
[6]Wer Gott treu ist und Liebe übt, dem wird die Schuld vergeben; und wer Gott gehorcht, der meidet das Böse.
[7]Wenn dein Handeln Gott gefällt, bewegt er sogar deine Feinde dazu, sich mit dir zu versöhnen.
[8]Besser wenig Besitz, der ehrlich verdient ist, als großer Reichtum, durch Betrug erschlichen.
[9]Der Mensch plant seinen Weg, aber der Herr lenkt seine Schritte.
[10]Der König spricht in Gottes Auftrag, darum irrt er sich nicht, wenn er Recht spricht.
[11]Gott möchte, daß die Waage richtig eingestellt wird und daß die Gewichte stimmen, denn er selbst hat diese Ordnung aufgestellt.[a]
[12]Könige hassen das Unrecht, denn Gerechtigkeit festigt eine Regierung.
[13]Könige möchten die Wahrheit hören, darum achten sie ehrliche Menschen.
[14]Im Zorn wird ein König töten, deshalb versucht ein kluger Mensch, ihn freundlich zu stimmen.
[15]Wer in der Gunst des Königs steht, dem geht es gut; seine Anerkennung ist wie Regen, der Leben spendet.
[16]Weisheit und Urteilsvermögen zu erlangen ist viel kostbarer als Silber oder Gold!
[17]Wer ehrlich ist, meidet das Böse; wer dies beachtet, wird sein Leben retten.

a) Wörtlich: Waagebalken und Waagschalen sind Sache des Herrn, sein Werk sind alle Gewichtssteine im Beutel.

Schatzsuche

Anita Jantzen

Sprüche 16, 18

«Wo eure Schätze sind, da zieht es euch auch hin» (Lukas 12,34). Jeder von uns hat einen Schatz, auf den er stolz ist. Er bestimmt unser Leben bis ins Tiefste. Solange wir leben, motiviert er uns.

Wo ist dieser Schatz zu finden? Liegt er in mir verborgen? Ist es meine Begabung, auf die ich stolz bin, meine Leistung, mein Geschmack, mein Charme, mein gutes Aussehen? Wenn ja, dann werde ich selbst zum Maßstab meines Lebens.

Doch das nennt die Bibel Sünde. Dieser Maßstab baut auf einem waghalsig schmalen Fundament, das begrenzt ist durch meine menschliche Unvollkommenheit und Fehlerhaftigkeit. Auf diesem Fundament lässt sich nur nach oben bauen, höher und höher. Meine Konzentration richte ich dabei immer mehr auf mich selbst. Und wehe, ich werde in Frage gestellt! Dann muss ich schnell nach oben aufstocken, um mich vor anderen und vor mir selbst zu rechtfertigen. Das Ende ist oft vorprogrammiert: Isolation, dann der Fall.

Warum? Gott, der Schöpfer, hat das Leben anders eingerichtet. Nicht der «Turmbau zu Babel» ist die Lösung, sondern die Suche in der Tiefe. Dort, wo meine Schuld, das Leid und Elend der ganzen Welt offenbar wird: am Kreuz von Golgatha. Dort, wo ein neues Fundament für mein Leben zu finden ist.

Es ist wahr: Wir alle brauchen einen Schatz! Doch keinen, der uns beherrscht und in die Irre führt. Wir brauchen einen «Schatzmeister», der diese Lebensfrage für uns klärt. Jesus Christus, der Sohn Gottes, möchte diese Aufgabe in unserem Leben übernehmen. Er bietet uns den rettenden Tausch an: «Ich gebe mein Kostbarstes, mein Leben für dich. Gib du mir dafür dein Herz und alles, was dir lieb und teuer ist, deinen Schatz.

Komm mit ans Kreuz und sterbe mit mir, damit du immer mehr empfangen kannst und ein Leben im Überfluss hast.

Ich selbst werde dann dein neues Fundament sein. Meine starken und liebevollen Arme werden dich bergen und tragen, meine offenen Hände werden dich beschenken. Mein liebes Kind, lass mich dein Stolz, deine Kraft und deine Freude sein – dein Schatz!»

[18]Der Stolze wird gestürzt: ja,
Hochmut kommt vor dem Fall!
[19]Lieber bescheiden und arm sein
als Beute teilen mit den Hochmüti-
gen!
[20]Wer auf das hört, was ihm beige-
bracht wird, ist erfolgreich; und wer
dem Herrn vertraut, der findet
Glück.
[21]Man vertraut dem Urteil eines
vernünftigen Menschen; und wenn er
dazu noch gut reden kann, überzeugt
er jeden.
[22]Wer Verstand besitzt, hat ein er-
fülltes Leben; aber einen Dummkopf
zu belehren, ist reine Zeitverschwen-
dung.
[23]Der Kluge redet so, daß man ihn
leicht verstehen kann; deshalb über-
zeugen seine Worte.
[24]Ein freundliches Wort ist wie Ho-
nig: angenehm im Geschmack und
gesund für den Körper.
[25]Manch einer wähnt sich auf dem
richtigen Weg – und läuft geradewegs
in den Tod.
[26]Hunger treibt den Menschen an;
er muß arbeiten, um satt zu werden.
[27]Ein gemeiner Mensch gräbt ver-
gangene Fehler anderer wieder aus[a];
seine Worte zerstören wie Feuer.
[28]Ein hinterlistiger Mensch sät
Zank und Streit, und ein Lästermaul
bringt Freunde auseinander.
[29]Ein verbrecherischer Mensch be-
schwatzt seinen Freund und bringt
ihn auf krumme Wege.
[30]Wer listig mit den Augen zwin-
kert, führt Böses im Schilde; wer ent-
schlossen die Lippen zusammen-
preßt, hat es schon getan.
[31]Graues Haar ist ein würdevoller
Schmuck – angemessen für alle, die
Gottes Geboten folgen.
[32]Geduld zu haben ist besser, als
ein Held zu sein; und sich selbst be-
herrschen ist besser, als Städte zu er-
obern!
[33]Der Mensch wirft das Los, um
Gott zu befragen; und Gott allein be-
stimmt die Antwort.

Weisheit läßt sich nicht erkaufen

17 Lieber in Ruhe und Frieden
ein trockenes Stück Brot essen
als ein Festmahl mit Zank und Streit!
[2]Ein fähiger Diener ist höher ange-
sehen als ein nichtsnutziger Sohn, ja,
er wird zusammen mit den anderen
Söhnen zum Erben eingesetzt.
[3]Gold und Silber prüft man durch
Schmelzen, aber was im Herzen des
Menschen vorgeht, prüft allein der
Herr.
[4]Ein Übeltäter fühlt sich von bösen
Plänen angezogen, und einem Lügner
gefallen betrügerische Worte, die an-
dere ins Unglück stürzen.
[5]Wer den Armen verspottet, ver-
höhnt dessen Schöpfer. Wer sich am
Unglück anderer freut, bekommt sei-
ne Strafe.
[6]Alte Menschen sind stolz auf ihre
Enkelkinder, und Kinder sind stolz
auf ihre Eltern.
[7]Zu einem Dummkopf passen kei-
ne vernünftigen Worte, wieviel weni-
ger paßt Lüge zu einem zuverlässigen
Menschen!
[8]Manche glauben, Bestechung sei
ein Zaubermittel, das ihnen überall
Erfolg verspricht.
[9]Wer über die Fehler anderer hin-
wegsieht, gewinnt ihre Liebe; wer al-
te Fehler immer wieder ausgräbt, zer-
stört jede Freundschaft.
[10]Ein vernünftiger Mensch lernt

a) Wörtlich: gräbt Unheil.

durch Tadel mehr als ein Dummkopf
durch hundert Schläge!
11 Ein Unruhestifter sucht nur den
Aufstand, darum wird ihn eine grau-
same Strafe treffen.[a]
12 Lieber einer Bärin begegnen, der
man die Jungen geraubt hat, als
einem Dummen, der nur Unsinn im
Kopf hat!
13 Wer Gutes mit Bösem vergilt, in
dessen Familie ist das Unglück ein
ständiger Gast.
14 Ein angefangener Rechtsstreit ist
so schwer aufzuhalten wie gestautes
Wasser, das plötzlich losbricht – dar-
um laß es gar nicht erst so weit kom-
men!
15 Gott verabscheut es, wenn der
Schuldige für unschuldig erklärt und
der Unschuldige verurteilt wird.
16 Ein Dummkopf kann sich Weis-
heit nicht erkaufen, sie würde ihm
auch gar nichts nützen – er hat ja doch
keinen Verstand!
17 Auf einen Freund kannst du dich
immer verlassen; wenn es dir schlecht
geht, ist er für dich wie ein Bruder.
18 Wer sich mit Handschlag für die
Schulden eines anderen verbürgt, hat
den Verstand verloren!
19 Der Streitsüchtige liebt die Bos-
heit; und wer zu hoch hinaus will,
wird tief fallen.[b]
20 Ein Heuchler hat nichts Gutes zu
erwarten; und wer Lügen verbreitet,
stürzt ins Unglück.
21 Wer einen nichtsnutzigen und
charakterlosen Sohn hat, kennt nur
Sorge und Leid.
22 Ein fröhlicher Mensch lebt ge-
sund; wer aber ständig niedergeschla-
gen ist, wird krank und kraftlos.
23 Ein gottloser Richter nimmt
heimlich Bestechungsgelder an und
verdreht das Recht.
24 Ein vernünftiger Mensch bemüht
sich um Weisheit, aber die Gedanken
des Dummkopfes sind sprunghaft; er
denkt nichts zu Ende und kommt
auch zu nichts.[c]
25 Ein leichtsinniger Sohn bereitet
seinen Eltern Ärger und Enttäu-
schung.
26 Es ist empörend, wenn ein Un-
schuldiger mit einer Geldstrafe belegt
wird; und wenn ein anständiger
Mann Prügelstrafe bekommt, wird
das Recht mißachtet.
27 Ein weiser Mensch gibt acht auf
seine Worte, denn wer sich selbst be-
herrschen kann, ist vernünftig.
28 Sogar einen Dummkopf könnte
man für klug halten – wenn er sich
nicht durch seine eigenen Worte ver-
raten würde!

Worte haben Macht

18 Wer andere Menschen meidet,
denkt nur an sich und seine
Wünsche; heftig wehrt er sich gegen
alles, was ihn zur Einsicht bringen
soll.
2 Ein Dummkopf bemüht sich erst
gar nicht, etwas zu begreifen. Er will
nur jedem zeigen, wie klug er ist.
3 Wer sich von Gott lossagt, wird
zwangsläufig schuldig, Schuld aber
bringt Schande und Hohn.
4 Die Worte eines Menschen kön-
nen eine Quelle sein, aus der immer-
fort Weisheit sprudelt: unerschöpf-
lich und von tiefer Wahrheit.
5 Ein Richter tut Unrecht, wenn er

a) Wörtlich: ein grausamer Bote wird gegen ihn gesandt.
b) Wörtlich: und wer seine Tür zu hoch baut, sucht den Einsturz.
c) Wörtlich: aber die Augen des Dummkopfs sind am Ende der Erde.

Lachen war Gottes Idee

Ulrike Herrmann

Sprüche 17, 22

Ich bemerkte, wie ihre Augen mein Gesicht lange und gründlich erforschten. Endlich sprach sie ihre Gedanken aus: «Ulrike, ich bin von Herzen froh, dass du dein Lachen nicht verloren hast!»

Sie hatte Recht. Manchmal erschrak ich selbst und wunderte mich, dass mir nach dem tragischen Unfalltod unserer Tochter das Lachen nicht völlig vergangen war. Woran lag das?

Ich habe die tiefe Gewissheit aus Gottes Wort, dass der Tod nicht das *letzte* Wort hat! Sondern:

Zuletzt wird Jesus auf diese Welt zurückkommen.

Zuletzt wird er seine Kinder zu sich holen.

Zuletzt wird Gott alle Tränen abwischen.

Zuletzt wird nur noch Gottes Königreich bestehen.

Das ist für mich Grund genug, hier auf der Erde fröhlich meinen Lebensweg an der Hand Gottes weiterzugehen. Bis zum herrlichen *«Zuletzt»*.

Lachen ist übrigens Gottes geniale Idee! Er hat uns Menschen die Fähigkeit geschenkt, Freude sichtbar und hörbar auszudrücken. Jeder tut das auf sehr individuelle, unverwechselbare Weise. Kein Mensch hat exakt dieselbe «Lache» wie ein anderer. Das zeugt von Gottes unendlicher Kreativität!

Herzhaftes Lachen ist übrigens erstaunlich gesund. Wissenschaftler haben erforscht, dass es den menschlichen Körper mit viel Sauerstoff versorgt, wohltuende Hormone produziert, viele Muskeln mobilisiert, Herz und Kreislauf in Schwung bringt und das Immunsystem stärkt. Die Forscher haben in ihren Tests also herausgefunden, was Gott bei seiner Schöpfung sich liebevoll ausgedacht hat.

Lachen ist eine sehr heilsame und dabei kostenlose Therapie. Wer häufig lacht, kann mehr leisten, wird leichter mit Stress fertig, leidet weniger unter Schlafproblemen und hat die besseren Nerven. Und besonders dann, wenn in meinem Leben nicht alles rosig aussieht und glatt läuft, habe ich Gottes Lach-Therapie nötiger denn je.

Wie heißt es doch im Volksmund: «Wer zuletzt lacht, lacht am besten!» Ja, denn zuletzt – im Himmel – wird es für die Kinder Gottes für immer nur noch Freude, Jubel und Lachen geben. Und hier auf der Erde möchte ich dafür schon mal von Herzen «üben».

den Schuldigen begnadigt und den
Unschuldigen verurteilt.
6 Wenn ein unverständiger Mensch
seinen Mund aufmacht, gibt es nur
Streit und Schläge.
7 Ein Dummkopf schwätzt sich sein
eigenes Unglück herbei, kopflos
rennt er in seine eigene Falle.
8 Das Geschwätz eines Verleum-
ders ist so verlockend! Es wird begie-
rig verschlungen wie ein Leckerbissen
und bleibt für immer im Gedächtnis
haften.
9 Wer seine Arbeit nachlässig tut,
richtet genauso viel Schaden an wie
einer, der alles zerstört.
10 Gott, der Herr, ist wie eine starke
Festung: Wer auf ihn vertraut, ist in
Sicherheit.
11 Der Reiche bildet sich ein, sein
Besitz würde ihn schützen wie eine
hohe Stadtmauer.
12 Stolz führt zum Sturz, Beschei-
denheit aber bringt zu Ehren.
13 Wer antwortet, bevor er über-
haupt zugehört hat, zeigt seine
Dummheit und macht sich lächerlich.
14 Ein Mensch kann durch festen
Willen sogar körperliche Krankheit
ertragen; aber wer den Mut zum Le-
ben verloren hat, ist zu nichts mehr in
der Lage.
15 Ein kluger Mensch möchte sein
Wissen vergrößern, darum läuft er
mit offenen Augen und Ohren durch
die Welt.
16 Ein Geschenk eröffnet viele
Möglichkeiten, sogar den Zugang zu
einflußreichen Menschen.
17 Wer als erster vor Gericht aus-
sagt, scheint recht zu haben; dann
aber kommt sein Gegner und zeigt
die andere Seite auf.
18 Bei einem Prozeß kann das Los
zwischen den Gegnern entscheiden,
besonders wenn beide gleich stark
und einflußreich sind.
19 Ein Freund, den du enttäuscht
hast, ist schwerer zurückzugewinnen
als eine bewachte Festung; wenn man
sich entzweit, ist jede Tür verschlos-
sen.
20 Du mußt mit den Folgen deiner
Worte leben – seien sie nun gut oder
böse.
21 Worte haben Macht: sie können
über Leben und Tod entscheiden.
Darum ist jeder für die Folgen seiner
Worte verantwortlich.
22 Wer eine Frau gefunden hat, der
hat es gut; es ist ein Zeichen der Güte
Gottes.
23 Wenn ein Armer etwas braucht,
muß er bescheiden fragen; ein
Reicher aber antwortet hart und
stolz.
24 Viele sogenannte Freunde scha-
den dir nur, aber ein wirklicher
Freund steht mehr zu dir als ein Bru-
der.

Hilf den Armen!

19 Lieber arm und ehrlich als ein
selbstherrlicher Dummkopf,
der Lügen verbreitet!
2 Ein eifriger Mensch, der nicht
nachdenkt, richtet nur Schaden an;
und was übereilt begonnen wird, miß-
lingt.
3 Manch einer ruiniert sich durch ei-
gene Schuld, macht dann aber Gott
dafür verantwortlich!
4 Der Reiche ist immer von Freun-
den umgeben, aber der Arme verliert
jeden Freund.
5 Wer als Zeuge einen Meineid
schwört, wird bestraft; für ihn gibt es
kein Entrinnen.
6 Einflußreiche Leute werden von
vielen umschmeichelt; und wer
freigebig ist, hat alle möglichen
Freunde.
7 Den Armen lassen seine Ver-

Worte haben Macht

Karin Rieger

Sprüche 18, 21

Ja, Worte haben Macht – und manchmal auch weit reichende Konsequenzen. Ich erinnere mich an die zwei wichtigsten «Ja-Worte», die mein Leben grundlegend verändert haben. Das erste habe ich am 18. Februar 1987 gegeben, als ich zu einem neuen Leben unter der Führung von Jesus Christus «Ja» sagte. Die jahrelange Suche nach Gott war zu Ende. In Jesus hatte ich Frieden, ein sinnerfülltes Leben und die lang ersehnte «wirkliche Liebe» gefunden.

Das zweite «Ja-Wort» habe ich am 11. November 1989 meinem Mann gegeben. Da er Musikproduzent, Komponist und Musiker ist, war mein Leben fortan von Musik erfüllt. Ein Wunsch, den ich schon als kleines Mädchen gehabt hatte, ging somit in Erfüllung.

Unsere Worte, ob «Ja» oder «Nein», sind von einer menschlichen Unsicherheit geprägt. Wir wissen nicht endgültig, ob wir sie konsequent einhalten können. Aussprüche wie «Versprochen ist versprochen!» oder «Ehrenwort!» spiegeln unsere Unvollkommenheit und Vergesslichkeit wider. So ist es nicht verwunderlich, dass heute wichtige Verträge, Vereinbarungen, Aktennotizen oder «Absprachen» schriftlich fixiert werden, weil auf das menschliche Wort wenig Verlass ist.

Gute Worte können ermutigen, anspornen, aufbauen. Auf der anderen Seite können böse Worte eine enge Beziehung unter Umständen ein Leben lang zerstören. Vielleicht wird auch ein gut gemeinter Rat nicht als solcher erkannt und als «herbe Kritik» empfunden.

König Salomo macht uns hier bewusst: «Darum ist jeder für die Folgen seiner Worte verantwortlich.» Leichtsinn, Leichtzüngigkeit oder Unwissenheit schützen nicht vor den Konsequenzen. Es ist nötig, unser Gegenüber im Blick zu haben: Wie das, was ich sage, bei ihm ankommt – das ist so wichtig! Ein mit Liebe gesprochenes Wort kommt immer gut an, vor allem, wenn Gott selbst als «die Liebe» unsere Worte lenkt. Der Geschwätzigkeit sagt Jesus deshalb klar den Kampf an: «Sage einfach ‹Ja› oder ‹Nein›. Alle anderen Beteuerungen zeigen nur, dass du dich vom Bösen bestimmen lässt» (Matthäus 5,37). Ein geheiligtes Leben in Wort und Tat durch Gottes Wort und seinen Heiligen Geist ist gefragt.

Worte haben Macht – und umgekehrt. Wer Macht hat, dessen Wort zählt. Doch uneingeschränkt gilt das nur bei Einem, nämlich bei Gott. Denn er hält immer, was er verspricht.

Freude

Gertraud Zinßer

Seid fröhlich in der Hoffnung darauf, dass Gott seine Zusagen erfüllt (Römer 12,12a).

Während einer Zeit der Arbeitslosigkeit hatte ich monatlich nur 618 DM Arbeitslosengeld, aber ich erlebte Gott nicht nur als Vater und Versorger, sondern auch als jemanden mit Humor.

Ich musste nach «Übersee» (mit der Fähre von Konstanz auf die andere Seite des Bodensees), um einen Krankenbesuch zu machen. In mir hatte sich eine depressive Stimmung breit gemacht, weil die Fahrkarte für Fähre und Bahnbus über mein Monatsbudget hinausging. Als ich in Meersburg den Bus bestieg und mich auf einen Platz in der Mitte setzte, blickte ich erstaunt auf: Neben dem Busfahrer hing ein Poster mit einem Bibelspruch. Wie war denn das in einem öffentlichen Verkehrsmittel möglich? Ich sah noch einmal hin, aber da las ich tatsächlich:

HOFFE
STETS
AUF
DEN
HERRN!

Egal, wie der Spruch dahin gelangt war – mich machte er fröhlich und holte mich aus meiner trüben Stimmung heraus. Genau das war es doch, was uns Gott immer wieder zu sagen versucht: «Wenn du mit einem Problem zu kämpfen hast, dann sieh nicht auf deine Situation, sondern auf mich, weil ich alle Dinge zu tun vermag!»

In Überlingen angekommen, stieg ich extra an der vorderen Tür aus, um mich noch einmal zu vergewissern, dass ich richtig gelesen hatte. Doch da stand:

BITTE
STETS
GUT
FEST-
HALTEN!

Klar, dass mich das so zum Lachen brachte, dass alle Depression und aller Trübsinn verflogen waren! Ich konnte mich nur noch bei dem Vater bedanken, dem wirklich nichts unmöglich ist.

wandten im Stich – noch mehr halten seine Bekannten sich von ihm fern. Er erinnert sich an ihre Versprechungen, aber sie sind wertlos geworden.

8 Wer sich um Weisheit bemüht, tut sich selbst einen Gefallen; und wer Einsicht bewahrt, findet das Glück.

9 Wer als Zeuge einen Meineid schwört, kommt nicht ungeschoren davon – er hat sein Leben verspielt.

10 Ein Leben im Überfluß paßt nicht zu einem leichtsinnigen und oberflächlichen Menschen – noch verkehrter ist es, wenn ein Sklave über Machthaber herrscht.

11 Ein vernünftiger Mensch kann seine Gefühle beherrschen; es ehrt ihn, wenn er über Fehler hinwegsehen kann.

12 Der Zorn eines Königs jagt Angst ein wie das Brüllen eines Löwen, aber seine Anerkennung erfrischt wie der Morgentau.

13 Ein nichtsnutziger Sohn bringt seinen Vater ins Unglück; und eine ewig nörgelnde Frau ist so unerträglich wie ein ständig tropfendes Dach.

14 Haus und Besitz kann man von den Eltern erben; aber eine vernünftige Frau schenkt nur Gott, der Herr.

15 Ein Faulpelz liebt seinen Schlaf – und erntet Hunger dafür.

16 Wer sich an Gottes Gebote hält, bewahrt sein Leben; wer sie auf die leichte Schulter nimmt, kommt um.

17 Wer den Armen etwas gibt, gibt es Gott, und Gott wird es reich belohnen.

18 Erzieh deine Kinder mit Strenge, solange sie noch jung sind[a], aber laß dich nicht dazu hinreißen, sie zu mißhandeln[b]!

19 Wer jähzornig ist, muß seine Strafe dafür zahlen. Wenn du versuchst, ihn zu beschwichtigen, machst du alles nur noch schlimmer!

20 Höre auf guten Rat, und nimm Ermahnung an, damit du endlich weise wirst!

21 Der Mensch macht viele Pläne, aber es geschieht, was Gott will.

22 Wer freigebig und gütig ist, wird von allen geschätzt; und besser ein Armer als ein Betrüger.

23 Wer Gott achtet und ehrt, hat ein gutes Leben. Er kann ruhig schlafen, denn Angst vor Unglück kennt er nicht.

24 Ein fauler Mensch streckt seine Hand nach dem Essen aus, aber er kriegt sie nicht zum Mund zurück!

25 Wenn ein Lästermaul bestraft wird, werden wenigstens Unerfahrene etwas davon lernen; wenn man aber den Vernünftigen zurechtweist, lernt er selbst daraus.

26 Wer seine Eltern schlecht behandelt und fortjagt, ist ein gemeiner und nichtsnutziger Mensch.

27 Wenn du jede Ermahnung sowieso in den Wind schlägst – dann hör doch gar nicht erst darauf!

28 Ein betrügerischer Zeuge verhöhnt jedes Recht; die Worte eines gewissenlosen Menschen säen Unheil und Verderben.

29 Wer sich über alles mit Spott hinwegsetzt, wird seine gerechte Strafe bekommen; und auf den Rücken des überheblichen Besserwissers gehört der Stock!

a) Wörtlich: solange noch Hoffnung da ist.
b) Wörtlich: sie zu töten.

Montag

In Sachen Erziehung

Brigitte Grill

Sprüche 19, 18

Mein Mann und ich waren schon einige Zeit verheiratet, aber Nachwuchs hatte sich nicht eingestellt. Niemand vermutete mehr, dass sich daran etwas ändern würde. Doch innerhalb recht kurzer Zeit schenkte Gott uns vier lebhafte Jungs, darunter Zwillinge! Welche Gabe und Aufgabe zugleich! Wie konnten wir der Verantwortung gerecht werden, diese Geschenke in Gottes Sinn zu erziehen? Wir durften entdecken, dass die Bibel auch dafür Orientierung gibt.

In den Sprüchen werden wir aufgefordert, unsere Kinder mit Strenge zu erziehen. Heißt das, dass die Liebe keinen Platz mehr hat? Nein, die Bibel geht davon aus, dass wir unsere Kinder lieben. An unzähligen Stellen offenbart sich Gott selbst als liebender Vater. «Gott ist Liebe», heißt es im 1. Johannesbrief, Kapitel 4 Vers 8. Könnten wir ihn sonst wiederlieben, ihm vertrauen? Doch in seiner Liebe formt er uns, behandelt uns auch mit Strenge, um uns letztlich vor Schaden zu bewahren.

«Strenge» ist kein populäres Wort. Heutzutage neigen Eltern dazu, es sich einfach zu machen und das Gegenteil von Strenge – Nachgiebigkeit – zu praktizieren. Dieses Verhalten wird dann mit Liebe verwechselt. Schuld wird psychologisch wegerklärt, und demzufolge hat auch die Strafe keinen Platz mehr im Kinderzimmer. Humanisten behaupten zwar, ein Kind sei von Natur aus gut, doch die Bibel sieht das anders. Sie weiß um das Böse, das bereits von Anfang an im Herzen eines Kindes schlummert.

Neulich konnte ich das mit eigenen Augen beobachten. Mein Mann hatte unseren drei größeren Jungs Spielzeugautos gekauft. Man sollte glauben, nun sei die Welt der Kinder in Ordnung. Doch weit gefehlt! Wir waren dieses Mal mit dem Bus unterwegs. Als er anhielt, stieg einer der Zwillinge als Erster aus. Dem anderen passte das nicht, denn *er* wollte der Erste sein. Da nahm er sein neues Auto und schlug dem Bruder damit so fest auf die Stirn, dass es eine Beule gab. Natürlich hatte das Konsequenzen!

Ein Kind braucht klare Grenzen. Es muss auch lernen, dass seine Eltern Ja meinen, wenn sie Ja sagen und dass ein Nein ein Nein ist (Matthäus 5,37). Doch welche Erziehungsmaßnahmen uns von Fall zu Fall angemessen erscheinen, sie sollten in Liebe gegründet sein und zum Besten des Kindes dienen. Selbst wenn wir an unsere Grenzen stoßen, dürfen wir unsere Aggressionen nicht am Kind auslassen. Davor warnt uns die Bibel ganz eindeutig.

Möge Gott Gnade schenken, dass uns die Aufgabe der Erziehung gelingt und wir in den jungen Jahren der Kinder die Weichen richtig stellen, damit sie einmal den Weg zu Jesus finden!

Ein Menschenkenner durchschaut die Gedanken

20 Ein Biertrinker wird unange-
nehm laut, und ein Weinsäufer
redet Blödsinn; wer sich betrinkt, ist
unvernünftig!
2 Vor einem König nimmt man sich
in acht wie vor einem brüllenden
Löwen; denn wer seinen Zorn her-
ausfordert, setzt sein Leben aufs
Spiel.
3 Es ehrt einen Menschen, wenn er
sich auf keinen Streit einläßt; nur ein
törichter Streithahn wettert sofort
los.
4 Wer faul ist, kümmert sich nicht
um seine Saat; wenn er dann ernten
will, sucht er vergeblich.
5 Die Gedanken eines Menschen
sind unergründlich wie ein tiefer
See, aber ein Menschenkenner
durchschaut sie und bringt sie ans
Licht.
6 Viele Menschen betonen, wie
freundlich und zuverlässig sie
sind; aber wo findet man einen, auf
den man sich wirklich verlassen
kann?
7 Wer aufrichtige Eltern hat, die
Gott dienen, der kann sich glücklich
schätzen!
8 Wenn der König Gericht hält,
deckt er jedes Unrecht auf.
9 Wer kann schon behaupten: «Ich
bin frei von jeder Schuld und habe ein
reines Gewissen.»?
10 Gott verabscheut das Messen mit
zweierlei Maß und haßt das Wiegen
mit zweierlei Gewicht.
11 Schon im Verhalten eines Kindes
zeigt sich, ob es ehrlich und zuverläs-
sig ist.
12 Gott hat uns Augen gegeben,
um zu sehen, und Ohren, um zu hö-
ren.
13 Liebe nicht den Schlaf, sonst
bist du bald arm! Steh früh genug
auf, damit du immer genug zu essen
hast!
14 «Das ist viel zu teuer!» schimpft
der Käufer beim Handeln; doch
hinterher lacht er sich ins Fäust-
chen.
15 Worte der Weisheit und der Er-
kenntnis sind viel kostbarer als Gold
und Juwelen.
16 Wenn jemand zu dir kommt, der
aus Leichtsinn für die Schulden eines
Fremden gebürgt hat, so leihe ihm
nur etwas gegen Pfand!
17 Was man durch Betrug erworben
hat, mag zuerst zwar angenehm sein,
aber früher oder später hinterläßt es
einen bitteren Nachgeschmack.
18 Pläne sind erst durch Beratung
erfolgreich; darum überlege gut, be-
vor du in einen Kampf ziehst!
19 Wer Geheimnisse ausplaudert,
der lästert auch über seine Mitmen-
schen. Darum meide jeden, der sei-
nen Mund nicht halten kann!
20 Wer Vater und Mutter verflucht,
dessen Leben wird verlöschen wie
eine Lampe in tiefster Dunkelheit.
21 Ein Erbe, das man übereilt an
sich reißt, wird am Ende nicht geseg-
net sein.
22 Nimm dir nicht vor, Unrecht
heimzuzahlen! Vertraue dem Herrn,
denn er wird dir zum Recht verhel-
fen!
23 Gott verabscheut es, wenn man
beim Abwiegen mit zweierlei Ge-
wicht und einer gefälschten Waage
betrügt.
24 Gott lenkt die Schritte des Men-
schen; wie kann der Mensch sein Le-
ben überblicken?
25 Wer Gott vorschnell ein Verspre-
chen gibt und erst hinterher die Fol-
gen bedenkt, bringt sich selbst in aus-
weglose Schwierigkeiten.
26 Ein weiser König entdeckt die

Dienstag

Gutes lernen

Ingrid Krieger

Sprüche 20, 30

Ein älterer Herr sitzt in der Straßenbahn einer jungen Frau mit ihrem Sohn gegenüber. Der Junge schlenkert ununterbrochen mit den Beinen und tritt dem Mann dabei immer wieder gegen das Bein. Als er sich beschwert, entgegnet die Mutter: «Mein Junge hat gerade seine Bewegungsphase, und ich möchte ihn in seiner Entwicklung nicht stören. Wenn mein Sohn das Bedürfnis danach hat, darf er das tun.»

Der ältere Herr denkt über das Gehörte nach. Plötzlich tritt er der Frau kräftig gegen das Bein. Sie explodiert und lässt einen Redeschwall los, der mit allerlei Schimpfwörtern gespickt ist. Doch der Mann lehnt sich ruhig zurück und sagt: «Ich hatte gerade dieses Bedürfnis. Wahrscheinlich bin ich auch so erzogen wie ihr Junge.»

Eine ungewöhnliche Szene, aber sie trifft ins Schwarze. Wir reden davon, dass es schlechte und gute Gewohnheiten gibt. Gute Gewohnheiten haben etwas mit Erziehung zu tun. Manchmal staune ich, welche Ereignisse und Erlebnisse Gott in das Leben einzelner Menschen einbaut, um sie zu erziehen. Da ist zum Beispiel Nebukadnezar, der sich als alleiniger Herrscher feiern ließ. Gott ermahnte ihn mehrmals, sich nicht zu überheben, aber dieser König war immer nur für kurze Zeit bereit, darüber nachzudenken. Erst als Gott ihn sieben Jahre zur Seite nahm, kam er zur Besinnung (Daniel 4).

Kinder spüren ihren Ungehorsam manchmal erst dann, wenn ihre Eltern ihnen zur Strafe einen Klaps geben. Doch auch wir Erwachsenen, die wir denken, unsere Erziehung sei längst abgeschlossen, werden zurechtgewiesen. Unser Verhalten kann Folgen haben, die wir nicht durch Schläge spüren, sondern vielleicht dadurch, dass wir gemieden werden, dass man uns links liegen lässt. Auch das kann sehr wehtun.

Um in der Erziehung das richtige Maß zu finden, hilft es, darüber nachzudenken: Das, was mich treffen müsste, hat Jesus Christus für mich übernommen. Er hat seinen Rücken für mich hingehalten, hat meinen Ungehorsam gesühnt und ist den Weg bis zum Ende gegangen – bis zum Tod am Kreuz. Daran will ich mich immer erinnern und es anderen deutlich machen. Jesus nahm meine Schläge, meine Schmerzen auf sich, damit ich frei ausgehen kann. Dieses Wissen lässt mich gelassener mit meinen Kindern und meinen Mitmenschen umgehen.

Verbrecher und gibt ihnen eine harte Strafe[a].

27 Gott, der Herr, gab dem Menschen den Verstand,[b] damit er seine innersten Gedanken und Gefühle überprüfen kann.

28 Wenn ein König freundlich und zuverlässig ist, dann steht seine Regierung fest und sicher.

29 Der Schmuck junger Menschen ist ihre Kraft, und die Würde der Alten ist ihr graues Haar.

30 Schläge sind ein wirksames Mittel gegen Bosheit – sie helfen dem Menschen, sich zu bessern.

Wer auf Gott hört, ist auf dem richtigen Weg

21 Wie man Wasser durch Kanäle in die gewünschte Richtung leitet, so lenkt Gott die Gedanken des Königs, wohin er will.

2 Der Mensch hält das, was er tut, für richtig; aber Gott, der Herr, prüft, warum der Mensch das tut.

3 Gott will, daß die Menschen gut und gerecht miteinander umgehen; das ist ihm viel lieber als ihre Opfergaben.

4 Wer von Gott nichts wissen will, ist stolz und überheblich; bei allem, was er tut, lädt er Schuld auf sich.[c]

5 Was der Fleißige plant, bringt ihm Gewinn; wer aber allzu schnell etwas erreichen will, hat nur Verlust.

6 Reichtum, den man durch Betrug erworben hat, zerrinnt schnell und reißt mit in den Tod.

7 Wer Gott mißachtet und sich weigert, ihm zu gehorchen, schadet sich selbst durch seine Bosheit und Gewalt.

8 Verschlungen und undurchsichtig sind die Wege des Menschen, der Schuld auf sich geladen hat; der Ehrliche aber führt ein aufrichtiges Leben.

9 Lieber in einer kleinen Ecke unter dem Dach wohnen als in einem prächtigen Haus mit einer ständig nörgelnden Frau!

10 Wer Gott verachtet, giert nach Bösem; sogar sein Nachbar kann von ihm kein Mitgefühl erwarten.

11 Wenn man dem Lästermaul eine Geldstrafe auferlegt, werden wenigstens Unerfahrene etwas davon lernen; wenn man aber einen weisen Menschen belehrt, lernt er selbst daraus.

12 Der gerechte Gott[d] achtet auf alle, die ihn ablehnen, und stürzt sie ins Unglück.

13 Wer sich beim Hilferuf eines Armen taub stellt, wird selbst keine Antwort bekommen, wenn er Hilfe braucht.

14 Wenn jemand wütend auf dich ist, kannst du ihn besänftigen, indem du ihm heimlich ein Geschenk zusteckst.

15 Wenn das Recht beachtet wird, freut sich ein ehrlicher Mensch; aber für einen Übeltäter bedeutet es Angst und Schrecken.

16 Wer sich weigert, Vernunft anzunehmen, auf den wartet der Tod!

17 Wer ausgelassene Feste liebt, wird bald arm – ein aufwendiges Leben hat noch keinen reich gemacht!

18 Die Gerechtigkeit wird siegen:

a) Wörtlich: und läßt das Rad über sie gehen.
b) Wörtlich: Der Geist des Menschen ist eine Lampe von Gott.
c) Wörtlich: die Leuchte der Gottlosen ist Sünde.
d) Wörtlich: Der Gerechte. – Es könnte auch ein gerechter Herrscher gemeint sein.

Richtiges Zeitmanagement

Silke Janssen

Sprüche 21, 5

Ein junger Mann lädt seinen Chef und dessen Frau zum Essen ein. Für ihn hängt viel von diesem Abend ab, denn er möchte in der Firma aufsteigen. Das macht er auch seiner Ehefrau deutlich, mit der er seit kurzem verheiratet ist.

Also fertigt sich die junge Frau am Vormittag des Tages, an dem das Abendessen stattfinden soll, eine Liste der Dinge an, die noch zu erledigen sind. Sie meldet sich zur Dauerwelle bei ihrem Frisör an, telefoniert mit ihrer Mutter, um deren beste Rezepte zu erfragen, besorgt Getränke, geht einkaufen. Schließlich sitzt sie beim Frisör unter der Trockenhaube und sieht ständig auf die Uhr. Die Mutter sagte etwas von drei Stunden für die Gans und einer weiteren Stunde für die Vorbereitung. Die Zeit wird knapp!

Plötzlich reißt sich die junge Frau die Haube vom Kopf, dreht die Lockenwickler aus ihren Haaren und rennt wie ein begossener Pudel durch die Straßen. Zuhause schmeißt sie die Gans in den Ofen, und während der Braten vor sich hin brutzelt, versucht sie, den Nachtisch und die Vorspeisen vorzubereiten, den Tisch zu decken und vor allem ihre Frisur in den Griff zu bekommen.

Doch es gelingt nicht! Die Gans trocknet völlig aus, der Nachtisch bleibt warm und flüssig, die Vorspeise missglückt. Sie selbst sieht aus wie ein Strauchdieb, und der Tisch ist auch nicht gedeckt, als der Chef mit seiner Frau an der Tür klingelt. Der Abend wird eine Katastrophe, doch der junge Ehemann bekommt die neue Stelle trotzdem.

Diese Szene aus einem alten Film fällt mir immer dann ein, wenn ich an falsches Zeitmanagement denke. Natürlich hatte die junge Frau alles geplant und sich eine Liste gemacht. Sie war sich sicher, sie hätte die Situation im Griff und alles sei gut vorbereitet. Doch letztendlich fehlte ihr die Zeit, um alles fertig zu bekommen. Anstatt alles vorher in Ruhe durchzugehen, hatte sie einfach zu spät angefangen zu planen.

Auch Jesus mahnt seine Jünger in einem Gleichnis zur Besonnenheit. Er rät ihnen, rechtzeitig und sorgfältig zu planen, um etwas zum Gelingen zu bringen. «Will sich jemand ein Haus bauen, dann überlegt er doch auch vorher, ob er das überhaupt bezahlen kann. Kein vernünftiger Bauherr wird einfach anfangen und dabei riskieren, dass er bereits nach dem Bau des Fundaments aufhören muss. Die Leute werden ihn auslachen: ‹Ein Haus wollte er bauen! Aber es reichte nur bis zum Fundament›» (Lukas 14,28–30).

Mit anderen Worten: «Wer etwas allzu schnell erreichen möchte, hat nur Verluste!» Aber: «Was der Fleißige plant, bringt ihm Gewinn.»

Nicht den Ehrlichen, sondern den Gottlosen trifft das Unglück.[a]

19 Lieber in einer einsamen und trostlosen Wüste leben als mit einer schlechtgelaunten Frau, die ständig nörgelt!

20 Ein weiser Mensch kann mit seinem Reichtum gut umgehen, ein Dummkopf aber verschleudert ihn sofort.

21 Wer freundlich ist und andere gerecht behandelt, hat ein erfülltes Leben, er findet Anerkennung und Ehre.

22 Der Kluge kann sogar eine gut bewachte Stadt erobern und alle Befestigungen niederreißen, auf die sich die Einwohner verlassen.

23 Überlege deine Worte, und dir bleibt viel Ärger erspart!

24 Wer sich über alles mit Spott hinwegsetzt, ist überheblich und eingebildet.

25 Ein Faulpelz hat viele Wünsche, ist aber zu bequem, auch nur einen Finger krumm zu machen. Dieser Zwiespalt bringt ihn langsam um.

26 Den ganzen Tag überlegt er, wie er für sich etwas bekommen kann; wer aber zu Gott gehört, der gibt gerne und knausert nicht.

27 Gott verabscheut die Opfergaben der Gottlosen, erst recht, wenn sie damit schlechte Ziele verfolgen.

28 Einem falschen Zeugen wird man auf Dauer nicht glauben; wer aber bei der Wahrheit bleibt, wird immer wieder angehört.

29 Wer Gott mißachtet, will durch ein überhebliches Gesicht Sorglosigkeit vortäuschen; aber nur ein aufrichtiger Mensch ist seiner Sache wirklich sicher.

30 Die größte Weisheit, die tiefste Einsicht und die besten Pläne können nicht bestehen, wenn sie gegen Gott gerichtet sind.

31 Man kann sich noch so gut auf einen Kampf vorbereiten – den Sieg schenkt Gott allein!

Wer andere ungerecht behandelt...

22 Ein guter Ruf ist wertvoller als großer Reichtum; und beliebt sein ist besser, als Silber und Gold zu besitzen.

2 Reiche und Arme haben eines gemeinsam: Gott, der Herr, schenkte ihnen das Leben.

3 Der Kluge sieht das Unglück voraus und bringt sich in Sicherheit; ein Unerfahrener läuft hinein und muß die Folgen tragen.

4 Wer Gott achtet und ihm gehorcht, besitzt Reichtum und Anerkennung und hat ein erfülltes Leben.

5 Der Weg hinterlistiger Menschen ist verschlungen und dornenreich; wer sein Leben liebt, hält sich fern von ihnen!

6 Erziehe dein Kind schon in jungen Jahren – es wird die Erziehung nicht vergessen, auch wenn es älter wird.

7 Der Reiche hat die Armen in seiner Hand; denn wer sich Geld leiht, ist abhängig von seinem Gläubiger.

8 Wer andere ungerecht behandelt, stürzt sich selbst ins Unglück; mit der Unterdrückung seiner Mitmenschen ist es dann vorbei!

9 Wer Mitleid zeigt und den Armen hilft, den wird Gott segnen.

a) Wörtlich: Lösegeld für den Ehrlichen ist der Gottlose, an die Stelle des Aufrichtigen tritt der Unaufrichtige.

Mein Sohn war Punk

Klaudia Krüger

Sprüche 22, 6

Schon in seiner Schulzeit war unser Sohn Dirk auffällig. Besonders in den Fächern Mathematik und Sprachunterricht kam er schlecht mit, und je höher die Anforderungen wurden, desto gravierender zeigte sich seine Lernschwäche. Er war innerlich zerrissen und unsicher in allem.

Doch unser Sohn liebte Jesus und fühlte sich in der Teenagergruppe seiner Gemeinde sehr wohl. Wir beteten oft wegen seiner Lernschwäche, und er übte fleißig für die Klassenarbeiten. Doch leider brachte er in diesen Fächern immer Fünfer und Sechser nach Hause.

Wegen der Pubertät waren Dirks Gefühle ohnehin durcheinander. Immer öfter fiel er in eine tiefe Traurigkeit. «Ich war so unglücklich in dieser Zeit», erzählte er mir später. «Da hörte ich eine Kassette mit Punkmusik und fand mich in dem Text wieder: ‹Das Leben ist nicht lebenswert, ich wollt, ich wäre tot›!»

Dirk fing an, in seine Kleidungsstücke Löcher zu schneiden. Oft ging er weg und traf sich mit seinen Punker-Freunden in einer anderen Stadt.

Mich ängstigte diese Situation immer mehr. Tag und Nacht flehte ich über Monate hinweg zu Gott, mein Kind zu bewahren. Ich fühlte, dass ich nicht aufhören durfte, für meinen Sohn zu beten.

Wenn mein Junge mitbekam, dass ich vor Kummer weinte, sagte er jedes Mal: «Mama, du hast keine Schuld! Du warst immer gut zu mir, aber jetzt möchte ich nicht mehr so leben.» Er gestand mir, dass er gerne anders sein wollte, doch wie gefangen war.

Wie dankbar war ich, dass nichts unser gutes Verhältnis zueinander zerstören konnte. Es war mir wichtig, Dirk auch jetzt Liebe und Geborgenheit zu vermitteln und ihm zu sagen: «Egal, was du tust oder was mit dir passiert – du darfst immer heimkommen!» Auch wenn von anderen «gut gemeinte Ratschläge» wie «Schmeiß ihn raus!» kamen, wusste ich, dass es meine Aufgabe war, mit Gott um meinen Sohn zu ringen.

Ich war überzeugt: Je länger ich für Dirk betete, desto weniger konnte er Punk bleiben. Schritt für Schritt würde sich seine Einstellung ändern.

Heute ist unser Sohn aus der Punkszene ausgestiegen. «Gottes Gnade und deine Gebete haben mich da rausgeholt», hat mein Sohn vor kurzem gesagt. Deshalb möchte ich alle Eltern ermutigen: «Halten Sie am Gebet fest, und geben Sie Ihre Kinder nicht auf! Das gute Fundament, das Sie gelegt haben, kann nicht weggesprengt werden.» Gott ist stärker als alle Macht der Welt.

[10]Schicke den ewigen Spötter fort, dann haben Zank und Streit ein Ende!
[11]Wer ehrlich ist und treffende Worte findet, den nimmt der König zum Freund.
[12]Der Herr sorgt dafür, daß die Wahrheit siegt, denn er entlarvt die Worte der Lügner.
[13]Der Faulpelz findet immer eine Ausrede. «Ich kann nicht zur Arbeit gehen», sagt er, «auf der Straße könnte ja ein Löwe sein, der mich anfällt und tötet!»
[14]Die verführerischen Worte einer fremden Frau sind so gefährlich wie eine tiefe Grube; wem Gott zürnt, der fällt hinein!
[15]Ein Kind, das nur Dummheiten im Kopf hat, wird durch Strenge zur Vernunft gebracht.
[16]Wer sich bei reichen Leuten mit Geschenken einschmeichelt oder wer den Armen unterdrückt, um sich Gewinn zu verschaffen, der wird schließlich im Elend enden.[a]

Dreißig Worte weiser Menschen

[17]Höre, ich will dir erzählen, was weise Menschen gesagt haben. Nimm dir meine Worte zu Herzen, [18]behalte sie immer im Gedächtnis und rede davon; sie werden dir helfen. [19]Ich unterrichte gerade dich, damit du es lernst, dem Herrn zu vertrauen. [20]Schon vor einiger Zeit habe ich dir meine Ratschläge aufgeschrieben, um dir Einsicht zu vermitteln.[b] [21]Sie werden dir zeigen, wie zuverlässig die Wahrheit ist. Dann wirst auch du gute Antworten geben können, wenn dich Menschen um Rat fragen.

1.

[22]Beraube nicht den Armen, der sich nicht wehren kann, und hintergehe keinen Hilflosen vor Gericht! [23]Denn der Herr sorgt für ihr Recht, und denen, die sie hintergehen, raubt er das Leben.

2.

[24]Laß dich nicht mit einem Jähzornigen ein, halte dich von einem Hitzkopf fern, [25]sonst übernimmst du seine Gewohnheiten und bringst dich selbst zu Fall!

3.

[26]Verpflichte dich nie durch einen Handschlag, für die Schulden eines anderen zu bürgen! [27]Denn wenn du dann selbst nicht bezahlen kannst, nimmt man dir sogar dein Bett weg!

4.

[28]Versetze niemals die Grenzsteine, die deine Vorfahren festgesetzt haben!

5.

[29]Kennst du jemanden, der geschickt ist bei seiner Arbeit? Er wird erfolgreich sein, und du wirst ihn nur bei einflußreichen Leuten finden.

6.

23 Wenn du mit einem mächtigen Herrn am Tisch sitzt, dann bedenke, wen du vor dir hast! [2]Beherr-

a) Oder: Wer den Armen unterdrückt, macht ihn reich; wer dem Reichen gibt, macht ihn arm.
b) Der hebräische Text ist nicht sicher zu deuten.

Achtung und Respekt

Gisela Kaiser

Sprüche 23, 22

Zu diesem Vers fällt mir die Geschichte vom verlorenen Sohn (Lukas 15,11–32) ein. Der Sohn hatte große Pläne. Um sie durchzuführen, verlangte er, dass sein Vater ihm das Erbe auszahlte. Doch schon nach kurzer Zeit hatte er das Vermögen aufgebraucht. Als er ganz unten gelandet war und tief im Schlamm der Sünde steckte, entschloss er sich, zu seinem Vater zurückzugehen. Er hoffte, dass der Vater ihn als Arbeiter aufnehmen würde.

In Sprüche 23,22 werden wir aufgefordert, Respekt und Achtung gegenüber unserem Vater zu zeigen. Bedeutet das, selbst als Erwachsener wie ein Kind zu gehorchen und in bestimmten Dingen nie zu widersprechen? Für mich drückt die Geschichte vom verlorenen Sohn etwas anderes aus. Hätte der Vater diesen Gehorsam erwartet, hätte er seinem Sohn das Erbe verweigert und ihn für sein unverschämtes Verhalten bestraft. Doch er ließ seinen Sohn selbst entscheiden. Sicher war er mit dessen Entschluss nicht einverstanden, schließlich kannte er ihn. Der Vater wusste, dass das Leben nicht so leicht ist, wie der Sohn es sich erträumte.

Der erste und gravierendste Fehler, den der Sohn machte, war, seinem Vater nicht den Respekt, die Achtung und das Taktgefühl entgegenzubringen, die angebracht gewesen wären. Er fragte nicht nach seiner Meinung, überging ihn einfach und benahm sich so, als wäre der Vater bereits tot. Das muss Eltern sehr wehtun.

Und doch hindert der Vater seinen Sohn nicht daran fortzuziehen. Er lässt ihn laufen, schließlich ist er erwachsen. Manche Dinge muss er wohl auf die harte Weise lernen! Als der Sohn zurückkehrt und nicht einmal daran denkt, wieder angenommen zu werden, ist es der Vater, der die Türen offen hält. Er nimmt ihn an, ohne Vorbedingung, einfach so.

Zwei Dinge sind mir ganz deutlich geworden. Erstens: Die Einstellung des Sohnes gegenüber dem Vater ist vernichtend für jede Beziehung. Zweitens beeindruckt mich das Verhalten des Vaters, der geduldig und langmütig ist, freigiebig in seiner Vergebung und Weisheit.

Sicher ist dieses Gleichnis nicht auf alle Beziehungen zwischen Eltern und Kindern übertragbar. Dennoch gibt es mir einige Anstöße in meinem Verhalten – jetzt als Tochter und vielleicht später in der Beziehung zu meinen Kindern. Vor kurzem habe ich eine Frau aus Finnland getroffen. Sie erzählte mir, dass sie ihr Leben, jetzt wo sie Mitte Fünfzig ist, sortiert. Bewusst versucht sie, die Weisheit ihres Lebens im Umgang mit Menschen, besonders der eigenen Familie, anzuwenden. Diese Einstellung fand ich sehr bewundernswert. Wie sehr schätze ich selbst es, wenn mir eine weise Frau begegnet, von der ich lernen kann!

sche dich, selbst wenn du heißhungrig bist! [3]Stürze dich nicht auf seine Lekkerbissen, denn wenn du meinst, sie seien dir zu Ehren aufgetischt, täuschst du dich selbst.[a]

7.

[4]Versuche nicht, mit aller Gewalt reich zu werden, denn das ist unvernünftig! [5]Schneller, als ein Adler fliegen kann, ist dein Geld plötzlich weg – wie gewonnen, so zerronnen!

8.

[6]Iß nicht mit einem Geizhals, sei nicht begierig nach seinen Leckerbissen, [7]denn er ist berechnend und gönnt dir nichts. «Iß und trink nur!» fordert er dich auf und verabscheut dich dabei. [8]Wenn du es merkst, wirst du erbrechen, was du gegessen hast; dann waren alle freundlichen Worte vergeudet!

9.

[9]Versuche nicht, einem Dummkopf etwas zu erklären; er wird deine Worte ohnehin nur verachten!

10.

[10]Versetze keine alten Grenzsteine, mache den Armen und Bedrängten niemals ihr Eigentum streitig![b] [11]Der Herr ist ihr starker Befreier, er selbst wird gegen dich auftreten und ihnen Recht verschaffen.

11.

[12]Sei offen für Ermahnung, achte aufmerksam auf kluge Worte!

12.

[13]Erspare deinem Kind die harte Strafe nicht! Ein paar Hiebe werden es nicht umbringen! [14]Im Gegenteil: du rettest sein Leben damit!

13.

[15]Mein Sohn, wenn du weise bist, dann freue ich mich darüber. [16]Wenn das auch deine Worte zeigen, bin ich glücklich.

14.

[17]Ereifere dich nicht über Menschen, die Schuld auf sich laden; sondern eifere danach, Gott zu gefallen! [18]Dann hast du eine gute Zukunft, und deine Hoffnung wird nicht enttäuscht.

15.

[19]Höre, mein Sohn, und werde weise! Bemühe dich, auf dem geraden Weg zu bleiben! [20]Halte dich fern von den Weinsäufern und Schlemmern! [21]Auf sie wartet die Armut; denn wer nur noch ißt, trinkt und schläft, hat bald nichts als Lumpen am Leib!

16.

[22]Höre auf deinen Vater – er hat dich gezeugt! Und verachte deine Mutter nicht, wenn sie alt geworden ist!

a) Wörtlich: denn sie sind eine trügerische Speise.
b) Wörtlich: dringe nicht in die Felder der Waisen ein.

Frieden

Hannelore Risch

Jesus sagt: «Kommt alle her zu mir, die ihr euch abmüht und unter eurer Last leidet! Ich werde euch Frieden geben» (Matthäus 11,28).

Eine Erinnerung taucht auf. Mein Verlobter und ich besteigen die Zugspitze. Je höher wir kommen, desto schwerer drückt mich mein Gepäck. Am liebsten würde ich jetzt meinen Rucksack hier stehen lassen und wieder in den kühlen Schatten der Bäume hinuntersteigen. Aber einige Meter vor mir stapft mein Verlobter. Er wendet sich um, kommt zurück und meint: «Müde? Gib mir einiges aus deinem Rucksack.» Mein Rucksack ist nun halb leer. Mit so leichtem Gepäck schaffe ich es bis zum Gipfelkreuz. Es hat sich gelohnt. Die Aussicht ist überwältigend. Ich staune und kann mich nicht satt sehen.

Doch jetzt bin ich krank. Dem Grippebazillus konnte ich keine Widerstandskraft mehr entgegensetzen. Mein Gepäck ist mir schon länger wieder zu schwer geworden. Was schleppe ich nur mit mir herum? Ich sortiere zweierlei Belastungen: Was andere mir aufbürden und was ich selber mir auflege. Wie wird mein Rucksack leichter? Ich halte Einkehr und denke aufrichtig nach.

Was andere mir aufbürden – ist das etwas, was ich akzeptiere? Oder legt vielleicht Gott selbst mir diese Dinge auf? Wenn ja, werden mir Kräfte zuwachsen, und meine Belastbarkeit wird sich steigern. Ist es aber eine Überforderung, dann führt es zum Raubbau an meinen begrenzten Kräften, und ich werde bald leer und ausgebrannt sein. Das ist keinesfalls Gottes Absicht für mein Leben! Und was ich mir selbst aufbürde: Ist das not-wendig, soll es also eine Not wenden? Oder tue ich es, damit ich mich notwendig fühle, weil es mir Selbstbestätigung gibt, wenn ich eine Helferrolle spiele?

Gründlich sortiere ich aus: Zu welchen Belastungen sage ich bewusst für die nächste Zeit Ja? Und welche Erleichterungen werde ich mir erlauben?

Vor Gott lege ich auch meine Sorgen ab, die mich herunterziehen und auslaugen wollen. Dass dies möglich ist, stimmt mich froh und dankbar. Mein Lebensgepäck ist jetzt so viel leichter geworden. Nun kann ich beim Aufstieg zum Gipfelkreuz durchhalten. In Gedanken sehe ich vor mir den Lastenträger der Welt, Jesus Christus. Er trägt auch meine Last. Ihm will ich nachfolgen. Ich vertraue ihm. Er wird mich den besten Weg führen, damit ich das Ziel erreiche. Ich freue mich schon auf den unvorstellbaren Ausblick, den ich dort haben werde.

[23]Bemühe dich um das wirklich Wichtige: Weisheit, Selbstbeherrschung und Einsicht. Sie sind schwer zu erwerben, gib sie daher nie wieder auf!
[24]Der Vater eines zuverlässigen Sohnes hat allen Grund zur Freude. Wie glücklich macht doch ein vernünftiger Sohn! [25]Erfreue also deine Eltern!

17.

[26]Mein Sohn, vertraue dich mir an, und nimm dir mein Leben zum Vorbild! [27]Huren und Ehebrecherinnen sind so gefährlich wie ein tiefer Brunnen, schon mancher hat sich durch sie in den Tod gestürzt. [28]Sie lauern dir auf wie Räuber und verführen viele zur Untreue.

18.

[29]Bei wem sieht man Kummer und Klage? Bei wem Streit und Gejammer? Wer hat Wunden durch grundlose Schlägereien, wer hat trübe Augen? [30]Wer noch spät beim Wein sitzt und jede neue Sorte ausprobiert. [31]Laß dich nicht vom Wein verlocken, wenn er so rötlich schimmert, wenn er im Glas funkelt und so glatt die Kehle hinuntergleitet! [32]Denn zuletzt wirkt er wie der Biß einer giftigen Schlange. [33]Deine Augen sehen seltsame Dinge, deine Gedanken und Gefühle wirbeln durcheinander. [34]Es geht dir wie einem Seekranken auf hoher See – du fühlst dich wie im Mastkorb eines schaukelnden Schiffes. [35]«Man muß mich geschlagen haben», sagst du, «aber es hat mir nicht wehgetan; ich bin verprügelt worden, aber ich habe nichts davon gemerkt! Wann wache ich endlich aus meinem Rausch auf? Ich brauche wieder ein Glas Wein!»

19.

24 Sei nicht neidisch auf böse Menschen, und bemühe dich nicht um ihre Freundschaft! [2]Denn sie trachten nur nach Gewalt, ihre Worte verletzen und richten Schaden an.

20.

[3]Wer ein Haus baut, braucht Weisheit und Verstand; [4]wer dazu noch Geschick besitzt, kann es mit wertvollen und schönen Dingen füllen.

21.

[5]Ein weiser Mann setzt seine Stärke richtig ein, und ein verständiger gebraucht seine Kraft sinnvoll. [6]Denn nur durch Überlegung führt man einen Kampf, und wo viele Ratgeber sind, da stellt sich der Sieg ein.

22.

[7]Für den Dummkopf ist Weisheit unerreichbar; wenn Wichtiges besprochen wird, dann bleibt ihm nur eins übrig: Schweigen!

23.

[8]Wer nur darauf aus ist, Böses zu tun, der ist bald als Lump verschrien. [9]Wer Gemeines plant und sich nicht ermahnen läßt, macht sich schuldig; und wer für alles nur Spott übrig hat, zieht sich den Haß der Menschen zu.

24.

[10]Wenn du in der Not schwach und mutlos bist, dann bist du es auch sonst!

Montag

Wo das Chaos regierte

Sandra Felton

Sprüche 24, 3–4

Jahrelang habe ich in einem Haushalt gelebt, in dem es drunter und drüber ging. Um das Chaos in meinen vier Wänden zu verbergen, blieben die Vorhänge meistens zugezogen, und kein Fremder durfte seinen Fuß über die Schwelle setzen. Meine sozialen Kontakte waren stark eingeschränkt, denn es schien mir unmöglich, Einladungen von Bekannten zu erwidern.

Ich war frustiert! Die einfachsten Dinge – beispielsweise einen Brief zu verschicken – wurden zum Problem. Papier, Stift, Briefumschlag und Briefmarke zu finden, erforderte manchmal stundenlanges Suchen, denn nichts hatte seinen bestimmten Platz.

Ein undichtes Abflussrohr und ein guter Rat zur rechten Zeit gaben meinem Leben schließlich die entscheidende Wende. Das Leck im Rohr löste eine seit langem befürchtete Situation aus: Handwerker mussten in mein Haus kommen! Nachdem ich 23 Jahre in ständig wachsendem Chaos gelebt hatte, nahm ich mir fest vor, mich zu ändern, und bat Gott um seine Hilfe.

Mein Gebet wurde sehr schnell erhört. Eine Nachbarin erwähnte beiläufig, nach welchem System sie putze. Ich biss mich daran fest – ich war mir sicher, dass auch ich es schaffen könnte. Dreieinhalb Monate dauerte es, bis ich von der ersten Schublade, die ich sortierte, durch die ganze Vier-Zimmer-Wohnung kam. Danach verspürte ich den dringenden Wunsch, anderen zu helfen, das Chaos in ihrem Leben zu bewältigen – inzwischen sind in den verschiedensten Ländern Selbsthilfegruppen für «Messies» (stammt vom englischen Wort «mess» = Unordnung) entstanden.

Es gibt viele Gründe, die zu einem unordentlichen Lebensstil führen können: die Angst, die Vergangenheit loszulassen; der Wunsch, für kommende Bedürfnisse gerüstet zu sein; die knappe Zeit, die bei zu vielen Verpflichtungen außer Haus übrig bleibt.

Unordnung ist mehr als nur frustrierend; es ist eine krankhafte Vernachlässigung seiner selbst. Doch wir alle sind mit einer Bestimmung geschaffen, zu einem Dienst berufen. Wenn wir durch Unordnung gefesselt sind, hindert uns das, den Absichten Gottes entsprechend zu leben.

Ich freue mich über jeden, der es schafft, sein unordentliches Heim in ein schönes zu verwandeln. Sehnen auch Sie sich nach Veränderung? Vergessen Sie nie, dass Gottes Angebot der Hoffnung und der Kraft Gültigkeit hat; Sie dürfen bewusst damit rechnen.

25.

[11] Rette die unschuldig zum Tode Verurteilten; befreie den, der zur Hinrichtung geschleppt wird! [12] Vielleicht sagst du: «Wir wußten doch nichts davon!» – aber du kannst sicher sein: Gott weiß Bescheid! Er sieht dir ins Herz! Jedem gibt er das, was er verdient.

26.

[13] Mein Sohn, iß Honig, denn das ist gut! So süß wie Honig für deinen Gaumen, [14] so wertvoll ist Weisheit für dein Leben. Suche sie, dann hast du eine gute Zukunft, und deine Hoffnungen werden nicht enttäuscht!

27.

[15] Du Gottloser, versuche nicht, mit List oder mit Gewalt einem ehrlichen Menschen Grund und Boden zu entreißen! [16] Denn der Aufrichtige mag zwar vom Unglück verfolgt werden, aber er steht immer wieder auf. Der Gottlose dagegen kommt darin um.

28.

[17] Freue dich nicht über das Unglück deines Feindes; juble nicht über seinen Sturz! [18] Denn der Herr sieht alles, und Schadenfreude mißfällt ihm – er könnte deshalb sogar deinen Feind verschonen!

29.

[19] Sei nicht entrüstet über die Gottlosen, und ereifere dich nicht über sie! [20] Denn sie haben keine Zukunft – ihr Leben gleicht einem glimmenden Docht, der bald ganz erlischt.

30.

[21] Mein Sohn, ehre Gott und achte den König! Laß dich nicht mit Aufrührern ein, die gegen sie rebellieren! [22] Denn plötzlich können Gott oder der König alle ins Verderben stürzen!

Weitere Sprüche weiser Männer

[23] Auch folgende Sprüche stammen von weisen Männern:

Ein Richter muß immer unparteiisch sein! [24] Wenn er den Schuldigen für unschuldig erklärt, wird er vom Volk verachtet und gehaßt. [25] Wenn er sich aber für das Recht einsetzt, dann genießt er Ansehen und Glück.

[26] Eine aufrichtige Antwort ist ein Zeichen echter Freundschaft, so wie ein Kuß auf die Lippen!

[27] Bestelle erst dein Feld, und sorge für deinen Lebensunterhalt, bevor du eine Familie gründest!

[28] Sage nicht ohne Grund als Zeuge gegen jemand aus, betrüge nicht mit deinen Worten!

[29] Sprich nicht: «Wie du mir, so ich dir! Ich zahle jedem heim, was er mir angetan hat!»

[30] Ich ging durch die Felder und Weinberge eines faulen und dummen Mannes. [31] Das Unkraut wucherte überall und bedeckte alles. Die Schutzmauer ringsum war schon verfallen. [32] Als ich das sah, dachte ich nach und zog eine Lehre daraus:

[33] «Laß mich noch ein bißchen
schlafen», sagst du,
«nur noch ein kleines Weilchen!» –
[34] und während du dich ausruhst,
ist die Armut plötzlich da,
und die Not überfällt dich wie ein
Räuber.

Weitere Sprüche Salomos

25 Auch die folgenden Sprüche sind von König Salomo. Männer am Hof Hiskias, des Königs von Juda, haben sie gesammelt.

Wer sich nicht beherrschen kann ...

2 Gott wird geehrt für das, was er verborgen hält; aber der König erlangt nur Ansehen, wenn er alles erforscht.

3 So hoch der Himmel ist und so weit die Erde, so unergründlich sind die Gedanken des Königs.

4 Entferne die Schlacken aus dem Silber, dann gestaltet der Schmied kunstvollen Schmuck daraus; 5 entferne die Verräter vom Hof des Königs, dann ist seine gerechte Herrschaft gesichert.

6 Wenn du vor dem König stehst, dann spiel dich nicht auf, und halte dich nicht für die wichtigste Person! 7 Denn es ist besser, man gibt dir eine höhere Stellung, als daß du einem, der bedeutender ist als du, deinen Platz überlassen mußt!

Wenn du etwas Verdächtiges gesehen hast, 8 geh nicht übereilt vor Gericht! Denn was machst du, wenn ein anderer Zeuge zeigt, daß du im Unrecht bist?

9 Führst du einen Rechtsstreit mit deinem Nachbarn, dann zieh niemanden mit hinein, der dir im Vertrauen etwas mitgeteilt hat! Plaudere nicht die Geheimnisse aus, die ein anderer dir anvertraut hat; 10 denn sonst wird jeder wissen, daß du nichts für dich behalten kannst, und du kommst selbst ins Gerede!

11 Wie goldene Äpfel auf einer silbernen Schale, so ist ein rechtes Wort zur rechten Zeit. 12 Auf die Ermahnung eines weisen Menschen zu hören ist so wertvoll wie der schönste Schmuck aus Gold!

13 Ein zuverlässiger Bote ist für den, der ihn sendet, so erquickend wie ein kaltes Getränk[a] in der heißen Erntezeit.

14 Wer sich selbst anpreist mit dem, was er zu bieten hat, und dann seine Versprechungen nicht hält, der gleicht den Wolken, die den ersehnten Regen nicht bringen.

15 Durch Geduld wird ein Herrscher umgestimmt, und Sanftmut kann den stärksten Widerstand brechen.

16 Wenn du Honig findest, dann iß nur so viel, wie dir bekommt; sonst wirst du ihn satt und mußt dich am Ende noch übergeben! 17 Besuche deinen Nachbarn nicht zu oft, sonst wirst du ihm lästig, und er beginnt dich abzulehnen!

18 Wer gegen seinen Nachbarn falsch aussagt, der richtet so großen Schaden an wie ein Hammer, ein Schwert oder ein spitzer Pfeil.

19 In der Not auf einen Treulosen zu vertrauen – das ist so, als wollte man mit einem kranken Zahn kauen oder mit einem verkrüppelten Fuß gehen!

20 Für einen Traurigen Lieder zu singen ist so unsinnig, als würde man im Winter den Mantel ausziehen oder Salz in eine Wunde streuen[b].

21 Wenn dein Feind hungrig ist, dann gib ihm zu essen; ist er durstig, gib ihm zu trinken. 22 So wirst du ihn beschämen,[c] und der Herr wird dich belohnen.

a) Wörtlich: wie Schnee.
b) Wörtlich: oder Essig auf Natron schütten.
c) Wörtlich: So wirst du glühende Kohlen auf sein Haupt häufen.

Gutes statt Böses

Dorothea Klaue

Sprüche 25, 21–22

Es war ein heißer Abend in dem deutschstämmigen Städtchen Filadelfia in Paraguay. Mit Strohfächern oder Taschentüchern fächerten sich die Frauen etwas Luft zu. Die Menge verfolgte aufmerksam die Worte des Gastredners. Ich muss damals acht Jahre alt gewesen sein. Jeden Abend lernten wir Kinder einen Bibelvers auswendig. An diesem Abend waren es diese beiden Verse aus Sprüche 25. Was Durst war, wusste ich, denn Paraguay ist ein sehr heißes, trockenes Land. Glühende Kohlen kannte ich auch, denn wir backten unser Brot im Holzofen. Doch Feinde hatte ich keine. Die einzigen «Feinde», die wir kannten, waren die Ayoreos – ein wilder Indianerstamm an der Grenze zu Bolivien, der hin und wieder einen anderen, friedlichen Stamm oder einen deutschen Bauernhof überfiel und die Bewohner ermordete. Wir hatten schreckliche Angst vor diesen Menschen. Ein Missionar aus unserer Gemeinde war erstochen worden, als er mit ihnen Kontakt aufnehmen wollte.

Deshalb war es für mich unglaublich, als ich viele Jahre später hörte, dass Ayoreo-Indianer zum Glauben an Jesus Christus gekommen waren. Sie waren so begeistert von Gott, dass sie auch einer verfeindeten Gruppe ihres Stammes die Frohe Botschaft bringen wollten, obwohl sie wussten, dass sie dabei ihr Leben aufs Spiel setzten.

Als sie nach tagelangem Marsch ihre Stammesgenossen gefunden hatten, riefen sie ihnen zu: «Wir kommen im Frieden. Wir wollen nicht mehr kämpfen, sondern euch vom Gott der Liebe erzählen.» Aber die anderen Indianer trauten ihnen nicht und töteten sofort fünf Ayoreo-Christen. Doch als die übrigen Männer nicht zurückschlugen, hörte das Morden auf. Nach stundenlangen Verhandlungen ließen sich die Angreifer überreden, zur Missionsstation mitzukommen. Sie hatten große Angst, dass die Verwandten der Getöteten sich an ihnen rächen würden. Doch wie erstaunt waren sie, als sie liebevoll empfangen wurden und man ihnen zu essen und zu trinken gab! Selbst die Witwen der Getöteten versicherten, dass sie ihnen vergeben, weil Gott auch ihnen selbst vergeben hat. Da endlich verstanden ihre Stammesgenossen die Botschaft Jesu, der Böses nicht mit Bösem vergilt.

Als ich den Leiter der Ayoreos für eine christliche Radio-Sendung interviewte, war über seinem Ohr noch gut eine Stelle zu sehen, an der ihn ein Speer getroffen hatte. Beschämt fragte ich mich, ob auch ich bereit wäre, so einen hohen Preis zu zahlen, damit meine Feinde das Evangelium hören konnten. Wie oft bin ich in Gefahr, selbst in Mitchristen, die eine andere Meinung haben als ich, einen Feind zu sehen! Dann hilft es mir, für sie zu beten und ihnen Gutes zu tun.

[23]Nordwind bringt Regen – und heimliches Geschwätz bringt verdrießliche Gesichter!
[24]Lieber in einer kleinen Ecke unter dem Dach wohnen als in einem prächtigen Haus mit einer ständig nörgelnden Frau!
[25]Eine gute Nachricht aus der Ferne ist wie ein Schluck Wasser für eine durstige Kehle!
[26]Ein guter Mensch, der sich von einem Gottlosen beeinflussen läßt, ist so unbrauchbar wie eine trübe Quelle oder ein verschmutzter Brunnen.
[27]Zu viel Honig ist nicht gut – genauso spare mit anerkennenden Worten![a]
[28]Wer sich nicht beherrschen kann, ist so schutzlos wie eine Stadt ohne Mauer.

Ein Dummkopf

26 Ehre und Anerkennung passen zu einem Übermütigen so wenig wie Schnee zum Sommer oder Regen zur Erntezeit.
[2]Ein Fluch, der unbegründet ist, wird nicht eintreffen. Er gleicht den Vögeln, die fortfliegen und nicht wiederkommen.
[3]Die Peitsche für das Pferd, das Zaumzeug für den Esel – und der Stock für den Rücken des Menschen, der keine Vernunft annimmt!
[4]Antworte nicht auf eine dumme Frage, sonst begibst du dich auf die gleiche Ebene mit dem, der sie gestellt hat! [5]Oder gib die passende Antwort auf eine dumme Frage! So merkt der, der sie gestellt hat, daß er nicht so klug ist, wie er denkt.
[6]Wer eine Botschaft durch einen Unzuverlässigen überbringen läßt, der kann sich genausogut die Füße abhacken – es bringt ihm nichts als Unglück!
[7]Ein Tagträumer kann mit einem Weisheitsspruch genausowenig umgehen wie ein Lahmer mit seinen Beinen.
[8]Wer einem Übermütigen Ehre und Anerkennung erweist, handelt genauso sinnlos wie jemand, der einen Stein in der Schleuder festbindet.
[9]Der Betrunkene kann sich nicht erklären, wie ein Dorn in seine Hand geriet – genauso unerklärlich ist ein Weisheitsspruch im Mund eines Dummkopfs.
[10]So unverantwortlich wie ein Schütze, der wild um sich schießt, handelt, wer einen Unverständigen oder einen Dahergelaufenen für sich arbeiten läßt.
[11]Ein Tagträumer, der auf seiner Dummheit beharrt, gleicht einem Hund, der wieder frißt, was er herausgewürgt hat.
[12]Kennst du jemanden, der sich selbst für weise hält? Ich sage dir: Für einen Dummkopf gibt es mehr Hoffnung als für ihn!
[13]Der Faulpelz hat immer eine Ausrede: «Ich kann nicht zur Arbeit gehen», sagt er, «auf der Straße könnte ja ein Löwe auf mich warten!»
[14]Die Tür dreht sich in der Angel – und der Faule in seinem Bett!
[15]Ein fauler Mensch streckt seine Hand nach dem Essen aus, aber er ist zu bequem, sie zurück zum Mund zu führen!
[16]Ein Faulpelz meint, es mit sie-

a) So mit der griechischen Übersetzung. Der hebräische Text ist nicht sicher zu deuten.

ben Verständigen aufnehmen zu können.

[17]Wer sich in einen fremden Streit einmischt, handelt sich unnötig Ärger ein[a] wie jemand, der einen vorbeilaufenden Hund bei den Ohren packt.

[18]Wer einen anderen betrügt und dann sagt: «Ich habe doch nur Spaß gemacht!», [19]der ist wie ein Verrückter, der mit tödlichen Waffen um sich schießt!

[20]Ohne Holz geht ein Feuer aus, und ohne Verleumder legt sich der Streit.

[21]Ein streitsüchtiger Mensch läßt den Zank aufflammen wie Kohle die Glut und Holz das Feuer.

[22]Das Geschwätz eines Verleumders ist so verlockend! Es wird begierig verschlungen wie ein Leckerbissen und bleibt für immer im Gedächtnis haften.

[23]Schmeichelnde Worte, die böse Gedanken verbergen, sind wie eine Silberglasur über billigem Tongeschirr.

[24]Ein gehässiger Mensch will andere täuschen und verstellt sich mit schönen Worten. [25]Darum traue ihm nicht, auch wenn seine Stimme noch so freundlich klingt, denn seine Seele ist mit Haß durchtränkt! [26]Mag er seinen Haß auch durch Heuchelei verbergen – früher oder später kommt seine Bosheit vor aller Augen ans Licht!

[27]Wer anderen eine Grube gräbt, fällt selbst hinein; und wer mit Steinen wirft, wird selbst getroffen!

[28]Ein Lügner ist voller Haß und kennt kein Mitleid; wer andere verleumdet, bringt sie zu Fall.[b]

Liebe, die offen zurechtweist

27 Brüste dich nicht mit dem, was du morgen tun willst, denn du weißt nicht, was der Tag dir bringt!

[2]Überlaß es anderen, dich zu loben! Es ist besser, ein Fremder rühmt dich, als du selbst!

[3]Schon ein Stein oder eine Karre Sand sind sehr schwer – aber der Ärger über einen Dummkopf wiegt mehr als beide zusammen!

[4]Heftiger Zorn und große Wut sind grausam – gegen die Eifersucht aber verblassen sie beide!

[5]Liebe, die offen zurechtweist, ist besser als Liebe, die sich ängstlich zurückhält.

[6]Ein Freund meint es gut, selbst wenn er dich verletzt; ein Feind aber schmeichelt dir mit übertrieben vielen Küssen.

[7]Wer satt ist, will auch den besten Honig nicht mehr sehen; dem Hungrigen aber schmeckt sogar das Bittere süß.

[8]Wer seine Heimat verläßt, ist wie ein Vogel, der seinem Nest entflieht.

[9]Duftendes Öl und Weihrauch erfreuen das Herz, aber noch angenehmer und wertvoller ist der gute Rat eines Freundes.

[10]Verlaß niemals deinen Freund oder den Freund deines Vaters! Wenn du in Not gerätst, dann geh nicht bis zum Haus deines Bruders! Ein Nachbar in der Nähe kann dir besser helfen als der Bruder in der Ferne.

[11]Sei verständig, mein Sohn! Damit machst du mir Freude, und ich kann denen entgegentreten, die meine Arbeit verachten.

a) «handelt ... ein» ist sinngemäß eingefügt.

b) Wörtlich: Eine Lügenzunge haßt die von ihr Zermalmten, und ein glatter Mund bereitet Sturz.

Anderen Gutes wünschen

Hildegund Beimdieke

Sprüche 26, 27

Schon als Kind erschauderte ich bei der Geschichte vom Hasen und vom Igel. Sie war mir einfach zu blutig! Obwohl es zu ihrer Entstehungszeit das Wort «mobbing» noch nicht gab, zeigt diese Fabel eins ganz deutlich: Das Niedermachen anderer kann verheerende Folgen haben! Ständig stichelt der flinke Hase den weniger athletischen Igel zu einem völlig überflüssigen Vergleich an: Beide sollen gegeneinander um die Wette laufen. Schon zu Beginn scheint der Sieger festzustehen. Doch der Supersprinter hat die Rechnung ohne den Einfallsreichtum seines Gegners und dessen Frau gemacht. So stirbt der Hase schließlich an seinem eigenen Ehrgeiz. Wer mit harten Bandagen kämpft, ruft nicht nur Widerstand hervor, sondern lockt mitunter auch unfaire Mittel von Seiten des Schwächeren auf den Plan.

Wie oft ist dieser Wunsch, sich als der Größte und Klügste zu beweisen und andere «alt» aussehen zu lassen, das größte Hindernis zu wahrem Erfolg! Die Fabel lässt deutlich werden, dass gute Freunde, unterstützende Kollegen oder eine glückliche Partnerschaft mitentscheidend dafür sein können, dass uns etwas gelingt (auch wenn Herr und Frau Igel mit unlauteren Mitteln gewinnen, arbeiten sie doch wunderbar zusammen). Selbst scheinbar Unterlegene können so letztlich überlegen sein.

Wir verschwenden nicht nur unsere Energie, wenn wir uns einem unnötigen Wettbewerb aussetzen, sondern leben auch sehr gefährlich. Vielleicht ist uns beim Lesen von Vers 27 bewusst geworden, wie viel «Grubenarchitektur» in unserem Denken ist und wie oft wir in der Hand oder im Mund «Steine» haben, die andere an Leib und Seele bedrohen. Spöttische, zynische Bemerkungen und degradierende Äußerungen können tief verletzen. Vorschnelle Wertungen über manch schweres Schicksal kommen nicht selten als Bumerang zurück. Denn es gibt nichts, was einem Menschen nicht passieren kann. Dass Anmaßung unnötige Schwierigkeiten provoziert, davor warnt die Bibel auch im Neuen Testament (1. Petrus 4,15).

Nehmen wir uns doch heute vor, Ansätze des Neides und Pläne falschen Denkens bei uns selbst aufzuspüren. Und beginnen wir damit, Abgründe zuzuschütten und echte Brücken zu bauen. Erst dann haben wir wirklich gewonnen. Es gibt schließlich genug Möglichkeiten, unsere Gaben und Fähigkeiten außerhalb des Gegeneinanders zur Entfaltung zu bringen. Wenn wir dem anderen Gutes und Erfolg wünschen, wird es uns kein bisschen schlechter gehen.

12 Der Kluge sieht das Unglück vor-
aus und bringt sich in Sicherheit; ein
Unerfahrener rennt mitten hinein
und muß die Folgen tragen.
13 Wenn jemand so unüberlegt war,
für die Schulden eines Fremden zu
bürgen, dann nimm von seinem Be-
sitz etwas als Pfand!
14 Wenn jemand seinen Nachbarn
frühmorgens mit lauter Stimme be-
grüßt, dann wird es ihm als Verwün-
schung ausgelegt.
15 Eine Frau, die ständig nörgelt, ist
so unerträglich wie ein tropfendes
Dach bei Dauerregen! 16 Sie zum
Schweigen zu bringen, ist so sinnlos,
wie den Wind zu fangen oder Öl mit
den Händen zu halten!
17 Wie man Eisen durch Eisen
schleift, so schleift ein Mensch den
Charakter eines anderen.
18 Wer seinen Feigenbaum pflegt,
kann die Früchte ernten; wer sich für
seinen Herrn einsetzt, der findet An-
erkennung.
19 Im Wasser spiegelt sich dein Ge-
sicht, und in deinen Gedanken und
Gefühlen erkennst du dich selbst!
20 Der Abgrund des Totenreiches
ist unersättlich – ebenso die Augen
des Menschen: sie wollen immer
mehr!
21 Gold und Silber werden im Ofen
und im Tiegel geprüft, der Prüfstein
eines Menschen ist sein Ruf.
22 Du kannst einen Unverständigen
noch so lange schlagen[a] – seine
Dummheit wirst du doch nicht aus
ihm herausprügeln!
23 Kümmere dich um deine Vieh-
herden, sorge für deine Schafe und
Ziegen, 24 denn Reichtum bleibt nicht
für immer, und selbst Königreiche
vergehen! 25 Mähe die Wiesen, damit
frisches Gras nachwachsen kann, und
hole das Heu von den Bergen! 26 Aus
der Wolle der Schafe kannst du Klei-
der anfertigen, und von dem Geld,
das du für die Ziegenböcke bekamst,
kaufst du neues Land. 27 Die Ziegen
geben Milch für dich und deine Fami-
lie und für alle deine Bediensteten.

Glücklich ist, wer Gott gehorcht

28 Wer sich von Gott losgesagt
hat, ist auf der Flucht, auch
wenn niemand ihn verfolgt; wer aber
Gott gehorcht, fühlt sich sicher wie
ein Löwe.
2 Wenn ein Volk sich in Schuld ver-
strickt, dann spielen viele sich als
Herrscher auf. Aber durch einen ver-
nünftigen und einsichtsvollen Mann
an der Spitze herrschen Recht und
Ordnung.
3 Ein Armer, der die Armen aus-
beutet, ist so schrecklich wie ein Un-
wetter, das den Ackerboden weg-
schwemmt und die Ernte verdirbt.
4 Wer Gottes Gesetz nicht
beachtet, lobt den, der Unrecht tut.
Wer sich aber an das Gesetz hält, be-
kämpft die Gottlosen.
5 Böse Menschen verstehen nicht,
was richtig und gut ist; wer aber dem
Herrn dient, weiß, worauf es an-
kommt.
6 Lieber arm sein und ehrlich leben,
als reich sein und betrügen!
7 Ein junger Mann, der das Gesetz
Gottes beachtet, ist klug. Wer aber
mit Verschwendern Umgang pflegt,
macht seinen Eltern Schande.
8 Wer seinen Reichtum durch Auf-
preis und Zinsen vermehrt, muß sein

a) Wörtlich: Wenn du auch den Unverständigen mit dem Stößel im Mörser mitten unter den Körnern zerstampfen würdest.

Donnerstag

Schmutz oder Sterne?

Linda Dillow

Sprüche 27, 15

Die meisten von uns können eine glänzende Liste aller positiven Dinge schreiben, die es in ihrem Leben gibt, und daneben eine ernüchternde Liste der negativen stellen. Beide Listen entsprechen zweifellos der Wahrheit, nur der Schwerpunkt ist verschieden. Wie würden Sie Ihr Leben beschreiben? Nehmen Sie sich bitte einen Moment Zeit und listen Sie alles Positive und Negative auf. Nun möchte ich an Sie eine Frage richten, die ich mir selber oft gestellt habe: Über welche der beiden Listen denken Sie die meiste Zeit nach?

Wenn es Ihnen so geht wie vielen Menschen, können Sie sich bestimmt in eine jung verheiratete Frau hineinversetzen, von der ich hörte. Ihr Leben verlief nicht so, wie sie es erwartet hatte. Als sie ihrem Liebsten, der bei der Marine war, das Jawort gab, fand sie es sehr romantisch, in fremden Ländern zu wohnen und rund um die Welt zu reisen. Doch zwei Jahre später fühlte sie sich einsam und enttäuscht. Sie schrieb einen langen Brief an ihre Mutter, in dem sie sich über alles beklagte: Sie hatte keine Freunde, konnte die Sprache nicht und versuchte auch gar nicht erst, sie zu lernen, da sie genau wusste, dass sie von jetzt auf gleich in ein anderes Land versetzt werden konnten. Und das Schlimmste war: Ihr Mann war nie daheim.

Ihre scharfsinnige Mutter schickte ein Antwortfax, auf dem nur zwei Zeilen standen:

«Zwei Frauen blickten durch Gefängnisgitter.
Die eine sah Schmutz, die andere sah Sterne.»

Diese weise Frau wollte ihrer Tochter ein Geheimnis mitteilen. Jede von uns kann wählen, wie sie ihr Leben betrachten will: Wir können uns auf den Schmutz konzentrieren, können zu einer nörgelnden Frau werden, die sich und anderen das Leben schwer macht, oder unseren Blick aufheben und die Sterne sehen. Gott möchte, dass Sie und ich lernen, *in* unseren Lebensumständen zufrieden zu sein.

Wie ist das möglich?

Im Brief an die Philipper sagt Paulus: «Schließlich habe ich gelernt, in allen Lebenslagen zurechtzukommen» (Philipper 4,11). Unsere Seite im Lernprozess der Zufriedenheit ist eine Herzensentscheidung – der Entschluss zu beten und zu danken, anstatt sich in negativen Gedanken oder Sorgen zu zermürben (Philipper 4,6). In Philipper 4,7 sehen wir Gottes Seite im Lernprozess der Zufriedenheit: «Gott wird euch seinen Frieden schenken, den Frieden, der all unser Verstehen, all unsere Vernunft übersteigt, der unsere Herzen und Gedanken im Glauben an Jesus Christus bewahrt.»

Wir können uns bewusst entscheiden. Was wollen wir sehen – Schmutz oder Sterne?

Vermögen einmal dem überlassen, der den Armen hilft.

9 Wer auf Gott nicht hören will, den will auch Gott nicht hören – sein Gebet ist Gott zuwider!

10 Wer aufrichtige Menschen dazu verführt, Böses zu tun, wird in seine eigene Falle stürzen. Der Ehrliche aber wird reich belohnt.

11 Der Reiche hält sich selbst für klug, aber ein Armer, der Verstand besitzt, durchschaut ihn.

12 Wenn Menschen, die Gott gehorchen, an die Macht kommen, brechen herrliche Zeiten an; aber wenn Gottlose regieren, verstecken sich die Leute.

13 Wer seine Sünden vertuscht, hat kein Glück; wer sie aber bekennt und meidet, über den erbarmt sich der Herr.

14 Glücklich ist, wer Gott zu jeder Zeit gehorcht! Wer sich aber innerlich verhärtet, wird ins Unglück stürzen.

15 Ein Herrscher, der Gott mißachtet, gleicht einem brüllenden Löwen und einem gereizten Bären – ein armes Volk ist machtlos gegen ihn!

16 Ein Machthaber ohne Verstand beutet seine Untergebenen aus; wer aber unehrlich erworbenen Gewinn haßt, der hat ein langes Leben.

17 Ein Mörder ist bis zu seinem Tode immer auf der Flucht – niemand soll ihn dabei aufhalten!

18 Wer ehrlich ist, dem wird immer geholfen; wer aber krumme Wege geht, wird plötzlich zu Fall kommen.

19 Wer seine Felder bestellt, hat genug zu essen; wer unsicheren Geschäften nachjagt, auf den wartet die Armut!

20 Ein zuverlässiger Mensch wird reich beschenkt; doch wer sich um jeden Preis bereichern will, bleibt nicht ungestraft.

21 Es ist nicht gut, parteiisch zu sein; aber manch einer läßt sich schon für einen Bissen Brot zum Unrecht verleiten!

22 Ein neidischer Mensch giert nach Reichtum und weiß nicht, daß Armut über ihn kommen wird!

23 Wer einen anderen zurechtweist, wird letzten Endes mehr Dank bekommen als jemand, der den Leuten nur nach dem Munde redet.

24 Wer Vater oder Mutter beraubt und sagt: «Das ist kein Unrecht!», der ist nicht besser als ein Verbrecher!

25 Habgier führt zu Streit; wer aber dem Herrn vertraut, dem fehlt nichts.

26 Wer sich nur auf seinen Verstand verläßt, ist ein Dummkopf. Gestalte dein Leben nach der Weisheit, die Gott gibt, dann bist du in Sicherheit!

27 Hilf dem Armen, dann wirst du selbst nie Mangel leiden! Wenn du deine Augen vor der Not verschließt, werden viele dich verfluchen.

28 Wenn gottlose Herrscher regieren, verstecken sich die Leute. Doch wenn sie umkommen, leben alle, die Gott gehorchen, wieder auf.

Ein Volk braucht weise Menschen

29 Wer oft ermahnt wird und trotzdem eigensinnig bleibt, der nimmt plötzlich ein schreckliches Ende – ohne jede Hoffnung auf Rettung!

2 Wenn Menschen, die Gott gehorchen, die Herrschaft ausüben, freut sich ein Volk. Wenn aber ein gottloser Herrscher regiert, kann es nur noch stöhnen.

3 Wenn du Weisheit liebst, machst du deinen Eltern Freude. Wenn du dich mit Huren einläßt, verschleuderst du dein Vermögen!

4 Wenn ein König das Recht

Keine Bevorzugung!

Ruth Irmisch

Sprüche 28, 21

Wieder einmal ist «Familienrat». Die fünfköpfige Familie hat sich um den Tisch versammelt. Jeder darf nun sagen, was in der vergangenen Woche besonders schön war. Die Kinder denken darüber nach, was sie erlebt haben, und auch die Eltern beteiligen sich am Austausch. So erfährt jeder etwas von den Freuden des anderen.

Dann folgt der zweite Teil des Gesprächs: Was war in letzter Zeit nicht so gut? Worüber habe ich mich geärgert? Was möchte ich verändern? Kaum werden diese Fragen ausgesprochen, sprudelt es aus dem 12-jährigen Markus heraus: «Dauernd wird Klaus von Papa bevorzugt. Er kann sich alles erlauben! Wenn wir uns streiten, werde immer nur ich bestraft. Klaus spielt den kleinen Unschuldigen! Wenn er den Tisch decken oder im Haus helfen soll, dann drückt er sich. Ich finde das ungerecht!»

Wie gut, wenn Kinder die Gelegenheit haben, ihre persönliche Wahrnehmung auszudrücken. Es fällt dem Vater nicht leicht, diese Vorwürfe hinzunehmen, ohne zu versuchen, sich zu rechtfertigen. Doch gemeinsam wird nun besprochen, wie die Hausarbeit neu geregelt werden kann und jedes Familienmitglied seinen Platz ausfüllt.

Aber wie steht es mit der Bevorzugung von Klaus? Das lässt sich in einem Familiengespräch nicht so einfach regeln. Hier sind die Eltern herausgefordert, ihr Verhalten zu überdenken. Oft ist die neutrale Sicht eines Außenstehenden hilfreich. In diesem Fall wird deutlich, dass der 8-jährige Klaus seinem Vater sehr ähnlich ist, was Aussehen, Sportbegeisterung oder Vorlieben für bestimmte Speisen betrifft. Markus hat ganz andere Interessen – und Klaus versteht es, seinen Nutzen daraus zu ziehen. Das muss dem Vater und auch der Mutter bewusst sein.

In Vers 21 ist es ein Bissen Brot, der ausreicht, um sich zum Unrecht verleiten zu lassen. Wir alle stehen in der Gefahr, ungerecht zu handeln. Was ist bei mir der «Bissen Brot», der mich dem anderen gegenüber schuldig werden lässt?

Wenn wir das Verhalten Jesu betrachten, wird deutlich: Er liebt alle Menschen gleichermaßen; er beurteilt uns nicht nach Aussehen, Leistung und Verhalten; er nimmt uns so an, wie wir sind. Unseren Kindern diese Achtung entgegenzubringen, ist ein wichtiges Erziehungsziel und gleichzeitig eine Lebenshilfe für ihre Zukunft. Denn ein Kind, das sich ständig benachteiligt fühlt, wird auch als Erwachsener oft Benachteiligung empfinden, sei es in der Ehe, unter Kollegen oder in der Gemeinde. Doch ein Kind, das sich geliebt und geschätzt weiß, kann geborgen durchs Leben gehen und mit dieser Achtung auch anderen begegnen.

Familie

Saskia Barthelmeß

Denkt nicht immer zuerst an euch, sondern kümmert und sorgt euch auch um die anderen (Philipper 2,4).

Beim Strohsterne-an-die-Fenster-Kleben kommt langsam die Weihnachtsvorfreude bei mir auf. In der festlich geschmückten Kirche das «Oh du fröhliche» trällern und dann zu Hause bei der Familie zwischen lecker essen und Geschichten vorlesen langsam die Geschenkberge abarbeiten. Ja, ich freu mich drauf!

Doch Halt, feiern wir überhaupt bei meinen Eltern? Eigentlich haben ja auch die Schwiegereltern schon den Wunsch angemeldet, uns am Heiligen Abend bei sich zu haben. Aber soll ich etwa auf geliebte und altbekannte Traditionen verzichten? Soll auf einmal alles anders sein als sonst?

Über diese Frage ist die Stimmung zwischen meinem Liebsten und mir deutlich eisiger geworden als die Außentemperatur. Aber allein zu zweit feiern? Das wollen wir auch nicht! Also werden schon Wochen vor dem großen Fest durchs Telefon eifrig Termine abgesprochen, Essenspläne durchgegeben und Wünsche geäußert.

«Warum muss ich meine Wünsche nach gemütlichen Stunden an Weihnachten zurückstellen?», frage ich mich ärgerlich. Doch ist es nicht ironisch, dass ich zwar mit den Eltern feiern will, nur eben so, wie ich es für richtig halte? Dass ich Familienzugehörigkeit will, aber bitte nur zu den Zeiten, in denen ich gerade Lust darauf habe? Meinen Egoismus kann ich zwar mit «Ich bin jetzt erwachsen»-Sprüchen tarnen, trotzdem muss ich mir eingestehen, dass eine Familie ein Ort ist, an dem jeder auf den anderen zugehen muss, um Harmonie zu erreichen.

Noch auf der Heimfahrt muss ich schmunzeln, als ich mich an den Nachmittag erinnere, an dem Gott in unseren Stress – zwischen zwei Familien zu feiern – eingriff: Am zweiten Weihnachtsfeiertag war ein Mittagessen beider Familien in einem Restaurant geplant. Nach einem leckeren Mahl tobte draußen ein Sturm und drinnen die Diskussion, bei wem das «junge Glück» nun Kaffee trinken sollte. Missmutig setzte ich mich ins Auto. Doch schon nach ein paar Metern kamen uns Fahrzeuge mit Lichthupe entgegen: kein Durchkommen! Die Straße durch den Wald war wegen Sturmgefahr gesperrt. Nicht viel besser ging es uns auf den anderen beiden Straßen, die aus dem kleinen Ort hinausführten. Nichts zu machen, wir saßen fest! Nun blieb auch unseren Familien nichts anderes mehr übrig, als ins Restaurant zurückzukehren und dort Kaffee zu bestellen. Was Gott sich nicht alles einfallen lässt, um kleine Familienkrisen zu lösen!

beachtet, lebt sein Volk in Glück und Sicherheit; doch wenn er immer neue Steuern aus ihnen herauspreßt, richtet er das Land zugrunde.

5 Wer andere mit schmeichelnden Worten umgarnt, breitet ein Fangnetz vor ihren Füßen aus.

6 Der Böse verstrickt sich immer tiefer in seine Schuld; wer aber Gott gehorcht, singt vor Freude und Glück!

7 Wer Gott liebt, verhilft den Armen zu ihrem Recht; doch der Gottlose empfindet für sie kein Mitgefühl.

8 Spötter bringen die ganze Stadt in Aufruhr, weise Menschen jedoch wenden den Zorn ab.

9 Wenn ein verständiger Mensch mit einem unverbesserlichen einen Rechtsstreit führt, dann lacht dieser nur, oder er fängt an zu toben – aber sagen läßt er sich nichts!

10 Mörder hassen jeden Unschuldigen; ehrliche Menschen aber setzen alles ein, um das Leben der Unschuldigen zu retten.

11 Nur ein Dummkopf läßt seinem Zorn freien Lauf, ein Verständiger hält seinen Unmut zurück.

12 Wenn ein Herrscher auf die Worte von Lügnern hört, werden alle seine Untergebenen zu Betrügern!

13 Der Arme und sein Ausbeuter haben eins gemeinsam: Gott gab beiden das Augenlicht!

14 Wenn ein König die Armen gerecht behandelt, dann steht seine Regierung fest und sicher.

15 Strenge Erziehung bringt ein Kind zur Vernunft. Ein Kind, das sich selbst überlassen wird, macht seinen Eltern Schande.

16 Je mehr gottlose Menschen, desto mehr Verbrechen. Wer aber Gott vertraut, wird den Untergang dieser Leute erleben.

17 Erziehe dein Kind mit Strenge! Dann wird es dir viel Freude machen.

18 Ohne die Weisung von Propheten verwildert ein Volk; doch es blüht auf, wenn es Gottes Gesetz befolgt!

19 Einen Sklaven kannst du nicht mit Worten allein ermahnen. Er versteht sie zwar, aber er wird sie nicht beachten.

20 Kennst du jemanden, der redet, ohne vorher überlegt zu haben? Ich sage dir: Für einen Dummkopf gibt es mehr Hoffnung als für ihn!

21 Wenn du einen Sklaven von Anfang an verwöhnst, wird er sich schließlich über dich erheben!

22 Wer schnell aufbraust, ruft Streit hervor; und ein Jähzorniger lädt viel Schuld auf sich!

23 Wer hochmütig ist, wird schließlich erniedrigt werden; der Bescheidene dagegen wird geehrt.

24 Wer mit einem Dieb die Beute teilt, der muß lebensmüde sein! Er hört den Fluch des Gerichts, aber anzeigen kann er den Räuber nicht.

25 Wer das Urteil der Menschen fürchtet, gerät in ihre Abhängigkeit; wer dem Herrn vertraut, ist gelassen und sicher.

26 Viele suchen die Gunst eines Herrschers, doch der Herr allein verschafft jedem Recht!

27 Wer Gott liebt, verabscheut den Übeltäter. Wer Gott mißachtet, verabscheut den Aufrichtigen.

Worte Agurs

30 Folgende Worte stammen von Agur, dem Sohn Jakes aus Massa. Dieser Mann sagte:

Ich habe mich abgemüht, o Gott, ich habe mich abgemüht und bin am

Montag

Wer fällt das Urteil über mich?

Ulla Schaible

Sprüche 29, 25

Heute habe ich eine Bekannte zum Kaffee eingeladen – und bin ziemlich aufgeregt. Ihre Wohnung ist immer sehr schön geschmückt, der Tisch perfekt gedeckt, mit passenden Kerzen, Servietten und Tischschmuck. «Werden meine Wohnung und der gedeckte Tisch ihrem Urteil standhalten?», frage ich mich und versuche permanent, hier und dort noch etwas zu verbessern.

Ich ertappe mich öfter bei solchen Fragen: «Was denken die anderen über mich? Gefalle ich ihnen? Bin ich gut genug angezogen? Entspricht der Vortrag, den ich halten soll, auch den Erwartungen der Gemeinde, oder ecke ich womöglich an?» Diese Reihe ließe sich beliebig fortsetzen. Andere Menschen wirken wie ein «Zensor» auf mich, der alles beurteilt. Und ich versuche mich möglichst so zu verhalten, dass ich bei diesem Urteil bestehe. Doch das engt mich ein und macht mich unfrei. Denn letztlich tue ich nicht das, was ich für richtig halte, was zu mir passt und mir gefällt, sondern lasse mich von dem leiten, was andere meiner Meinung nach denken. Aber so kann ich nicht ich selbst sein.

Natürlich könnte ich mir jetzt vornehmen: «Ich will mich nicht mehr von anderen bestimmen lassen!» Doch ich weiß aus Erfahrung, dass Vorsätze, die ein «nicht» beinhalten, wenig fruchten. Mehr Chancen zur Veränderung bestehen, wenn ich etwas Positives dagegen setze: «Ich will in Zukunft ...»

Genau das wird auch in diesem Vers empfohlen. «Setze dieser Abhängigkeit von Menschen etwas Positives entgegen: Vertraue auf Gott! Überlege, was er über dich sagt!» Und was Gott über uns Menschen sagt, können wir auf vielen Seiten der Bibel nachlesen: Ich habe dir das Leben gegeben, ich habe gewollt, dass es dich gibt (Psalm 139,13–14). Ich habe dich angenommen (Römer 15,7), denn ich habe dich schon immer geliebt (Jeremia 31,3) – egal, ob der Tisch schön gedeckt ist oder nicht.

Wenn ich merke, dass ich mich wieder einmal vom Urteil anderer bestimmen lasse, hilft es mir, mich erst einmal zu besinnen: «Was ist für mein Leben wesentlich? Ist es wichtig, was andere Menschen über mich sagen oder was Gott über mich denkt?» Wenn ich mir die Sicht Gottes über mein Leben wieder bewusst mache, werde ich freier vom Urteil anderer, gelassener und selbstsicherer. Ich kann wieder ich selbst sein.

Das, was andere über mich sagen, macht mir dann vielleicht immer noch etwas aus, aber es wird zweitrangig. In erster Linie will ich mich bestimmen lassen von dem, was Gott über mich denkt.

Ende![a] 2 Denn ich bin dümmer als je-
der andere Mensch und besitze kei-
nen Verstand. 3 Ich habe keine Weis-
heit erlangt, ich weiß fast nichts über
den lebendigen Gott und bin mit ihm
nicht vertraut.

4 Sag mir:
Wer ist jemals zum Himmel hinauf-
und wieder hinabgestiegen?
Wer hat den Wind mit seinen
Händen gezähmt
oder die Wassermassen gebändigt?
Wer setzte die Grenzen der Erde
fest?
Wenn du einen solchen Menschen
kennst,
dann nenn mir seinen Namen und
den seines Sohnes!

5 Was Gott sagt, ist wahr und zuver-
lässig; er beschützt alle, die Schutz
bei ihm suchen.
6 Füge seinen Worten nichts hinzu,
sonst zieht er dich zur Rechenschaft,
und du stehst als Lügner da!

7 Herr, ich bitte dich um zweierlei, er-
fülle mir doch diese Bitten, solange
ich lebe: 8 Bewahre mich davor, zu lü-
gen und zu betrügen, und laß mich
weder arm noch reich sein! Gib mir
nur so viel, wie ich zum Leben brau-
che! 9 Denn wenn ich zu viel besitze,
bestreite ich vielleicht, daß ich dich
brauche, und frage: «Wer ist denn
schon der Herr?» Wenn ich aber zu
arm bin, werde ich vielleicht zum
Dieb und bereite dir, meinem Gott,
damit Schande!

10 Mach einen Diener bei seinem
Herrn nicht schlecht, sonst verflucht
er dich, und du mußt es büßen!

11 Was müssen das für Leute sein,
die ihren Vater verfluchen
und ihre Mutter mißachten!
12 Was müssen das für Leute sein,
die sich selbst für untadelig halten
und doch besudelt sind mit ihrer
Schuld!
13 Was müssen das für Leute sein,
die hochmütig und überheblich
auf andere herabschauen!
14 Was müssen das für Leute sein,
die alle Armen und Hilflosen
rücksichtslos ausbeuten
und von der Erde vertilgen![b]

15 Manche Leute sind wie Blutegel:
«Gib her, gib her!» fordern sie und
saugen andere damit aus.[c]

Drei sind unersättlich, und auch
das vierte bekommt niemals genug:[d]
16 das Reich der Toten, eine unfrucht-
bare Frau, die gerne Kinder haben
möchte, trockener Boden, der nach
Regen dürstet, und das Feuer, das
gierig immer weiterfrißt.

17 Wer spöttisch auf seinen Vater
herabsieht und seiner Mutter nicht
gehorchen will, dem werden die Ra-
ben die Augen aushacken, und die
Geier werden ihn auffressen!

18 Drei Dinge sind mir rätselhaft,

a) Der hebräische Text ist nicht sicher zu deuten. Man kann auch übersetzen: aus Massa. Ausspruch des Mannes zu Itiel, zu Itiel und Ukal.
b) Wörtlich: deren Zähne Schwerter sind und Messer ihr Gebiß, um wegzufressen die Elenden von der Erde und die Armen weg aus der Mitte der Menschheit.
c) Wörtlich: Der Blutegel hat zwei Töchter: Gib her, gib her!
d) Es handelt sich hier um einen sogenannten «Zahlenspruch»: Verschiedene Beispiele werden zusammengestellt und an ein bestimmtes Zahlenschema gebunden.

Dienstag

«Das muss ich haben!»

Cornelia Mack

Sprüche 30, 15

Immer wieder fällt mir auf, dass gerade wir Frauen uns gerne miteinander vergleichen. In der Regel geschieht dies heimlich. Doch das Vergleichen hat immer Folgen. Seien wir ehrlich: Wie oft hat sich unser heimliches Vergleichen schon in nagenden Neid verwandelt? Meistens kommen wir selbst bei den Vergleichen schlechter weg. Die Folgen sind Minderwertigkeitskomplexe und Unzufriedenheit. Es gibt aber auch die andere Variante: Stolz und Überheblichkeit. Beide Haltungen sind wie zwei Seiten einer Medaille. Um die eigene Frustration oder Unsicherheit zu überdecken, suchen wir bei anderen nach etwas Negativem.

Die Bibel wendet sich eindeutig gegen solches Verhalten. Dort heißt es im Zehnten Gebot: «Du sollst nicht die Frau eines anderen Mannes begehren! Begehre auch nichts von dem, was deinem Mitmenschen gehört: weder sein Haus noch sein Feld, seinen Knecht oder seine Magd, Rinder, Esel oder irgendetwas anderes, was ihm gehört» (5. Mose 5,21). In unsere Lebenssituation übersetzt heißt das: «Du sollst deine Mitmenschen nicht beneiden, und du sollst nicht so sein wollen wie sie. Du sollst nicht dauernd vergleichen und dadurch falsche Sehnsüchte in dir wecken. Du sollst dich auch nicht über andere stellen. Du sollst vielmehr lernen, deine Situation so anzunehmen, wie sie ist: dein Wesen, deine Gaben, dein ganzes Leben.»

Gottes Gebot sagt uns: «Du bist ein einmaliges Geschöpf. Es gibt dich nur einmal auf dieser Welt. Auch deine Lebenshintergründe sind einmalig.» Wenn andere Menschen etwas Schönes erleben oder besitzen, müssen wir nicht meinen, wir hätten etwas verpasst oder versäumt. Gott weiß, was wir brauchen, und kann es uns geben, wenn die Zeit dafür gekommen ist. Wir sind bei ihm in guten Händen. Wenn wir ihm vertrauen, kommen wir nicht zu kurz und werden nicht enttäuscht.

Eine Frau geht jeden Morgen vor ihr Haus und sieht auf die gegenüberliegende Seite des Tales. Dort steht ein Haus mit goldenen Fenstern. Von Tag zu Tag schaut sie dieses Haus immer sehnsüchtiger an. Eines Tages beschließt sie: «In diesem Haus will ich wohnen!» Und so macht sie sich auf, verlässt ihr bisheriges Heim und geht.

Sie wandert den ganzen Tag, kommt abends bei dem Haus ihrer Sehnsüchte an und schaut es sich an: Die Fenster sehen eigentlich ganz normal aus, wie bei ihrem ehemaligen Haus. Überhaupt ist das ganze Haus ähnlich wie ihr altes, vielleicht an manchen Stellen sogar ein bisschen schäbiger, und der Garten drum herum ist auch nicht so gepflegt. Sie schaut sich um und sieht hinüber zur anderen Seite des Tals. Da erblickt sie ein Haus mit goldenen Fenstern: Es ist ihr eigenes Haus, und die Fenster glänzen golden in der Abendsonne.

und auch das vierte verstehe ich
nicht: [19]der Flug des Adlers am Him-
mel, das Schleichen der Schlange
über einen Felsen, die Fahrt des
Schiffes über das tiefe Meer und die
Liebe zwischen Mann und Frau!

[20]So benimmt sich eine untreue
Frau: Sie schläft mit einem anderen
Mann, wäscht sich und sagt:[a] «Ich ha-
be doch nichts Böses getan!»

[21]Durch drei Begebenheiten wird
ein Land erschüttert, und auch das
vierte kann es nicht ertragen: [22]wenn
ein Sklave König wird, wenn ein Un-
verständiger Reichtum erlangt,
[23]wenn eine von allen verschmähte
Frau geheiratet wird und wenn eine
Sklavin die Herrin aus ihrer Stellung
verdrängt.

[24]Vier Tiere sind sehr klein und
doch überaus klug: [25]die Ameisen –
sie sind ein schwaches Volk, und doch
legen sie im Sommer einen Vorrat an;
[26]die Klippdachse – sie sind nicht
kräftig, aber sie bauen ihren Unter-
schlupf in den unzugänglichen Fels-
klüften; [27]die Heuschrecken – sie
haben zwar keinen König, aber sie
ziehen in geordneten Scharen aus;
[28]die Eidechsen – du kannst sie mit
den Händen fangen, und doch findest
du sie in Palästen!

[29]Drei schreiten stolz umher, und
auch der vierte hat einen majestäti-
schen Gang: [30]der Löwe, König der
Tiere, der vor nichts Angst hat; [31]ein
Hahn, der umherstolziert; ein Zie-
genbock und ein König, der sein Heer
anführt.

[32]Wenn du meinst, du seist besser
als andere, ob zu Recht oder zu Un-
recht, dann halte den Mund, und
schweig lieber! [33]Denn wenn man
Milch schlägt, gibt es Butter; schlägt
man die Nase, kommt Blut heraus;
und reizt man den Zorn, dann gibt es
Streit!

Worte Lemuels

31 Folgende Worte stammen von
König Lemuel; seine Mutter
gab sie ihm mit auf den Weg.[b] [2]Sie
sagte:

«Du bist mein Sohn – ich habe Gott
um einen Sohn gebeten, und du bist
die Antwort! Was soll ich dir raten?
[3]Laß nicht deine ganze Kraft bei den
Frauen, das hat schon viele Könige zu
Fall gebracht![c]

[4]Höre, Lemuel, ein König soll sich
nicht betrinken und dem Wein nicht
ergeben sein! [5]Er könnte sonst im
Rausch das Recht vernachlässigen
und die Not der Bedürftigen verges-
sen. [6]Gebt den Wein lieber denen,
die dahinsiechen und verbittert sind!
[7]Laßt sie trinken und im Rausch ihre
Armut und Mühsal vergessen!

[8]Du aber tritt für die Leute ein, die
sich selbst nicht verteidigen können!
Schütze das Recht der Hilflosen!
[9]Sprich für sie, und regiere gerecht!
Hilf den Armen und Unterdrückten!»

Ein Loblied auf die tatkräftige Frau

[10]Eine tüchtige Frau – wer findet sie
schon? Sie ist wertvoller als viele Ju-
welen! [11]Ihr Mann kann sich auf sie
verlassen, sie bewahrt und vergrößert
seinen Besitz. [12]Ihr Leben lang tut sie
ihm Gutes, niemals fügt sie ihm Leid
zu.

a) Wörtlich: Sie ißt, wäscht ihren Mund und sagt.
b) Oder: Folgende Worte stammen von Lemuel, König von Massa.
c) Oder: und sei nicht darauf aus, viele Könige zu Fall zu bringen.

Was geben wir unseren Kindern mit?

Denise George

Sprüche 31, 1–2

Meiner Meinung nach gibt es sieben grundlegende Dinge, die wir unseren Kindern mitgeben können, um sie zu geistlichen Persönlichkeiten und lebenstüchtigen Menschen zu erziehen.

Ein christliches Zuhause. Ein Heim, dessen Fundament Jesus Christus ist, ist das Beste, was wir unseren Kindern mitgeben können. Für sie sollte ihr Zuhause ein geliebter Ort sein, an dem sie wachsen und lernen, an dem sie ein gutes Familienleben genießen und an dem sie sehen können, dass Christus auch im Alltag eine Rolle spielt.

Familienandachten. Es ist ein Geschenk von unschätzbarem Wert, wenn wir unsere Kinder lehren, Gott zu erkennen – zu wissen, wer Gott ist – und sich Zeit ihres Lebens seiner Leitung zu unterstellen. Die Familienandacht bietet dafür eine ideale Möglichkeit.

Mitarbeit in der Gemeinde. Wenn wir unsere Kinder regelmäßig mit zum Gottesdienst nehmen und dafür sorgen, dass sie sich in der Gemeinde zu Hause fühlen, lernen sie die Bibel und die Gemeindemitglieder zu schätzen und zu lieben – und natürlich Jesus selbst.

Loslassen. Kinder brauchen das Geschenk, mit Liebe umsorgt zu werden. Sie brauchen aber genauso das vielleicht als unangenehm empfundene Geschenk, ihnen beim Flüggewerden zu helfen. Wir tun unseren Kindern einen großen Gefallen, wenn wir sie zum richtigen Zeitpunkt an den Rand des Nestes drängen, damit sie lernen, ihre Flügel zu gebrauchen.

Heimatbewusstsein. Wenn wir sehen, dass unsere Kinder flügge werden und ins Leben hinausstreben, sollten wir ihnen neben aller Unterstützung für die Zukunft auch das Versprechen mitgeben, stets für sie da zu sein. Unser Verhalten sollte wie ein Spiegel sein, der ihnen zeigt, wer sie sind, woher sie kommen und wie sehr sie geliebt werden.

Geborgenheit und Achtung. Wenn wir unseren Kindern vermitteln, wie unsagbar wertvoll sie für Gott, für uns und für ihre Mitmenschen sind, lehren wir sie, ihren Wert zu erkennen. Wenn wir sie umsorgen und ihnen zeigen, dass wir sie lieb haben, lernen sie Geborgenheit kennen. Und wenn wir ihnen helfen, ihre von Gott geschenkten Gaben zu entdecken und für andere einzusetzen, lehren wir sie, Achtung vor sich selbst zu haben und ein gesundes Selbstwertgefühl zu entwickeln.

Mitleid haben und anderen dienen. Liebe, Mitgefühl und Hilfsbereitschaft für andere sind wunderbare Eigenschaften. Wir können unseren Kindern helfen, Rassenschranken zu überwinden und dadurch neue Freunde zu gewinnen. Wir können sie lehren, auch diejenigen zu lieben, die körperlich und geistig anders sind als sie, und unsere Kinder anleiten, jeden so anzunehmen, wie er ist.

13 Sie besorgt sich Wolle und Flachs
und verarbeitet es mit geschickten
Händen. 14 Von weit her schafft sie
Nahrung herbei, wie ein Handels-
schiff aus fernen Ländern.

15 Noch vor Tagesanbruch steht sie
auf und bereitet das Essen; den Mäg-
den sagt sie, was zu tun ist. 16 Sie hält
Ausschau nach einem ertragreichen
Feld und kauft es; von dem Geld, das
ihre Arbeit einbringt, pflanzt sie
einen Weinberg.

17 Unermüdlich und voller Tatkraft
ist sie bei der Arbeit; was getan wer-
den muß, das packt sie an! 18 Sie
merkt, daß ihr Fleiß Gewinn bringt;
beim Licht der Lampe arbeitet sie bis
spät in die Nacht.

19 Ihre Stoffe webt und spinnt sie
selbst. 20 Sie erbarmt sich über die Ar-
men und gibt den Bedürftigen, was sie
brauchen. 21 Den kalten Winter fürch-
tet sie nicht, denn ihre ganze Familie
hat Kleider aus guter und warmer
Wolle. 22 Sie fertigt schöne Decken an,
und ihre Kleider macht sie aus feinem
Leinen und purpurroter Seide.

23 Ihr Mann ist überall bekannt, und
was er sagt, hat großes Gewicht im
Rat der Stadt.

24 Sie näht Kleidung aus wertvollen
Stoffen und verkauft sie, ihre selbst-
gemachten Gürtel bietet sie den
Händlern an.

25 Sie ist eine würdevolle und ange-
sehene Frau, zuversichtlich blickt sie
in die Zukunft. 26 Sie redet nicht ge-
dankenlos, und ihre Anweisungen
gibt sie freundlich. 27 Sie kennt und
überwacht alles, was in ihrem Haus
vor sich geht – nur Faulheit kennt sie
nicht!

28 Ihre Söhne reden voller Stolz von
ihr, und ihr Mann lobt sie mit über-
schwenglichen Worten: 29 «Es gibt
wohl viele gute und tüchtige Frauen,
aber du übertriffst sie alle!»

30 Anmut kann täuschen, und
Schönheit vergeht wie der Wind –
doch wenn eine Frau Gott gehorcht,
verdient sie Lob! 31 Rühmt sie für ihre
Arbeit und Mühe! In der ganzen
Stadt soll sie für ihre Taten geehrt
werden!

DIE «PERFEKTE» FRAU

Dorothea Unbehend

Sprüche 31, 10

«Och nee», seufzte eine Freundin, «das schaffe ich nie! Da steht nichts von Migräneanfällen und bleischweren Füßen am frühen Morgen, wenn das Baby die ganze Nacht geweint hat! Das ist ja eine Überfrau, fast unmenschlich. So perfekt will ich gar nicht sein!»

Braucht sie auch nicht – zumindest ergab dies die anschließende, recht lebhafte Diskussion unter uns Frauen im Gesprächskreis. Gemeinsam stellten wir fest, dass wir Frauen sehr vielseitig sind und einen großen Einfluss haben, vor allem auf die Menschen in unserer unmittelbaren Umgebung. Denn was würde geschehen, wenn wir genau das Gegenteil von dem täten, was hier beschrieben wird? Die durchdachten Vorstellungen, was dann in «Haus und Hof, Nachbarschaft und Firma» los wäre, machten uns sehr betroffen.

Es geht nicht darum, perfekt zu sein – es geht darum, dass wir uns unseres Einflusses bewusst sind und verantwortlich damit umgehen. Irgendwie scheinen Frauen Spezialisten für Beziehungen zu sein. Unsere Intuition und das Gespür dafür, was in anderen vorgeht, gibt uns viel Macht. Wir haben Antennen für «atmosphärische Störungen» – und je nachdem, was wir anstreben, können wir beruhigend wirken oder «Kriege entfachen».

«Perfekt» an dieser Frau aus dem Alten Testament ist wohl ihre Fähigkeit zu erkennen, was die Menschen um sie herum brauchen: «Sie kennt und überwacht alles, was in ihrem Haus vor sich geht» (Vers 27). Ihre Initiativen werden belohnt, sie wird gelobt und geachtet. Sie hat sich irgendwann dafür entschieden, ihren Einfluss und ihre Fähigkeiten so einzusetzen, dass die Menschen in ihrer Umgebung zufrieden sind und untereinander zurechtkommen – eine Entscheidung, die ihren Alltag bereichert und lebendig macht.

«Wir laden sie zu unserem nächsten Treffen ein», lachte meine Freundin. «Ich muss sie unbedingt fragen, wie sie mit muffigen Ehemännern und Hüftpölsterchen umgeht!»

«Genau!», rief eine andere. «Vielleicht hat sie auch einen Tipp für Stresssituationen im Büro, streikende Computer und hektische Arbeitskollegen!» Wir überlegten, was sie – diese edle Perle – dazu sagen könnte, und stießen auf einen kleinen Satz am Ende des Textes. Er wirkt wie ein Resümee alles Vorangegangenen und enthält eine zentrale Aussage: Diese Frau gehorcht Gott (Vers 30). Vor seinem Thron scheint sie alles auszubreiten, was ihren Alltag ausmacht. Deshalb kann sie auch in Stresssituationen Ruhe bewahren, erhält Kraft für ihre vielen Aufgaben, hat ein feines Gespür für die emotionalen Bedürfnisse ihrer Mitmenschen und freut sich auf jeden neuen Tag. Vielleicht hat sie vor diesem Thron aber auch schon manche Träne vergossen – in dem Wissen, dass Gott alles sieht, alles weiß und alles mitträgt.

Der Wert einer Frau

Annemarie Pfeifer

Sprüche 31, 30

Unser Wert vor Gott ist nicht von unserem Familienstand, unserem Aussehen oder unserer Leistung abhängig. Das Leben einer unverheirateten Frau kann ebenso reich sein wie das einer Verheirateten, ein Leben ohne Kinder genauso bereichernd wie das mit einer großen Familie. Diese Erfüllung in jeder Situation zu finden ist eine Lebensaufgabe, der sich jeder Mensch stellen muss.

Jesus zieht den Aufgabenkreis von Frauen sehr weit. Als er durch das Land Israel zog und Wunder wirkte, rief eine Frau aus der Menge: «Die Frau, die dich geboren und aufgezogen hat, wie darf die sich freuen!» Aber Jesus erwiderte: «Sag lieber: Freuen dürfen sich alle, die Gottes Wort hören und es befolgen!» (Lukas 11,27–28). Für die Mutter Jesu waren diese Worte bestimmt nicht leicht zu verdauen. Wurde da nicht ihr Wert und der Wert der Mütter ganz allgemein geschmälert? Galt ihr Einsatz als Mutter plötzlich nichts mehr?

Jesus wollte seine Mutter bestimmt nicht verletzen, und trotzdem setzte er auch hier völlig neue Maßstäbe – entgegen dem Brauch seiner Zeit. Er sah die Hauptbestimmung der Frau nicht im Kindergebären und -aufziehen, sondern im verantwortlichen Leben vor Gott. Nicht die Mutterschaft ist der eigentliche Sinn im Leben einer Frau, sondern ihre Beziehung zu Gott und die Lebensweise, die daraus erwächst.

Die Frage, die sich einer Frau stellt, lautet also nicht: Heiraten oder ledig bleiben? Kinder bekommen oder nicht? Sondern: Öffne ich mich für Gottes Liebe, und lasse ich mich ganz von ihr erfüllen? Lasse ich mich von Gott wert achten?

Grundlegend ist der Wert, den Gott uns durch Jesus Christus zuspricht. Nun sind wir aufgefordert, uns unseren Wert auch selbst zuzumessen. Dies ist nicht immer einfach, wenn der Partner einen nicht bestätigt oder wenn man sich vom Auseinanderbrechen einer Freundschaft erholen muss. Nur zu schnell tauchen Gedanken auf wie: «Ich bin nicht liebenswert. Keiner mag mich. Ich tauge zu nichts.» Oft braucht es dann Zeit, sich und seine Umstände wieder annehmen zu lernen.

Doch Gott liebt uns und misst uns Frauen einen besonderen Wert zu. Er wünscht sich, dass wir Ja dazu sagen, wie er uns gemacht und in welche Lebenssituation er uns gestellt hat. Wir alle stehen gleichermaßen vor der Aufgabe, jeden Tag als Geschenk anzunehmen und sinnvoll auszufüllen.

Ehe

Maria Czerwonka

Deshalb sage ich noch einmal: Ein Mann soll seine Frau so lieben wie sich selbst. Und die Frau soll ihren Mann achten und ehren (Epheser 5,33).

Meine Eltern führten eine sehr harmonische Ehe. So durfte ich von klein auf beobachten, wie charmant und aufmerksam mein Vater mit meiner Mutter umging. Obwohl nie ausgesprochen, nahm ich es als Selbstverständlichkeit, dass mein späterer Ehemann einmal für mein Wohlbefinden und mein Glück verantwortlich sein würde.

Als ich meinen Mann heiratete, wusste ich, dass er lieb und zärtlich war, ja in vieler Hinsicht fürsorglich, aber auf eine andere, viel nüchternere Art als mein Vater. Trotzdem erwartete ich – anfangs sicher unbewusst –, dass er sich mir gegenüber bald ähnlich verhalten würde wie mein Vater meiner Mutter gegenüber.

Ich war zutiefst enttäuscht, als das nicht geschah. Aus dieser Enttäuschung zog ich meine eigenen Schlüsse: Wenn er mir einmal nicht die Tür aufhielt oder die Einkaufstasche abnahm, meinte ich, ich sei ihm gleichgültig geworden. Es verletzte mich tief, dass er meine Wünsche oder Bedürfnisse nicht erahnte. «Wenn er mich liebt, muss er sie doch kennen», glaubte ich und zweifelte zunehmend an seiner Liebe zu mir. Warum nahm er mich nicht einfach in den Arm, wenn ich traurig aussah?

Ich suchte in der Bibel und in christlichen Ehebüchern, wie mein Mann als Mann Gottes zu sein hätte, und stellte im Vergleich dazu riesige Mängel fest. Meine Achtung vor ihm als Mann, wie ich ihn mir – gemäß meinen scheinbar berechtigten Erwartungen – gedacht hatte, schwand an seiner Unzulänglichkeit dahin.

Eines Tages, als ich Gott verzweifelt bat, etwas an meinem Mann zu tun, hörte ich auf einmal in meinen Gedanken: «Nicht dein Mann, sondern ich – Jesus – bin der Garant deines Friedens und deiner Freude.» Ich erkannte erschrocken, dass ich meinem Mann die Stelle zugewiesen hatte, die eigentlich Jesus gehörte und die nur er allein einnehmen konnte.

Mein Mann war nicht Jesus! Er konnte gar nicht der Urheber meines Wohlbefindens sein! Mein Mann war ein Kind Gottes wie ich – mit ebenso vielen Grenzen und Stärken. Diese Erkenntnis brachte mich dorthin, wo ich meine Sehnsucht nach tiefer Geborgenheit erfüllt bekam: zu Jesus Christus. Ich bat ihn, meine Hoffnungen und Wünsche neu zu ordnen.

Mehr und mehr erlebte ich, wie Gott mich mit seiner heilenden Liebe erfüllte und ich in seiner Geborgenheit immer sicherer wurde. In dieser neuen Atmosphäre entwickelte mein Mann übrigens einen ganz eigenen Charme – romantischer und tiefer, als ich es mir je erträumt hatte.

Der Prediger Salomo

Es gibt nichts Neues unter der Sonne

1 In diesem Buch sind die Worte
des Predigers aufgeschrieben. Er
war ein Sohn Davids und herrschte als
König in Jerusalem.

2 Alles ist vergänglich und vergeblich,
sagte der Prediger, nichts hat Be-
stand, ja, alles ist völlig sinnlos! 3 Der
Mensch plagt sich ab sein Leben lang,
doch was bringt es ihm ein? Hat er
irgendeinen Gewinn davon? 4 Gene-
rationen kommen und gehen, nur die
Erde bleibt für alle Zeiten bestehen!
5 Die Sonne geht auf und wieder un-
ter, dann eilt sie dorthin, wo sie aufs
neue aufgeht. 6 Der Wind weht bald
von Norden, bald von Süden, ruhelos
dreht er sich, schlägt ständig um und
kommt dann am Ende wieder aus der
alten Richtung. 7 Unaufhörlich flie-
ßen die Flüsse, sie alle münden ins
Meer, und doch wird das Meer nie-
mals voll.

8 Nichts kann der Mensch vollkom-
men in Worte fassen, so sehr er sich
auch darum bemüht! Das Auge sieht
sich niemals satt, und auch das Ohr
hat nie genug gehört. 9 Was früher ge-
schehen ist, wird wieder geschehen;
was man früher getan hat, wird man
wieder tun: Es gibt nichts Neues un-
ter der Sonne! 10 Zwar sagt man ab
und zu: «So etwas ist noch nie dage-
wesen!», aber auch dies hat es schon
einmal gegeben, in längst vergange-
nen Zeiten! 11 Niemand denkt mehr
an das, was früher geschehen ist, und
auch an die Taten unserer Nachkom-
men werden sich deren Kinder einmal
nicht mehr erinnern.

Lohnt es sich, alles zu erforschen?

12 Ich, der Prediger, war König von Is-
rael und regierte in Jerusalem. 13 Ich
gab mir viel Mühe, alles auf der Welt
mit meiner Weisheit zu erforschen
und zu begreifen. Doch was für eine
große Last ist das! Gott hat sie den
Menschen auferlegt, sie sollen sich
damit abmühen!

14 Ich beobachtete, was auf der
Welt geschieht, und erkannte: Alles
ist vergebliche Mühe – gerade so, als
wollte man den Wind einfangen.
15 Was krumm gewachsen ist, kann
man nicht geradebiegen, und was
nicht da ist, kann man nicht zählen.

16 Ich überlegte und sagte mir: «Ich
habe große Weisheit erlangt und viel
Wissen erworben, mehr als jeder an-
dere, der vor mir in Jerusalem regier-
te.» 17 Doch dann dachte ich darüber
nach, was die Weisheit ausmacht und
worin sie sich von Unvernunft und
Verblendung unterscheidet, und ich
erkannte: Wer sich um Weisheit be-
müht, kann genausogut versuchen,
den Wind einzufangen! 18 Je größer
die Weisheit, desto größer der Kum-
mer; und wer sein Wissen vermehrt,
der vermehrt auch seinen Schmerz.

Was ist der Sinn?

2 Also sagte ich mir: «Versuch
fröhlich zu sein und das Leben zu
genießen!» Doch ich merkte, daß
auch dies sinnlos ist. 2 Mein Lachen

Montag

Was hat das alles für einen Sinn?

Elisabeth von Bibra

Prediger 1, 3

«Was bleibt von dem, womit ich mich jeden Tag plage?» So fragt nicht nur der alttestamentliche Prediger, so fragen ungezählte Frauen in unserer Gesellschaft – Ehefrauen und Mütter, Ledige, Hausfrauen und Berufstätige. Sie fühlen sich gefangen in Aufgaben, die ständig wiederkehren. Und mit der Frustration gehen gern die Depressionen Hand in Hand.

Depressionen als Folge von Überforderung bei der berufstätigen Mutter und Ehefrau. Depressionen bei der zu Hause gebliebenen Mutter, die aus dem Gefühl der Einsamkeit und Verlassenheit herrühren. Sie ist mit Staubsaugen und Gemüseputzen beschäftigt, während ihre berufstätige Nachbarin adrett gekleidet in den eigenen Wagen steigt und mit gepflegten Händen ihr eigenes Geld verdient. Nicht zu schweigen von den Depressionen, die aus Schuld kommen, einer Ausweglosigkeit, die uns bewusst oder auch unbewusst drückt.

Aber wie kann eine Frau denn nun leben, um endlich glücklich zu werden? Nach den Aussagen der Bibel hat jedes Menschenleben seine ganz spezielle Berufung. Gott ruft jeden persönlich und will ihm den Platz zeigen, der seinem Wesen und seiner Begabung entspricht und die Lebensfreude schenkt, die jedem Menschen von Gott her zugedacht ist.

Es geht also darum, den Ruf Gottes *für mich* zu hören, die Aufgabe *meines* Leben zu erkennen und dabei die Gaben zu entdecken, die Gott *mir* gegeben hat. Alles Vergleichen mit anderen wäre dann überwunden, meiner Persönlichkeitsentfaltung wäre freier Raum gegeben und eine rücksichtslose Selbstverwirklichung gegenstandslos geworden!

Doch ob unser Leben sich nun in überschaubaren Dimensionen abspielt oder wir eine darüber hinausgehende Aufgabe haben – die Gefahr aufzugeben ist groß: «Ich will ja gerne diese Berufung leben», sagt vielleicht manche Frau, «aber ich schaffe es nicht. Meine Verhältnisse sind zu schwierig, ich bin zu alleine, zu hilflos, ich fühle mich minderwertig. Ich bin eben kein Held!»

Nein, so ein Leben ist auch nicht zu schaffen. Die Bibel sagt, es ist ein Geschenk. «Jeder hat seine eigene Gabe von Gott, der eine so, der andere so» (1. Korinther 7,7). Gaben kann man nicht erarbeiten, man muss sie sich schenken lassen. Zu einfach? – Ausprobieren!

Nur als Beschenkte, als Berufene kann ich den Vergleich mit anderen aushalten, ohne bitter zu werden, habe ich die Kraft, aufzugehen in den Erfordernissen meiner Lebensberufung und die Opfer zu bringen, die zu diesem Weg gehören. Was bleibt dann von den Mühen meines Alltags? Das Wissen, dass jeder Tag, jede Stunde an dem Werk weiterbaut, das sich aus der Gnade Gottes zu einem einzigartigen Segen für meine Umwelt rundet.

erschien mir töricht, und das Vergnü-
gen – was hilft es schon? 3 Da nahm
ich mir vor, mich mit Wein zu berau-
schen und so zu leben wie die Unver-
ständigen – doch bei allem sollte die
Weisheit mich führen. Ich wollte her-
ausfinden, was für die Menschen gut
ist und ob sie in der kurzen Zeit ihres
Lebens irgendwo Glück finden kön-
nen.
4 Ich schuf große Dinge: Ich baute
mir Häuser und pflanzte Weinberge.
5 Ich legte Ziergärten und riesige
Parks für mich an und bepflanzte sie
mit Fruchtbäumen aller Art. 6 Ich
baute große Teiche, um den Wald mit
seinen jungen Bäumen zu bewässern.
7 Ich erwarb Knechte und Mägde zu
denen hinzu, die schon lange bei uns
lebten und zu Zeiten meines Vaters in
unserem Haus geboren wurden. Ich
besaß größere Rinder- und Schafher-
den als alle, die vor mir in Jerusalem
regiert hatten. 8 Meine Schatzkam-
mern füllte ich mit Silber und Gold,
mit Schätzen aus anderen König-
reichen. Ich ließ Sänger und Sänge-
rinnen an meinen Hof kommen und
hatte alle Frauen[a], die ein Mann sich
nur wünschen kann.
9 So wurde ich berühmter und rei-
cher als jeder, der vor mir in Jerusa-
lem regiert hatte, und meine Weisheit
verlor ich dabei nicht. 10 Ich gönnte
mir alles, was meine Augen begehr-
ten, und erfüllte mir jeden Herzens-
wunsch. Meine Mühe hatte sich ge-
lohnt: Ich war glücklich und zufrie-
den.
11 Doch dann dachte ich nach über
das, was ich erreicht hatte, und wie
hart ich dafür arbeiten mußte, und ich
erkannte: Alles war letztendlich sinn-
los – als hätte ich versucht, den Wind
einzufangen! Es gibt auf dieser Welt
keinen bleibenden Gewinn.

Auf alle wartet das gleiche Schicksal

12 Ich überlegte: Worin unterscheidet
sich der Weise vom Unverständigen
und Verblendeten? Was wird der
Mann tun, der einmal als mein Nach-
folger auf dem Königsthron sitzen
wird? Was schon jeder vor ihm getan
hat?
13 Ja, ich weiß, daß man sagt:
«Weisheit ist besser als Unvernunft,
so wie Licht besser ist als Finsternis.
14 Der Weise läuft mit offenen Augen
durch die Welt, doch der Unvernünf-
tige tappt im dunkeln.» Und trotz-
dem wartet auf beide das gleiche Los!
15 Als ich das erkannte, fragte ich
mich: Wenn mich das gleiche Schick-
sal trifft wie den Unverständigen –
wozu habe ich dann überhaupt nach
Weisheit gesucht? Da begriff ich, daß
auch das Streben nach Weisheit sinn-
los ist. 16 Denn später erinnert sich
niemand mehr an den Weisen, genau-
sowenig wie an den Unwissenden.
Wie bald sind beide vergessen – der
Tod macht keinen Unterschied!
17 Da begann ich das Leben zu ver-
abscheuen, alles auf der Welt war mir
zuwider. Denn es ist so sinnlos, als
wollte man den Wind einfangen.
18 Auch mein Besitz, für den ich mich
mein Leben lang abgemüht hatte, war
mir verleidet, denn ich begriff, daß
ich einmal alles meinem Nachfolger
hinterlassen muß. 19 Und wer weiß
schon, ob der weise oder töricht sein
wird? Doch er wird alles besitzen,
was ich durch meine Arbeit und mein
Wissen erworben habe. Wie sinnlos!
20 Als ich das erkannte, begann ich

a) Das Wort, das hier mit «Frauen» übersetzt wird, ist nicht sicher zu deuten.

Enttäuschung hat nicht das letzte Wort

Elisabeth von Bibra

Prediger 2, 10–11

Wer kennt das nicht: Etwas, das wie ein kostbarer Schatz erschien, hat Enttäuschung statt Erfüllung gebracht. Vielleicht bleibt ein Gefühl des Überdrusses oder der Schalheit, das sich wie Staub und Rost über unsere einst glänzende Erwartung legt. Im Getriebe des Alltags passiert es so leicht: Was vor kurzem noch lohnenswert war, setzt Rost an – seien es unsere Aufgaben in Haus und Familie, im Beruf, im Ruhestand. Was gestern noch lief wie geschmiert, knirscht heute in den Angeln. Aber bleiben wir nicht stehen bei der Perspektive des Predigers, der hier nur das Getümmel auf der Erde sieht! Wir können einen Blick gewinnen, der uns über die Mühsal des Alltäglichen hinweghebt und anspornt, unser Bestes zu geben. Das geschieht, wenn wir uns neu auf die Berufung einlassen, durch die Gott jede von uns an ihren Platz gestellt hat.

«Adam, wo bist du», rief Gott nach dem Sündenfall im Garten Eden. Ich habe oft den Eindruck, Gott geht heute durch unsere Straßen und ruft: «Eva, wo bist du?» Wo bist du, wenn Gott dich beschenken will mit einer Berufung, die dein Leben erfüllt? Wo bist du als Mutter in deiner Familie? Wo bist du als mütterlicher Mensch an deinem Arbeitsplatz, um die göttliche Gabe der Mutterschaft in einer verwahrlosten Welt neu zu wagen?

Gaben, die nicht gebraucht werden, rosten wie der Pflug im Winter:

Da ist bei der verheirateten Frau der Rost der Bitterkeit über so viel Undankbarkeit und verletzende Gedankenlosigkeit bei Mann und Kindern. Bei der Alleinstehenden der Rost des Selbstmitleides und des Sich-ausgenützt-Fühlens in der Verwandtschaft und an der Arbeitsstelle. Bei der Müdegewordenen der Rost der bequemen Lieblosigkeit und Resignation. Bei so vielen Nur-Hausfrauen der Rost der Minderwertigkeitsgefühle, der sie unfähig macht, ihre Berufung auszuleben.

Wir brauchen keine Minderwertigkeitsgefühle, keine Resignation und Bitterkeit! Wir brauchen einen blanken Pflug für den Acker dieser Welt! Ein in der Vergebung Christi gereinigtes Leben! Wir brauchen Sendungsbewusstsein!

Eine junge Mutter, in einer Konferenz nach ihrem Beruf gefragt, hat dies eindrücklich formuliert: «Ich arbeite in der wichtigsten Werkstatt des Atomzeitalters, wo die Zukunft gestaltet wird und die Gegenwart ihren Gehalt gewinnt: Ich bin Hausfrau und Mutter von drei Kindern.» Es ist ein großer Auftrag, zu dem Gott die Frau in dieser Welt gerufen hat. Wo wir ihn mit ganzem Herzen zu leben wagen, wächst uns ein erfülltes Leben zu, das mit Schätzen dieser Welt nicht zu erkaufen ist.

zu verzweifeln, weil ich mich mein
Leben lang so geplagt hatte. 21 Da hat
man mit seinem Wissen, seinen Fä-
higkeiten und seinem Fleiß etwas er-
reicht und muß es dann an einen an-
deren abtreten, der sich nie darum
gekümmert hat! Das ist so sinnlos
und ungerecht! 22 Denn was bleibt
dem Menschen von seiner Mühe und
von all seinen Plänen? 23 Sein Leben
lang hat er nichts als Ärger und Sor-
gen, sogar nachts findet er keine Ru-
he! Und doch ist alles vergeblich.

24 Das Beste, was ein Mensch da
tun kann, ist: essen und trinken und
die Früchte seiner Arbeit genießen.
Doch das kann nur Gott ihm schen-
ken! 25 Denn wer kann essen und ge-
nießen ohne ihn? 26 Dem Menschen,
der ihm gefällt, gibt er Weisheit, Er-
kenntnis und Freude. Doch wer Gott
mißachtet, den läßt er sammeln und
anhäufen, um dann alles dem zu ge-
ben, den er liebt. Dann war die gan-
ze Mühe des einen vergeblich, als
hätte er versucht, den Wind einzu-
fangen!

Alles hat seine Zeit

3 Jedes Ereignis, alles auf der Welt
hat seine Zeit:

2 Geborenwerden und Sterben,
Pflanzen und Ausreißen,
3 Töten und Heilen,
Niederreißen und Aufbauen,
4 Weinen und Lachen,
Klagen und Tanzen,
5 Steinewerfen und Steinesammeln,
Umarmen und Loslassen,
6 Suchen und Finden,
Aufbewahren und Wegwerfen,
7 Zerreißen und Zusammennähen,
Reden und Schweigen,
8 Lieben und Hassen,
Krieg und Frieden.

9 Was also hat der Mensch davon, daß
er sich abmüht?

10 Ich habe erkannt: Gott legt ihm
diese Last auf, damit er schwer daran
zu tragen hat. 11 Für alles auf der Welt
hat Gott schon vorher die rechte Zeit
bestimmt. In das Herz des Menschen
hat er den Wunsch gelegt, nach dem
zu fragen, was ewig ist. Aber der
Mensch kann Gottes Werke nie voll
und ganz begreifen.

12 So kam ich zu dem Schluß, daß es
für den Menschen nichts Besseres
gibt, als sich zu freuen und das Leben
zu genießen. 13 Wenn er zu essen und
zu trinken hat und sich über die
Früchte seiner Arbeit freuen kann, ist
das allein Gottes Geschenk.

14 Ich begriff, daß Gottes Werk für
immer bestehen wird. Niemand kann
etwas hinzufügen oder wegnehmen.
Damit bewirkt Gott, daß die Men-
schen Ehrfurcht vor ihm haben.
15 Was immer sich auch ereignet oder
noch ereignen wird – alles ist schon
einmal dagewesen. Gott läßt von
neuem geschehen, was in Vergessen-
heit geriet.

Was ist der Mensch?

16 Ich habe beobachtet, wie es auf die-
ser Welt zugeht: Wo man eigentlich
Recht sprechen und gerechte Urteile
fällen sollte, herrscht schreiende Un-
gerechtigkeit. 17 Doch dann dachte
ich: Am Ende wird Gott den Schuldi-
gen richten und dem Unschuldigen
zum Recht verhelfen. Denn dafür hat
er eine Zeit vorherbestimmt, so wie
für alles auf der Welt.

18 Ich habe begriffen, daß Gott die
Menschen prüft. Sie sollen erkennen:
Nichts unterscheidet sie von den Tie-
ren. 19 Denn auf Mensch und Tier
wartet das gleiche Schicksal: Beiden
gab Gott das Leben, und beide müs-

DIE BUNTE MISCHUNG «LEBEN»

Hertha-Maria Haselmann

Prediger 3, 1

Mit traurigen Augen steht Peter vor mir und erzählt von seinem letzten Arztbesuch. «Schwere Hepatitis C», lautete die Diagnose. Peter versteht die Welt nicht mehr. Vor vielen Jahren hat Jesus Christus ihn vom Heroin freigemacht. Ja, Gott hat ihn bis in sein Denken und Fühlen hinein von der Sucht befreit, die bis dahin sein Leben bestimmte. Ohne zurückzublicken, konnte Peter der Droge und dem ganzen Umfeld den Rücken kehren. Von jenem Tag an wollte er nie wieder erleben müssen, was bis dahin Alltag gewesen war: Aufenthalte im Gefängnis; in harten Wintern auf der Parkbank schlafen; widerliche Dinge tun, um das Geld für den nächsten Schuss zusammenzukriegen; die Nachricht bekommen, dass die Freundin an einer Überdosis gestorben ist ...

Das alles liegt viele Jahre zurück. Dann plötzlich diese Diagnose! Was sollte nun werden? Das Leben, das für Peter nach seiner Hinwendung zu Jesus einen so guten Start genommen hatte, stand seither wirklich unter der Gnade Gottes: Ausbildung, Studium, Heirat, Kinder, Mitgliedschaft in einer christlichen Gemeinde. Ja, Peter hatte seine Lebenszeit in Gottes Hände gelegt und viel Segen erfahren. Jedenfalls bis zu dieser Stunde – so dachte er. Gehört diese Nachricht auch in den Plan Gottes hinein? Warum lässt Gott das zu? Diese Krankheit ist doch zu nichts nütze?

Schnell denken wir Menschen so. Doch dieser Vers aus dem Buch Prediger fordert uns auf, alles aus Gottes Hand zu nehmen. Das ist nicht immer einfach, erst recht nicht, wenn uns Leid, Krankheit und Sorgen ganz nahe kommen. Die Zeiten, in denen wir mit Gott «über Mauern springen können» (Psalm 18,30) nehmen wir gerne an. Das ist auch richtig so, denn Gott möchte uns ein Leben im Überfluss schenken. Doch sein großes Ziel mit uns besteht darin, uns durch sein Wort ewige Dinge aufzuzeigen und uns in die Welt hineinzuführen, wo alle Zeit aufhört. Wir können es als Vorrecht ansehen, wenn der ewige Gott uns Einblick in seine Gedanken gibt. «Du hast Gedanken des Friedens», heißt es in einem Liedvers. Dieser Friede, den die Engel bei der Geburt Jesu verkündeten und den der Gekreuzigte und Auferstandene seinen Jüngern zusprach, ist auch für Christen nicht in jeder Situation sofort nachvollziehbar.

Für manche ist das Leben nur ein Abenteuer, in dem der Mensch Robin Hood spielt. Doch wir brauchen mehr als Abenteuer – wir brauchen einen ewigen Gott, der das Lebensschiff durch alle fröhlichen und sturmreichen Zeiten hindurch ans Ziel bringt. Diesem Gott können wir uns wirklich anbefehlen – auch in schwierigen Zeiten. Das hat auch Peter begriffen und wieder neu gelernt, seinem Vater im Himmel zu vertrauen.

sen sterben. Der Mensch hat dem
Tier nichts voraus, denn auch er ist
vergänglich. 20 Sie alle gehen an den-
selben Ort – aus dem Staub der Erde
sind sie entstanden, und zum Staub
der Erde kehren sie zurück. 21 Wer
weiß schon, ob der Geist des Men-
schen wirklich nach oben steigt, der
Geist des Tieres aber in die Erde hin-
absinkt?
22 So erkannte ich: Ein Mensch
kann nichts Besseres tun, als die
Früchte seiner Arbeit zu genießen –
das ist sein einziger Lohn. Denn nie-
mand kann sagen, was nach dem Tod
geschehen wird!

Selbst den Toten geht es besser!

4 Dann wieder sah ich, wie viele
Menschen auf dieser Welt ausge-
beutet werden. Die Unterdrückten
weinen, und niemand setzt sich für sie
ein. Keiner hilft ihnen, denn ihre Un-
terdrücker sind zu mächtig und
schrecken auch vor Gewalt nicht zu-
rück. 2 Wie glücklich sind doch die
Toten, sie haben es viel besser als die
Lebenden! 3 Noch besser aber geht es
denen, die gar nicht erst geboren wur-
den! Sie haben das schreiende Un-
recht auf dieser Welt nie sehen müs-
sen.

Weniger ist mehr

4 Nun weiß ich, warum die Menschen
so hart arbeiten und so viel Erfolg ha-
ben: Sie tun es nur, um die anderen in
den Schatten zu stellen! Auch das ist
so sinnlos, als wollten sie den Wind
einfangen. 5 Zwar sagt man: «Der
dumme Faulpelz legt die Hände in
den Schoß und verhungert», 6 ich aber
meine: Besser nur eine Handvoll be-
sitzen und Ruhe genießen als viel Be-
sitz haben und alle Hände voll zu tun.
Denn im Grunde lohnt sich das ja
nicht.

Zwei haben es besser als einer allein

7 Noch etwas Sinnloses habe ich auf
dieser Welt beobachtet:
8 Manch einer lebt völlig allein, nie-
mand ist bei ihm. Auch einen Sohn
oder Bruder hat er nicht. Trotzdem
arbeitet er ohne Ende und ist nie zu-
frieden mit seinem Besitz. Aber für
wen mühe ich mich dann ab und gön-
ne mir nichts Gutes mehr? Das ist
doch kein Leben, so vergeudet man
nur seine Zeit!
9 Zwei haben es besser als einer
allein, denn zusammen können sie
mehr erreichen. 10 Stürzt einer von ih-
nen, dann hilft der andere ihm wieder
auf die Beine. Doch wie schlecht
steht es um den, der alleine ist, wenn
er hinfällt! Niemand ist da, der ihm
wieder aufhilft! 11 Wenn zwei in der
Kälte zusammenliegen, wärmt einer
den anderen, doch wie soll einer
allein warm werden? 12 Einer kann
leicht überwältigt werden, doch zwei
sind dem Angriff gewachsen. Man
sagt ja auch: «Ein Seil aus drei Schnü-
ren reißt nicht so schnell!»

Die Gunst des Volkes ist trügerisch!

13 Besser ein junger Mann, der arm,
aber weise ist, als ein alter und törich-
ter König, der keine Ratschläge an-
nimmt!
14 Ich sah, wie man einen jungen
Mann aus dem Gefängnis holte und
ihn zum König machte, obwohl er
arm zur Welt gekommen war, als der
alte König bereits regierte. 15 Alle
Menschen stellten sich auf die Seite
des jungen Mannes, er sollte die
Herrschaft übernehmen. 16 Die begei-
sterte Volksmenge lief ihm nach, aber

Niemals allein

Prediger 4, 9

Bevor Gott Eva erschuf, sagte er zu Adam: «Es ist nicht gut, dass der Mensch allein lebt» (1. Mose 2,18). Obwohl Adam nicht wirklich allein war – schließlich war er umgeben von vielen verschiedenen Tieren –, fühlte er sich unvollständig. Er hatte keine menschliche Gesellschaft.

Im Mittelpunkt der Ziele Gottes mit seinen Kindern steht die Beziehung zu ihm und zueinander (1. Johannes 1,3.7). Außerhalb dieser Gemeinschaft herrscht Einsamkeit, ein Gefühl der Isoliertheit. Das mussten auch Adam und Eva feststellen, als sie Gottes Gebot übertreten hatten und deshalb aus dem Paradies verstoßen wurden (1. Mose 3,22–24).

Einsamkeit als Folge von zerbrochenen Beziehungen ist nicht dasselbe wie Alleinsein. Um eine tiefe, vertrauensvolle Beziehung zu Jesus Christus zu pflegen und ihm zu begegnen, müssen wir uns sogar von Zeit zu Zeit aus der Gesellschaft der Menschen zurückziehen. Dieses Alleinsein mit Jesus ist etwas Erstrebenswertes und hat nichts mit dem Schmerz der Einsamkeit zu tun. Wenn er unser Freund ist, sind wir nie wirklich allein (Sprüche 18,24; Johannes 15,15).

Jesus war oft allein: als er in der Wüste versucht wurde (Markus 1,12–13), wenn er unterwegs war (Matthäus 8,19–20) und als seine Jünger ihn im Stich ließen (Markus 14,50). Einsam war er dagegen nur einmal – als er am Kreuz all unsere Sünden auf sich nahm und rief: «Mein Gott, mein Gott, warum hast du mich verlassen?» (Matthäus 27,46; 2. Korinther 5,21). In seiner Einsamkeit bahnte er uns den Weg zu einer ewigen Gemeinschaft mit Gott.

bald schon waren sie auch mit ihm
nicht mehr zufrieden, und sein Ruhm
erlosch schnell. So war alles umsonst,
als hätte er versucht, den Wind einzu-
fangen!

Begegne Gott mit Ehrfurcht!

17 Besinne dich, bevor du zum Tempel
Gottes gehst! Geh nur hin, wenn du
wirklich auf Gott hören willst. Das ist
viel wertvoller als die Opfer der Un-
verständigen. Denn sie wissen nicht,
worauf es ankommt; sie merken
nicht, wenn sie Böses tun.

5 Denk erst nach, bevor du betest,
sei nicht zu voreilig! Denn Gott
ist im Himmel, und du bist auf der Er-
de – also sei sparsam mit deinen Wor-
ten!
2 Man sagt doch: «Wer zu geschäf-
tig ist, träumt bald unruhig, und wer
zuviel redet, sagt leicht etwas Dum-
mes.»
3 Wenn du vor Gott ein Gelübde
abgelegt hast, dann zögere nicht, es
zu erfüllen! Menschen, die leichtfer-
tige Versprechungen machen, gefal-
len Gott nicht – darum tu, was du ihm
geschworen hast! 4 Besser du ver-
sprichst gar nichts, als daß du ein Ver-
sprechen nicht hältst!
5 Leg kein unbedachtes Gelübde
ab, sonst lädst du Schuld auf dich!
Hast du es doch getan, dann behaupte
nicht vor dem Priester: «Ich habe es
gar nicht so gemeint!»! Oder willst
du, daß Gott zornig wird und die
Früchte deiner Arbeit vernichtet?
6 Wer viel träumt, träumt manches
Sinnlose, und wer viel redet, sagt
manches Unnütze.[a] Du aber begegne
Gott mit Ehrfurcht!

Die Gewaltherrschaft der Mächtigen

7 Wundere dich nicht, wenn du siehst,
wie die Armen im Land unterdrückt
werden und wie man das Recht
beugt! Denn ein Mächtiger belauert
den anderen, und beide werden von
noch Mächtigeren beherrscht. 8 So ist
es wohl besser für ein Land, wenn es
einen König hat, der für Recht und
Ordnung sorgt[b].

Reichtum garantiert noch kein Glück

9 Wer geldgierig ist, bekommt nie ge-
nug, und wer den Luxus liebt, hat im-
mer zu wenig – auch das ist völlig
sinnlos! 10 Je reicher einer wird, um so
mehr Leute scharen sich um ihn, die
auf seine Kosten leben wollen – und
er kann nur dabei zusehen. Was also
hat der Reiche von seinem Besitz?
11 Der Fleißige kann gut schlafen –
egal, ob er viel oder wenig zu essen
hat. Dem Reichen aber raubt sein
voller Bauch den Schlaf.
12 Etwas Schlimmes habe ich auf
dieser Welt beobachtet: wenn einer
seinen Besitz sorgsam hütet und ihn
dann doch verliert. 13 Nur ein miß-
lungenes Geschäft – und schon ist sein
ganzes Vermögen dahin, auch seinen
Kindern kann er nichts hinterlassen.
14 So wie er auf diese Welt gekommen
ist, muß er sie wieder verlassen –
nackt und besitzlos! Nicht eine Hand-
voll kann er mitnehmen von dem, wo-
für er sich hier abmühte. 15 Es ist zum

a) Der hebräische Text ist nicht sicher zu deuten.
b) Wörtlich: der das Land bebauen läßt.

Auf der sicheren Seite

Sabine Schmidt

Prediger 5, 12

Haben Sie sich die «Aktie Gelb» besorgt? Und wie sieht es mit Ihrer Rentenversicherung aus? Eins steht fest: Wir steuern unsicheren Zeiten entgegen. Niemand weiß so recht, was morgen sein wird. Absicherung hat für viele die höchste Priorität.

Wir haben Angst. Wir alle suchen Sicherheit. Einen Ort, einen Besitz, einen Menschen, der uns für immer gehört und uns beschützt. Darum geht es. Immer. Auch beim Geld.

Doch nicht nur da. Besitzansprüche haben wir auf vieles: Wir sprechen von *unserer* Familie, *unserem* Mann, *unseren* Kindern, *unseren* Freunden, *unserer* Arbeit, *unserem* Können. Und ganz ohne Frage: Was wir besitzen, müssen wir verteidigen. Also raffen wir, weil wir nicht irgendwann mit leeren Händen dastehen wollen. Wir knausern und klammern, damit wir nicht zu kurz kommen. Wir hüten und horten unser Ein und Alles und sparen auf «bessere Zeiten». Wir glauben, wir sind besonders klug. Doch in Wahrheit sind wir einer teuflischen Lüge aufgesessen.

Jesus erzählte seinen Jüngern einmal ein Gleichnis (Matthäus 25,14–30): Drei Männer bekommen von ihrem Arbeitgeber Geld anvertraut, jeder einen gewissen Betrag. Die ersten beiden investieren das Geld in Gewinn bringende Geschäfte und vermehren so das Vermögen ihres Chefs. Nur der Dritte tut nichts. Er verschwendet nichts – aber er gewinnt auch nichts hinzu. Er sorgt sich um seinen Schatz mit Bedacht. Er hält sich für klug. Doch als sein Chef zurückkehrt, erhält er nicht etwa das erwartete Lob, sondern eine handfeste Rüge. Und was er so mühsam bewahrt hat, bekommt am Ende ein anderer.

Gott rechnet anders. Die «himmlische Mathematik» hat mit unserer nicht viel gemein. Geld, Liebe, Kraft und Leben werden im Weggeben seltsamerweise nicht weniger, sondern immer mehr. Im Verlieren werden wir zu Gewinnern. Im Austeilen wird unser Schoß immer voller. Im Überfließen für Gott und andere werden wir selbst zu Beschenkten.

Haben Sie keine Angst, sich zu verlieren! Gott hat es uns vorgemacht. Er behielt seinen himmlischen Schatz nicht für sich. Er war kein Knauser, sondern teilte großzügig aus. Er konnte seine Herrlichkeit loslassen. Er verschwendete sich in seinem Sohn an uns, wurde arm, damit wir reich werden. Und sicher. Um diese Sicherheit zu ergreifen, müssen wir nur eins tun: Uns in Gottes Hände fallen lassen. Das ist für manchen sicher nicht ganz einfach. Doch wer es wagt, stellt erstaunt fest, dass er sich dort erst wirklich findet (Lukas 9,24). Wer das erlebt hat, der muss nichts mehr ängstlich hüten – nicht Geld, nicht Zeit, nicht Leben –, denn er wird behütet. Bei Gott sind wir immer auf der sicheren Seite.

Gebet

Rosemarie Uschold

Wendet euch Gott zu, dann wird er zu euch kommen (Jakobus 4,8a).

Sind wir Christen nicht beneidenswert wegen der Möglichkeit, beten zu dürfen und zu können? Weil wir in jeder Lage einen Gesprächspartner haben, der Weisheit und Liebe ist? Weil wir in unserem Gespräch mit Gott alle «Masken» ablegen können und uns ganz angenommen wissen?

«Leben heißt einsam sein. Kein Mensch kennt den andern, jeder ist allein», sagt Hermann Hesse. Doch unser Gespräch mit Gott durchbricht diese Einsamkeit. Zwischen Menschen, auch zwischen Familienangehörigen, stehen oft Mauern aus Gleichgültigkeit und Verständnislosigkeit. Doch zwischen Gott und seinen Kindern gibt es diese Mauern nicht.

Ist Gebet für Sie ein Monolog aus vielen Worten – und am Ende der Leitung herrscht Schweigen? Liegt das vielleicht daran, dass Sie im Grunde keine Antwort erwarten oder dass Sie Gott gar nicht zu Wort kommen lassen, sondern nur aus Pflichtgefühl ohne Freude «Gebet verrichten»? In diesem Fall möchte ich Ihnen einige Tipps geben:

- Nehmen Sie sich Zeit: Zeit hat man nicht, Zeit nimmt man sich. Wofür man sich Zeit nimmt, ist eine Frage des Interesses, der Neigung, auch der Notwendigkeit. Wenn Sie wissen, wie faszinierend die Begegnung mit Gott ist, lassen Sie manches andere beiseite.
- Suchen Sie sich einen Ort der Stille: Wenn Sie eine laute und fernsehsüchtige Familie haben, gehen Sie in den Park oder in eine leere Kirche. Für mich ist zeitweise das Untergeschoss mit der Waschmaschine zu einem Ort des Gebets geworden.
- Kommen Sie zur Ruhe: Sortieren Sie Ihre Gedanken. Stellen Sie alles, was Sie ablenken will, unter der Rubrik «Nicht so wichtig» zurück. Aber verdrängen Sie dabei nicht die größten Anliegen und die bewegendsten Probleme Ihres Lebens. Sie dürfen zu Gott kommen mit allem, was Sie sind und was Ihr Leben ausmacht.
- Bitten Sie den Heiligen Geist um seine Leitung: Er ist der Helfer, der Sie darin unterstützen möchte, sich zu sammeln und auf ein bestimmtes Ziel auszurichten – auf Gott. Wenn wir den ersten Schritt auf Gott zu machen, eilt er uns entgegen wie der Vater in dem Gleichnis vom verlorenen Sohn (Lukas 15,11–32).

Wenn Sie es sich zur Gewohnheit machen, regelmäßig mit Gott zu reden, werden Sie diese Zeit nicht mehr missen wollen. Der Segen, den Sie konkret erfahren werden, nimmt Ihnen jeden Zweifel. Sie wissen dann, dass von dieser Verbindung mit Gott eine wirksame Kraft auf Sie ausgeht. Gott schenkt Ihnen in der Stille Gedanken der Weisheit, der Erkenntnis, des Trostes: Das ist sein Reden.

Verzweifeln! Wie er kam, muß er
wieder gehen. Was hat er also von
seiner harten Arbeit – es ist ja doch
alles umsonst! 16 Sein ganzes Leben
bestand aus Mühe und Trauer; er
hatte nichts als Ärger und Sorgen
und plagte sich mit vielen Krankhei-
ten.

17 Eines habe ich begriffen: Das
größte Glück genießt ein Mensch in
dem kurzen Leben, das Gott ihm
gibt, wenn er ißt und trinkt und es
sich gutgehen läßt bei aller Mühe.
Das ist sein einziger Lohn! 18 Wenn
Gott einen Menschen reich und
wohlhabend werden läßt und ihm
auch noch Freude dabei schenkt,
dann kann der Mensch es dankbar
annehmen und die Früchte seiner
Arbeit genießen. Denn das ist ein
Geschenk Gottes! 19 Weil Gott ihm
so viel Freude gibt, denkt er nicht
darüber nach, wie kurz sein Leben
ist.

6 Noch ein großes Unglück habe
ich auf dieser Welt gesehen, es
trifft sehr viele Menschen:

2 Da schenkt Gott einem Mann
Reichtum, Wohlstand und Ehre – ja,
alles, was er sich nur wünschen kann,
nichts fehlt! Und trotzdem läßt er ihn
nichts davon genießen, sondern es
fällt einem Fremden in die Hände.
Was für eine Sinnlosigkeit und welch
ein Unglück! 3 Mag ein Mann auch
hundert Kinder haben und sehr lange
leben – wenn er sein Glück nicht ge-
nießen kann und am Ende nicht ein-
mal begraben wird, was hat er dann
davon? Selbst einer Fehlgeburt geht
es besser! 4 Als ein Nichts kommt sie,
ins Dunkel geht sie, dorthin, wo sie
für immer vergessen wird. 5/6 Das
Licht der Sonne hat sie nie erblickt,
und doch geht es ihr besser als jenem
Mann, der nie das Glück genießen
wird, selbst wenn er zweitausend
Jahre leben würde! Am Ende müs-
sen beide an den gleichen Ort!

7 Der Mensch müht sich ab sein Le-
ben lang, nur um genug zum Essen
zu haben, doch nie wird sein Verlan-
gen gestillt. 8 Was also hat der Weise
dem Unverständigen voraus? Was
nützt dem Armen ein rechtschaffe-
nes Leben? 9 Sei zufrieden mit dem,
was du hast, und verlange nicht stän-
dig nach mehr, denn das ist vergebli-
che Mühe – so als wolltest du den
Wind einfangen.

Gegen Gott kommt niemand an!

10 Alles auf der Welt ist schon seit lan-
ger Zeit vorherbestimmt, und auch
das Schicksal jedes Menschen ist
schon vor seiner Geburt festgelegt.
Mit dem, der mächtiger ist als er,
kann er nicht darüber streiten. 11 Er
kann ihn noch so sehr anklagen – es
hat ja doch keinen Sinn und hilft ihm
nicht weiter!

12 Welcher Mensch weiß schon, was
für ihn gut ist in seinem kurzen und
sinnlosen Leben, das schnell wie ein
Schatten vorbeieilt? Wer kann ihm
sagen, was nach seinem Tod auf die-
ser Welt geschehen wird?

Was ist gut?

7 «Ein guter Ruf ist mehr wert als
kostbares Parfüm», heißt es, und
ich sage: Der Tag des Todes ist besser
als der Tag der Geburt.

2 Geh lieber in ein Haus, wo man
trauert, als dorthin, wo gefeiert wird.
Denn im Trauerhaus wird man daran
erinnert, daß der Tod auf jeden Men-
schen wartet. 3 Leid ist besser als La-
chen, Trauer verändert den Men-
schen zum Guten. 4 Der Weise geht

Unersättlich

Alexandra C.E. Depuhl

Prediger 6, 7

Sie hatte ihr Leben und die Suche nach dem Sinn in die eigene Hand genommen – der Hunger nach Leben trieb sie an. Doch schon bald hatte sie sich in den Menschen getäuscht, war mit den falschen Freunden zusammengekommen und immer durstiger geworden. Sie hatte auch verschiedene Religionen ausprobiert – nur um festzustellen, dass ihre Fragen nicht beantwortet wurden. Der Hunger blieb.

Dann kam sie in eine Gesprächsgruppe, in der sie von Jesus, dem Brot und der Quelle des Lebens hörte. Skeptisch verließ sie die Runde – der Hunger war noch nicht groß genug! Doch vier Wochen später stand sie spätabends vor meiner Haustür – mit einem hungernden Herzen nach Gott. Ihr war klar geworden, dass nur Jesus ihre Sehnsucht erfüllen konnte. «Jesus gibt Leben im Überfluss», sagte ich ihr. «Nur er kann den Hunger stillen, wenn wir ihm ganz vertrauen und ihm unser Leben übergeben. Aus Hass macht er Liebe, aus Ungeduld Geduld, aus Überheblichkeit Demut. Hungrige macht er satt.»

So, wie wir immer wieder durstig und hungrig werden, brauchen wir ständig das Brot und das Wasser des Lebens. Wir brauchen Gott, damit wir leben können. Er gibt uns Weisung durch sein Wort. Vielleicht begleitet uns ein Vers, den wir morgens in der Stille gelesen haben, durch den ganzen Tag. Oder der Text eines Liedes befähigt uns dazu, wieder fröhlich zu werden. Dann können wir auch anderen helfen und ihnen Worte sagen, die sie ermutigen und trösten – Worte des Lebens.

Die Bibel ist ein Buch, in dem Unersättliche immer wieder neu zu essen bekommen und zu Weisheit und Einsicht gelangen. Das haben wir denen voraus, die ohne Hoffnung sind.

Wir sind reich beschenkt. Trotzdem brauchen wir regelmäßig unsere Rationen – wir können nicht ein für alle Mal satt werden. Es ist nötig, Gott in allen Situationen und jeden Tag neu zu begegnen, damit wir gesättigt werden.

Unersättlich möchte ich sein, nie genug bekommen von Gottes Liebe, Freundlichkeit, Güte und Geduld!

dorthin, wo man trauert, aber der
Unverständige liebt den Ort, wo ge-
feiert wird.
[5]Es ist wertvoller, auf die Zurecht-
weisung eines verständigen Men-
schen zu achten, als sich die Lob-
lieder von Dummköpfen anzuhören!
[6]Denn das Schmeicheln eines Tö-
richten ist so unbeständig wie ein
Strohfeuer.
[7]Wenn ein Verständiger sich unter
Druck setzen läßt, wird er zum Nar-
ren; wer bestechlich ist, richtet sich
selbst zugrunde.
[8]Das Ende einer Sache ist besser
als ihr Anfang; Geduld hilft mehr als
Überheblichkeit.
[9]Werde nicht zu schnell zornig,
denn nur ein Dummkopf braust
leicht auf.
[10]Frag nicht: «Warum war früher
alles besser?»! Damit zeigst du nur,
wie wenig Weisheit du besitzt.
[11]Weisheit ist so wertvoll wie ein
Erbbesitz, sie ist für jeden Menschen
nützlich. [12]Sie bietet so viel Sicher-
heit wie Geld, ja, sie schenkt sogar
noch mehr: Wer die Weisheit besitzt,
den erhält sie am Leben.
[13]Halte dir vor Augen, was Gott
tut! Wer kann gerademachen, was er
gekrümmt hat?
[14]Wenn es dir gutgeht, dann freu
dich über dein Glück, und wenn es
dir schlechtgeht, dann bedenke:
Gott schickt dir beides, und du weißt
nie, was die Zukunft bringen wird.

Vermeide die Extreme!

[15]In meinem kurzen Leben habe ich
viel gesehen: Manch einer richtet sich
nach Gottes Geboten und kommt
trotzdem um; ein anderer will von
Gott nichts wissen, aber er genießt
ein langes Leben. [16]Sei nicht zu
fromm, und übertreib es nicht mit
deiner Weisheit! Warum willst du
dich selbst zugrunde richten? [17]Sei
aber auch nicht gewissenlos und un-
vernünftig! Warum willst du sterben,
bevor deine Zeit gekommen ist? [18]Es
ist gut, wenn du ausgewogen bist und
die Extreme meidest. Wer Gott ge-
horcht, der findet den richtigen Weg.
[19]Diese Weisheit beschützt einen
Menschen mehr, als zehn Macht-
haber einer Stadt ihm helfen können.
[20]Denn es ist kein Mensch auf der
Erde so gottesfürchtig, daß er nur
Gutes tut und niemals sündigt.
[21]Hör nicht auf das Geschwätz der
Leute; dann hörst du auch nicht, wie
dein Untergebener über dich lästert!
[22]Du weißt genau, daß auch du sehr
oft über andere hergezogen hast.

Wer ist weise?

[23]Ich habe alles versucht, um weise zu
werden; ich wollte Einsicht erlangen,
aber sie blieb mir unerreichbar fern.
[24]Was geschieht, kann man nicht er-
gründen – es ist tief verborgen und
nicht zu verstehen. [25]Trotzdem be-
mühte ich mich mit aller Kraft, her-
auszufinden, was die Weisheit aus-
macht; ich wollte wissen, wie man zu
einem rechten Urteil kommt. Auch
dachte ich darüber nach, ob Gottlo-
sigkeit mit Verblendung zusammen-
hängt und Unwissenheit mit man-
gelnder Einsicht.
[26]Ich habe erkannt: Schlimmer als
der Tod ist jene Frau, die einem
Fangseil gleicht, deren Liebe dich
einfängt wie ein Netz und deren Ar-
me dich umschließen wie Fesseln. Ein
Mann, der Gott gefällt, kann sich vor
ihr retten, aber der Gottlose wird von
ihr gefangen.
[27]Ja, sagt der Prediger, das habe ich
nach und nach herausgefunden, wäh-
rend ich nach Antworten suchte.

Wut im Bauch

Ghia Falk

Prediger 7, 9

Als ich ungefähr acht Jahre alt war, sagte meine Mutter zu mir: «Dein Zorn wird dich noch einmal unglücklich machen!» Damals konnte sie nicht ahnen, wie lange mich dieser Satz durch mein Leben begleiten würde. Er machte mir Angst!

Ich war wohl kein sehr bequemes Kind, aber oft hat mich der Gedanke an diesen Satz gebremst, wenn ich zornig war. Als kleines Mädchen wollte ich doch geliebt werden! Unbewusst hatte ich mich entschlossen, «lieb» zu sein und meinen Zorn hinunterzuschlucken.

Später habe ich das dann im wahrsten Sinne des Wortes getan. Alle unguten Gefühle wie Zorn, Angst, Wut oder Verletztsein betäubte ich mit Alkohol. Erst nach vielen Jahren der Selbstzerstörung kam ich an den Punkt, an dem ich es aufgeben musste, «brav» sein zu wollen.

Es war eine Befreiung zu entdecken, dass Gott mich liebt, wie ich bin – mit all meinen Schwächen und meinem Versagen. Wie gut tat es, von Christen zu hören: «Bei Gott brauchst du dich nicht zu verstellen, bei ihm darfst du auch zornig sein.» Die Hauptsache ist, ihm diese Gefühle der Ohnmacht zu bringen.

Viele Jahre lebe ich nun schon mit Jesus Christus. Doch es hat eine Weile gedauert, bis ich in meinem neuen Leben mit ihm ganz ich selbst sein konnte. Noch immer neige ich dazu, meinen Unmut gegenüber anderen für mich zu behalten – das ist bequemer. Die alte Sehnsucht, geliebt zu werden, und die Angst, sich durch zugelassenen Zorn ins Abseits zu bringen, wirkt sehr verführerisch.

Wenn es heute in meinem Alltag Momente gibt, in denen der Zorn langsam in mir aufsteigt, bitte ich deshalb Jesus zu entscheiden, ob die Situation nur eine Tages- oder eine Lebensfrage ist. Danach wäge ich ab, wie ich damit umgehe. Wenn es erforderlich ist, ein klärendes Gespräch zu führen, weiche ich nicht aus. Manchmal hilft aber schon ein Stoßgebet, um ruhig zu werden.

Im Lauf meines Lebens konnte Gott mich von dem Satz meiner Mutter befreien. Ich habe begriffen, dass Zorn nichts Schlimmes ist – solange ich ihn erst einmal Gott hinhalte. Er kann alles verwandeln – selbst meine Gefühle. Ich brauche ihn nur darum bitten.

[28]Doch was ich mir von Herzen wün-
sche, habe ich immer noch nicht ge-
funden. Unter tausend Menschen
fand ich nur einen Mann, dem ich
mein Vertrauen schenken konnte,
aber keine Frau.
[29]Nur dieses eine habe ich gelernt:
Gott hat die Menschen aufrichtig und
wahrhaftig geschaffen, jetzt aber sind
sie falsch und berechnend.

8 Wen kann man zu den Weisen
zählen? Wer versteht es, das Le-
ben richtig zu deuten? Ein weiser
Mensch hat ein fröhliches Gesicht, al-
le Härte ist daraus verschwunden.

Die Macht der Herrscher

[2]Ich rate dir: Gehorch den Befehlen
des Königs, denn du hast ihm vor
Gott die Treue geschworen. [3]Hüte
dich davor, ihm abtrünnig zu werden,
und laß dich nicht auf Intrigen ein,
denn der König setzt ja doch alles
durch, was ihm gefällt. [4]Seine Worte
haben Macht, niemand kann ihn zur
Rede stellen und fragen: «Was tust
du da?» [5]Weise ist, wer den Befehlen
des Königs gehorcht und nichts gegen
ihn unternimmt. Er hat erkannt, daß
auch die Regierungszeit des Königs
begrenzt ist und Gott ihn richten
wird.[a]
[6]Denn für alles hat Gott die Zeit
bestimmt, er spricht das Urteil. Aber
auf dem Menschen lastet eine schwe-
re Not: [7]Er weiß nicht, was auf ihn
zukommt, und niemand kann ihm sa-
gen, wie es geschehen wird. [8]Er be-
sitzt keine Macht über den Wind und
kann ihn nicht aufhalten, ebensowe-
nig kann er dem Tod entfliehen. Ein
Soldat im Krieg wird nie vom Dienst
befreit, und wer schuldig geworden
ist, muß die Folgen tragen.
[9]Dies alles habe ich gesehen, als ich
beobachtete, was auf dieser Welt ge-
schieht – einer Welt, in der einige
Menschen Macht besitzen und die an-
deren darunter leiden müssen.

Das Unrecht in der Welt

[10]Ich sah, wie Menschen, die von
Gott nichts wissen wollten, in Ehren
begraben wurden, während man an-
dere, die Gott gehorchten, aus der
Nähe des Heiligtums vertrieb und sie
vergaß in der Stadt. Auch das ist sinn-
los!
[11]Die Verbrecher werden nicht
schnell genug bestraft, und das ver-
führt viele dazu, Böses zu tun.
[12]Manch einer hat schon hundert
Verbrechen begangen – und lebt im-
mer noch!
Ja, auch ich weiß: «Wer Gott ehrt
und ihm gehorcht, dem geht es gut.
[13]Wer Gott mißachtet, muß die Fol-
gen tragen: Er verschwindet so plötz-
lich wie ein Schatten, weil er keine
Ehrfurcht hat vor Gott.» [14]Und trotz-
dem geschieht so viel Sinnloses auf
der Welt: Da geht es rechtschaffenen
Menschen so schlecht, wie es den
Gottlosen gehen sollte. Und da ha-
ben Gottlose ein so schönes Leben,
als hätten sie Gottes Gebote befolgt.
Das ist völlig sinnlos!
[15]Darum rühme ich die Freude,
denn es gibt für den Menschen nichts
Besseres auf der Welt, als zu essen
und zu trinken und sich zu freuen.
Das wird ihn bei seiner Mühe beglei-

a) Wörtlich: Wer auf das Gebot achtet, der weiß nichts von einer bösen Sache. Das Herz des Weisen weiß um Zeit und Gericht.

Verkehrte Welt

Sharon Mumper

Prediger 8, 16–17

«Das ist nicht fair!» Wie oft haben wir diese Worte schon gehört – vielleicht begleitet vom ärgerlichen Kopfschütteln und zornigem Füßestampfen eines Zehnjährigen! «Daran musst du dich gewöhnen», möchten wir vielleicht antworten. «Das Leben ist eben nicht gerecht.»

«Warum gerade ich?», ruft eine Frau unter Tränen. Sie ist zutiefst erschüttert von der Nachricht, dass es sich bei dem kleinen Knoten, den sie in ihrer Brust entdeckt hat, tatsächlich um Krebs handelt. Auch wenn wir es nicht sagen würden, drängt sich doch die Frage auf: «Warum nicht *du*?»

Und noch andere Fragen stellen sich: «Warum bekommt irgendjemand Krebs? Warum gibt es überhaupt Krankheit auf dieser Welt? Wenn Gott uns wirklich liebt und allmächtig ist, warum passieren uns dann so viele schlimme Dinge?»

Mit 25 Jahren erschütterte mich der Tod einer gleichaltrigen guten Freundin zutiefst. In den letzten sechs Monaten ihres Lebens hatte ich sie fast täglich besucht und intensiv für sie gebetet. Sie litt große Schmerzen, weil ein aggressiver, schnell wachsender Tumor sich durch ihre Wirbelsäule fraß und ihr die Beweglichkeit raubte. Ihren Mann und ihre zwei kleinen Kinder konnte sie nicht mehr versorgen. Warum musste eine viel versprechende junge Frau, die an Jesus Christus glaubte, von dieser furchtbaren Krankheit befallen werden? Warum musste sie sterben?

Eine Antwort auf diese Fragen habe ich bis heute nicht bekommen. Doch als ich auf dem Weg zur Beerdigung mit einer anderen Freundin betete, wurde ich an einen Film erinnert, der in Zeitlupe zeigte, wie Rosen ihre Blütenblätter öffneten. Es schien mir, als wollte Gott mir sagen, dass sich auch mein Verständnis eines Tages wie die Rosen zu voller Blüte entfalten würde.

Solange wir auf dieser Erde sind, verstehen wir manches nicht, das uns oder den Menschen, die wir lieb haben, zustößt. Auch der Prediger hat sich mit schwierigen Fragen herumgeschlagen. Doch die Bibel verspricht denen, die glauben, ein Leben nach dem Tod, dessen Erfülltheit nicht im entferntesten mit dem Leben auf der Erde vergleichbar ist. Dort werden viele Fragen, die uns hier gequält haben, beantwortet werden. Vor Freude und Ehrfurcht werden wir die Luft anhalten, weil Erkenntnis und tiefes Verstehen sich vor unseren Augen entfalten wie die Blütenblätter einer Rose – bis auch die tiefsten Geheimnisse ans Licht gebracht und offenbar geworden sind.

ten das kurze Leben hindurch, das
Gott ihm gegeben hat.

Was Gott tut, ist unbegreiflich!

16/17 Ich bemühte mich, die Weisheit
kennenzulernen und das Tun und
Treiben auf dieser Welt zu verstehen.
Doch ich mußte einsehen: Was Gott
tut und auf der Welt geschehen läßt,
kann der Mensch nicht vollständig
begreifen, selbst wenn er sich Tag
und Nacht keinen Schlaf gönnt. So
sehr er sich auch anstrengt, alles zu
erforschen, er wird es nicht ergrün-
den! Und wenn ein weiser Mensch
behauptet, er könne das alles verste-
hen, dann irrt er sich!

9 Über dies alles habe ich nachge-
dacht, und ich habe erkannt:
Auch der Rechtschaffene und Ver-
ständige ist bei allem, was er tut, von
Gott abhängig. Ja, der Mensch ver-
steht nicht einmal, warum er liebt
oder haßt. Alles ist schon vorher fest-
gelegt – 2 bei jedem Menschen. Ein
und dasselbe Schicksal trifft sie alle,
ob sie nun Gott gehorchen oder ihn
mißachten, ob sie Gutes tun und sich
an die Reinheitsgebote halten oder
nicht, ob sie Gott Opfer bringen oder
es seinlassen. Dem Guten ergeht es
genauso wie dem Sünder, dem, der
schwört, ebenso wie dem, der den
Schwur scheut.
3 Es ist ein großes Unglück, daß alle
Menschen auf dieser Welt ein und
dasselbe Schicksal erleiden! Ihr Le-
ben lang sind sie verblendet, und ihr
Herz ist voller Bosheit, bis sie schließ-
lich sterben.
4 Wer lebt, hat noch Hoffnung,
denn ein lebendiger Hund ist besser
dran als ein toter Löwe! 5 Die Leben-
den wissen wenigstens, daß sie ster-
ben werden, die Toten aber wissen
gar nichts. Ihre Mühe wird nicht mehr
belohnt, denn niemand erinnert sich
noch an sie. 6 Ihr Lieben, ihr Hassen,
ihre Eifersucht – alles ist mit ihnen ge-
storben. Nie mehr werden sie betei-
ligt sein an dem, was auf der Welt ge-
schieht.

Freu dich am Leben!

7 Also iß dein Brot, trink deinen Wein,
und sei fröhlich dabei! Denn schon
lange gefällt Gott dein Tun! 8 Trag im-
mer schöne Kleider[a], und salbe dein
Gesicht mit duftenden Ölen! 9 Genie-
ße das Leben mit der Frau, die du
liebst, solange du dein vergängliches
Leben führst, das Gott dir auf dieser
Welt gegeben hat. Genieße jeden
flüchtigen Tag, denn das ist der einzi-
ge Lohn für deine Mühen. 10 Alles,
was du tun kannst, wozu deine Kraft
ausreicht, das tu! Denn im Toten-
reich, wohin auch du gehen wirst, gibt
es weder Tun noch Denken, weder
Erkenntnis noch Weisheit.

Verkehrte Welt!

11 Ich habe beobachtet, wie es auf die-
ser Welt zugeht: Nicht die Schnellen
gewinnen den Wettlauf und nicht die
Starken den Krieg. Weisheit garan-
tiert noch keinen Lebensunterhalt,
Klugheit führt nicht immer zu Reich-
tum, und die Verständigen sind nicht
unbedingt beliebt. Sie alle sind gefan-
gen in der Zeit, ein Spielball des
Schicksals. 12 Kein Mensch weiß,
wann seine Zeit gekommen ist. Wie

a) Wörtlich: weiße Kleider.

Gottes Geschenke

Hildegund Beimdieke

Prediger 9, 7

Für ein paar Stunden die Stadt hinter mir lassen – wie gut das tut! Ich genieße die Einladung zum Kaffee in ein Städtchen in der Eifel in vollen Zügen. Der Apfelkuchen zergeht mir auf der Zunge – der Mürbteig ist perfekt gelungen. Nicht nur der Kaffeetisch, das gesamte Haus strahlt Atmosphäre aus. Dazu hat die Gastgeberin ein echtes Händchen für den Garten.

Schnell geht unser Gespräch tiefer. Sie erzählt mir von ihrer Berufstätigkeit, zu der auch gehört, Religionsunterricht zu halten. Ungeheure Ernsthaftigkeit kommt mir in ihren Worten entgegen. Schon als junges Mädchen habe sie sich bemüht, das «Geheimnis des Glaubens» zu begreifen. Doch zurückgeblieben seien noch mehr Fragen, noch größere Unsicherheit.

«Wenn mir Gott doch irgendein Leid schicken würde, damit ich mich bewähren kann», sagt sie. Von ihr unbemerkt schweift mein Blick über die herrliche Wohnzimmereinrichtung hinaus in den Garten. «Bloß nicht», denke ich. Schließlich nehme ich allen Mut zusammen und antworte: «Warum danken Sie Gott nicht einfach für alles, was er schon für Sie getan hat?»

Wir reden über den Vers in Johannes 3,16: Gott hat seinen Sohn gegeben, damit jeder, der an ihn glaubt, nicht verloren geht. Für diejenigen, die dieses Angebot persönlich annehmen, enthält es gleichzeitig eine Garantie, in Ewigkeit bei Gott zu sein. Das Leiden an den Folgen unserer Sünde darf kein «Dauerzustand» werden. Denn Gott trägt demjenigen nichts nach, der sich ihm anvertraut und seinen Willen tun will.

Was ganz grundsätzlich gilt, ist übertragbar auf viele Lebensbereiche. Wie oft zermürben wir uns bei dem Versuch, Lösungen für Dinge zu finden, die längst gelöst sind? Der Blick für das, was Gott uns an Schönem geschenkt hat und für uns bereithält, ist oft tränenverhüllt. Wir suchen nach Liebe und Anerkennung, obwohl Gott uns seine Liebe zusagt und uns eine glückliche Familie und einen guten Beruf gegeben hat. Wir sind unzufrieden mit unserer äußeren Erscheinung, weil wir unnötige Vergleiche ziehen. Wir trauern verpassten Chancen nach und vergessen dabei, unsere neuen Möglichkeiten zu nutzen.

Es ist fatal zu denken, Gott fände Gefallen an menschlichem Leid. Der Tod und das Böse sind nicht seine Erfindung. Im Gegenteil, er hat alles getan, um sie zu überwinden. Alle guten Gaben kommen von ihm. Er will, dass wir sie genießen und verantwortungsvoll mit ihnen umgehen. Sollten wir ihn heute nicht bitten, uns neu zu zeigen, was er uns geschenkt hat und was wir bis jetzt übersehen haben?

Eigenlob stinkt!

Sabine Herold

Prediger 10, 1

Wenn der Prediger hier das Wort «Dummheit» verwendet, meint er damit nicht in erster Linie Einfältigkeit oder Unachtsamkeit, sondern ein Leben ohne Gott – auch wenn es unter dem Deckmantel der Religion und Frömmigkeit steht. Ein Leben in der Gottlosigkeit ist die größte Dummheit eines Menschen überhaupt!

Paulus bezeichnet jemanden, der sich mit Selbstruhm «bekleckert», als Toren (2. Korinther 11, 16). Eine Gruppe war zur Zeit Jesu besonders stark von diesem Verhalten geprägt: die Pharisäer und Schriftgelehrten. Zwar galt es als ihr größter Wunsch, Gott mit Taten, Gebeten, Kleidung und Almosen zu gefallen, doch bei all ihren Aktionen verließen sie sich auf ihre eigene Kraft statt auf Gott! Denn es ging ihnen nicht nur um Gott oder ihre Religion. Sie taten ihre Werke auch, um gesehen zu werden und die Menschen in ihrer Umgebung damit zu beeindrucken. Tatsächlich erhielten sie bewundernde Blicke und Lob zur Genüge, doch es fehlte ihnen an Weisheit und Ansehen vor Gott.

Als Jesus das Gleichnis von dem Pharisäer und dem Zolleinnehmer erzählte (Lukas 18,9–14), stellte er damit die alltägliche Haltung der «Frommen» zur Schau: Diese Menschen zählten gerne ihre Werke auf und waren stolz auf sich selbst. Doch in Wirklichkeit waren ihre Taten tot – wie tote Fliegen, die duftende Salben zum Stinken bringen – und verdeckten ihre eigentlichen Motive.

Mir kommt ein Sprichwort in den Sinn: «Eigenlob stinkt!» Leider ertappe ich mich selbst oft dabei, dass ich meine Frömmigkeit in den Vordergrund stelle, um andere zu beeindrucken. Ich wünsche mir, dass ich immer mehr lernen kann, allein danach zu streben, mit meinem Leben Gott zu gefallen und nicht Menschen.

Dieser Vers will uns auffordern, uns nach echter Weisheit in unserem Leben mit Gott auszustrecken. Durch Eigenlob können wir nicht alle Menschen beeindrucken. Und erst recht nicht Gott! Bitten wir ihn darum, uns dabei zu helfen, von nun an für ihn zu leben – und das, was wir tun, für ihn zu tun. Warten wir, statt uns selbst zu loben, doch lieber auf ein Lob von oben, auf Bestätigung von Gott oder den Frieden, den nur er uns geben kann. Dann verbreiten wir Wohlgeruch statt Gestank. Es ist mein Gebet, dass Gott mich frei macht von falscher Religiosität zu einem Leben in echter Weisheit.

Fische im Netz gefangen werden, wie
Vögel in die Falle geraten, so enden
auch die Menschen: Der Tod ereilt
sie, wenn sie es am wenigsten erwar-
ten.
13 Noch etwas habe ich beobachtet –
ein gutes Beispiel dafür, wie die
Weisheit auf dieser Welt beurteilt
wird:[a]
14 Da war eine kleine Stadt mit we-
nig Einwohnern. Ein mächtiger König
zog mit seinem Heer gegen sie aus,
schloß sie ein und schüttete ringsum
einen hohen Belagerungswall auf.
15 In der Stadt lebte ein armer Mann,
der war sehr weise. Er hätte die Stadt
durch seine Weisheit retten können,
aber niemand dachte an ihn. 16 Da sag-
te ich mir: Zwar ist Weisheit wertvol-
ler als Stärke, aber ein Armer wird
nicht für klug gehalten; seine Worte
beachtet man nicht. 17 Es ist besser, auf
die bedächtigen Worte eines Weisen
zu hören als auf das Geschrei eines
Königs von Dummköpfen. 18 Weisheit
bewirkt mehr als Waffen, aber ein ein-
ziger, der Böses tut, kann viel Gutes
zerstören.

Die kleinste Dummheit wiegt schwerer als die größte Weisheit

10 Tote Fliegen bringen duftende
Salben zum Stinken, und
schon eine kleine Dummheit zerstört
die Weisheit und das Ansehen eines
Menschen.
2 Ein vernünftiger Mensch unter-
nimmt das Richtige, ein törichter da-
gegen nur das Falsche. 3 Welchen
Weg der Törichte auch einschlägt –
ihm fehlt der Verstand; jeder kann
erkennen, wie dumm er ist.
4 Wenn ein Machthaber zornig auf
dich ist, dann vergiß nicht, daß du
ihm unterstellt bist! Bleib gelassen,
dadurch vermeidest du große Feh-
ler!
5 Etwas Schlimmes habe ich auf die-
ser Welt beobachtet, einen großen
Fehler, den Machthaber immer wie-
der begehen:
6 Die Törichten bekommen die
höchsten Posten, und die Vornehmen
werden übergangen. 7 Ich habe
Knechte hoch zu Roß gesehen und
Fürsten, die wie Knechte zu Fuß ge-
hen mußten.
8 Wer eine Grube gräbt, kann hin-
einfallen, und wer eine Mauer ab-
reißt, kann von einer Schlange gebis-
sen werden. 9 Wer im Steinbruch ar-
beitet, kann sich dabei verletzen, und
wer Holz spaltet, bringt sich in Ge-
fahr.
10 Wenn die Axt stumpf geworden
ist, weil ihr Benutzer sie nicht geschlif-
fen hat, muß er sich doppelt anstren-
gen. Der Kluge hält sein Werkzeug in
Ordnung.[b]
11 Dem Schlangenbeschwörer hilft
seine Kunst nicht weiter, wenn die
Schlange zubeißt, bevor er sie be-
schworen hat!
12 Ein weiser Mensch wird geachtet
für seine Worte; aber ein Dummkopf
richtet sich durch sein Gerede selbst
zugrunde. 13 Wenn er seinen Mund
aufmacht, hört man nichts als dummes
Geschwätz – es bringt nur Unheil und
Verblendung! 14 Ja, solch ein Mensch
redet ununterbrochen. Dabei weiß
keiner, was die Zukunft bringt; nie-
mand sagt ihm, was nach seinem Tod
geschehen wird. 15 Wann endlich wird
der Dummkopf vom vielen Reden

a) Wörtlich: Auch dieses sah ich als Weisheit unter der Sonne, und es kam mir bedeutsam vor.
b) Wörtlich: Es ist von Nutzen, wenn die Weisheit etwas tauglich macht.

LIEBE

Lotte Bormuth

Euch aber schenke der Herr immer größere Liebe zueinander und zu allen anderen Menschen (1. Thessalonischer 3,12a).

Es war der vierte Advent. Von einem Schlaganfall linksseitig gelähmt und der Sprache beraubt, lag meine Mutter auf ihrem Krankenlager. Dieser Anblick tat mir weh. So elend hatte ich meine Mutter noch nie erlebt. Ihr Gesicht war verzerrt, ihr Mund blieb stumm, und mir wurde quälend bewusst, wie viel ich noch mit ihr hätte besprechen wollen.

Da kam unser Sohn Daniel in den Weihnachtsferien von seinem Studienort Halle nach Hause. Als er seine Großmutter so gebrochen vor sich sah, packte ihn tiefes Mitgefühl. Er stellte eine Kerze an ihr Bett, zog den Stuhl ganz nah zu ihr heran, fasste ihre gesunde Hand und sang ihr ein Weihnachtslied nach dem anderen vor – laut und voller Hingabe. Es waren altbekannte Lieder, die Großmutter oft mit ihren Enkelkindern gesungen hatte. Ich saß im Nebenzimmer, die Tür war nur angelehnt. Plötzlich hörte ich ein leises Brummen und Summen. Meine Mutter hatte den Ton wieder gefunden!

An diesem Tag begann sie langsam wieder zu sprechen. Jeden Tag übte ich mit ihr, und bald konnten wir sie immer besser verstehen.

Es war Daniels Liebe, die ihr die Sprache geschenkt hatte. Die Adventsfreude hatte ihren gelähmten Mund geöffnet, und sie konnte sich wieder bemerkbar machen.

Als wir einige Zeit später merkten, dass die Tage meiner Mutter gezählt waren und sie immer schwächer wurde, legte ich meine Hände auf ihren Kopf und betete den Segensspruch: «Der Herr segne dich und bewahre dich! Der Herr wende sich dir in Liebe zu und zeige dir sein Erbarmen! Der Herr sei dir nah und gebe dir Frieden!» (4. Mose 6,24–26)

Gott hat meine Mutter zu sich in seine neue Welt geholt, und dort gibt es keine Schmerzen, kein Leid, keine stummen Lippen, keine Tränen. Über der Traueransprache aber stand das Wort aus dem Buch des Propheten Jeremia: «Ich habe euch schon immer geliebt, darum bin ich euch stets mit Güte begegnet» (Jeremia 31,3).

Montag

Packen wir es an!

Hannelore Risch

Prediger 11, 4

Niemand kommt auf die Idee, bei starkem Wind oder Sturmböen zu säen. Der leichte Same könnte allzu leicht weggeblasen werden. Die Samenkörner würden dann an einer falschen Stelle keimen und müssten wieder ausgejätet werden. Ebenso sät niemand während einer Trockenperiode oder bei sengender Hitze, genauso wenig bei Platzregen. Ja, ein guter Gärtner achtet selbstverständlich auf Wind und Wolken, bevor er mit seiner Arbeit beginnt.

Doch wovor will uns der Prediger dann warnen? Vor Überängstlichkeit und Perfektionismus!

Es gibt Menschen, die immer wieder sagen: «Entweder mache ich es ‹richtig› oder gar nicht!» Sie haben Angst, einen Fehler zu begehen – deshalb unternehmen sie lieber nichts. Wenn sie beispielsweise gebeten werden, in der Gemeinde eine gewisse Verantwortung zu übernehmen, lehnen sie ab. Warum? Haben sie Angst, sich zu blamieren? Angst vor der Kritik? Angst davor, Zeit, Geld oder Kraft zu investieren? Kämpfen sie mit Minderwertigkeitskomplexen, oder hindert sie ihr Stolz?

Es ist wichtig, die Kosten zu überschlagen, bevor wir ein Haus bauen, Kraft und Gaben richtig einzuschätzen, bevor wir eine Arbeit beginnen. Trotzdem bleibt ein gewisses Risiko, das wir in Kauf nehmen müssen. Doch nur Mut! Packen wir es an! Niemand außer Gott ist perfekt. Wir dürfen Fehler machen, denn irren ist menschlich. Und wir können Erfahrene um Rat fragen – das ist keine Blamage, denn niemand weiß alles. Vielleicht ist es auch hilfreich, andere zu bitten, mit uns im Team zu arbeiten. Wenn wir kritisiert werden, können wir das als Chance sehen, uns zu verbessern. Und falls mal etwas schief geht, kann es meistens wieder gerade gebogen werden. Wenn nicht nur Menschen, sondern Gott selbst unser Auftraggeber ist, dann hilft er uns in allem. Er überfordert seine Kinder nicht, sondern schenkt ihnen zu den Aufgaben auch die entsprechenden Gaben dazu.

Wer es mit Gott wagt, der gewinnt! Menschen, die sich an Gott halten, können zuversichtlich säen. Sie wissen, dass sie auch ernten werden. Denn sie überlassen es dem Allerhöchsten, die Windstärke, den Regen und die Sonnenwärme zu regeln. Letztlich ist es Gottes Verantwortung, dass Frucht gedeiht. Er allein lässt sie wachsen.

müde? Nicht einmal den Weg in die Stadt findet er![a]

16 Wehe dem Land, dessen König noch ein Kind ist und dessen Machthaber schon früh am Morgen Feste feiern! 17 Wohl dem Land, dessen König frei regieren kann und dessen Machthaber zur richtigen Zeit feiern, sich dabei beherrschen können und sich nicht wie die Säufer aufführen!

18 Wenn jemand die Hände in den Schoß legt und zu faul ist, das Dach seines Hauses auszubessern, tropft bald der Regen durch, und das Gebälk fällt in sich zusammen.

19 Ein gutes Essen macht fröhlich, Wein macht lustig, und Geld macht beides möglich!

20 Nicht einmal in Gedanken schimpfe auf den König, nicht einmal in deinem Schlafzimmer fluche über den Reichen! Denn die Spatzen pfeifen es von den Dächern, und schon bist du verraten.

Wer wagt, gewinnt!

11 Setz dein Hab und Gut ein, um Handel zu treiben, und eines Tages wird es dir Gewinn bringen.[b] 2 Verteil deinen Besitz auf möglichst viele Stellen, denn du weißt nicht, ob ein großes Unglück über das Land kommt und alles zerstört.

3 Wenn die Wolken voll Wasser sind, wird es auch regnen, und wohin ein Baum fällt, dort bleibt er liegen.

4 Wer ängstlich auf den Wind achtet, wird nie säen; und wer auf die Wolken schaut, wird nie ernten.

5 Du weißt nicht, aus welcher Richtung der Wind kommen wird; du siehst nicht, wie ein Kind im Mutterleib Gestalt annimmt. Ebensowenig kannst du die Taten Gottes ergründen, der alles bewirkt.

6 Säe am Morgen deine Saat aus, leg aber auch am Abend die Hände nicht in den Schoß! Denn du weißt nicht, ob das eine oder das andere gedeiht – oder vielleicht sogar beides zusammen!

Genieß deine Jugend!

7 Wie schön ist das Licht, und wie wohltuend ist es, die Sonne zu sehen! 8 Freu dich über jedes neue Jahr, das du erleben darfst! Auch wenn noch viele vor dir liegen – denk daran, daß die Dunkelheit danach lange dauert! Alles, was dann geschieht, ist sinnlos!

9 Du junger Mensch, genieße deine Jugend, und freu dich in der Blüte deines Lebens! Tu, was dein Herz dir sagt und was deinen Augen gefällt! Aber sei dir bewußt, daß Gott dich für alles zur Rechenschaft ziehen wird! 10 Laß dich nicht von Kummer und Sorgen beherrschen, und schütze dich vor Krankheit! Denn Jugend und Schönheit[c] sind vergänglich.

12 Denk schon als junger Mensch an deinen Schöpfer, bevor die beschwerlichen Tage kommen und die Jahre näherrücken, in denen du keine Freude mehr am Leben hast. 2 Dann wird selbst das Licht immer dunkler für dich: Sonne, Mond und

a) Der hebräische Text ist nicht sicher zu deuten.
b) Wörtlich: Laß dein Brot über das Wasser fahren, dann wirst du es wiederfinden nach langer Zeit.
c) Wörtlich: und Schwärze (dunkles Haar).

Sterne verfinstern sich, und nach einem Regenschauer ziehen die Wolken von neuem auf. [3]Deine Hände, mit denen du dich schützen konntest, zittern; deine starken Beine werden schwach und krumm. Die Zähne fallen dir aus, du kannst kaum noch kauen, und deine Augen werden trübe. [4]Deine Ohren können den Lärm auf der Straße nicht mehr wahrnehmen, und deine Stimme wird immer leiser. Schon frühmorgens beim Zwitschern der Vögel wachst du auf, obwohl du ihren Gesang kaum noch hören kannst. [5]Du fürchtest dich vor jeder Steigung und hast Angst, wenn du unterwegs bist. Dein Haar wird weiß, mühsam schleppst du dich durch den Tag, und deine Lebenslust schwindet.[a] Dann trägt man dich in deine ewige Wohnung, und deine Freunde laufen trauernd durch die Straßen.

[6]Ja, koste das Leben aus, ehe es zu Ende geht – so wie eine silberne Schnur zerreißt oder eine goldene Schale zerspringt, so wie ein Krug bei der Quelle zerbricht oder das Schöpfrad in den Brunnen fällt und zerschellt. [7]Dann kehrt der Leib zur Erde zurück, aus der er genommen wurde; und der Lebensgeist geht wieder zu Gott, der ihn gegeben hat.

[8]Ja, alles ist vergänglich und vergeblich, sagte der Prediger, alles ist völlig sinnlos!

Ein Nachwort

[9]Der Prediger war ein weiser Mensch, der seine Erkenntnisse an das Volk weitergab. Er dachte über viele Lebensweisheiten nach, prüfte ihren Inhalt und brachte sie in eine schöne Form. [10]Er bemühte sich, ansprechende Worte zu finden, dabei aber aufrichtig zu sein und die Wahrheit zu schreiben.

[11]Ja, die Worte der Weisen sind wie ein Stock, mit dem der Bauer sein Vieh antreibt; Lebensweisheiten, in Sprüche gefaßt, gleichen eingeschlagenen Nägeln: Sie verleihen dem Menschen einen festen Halt. Gott, der eine große Hirte der Menschen, hat sie uns gegeben.

[12]Mein Sohn, laß dich warnen! Es nimmt kein Ende mit dem vielen Bücherschreiben, und zu viel Lernen macht den ganzen Körper müde.

[13]Zu guter Letzt laßt uns das Wichtigste von allem hören: Begegne Gott mit Ehrfurcht, und halte seine Gebote! Das gilt für jeden Menschen. [14]Denn Gott wird Gericht halten über alles, was wir tun – sei es gut oder böse –, auch wenn es jetzt noch verborgen ist.

a) Der hebräische Text beschreibt in den Versen 3–5a das Altern mit vielen dichterischen Bildern: [3]Zu der Zeit, wenn die Wächter im Haus zittern und die starken Männer sich krümmen und die Müllerinnen müßig sind, weil nur noch wenige von ihnen übriggeblieben sind. Dann verfinstern sich jene, die durch die Fenster sehen, [4]und die Türen zur Straße werden geschlossen. Das Geräusch der Mühle wird leise; man erwacht beim Vogelzwitschern, obwohl die Töchter des Gesangs nur gedämpft zu hören sind. [5]Auch vor der Höhe fürchtet man sich dann, und Schrecken lauert auf dem Weg. Der Mandelbaum blüht, die Heuschrecke schleppt sich mühsam voran, und die Kaper platzt auf.

Alles vergeht – einer bleibt

Ulrike Schild

Prediger 12, 13

Was ist eigentlich los mit unserer Welt? Wir leben in einem Zeitalter der Toleranz. Man darf «bitteschön» alles nicht so eng sehen! Vor allem, wenn es um religiöse Fragen geht.

Wir kämpfen für Gerechtigkeit, artgerechte Tierhaltung, leistungsgerechte Bezahlung, menschenwürdige Behandlung. Aber: Irgendetwas stimmt nicht mit der Welt. Mit den Menschen. Jeder will Frieden, doch die Erde, auf der wir leben, ist zu einem globalen Kriegschauplatz geworden!

Wir legen unsere ganze Hoffnung in Menschen hinein – und werden immer wieder enttäuscht! Es bleibt nicht aus: Menschen enttäuschen nun einmal. Das hat auch der frühere Bundespräsident Gustav Heinemann verstanden. Er hat einen Satz geprägt, der heute noch bekannt ist: «Die Herren dieser Welt gehen – unser Herr kommt.» Damit hat er eine biblische Weisheit formuliert. «Jawohl», könnte die Bibel kommentieren, «der Mensch ist wie Staub, er wird vergehen. Nur einer bleibt – und das ist Gott» (Psalm 102,27). Zum Glück ist aber auch das noch nicht das letzte Wort.

Unser Horizont darf sich weiten, denn bei diesem großen Gott dürfen wir die Ewigkeit verbringen. Der Prediger, der auch das Hohelied der Liebe geschrieben hat, teilt uns die Voraussetzung dafür mit: «Begegne Gott mit Ehrfurcht, und halte seine Gebote!» Alle, die erkannt haben, dass sie das nicht aus eigener Kraft können, die deswegen Ja zu Jesus Christus gesagt haben, halten die Eintrittskarte zu Gottes neuer Welt in den Händen. Es lohnt sich, noch ein wenig darüber nachzudenken und sich ganz neu auf diesen Gott und seine Welt zu freuen!

Das Lied von der Liebe (Das Hohelied)

Du bist mein König

1 Das schönste aller Lieder, von Salomo.

2 Komm und küß mich,
küß mich immer wieder!
Ich genieße deine Liebe
mehr als den besten Wein.

3 Der Duft deiner Salben betört mich.
Dein Name ist wie ein besonderes Parfüm,
darum lieben dich die Mädchen.

4 Nimm mich bei der Hand!
Schnell, laß uns laufen,
zu dir nach Hause wollen wir eilen!

Du bist mein König!
Ich freue mich über dich,
du bist mein ganzes Glück.[a]

Deine Liebe ist kostbarer
als der edelste Wein.
Kein Wunder, daß die Mädchen für dich schwärmen!

Schaut nicht auf mich herab!

5/6 Schaut nicht auf mich herab,
ihr Mädchen von Jerusalem,
weil meine Haut so dunkel ist,
braun wie die Zelte der Nomaden.
Ich bin dennoch schön,
so wie die wertvollen Zeltdecken Salomos.
Meine Brüder waren streng mit mir,
sie ließen mich ihre Weinberge hüten.
Doch mich selbst zu pflegen, meinen Weinberg,
dafür hatte ich keine Zeit!
Darum hat die Sonne mich dunkel gebrannt.

Wo bist du?

7 Sag mir, mein Geliebter,
wo läßt du deine Schafe weiden,
wo läßt du sie am Mittag lagern?
Laß mich nicht vergebens nach dir suchen,
nicht umherirren bei den Herden andrer Hirten!

8 Weißt du's wirklich nicht,
du schönste aller Frauen?
Folg den Spuren meiner Schafe,
und weide deine kleinen Ziegen bei den Hirtenzelten!

Du bist schön!

9 Wie schön du bist, meine Freundin,
schön wie eine Stute vor dem Prachtwagen des Pharaos!
10 Deine Wangen sind von Ohrringen umrahmt,
deinen Hals schmückt eine Muschelkette.

a) Wörtlich: Wir jubeln und freuen uns über dich.

Trunken vor Liebe

Saskia Barthelmeß

Hoheslied 1, 1

Manchmal liegen mein Mann und ich am Wochenende auf dem Sofa und werfen uns gegenseitig Komplimente an den Kopf: «Du hast die tollsten Ohren weit und breit», sage ich dann. «Und du bist die aufregendste Frau auf der ganzen Welt», kommt es zurück. Das süßeste Lächeln, die charmantesten Blicke und die besten Kochkünste werden aufgefahren, um dem anderen zu zeigen, wie lieb man ihn hat.

Egal, ob am Tag zuvor dicke Luft herrschte; unabhängig von den Ecken und Kanten, die einen am anderen stören – in solchen Momenten gibt es nur noch ihn und mich. Die Liebe, vielleicht zuvor noch mit Füßen getreten und mit bösen Worten beleidigt, ist wieder einmal nicht nachtragend. Schnell ist sie da, um warme Gefühle im Bauch und verliebte Blicke zu schenken. Und im Handumdrehen verwandelt sie lang Vertraute in kichernde Teenager.

Salomo konnte wohl gar nicht genug bekommen von seiner Braut. Seitenlang sind seine Liebkosungen an sie – poetisch statt plump, romantisch und redegewandt. Wenn ein Mensch so begeistert von seinem Gegenüber ist, geht ihm nicht nur das Herz, sondern auch der Mund über. Wer kann schon schweigen, wenn er (Topf) endlich seine Ergänzung (Deckel) gefunden hat? Jemanden, der ihm morgens liebevoll den Tisch deckt, der ihn tagsüber im Büro anruft, nur um zu fragen, ob er sie denn immer noch liebe. Jemand, der einem im Bett die kalten Füße wärmt und nicht nur am Valentinstag einen Strauß Blumen mitbringt und ihn schüchtern-lächelnd in die Vase stellt.

Dass Gott uns Menschen ein Herz gegeben hat, das solch übersprudelnde Gefühle empfinden kann, zählt für mich zu den schönsten Geschenken überhaupt. Was das nicht alles über ihn aussagt! Wenn schon wir als seine Kinder beim Blick in die Augen unseres Liebsten trunken vor Glück sein können, wie stark müssen dann erst seine Gefühle für uns sein? Jesus ist unbestritten der beste Bräutigam der Welt: er schreibt die schönsten Liebesbriefe, denkt sich die tollsten Überraschungen für uns aus und trägt uns unermüdlich auf Händen. Was kann eine Frau mehr wollen?

11 Ein Geschmeide aus Gold sollst du haben
und Perlen um den Hals, in Silber gefaßt!

12 Wenn mein König mit mir speist,
riecht er den Duft meines Nardenöls.
13 Mein Geliebter ruht an meiner Brust
wie ein mit Myrrhe gefüllter Beutel.
14 Er duftet wie die Blüten des Hennastrauchs,
der in den Weingärten von En-Gedi wächst.

15 Wie schön du bist, meine Freundin,
wunderschön bist du,
deine Augen glänzen wie das Gefieder der Tauben.

16 Schön bist auch du, mein Liebster –
wie freue ich mich über dich!
Das Gras ist unser Lager,
17 Zedern sind die Balken unsres Hauses
und die Zypressen unser Dach.

Du bist einzigartig!

2 Ich bin nur eine Narzisse in der Scharonebene,
eine Lilie aus den Tälern.

2 Wie eine Lilie unter Dornen,
so ist meine Freundin unter allen andren Mädchen!

3 Wie ein Apfelbaum unter den Bäumen des Waldes,
so ist mein Liebster unter allen andren Männern!
In seinem Schatten möchte ich ausruhn
und seine Früchte genießen.

Ich bin krank vor Liebe

4 Ins Weinhaus[a] hat er mich geführt,
dort zeigt er mir, daß er mich liebt.
5 Stärkt mich mit Rosinenkuchen,
erfrischt mich mit Äpfeln,
denn ich bin krank vor Liebe!
6 Sein linker Arm liegt unter meinem Kopf,
und mit dem rechten hält er mich umschlungen.
7 Ihr Mädchen von Jerusalem,
ich beschwöre euch: Laßt uns jetzt allein!
Wir sind wie scheue Rehe und Gazellen –
schreckt uns nicht auf, wir lieben uns.

Der Frühling ist da!

8 Da kommt mein Geliebter!
Er springt über die Berge und hüpft über die Hügel.
9 Schnell wie eine Gazelle läuft er,
flink wie ein Hirsch.
Schon steht er vor dem Haus!
Er späht durch das Gitter,
blickt zum Fenster herein.

10 Er sagt zu mir:
«Steh auf, meine Freundin, meine Schöne, und komm!
11 Die Regenzeit liegt hinter uns,
der Winter ist vorbei!
12 Die Blumen beginnen zu blühen,
die Vögel zwitschern,
und überall im Land
hört man die Turteltaube gurren.
13 Die ersten Feigen werden reif,
die Reben blühen und verströmen ihren Duft.
Steh auf, meine Freundin, meine Schöne, und komm!

a) Vermutlich ein freistehendes Haus, in dem immer wieder Feste gefeiert wurden.

DIE «KLEINEN FÜCHSE» FANGEN

Prinzessin Sixtina zu Waldeck und Pyrmont

Hoheslied 2

Die Brennnessel hat sehr tiefe Wurzeln, die schwer auszureißen sind. Je älter unsere Bitterkeit, desto tiefer wurzelt sie auch in unserem Herzen. Sie vergiftet nicht nur uns, sondern alle, die mit uns leben, die ganze Atmosphäre um uns. Heilung ist erst möglich, wenn diese Wurzel der Bitterkeit gezogen ist. Nicht umsonst heißt es in der Bibel: «Lasst die Sonne nicht über eurem Zorn untergehen» (Epheser 4, 26 – Luther). Denn nachts wachsen die Pflanzen am schnellsten.

Das Hohelied redet in einem weiteren Bild von dieser schmerzlichen Zerstörung: Wie die «kleinen Füchse», die den Weinberg verwüsten, kann sie unsere kostbarsten Beziehungen untergraben und schließlich zum Einsturz bringen.

Zwanzig Jahre haben mein Mann und ich in unserer eigenen Ehe unter enttäuschten Erwartungen und einer allmählichen Entfremdung gelitten. Dann standen wir vor dem Aus. Die «kleinen Füchse» hatten unseren «Weinberg» – unsere Ehe, in der wir köstliche Früchte hätten ernten können – zerstört. Erst als mein Mann und ich als letzten Versuch zur Rettung unserer Ehe an einem christlichen Eheseminar teilnahmen, schöpften wir neue Hoffnung. Wir fanden zu einer persönlichen Beziehung zu Jesus Christus und erlebten, wie uns Gottes Vergebung zugesprochen wurde. Dann kam der nächste Schritt: Wir baten einander auch gegenseitig um Vergebung.

Heute wissen wir, wie wichtig es ist, das Unkraut der nachtragenden Gefühle nicht wuchern zu lassen und jeden «kleinen Fuchs» der Sünde einzufangen, wenn er sein zerstörerisches Werk beginnt. Vergebung wurde für uns zum Schlüssel – nicht nur für den Erhalt unserer Ehe. Die Vergebung auszusprechen, war ein reiner Gehorsamsschritt Gott gegenüber, ohne entsprechende Gefühle. Doch obwohl es «nur» eine Willensentscheidung war und aus dem Verstand geschah, ging eine Tür auf – und Gott stellte sich dazu. Nach und nach hat er die Wunden geheilt. Unsere Liebe begann wieder zu wachsen.

14 Versteck dich nicht wie eine Taube
im Felsspalt!
Zeig mir dein schönes Gesicht,
und laß mich deine wunderbare
Stimme hören!»

15 Fangt uns doch die kleinen Füchse,
denn sie verwüsten den Weinberg,
wenn die Reben in schönster Blüte
stehn.

16 Nur mir gehört mein Liebster,
und ich gehöre ihm, dem Hirten,
der seine Schafe auf Wiesen voller
Lilien weidet.
17 Abends, wenn es kühl wird
und die Nacht ihre Schatten über das
Land breitet,
dann komm zu mir, mein Liebster!
Sei schnell wie eine Gazelle,
flink wie ein junger Hirsch,
der von den rauhen Bergen kommt!

Nächtliche Sehnsucht

3 Nachts auf meinem Bett
sehnte ich mich nach meinem
Liebsten.
So gern wollte ich bei ihm sein,
doch er war nicht da!
2 «Ich will aufstehn, die Stadt
durchstreifen,
durch die Gassen und über die Plätze
laufen.
Meinen Liebsten muß ich finden!»
Ich suchte nach ihm, doch
vergebens.
3 Bei ihrem Rundgang griff die
Wache mich auf:
«Habt ihr meinen Liebsten
gesehen?» fragte ich sie.
4 Kaum war ich an ihnen vorbei,
da fand ich ihn, dem mein Herz
gehört.
Ich hielt ihn fest und ließ ihn nicht
mehr los.
Ich führte ihn in das Haus meiner
Mutter,
in jene Kammer, in der sie mich
geboren hat.

5 Ihr Mädchen von Jerusalem, ich
beschwöre euch:
Laßt uns jetzt allein!
Wir sind wie scheue Rehe und
Gazellen –
schreckt uns nicht auf,
wir lieben uns.

Der Hochzeitszug

6 Wer kommt dort herauf aus der
Wüste,
umgeben von Rauchsäulen aus
Weihrauch und Myrrhe
und allen Parfümen der Händler?
7 Seht! Es ist die Sänfte Salomos,
von sechzig Männern ist sie
umringt,
von Israels tapferen Soldaten.
8 Sie alle sind im Kampf erprobt,
sie tragen das Schwert an der Seite
zum Schutz gegen Überfälle in der
Nacht.
9 Eine Sänfte ließ König Salomo sich
bauen
aus dem kostbaren Holz des
Libanon.
10 Die Pfosten sind mit Silber
beschlagen
und die Lehnen mit Gold überzogen.
Der Stoff des Thronsitzes ist
purpurrot,
liebevoll bestickt von Jerusalems
Frauen.
11 Kommt heraus, ihr Mädchen von
Jerusalem!
Seht König Salomo mit seiner
Krone!
Heute hat ihn seine Mutter gekrönt,
am Tag seiner Hochzeit, am Tag
seines Glücks!

Die Melodie der Sehnsucht

Annemarie Höfer

Hoheslied 3, 4

In einem Märchen wird von einem Bettler erzählt, der bei einer gastfreundlichen, aber armen Familie über Nacht Unterschlupf fand. Am nächsten Morgen, als er sich verabschiedete, zeigte sich, dass er mehr war als nur ein mittelloser Wanderer. «Ihr habt drei Wünsche frei», sagte er, «seht zu, dass ihr euch etwas Gutes wünscht.»

Viele Geschichten erzählen davon, wie die einen sich ins Verderben und die anderen ins Glück wünschten.

Stellen Sie sich vor, dieser unbekannte Wanderer wäre über Nacht Ihr Gast gewesen. Nun würde er Sie am nächsten Morgen nach Ihren Herzenswünschen fragen. Und diese Wünsche könnten Wirklichkeit werden!

Unsere Wünsche sind formulierte Sehnsüchte unseres Herzens, die Gestalt annehmen und Früchte tragen. Dadurch wird offenkundig, was in unserem Herzen ist und wonach es sich sehnt. Diese innere Ausrichtung ist eine starke Antriebskraft. Sie ruht nicht eher, bis sie gefunden hat, was sie sucht.

Für viele Frauen ist es ein Lebenswunsch, Erfolg im Beruf zu haben, einen Partner zu finden, der mit ihnen durch Dick und Dünn geht, und eine eigene Familie zu gründen. Wenn dann noch ein «trautes Heim» die fröhliche Familie beherbergt und sie diese Bleibe ihr Eigen nennen kann, ist der Lebenstraum zu einem großen Stück Wirklichkeit geworden.

Doch trotz all der erfüllten Wünsche macht sich ein Stück Leere und Unzufriedenheit in uns breit. Wir sind von Gott her so gedacht, dass wir unsere tiefste Sehnsucht nur bei ihm stillen können. Er allein kann unsere Herzenstiefen ganz ausfüllen.

Im Hohenlied finden wir ein Beispiel dafür, wie umtriebig Sehnsucht sein kann. Was unternimmt das Mädchen nicht alles, um ihren geliebten Bräutigam zu finden! Sehnsucht macht sie erfinderisch, Sehnsucht schenkt ihr Energie, Sehnsucht lässt sie laufen, bis sie ihn gefunden hat. Sie weiß: Alle Schätze dieser Welt würden das Glück, ihm nahe zu sein, nicht aufwiegen können.

Wie sehen unsere Träume aus? Ist unsere Sehnsucht nach Gott genauso intensiv wie das Verlangen dieses Mädchens nach ihrem Bräutigam? Und setzen wir Tag und Nacht alles daran um ihn zu finden und ihm nahe zu sein?

Frieden

Simone Riek

Macht euch keine Sorgen! Ihr dürft Gott um alles bitten. Sagt ihm, was euch fehlt, und dankt ihm! Gott wird euch seinen Frieden schenken, den Frieden, der all unser Verstehen, all unsere Vernunft übersteigt, der unsere Herzen und Gedanken im Glauben an Jesus Christus bewahrt (Philipper 4,6–7).

Dieses Wort sagt mir zu:

- Lass dich nicht zermürben von dem, was in der Zukunft liegt!
- Wenn dich etwas bedrückt, rede mit Gott, deinem Vater. Sag ihm, was dich beschäftigt, und schäme dich nicht, ihn anzuflehen oder vor ihm zu weinen.
- Wenn du betest, danke Gott auch für die Dinge, die er dir in dieser Situation geschenkt hat. Suche nach Gottes Fingerabdrücken, und sage ihm deinen Dank. Es verändert deinen Blickwinkel und erweicht dein Herz vor ihm.
- Wenn du das tust, wirst du merken, dass Gott für dich einen Weg gebahnt hat, auf dem du seinen Frieden finden kannst. Gottes Friede wird dich trösten und wieder aufrichten. Das übersteigt bei weitem das, was wir verstehen.
- Du wirst merken, dass der Friede Gottes dein Herz bewahrt – vor weiteren Verletzungen und vor weiterer Zerrissenheit: «Von allen Seiten umgibst du mich und hältst deine schützende Hand über mir» (Psalm 139,5).
- Du wirst merken, dass der Friede Gottes auch deine Sinne bewahrt. Deine Augen werden nicht mehr sehnsüchtig auf das schielen, was bei anderen besser läuft, deine Ohren werden nicht mehr lauschend auf das hören, was andere sagen. Und dein Mund wird sich nicht mehr ständig beklagen, sondern du kannst fröhlich sagen: «Ja, so ist mein Gott: Er hat mich errettet und mir geholfen, ich vertraue ihm und habe keine Angst. Der Herr allein gibt mir Kraft. Denke ich an ihn, dann beginne ich zu singen, denn er hat mich gerettet» (Jesaja 12,2).

Wie schön du bist!

4 Wie schön du bist, meine Freundin,
wie wunderschön!
Deine Augen hinter dem Schleier
glänzen wie das Gefieder der Tauben.
Dein Haar fließt über deine Schultern
wie eine Herde Ziegen,
die vom Gebirge Gilead ins Tal zieht.
2 Deine Zähne sind weiß wie geschorene Schafe,
wenn sie aus der Schwemme kommen.
Keiner von ihnen fehlt.
3 Wie ein scharlachrotes Band
leuchten deine Lippen,
sie sind schön geschwungen.
Hinter dem Schleier schimmern deine Wangen
wie eine Scheibe vom Granatapfel.
4 Dein Hals ist rund und hoch wie der Turm Davids,
dein Schmuck wie tausend Schilde, die daran hängen.
5 Deine Brüste sind wie junge Zwillinge einer Gazelle,
die auf Blumenwiesen weiden.
6 Abends, wenn es kühl wird
und die Nacht ihre Schatten über das Land breitet,
will ich zu dem Hügel kommen,
der nach Myrrhe und Weihrauch duftet.
7 Deine Schönheit ist vollkommen, meine Freundin,
kein Makel ist an dir.

Du hast mich verzaubert

8 Komm mit mir, meine Braut,
steig mit mir herab vom Libanon,
verlaß den Gipfel des Amanaberges,
den steilen Senir und den Hermon!
Denn dort leben die Löwen und Panther!

9 Du hast mich verzaubert,
mein Mädchen, meine Braut!
Mit einem einzigen Blick
hast du mein Herz geraubt.
Schon eine Kette deines Halsschmucks
zog mich in deinen Bann!

10 Wie glücklich macht mich deine Liebe,
mein Mädchen, meine Braut!
Ich genieße deine Liebe
mehr als den besten Wein.
Dein Duft ist bezaubernder
als jedes Parfüm.
11 Wie Honig schmecken deine Lippen, meine Braut,
ja, süße Honigmilch ist unter deiner Zunge!
Und wie der Wald dort auf dem Libanon,
so duften deine Kleider!

Ein Garten voll edler Pflanzen

12 Mein Mädchen ist ein Garten,
in dem die schönsten Pflanzen wachsen.
Aber noch ist er mir verschlossen.
Meine Braut ist eine Quelle mit frischem Wasser,
aber noch kann ich nicht davon trinken.
13 An Granatbäumen reifen köstliche Früchte,
und die Hennasträucher blühen.
14 Dort wachsen Narde und Safran,
Kalmus und Zimt,
Weihrauchsträucher, Myrrhe und Aloe
und die edelsten Balsamgewächse.
15 Eine Quelle bewässert den Garten,
ihr Wasser sprudelt herab vom Libanon.

Ein Geschenk des Schöpfers

Hoheslied 4, 10

Gott hat sich die Sexualität als besonderes Geschenk ausgedacht. Denn Mann und Frau sollen in der Ehe ihre Einheit in intimer, ungeteilter Liebe ausdrücken und an seinem Plan der Fortpflanzung teilhaben können.

Es gibt Bibelverse, die den Wert der Sexualität und die Freude an ihr beschreiben (1. Mose 18,12; 26,8; Hoheslied 4,1–16), und andere, in denen es um die Enthaltung von sexueller Aktivität geht (2. Mose 19,15; 1. Samuel 21,5). Jeder Sexualverkehr außerhalb der Ehe wird als sexuelle Unmoral verurteilt (2. Mose 20,14; 5. Mose 22,22; 1. Korinther 6,9).

Die Alternative zur Ehe ist die Gabe der Ehelosigkeit (Matthäus 19,12; 1. Korinther 7,7). Von Alleinstehenden wird erwartet, dass sie Selbstbeherrschung im Überwinden von ungebührlichen sexuellen Trieben durch die Kraft des Heiligen Geistes üben (Galater 5,16–25; 1. Timotheus 4,1–5).

Es ist wichtig, folgende Fakten zu bedenken:

1) Sexualität ist von Gott gegeben (1. Mose 2,18). Satan hat auf diesem Gebiet nichts als Entstellungen und ein Gefühl der Leere zu bieten. Offen über Sexualität zu sprechen ist nicht verkehrt, wenn es innerhalb des von Gott gesetzten Rahmens geschieht.

2) Im Gegensatz zum Geschlechtsverkehr bei Tieren hat die menschliche Sexualität einen besonderen Sinn, der über die Fortpflanzung hinausgeht (1. Mose 2,19–20).

3) Sexuelle Vereinigung ist ein völliges Einswerden und ebenso mitreißend wie geheimnisvoll (1. Mose 2,21–23). Gott hat aus einem Menschen zwei gemacht, die erst dann vollständig sind, wenn sie wieder eins geworden sind. Eine Ausnahme besteht dort, wo Gott einem Menschen die Gabe der Ehelosigkeit verleiht.

4) Die Sexualität ist bestimmten Regeln und Zielen unterworfen (1. Mose 2,24–25). Gott selbst setzt die Grenzen (Matthäus 19,4–6). Alles außer einer völligen und ausschließlichen Verpflichtung zwischen zwei Ehepartnern ist frustrierend und destruktiv. Dem Ehemann wird befohlen, seine Befriedigung (Sprüche 5,19) und Freude (Prediger 9,9) bei seiner Frau zu finden und sich um ihre speziellen Bedürfnisse zu kümmern (5. Mose 24,5; 1. Petrus 3,7). Die Ehefrau ist verantwortlich für Verfügbarkeit (1. Korinther 7,3–5), Vorbereitung und Planung (Hoheslied 4,9), Interesse (Hoheslied 4,16; Hoheslied 5,2) und Sensibilität gegenüber den speziellen männlichen Bedürfnissen (1. Mose 24,67). – Ziele der sexuellen Vereinigung sind: Erkenntnis (1. Mose 4,1), Einheit (1. Mose 2,24), Trost (1. Mose 24,67), Fortpflanzung (1. Mose 1,28), Schutz vor Versuchung (1. Korinther 7,2–5) und – wovon besonders das Hohelied redet – Entspannung und Spaß (Hoheslied 2,8-17; 4,1–16).

16 Kommt, Nordwind und Südwind,
durchweht meinen Garten,
tragt seine Düfte hinaus!
Komm, mein Liebster, in deinen Garten,
und genieße die köstlichen Früchte!

5 Ich betrete den Garten,
mein Mädchen, meine Braut.
Ich pflücke die Myrrhe
und ernte den Balsam.
Ich öffne die Wabe
und esse den Honig.
Ich trinke den Wein
und genieße die Milch.
Eßt auch ihr, Freunde,
trinkt euren Wein!
Berauscht euch an der Liebe!

Suche in der Nacht

2 Ich schlief, doch mein Herz war wach.
Da, es klopft! Mein Liebster kommt!

Mach auf, mein Mädchen, meine Freundin,
meine Liebste, meine Vollkommene!
Mach auf, denn mein Haar ist naß vom Tau der Nacht.

3 Ich habe mein Kleid schon ausgezogen,
soll ich es deinetwegen wieder anziehn?
Meine Füße habe ich schon gewaschen,
ich würde sie nur schmutzig machen.

4 Jetzt streckt er seine Hand
durch die Öffnung in der Tür.
Mein Herz schlägt bis zum Hals,
weil er in meiner Nähe ist.
5 Ich springe auf und will dem Liebsten öffnen;
meine Hände greifen nach dem Riegel,
sie sind voll von Myrrhenöl.
6 Schnell öffne ich die Tür für meinen Liebsten,
doch weg ist er, spurlos verschwunden.
Entsetzen packt mich: Er ist fort!
Ich suche ihn, doch ich kann ihn nirgends finden;
ich rufe laut nach ihm, doch er gibt keine Antwort.
7 Bei ihrem Rundgang greifen mich die Wächter auf.
Sie schlagen und verwunden mich,
sie reißen mir das Kopftuch weg.
8 Ihr Mädchen von Jerusalem, ich beschwöre euch:
Wenn ihr meinen Liebsten findet, dann sagt ihm,
daß ich krank vor Liebe bin.

9 Warum beschwörst du uns,
du schönste aller Frauen?
Was hat dein Liebster anderen voraus?

10 Mein Liebster ist schön und kräftig[a],
unter Tausenden ist keiner so wie er!
11 Sein Gesicht schimmert wie Gold,
sein Haar ist rabenschwarz,
seine Locken erinnern an die Blütenrispen einer Dattelpalme.
12 Seine Augen sind von vollkommener Schönheit,
so wie Tauben, die in Milch baden und aus vollen Bächen trinken.
13 Seine Wangen duften nach Balsamkräutern,
nach kostbaren Salben.

a) Wörtlich: weiß und rot.

Wieder zueinander finden

Ingrid Trobisch

Hoheslied 5, 6–8

Wie leben in einer Welt, die «krank ist vor Liebe». Liebe ist unumgänglich nötig für das körperliche, seelische und geistliche Wohlbefinden jedes Menschen. Ohne Liebe stirbt er in allen drei Bereichen einen langsamen, qualvollen Tod.

Unwillkürlich drängt sich hier die Frage auf: Gibt es auch für diejenigen unter uns noch Hoffnung, die von toten Beziehungen umgeben sind?

Die Antwort liegt in Jesus Christus selbst. Durch ihn wird alles neu (Offenbarung 21,5). Das heißt, selbst tote Gefühle können zu neuem Leben erweckt werden und Beziehungen, die durcheinander geraten sind, völlig wiederhergestellt werden!

Der erste Schritt zur Wiederherstellung der Liebe ist eine zweifache Übergabe. Zuallererst geht es um die Übergabe unseres Lebens an Jesus Christus. Er selbst ist Liebe (1. Johannes 4,8). Wir können niemals echte Liebe verstehen und erleben, bis wir zu dem gehen, der sie geschaffen hat.

Zum Zweiten brauchen wir eine lebenslange Übergabe an unseren Ehepartner. Sie darf nicht an irgendwelche «Bedingungen» geknüpft sein. Gott weiß, welche Probleme in unserer Ehe auftauchen werden – aber er hat versprochen, dass er nichts zulassen wird, was wir nicht gemeinsam überwinden können. Wir können lernen, unseren Ehepartner so zu akzeptieren, wie er ist, und seine Eigenheiten zu achten. Denn so sehr man sich auch anstrengt, man kann seinen Partner nicht ändern – höchstens sich selber.

Eine Frau Ende Zwanzig erzählte mir einmal von einer äußerst schwierigen Zeit in ihrer Ehe: «Immer wieder stellte ich mir die Frage: Warum machst du das überhaupt? Warum bleibst du bei ihm? Es wäre doch für beide Teile besser, wenn wir uns trennen würden. Auf jeden Fall wären wir dann glücklicher.» Der Teufel wollte ihr weismachen, dass das, was sie fühlte, der Realität entsprach. Manche sagen: «Wenn du ein gutes Gefühl dabei hast, tue es.» Doch meine Bekannte ließ sich nicht beirren – sie hielt durch. Manchmal kam sie sich vor wie eine Heuchlerin, dann wieder durchlebte sie Zeiten, in denen sie schrecklich deprimiert war. Aber ihre Treue behielt die Oberhand, und heute ist sie ausgesprochen glücklich darüber, dass sie damals nicht ihren Gefühlen gefolgt ist.

Ablehnung und Verlassenheit müssen nicht das letzte Wort behalten. Für eine Welt, die «krank ist vor Liebe», hält Jesus Christus die Heilung bereit.

Seine Lippen leuchten wie rote
Lilien,
sie sind benetzt mit Myrrhenöl.
14 Seine Arme sind wie Goldbarren,
mit Türkissteinen verziert.
Sein Leib gleicht einer Statue aus
Elfenbein,
über und über mit Saphiren bedeckt.
15 Seine Beine sind Alabastersäulen,
die auf goldenen Sockeln stehn.
Eindrucksvoll wie der Libanon ist
seine Gestalt,
stattlich wie mächtige Zedern.
16 Seine Küsse sind zärtlich,
alles an ihm ist wunderschön.

So ist mein Liebster, mein Freund,
ihr Mädchen von Jerusalem.

6 Wohin ist dein Liebster denn
gegangen,
du schönste aller Frauen?
Wir wollen mit dir gehn und nach
ihm suchen,
wo könnte er denn sein?

2 Mein Liebster ging in seinen
Garten,
wo Balsamkräuter wachsen.
Dort ist die Weide seiner Herde,
dort pflückt er schöne Lilien.
3 Nur mir gehört mein Liebster,
und ich gehöre ihm, dem Hirten,
der seine Schafe auf Wiesen voller
Lilien weidet.

Schöner als alle bist du!

4 Schön bist du, meine Freundin,
schön wie Tirza[a],
bezaubernd wie Jerusalem;
du hast mich erobert wie ein
mächtiges Heer, das zum Krieg
auszieht.
5 Wende deine Augen von mir ab,
denn dein Blick überwältigt mich.

Dein Haar fließt über deine
Schultern
wie eine Herde Ziegen,
die vom Gebirge Gilead ins Tal
zieht.
6 Deine Zähne sind weiß wie Schafe,
wenn sie aus der Schwemme
kommen;
keiner von ihnen fehlt.
7 Hinter dem Schleier schimmern
deine Wangen
wie eine Scheibe vom Granatapfel.

8 Mag der König sechzig Ehefrauen
haben,
achtzig Nebenfrauen und Mädchen
ohne Zahl:
9 Ich liebe nur die eine,
meine Liebste, die Vollkommene.
Sie ist die einzige Tochter ihrer
Mutter,
ihr Lieblingskind, dem sie das Leben
gab.
Könnten die Frauen und
Nebenfrauen des Königs sie
sehen,
sie alle würden von ihr schwärmen:

10 Sie ist so schön wie das Morgenrot,
so herrlich wie der Mond und der
Schein der Sonne!
Sie kann einen Mann erobern
wie ein mächtiges Heer, das zum
Krieg auszieht.

a) Tirza war die Hauptstadt des Nordreichs Israel zur Zeit der Könige Jerobeam I. bis Omri. Der Name läßt sich mit «Anmut» wiedergeben.

Ungetrübte Nähe

Linda Dillow / Lorraine Pintus

Hoheslied 6,13

Kennen Sie diese ungetrübte Sehnsucht nach Ihrem Mann? Oder sind Sie wütend auf sich selbst, weil Sie sexuelle Grenzen überschritten haben? Träumen Sie von anderen Männern, während Sie mit Ihrem Mann intim sind? Haben Sie manchmal das Gefühl, es fehle Ihnen etwas, weil Sie früher mit anderen Partnern sexuell verkehrt haben? Falls einer dieser letzten Punkte zutrifft, kann es sein, dass Sie wegen vergangener sexueller Verfehlungen von Schuldgefühlen geplagt werden. Doch was immer Sie getan haben mögen, Gott kann Ihnen wieder zu einer «reinen Weste» verhelfen. Wie?

• Lassen Sie das Alte los. Der erste Schritt besteht darin, sich von jeder schmutzigen Erinnerung, jedem schlechten Verhalten und jeder unmoralischen Handlung bewusst zu lösen. Jede Person, der Sie sich einmal «hingegeben» haben, besitzt einen Teil von Ihnen. Körperlich mag die Trennung von dieser Person längst vollzogen sein, aber die seelischen oder geistlichen Bande sind noch da. Es ist nicht schwer, diese Fesseln zu durchtrennen. Bringen Sie jeden Namen und jede sexuelle Handlung vor Gott, sagen Sie ihm, dass es Ihnen Leid tut, und bitten Sie ihn um Vergebung. Er will Sie ein für alle Mal davon reinwaschen.

• Empfangen Sie das Neue. Wenn Sie Ihre Sünde bekannt, Gottes Vergebung angenommen und anderen so vergeben haben, wie Ihnen vergeben worden ist, dann *ist* Ihnen vergeben. Egal, wie Sie sich fühlen – Gott sagt es, darum ist es wahr. In Ihrem Innern hat ein Heilungsprozess eingesetzt.

Viele Frauen finden es hilfreich, ein sichtbares Erinnerungsstück an den geistlichen Schritt zu besitzen, den sie vollzogen haben. Hierzu ein paar Anregungen:

• Legen Sie eine kleine Schere auf Ihren Nachttisch als Erinnerung daran, dass Gott Ihre Fesseln zur Vergangenheit «durchgeschnitten» hat.

• Räumen Sie Ihren Keller auf. Wenn Sie die neu geschaffene Ordnung sehen, werden Sie Gott nur preisen können, weil er im Keller Ihrer Seele gründlich aufgeräumt hat!

• Schreiben Sie Johannes 15,3 auf ein Kärtchen und kleben Sie es an Ihre Dusche. «Ihr seid schon rein um des Wortes willen, das ich zu euch geredet habe» (Luther).

Sehnsucht

11 Ich ging hinunter ins Tal,
in den Garten, wo die Walnußbäume stehen.
Ich wollte sehen, ob die Bäume schon blühen,
ob der Weinstock neue Blätter treibt
und ob am Granatbaum Knospen sprießen.
12 Ohne daß ich es merkte,
trieb mich die Sehnsucht zu meinem Mädchen,
hin zu meiner Liebsten.[a]

Dreh dich im Tanz!

7 Dreh dich, Sulamith,
dreh dich beim Tanz im Kreise,
denn wir wollen dich bewundern!

Was gibt es denn zu sehen,
wenn ich den Reigen von Mahanajim tanze?

2 Wie schön sind deine Füße in den Sandalen,
du Fürstentochter!
Die Rundungen deiner Hüften
sind wie ein Halsgeschmeide, ein Werk aus Künstlerhand.
3 Dein Schoß gleicht einer runden Schale,
die stets mit edlem Wein gefüllt ist.
Dein Bauch ist golden wie Weizen,
von Lilien umkränzt.
4 Deine Brüste sind wie junge Zwillinge einer Gazelle.
5 Dein Hals gleicht einem Turm aus Elfenbein,
und deine Augen sind wie die Teiche von Heschbon
am Bat-Rabbim-Tor.
Deine Nase ist wie der Libanonturm,
der nach Damaskus blickt.
6 Dein Kopf ist schön und majestätisch
wie das Karmelgebirge.
Dein Haar schimmert wie Purpur,
deine Locken können einen König fesseln.

Deine Liebe macht mich glücklich

7 Wie schön du bist!
Deine Liebe macht mich glücklich.
8 Deine Gestalt gleicht einer hohen Dattelpalme,
und deine Brüste sind wie ihre Früchte.
9 Ich will auf die Palme steigen
und ihre reifen Früchte genießen.
Freuen will ich mich an deinen Brüsten,
die den Trauben am Weinstock gleichen.
Deinen Atem will ich trinken,
der wie frische Äpfel duftet;
10 deine Lippen will ich spüren,
denn sie schmecken mir wie edler Wein.

Ja, möge der Wein dich erfreuen,
daß du ihn im Schlaf noch auf den Lippen spürst.
11 Ich gehöre meinem Liebsten,
und sein Herz sehnt sich nach mir.

Ich will dir meine Liebe schenken

12 Komm, wir gehn hinaus aufs Feld, mein Liebster,
unter Hennasträuchern laß uns die Nacht verbringen!
13 In der Frühe wollen wir zum Weinberg gehen

a) Oder: Ich wußte nicht, daß mein Verlangen mich auf die Wagen des Volkes des Fürsten setzte. – Der hebräische Text ist nur sehr schwer zu deuten.

Warum sich Warten lohnt

Elisabeth Elliot

Hoheslied 7, 14

Regenbogen entstehen, wenn Sonnenlicht und Regen zusammentreffen. Das Sonnenlicht, das meine Welt in leuchtenden Farben erstrahlen ließ, war das Wissen, dass Jim Elliot mich liebte. Der Regen war die zweite Mitteilung, die er mir machte – dass Gott ihn zur Ehelosigkeit berufen hatte. Vielleicht fürs ganze Leben, vielleicht auch nur, bis er die ersten Erfahrungen an dem Ort gemacht hätte, an den Gott ihn als Dschungelmissionar schickte.

Unsere Liebe musste einer schweren Prüfung unterzogen werden. Reinheit hat einen hohen Preis. Und es geht kein Weg daran vorbei.

Reinheit bedeutet frei sein von Verunreinigung, von allem, was den Geschmack oder die Freude verdirbt, die Kraft reduziert oder in irgendeiner Weise die ursprüngliche Zielsetzung einer Sache verfälscht. Reinheit bedeutet Sauberkeit, Klarheit ohne Zusätze, nichts Künstliches – in anderen Worten: alles Natürliche, in dem Sinn, wie es der Schöpfer ursprünglich gewollt hat.

Ich glaube, ich bin eine etwas sentimentale Frau. Ein Teil meiner Zurückhaltung hatte überhaupt nichts mit «eiserner Moral» oder mit christlichen Prinzipien zu tun, sondern einfach mit der Freude, mir Dinge aufzusparen. Das höchste Entzücken, das ich als Kind in der Weihnachtszeit erlebte, war das Wissen, dass Geheimnisse auf mich warteten – Dinge, die hinter verschlossenen Türen vor sich gingen, eingewickelte und versteckte Schachteln und Päckchen, die nicht angerührt werden durften, bis die Zeit dafür da war. Immer habe ich das Geheimnisvolle und die Überraschung geliebt.

Wir heirateten – fünfeinhalb Jahre später – in Quito am 8. Oktober 1953.

Im Hotel «El Panama», von dem aus man die pazifische Küste Panamas überblickte, klingelte kurz nach unserer Ankunft das Telefon. Ich nahm den Hörer ab. «Mrs. Elliot?» fragte eine höfliche Stimme. Ich war wie betäubt. Mrs. Elliot! Die Frage kam aus der Rezeption. Man wollte wissen, ob in unserem Zimmer alles zu unserer Zufriedenheit geregelt sei. Wir gingen zum Abendessen hinunter. Als wir uns gemütlich dem Kaffee und dem Nachtisch widmeten, die luxuriöse Atmosphäre des Hotels auskosteten und uns an der Musik einer Tanzkapelle erfreuten, schaute mich Jim über die Kerzen hinweg an. «Ich kann es kaum glauben, dass wir ein Bett haben, das auf uns wartet!» sagte er.

Der Bibelvers, der uns an diesem Tag in der Bibellese begegnete, stand in Jesaja 25,9: «Siehe, das ist unser Gott, auf den wir hofften ...»

Es war das Warten wert gewesen, unaussprechlich wert.

und sehen, ob der Weinstock treibt,
ob seine kleinen Blüten aufgegangen sind
und der Granatbaum schon die ersten Knospen hat.
Dort will ich dir meine Liebe schenken!
14 Die Liebesäpfel[a] verströmen ihren Duft.
Köstliche Früchte liegen vor unsrer Tür,
frisch geerntete und solche,
die ich für dich, mein Liebster, aufbewahrt habe.

Könnten wir doch ungestört sein!

8 Ach wärst du doch mein Bruder,
hätte meine Mutter dich gestillt!
Dann könnte ich dich unbekümmert küssen,
wenn wir uns auf der Straße treffen,
und niemand würde Anstoß daran nehmen!
2 Ins Haus meiner Mutter würde ich dich führen,
dort könntest du mir deine Liebe zeigen;
ich gäbe dir gewürzten Wein zu trinken
und Nektar von den Früchten des Granatbaums.

3 Sein linker Arm liegt unter meinem Kopf,
und mit dem rechten hält er mich umschlungen.
4 Ihr Mädchen von Jerusalem, ich beschwöre euch:
Laßt uns jetzt allein!
Schreckt uns nicht auf, wir lieben uns.

Die Macht der Liebe

5 Wer ist sie, die heraufkommt aus der Wüste,
Arm in Arm mit ihrem Liebsten?

Unter dem Apfelbaum,
da habe ich deine Liebe geweckt,
dort, wo deine Mutter dich empfing,
wo sie dir das Leben gab.

6 Laß mich deinem Herzen nahe sein,
so wie der Siegelring auf deiner Brust.
Ich möchte einzigartig für dich bleiben,
so wie der Siegelreif um deinen Arm.

Unüberwindlich wie der Tod, so ist die Liebe,
und ihre Leidenschaft so unentrinnbar wie das Totenreich!
Wen die Liebe erfaßt hat, der kennt ihr Feuer:
Sie ist eine Flamme Gottes!
7 Mächtige Fluten können sie nicht auslöschen,
gewaltige Ströme sie nicht fortreißen.
Böte einer seinen ganzen Besitz,
um die Liebe zu kaufen,
so würde man ihn nur verspotten.

Leicht zu erobern?

8 Unsre Schwester ist fast noch ein Kind
und hat noch keine Brüste.
Doch kommt einmal die Zeit, daß jemand um sie werben wird,
dann müssen wir zur Stelle sein!
9 Wenn sie uneinnehmbar ist wie eine Mauer,

a) Gemeint sind die Früchte der Alraune, die als Symbol der Liebe galten.

Nahe am Herzen

Carole Mayhall

Hoheslied 8, 6

Es war der Tag vor meinem Geburtstag. Mein Mann musste schon zeitig am Flughafen sein, um seine Maschine zu bekommen, und so hieß es für uns früh aufstehen, uns schnell fertig machen und los! Als ich ihn am Terminal absetzte, spürte ich bei dem Gedanken, dass er an meinem Geburtstag nicht zu Hause sein würde konnte, ein Gefühl der Traurigkeit in mir aufsteigen. Doch als ich heimkam und nach oben ging, um meine Hausarbeit zu erledigen, bemerkte ich eine Notiz, von Hand mit Augenbrauenstift quer über den Badezimmerspiegel geschrieben: «Herzlichen Glückwunsch zum Geburtstag! Ich liebe dich!»

Überall im ganzen Haus – auf dem Fernsehschirm, auf der Küchentheke, an der Tür der Mikrowelle – fand ich diesen Text meines Mannes.

Taten der Liebe kosten kein Geld, aber sie erfordern Zeit, Kreativität und oft auch Opferbereitschaft. Nachstehend ein paar solcher Geschenke, gefüllt mit Aufmerksamkeit und eingewickelt in Liebe, die Sie Ihrem Mann schenken können.

- *Das Geschenk eines veränderten Verhaltens:* Unsere Bereitschaft zur Veränderung ist eines der größten Geschenke, die wir unserem Partner machen können, ob das nun Pünklichkeit bedeutet oder das Versprechen, weniger zu nörgeln.
- *Das Geschenk der Kameradschaft:* Es mag sein, dass Sie etwas Zeit opfern oder andere Dinge zurückstellen müssen, um die Interessen Ihres Mannes zu teilen, aber es lohnt sich in jedem Fall.
- *Das Geschenk, die Initiative zu ergreifen:* Wenn es Ihrem Mann schwer fällt, trotz vieler Pläne in einem bestimmten Bereich die Initiative zu ergreifen, würde er sich vielleicht darüber freuen, wenn sie ihm bei der Umsetzung helfen, z.B. wenn es darum geht, Pläne für den gemeinsamen Urlaub zu schmieden.
- *Das Geschenk besonderer Aufmerksamkeiten:* Kleine Geschenke oder Streicheleinheiten verleihen einer Beziehung die richtige Würze und möbeln die Liebe ganz neu auf.
- *Das Geschenk außergewöhnlicher Komplimente:* Überlegen Sie sich sieben Merkmale ihres Mannes, die Sie am Anfang Ihrer Beziehung besonders zu ihm hingezogen haben. Schreiben Sie sie auf und nennen Sie Ihrem Mann eine Woche lang jeden Tag eines davon.
- *Das Geschenk des Gebets:* Wenn Sie für Ihren Mann kochen, putzen und bügeln, vergessen Sie darüber nicht, auch für ihn und seine Bedürfnisse zu beten.

dann schmücken wir sie mit einem
silbernen Turm.
Doch wenn sie leicht zu erobern ist
wie eine offene Tür,
dann verriegeln wir sie mit
Zedernbalken.

10 Ich bin wie eine Mauer,
und meine Brüste sind wie
Wachtürme.
Doch meinem Liebsten gebe ich
mich hin.

Reicher als Salomo

11 Salomo besaß einen Weinberg in
Baal-Hamon.
Er überließ ihn den Pächtern,
und bei der Ernte sollte jeder
ihm tausend Silbermünzen zahlen.

12 Die tausend gönne ich dir, Salomo,
und zweihundert den Pächtern,
doch mein Weinberg gehört mir allein!

Rufe nur mich

13 Du Mädchen in den Gärten,
noch andre Männer lauschen,
ob du sie rufst.
Nur mich laß deine Stimme hören!

14 Ja, komm rasch zu mir, mein
Liebster!
Sei schnell wie eine Gazelle,
flink wie ein junger Hirsch,
der von den Bergen kommt,
wo duftende Kräuter wachsen!

Liebe

Elisabeth Mittelstädt

Jesus sagt: «Bleibt in meiner Liebe!» (Johannes 15,9).

Die Sonne strahlte. Das frische Gras, übersät mit den Farbtupfern wild wachsender Blumen, duftete herrlich. Ich lag auf dem Rücken, schaute in den Himmel und träumte von einem Prinzen auf einem weißen Pferd, der eines Tages kommen würde, um mich in seinen Palast zu holen. Meine Freundin, die etwas älter war als ich, hatte mir am Tag zuvor diese Geschichte aus einem Märchen erzählt. Sie konnte schließlich schon lesen.

1970 tauchte mein Prinz tatsächlich auf, jedoch nicht auf einem weißen Pferd, sondern in einem alten verfallenen Skoda, den er sich von seinem Studienfreund ausgeliehen hatte. Einige Monate später fragte er mich, ob ich ihn heiraten wolle. «Ja», gab ich nach einem Jahr zur Antwort. «Aber nur unter einer Bedingung: Wenn du dich mit dem zweiten Platz in meinem Herzen zufrieden gibst!» Seine wunderschönen braunen Augen wurden vor Fragen noch größer. Schnell sprach ich weiter: «Weißt du, 1964 habe ich erfahren, wie sehr mich der Prinz meines Lebens liebt. Er hat mir den Ungehorsam meiner Teenagerjahre vergeben. Ich konnte nicht anders, als dieser ersten Liebe mein Herz zu versprechen, und zwar für den Rest meines Lebens.» «Ich verstehe», sagte er leise. «Meine Freunde kennen dich schon länger und haben mich darauf vorbereitet. Es ist Jesus, nicht wahr?» «Ja», antwortete ich, «er ist es! Mit seiner Liebe kann niemand konkurrieren. Er hat sie bewiesen, als er am Kreuz für mich starb.»

Ein Jahr später stand ich in einem langen weißen Kleid vor dem Altar. Gott und über 200 Gäste waren meine Zeugen, als ich meinem Mann versprach: «Bis dass der Tod uns scheidet!»

Die 29 Jahre unserer gemeinsamen Ehe-Reise waren lohnenswert und wunderschön. Anfangs blieben uns auf dieser Fahrt nicht immer holprige Strecken erspart. Doch zusammen mit Gott waren wir so stark wie ein Seil, das aus drei Schnüren besteht (Prediger 4,12).

Vor einiger Zeit las ich in Offenbarung 19,11–16 von dem König der Könige, der auf einem weißen Pferd angeritten kommt. Vor Erstaunen musste ich laut auflachen. Meine kindlichen Träume sollten also doch wahr werden! Tatsächlich – bald kommt mein «Prinz» auf seinem weißen Pferd zurück, um mich, seine Braut, zum Hochzeitsmahl heimzuholen. Wow! Was für eine Liebe!

**Sind Sie bereit, diesem «König der Könige» zu begegnen?
Wenn Sie sich nicht über Sinn und Ziel Ihres Lebens im Klaren sind,
lesen Sie bitte, was die Bibel darüber sagt:**

1. Gott liebt Sie!
«Denn Gott hat die Menschen so sehr geliebt, dass er seinen einzigen Sohn für sich hergab. Jeder, der an ihn glaubt, wird nicht verloren gehen, sondern das ewige Leben haben» (Johannes 3,16).

2. Jeder Mensch ist durch Sünde von Gott getrennt!
«Denn es ist kein Mensch auf der Erde so gottesfürchtig, dass er nur Gutes tut und niemals sündigt» (Prediger 7,20). «Alle sind Sünder und haben nichts aufzuweisen, was Gott gefallen könnte» (Römer, 3,23).

3. Jesus Christus ist der einzige Ausweg aus der Sünde!
«Vergesst nicht, wie viel Christus für unsere Sünden erlitten hat! Er, der frei von jeder Schuld war, starb für uns schuldige Menschen, und zwar ein für alle Mal. So hat er uns zu Gott geführt ...» (1. Petrus 3,18). «Nur Jesus kann den Menschen Rettung bringen. Nichts und niemand sonst auf der ganzen Welt rettet sie» (Apostelgeschichte 4,12).

4. Nehmen Sie Jesus Christus als Ihren persönlichen Herrn und Erlöser an!
Jesus nennt dieses Geschehen «neu geboren werden». Er sagte: «Wer nicht neu geboren wird, kann nicht in Gottes Reich kommen» (Johannes 3,3b). Jeder, der Jesus Christus als seinen persönlichen Erlöser angenommen hat, ist ein Kind Gottes. «Die ihn aber aufnahmen und an ihn glaubten, denen gab er das Recht, Kinder Gottes zu sein» (Johannes 1,12).

Wenn Sie in eine persönliche Beziehung zu Gott kommen wollen, laden wir Sie ein, das folgende Gebet zu sprechen:

«Herr Jesus Christus, ich brauche dich und will mit dir leben. Danke, dass du am Kreuz für meine Sünden gestorben bist. Ich übergebe dir mein Leben und nehme dich als meinen Herrn und Erlöser an. Übernimm die Herrschaft in meinem Leben. Gestalte mich so, wie du mich haben willst. Amen.»

Wenn Sie diese Worte aufrichtig gebetet haben, sind Sie jetzt ein Kind Gottes.

Die Autorinnen

Die Andachten der Autorinnen finden Sie auf den in Klammern angegebenen Seiten.

Ilse Ammann-Gebhardt
Pastorin, 20 Jahre leitend in der Frauenarbeit tätig, Autorin mehrerer Bücher, Referentin auf Tagungen und Konferenzen, bei Frauenkreisen und -treffen. Sie ist verheiratet und hat drei Kinder. (S. 52, 348, 437)

Sigrid Arnold-Levey
war Referentin für Single-Arbeit und ist Mitbegründerin und Leiterin von «Grapevine Womens Ministries», einem biblischorientierten Programm für Christinnen und Nichtchristinnen. (S. 194, 339, 459)

Hanne Baar
ist verheiratet und hat zwei Kinder. Sie ist Diplompsychologin, Mitarbeiterin bei «Ignis» und Autorin mehrerer Bücher. Außerdem hält sie Vorträge und Seminare. (S. 50, 315, 350, 507)

Sabine Ball
ehemalige Millionärsgattin. Gründerin und Leiterin des «Café Stoffwechsel e.V.» in Dresden, in dem sie heimatlose und drogenabhängige Jugendliche betreut. (S. 208, 394)

Saskia Barthelmeß
ist verheiratet, Redakteurin bei «Lydia – die christliche Zeitschrift für die Frau» und engagiert sich in der Kinderarbeit ihrer Gemeinde. (S. 327, 542, 580)

Helga Becker
ist verheiratet und hat zwei Kinder. Sie arbeitet bei Frühstückstreffen für Frauen und in der Landeskirche mit. (S. 118, 388)

Margarete Behrens
ist Hausfrau, Pfarrfrau, Vorsitzende des Vereins «Frühstücks-Treffen für Frauen in Deutschland e.V.». Sie ist verheiratet und hat drei erwachsene Kinder. (S. 12, 438)

Hildegund Beimdieke
Hausfrau, ist verheiratet und hat zwei Töchter. Sie ist Übersetzerin, schreibt gelegentlich als freie Journalistin und engagiert sich in einer seelsorgerlichen Tätigkeit. (S. 537, 571)

Elisabeth von Bibra
ist Referentin und steht in einem ausgedehnten Reisedienst. Sie ist verwitwet, hat sechs Kinder und 20 Enkel und lebt in der Burg Bibra, die sie zu einem Begegnungszentrum ausgebaut hat. (S. 554, 556)

Christiane Bladt
gehört zum Vorstand der ABF (Arbeitsgemeinschaft Biblische Frauenarbeit), ist Mitglied im Hauptvorstand der Deutschen Evangelischen Allianz und Referentin bei Frühstückstreffen für Frauen und Seminaren. (S. 176, 442, 509)

Margarete Blank-Mathieu
verheiratet, vier Kinder, ist Diplom-Sozialpädagogin und freiberuflich als Autorin und in der Fortbildung tätig. Schwerpunkte: geschlechtsbezogene Erziehung / Kinder- und Jugendliteratur. (S. 142, 342, 464)

Brunhilde Blunck
Theologin, verheiratet, in der ehrenamtlichen Mitarbeit in der evangelischen Landeskirche und in freien Werken engagiert, Referentin u. a. bei Frauentagen, Bibeltagen und Frühstückstreffen für Frauen. (S. 126, 474)

Sabine Bockel
ledig, ist zugleich Redakteurin und Pastorin. (S. 116, 167, 233)

Lotte Bormuth
ist verheiratet und Mutter von fünf Kindern. Referentin bei Frühstückstreffen für Frauen, Mitarbeiterin in der Telefonseelsorge und Autorin von 35 Büchern. (S. 54, 117, 226, 277, 341, 574)

Rosemarie Bräumer
ist in der Pfarrfrauen- und Frauenarbeit sowie bei Frühstückstreffen für Frauen tätig. Sie ist verheiratet und hat drei Kinder, drei Schwiegerkinder und fünf Enkel. (S. 44, 310)

Eva Breunig
Mathematiklehrerin, Autorin, engagiert bei der Österreichischen Lebensbewegung (Anti-Abtreibung). Sie ist verheiratet und hat drei Kinder. (S. 114, 228, 337, 433)

Jill Briscoe
in England geboren, Rednerin und Autorin von mehr als 40 Büchern, Herausgeberin einer Zeitschrift für Pastorenfrauen und Leiterinnen. Sie ist Mutter von drei Kindern und hat neun Enkelkinder. (S. 82, 479)

Evelyn Christenson
Autorin des Bestsellers «Was geschieht, wenn Frauen beten?», bekannt durch Bücher und Vorträge über das Gebet. (S. 192)

Dianne Collard
dreifache Mutter und Großmutter, lebt mit ihrem Mann in Süddeutschland. Das Ehepaar arbeitet für die Missionsgesellschaft «Greater Europe Mission». (S. 94)

Maria Czerwonka
Hausfrau und Mutter von zwei Kindern. Referentin auf Seminaren und Freizeiten. Monatliche Andachten unter www.Maria-Czerwonka.de. (S. 214, 375, 501, 552)

Monika Deitenbeck-Goseberg
Pfarrerin und Seelsorgerin, verheiratet und Mutter von drei Kindern. Mit großem Engagement ist sie in der Obdachlosenarbeit aktiv. (S. 306)

Traude Deitigsmann
Gemeindediakonin, seit 1981 im christlichen Dienst, seit 1992 Lehrerin für Missiologie an der Bibelschule Kirchberg. (S. 170, 225, 448)

Alexandra C.E. Depuhl
verheiratet, vier erwachsene Kinder. Referentin bei Frühstückstreffen und Frauenkonferenzen. Sie ist 2. Vorsitzende von «Spring», 2. Vorsitzende von «Filia – Christliches Forum für Frauen in Deutschland» und Mitglied im Hauptvorstand der Evangelischen Allianz. (S. 68, 243, 565)

Else Diehl
Frauenbeauftragte im Bibellesebund i.R., ledig, Referentin bei Frauentreffen, (Mit-) Herausgeberin von Werkbüchern und Andachtsbüchern. (S. 154, 245)

Linda Dillow
Autorin mehrerer Bücher, unter anderem von «In seiner Hand geborgen». (S. 100, 444, 493, 539, 591)

Herti Dixon
freie Journalistin und Autorin. Sie ist Mutter von vier Kindern. (S. 329)

Joni Eareckson Tada
verheiratet, ist Rednerin und Autorin mehrerer Bestseller. Seit 1967 nach einem Schwimmunfall gelähmt. Als Gründerin und Präsidentin von «JAF Ministries» arbeitet sie für Behinderte. (S. 38, 42, 131, 247)

Elisabeth Elliot
ehemalige Missionarin in Ecuador. Ihr Mann Jim Elliot wurde von den Auca-Indianern getötet. Autorin zahlreicher Bücher, u.a. «Durchs Tor der Herrlichkeit». (S. 593)

Sophie Englmann
war in der Jugendarbeit engagiert und ist in ihrer Gemeinde aktiv. (S. 46, 300)

Renate Eschner
verheiratet, Mutter und Großmutter. Sie begleitet zusammen mit ihrem Mann Bibelfreizeiten und Gruppenreisen nach Israel. (S. 165, 302, 467)

Ghia Falk
Referentin bei Frühstückstreffen für Frauen. (S. 122, 567)

Sandra Felton
Autorin mehrerer Bücher, Begründerin der «Messies». (S. 531)

Gabi Franz
verheiratet, drei Kinder, ist mit ihrem Mann als Missionarin in Kenia tätig. (S. 106)

Ruth Frey
gestaltete als «Radio-Tante» das erste Kinderprogramm im Radio. Sie war lange Zeit im Reisedienst tätig und Erste Vorsitzende der «Arbeitsgemeinschaft Biblische Frauenarbeit» (ABF). (S. 98, 359)

Hajnalka-Tünde Frittmann
ist verheiratet und hat zwei Kinder. (S. 174)

Lisa Fuchs
Familienreferentin, zuständig für Kinderarbeit bei der Lausanner Bewegung und Leiterin der «Missionarischen Familienarbeit e.V.», Mitglied im «Ring Missionarischer Jugendbewegungen« (RMJ), Mitglied der Evangelischen Allianz. (S. 163, 270, 397)

Denise George
ist verheiratet und hat zwei Kinder. Sie ist Autorin mehrerer Bücher. (S. 548)

Elisabeth George
ist Sekretärin, Mutter von drei Kindern und arbeitet in ihrer Kirchengemeinde mit. (S. 147)

Ruth Bell Graham
verheiratet mit dem bekannten Evangelisten Billy Graham. Sie ist als Missionarstochter in China aufgewachsen, hat fünf Kinder und ist Autorin mehrerer Bücher. (S. 57)

Anne Graham Lotz
ist die zweite Tochter des bekannten Evangelisten Billy Graham und seiner Frau Ruth Bell Graham. Sie ist eine beliebte Rednerin und Autorin mehrerer Bücher. (S. 36, 390)

Gigi Graham Tchividjian
älteste Tochter von Billy und Ruth Bell Graham. Sie ist verheiratet und hat sieben Kinder, ist Rednerin und Autorin. (S. 22, 172, 253, 354, 404, 503)

Brigitte Grill
Hausfrau, Mutter von vier Kindern, Autorin. (S. 178, 221, 519)

Monica Anna Guedel
ist Autorin und Referentin. (S. 183, 372)

Eleonore van Haaften
Redakteurin bei der niederländischen Frauenzeitschrift EVA. Autorin und Publizistin, Referentin bei Freizeiten, Tagungen und Frühstückstreffen. (S. 30, 103)

Kristina Hartmann
Mutter von drei Kindern und Autorin. Sie lebt als Missionarin mit ihrem Mann in Sambia und ist in der Frauenarbeit, Gefängnismission und Waisenfürsorge aktiv. (S. 482)

Hertha-Maria Haselmann
Leiterin der Drogenhilfe «Lebenswende e.V.», Frankfurt. Sie ist zudem Schatzmeisterin im Geschäftsführenden Vorstand der Deutschen Evangelischen Allianz. (S. 77, 304, 558)

Ruth Heil
Sprecherin bei Frauen- und Männerfrühstückstreffen, Autorin mehrerer Bücher zu den Themen «Frauen» und «Familie». (S. 28, 206, 421, 486)

Ingrid Heinzelmeier
Redakteurin beim Evangeliums-Rundfunk (Hörfunk –«Glaube und Denken» und «Let's Worship»). (S. 281, 352)

Sabine Herold
Redakteurin, ist verheiratet und Mutter eines Sohnes. (S. 572)

Ulrike Herrmann
verheiratet, Mutter, Hausfrau, ehemalige Lehrerin. Sie ist Referentin, Autorin und Mitarbeiterin bei «Filia – Christliches Forum für Frauen in Deutschland». (S. 48, 105, 395, 514)

Dorothea Hille
verheiratet mit Dr. Rolf Hille, Theologe und Vorsitzender der Weltweiten Evangelischen Allianz. Sie ist Rednerin bei Frauenfrühstückstreffen. (S. 26)

Marianne Hirzel
Hausfrau und Referentin. Sie war zwölf Jahre Vorsitzende des «Frühstücks-Treffen für Frauen» in der Schweiz, ist verheiratet und hat drei Kinder. (S. 14, 129, 492)

Annemarie Höfer
Religionslehrerin, Ehefrau, Mutter von drei Kindern. Gemeinsam mit ihrem Mann in der Gemeindeleitung tätig. (S. 64, 584)

Edith Horcher
verheiratet, zwei Söhne, Redakteurin, z.Zt. Hausfrau. Sie arbeitet regelmäßig vertretungsweise als Redakteurin bei ihrer Heimatzeitung, dem »Badischen Tagblatt«. (S. 262, 283)

Hildegard Horie
zahlreiche Veröffentlichungen zu psychologischen und zeitkritischen Themen, auch bekannt durch Biographien. (S. 308, 416)

Renate Hübsch
ehemals Lehrerin, arbeitet als Lektorin und engagiert sich in verschiedenen Bereichen in ihrer Kirchengemeinde und einer überregionalen kirchlichen Frauengruppe. (S. 59, 469)

Lynne Hybels
Autorin mehrerer Bücher, gründete mit ihrem Ehemann Bill Hybels die «Willow Creek Community Church», Chicago, zu deren Gottesdiensten heute wöchentlich rund 18 000 Besucher kommen. (S. 69, 210, 212)

Hannelore Illgen
Lehrerin, verheiratet, drei Kinder. Rednerin bei Frauentreffen, 1. Vorsitzende von «Filia – Christliches Forum für Frauen in Deutschland». (S. 177, 217, 265)

Ruth Imhof-Moser
Katechetin, beheimatet in der Reformierten Kirche. Verheiratet, Mutter von drei adoptierten Kindern. Beratung von Adoptiveltern. (S. 133, 379, 481)

Ruth Irmisch
verwitwet, drei Kinder, engagiert sich in der Beratung bei Lebens- und Glaubensfragen. Tätig in der Redaktion der Frauenzeitschrift «Miteinander unterwegs». (S. 127, 541)

Angelica Jackson
verheiratet, Mutter von vier Kindern. Autorin verschiedener Artikel, gelegentlich Referentin. (S. 92, 146, 432)

Barbara Jakob
Gründerin der «Frühstücks-Treffen für Frauen», Autorin, Referentin. (S. 108)

Silke Janssen
ledig, ist Journalistin und Referentin bei Frauenfrühstückstreffen. (S. 40, 196, 523)

Anita Jantzen
1. Vorsitzende des Frauenwerkes der Evangelisch-Freikirchlichen Gemeinden in Deutschland, Referentin bei Frauenfrühstückstreffen. (S. 230, 419, 511)

Rosa Jenni
war jahrzehntelang als Straßenmissionarin in der Schweiz und Deutschland tätig. Noch heute spendet sie Menschen Trost und Ermutigung durch ihre Briefe und ihre persönlichen Besuche. (S. 331)

Gisela Kaiser
Bürokauffrau, ledig, Leiterin einer Jugend- und Teenagergruppe in ihrer Gemeinde. (S. 527)

Marianne Kawohl
Dipl.-Pädagogin, psychologische Beraterin und Schriftstellerin, Autorin von 21 Büchern. (S. 136, 294, 414)

Ingrid Kern
Mutter von vier Kindern und Lehrerin. Sie ist Mitarbeiterin der Frauenkommission der Weltweiten Evangelischen Allianz. (S. 124, 139, 424)

Reinhilde Klatte
freiberufliche Übersetzerin von bisher mehr als zwanzig Büchern. Sie ist Mutter von zwei Kindern und hat drei Enkelkinder. (S. 264, 398)

Dorothea Klaue
Missionarin, Rundfunksprecherin bei Radio HCJB, «Die Stimme der Anden». Sie ist zugleich Sängerin und hat bisher 10 CDs/ MCs in Spanisch und Deutsch produziert. (S. 499, 534)

Lena Maria Klingvall
verheiratet, Autorin. Geboren ohne Arme und ohne linken Unterschenkel, ehemaliges Mitglied der schwedischen Schwimmer-Nationalmannschaft, Gewinnerin mehrerer Medaillen. (S. 451)

Ursula Koch
Oberstudienrätin und Schriftstellerin, veröffentlichte im Brunnen-Verlag mehrere Bücher über bedeutende Frauen der Kirchengeschichte. Sie lebte drei Jahre in Westafrika und engagiert sich jetzt bei der Betreuung von Hilfsprojekten in Westafrika. (S. 16, 457)

Sarah Koeshall
ist bekannt durch ihre Geschichte «Zwei Jahre ohne Essen», die in «Lydia – die christliche Zeitschrift für die Frau» erschienen ist. Heute macht sie eine Ausbildung im medizinischen Bereich. (S. 34, 488)

Silvia Konstantinou
Angestellte, ist allein erziehende Mutter von zwei Söhnen. Mitarbeit in der Gemeinde: Kinderarbeit, Frauenarbeit, Kommunikationsteam. (S. 135, 292, 408)

Maria Koprivnjak
ist verheiratet, Mutter von zwei Kindern und lebt in Vukovar. (S. 66)

Lilo Kramer
verheiratet, hat eine Tochter. Sie ist aktiv im Frauenkreis, bei Frauenfreizeiten und gelegentlich als Mitarbeiterin bei Frauenabenden bzw. Frauenfrühstückstreffen. (S. 321, 411)

Ingrid Krieger
Mitarbeiterin bei «Lydia – die christliche Zeitschrift für die Frau», verheiratet, drei Kinder. Gemeinsam mit ihrem Mann arbeitet sie in der Missionsleitung der «Aktion: In jedes Haus». (S. 362)

Uta Krieger
Hausfrau, hat zwei Kinder, engagiert sich gerne für Teenager. (S. 418, 521)

Klaudia Krüger
ist verheiratet und Mutter von drei Kindern. Sie ist Begleiterin für junge Frauen, die in einen christlichen Dienst gehen. (S. 525)

Daniela Kurz
Frauenreferentin im Bund Freier Evangelischer Gemeinden, ledig. Referentin u. a. bei Frauenfrühstückstreffen und Schulungen. (S. 235, 317)

Elsbeth Lauchenauer
Gesundheitstrainerin. Sie ist verheiratet und hat zwei erwachsene Kinder. (S. 215)

Vera Lebert-Hinze
lebt im Siegerland. Sie ist Autorin zahlreicher Lyrikbände mit christlichen Gebeten und Meditationen und hat sechs Jahre lang eine Autorengruppe geleitet. (S. 311, 323)

Katrin Ledermann
lebt mit ihrem Mann in der Schweiz. Sie ist Mentorin (geistliche Begleiterin) und verarbeitet ihre Erkenntnisse und Erfahrungen gerne in Artikeln. (S. 74, 275)

Helen Lescheid
ehemalige Krankenschwester und Autorin zahlreicher Zeitschriftenbeiträge und eines Buches. Mutter von fünf erwachsenen Kindern. (S. 33, 204, 249, 319)

Gitta Leuschner
Referentin bei Seminaren und Konferenzen im In- und Ausland. Besonders engagiert in der Frauenarbeit. (S. 156, 255)

Lorry Lutz
Schriftstellerin, arbeitete mit ihrem Mann viele Jahre als Missionarin in Afrika. Sie ist verheiratet und hat fünf Kinder. Zwei ihrer Kinder sind heute in der Türkei tätig. (S. 453)

Cornelia Mack
Sozialpädagogin, Familienfrau, Referentin bei Frauenfrühstückstreffen, Herausgeberin und Autorin verschiedener Bücher. Sie engagiert sich in verschiedenen Bereichen der Frauenarbeit. (S. 20, 223, 546)

Uschi Marty
verheiratet, langjährige Mitarbeit/Verantwortung in der Frauenarbeit. Redakteurin bei der Monatszeitschrift der IVCG («Internationale Vereinigung christlicher Geschäftsleute»). (S. 181, 242, 446)

Carole Mayhall
bekannte Schriftstellerin bei «NavPress». Sie schreibt unter anderem für die Zeitschrift «Today's Christian Woman». (S. 140, 595)

Margret Meier
Pastorin einer Evangelisch-Freikirchlichen Gemeinde, ledig, Sprecherin bei Frauentagen und Konferenzen. (S. 89, 200, 251)

Elisabeth Mittelstädt
Herausgeberin und Redaktionsleiterin von «Lydia – die christliche Zeitschrift für die Frau». (S. 18, 110, 161, 273, 427, 440, 597)

Rosemarie Moll
Referentin bei Frauentreffen und Eheseminaren, in der Senioren- und Frauenarbeit. Sie ist verheiratet, lebt inzwischen im Ruhestand, hat drei erwachsene Kinder und fünf Enkelkinder. (S. 56, 85, 112)

Elisabeth Motschmann
Pfarrfrau und Mutter von drei Kindern. Sie hat Theologie, Romanistik und Pädagogik studiert. Seit 1999 ist sie Staatsrätin beim Senator für Inneres, Kultur und Sport in der Freien Hansestadt Bremen. (S. 429)

Claudia Mühlan
leitet mit ihrem Mann Eberhard die Familienarbeit «Team F». Sie haben zu ihren eigenen 7 Kindern 6 weitere angenommen und sind Autoren von Büchern zum Familienleben. (S. 428, 495, 497)

Maike Münch
ist verheiratet und hat zwei Kinder. Neben verschiedenen kreativen Tätigkeiten in ihrem Zuhause schreibt sie gerne Kurzgeschichten. (S. 334)

Sharon Mumper
Schriftstellerin. Sie ist Direktorin des «Eastern European Magazine Training Institute» und wohnt in Wien. (S. 144, 158, 285, 569)

Magdalena Paulus
ist Juristin und freie Journalistin. Sie gestaltet die Öffentlichkeitsarbeit für ihre evangelische Kirchengemeinde mit. (S. 160, 377, 477)

Annemarie Pfeiffer
verheiratet, drei Kinder. Autorin, psychologische Beraterin und Referentin. (S. 61, 336, 551)

Doris Reinthaler
Allround-Schriftstellerin, aktiv in der Flüchtlings- und Seelsorgearbeit, Referentin bei Frauenfrühstückstreffen. Sie ist verheiratet und Mutter von zwei erwachsenen Töchtern. (S. 188, 279, 370, 380)

Karin Rieger
Fremdsprachenkorrespondentin, Chefsekretärin, Managerin des Chores «Perspektiven». Gemeindlich ist sie im Bereich der Seelsorge tätig. (S. 152, 516)

Simone Riek
verheiratet, Hausfrau und Mutter eines Kindes. (S. 585)

Rosalind Rinker
95 Jahre alt, war 14 Jahre Missionarin in China und arbeitete 12 Jahre mit Studenten. Sie ist Autorin zahlreicher Bücher und in einer chinesischen Gemeinde aktiv. (S. 257)

Hannelore Risch
Pfarrerin im Ruhestand, Referentin und Autorin zahlreicher Bücher. Sie hat sechs Kinder und bis jetzt drei Enkel. (S. 96, 190, 267, 429, 490, 529, 575)

Simone Rosenfelder
verheiratet, drei Kinder, Mitarbeit in der Gemeinde im Leitungsteam eines Frauenkreises für jüngere Frauen und einer Frauengesprächsgruppe. (S. 504)

Ulla Schaible
Autorin. Sie ist verheiratet und hat zwei erwachsene Kinder. Zusammen mit ihrem Mann gründete sie das christliche Lebenszentrum «Wörnersberger Anker e.V.». (S. 203, 407, 544)

Gerlinde Scheunemann
20 Jahre Missionarin in Indonesien, 10 Jahre neben ihrem Mann in der Missionsleitung. Jetzt Referentin, Seelsorgerin und Hausmutter im Seelsorge-Heim «Haus Frieden». (S. 325)

Ulrike Schild
Redakteurin beim Evangeliums-Rundfunk, Mitarbeiterin bei der Radiosendung «Special für SIE». Sie ist eine beliebte Rednerin bei vielen Frauenfrühstückstreffen und Buchautorin. (S. 384, 578)

Birgit Schilling
Mitarbeiterin von «Team F»; Referentin auf Frauenfrühstückstreffen. (S. 219, 332, 441)

Elisabeth Schirmer-Mosset
ist Unternehmerin und lebt mit ihrem Mann und drei Söhnen in der Schweiz. Gefragte Rednerin bei der IVCG («Internationale Vereinigung christlicher Geschäftsleute»). (S. 72)

Sabine Schmidt
Redakteurin beim Magazin «Neues Leben» (Altenkirchen). (S. 87, 313, 562)

Margarete Schock
verheiratet mit Friedrich Schock. Beide sind oft als Redner bei Veranstaltungen der IVCG («Internationale Vereinigung christlicher Geschäftsleute») zu hören. Sie wohnen in Schorndorf und sind Mitarbeiter in der Gemeinde «Scala». (S. 162)

Christine Schuller
Verkäuferin, ehrenamtlich in einer Beratungsstelle für Frauen und einem Kinderschutzhaus engagiert. (S. 168)

Doris Siegenthaler
staatlich diplomierte Fitnesslehrerin, Gesundheitsberaterin, Leiterin der Bewegungsschule «Rundum fit» und der «Internationalen Akademie für Gesundheitsförderung». Autorin und Rednerin. (S. 400, 484)

Angelika Speck
Dipl.-Verwaltungswirtin, verheiratet, ein Sohn. Mit ihrem Ehemann im Gemeindedienst tätig, Organisation und Leitung von Frauenveranstaltungen. (S. 237, 347)

Hanna Stahlberg-Hansen
ist verheiratet und Mutter von zwei Kindern. Sie war Lehrerin und schreibt gerne Lyrik. (S. 401)

Gerdi Stoll
Pfarrfrau, ausgebildete Lehrerin, verheiratet. Sie ist Referentin und Autorin. (S. 24, 392)

Manuela-Karen Trenz
Kinderpflegerin, zur Zeit Hausfrau. (S. 460)

Ingrid Trobisch
Autorin von verschiedenen Büchern. Eines ihrer bekanntesten Bücher ist «Mit Freuden Frau sein». (S. 79, 80, 422, 589)

Katrine Trobisch Stewart
ist die älteste Tochter von Ingrid Trobisch und eine bekannte Autorin. (S. 260, 286)

Dorothea Unbehend
Autorin von Kinder- und Jugendbüchern, Hörspiele beim Evangeliums-Rundfunk. Als Diplom-Sozialpädagogin angestellt im Landratsamt Starnberg, Jugendamt. (S. 120, 356, 455, 475, 550)

Rosemarie Uschold
Oberlehrerin i.R., hat zwei erwachsene Kinder und zwei Enkel. Sie ist Beraterin für jüngere Frauen und in der Gemeindearbeit engagiert. (S. 149, 471, 563)

Maria Utri
zur Zeit Hausfrau, ist verheiratet und hat zwei Kinder. Fachlehrerin für Mode- und Bekleidungstechnik, in der Gemeinde- und Frauenarbeit tätig, Koordinatorin für Frühstückstreffen in Linz. (S. 240, 367)

Prinzessin Sixtina zu Waldeck und Pyrmont
stammt aus der Linie der zu Stolberg-Stolbergs und wuchs im Schloss der Familie in Stolberg im Harz auf. Sie arbeitet mit ihrem Mann auf Seminaren und Konferenzen mit. (S. 403, 582)

Elke Werner
verheiratet mit Roland Werner. Geschäftsführerin im «Christus-Treff», Marburg, im Vorstand beim RMJ («Ring Missionarischer Jugendbewegungen») und «Filia – Christliches Forum für Frauen in Deutschland», Autorin und Rednerin. (S. 71, 288)

Hannah Whitall Smith
war eine Quäker-Pastorin und Autorin mehrerer Bücher. Gründungsmitglied der «Keswick-Bewegung» 1874 in England. (S. 412)

Alina Wieja
ist Psychologin und Chefredakteurin von «Inspiracje», einer polnischen Zeitschrift für Frauen und Familien. Sie ist verheiratet und hat zwei Kinder. (S. 472)

Roswitha Wurm
Hausfrau und Mutter von 3 Kindern, verheiratet, freie christliche Schriftstellerin, Frauenkreis- und Kinderstundenleiterin. (S. 179, 290, 299, 369, 435)

Gertraud Zinßer
war als Sozialarbeiterin tätig. Sie schreibt gerne auf, was sie erlebt hat, und engagiert sich in ihrer Gemeinde. (S. 386, 517)

Dr. Ute Zintarra
ist beim Evangeliums-Rundfunk (Hörfunk) als Musikredakteurin tätig. (S. 185, 345)

Textnachweis

Elliot, Elisabeth, *zu Hoheslied 7:* Textauszug aus: Elisabeth Elliot, *Eine harte Liebe,* © 1984 by Elisabeth Elliot, published by Fleming H. Revell Company, Originaltitel: *Passion and Purity*; © der deutschen Ausgabe: 1988 Hänssler Verlag, D-71087 Holzgerlingen

Graham Tchividjian, Gigi, *Hoffnung*: Textauszug aus: dies., *Wenn Gott der Wind ist, kann ich fliegen.* © der deutschen Ausgabe: ²2001 Brunnen Verlag, Gießen, S. 135. Ebenfalls abgedruckt in: «Lydia – die christliche Zeitschrift für die Frau», Ausgabe 1/1999.

Mühlan, Claudia, zu *Sprüche 9:* Textauszug aus: dies., *Bleib ruhig, Mama!,* ¹⁴2001, © Schulte & Gerth, Asslar; zu *Sprüche 10:* Textauszug aus: dies., *Is was, Mama?,* ¹⁰2001, © 1991 Schulte & Gerth, Asslar

Andachten zu: *Hoheslied 4,10, Prediger 4,9* und *Neid* (S. 137) aus: *The Women's Study Bible,* © 1995 Nelson Publishers, Nashville.

Bereits veröffentlicht wurden außerdem die folgenden Andachten und Texte:

Barthelmeß, Saskia, *Familie,* Lydia 1/2001
Bormuth, Lotte, *Ermutigung,* Lydia 2/1998; *Freude,* Lydia 1/1994; *Liebe,* Lydia 1/2001
Christenson, Evelyn, *Vergebung,* Lydia 1/1992
Collard, Diane, *Hoffnung,* Lydia 2/1998
Czerwonka, Maria, *Ehe,* Lydia 3/2000
Depuhl, Alexandra, *Einheit,* Lydia 2/1999
Dillow, Linda, *Vertrauen,* Lydia 4/1998; *Andacht zu Hoheslied 6,3,* Lydia 1/2000
Englmann, Sophie, *Leben,* Lydia 2/1989; *Nächstenliebe,* Lydia 2/1988
Franz, Gabi, *Heilung,* Lydia 4/2001
George, Elisabeth, *Hoffnung,* Lydia 4/1999
Graham, Ruth Bell, *Sorge,* Lydia 4/1992
Graham Tchividjian, Gigi, *Ermutigung,* Lydia 3/1991; *Hoffnung,* Lydia 1/1999
Grill, Brigitte, *Frieden,* Lydia 4/1991
Hartmann, Kristina, *Wachstum,* Lydia 3/1987
Hybels, Lynne, *Depression,* Lydia 1/1998
J.E.S., *Ermutigung,* Lydia 4/1998
Koeshall, Sarah, *Heilung,* Lydia 1/1998
Lebert-Hinze, Vera, *Gottes Liebe,* Lydia 1/1988; *Loslassen,* Lydia 3/2000
Lescheid, Helen, *Angst,* Lydia 2/1998; *Nächstenliebe,* Lydia 3/1999
Mittelstädt, Elisabeth, *Ermutigung,* Lydia 2/1995; *Gebet,* Lydia 1/1992; *Liebe,* Lydia 3/2001
Motschmann, Elisabeth, *Nächstenliebe,* Lydia 2/1991
Münch, Maike, *Vertrauen,* Lydia 4/1998

Paulus, Magdalena, *Gebet,* Lydia 4/1997
Reinthaler, Doris, *Alter,* Lydia 4/1997
Riek, Simone, *Frieden,* Lydia 1/1997
Risch, Hannelore, *Frieden,* Lydia 4/1993
Schuller, Christine, *Bewahrung,* Lydia 3/2000
Stahlberg-Hansen, Hanna, *Trost,* Lydia 2/1999
Stoll, Gerdi, *Ruhe,* Lydia 3/1993
Trenz, Manuela-Karen, *Gottes Liebe,* Lydia 1/2001
Trobisch, Ingrid, *Gebet,* Lydia 4/1988; *Kritik,* Lydia 1/1991
Trobisch Stewart, Katrine, *Anbetung,* Lydia 2/1999; *Geborgenheit,* Lydia 3/1999
Uschold, Rosemarie, *Gebet,* Lydia 1/1989
Wieja, Alina, *Freundschaft,* Lydia 2/2001
Zinßer, Gertraud, *Freude,* Lydia 3/1998
Verfasser unbekannt, *Ermutigung* (S. 381), Lydia 4/1997; *Gottes Liebe* (S. 344), Lydia 1/2001

Hiob 4, Lydia 4/2000
Hiob 7, Lydia 4/2000
Hiob 11, Lydia 1/2001
Hiob 12, Lydia 4/1992
Hiob 14, Lydia 4/1997
Hiob 24, Lydia 1/2000
Hiob 31, Lydia 3/1999
Hiob 32, Lydia 4/2000
Hiob 38, Lydia 4/1998
Psalm 10, Lydia 3/2000
Psalm 15, Lydia 2/1996
Psalm 18,29, Lydia 0/1986 + 1/1986
Psalm 25, Lydia 3/1998
Psalm 28, Lydia 4/1999
Psalm 37,5, Lydia 1/2000
Psalm 41, Lydia 3/1996
Psalm 42, Lydia 4/1999
Psalm 43, Lydia 4/1999
Psalm 61, Lydia 2/1999
Psalm 92,13-16, Lydia 3/2001
Psalm 95, Lydia 2/2000
Psalm 116, Lydia 3/1999
Psalm 118, Lydia 3/2001
Psalm 119,14 Lydia 3/1996
Psalm 119,71, Lydia 2/1996
Psalm 119,81-82, Lydia 1/1999
Psalm 125, Lydia 4/2000
Psalm 126, Lydia 2/2000
Psalm 127, Lydia 1/1991 + 2/1994
Psalm 136, Lydia 2/1999
Psalm 139, Lydia 4/1994
Psalm 140, Lydia 3/1997
Psalm 150, Lydia 2/1992
Sprüche 2, Lydia 3/1999
Sprüche 6, Lydia 3/2000
Sprüche 7, Lydia 1/1998
Sprüche 22, Lydia 2/2001
Sprüche 24, Lydia 2/2001
Sprüche 27, Lydia 3/1999
Sprüche 30, Lydia 2/2000
Sprüche 31,1, Lydia 1/2001
Sprüche 31,10, Lydia 3/2001
Sprüche 31,30, Lydia 3/2001
Hoheslied 2, Lydia 2/1996
Hoheslied 5, Lydia 4/1987
Hoheslied 8, Lydia 1/1997

Stichwortregister

Notizen

Notizen

Notizen

Notizen

Notizen

Notizen

Notizen

Notizen

Notizen